Knaur®

Von Anaïs Nin sind außerdem erschienen:

Das Delta der Venus (Band 742)
Die verborgenen Früchte (Band 806)
Djuna oder Das Herz mit den vier Kammern (Band 1270)
Henry, June und ich (Band 3252)

Dieses Buch wurde auf chlor- und säurefreiem Papier gedruckt.

Vollständige Taschenbuchausgabe Juli 1992
Droemersche Verlagsanstalt Th. Knaur Nachf., München
Lizenzausgabe mit Genehmigung des Scherz Verlags, Bern und München

Einzig berechtigte Übersetzung aus dem Amerikanischen
von Helga Künzel
Titel des Originals »A Literate Passion«
Gesamtdeutsche Rechte beim Scherz Verlag, Bern und München
Umschlaggestaltung Manfred Waller, Reinbek
Umschlagabbildung »Liegende Frau« von Egon Schiele/AKG, Berlin
Druck und Bindung Elsnerdruck, Berlin
Printed in Germany
ISBN 3-426-03159-0

2 4 5 3 1

Anaïs Nin/Henry Miller

Briefe der Leidenschaft 1932–1953

Das Zeugnis einer einzigartigen literarischen und erotischen Beziehung

Knaur

INHALT

EINLEITUNG

Zum ersten Mal wird hier die private Chronik einer leidenschaftlichen Freundschaft und literarischen Romanze veröffentlicht, die trotz großer Widrigkeiten zwei Schriftstellerleben lang Bestand hatte. Sie begann Ende 1931 mit einer Einladung zum Mittagessen am Stadtrand von Paris. Anaïs Nin, die achtundzwanzigjährige Gattin von Hugh Parker Guiler und eine für geistige und amouröse Abenteuer besonders empfängliche Frau, lernte Henry Miller, den ein Freund scherzhaft als «Gangsterautor» bezeichnet hatte, kurz vor seinem vierzigsten Geburtstag kennen. Dem äußeren Anschein nach paßten die beiden nicht zusammen, aber sie hatten eines gemeinsam: Beide waren angehende Schriftsteller und somit zutiefst in die Sprache verliebt. Nach mehreren Monaten rauschhaften intellektuellen Austauschs – in Pariser Cafés, im Hause der Guilers in Louveciennes und nach einer Flut von Briefen – stürzten sie sich in eine stürmische Liebesaffäre.

Während der nächsten zehn Jahre versuchten der mittellose «Brooklyn boy», zu dem sich Henry Miller selbst stilisierte, und die hypersensible spanische «Kind-Frau» – so wurde Anaïs Nin von Edmund Wilson, dem Analytiker des gesellschaftskritisch-psychologischen amerikanischen Romans genannt – ein gemeinsames Leben aufzubauen. Ihre Bemühungen scheiterten jedoch, und Henry Miller und Anaïs Nin gingen ab Anfang der vierziger Jahre wieder getrennte Wege. Eine elementare Kraft verband sie indessen weiterhin. Obwohl sie nun frei waren von vergänglicher Gefühlsseligkeit, von der Sorge um die Befriedigung materieller und emotionaler Bedürfnisse, obwohl die durch Verletzung gesellschaftlicher Tabus gekennzeichnete abenteuerliche Kameradschaft sich überlebt hatte, blieb ihre Beziehung fest in dem Verlangen beider verwurzelt, sich «durch das Schreiben selbst zu erschaffen». Bei Henry Miller äußerte sich das Bedürfnis, sich «in Worten zu verwirklichen», in der besessenen – gleichsam Proustschen – Erforschung seiner Vergangenheit mitsamt der dubiosen Rolle, die Frauen darin spielten. Für Anaïs Nin bestand es, wie es ihr von Kindheit an geführtes Tagebuch belegt, im akribischen Festhalten der so kurzlebigen Gefühlserlebnisse. Im Februar 1932 hatte Miller an Anaïs Nin geschrieben: «Gott, mich macht der Gedanke verrückt, daß ein Tag ohne Schreiben vergehen muß. Ich werde das nie mehr aufholen. Das ist gewiß der Grund, warum ich mit solcher Vehemenz, solcher Gequältheit schreibe. Es ist Verzweiflung.» Einige Monate später vermerkte Anaïs Nin in ihrem Tagebuch: «Das gleiche, was Henry unzerstörbar macht, macht auch mich unzerstörbar: nämlich daß wir *im Kern* Schriftsteller und keine Menschenwesen sind.»

Vor der Veröffentlichung des Bandes *Henry, June und ich*[1], der zurückgehaltenes Tagebuchmaterial enthält, stammte der Großteil dessen, was sich über die Beziehung der beiden zusammentragen ließ, aus einschlägigen Seiten der veröffentlichten *Tagebücher der Anaïs Nin*, die den Zeitraum von 1931 bis 1974 umfassen. Henry Miller gab, kurz bevor er 1980 im Alter von neunundachtzig Jahren starb, in einer Sammlung von Porträts einiger seiner Freundinnen auch ein paar – stark frisierte – Erinnerungen an Anaïs Nin preis. In seinen früher erschienenen Werken hatten sich, ungeachtet ihrer scheinbar selbstenthüllenden Offenheit, kaum Zeugnisse über die lange Romanze bzw. die turbulente Beziehung der beiden gefunden. Man war auf die Sondierung von Gefühlen und Geschehnissen angewiesen, die Miller in eine andere Zeit und an einen anderen Ort verlegt hatte: ins New York der zwanziger Jahre, in die Saga seiner *Rosy Crucifixion*.

Natürlich stehen uns Henry Millers *Briefe an Anaïs Nin*[2] zur Verfügung. Als dieses Buch erschien, hatte Henry Miller endlich den Kampf gegen eine puritanische Zensur gewonnen, die fast dreißig Jahre lang verhinderte, daß seine wichtigsten Werke in seiner Heimat veröffentlicht werden durften. Es war der Beginn einer – wenngleich noch immer ziemlich zögerlichen – Korrektur der Auffassung, dieser Autor sei ein die Frauen entwürdigender Pornograph. Im Mittelpunkt der Briefsammlung stand Millers Entwicklung als ernsthafter Schriftsteller. Anaïs Nin, damals fast nur durch ihre gewissermaßen avantgardistischen Prosaarbeiten bekannt, figurierte lediglich als stumme Empfängerin einer Flut von Briefen, als die Vertraute, bei der sich Miller am wohlsten zu fühlen schien. Die intime Seite der Beziehung zwischen den beiden mußte – wie auch in den nachfolgenden Tagebuchbänden – ausgespart werden.

1 Scherz Verlag, Bern–München 1987.
2 Rowohlt Verlag, Reinbek 1968 (rororo 4751).

Mit den nun hier zusammengestellten, über mehr als zwanzig Jahre reichenden Briefen haben wir somit zum ersten Mal eine zweistimmige, kaleidoskopartige Dokumentation zweier Schriftsteller, die sich ihrer Liebe hingaben, und zwar eine Zeitlang ihrer Liebe zueinander, sodann ihrer Liebe zum Schreiben.

Für Anaïs Nin war seit dem Alter von elf Jahren, als ihre emotionale Entwicklung gefährlich gestört wurde, weil der Vater die Familie verließ, das Schreiben der einzig mögliche Weg gewesen, sich zu sammeln. Besessen von ihrer sie ängstigenden, selbstbeobachtenden Bewußtheit, fühlte sie sich abgeschnitten von der «wirklichen» Welt und gespalten von der Ahnung unerkannter Möglichkeiten. («Kein Wunder, daß ich kaum je ungezwungen bin im Leben. Ungezwungen angesichts welcher Situation, ehrlich gegenüber welchem Seelenzustand, welcher Schicht meiner Seele? Wie kann ich aufrichtig sein, wenn ich jeden Augenblick zwischen fünf oder sechs Seelen wählen muß?») Das Tagebuch war also ihre Zuflucht, ihre Werkstatt gewesen, der Akt des Schreibens ihr einziger Stabilisator. «Das Tagebuch ist ein Produkt meiner Krankheit, vielleicht gar ihre Verschärfung und Übertreibung. Ich spreche von Erleichterung durch mein Schreiben, und sicherlich ist dem so, aber es ist auch ein Eingravieren des Schmerzes, ein Tätowieren meiner selbst, eine Verlängerung des Schmerzes.»

Das Tagebuch genügte ihr lange als alles akzeptierender Freund, als tröstlicher Empfänger ihrer vertraulichen Mitteilungen. Doch nachdem sie dank der Heirat mit dem «poetischen», gutaussehenden jungen Schotten Hugh (Hugo) Guiler im Jahre 1923 den Anträgen ihrer phantasielosen spanisch-kubanischen Verehrer entkommen war, hatte sie rasch erkannt, daß sie, um Schriftstellerin zu werden, aus der schützenden Heimlichkeit ihres Tagebuchs heraustreten mußte. Anfang der zwanziger Jahre arbeitete sie dann an Romanen und Erzählungen, ursprünglich, um künstlerische Anerkennung zu gewinnen (wie ihr geliebter Vater), später auch, um ein wenig finanzielle Unabhängigkeit zu erlangen. Von Anfang an genoß sie die unerschütterliche Unterstützung ihres Mannes; doch wurde sie auch von ihrem Bruder Joaquin und ihrem Cousin Eduardo Sanchez (dem ersten großen Schwarm ihrer Mädchenjahre) ermutigt, die sich beide in Paris niedergelassen hatten. Dennoch war ihren beharrlichen Versuchen, als Schriftstellerin erfolgreich zu sein, nicht der erwünschte Erfolg beschieden. Im Tagebuch, das sie weiterhin führte, schrieb sie stets frei und unbefangen. Bemühte sie sich jedoch, «professionell» zu sein, und stand sie der amorphen, gleichgültigen Welt «dort draußen» gegenüber, so spürte sie, daß etwas fehlte. «Meine bewußte

Arbeit macht mir angst», folgerte sie 1932, «weil ich nicht glaube, daß sie irgendwelchen Wert besitzt. Alles, was ich ohne Gefühl tue, hat keinen Wert.» Zweifellos schätzte Anaïs Nin im Leben wie in der Kunst am meisten «das Gefühl».

Es nimmt darum nicht wunder, daß die ersten beiden Arbeiten, deren Drucklegung sie erreichte, nachgerade einem Überströmen ihres Gefühls entsprangen. *The Mystic of Sex,* ein Essay über D. H. Lawrence, im Oktober 1930 unter Pseudonym in *The Canadian Forum* veröffentlicht, und die daraus hervorgegangene Monographie über Lawrence, die 1932 mit dem Untertitel «An Unprofessional Study» in Buchform erschien, sind vielleicht ebensosehr Spiegelbild ihres drängenden Verlangens, der eigenen Sexualität Ausdruck zu verleihen und die Prinzipien ihrer Ehe darzustellen, wie die leidenschaftliche Verteidigung – die erste von seiten der Frauen – eines viel verleumdeten Künstlerkollegen. Tatsächlich könnte man die beiden Arbeiten als erste erfolgreiche Versuche der Anaïs Nin bezeichnen, Details ihrer persönlichen Agonien in eigenschöpferische Werke umzuwandeln, in Werke, die sich der Öffentlichkeit präsentieren ließen, ohne daß die Autorin riskierte, geliebte und geachtete Menschen zu verletzen oder zu beleidigen.

«Habe mich dazu durchgerungen, das Tagebuch für andere zu öffnen und von anderen lesen zu lassen – zu begreifen, daß es mein Hauptwerk ist, und zu versuchen, die mit seiner Veröffentlichung verbundenen menschlichen Probleme zu lösen», schrieb Anaïs Nin Ende 1953 an Miller. Wie wir wissen, verging jedoch noch ein Dutzend Jahre, bevor das gewaltige Projekt – ständiges Thema der Briefe des vorliegenden Bandes – sich verwirklichen ließ. Aber selbst als es soweit war, im Jahre 1966, fand Anaïs Nin noch immer keine Lösung für die «menschlichen Probleme». Denn sie mußte, obwohl die Gefahr einer Verzerrung und Verstümmelung bestand, aus diesem lebenslangen Bericht über ihre Selbsterschaffung bestimmte Aspekte eliminieren, die für ihre Formung als Frau und Schriftstellerin so wichtig gewesen waren: ihre Ehe, ihre erotischen Abenteuer und das Intime in ihrer Beziehung zu Henry Miller. «Die Wahrheit zu sagen wäre tödlich», schrieb sie damals.

Im Mittelpunkt ihrer Sorge stand zweifelsohne der Mann, den sie 1923 voller Begeisterung und Idealismus geheiratet hatte und mit dem sie bis zu ihrem Tod im Januar 1977 verbunden blieb. «Meine Loyalität gegen Hugh ist leicht zu definieren», erklärte sie im November 1932, als sie sich bereits gezwungen fühlte, die handgeschriebenen Bände ihres Tagebuchs vor ihrem Mann zu verbergen. «Sie besteht darin, ihm kein Leid zuzufügen.» Diese Haltung behielt sie für den Rest ihres Lebens bei. Denn war sie auch imstande gewesen, die konventionellen Grenzen ihrer Ehe scheinbar mühelos und ohne Schuldgefühl zu überschreiten («Mir fehlt die amerikanische jungfräuliche Einstellung zum Sex»), hatte eine tiefere Treue, die über bloße Vorsicht hinausging, sie doch daran gehindert, ihren Mann – oder sonst jemanden – öffentlich mit ihren labyrinthischen Geheimnissen zu konfrontieren. «Er ist von uns allen derjenige, der am besten zu lieben versteht», schrieb sie Ende 1932 über Hugh, «...ein ungeheuer großzügiger, warmherziger Mann, der mich vor Elend, Selbstmord und Wahnsinn bewahrt hat.»

In ihren belletristischen Werken, die nicht ohne Schwierigkeiten aus der emotionalen Kompressionskammer ihres Tagebuchs hervorbrachen, konnte Anaïs Nin biographische Fakten verfremdet darstellen, sie konnte die Wahrheit «als Märchen» erzählen oder den Lesern poetisch sublimierte Anhaltspunkte geben, wie sie es beispielsweise 1936 in ihrem ersten Roman *The House of Incest* (dt. *Haus des Inzests,* 1984) getan hatte. Als dann jedoch die Tagebücher selbst publiziert werden sollten, gab es keine Möglichkeit mehr, wichtige Details «in einen Traum zu verwandeln». Sie mußten weggelassen, unterdrückt werden.

Erst Hugh Guilers Tod am 7. Januar 1985, wenige Wochen vor seinem siebenundachtzigsten Geburtstag, löste die «menschlichen Probleme». Jetzt war es auch möglich, die lange zurückgehaltenen Briefe zu veröffentlichen, die ihn gekränkt hätten. Sogar Henry Miller, nicht gerade ein Muster an Diskretion, hatte nie sein ehrenwertes Schweigen über den Mann gebrochen, der – direkt oder indirekt – sein Leben und seine Arbeiten entscheidend beeinflußte.

Hugh Guiler hatte englische Literatur studiert – Anaïs appellierte immer wieder an den potentiellen Poeten in ihm –, aber er ging von der Columbia-Universität 1920 mit einem akademischen Grad in Volkswirtschaft ab. Tatsächlich lieferte seine langjährige Stellung bei einer Bank weit eher die wirtschaftliche Existenzgrundlage für das Paar als einen Beitrag zur Dichtung oder Literatur. Seine Position finanzierte Anaïs Nins literarische Ambitionen mit und erlaubte dem «Dichter-Banker» in seinen späteren Jahren sogar, sich künstlerisch als Graphiker und Experimentalfilmer «Ian Hugo» zu verwirklichen. Sein gesichertes Einkommen ermöglichte es Anaïs Nin darüber hinaus, ihre Familie zu unterstützen, ja überhaupt ihrer lebenslangen zwanghaften Großzügigkeit zu frönen, deren Hauptnutznießer Henry Miller werden sollte.

Als Anaïs Nin und Hugh Guiler 1925 in Frankreich eintrafen, war selbst Hughs damals noch bescheidenes Gehalt nach den dortigen Maßstäben beeindruckend, zumal er es in Dollar erhielt. Es gestattete den beiden, in einem der besseren Viertel von Paris zu leben, spanische Dienstmädchen anzustellen, zu reisen, Bücher und ein Radio zu kaufen und einen Wagen zu halten. Nach dem New Yorker Börsenkrach von 1929 mußten sie ihre elegante Wohnung am Boulevard Suchet aufgeben, doch dank Anaïs Nins verblüffender Fähigkeit, auch mit beschränkten Mitteln außergewöhnliche Pläne zu realisieren, gelang es ihnen, sich in Louveciennes ein bezauberndes neues Heim zu schaffen; in der Rue Montbisson, am Westrand von Paris, wo sie bald Henry Miller kennenlernten.

Die junge Mrs. Guiler war bei der Rückkehr in die Stadt, in der sie am 21. Februar 1903 das Licht der Welt erblickt hatte, entsetzt über die offen zur Schau gestellte Erotik, über die «Sündhaftigkeit» von Paris. Ihre Verachtung und ihr Abscheu, vielleicht eine Nachwirkung ihrer katholischen Erziehung, erstreckte sich sogar auf einen Teil der französischen erotischen Literatur. Doch 1928 wurde sie selbst von einer unerklärlichen, verwirrenden Liebe erfaßt. Der Mann, der diesen Aufruhr in ihr auslöste, war der Amerikaner John Erskine, Konzertpianist und Autor sehr erfolgreicher historischer Romane. Dieser Erskine, ein älterer Freund ihres Mannes und sein ehemaliger Professor an der Columbia-Universität, schien auf den ersten Blick die beiden Elemente zu verkörpern, die sich Anaïs Nin in ihren Phantasien bei einem Partner immer gewünscht hatte: sexuelle Stärke einerseits, Phantasie und Sensibilität andererseits. («Es gibt zwei Möglichkeiten, an mich heranzukommen: durch Küsse oder mit Hilfe der Phantasie. Doch es besteht eine Rangordnung: Küsse allein genügen nicht.») Erskine war jedoch bereits mit Frau, zwei Kindern und einer Geliebten versehen. Die nach Aussage des Tagebuchs länger andauernde «Affäre» blieb daher im wesentlichen eine Affäre im Geiste. Ein späteres Zusammentreffen der Guilers und der Erskines in New York zerstörte schließlich die letzten Reste von Anaïs Nins Verliebtheit.

Das Verhältnis hatte in der Fünfundzwanzigjährigen unbefriedigte Triebe und latente Bedürfnisse freigesetzt, die, als Anaïs sie endlich ihrem Mann bekannte, für immer die Basis ihrer Ehe veränderten. Sie versuchte, das Erlebte in ein publizierbares Buch umzusetzen. Es gelang nicht, und als sie den «John»-Roman aufgab, konstatierte sie in ihrem Tagebuch: «Jedes Wort, daß ich über Hugo geschrieben habe [der in der Geschichte als handelnde Person auftritt], offenbart seine Jugendlichkeit und den religiösen Aspekt meiner Liebe zu ihm. Ich schreibe über ihn, wie man über Gott schreibt, mit traditionellem Glauben. Durch das Aufgeben des ständigen Bemühens, meine Liebe zu Hugo zur allererhabensten zu machen, verliere ich auch die letzten Reste meiner Unreife.»

Die Entdeckung und das Eingeständnis dessen, was sie ihre «Mätressengefühle» nannte, Ausdruck eines verzehrenden Erlebnishungers, führte offenbar zu einem Konflikt mit ihrer Loyalität und Liebe zu ihrem Mann. Es war ein Konflikt, der sie an Selbstmord denken ließ, sie «leer» machte, «sterbenselend». In dieser Krisenzeit erschien der geld- und heimatlose Henry Miller in Louveciennes zu einem Mittagessen, das sein Freund und Wohltäter Richard Osborn, ebenfalls ein aufstrebender Schriftsteller, für ihn arrangiert hatte. «Er lenkte meine Füße in die richtige Richtung», schrieb Miller Jahre später, als er Osborn sein Buch *The Wisdom of the Heart* («Die Weisheit des Herzens») widmete.

Henry Millers Erscheinen in der gediegenen Atmosphäre des Guilerschen Hauses fand in Anaïs Nins Tagebuch begeisterten Niederschlag. «Ich singe! Ich singe! Und nicht insgeheim, sondern laut», trägt sie am 1. Dezember 1931 ein. «Ich habe Henry Miller kennengelernt. Ich erblickte einen Mann, der mir gefiel... einen Mann, der liebenswert war, nicht erdrückend, sondern stark, einen menschlichen Mann, der voll Sensibilität alles wahrnahm... Er ist wie ich.»

Im ersten Band ihres veröffentlichen *Tagebuchs* – er setzt zu der Zeit ein, als Miller in ihr Leben trat – erhalten wir auch eine genaue Beschreibung von ihm: «Er wirkte freundlich, fröhlich, gelöst, natürlich. In der Menge wäre er nicht aufgefallen. Er ist schmal, mager, nicht groß. Ein wenig sieht er aus wie ein buddhistischer Mönch: mit rosigem Gesicht, teilweise kahlem Schädel, den eine lustige Aureole silbrigen Haares umgibt, vollen, sinnlichen Lippen. Seine blauen Augen sind beobachtend, kühl, aber sein Mund ist sensibel und verwundbar. Sein Lachen ist ansteckend; seine Stimme streichelnd und warm wie eine Negerstimme.

Er ist so ganz anders als das, was er schreibt, nicht brutal, heftig, vital, anders als seine Karikaturen, seine rabelaisschen Farcen, seine Übertreibungen.»

Am Beginn ihrer Bekanntschaft waren beide eher vielversprechende als versierte Schriftsteller. Miller widmete sich zwar schon seit 1924, nämlich seit seiner zweiten Heirat und dem Verzicht auf den letzten einträglichen Posten seines Lebens (bei der Western Union Telegraph Company in New York), ernsthaft dem Schreiben, aber bisher war kaum etwas von ihm im Druck erschienen. («Nicht weil mein Werk mit Pornographie durchsetzt war», schrieb er 1957, «sondern weil ich, wie mir heute bewußt ist, erst meine eigene Identität finden mußte.»)

Miller und seine zweite Frau June Edith – die berühmte «Mara/Mona» seiner wie unter Zwang geschriebenen Wendekreis-Bücher – hatten in New York mehrere Jahre lang eine ungesicherte Existenz geführt, von der Hand in den Mund gelebt. Während Miller zu schreiben versuchte, beschaffte June, oft auf dubiose Weise und zu seiner peinigenden Beunruhigung, die Mittel zum täglichen Leben. Eine unerwartete «Zuwendung» von einem der nebulosen Gönner Junes ermöglichte es dem Ehepaar Miller, den größten Teil des Jahres 1928 in Europa zu verbringen, von London nach Wien zu reisen und von Paris nach Budapest (die an krankhafter Lügenhaftigkeit leidende June behauptete unter anderem, auch Zigeunerblut zu haben). Nach New York und in die verwahrloste Brooklyner Souterrainwohnung zurückgekehrt, die sie jetzt auch noch mit Junes Freundin Jean Kronski teilten, hatte Miller einmal mehr das Gefühl, daß sich eine Falle um ihn schließe («In New York habe ich mich immer einsam gefühlt, die Einsamkeit des in einen Käfig gesperrten Tiers»). Offensichtlich stellte nicht einmal mehr das Schreiben eine Fluchtmöglichkeit für ihn dar. Mit etlichen Manuskripten im ramponierten Koffer schiffte er sich 1930 erneut nach Europa ein. June hatte ihm die Passage bezahlt und versprochen, über American Express etwas Geld zu schicken. Doch das Geld kam nicht, und für Miller begann die Periode der größten Armut und Verzweiflung seines Lebens; allerdings gab sie auch den Anstoß zu seinem ersten veröffentlichen Buch.

Gleich anderen amerikanischen «Bohemiens», die ihr Heimatland verlassen hatten und die Cafés sowie die schäbigen Hotels auf dem Montmartre und dem Montparnasse bevölkerten, gelang es Miller, in den Pariser Ausgaben der *Chicago Tribune* und des *New York Herald* einige kurze Artikel zu veröffentlichen (mit Hilfe und manchmal unter dem Namen seines Wiener Freundes, Emigrantenkollegen und späteren Zimmergenossen Alfred Perlès). Er schrieb über zwei seiner Lieblingsthemen: den Zirkus und das Sechstagerennen. Außerdem brachte er einen Essay über Luis Buñuel und als erste Erzählung *Mademoiselle Claude* auf jenen Seiten von Samuel Putnams kleiner Zeitschrift *The New Review* unter, für die kein Honorar gezahlt wurde. Doch war, wie Putnam in seinen Memoiren *Paris Was Our Mistress* sehr richtig konstatiert, der Schriftsteller Henry Miller «mehr oder weniger eine unbekannte Größe».

Dank der Vermittlung seines «klugen und gutherzigen Freundes» Richard Osborn, der mit Hugh Guiler in der Pariser Filiale der First National Bank of New York arbeitete, konnte Miller jedoch Anaïs Nin Teile des Manuskripts zeigen, an dem er arbeitete: die freche, bislang unbetitelte Verherrlichung seiner beiden elenden Jahre in der Stadt des Lichts, die Hymne auf seine Befreiung von den dunklen Schatten seiner amerikanischen Vergangenheit. «Mir ist ziemlich gleichgültig, ob es gefällt oder nicht», erklärte er in einem Brief, «denn es bringt mir (derzeit) etwas Freude und Befriedigung. Trotzdem bin ich unsicher, es ist eine unfertige Sache. Und ich habe noch nicht begonnen, den Text zu bearbeiten.» Er gab ihr ein weiteres unveröffentlichtes Manuskript, das mit «unanständigen» Wörtern gespickt war und zahlreiche sexuelle Szenen enthielt. Es war der zweifellos autobiographische Bericht über das Liebesleben eines jungen Brooklyners mit zwei älteren Frauen: seine zweijährige Romanze mit «Cora» und seine unbefriedigende Ehe mit «Blanche»; letztere ähnelte Millers einstiger Klavierlehrerin, die er im Alter von sechsundzwanzig Jahren geheiratet und die ihm 1918 eine Tochter geboren hatte.

Auf den ersten Blick konnte es in diesen unfertigen bzw. mißlungenen Manuskripten kaum etwas geben, das Anaïs Nins Sensibilität ansprach. Sie glichen in keiner Weise dem, was sie in ihren eigenen schriftstellerischen Arbeiten zu erreichen versuchte. «Er schreibt nicht mit Liebe», stellte sie fest. «Er schreibt, um zu karikieren, anzugreifen, zu verspotten, zu zerstören, zu rebellieren. Er ist immer gegen etwas.» Trotzdem rührte im rohen Realismus von Millers Arbeiten irgend etwas eine Saite in ihr an. «Wenn man den deutschen Realisten wegradiert, kommt ein frischer Erzähler zum Vorschein. In manchen Augenblicken kann er sanft die zartesten oder tiefsten Dinge sagen.» Unter der kruden Brooklyner Stimme, die – vergleichbar vielleicht jener von D. H. Lawrence – gegen die geheimen Tabus einer in höflich-feiner Form erstarrten verbürgerlichten Literatur rebellierte, verbarg sich die Stimme eines verletzten Romantikers, der gegen eine lieblose, prosaische Welt des Sex aufbegehrte. «Ich teile mit Henry nicht den Zorn auf die Unvollkommenheit der Frauen, sondern auf das miserable Leben selbst.»

Henry Miller wiederum war offenbar von vornherein empfänglich für Anaïs Nins Art zu schreiben. (Jahre später wurde er zum hingebungsvollen Herausgeber und Kritiker ihres Werks.) «Henry sagt, ich schreibe wie ein Mann, mit ungeheurer Klarheit und Knappheit. Er war überrascht von meinem Buch über Lawrence, obwohl er Lawrence nicht mag.»

Was Millers Überraschung auslöste – und die Mißbilligung von Angehörigen wie Freunden, als das Buch im Februar 1932 erschien –, war vermutlich die scheinbare Unvereinbarkeit des Eindrucks, den Anaïs Nin erzeugte (oder dessen, was die Menschen in sie hineinprojizierten), und der leidenschaftlichen Stimme, die hier mit Lawrence gegen «eine Leugnung der tieferen Bedürfnisse unserer Natur» argumentierte. Anaïs Nin spielte ihre vielen Rollen perfekt: die sittsame, dekorative Gattin des aufsteigenden jungen Managers, die pflichtgetreue Tochter, die liebende Schwester, das nach Heiligmäßigkeit strebende katholische Mädchen und sogar die kokette Dame der Gesellschaft – aber die gequälte junge Frau des geheimen Tagebuchs hatte sie nur ihrem Mann gezeigt. Jeder empfindsame Leser jedoch mußte den als Verteidigung Lawrences geäußerten *cri du cœur* wahrnehmen. Für Henry Miller konnte das, was Anaïs Nin über Lawrence sagte (nachstehend ist es leicht redigiert wiedergegeben), sehr wohl wie eine Verteidigung seines eigenen Werks klingen, dessen sie sich ja später auch so tatkräftig annahm:

> Während sein Werk für einige nichts als groben Realismus darstellt, bedeutet es anderen, die etwas von Poesie verstehen, weit mehr: Die Prosa ist sowohl lyrisch als auch sinnlich, die Beschreibungen sind sowohl voll Empfindsamkeit und Schönheit als auch voll Grobheit und Obszönität. Warum die Grobheit und die Obszönität der Sprache? Lawrence hielt es für notwendig, die vom Geist gelenkte Liebe zu entthronen. Er plädiert für einen instinktmäßigen Beginn der Liebe. Er liefert uns ein ehrliches Bild aller Aspekte und Stimmungen der körperlichen Liebe. Aber er schreibt weder wissenschaftlich noch um der Pornographie willen. Jedesmal, wenn er sich höchst naturalistisch und scheinbar obszön ausdrückt, gibt es einen plausiblen Grund dafür. Er benutzt eben jene Wörter, mit denen allein man nach seiner Überzeugung den Kontakt zur Realität sexueller Leidenschaft erneuern kann, die der Idealismuskult in uns verzerrt hat. Sein Kampf richtete sich gegen die ausweichende, zurückhaltende Sprache, die zu einem ausweichenden, zurückhaltenden Leben und Denken führt.
>
> Die Liebe wurde von den Idealisten entstellt. Ihre verstiegene Ausdrucksweise rief im Kopf erhabene Verzückungen oder ängstliche Reaktionen hervor, die keinerlei Verbindung mit realer sinnlicher Liebe hatten. Lawrence aber wählte die nackten Wörter, weil sie Realitäten vermittelten, die wir nicht nur in der Tat, sondern auch im Denken durchleben sollten: «Ich möchte, daß Männer und Frauen fähig sind, sich Sex *in Gedanken vorzustellen,* rückhaltlos, vollkommen, ehrlich und sauber.» Dies kann allerdings nicht geschehen, wenn wir Angst vor Wörtern haben.

Soweit bekannt ist, gibt es von Miller keine Aufzeichnungen über seine Einführung in Anaïs Nins Welt, abgesehen von dem, was in seine Korrespondenz einfloß. Doch einige Jahre danach, als er mit Anaïs Nins Hilfe am *Wendekreis des Steinbocks* arbeitete, schrieb er: «Die Frau, der zu begegnen man nie gehofft hatte, sitzt jetzt vor einem, und sie spricht und sieht genauso aus wie die Person, von der man geträumt hat. Aber das Seltsame ist, daß man sich gar nicht bewußt war, von ihr geträumt zu haben.» Dieses Bekenntnis erinnert scheinbar an die Zeit im New York der zwanziger Jahre, als der Ich-Erzähler «Mara/Mona», das Taxigirl, das er verehrte, in ein billiges Chinarestaurant am Broadway einlud und dort mit ihr in einer Nische saß. Doch besser passen diese Zeilen sicherlich auf jenen Tag im Dezember 1931, an dem Miller sich zum ersten Mal an Anaïs Nins Mittagstisch in Louveciennes setzte.

Auf den unveröffentlichten Seiten von Anaïs Nins Tagebuch gibt es am Neujahrstag 1933 einen Eintrag in Millers Handschrift, der seine Reaktion auf die neue Welt, in die er eingetreten war, zum Ausdruck bringt.

> Auf der Zugfahrt nach Louveciennes hinaus prägte sich mir das Bild der Landschaft unauslöschlich ein – ich kenne jeden Fußbreit des Geländes entlang der Strecke, und zwar mit jeder Anschlagtafel, jedem Schild, jedem verrückten Haus oder Weg oder Kino, sogar einem Hühnerauslauf und einem Friedhof bei einem unbebauten Grundstück, da gibt es ein Gewoge von Assoziationen. Und wenn Anaïs bemerkt, ich hätte merkwürdigerweise nie irgendwelche Notizen über meinen ersten Besuch in Louveciennes gemacht, so unterließ ich es, glaube ich, nur deshalb, weil alles noch lebendig und bedeutungsvoll ist, noch unbewußt ausgewertet wird.
> Beim Zusammenstellen meiner Notizen für mein erstes Pariser Buch hatte ich das zärtlich sentimentale, bedauernde Gefühl, etwas zwischen Deckel zu geben, was einmal reich pulsierendes Leben war, was die Literatur nie reproduzieren wird und auch gar nicht reproduzieren sollte. Dieweil ich diese willkürlichen Notizen ordnete, erlebte ich Freude, als ich feststellte, daß es kleine Erinnerungen an Louveciennes gab, die sich einfügen ließen in diese chaotische Masse von Namen, Fakten, Ereignissen, Zwischenfällen, Phänomenen – stille Spuren gemeinschaftlichen Lebens gewissermaßen, sogar etwas so Unbedeutendes wie der Reklamezettel aus dem Kino in Louveciennes, der mich immer an meine Gänge zum Tabakladen oder zum Krämer um «eine gute Flasche Wein» erinnern wird.
> Nein, wenn ich nicht über Louveciennes geschrieben habe, dann nur

deshalb, weil ich nicht Geschichte schreibe, sondern sie mache. Mir ist die schicksalhafte, entscheidende Bedeutung dieses Louveciennes durchaus bewußt.

Hier, in dem großen Billardzimmer, wo einst die Ratten herumtrippelten, sitzen Anaïs und ich – oder ich gehe auf und ab, gestikuliere, während ich ihr den Bankrott der Wissenschaft erkläre oder die methanthropologische Krise. An ihrem Schreibtisch, auf dem überwältigendes Material für die Zukunft herumliegt, schmiede ich meine ungestümen Gedanken und Bilder zurecht. Hier zerbersten in meinem Kopf tausend Gedanken über eine einfache Äußerung von ihr.

Heute abend nun habe ich gedacht, daß Louveciennes in der biographischen Beschreibung meines Lebens historisch festgehalten werden wird, denn in Louveciennes hatte die wichtigste Epoche meines Lebens ihren Ursprung.

Als sich Anaïs Nin der Sache Henry Millers annahm und – selbst finanziell vollkommen von ihrem Mann abhängig – etwas Geld für ihn abzweigte oder es organisierte, so gut sie konnte, als sie ihm Bücher, kleine Geschenke und Lebensmittel brachte, konnte es nicht ausbleiben, daß einige ihrer Angehörigen und Freunde ihn als opportunistischen Schmarotzer betrachteten, als Vagabunden, der sich an ein leicht zu beeindrukkendes, zwanghaft freigebiges Wesen gehängt hatte. Diese Leute vermochten seinen Charme nicht zu erkennen, und sie hätten auch die schriftstellerischen Arbeiten dieses «Fotzenmalers», wie ihn manche seiner ständig in Zoten redenden Kaffeehausfreunde nannten, nicht zu schätzen gewußt. Anaïs Nin wurde von ihrem Mann immer wieder vor ihren eigenen Schwärmereien gewarnt. («Hüte dich davor, in die Falle deiner eigenen fixen Ideen zu gehen – du entzündest Funken in anderen, du lädtst sie mit deinen Illusionen auf, und wenn sie lichterloh entflammen, bist du die Betrogene.») Sogar Richard Osborn, der die erste Begegnung zwischen Anaïs Nin und Henry Miller herbeigeführt hatte, fragte sich später, ob es wirklich gut gewesen sei, Miller mit der Frau seines Chefs bekannt zu machen.

Anaïs Nin selbst, von der genialen Begabung ihres schreibenden Freundes felsenfest überzeugt, überwand mühelos gelegentliche Zweifel hinsichtlich seiner Persönlichkeit, seiner Aufrichtigkeit, seines Verständnisses für sie. «Als ich Henry und June zum ersten Mal eine große Geldsumme gab», vertraute sie ihrem Tagebuch Ende November 1932 an, also zu der Zeit, da die beiden während Junes letztem Aufenthalt in Paris den Schlußakt ihrer sich auflösenden Ehe spielten, «und sie alles in einer Nacht für Alkohol ausgaben, war ich menschlich verletzt, aber mein Verständnis blieb diszipliniert. Ich gab, weil ich es wollte – und ich gab ihnen gleichzeitig Freiheit. Wäre dem anders, würde ich nicht gegeben, sondern genommen haben.» Auf ihr erstes Jahr mit Henry Miller zurückblickend, sagte sie: «Später gab ich Liebe ... Henry nutzte meine Liebe gut, schön – er schuf Bücher damit.»

Sie wußte damals und glaubte auch weiterhin, daß es außer dem fehlbaren Geschlechtswesen den Künstler gab, der sich – wenn auch egoistisch – in einem fortschreitenden, förderungswerten Schöpfungsprozeß verausgabte, einem ihr selbst so vertrauten Prozeß. («Zwischen Henry und mir besteht der diabolische Pakt zweier Schriftsteller, von denen jeder das menschliche und literarische Leben des anderen versteht und dessen Konflikte.») Eine beeindruckende Tagebucheintragung schildert Henry, in einem Café sitzend, ganz seinem Schaffen hingegeben: «Seine Augen waren leer und hart. Er war der entfesselte höchste Egoist, nur Künstler, der meine Bestärkung brauchte, meine Hilfe – und wie ich ihn verstehe! Es gab keine Sentimentalität. Nur sein Werk, das alles verzehrte. Wie er über June sprach: Sie war vollkommen fallengelassen, war verworfen, weil nutzlos geworden – wie auch ich es eines Tages sein werde, wenn er das Bedürfnis nach einer Neuen hat.» Eine Anklage, aus der sie sich selbst nicht ausschloß: «Ich habe in kleinerem Maßstab das gleiche getan ... der Schmerz, den ich Hugo zufüge, ist tragisch, aber unvermeidlich für jeden Lebensfortschritt.» Millers Arbeit zuliebe war sie bereit, zeitweise die eigene aufzugeben. Veröffentlichungen ihrer eigenen Werke hintanzustellen. Als Jack Kahane, der Inhaber von Obelisk Press, Bedenken hatte, Millers «Pariser Notizbuch» herauszubringen, besorgte sie mit geliehenem Geld selber die Veröffentlichung von *Wendekreis des Krebses,* von Millers letztlich bedeutendstem, einflußreichstem Werk, wie sich erweisen sollte.

Der liebende Freund wiederum ließ nie nach in seinem leidenschaftlichen Einsatz für ihre eine unaufhörliche Arbeit, die er beharrlich als ihr Hauptwerk betrachtete: das Tagebuch. In einem feurigen Brief an ihren gemeinsamen Literaturagenten William Bradley im Jahre 1933 und nach einer ersten öffentlichen Erwähnung von Anaïs Nins frühen Tagebuchbänden in T. S. Eliots Zeitschrift *The Criterion* sagte er 1937 voraus – richtig, wie sich zeigte –, daß dieses literarische Langzeitunternehmen, falls je veröffentlicht, weltweite Anerkennung finden würde. «Es ist ein großartiges Schauspiel der Zeiten», erklärte er im Essay *Un Être Étoilique*, «geduldig und bescheiden entworfen von einer, die sich selbst als nichts ansieht, von einer, die sich selbst fast ausgelöscht hat in dem

Bemühen, zu einem wahren Verständnis des Lebens zu gelangen. In diesem Sinne wiederum konkurriert das menschliche Dokument mit dem Kunstwerk oder *ersetzt*, in Zeiten wie den unsrigen, das Kunstwerk.» Am Tiefstand ihrer Beziehung, in den vierziger Jahren, nachdem er die – von vornherein illusorische – Hoffnung aufgegeben hatte, daß sie eines Tages vereint sein würden (Anaïs Nin hatte bereits im Oktober 1932 in ihr Tagebuch geschrieben: «Henry denkt an unsere Heirat, die, glaube ich, nie stattfinden wird. Aber er ist der einzige Mann, den ich heiraten möchte.»), machte Miller die letzte große Geste: Um ihr wenigstens die Veröffentlichung von Teilen des Tagebuchs zu ermöglichen, erbot er sich, mit ihr die bescheidene Summe zu teilen, die ihm gerade von einem ungenannten Gönner, den seine verzweifelte öffentliche Bitte um Geld gerührt hatte, zugesandt worden war. «Ich erwarte immer alles von der Welt und bin immer bereit, alles zu geben», schrieb er in *Der Koloß von Maroussi*. «Wenn ich verzweifelte Not leide, finde ich immer einen Freund.»

Im Dezember 1931, kurz nach Henry Millers erstem Zusammentreffen mit dem Ehepaar Guiler, traf überraschend seine Frau June in Paris ein. Es war selbstverständlich, daß er sie seinen Gönnern vorstellte. Am letzten Tag des Jahres fuhren Henry und June nach Louveciennes, und wieder geschah etwas Unvorhergesehenes. Anaïs Nin, die eben erst in ihr Tagebuch geschrieben hatte: «Henry interessiert mich. Aber nicht physisch», verliebte sich unerklärlicherweise in seine Frau, das «schönste weibliche Wesen», das sie je gesehen hatte. Während der vier kurzen Wochen von Junes Aufenthalt in Paris spielte sich zwischen den beiden Frauen ein seltsames, verwirrendes Liebeswerben ab. Anaïs Nin, immer als die Verkörperung zarter Weiblichkeit hingestellt, übernahm – vielleicht unbewußt ihren Vater, einen Don-Juan-Typ, imitierend – die dominierende Rolle, sich ganz mit June und ihrer eigenen, nun offen zur Schau gestellten Sexualität identifizierend, mit der «femme fatale», die Henry Miller anfangs so bezaubert und die in Anaïs Nins Innern bis dahin geschlummert hatte. Indem sie June nacheiferte, indem sie sich schamlos «sexy» gab, hoffte sie vermutlich, die unerschlossenen Möglichkeiten zu nutzen, die ihrer Ruhelosigkeit zugrunde lagen. June wurde für Anaïs Nin, wie zuvor für Henry Miller, zu einer lebensnotwendigen Erfahrung. Vielleicht war sie die Triebkraft, die Anaïs Nin einige Monate später, im März 1932, zum ersten Mal die Treppe zu Henry Millers Zimmer in einem schmuddeligen Pariser Hotel hinaufstiegen ließ.

In der Rückschau auf ihre Begegnung mit June verfaßte Anaïs Nin –

wenige Wochen nach ihrem neunundzwanzigsten Geburtstag – eine knappe Darstellung ihres eigenen sexuellen Naturells, die auch einiges von der Dynamik ihrer Wechselbeziehung mit Miller offenbart, ähnlich wie dies die hier veröffentlichten Briefe tun, in denen sich diese Wechselbeziehung besonders lebendig widerspiegelt.

> Als Mann zu handeln (ich habe seit jeher maskuline Elemente in mir) schmerzte mich, weil ich im Grunde extrem feminin bin. Es wäre femininer gewesen, durch die Leidenschaft [verschiedener Verehrer] befriedigt zu werden, mich von ihnen lieben zu lassen, aber ich bestand darauf, selbst meine Wahl zu treffen – die mir indes schwächere Männer bescherte, als ich einer war. Ich litt zutiefst unter meiner fortschrittlichen Kühnheit – als Frau. Als Mann nun sollte ich froh sein, gewählt zu haben, was ich so sehr begehrte. Daß meine erste Liebe ein Homosexueller und daß Hugo durch moralische Bedenken halb verstümmelt war, war mein Pech. Ich wandte mich dem starken Mann zu, John, er aber erwies sich als phantasielos, unpoetisch und verstand mich nicht. Nun habe ich also die Freuden einer maskulinen Ausrichtung meines Lebens entdeckt – durch mein Liebeswerben um June. Aber mein Körper wird sterben, weil ich einen sinnlichen Körper habe, einen lebendigen Körper, und weil in der Liebe zwischen Frauen kein Leben ist.

Nach der Rückkehr von einer kurzen Flucht in einen Schweizer Wintersportort, wo fast täglich eine Brieflawine von dem *Künstler* Henry Miller über sie hereinbrach, war Anaïs Nin schließlich auch bereit, den *Mann* Henry Miller zu umarmen.

Wie wir wissen, war Henry Miller ein passionierter Briefeschreiber. Anaïs Nin behauptete sogar einmal, er schreibe lieber Briefe als einen Roman. Tatsächlich konnten Briefe von ihm romanhafte Proportionen annehmen. Andererseits könnte man sagen, daß vieles in Millers veröffentlichtem Werk, das von Abschweifungen, Anekdotischem, Selbstbezogenem, Selbstenthüllendem geprägt ist und gelegentlich durch jungenhafte Prahlerei belebt wird, ausgesprochenen Briefcharakter hat, ja einem einzigen gewaltigen Brief vergleichbar ist, den er der Welt entgegenschleuderte. Ähnlich Nins vielbändigem Tagebuch, diesem gigantischen «Brief an den verlorenen Vater», blieb Millers Werk unbeendet und harrt der Fortsetzung. Am besten liest es sich in Stücken und Teilen.

Im ersten Jahr ihrer Bekanntschaft hatte Miller, wie er seinem alten

Freund Emil Schnellock schrieb (der sein Leben lang ebenfalls eine Flut von Briefen von ihm erhielt), Anaïs Nin mehr als neunhundert Seiten geschickt, größtenteils maschinengeschrieben – mehr als genug für ein dickes Buch. Während der frühen Jahre ihrer Beziehung nahm dieser Korrespondenzstrom kaum ab. Noch verblüffender ist, daß die beiden ihre Briefe mitten im hektischen Ablauf ihrer Tage schrieben, die angefüllt waren mit zahllosen gesellschaftlichen Ereignissen, Reisen, schöpferischen Arbeiten und, nicht zuletzt, mit den langen, manchmal heimlich miteinander verbrachten Stunden.

Die mehr als zweihundertfünfzig hier zusammengestellten Briefe – sie umfassen die beiden wichtigsten Jahrzehnte der Beziehung zwischen Henry Miller und Anaïs Nin – wurden aus der ungeheuren Korrespondenzsammlung ausgewählt oder vielmehr aus dem, was davon erhalten geblieben ist. Die Auswahl unterlag keinerlei Beschränkungen außer jenen, die von dem zur Verfügung stehenden beschränkten Platz diktiert wurden. Dank der spontanen, unzensierten Äußerungen beider Partner können wir an der Geburt, der Entfaltung und dem Reifen einer großen, hochliterarischen Leidenschaft teilnehmen. Selbst wenn aus einigen Briefen keuchendes Atmen dringt, bleibt ihr Tenor der literarische Impetus der beiden Verfasser. «Gleich hinterher», wie Anaïs Nin nach einer sexuellen Begegnung taktvoll in ihr Tagebuch schrieb, «redeten wir über unsere Schreibkunst.»

Der vorliegende Band setzt im Februar 1932 in der Schweiz ein, wohin Anaïs Nin vor dem Gefühlsaufruhr, den das Zusammentreffen mit June in ihr ausgelöst hatte, geflohen war. Henry Miller befand sich in Dijon, am Lycée Carnot (eine niederschmetternde Episode, die im Schlußabschnitt von *Wendekreis des Krebses* erregend heraufbeschworen wird), wo er sich in der Stellung eines Englischlehrers zu halten versuchte; diese Stellung hatte ihm Hugh Guiler auf Drängen seiner Frau vermittelt. Den Schluß des Bandes bildet Anaïs Nins einundzwanzig Jahre später datierter Brief der «Hinnahme», wie man sagen könnte; er stellt einen versöhnlichen, wiewohl kurzen Rückblick auf ihr Verhältnis zu und mit Henry Miller dar. Allen diesen Briefen zusammen verdanken wir neue biographische Erkenntnisse über die Autoren: Sie führen uns in die «stillen Tage von Clichy», ins «black-lace laboratory», wo die zwei Schriftsteller an ihren Texten feilten und einander liebten; sie geben uns einen manchmal farcenhaften, manchmal rührenden Bericht über die Krise von 1934–35, als Anaïs Nin nach New York reiste, um sich, protegiert von Otto Rank, als Psychotherapeutin zu versuchen, während Miller, sie schrecklich vermissend, im «Kielwasser» seiner ersten Buchveröffentlichung zurückblieb, und zwar in seiner neuen Pariser Wohnung Villa Seurat Nr. 18. Diese Briefe beleuchten nicht zuletzt den Hintergrund von Millers Wiederentdeckung Amerikas in den vierziger Jahren, seiner weitgehend von Anaïs Nin finanzierten Rundreise durch das Land, die ihm zum «klimatisierten Alptraum» wurde und am Ende seine letzte Hoffnung auf ein gemeinsames Leben mit Anaïs zerstörte.

Auswahlkriterien waren die Bedeutung und die Relevanz der Briefe sowie das Bestreben, trotz der umfangbedingten Beschränkungen eine ungebrochene Darstellung des gesamten Briefwechsel-Zeitraums zu bieten. Kopien der hand- und maschinengeschriebenen Originale oder auch Durchschläge, von denen einige mit Randnotizen des jeweiligen Verfassers versehen sind, mußten entziffert und abgeschrieben werden. (Der Herausgeber dankt Barbara Ward für ihre unschätzbare Hilfe bei diesem langwierigen, mühseligen Vorgang.) Nach der ersten, oft schwierigen Auswahl machte, wie bereits angedeutet, der Platzmangel das Aussortieren von Material notwendig, das für die persönliche Geschichte der Briefpartner von zweitrangiger Bedeutung schien: lange Ausführungen über Dostojewski, Proust, Joyce, D. H. Lawrence, umfangreiche gegenseitige Kritik an den entstehenden Werken, Gedanken über Filme, Bücher und ähnliches, eingefügt in Briefe von zwanzig oder mehr getippten Seiten. Mitunter wurden nur Teile solcher Briefe aufgenommen, was durch die üblichen Auslassungszeichen [...] kenntlich gemacht ist. Einige früher nur auszugsweise oder unvollständig veröffentlichte Briefe erhielten ihre Originallänge und -form zurück; manche in *Briefe an Anaïs Nin* gestrichene Absätze wurden wieder aufgenommen.

Als Anaïs Nin dem Herausgeber vor einer Reihe von Jahren eine große Schachtel anvertraute, die das Rohmaterial für diesen Band enthielt (übrigens hübsch verziert mit Kopien von Illustrationen aus ihrem Bändchen *Solar Barque*), hatte sie bereits eine grobe Zuordnung der meist undatierten Briefe nach Jahren vorgenommen. Die genaue Datierung war oftmals schwierig, und einige Blätter widerstanden leider allen Bestimmungsversuchen, so daß sie in diesen Band nicht aufgenommen werden konnten. Manche Briefe waren schon irgendwann einmal nachdatiert worden, doch diese Datierungen erwiesen sich anhand von verfügbarem Vergleichsmaterial nicht immer als zuverlässig. Alle in eckige Klammern gesetzten Daten stammen vom Herausgeber. Anaïs Nins Originaltagebücher aus den dreißiger Jahren lieferten wertvolle Hinweise, wofür Rupert Pole zu danken ist, dem Treuhänder des Anaïs Nin Trust. Die Tagebücher enthalten oft Auszüge aus Briefen oder nehmen auf Briefe Bezug, doch diese Zeugnisse sind gleichfalls häufig undatiert oder werden nur nach der Erinnerung wiedergegeben, was die exakte Datierung erschwerte. Anaïs schrieb bereits 1933 in ihr Tagebuch: «Würden alle meine Briefe zusammengestellt, kämen verblüffende Widersprüche ans Licht.»

Im wesentlichen ist der Inhalt der Briefe, wie der Leser bald erkennen wird, in sich abgeschlossen und erklärt sich selbst. Fußnoten des Herausgebers und der «Biographische Anmerkungen» liefern, wo es nötig ist, biographische und bibliographische Informationen oder füllen augenfällige Lücken in der Chronologie.

Gelegentlich werden in diesem spontanen Briefdialog beiderseits Fragen und Probleme aufgeworfen, auf die keine Antwort erfolgt. Höchstwahrscheinlich wurden sie nicht brieflich, sondern im Gespräch beantwortet. In Augenblicken der Krise oder bei Stimmungsumschwüngen pflegte Henry Miller auf sein neues Rad zu steigen und nach Louveciennes zu fahren. Im übrigen verbrachte Anaïs Nin einen großen Teil ihrer Zeit ohnehin in Paris, zumal nach der Aufgabe von Louveciennes. Die Briefe befassen sich selten mit Liebesverhältnissen, die beide Schriftsteller «nebenbei» gehabt haben dürften; eine Ausnahme bildet freilich das Verhältnis Anaïs Nins zu ihrem Mann. Sprengen würde den Rahmen dieses Buches sicherlich die Entwirrung der labyrinthisch verschlungenen Bande Anaïs Nins zu ihren beiden Psychoanalytikern Dr. Allendy und Dr. Rank oder zu Freunden wie Antonin Artaud und Gonzalo More, um nur einige zu nennen, desgleichen die Sondierung von Henry Millers Suche nach einer anderen June, einer anderen Anaïs während der langen Jahre ihrer Korrespondenz.

Es gibt zwangsläufig Lücken in der Chronologie. Mehr als die Hälfte des Bandes nehmen Briefe aus den frühen dreißiger Jahren ein, der reichsten Quelle im vorhandenen Material. Aus den späten dreißiger Jahren ist offenbar kaum Korrespondenz erhalten, und in den vierziger Jahren wurde aus dem Briefstrom, der infolge des Sichauseinanderlebens der beiden bereits abgenommen hatte, ein schwaches Tröpfeln. Doch zu dieser Zeit zeichnete sich das zyklische Muster der Beziehung schon ab. In seinem Griechenlandbuch, das Henry Miller schrieb, nachdem ihn der Krieg 1940 zur Rückkehr in die Vereinigten Staaten gezwungen hatte (mit einer von Anaïs Nin besorgten Schiffspassage), sinnt er über das nach, was ihm ein athenischer Wahrsager offenbart hat: daß sein bisheriges Leben in Siebenjahreszyklen abgelaufen sei. Miller hatte 1916 zum ersten Mal geheiratet und sieben Jahre später June gefunden. 1931 hatte er Anaïs Nin kennengelernt, und um das Jahr 1938 schien das Feuer des Verlangens niedergebrannt. «Ich verließ Paris vor dem Krieg», schreibt er in *Der Koloß von Maroussi,* «weil ich wußte, daß mein Leben dort zu Ende war. Während der letzten ein oder zwei Jahre in Paris hatte ich meinen Freunden gegenüber immer wieder angedeutet, daß ich eines Tages das Schreiben ganz aufgeben würde, freiwillig aufgeben würde – in dem Augenblick, da ich mich im Besitz der größten Macht und Meisterschaft befinden würde.»

Miller gab das Schreiben dann doch nicht auf, und während seiner Amerikareise versuchte er von Kalifornien aus noch einmal die Flamme seiner Verbindung mit Anaïs Nin am Leben zu erhalten. Sein Verlangen, ihr zu schreiben und ein Leben mit ihr aufzubauen, hatte jedoch nicht mehr die wilde Kraft von einst. «Es findet eine Entfremdung statt, nicht von meiner Seite, sondern von ihrer», schrieb Miller im Januar 1944 seinem Freund Wallace Fowlie. «Sie hat den Glauben an mich verloren – und das gerade in dem Augenblick, da ich den heroischsten Kampf meines Lebens führte (was sie allerdings nicht wußte), in dem Augenblick, da sie, hätte sie durch die Lüfte sehen können, stolz auf mich gewesen wäre. Sie war und ist für mich noch immer der großartigste Mensch, den ich kenne – einer, den man wahrhaftig eine ‹treue Seele› nennen kann. *Ich verdanke ihr alles.*»

Im letzten hier aufgenommenen Brief schreibt Anaïs Nin: «Ich sehe Dich jetzt frei von Verzerrungen, und das hat zur Folge, daß ich Dir zum ersten Mal ohne jene Gespreiztheit schreibe, die auf eine Verhärtung der persönlichen Sicht zurückzuführen war. Hätte ich damals den Sinn für Humor gehabt, den ich heute habe, und hättest Du damals die Qualitäten gehabt, die Du heute hast, wäre vermutlich nichts zerbrochen.»

Die Überwindung der Entfremdung zwischen ihnen bewirkte in den kommenden Jahren eine Vertiefung ihrer Freundschaft als Schriftsteller und die Bewahrung des öffentlichen Schweigens über ihre romantisch-amouröse Vergangenheit. Sie ließ Wahrheit werden, was Anaïs Nin lange zuvor, am 23. Juli 1932, an einem regnerischen Nachmittag in Tirol in ihr geheimes Tagebuch geschrieben hatte, während ihr Mann neben ihr saß:

> Henry ist für immer in meinem Wesen, selbst während ich so vernünftig das Ende unserer Liebe erwarte. Ich sehe die Freundschaft dennoch fortbestehen, ein fast lebenslanges Band. Diesen Eindruck habe ich heute: daß Henry viele Jahre ein Teil meines Lebens sein wird, auch wenn er vielleicht nur für ein paar Monate mein Geliebter ist.

Gunther Stuhlmann

Briefwechsel 1932–1953

An Henry [Glion sur Montreux]
Dienstag, 3. Februar 1932

Dostojewski in Sibirien! Henry in Dijon! Aus meiner Festung hier oben am Ort der eingefrorenen Instinkte (der Schweiz), wo ich versuche, nicht geistige Gesundheit, sondern die Kraft zu finden, meinen Wahnsinn zu verbergen, sandte ich Ihnen ein Telegramm, das Sie zum Lachen bringen wird, und 150 Francs. Das Telegramm ist nicht unvernünftig. Geben Sie auf, Henry, dieser Ort ist unmöglich für Sie. Hugh[1] kommt am Freitag hierher, und wenn er Ihren Brief liest, wird er zweifellos verstehen. Hören Sie, der alte Krans wird nicht böse sein, er hat andere Männer für den Posten. Außerdem wurden Sie unter Vorspiegelung falscher Tatsachen dort hinunter geschickt. Wie konnten die Leute sagen, Sie würden 500 Francs bekommen, wenn sie Ihnen dann nach Ihrer Ankunft eröffnen, daß Sie gar nichts kriegen? Ich koche beim Schreiben vor Empörung. Ihren Brief las ich heute früh, während ich einen Spaziergang machte. Sie *sind* zudem überempfindlich, wenn Sie denken, Ihre Freunde seien erleichtert, das Problem «Henry» gelöst zu haben. Ich meine, daß jeder ehrlich glaubte, Sie bekämen *die* Chance, eine Zeitlang zu schreiben, das ungewöhnliche Leben zu verdauen, das Sie geführt haben – oder vielleicht es andere verdauen zu lassen. Ich kabelte: «Kommen Sie heim nach Louveciennes.» Zumindest fürs erste. Ich weiß, daß dies keine Lösung ist, denn es ist nur eine andere Art von Exil, Sie haben nicht genügend Freiheit, und das Haus ist zu weit von Paris entfernt. Aber es bedeutet vorübergehend einen Ort, wo Ihnen Essen und ein Schlafplatz sicher sind. Hugh wird versuchen, eine andere Stellung für Sie zu finden. Ich kabelte «Mittwoch», weil wir am Mittwoch wieder zu Hause sein werden und weil ich mir auch vorstelle, daß Sie dort nicht von heute auf morgen aufhören können. Wenn Sie aber früher aus Sibirien fliehen wollen, können Sie direkt nach Louveciennes fahren. Emilia [das Dienstmädchen] wird nur zu gern für Sie sorgen. Ich werde ihr heute noch ein paar Zeilen schreiben. Benützen Sie unser Zimmer. Vielleicht hat Hugh Ihnen das gleiche geschrieben – ich glaube aber nicht. Sie wissen ja, wenn einer hingerissen ist, muß sich der andere zurückhalten, um ein Gleichgewicht zu schaffen, genau wie Sie sich zurückhalten, wenn

1 Hugh (Hugo) Parker Guiler, Anaïs Nins Mann, der mit Hilfe Dr. Krans' vom Französisch-Amerikanischen Austauschprogramm für Henry Miller den Posten eines Englischlehrers am Lycée Carnot in Dijon besorgt hatte – eine Episode, die im Schlußabschnitt von *Wendekreis des Krebses* beschrieben wird. Siehe auch in den «Biographischen Anmerkungen» unter Guiler.

June[1] hingerissen ist. Dostojewski nahm etwas mit aus Sibirien, aber nach dem, was Sie schreiben, ist Dijon nicht annähernd so interessant. Es ist *mesquin*, armselig, blutlos, klein, unbedeutend. Bleiben Sie nicht dort. Schreiben Sie mir, was Sie zu tun beschließen: Poste Restante, Glion sur Montreux, Suisse. Mittwoch geht es nach Hause.

Dieser Brief muß sofort an Sie abgehen, also behalte ich alles für mich, was ich Ihnen über Sie, June und andere Dinge noch schreiben wollte. Wenn Sie zurückkommen, werden wir reden, wenn Sie nicht zurückkommen, werde ich Ihnen viel schreiben. Machen Sie sich keine Sorgen wegen der Kritik, die Sie an mir üben. Ich nehme sie mir zu Herzen. Wußten Sie, daß ich in dem Buch über Lawrence[2] das Kapitel über Launenhaftigkeit gestrichen habe? Sie ließen mich seine Naivität erkennen. Sie haben auch recht in bezug auf den analytischen Teil im zweiten Buch. Sie helfen mir.

Anaïs

AN ANAÏS

Lycée Carnot, Dijon
Dienstag [4. Februar 1932]

Ich weiß nicht, wo ich anfangen soll. Mein Geist ist überschwemmt, gesättigt mit Stoff. *Alors*, ich erhielt Ihren Brief, das Telegramm. Zunächst einmal, bravo! Ihr Interesse gibt mir ungeheuren Auftrieb – und das genügt, um mich durchhalten zu lassen. Es wird nicht nötig sein, nach Paris oder Louveciennes zurückzukehren, wenn ich auch Ihre Gastfreundschaft zutiefst schätze. Wir wollen uns die Gelegenheit aufsparen – es kann eine schlechtere Zeit kommen. Einstweilen fühle ich mich hinreichend gestärkt, um durchzuhalten . . .

Vielleicht klang ich wie eine Heulsuse. Was für ein dummes Geplärre ich erhob! Verflucht, ich konnte doch nicht erwarten, auf Rosen gebettet zu werden. Wenn ich also in Zukunft brülle oder tobe, schreiben Sie es einfach literarischer Überschwenglichkeit zu. Nachdem ich mit diesen praktischen Erklärungen (Teufel, wie ich sie verabscheue) reinen Tisch gemacht habe, möchte ich gleich noch andere Entschuldigungen anbrin-

1 Henry Millers Frau. Siehe «Biographische Anmerkungen» unter Smith.
2 Anaïs Nins erstes Buch, *D. H. Lawrence. An Unprofessional Study*, erschienen 1932 in Paris bei Edward W. Titus.

gen – und dann zu interessanteren Dingen übergehen. Erstens, verzeihen Sie das Papier. Ich habe gutes Schreibmaschinenpapier, doch das hebe ich auf, und wenn Sie sich an der mangelnden Förmlichkeit nicht stoßen, um so besser. Vielleicht amüsieren die Zufallsnotizen auf der Rückseite Sie. Ich brauche sie nicht mehr. Zweitens, entschuldigen Sie das Fehlen der Anrede. Ich habe noch nicht gelernt, Sie beim Vornamen zu nennen, und Miss Nin klingt so steif, wie eine Einladung zum Tee. Ich möchte einfach Anaïs sagen, aber das braucht seine Zeit. (Osborn beispielsweise ist für mich immer noch Osborn.) Wie deutsch das ist. [...]

Da ich jetzt nicht zurückkomme und folglich keine langen Diskussionen mit Ihnen führen kann (außer vielleicht an Ostern, oder werden Sie da wegfahren?), sprechen wir eben alles brieflich eingehend durch. Heben Sie die Notizen, die ich Ihnen geschickt habe, bitte auf, wenn Sie sie gelesen haben. Wie ich schon sagte, ließ ich in dem Roman[1] viel weg. Ich möchte darauf zurückkommen, das eine oder andere ergänzen, indem ich einiges von meinem Material dem neuen Buch [*Wendekreis des Krebses*] einverleibe. Natürlich haben Sie intuitiv erkannt, wie wertvoll diese «Albertine» für mich sein muß. Ist June nicht sehr ähnlich – nur viel komplizierter vielleicht, orchestrierter gewissermaßen? Wieviel mehr Rätsel, als Albertine aufgab, muß ich lösen? ... Gott, mich macht der Gedanke verrückt, daß ein Tag ohne Schreiben vergehen muß. Ich werde das nie mehr aufholen. Das ist zweifellos der Grund, warum ich mit solcher Vehemenz, solcher Gequältheit schreibe. Es ist Verzweiflung. [...]

Ja, ich hoffe, Anaïs, daß Sie schreiben werden. Ich habe viel zu sagen, was nicht in Bücher paßt. Und ich möchte wissen, was Sie denken. Ich komme noch einmal auf Ihr Buch zurück, auf meine ersten, lebhaften Eindrücke. Gewisse Passagen sind von unschätzbarer Schönheit. Vor allem die Sicherheit, der Zugriff, die reife Gewandtheit, die ich, leider, nie erreichen werde. Die Zusammensetzung Ihres Blutes, Ihr Erbe, hat Sie, ohne daß Sie es wissen, vielleicht vor Problemen und Schmerzen bewahrt, die die meisten Schriftsteller erdulden müssen. Sie sind im wesentlichen Künstlerin, ob Sie nun eine kleine oder eine große Leinwand wählen. Sie haben schon durch bloßes Gefühl eine Kraft, die Ihre Leser fesseln wird. Hüten Sie sich nur vor Ihrer Vernunft, Ihrem Verstand. Versuchen Sie nicht, Lösungen zu bieten ... *Predigen Sie nicht.* Keine moralischen Schlußfolgerungen. Es gibt ohnehin keine. Zögern Sie nicht. Schreiben Sie! Schreiben Sie weiter, selbst wenn Sie aus der

1 «Crazy Cock», ein Manuskript, das unveröffentlicht blieb.

Schweiz nach Timbuktu reisen, obwohl mir rätselhaft ist, warum Louveciennes nicht genügen sollte.

Henry

An Henry [Louveciennes]
12. Februar 1932

Gestern abend las ich Ihren Roman über das Leben mit Blanche[1]. Es gab darin mehrere Passagen, die ich *éblouissant* fand – erschütternd schön. Besonders die Beschreibung eines Traums, den Sie hatten, die Beschreibung der wilden Nacht mit Valeska, der ganze letzte Teil, in dem das Leben mit Blanche zu einem Höhepunkt gelangt. Der letzte Teil ist *tief*, das Gefühl der Illusion, während Moloch Blanches Schluchzen beobachtet, das tragische Verlangen nach Verständnis inmitten höchster emotioneller Brutalität – der ungeheure Kampf, *noch tiefer einzudringen* in Ihre eigenen Gefühle. Anderes ist seicht, leblos, vulgär realistisch, fotografisch. Und die ältere Geliebte, Cora, ja sogar Naomi sind *noch nicht geboren.* Es gibt da ein ungestümes, unbedachtes Voraneilen. Seither haben Sie einen langen Weg zurückgelegt. Ihr Schreiben mußte mit Ihrem Leben Schritt halten – und wegen Ihrer animalischen Vitalität haben Sie zuviel gelebt. Nun verspüren Sie das Bedürfnis, auf dem Erlebten aufzubauen. Sie bemerken bei Proust, was es bedeutet, wiederzuerleben mittels Retrospektion und Introspektion. Hören Sie, hüten Sie sich nur ein wenig vor Ihrer Hypersexualität! Denn die haben Sie. Sie lassen mich an Casanova denken, nur daß sich Casanova zwischen seinen erotischen Aktivitäten langweilte, während Sie dazwischen und sogar aufgrund der Erotik tiefsinnig werden. Es erstaunt mich, wie fein Sie *distinctions* zwischen Frauen machen können. Es gibt einen wunderbaren Absatz darüber. Unter einhundert Frauen werden Sie fünf unterscheiden. Das ist mehr, als Don Juan je gelang. Aber ich würde sagen, daß etwa fünfzig von diesen einhundert die Ursache für dieses embryonale Schreiben sind. Indes, diese Hypersexualität, die Blanche Ihnen in

1 Ein frühes, unveröffentliches Romanmanuskript; es war ursprünglich betitelt «This Gentile World», Ende der zwanziger Jahre geschrieben. Darin verarbeitet Henry Miller in der Person eines Dion Moloch Erfahrungen aus seiner ersten Ehe, jene mit der Pianistin Beatrice Sylvas Wickens (siehe «Biographische Anmerkungen»). Einige der skizzierten Charaktere erscheinen in späteren Romanen.

beleidigender Weise vorwarf, bewundere ich, weil sie ganz im Verhältnis steht zur Enormität Ihres Geistes, zu Ihren übergroßen Gedanken, Ihrem ungestümen Stil (oh, dieser herrliche Abschnitt, wo Sie Molochs plötzliche Beredsamkeit beschreiben), zu den vulkanischen Romanen und den unbeantwortbaren Briefen!

Ich bin der seltsamen Überzeugung, schlicht zu wissen, was *weggelassen* werden müßte, genau wie Sie wissen, was aus meinem Buch weggelassen werden müßte. Ich finde, der Roman ist es wert, durchforstet zu werden. Würden Sie mich das machen lassen? Ich werde ihm Form geben, er enthält so viel, was des Bewahrens und *Veröffentlichens* wert ist. Ich werde ein bißchen an ihm feilen – Sie sollten stolz auf ihn sein. Ich weiß, wie ungern Sie das selbst tun würden, denn für Sie ist der Roman tot. Ich weiß, wie sehr ich es verabscheut habe, den Roman[1] zu überarbeiten, den Sie lasen, denn für mich ist er tot, und wie sehr wir beide es lieben, an lebendigem, pulsierendem Stoff zu arbeiten, im Stadium der Weißglut. Aber ich glaube, daß erst *nach* der Weißglut die Story wirklich *reift*. Die Weißglut schafft das Gefühlserlebnis neu, aber *Verständnis* kristallisiert sich in der Weißglut nicht heraus. Ich verstand beispielsweise erst neulich das Erlebnis ganz, das ich in dem Buch, das Sie lasen, zu beschreiben versuchte. Ich hatte Teile einzufügen vergessen, die sehr wichtig und sehr bezeichnend waren:

Warum wandte ich mich von Männern ab, die mich zutiefst liebten, und liebte zwei Jahre lang nur Alan [John Erskine]? Warum zerbrach die Frau, die ihn liebte, nach zwei Jahren? Warum liebte er niemanden und war ständig enttäuscht?

Die Frau [ich] sagte zu Duncan [Hugh]: Ich suche einen Beherrscher.

Beherrsche ich dich nicht? fragt Duncan.

Nein, antwortet sie, das tust du nicht, weil du mich *liebst*.

Ein Mann, der beherrscht, ist ein Mann, der nicht liebt. Er besitzt zwar eine ungeheure animalische Vitalität, eine Kraft, die erobert; er unterwirft die Menschen, aber er liebt nicht, und er versteht auch nicht. Er ist nur eine Kraft, und er ist erfüllt von seiner eigenen Stärke. Wenn er überhaupt liebt, dann eine Kraft wie seine eigene, und somit liebt er wieder seine eigene Art Stärke, nicht die andere, die etwas Aufgesetztes ist. Beobachte den Eroberer genau, beobachte den Menschen, ob Mann

1 Ein unveröffentlichter Roman, der von Anaïs Nins Beziehung zu dem Schriftsteller John Erskine handelt, einem Freund und ehemaligen Professor ihres Mannes. Siehe Einleitung (Seite 12) und die frühen *Tagebücher* von Anaïs Nin, 1923–27 sowie 1927–31. Das Manuskript erfuhr zahlreiche Überarbeitungen, wurde aber schließlich verworfen.

oder Frau, der einen anderen beherrscht: er ist nicht jener, der liebt. Jener, der liebt, ist derjenige, der beherrscht wird. Du liebst mich, also kannst Du mich nicht beherrschen, und da ich eine Frau bin, habe ich danach gestrebt, mich beherrschen zu lassen. Jetzt ist alles vorbei. Ich sehe es als unpersönliche Kraft, animalische Kraft, die keine Macht mehr über mich hat. Ich hasse diese Kraft jetzt sogar. Ich verabscheue ihren Mangel an Subtilität!

Und manchmal, wissen Sie, steht diese Kraft, mit der man geboren wird, nicht im Einklang mit den Wünschen, die man hat, sie befindet sich außerhalb des eigenen Ich. Manchmal habe ich Alan in Verdacht, daß ihn die Wirkung seiner Kraft ärgert. Es schmeichelt seiner Eitelkeit, geliebt zu werden, ja, aber in Wirklichkeit will er nicht geliebt werden, denn wenn man geliebt wird, muß man wiederlieben, und das kann er nicht. Frauen machen den Fehler, den Mann zu lieben, weil sie von ihm beherrscht werden. Tief in seinem Inneren zieht er es jedoch vor, *Widerstand* entgegengesetzt zu bekommen, aus ureigenen Gründen, fast voll Gleichgültigkeit gegenüber der Liebe, wie Sie und ich sie verstehen, nämlich aus einer gewissen Härte heraus. Alan haßt die Art, in der Frauen an ihm zerbrechen. Ich sah ihn auch Mary hassen, weil auch sie sich aufgab.

Ich weiß nicht, was Sie von alledem halten, denn solche «Trockenheit» ist Ihrem Naturell fremd. Allerdings glaube ich, daß auch Sie eine Frau zerstören können, aber aus anderen Gründen.

Anaïs

PS: Könnten Sie meine Reiseschreibmaschine gebrauchen? Wird sie Ihr Problem für eine Weile lösen? Kennen Sie jemanden, dem ich den Prospekt zu meinem Buch über Lawrence schicken könnte? Es wird in zwei Wochen erscheinen.

An Anaïs

Lycée Carnot, Dijon
Freitag [12. Februar 1932]

Gestern um Mitternacht lagen auf meinem Tisch so viele Notizen herum, daß ich, nicht fähig, sie zu ordnen und einen zusammenhängenden Brief zu verfassen, verzweifelt aufgab und zu Bett ging. Das Zimmer ist unendlich viel wohnlicher geworden, seit ich (nach zwei Wochen) herausfand, daß man das Licht verstellen kann. Ich muß Ihnen sagen, daß ich den großen Kohlenkasten in meinem Zimmer mit einiger Zuneigung betrachte. Er ist das beste Stück im Raum. [...]

Auf einem meiner Notizzettel steht: «Korrigiere Anaïs' Englisch.» Möchten Sie, daß ich das tue, oder fände Hugo, daß ich in seine Privatsphäre eindringe? Außerdem, und dies ist wichtiger, würde es «Ihren Stil verkrampfen», wenn ich das täte? Ich halte es deshalb für ziemlich wichtig, Sie auf Ihre Fehler hinzuweisen, weil Sie Englisch zu Ihrer Sprache machen. Nichts ist mitunter peinlicher und fordert mehr Spott heraus als diese kuriosen Verdrehungen, die Unkenntnis der Sprache verraten. Ich vermute, daß Sie der sprachlichen Perfektion so nahe wie möglich kommen wollen; und Sie wissen, daß ich kein Pedant in bezug auf Grammatik, Syntax, Kommas usw. bin. Nein, nur wenn der Sinn entstellt oder die Schönheit des Stils gemindert ist, würde ich einen freundschaftlichen Rat wagen. [...]

Ich schickte einen zweiten Brief in die Schweiz, gleiche Adresse. Haben Sie ihn erhalten? Und habe ich die versprochene Bücherliste beigelegt? Lassen Sie sich von der Postlawine nicht erschrecken. Eine schlechte Angewohnheit von mir, und weil ich mit dem Federhalter nicht arbeiten kann, ist dies ganz einfach ein Weg, Dampf abzulassen; Hugo fühlt sich hoffentlich nicht belästigt. Bitte lassen Sie es sich von ihm versichern. Er darf sich nicht brüskiert fühlen. Auf seinem Schreibtisch landen die Briefe ja ohnehin nicht... Aber ich weiß, wie es manchmal sein kann. Ich hätte es ungern, daß er sich sagt: «Schon wieder Post von diesem Kerl? Was soll das heißen? Ich hoffe bei Gott, daß er abkratzt.»

Kaum habe ich dies geschrieben, merke ich, daß es ein bißchen klingt, als hätte ich ein schlechtes Gewissen, was ich ganz und gar nicht habe, weil mein Gewissen praktisch gestorben ist. Nein, ich möchte, daß Hugo mich mag, mir immer vertraut, an mich glaubt. Zu ihm erlangt man ein wenig schwerer Zugang, außerdem hat er nicht den ersten Schritt getan. Das erzeugt immer eine prekäre Situation. Aber der Kuckuck hole das alles, Anaïs, was ich schreibe, gilt auch für Hugo, absolut. Und wenn ich unbeschwert schreiben kann – ohne die Angst, Läuse in den Pelz zu setzen – nun, um so besser. Hugo wird mich entweder nach einer Zeitlang schrecklich gern haben oder mich verabscheuen. Ich glaube, er wird mich mögen. Und wenn ich, bevor ich dieses Thema beende, noch einen anderen Ton anschlagen darf – wissen Sie, ich bin überaus empfindlich, weil ich selbst oft in Hugos Rolle gedrängt wurde; die Narben scheinen nie zu verheilen. Doch zwischen Ihnen beiden herrscht Einverständnis.

Das ist der große Sieg. Ich stehe dort, wo Proust stand, nur mit mehr Komplikationen, mehr Tatsachen, mehr Geheimnissen, mehr Schrekken, mehr von allem, außer Genie. Sie bringen mich mit Ihren schmeichelhaften Worten fast zum Weinen. Nein, ich bin bei weitem nicht der Künstler, den Sie in mir sehen. Vielleicht habe ich Fähigkeiten – sie sind nur noch nicht zum Tragen gekommen. Doch Ihre Freundschaft, Ihre wunderbare Anteilnahme bedeutet mir alles ...

Henry

An Anaïs [Dijon]
Samstag [13. Februar 1932]

Erhielt eben Ihre beiden Briefe und weiß nun, daß Sie meinen zweiten, in die Schweiz geschickten Brief doch erhalten haben. [...] Wenn die Schreibmaschine eine amerikanische Standardtastatur hat, werde ich bestimmt darauf schreiben können. [...] Daß Sie den alten Roman zum Teil gut fanden und glauben, er könne verbessert und publizierbar gemacht werden, ist schön. Natürlich wäre ich höchst erfreut, wenn Sie ihn durcharbeiten und von Überflüssigem befreien würden. Selbst wenn nur hundert Seiten übrigbleiben und diese gut sind, einverstanden. Vielleicht könnte ich mich irgendwann einmal revanchieren und das gleiche für Sie tun. [...]

Sie [...] bringen mich zum Lachen mit dem, was Sie über Casanova sagen. Pardon, Sie wissen noch nicht, wie die Männer sind. Ich bin leidlich normal. Zugegeben, ich schwimme in einem unendlichen Meer von Sex, aber die tatsächlichen Ausflüge halten sich ziemlich in Grenzen. Ich glaube, es ist eher so: Ich bin immer bereit zur Liebe, immer hungrig auf Liebe. Ich spreche von Liebe, nicht bloß von Sex. Es macht mir gar nichts aus, mein ganzes Werk damit zu erfüllen – mit *Sex*, meine ich –, weil ich keine Angst davor habe, und fast möchte ich mich hinstellen und darüber predigen, wie der verrückte Kerl in [Robinson Jeffers'] *The Women at Point Sur*. Er war übergeschnappt, und das verzeihen die Leute, aber mein Verstand ist gesund, fast zu gesund, wahnsinnig gesund. Nein, ich werde aufhören, mich selbst zu erklären. Ich werde mir von Ihnen erklären lassen, wie ich bin – das klingt so intelligent und phantastisch. Haben Sie keine Bange, daß Sie mich beleidigen könnten – das ist völlig unmöglich. [...] Henry

PS: Die Art, wie ich über Ihre Geschenke und Ihre Hilfe hinweggehe, muß ziemlich gleichgültig wirken. [. . .] Mich schmerzt, daß Sie sich einschränken und sparen, um mir zu helfen. Manchmal denke ich, daß ich nichts als ein großer Schnorrer bin. Verflucht noch mal, wenn ich einen Weg fände, meinen Lebensunterhalt zu verdienen, würde ich mich für den Rest meiner Tage verkaufen. Auf mein Wort!

An Henry

[Louveciennes]
13. Februar 1932

Bitte begreifen Sie, Henry, daß ich mich in voller Rebellion gegen meinen eigenen Verstand befinde, daß ich, wenn ich *lebe*, durch Impuls lebe, durch Gefühl, durch Weißglut – June verstand das.[1] Mein Verstand *existierte* nicht, als wir, vom Wahnsinn erfaßt, durch Paris gingen, blind für Menschen, für Zeit, für Raum, für andere. Er existierte nicht, als ich in meinem Hotelzimmer zum ersten Mal Dostojewski las und lachte und weinte in einem und nicht schlafen konnte und nicht wußte, wo ich war . . . *Aber danach,* verstehen Sie mich, wenn jede Basis, jedes Bewußtsein, jede Kontrolle aus meinem Wesen herausgeschlagen ist, *danach* mache ich mir die ungeheure Mühe, wieder *aufzustehen*, mich nicht mehr zu suhlen, nicht weiterhin bloß zu leiden oder zu brennen, und ich erfasse alle Dinge, June und Dostojewski, und ich *denke*. Sie verstehen sich aufs Denken. Warum sollte ich mir solche Mühe geben? Weil ich *Angst* habe, *genauso* zu sein wie June – absolutes Chaos widerstrebt mir. Ich möchte fähig sein, mit June in höchstem Wahnsinn zu leben, aber ich möchte auch fähig sein, danach zu verstehen, zu erfassen, was ich durchlebt habe.

Vielleicht habe ich unrecht. Sehen Sie, ich kann Ihnen einen Beweis dafür liefern, daß mir der *lebendige Wahnsinn* kostbarer ist als meine Gedanken: Soviel ich auch an Sie denke, ich könnte Ihnen die *Gefühle*, die ich mit June durchlebte, nicht *entgegenbringen*. Geben könnte ich Ihnen Erklärungen, Gespräche usw., aber nicht die *Gefühle* selbst. Geben kann ich Ihnen auch die einzige Kritik, die ich an Dostojewski zu üben vermochte, dabei sind in meinem Tagebuch vier Seiten mit meinen

1 June Miller war Ende Januar 1932, nach einem knapp vierwöchigen Besuch in Paris, nach New York zurückgekehrt.

unzusammenhängenden Gefühlen über die Lektüre der *Dämonen* gefüllt. Können Sie das verstehen? Nur Gedanken kommen an die Oberfläche, allerdings sehr oft, wenn Ihr Brief mich rührt. Wie ich Ihnen beim allerersten Mal sagte, bin ich fast bereit, alles zu geben, genau wie an jenem Tag, als ich so erregt und außer mir war – an dem Tag, an welchem Sie zum ersten Mal zu uns kamen –, ich war im Begriff, Ihnen alles vorzulesen, was ich in mein Tagebuch geschrieben hatte... weil Ihre Verzweiflung in mir Vertrauen zu Ihnen weckte. Verzeihen Sie mir. Erinnern Sie sich, was wir als erstes taten? Wir gingen aus – ich schwärme von der «heilenden» Eigenschaft der Örtlichkeit. Es war lächerlich. Wir suchten keine Heilung, sondern ich suchte meinen Verstand wieder. Ich wußte, daß Sie Qualen litten – aber ich vermied es, mich in Ihre Probleme hineinzustürzen, weil das bedeutet hätte, auch in meine eigenen Qualen zu stürzen. Ich sage noch einmal, vielleicht habe ich unrecht. Ja, ich habe unrecht.

Heute bin ich explodiert und habe mich in furchtbarer Rebellion gegen die Analyse aufgelehnt. Selbst wenn der zweite Satz in all meinen Sonaten mich aus dem Chaos wieder herauszieht, selbst wenn ich viel von Gide in mir habe und eines Tages vielleicht, gleich Lawrence, eine Kehrtwendung mache und die Erläuterungen meiner Bücher selbst schreibe (weil mich anderer Leute Deutung dessen, was der Künstler in Weißglut empfangen hat, krankmacht), selbst wenn ich das tue, verstehen Sie, zuerst kommt die Künstlerin, das Wahrnehmen durch Emotion, dieses *envahissement* durch Empfindungen, das ich verspüre und das mich kaputtmacht.

Sie fragen widersprüchliche und unmögliche Dinge. Sie wollen wissen, welche Träume, welche Impulse, welche Wünsche June hat? Sie werden es nie erfahren, nicht von *ihr*. Nein, sie könnte es Ihnen nicht sagen. Aber ist Ihnen klar, welche Freude es June bereitete, als ich ihr sagte, wie unsere Gefühle waren – in unserer speziellen Sprache? Wieso ich das konnte? Weil, weil ich nicht die ganze Zeit *versunken* bin, mich nicht immer bloß meinen Phantasien hingebe. Weil ich auch auftauche, um Atem zu holen, zu verstehen. Ich verblüffte June, weil mich, als wir uns zusammen hinsetzten, das Wunder des Augenblicks nicht bloß trunken machte – ich erlebte es mit dem Bewußtsein des Dichters, wohlgemerkt, nicht mit dem Bewußtsein, auf welches die in Leerformeln sprechenden Psychoanalytiker gern ihre klinischen Finger legen würden – oh, nicht das, nein, ein Bewußtsein geschärfter *Sinne* (geschärfter als die unter Drogen gesetzten). Wir sind bis zum äußersten gegangen, mit unser beider Vorstellungskraft. Wir sind zusammen gestorben. Aber June fährt fort zu leben und zu sterben, und ich – oh, Gott, ich hasse meine Arbeit, ich würde viel lieber nur leben –, ich setze mich hin und versuche *Ihnen mitzuteilen* – Ihnen mitzuteilen, daß ich viel lieber ekstatisch weiterleben würde, als Unwissende für Sie – für alle. Sie rennen währenddessen mit dem Kopf an die Wand unserer Welt, ja, und schuld bin ich mit meiner dämonischen schöpferischen Kraft der Realisation und des koordinierten Geheimnisses – ich, die eines Tages die Schleier zerreißen wird. Aber jetzt nicht. Ich will noch nicht. Ich liebe mein Geheimnis, ich liebe die abstrakte, flüchtige Welt, in der ich lebe, solange ich nicht mit meiner *Arbeit* beginne, dem gewaltsamen Hervorholen zarter, tiefer, vager, obskurer, lustvoll wortloser Empfindungen und ihrer Formung in Sprache, die Sie begreifen können – oder vielleicht nie werden begreifen können. Vielleicht werde ich auf meinen Verstand, meine Werke, mein Bestreben verzichten und nur leben, leiden, mich wälzen, mich Ihrem Wissen entziehen, Ihrer Inbesitznahme von June oder mir. Warum wollen *Sie* mehr Klarheit, mehr Wissen – von Dostojewski verlangen Sie es ja auch nicht – Sie danken Gott für das lebendige Chaos. Warum also wollen Sie mehr über June wissen? Weil auch Sie Schriftsteller sind, und Geheimnisse inspirieren Sie, aber diese müssen auch beherrscht, besiegt werden.

Eine kleine Ironie: Sie, der Schriftsteller, waren es, der June die Worte gab, mit denen sie mich pries und beschrieb. Es war etwas wie: «Ihre Gestalt hat gewisse Ähnlichkeit mit den schönen byzantinischen Nachtfaltern in Seide und Pelz ...» Ich fand es in Ihrem ersten Roman. Für die Maler war ich immer «eine Byzantinerin». Ich war erstaunt über Junes eigenartige Beschreibung der «Brillanz subtiler orientalischer Weltklugheit» usw.

Sie hatte versprochen, mir viel zu schreiben. Sie hat nicht geschrieben. Hat sie Ihnen geschrieben, und haben Sie eine Adresse, die Sie mir geben können? Ja, ich möchte ihr schreiben.

Machen Sie sich keine Sorgen wegen der Folgen Ihrer Verbesserung meines Englisch. Nichts könnte bewirken, daß ich *gehemmt* wäre – aber Sie werden keinen *Lohn* ernten, denn an Tagen wie dem heutigen würde ich Ihnen ohnehin einfach so schreiben – und Fehler stören mich wirklich nicht, solange Sie mich verstehen. Mir liegt nichts an schönem oder perfektem Englisch. Wenn es perfekt oder schön wird – sehr gut – und ich bin auch bereit zu arbeiten, aber das allein interessiert mich nicht *genug*. Ich bin so erfüllt, so aufgeregt, so fiebrig – die Sprache wird immer hinterherhinken und nicht mitkommen. Ich lese meine Briefe an

Sie nicht einmal mehr durch. Ihre armen empfindlichen englischen Ohren! Die Güte in Ihrer Hilfe, die erkenne ich klar.

Bitte kaufen Sie sich zusätzliche Kohle und Holz.

Den Rest Ihres Briefes werde ich morgen beantworten.

Anaïs

AN ANAÏS [Dijon]
Sonntag [21. Februar 1932]

Noch ein Brief, dann ist er zu Ende, der große Briefwechsel.

Ich gehe hier weg – glücklich wie ein Sträfling, der entlassen wird.

Ich erhielt ein Telegramm und einen Brief von meinem Freund Fred [Perlès][1], worin es heißt, daß mir der Chefredakteur der *Tribune* eine feste Anstellung als stellvertretender Wirtschaftsredakteur angeboten hat.[2] Anfangsgehalt 1200 Francs im Monat (*pas beaucoup!*), aber Aussicht auf eine baldige Erhöhung. Dienststunden 20 Uhr 30 bis 1 Uhr (meine Stunden) und leichte Arbeit.

Was könnte ich anderes tun als annehmen? Es bedeutet eine Art Unabhängigkeit, *Paris* und *Leben*. Ich werde imstande sein zu schreiben, weil der Tag mir gehört. Außerdem bekomme ich einen freien Tag in der Woche. [...] Meine Adresse wird vorläufig lauten: c/o *Chicago Tribune*, 5 Rue Lamartine, Paris. Verzeihen Sie die Hast – gebe den Brief schnell zur Post.

Henry

AN HENRY [Louveciennes]
22. Februar 1932

Als Sie über Dostojewski schrieben: «Es ist schade, daß wir nie wieder Gelegenheit haben werden, einen Mann zu lesen oder zu sehen, der im Innersten des Geheimnisses steht und durch seine Erleuchtungen nicht

1 Siehe «Biographische Anmerkungen».
2 In Wirklichkeit bestand die Arbeit vorwiegend aus Korrekturlesen.

nur die Dinge für uns erhellt, sondern uns auch die Tiefe, die Unermeßlichkeit des Dunkels zeigt», da dachte ich, wieviel dies für mich bedeutet, daß ich das gleiche bei D. H. Lawrence empfand und daß es dessen Dunkel war, das mich anzog ... Glauben Sie nicht, daß es bei Lawrence so ist? Ein weiterer Grund, warum ich mit Dostojewski allein nicht leben konnte und etwas anderes suchen mußte, besteht darin, daß bei Lawrence das «Dunkel» vorwiegend sexuell war – bei Dostojewski dagegen gibt es nicht genügend Sexualität. Angedeutete, ja, suggerierte, durch Leidenschaft aufgezeigte, durch Tod bewiesene – doch die Sexualität bleibt fast immer im Dunkel, während Lawrence sie gerade aus dem Dunkel hervorzuholen versuchte. Und Sie auch – ich liebe das an Ihrem Werk genauso, wie ich das Leben selbst liebe. Ich gebrauche das Wort «sexuell» in dem Sinne, der Liebe mit umfaßt – darum war es, als ich über Casanova schrieb, ganz und gar nicht meine Absicht, seine Sexualität mit Ihrer freimütigen Sinnlichkeit zu vergleichen. Sie hatten recht zu schreiben, daß ich, wenn ich da eine Ähnlichkeit fände, die Männer nicht kenne. Die Ähnlichkeit fand sich für mich rein zahlenmäßig gesprochen![1]

Des weiteren schreiben Sie: «Gide hat Verstand, Dostojewski hat das andere, und gerade auf dieses andere kommt es an.» Sie und ich erleben den schönsten Augenblick, die größte Freude nicht, wenn unser Verstand herrscht, sondern wenn wir unseren Verstand *verlieren* – und Sie und ich verlieren ihn beide auf die gleiche Weise, durch Liebe.

Wir haben unseren Verstand verloren – an June. Sowohl Sie als auch ich würden ihr in den Tod folgen ... in bestimmten Augenblicken. Sie hat die Wirklichkeit vernichtet. Sie hat das Gewissen vernichtet. (Sie sagen, Sie haben keines – ich sage, ich habe keines, aber bei uns stimmt das nicht so wie bei June. Beispiel: Warum sind Sie immer so auf Hugo bedacht, so rücksichtsvoll?) June schert sich nicht um die Wahrheit. Sie *erfindet* ihr Leben, während sie durch die Tage geht – sie sieht keinen Unterschied zwischen Fiktion und Wirklichkeit. Wie wir das an ihr lieben: daß sie die Einbildung ernst nimmt. In manchen Augenblicken möchten Sie June in den Tod folgen, doch in anderen reagieren Sie heftig mit kraftvollem Einsatz Ihrer eigenen großartigen Lebendigkeit. Unwissentlich stoßen Sie mich immer wieder ins Dunkel. Und ich brauche nicht stark gestoßen zu werden. Ein kleines Wort von Ihnen gegen den Verstand ... Verstehen Sie? Mein Wesen zerbricht, zerbröckelt. Ich dachte, mein Daseinsgrund sei der Verstand. Ich sah es als zu leicht an (wenig-

1 Wiederaufnahme der Ausführungen in ihrem Brief vom 12. Februar 1932.

stens für mich), verzückt zu sein, am Rande des Todes zu leben, wie June es tut, zu geben bis zum Tod ... das schwerste ist, plötzlich aufzuhören – aufzuhören, weil jemand mitleiderregend an deine Vernunft als deine größte Gabe appelliert. Wenn jemand sich flehend an mich wandte, wollte ich *verstehen*, klar und deutlich, mir inmitten des Wahnsinns Menschlichkeit und mein Mitleidempfinden bewahren. Aber mit jedem Tag habe ich weniger Kraft, dies zu tun.

Wer den Mut hat zu verletzen ... aus wichtigen Gründen ... der allein tut Gutes. Das ist June. Eines Tages teile ich vielleicht Junes Wahnsinn gänzlich, gänzlich. Befragen Sie meinen Verstand, bevor er dahin ist!

Ich deliriere – Sie werden nichts dagegen haben. Manchmal habe ich das Gefühl, daß Sie die gleichen Anfälle von Zerrissenheit durchmachen.

Ich versuchte, Ihren warmherzigen, wunderbaren Brief zu beantworten.

Goethe – es ist amüsant, wie einig wir uns über Goethe sind. Den Mann, der gelassene Heiterkeit und geistige Gesundheit erstrebte. Ich kenne ihn kaum, und ich verabscheue ihn.

Aber ich verabscheue auch Nietzsche. Ich wünschte, Sie würden mir etwas offenbaren, das mich ihn verstehen läßt. Ich begann mit *Zarathustra* – was für eine alberne Sprache, und die Welt ist voll «härterer und fröhlicherer» Männer! Alan [John Erskine] war ein Supermann, und er schrieb Briefe wie diesen: «Mary hat eine gute Dienstbotenmannschaft gefunden, deshalb läuft der Haushalt reibungslos. Wir werden im Oktober in ein besseres Wohnviertel ziehen. Ich zeigte Mary Deine Briefe, und sie fand sie bezaubernd und *sehr* ausländisch. Du mußt mir oft schreiben und berichten, wie es Dir geht usw.» (Tut mir leid, ich sollte Ihnen dies nicht weitererzählen, aber schließlich haben Sie mir auch von Berthas[1] Briefen erzählt!)

Apropos «Geschenke» – *ein für allemal*, bitte gehen Sie gleichgültig darüber hinweg – sagen Sie nicht einmal danke – wollen Sie das tun? Sonst müßte ich unsere Konten ausgleichen und Ihnen zeigen, was ich *Ihnen* schulde. Ich mag aber keine Konten.

Wissen Sie, ich wünschte, sie würden «Heinrich» genannt (ich sah die Notizen über Ihre Vorfahren). Deutsch hat für mich einen besonderen Reiz, wie Französisch für Sie. Und wie ist es mit Russisch? Ich lerne

1 Bertha Schrank war die Frau Joseph Schranks, eines in Paris lebenden amerikanischen Dramatikers. Henry Miller fühlte sich zu ihr hingezogen.

Russisch. Doch meine Freundin Natascha [Trubezkaja][1] schwört, daß Dostojewski ein großer Lügner war und daß man in Rußland schwerlich eine Nastasja, einen «Idioten» oder einen Stawrogin finden könne. Die *Düsterkeit* ist es, die sie ablehnt. Sie selbst ist überaus temperamentvoll, grausam, pervers, tyrannisch, phantastisch, aber nicht düster. Ihr Geliebter ist ein «harter und fröhlicher» Supermann. Sie versucht, mir mein Bild von Rußland zu nehmen, wie ich versuche, Ihr Bild von Frankreich zu zersetzen.

Sagen Sie mir eines. Sie haben ein Gefühl für das Makabere – Ihre Phantasie wird von gewissen finsteren Bildern angezogen. *Haben* Sie zu Bertha gesagt, das Leben mit June sei wie das Herumtragen einer Leiche? Stören Junes Neurosen und ihre Krankheit Sie wirklich, oder verfluchen Sie nur das, was Sie versklavt?

Ist Ihnen aufgefallen, welche unterschiedlichen *Farben* June und ich lieben? Sie liebt Violett, das ein Symbol des Todes ist. Ich liebe warme Töne, Bluttöne, Rot, das Leben bedeutet. Was erwarten Sie, daß ich June *gebe*?

Anaïs

AN HENRY

[Louveciennes]
25. Februar 1932

Vielleicht waren Sie sich dessen nicht bewußt, aber heute rüttelten und rissen Sie mich zum ersten Mal aus einem Traum. Ihre Notizen, Ihre Geschichten über June haben mich nie verletzt. Nichts verletzte mich, bis Sie an den Ursprung meiner schrecklichen Angst rührten: June und die Einflüsse auf June. Was ist June? *Gibt* es eine June? Als Sie davon sprachen, daß sie den «Broadway» haßten und June, als Sie sie kennenlernten, im Begriff war, an den Broadway zu gehen, und daß sie es getan hätte, wären Sie nicht gewesen – als ich erkannte, daß sie das meiste, was ich an ihr bewunderte, Ihrem Einfluß zu verdanken hatte – welch beklemmendes Gefühl, wenn ich mich an ihre Reden erinnere und dabei spüre, wie sehr sie mit den Reichtümern anderer beladen ist, all der

1 Siehe «Biographische Anmerkungen».

anderen, die ihre Schönheit lieben. Selbst «Graf Bruga»[1] war nicht ihr eigenes, sondern Jeans Werk. Als wir beisammen waren, sagte June: «Du wirst *ersinnen*, was wir miteinander machen.» Ich war bereit, ihr alles zu geben, was ich je ersonnen und geschaffen habe, von meinem Haus, meinen Kleidern, meinem Schmuck bis zu meiner Schriftstellerei – alles von mir Erdachte, mein Leben. Ich hätte ausschließlich für sie gearbeitet.

Die Worte, die sie gebrauchte, waren Ihre, die Phantasievorstellungen bezieht sie von Nastasja.

Verstehen Sie mich recht. Ich vergöttere sie. Ich akzeptiere alles, was sie ist, aber sie muß sie selbst sein. Ich revoltiere nur, wenn es gar keine June gibt (wie ich an jenem Abend schrieb, an dem ich sie kennenlernte). Sagen Sie mir nicht, daß es keine June außer der physischen June gibt, sagen Sie das nicht, denn Sie müssen es besser wissen: Sie haben mit ihr gelebt.

Bis heute hatte ich keine Angst vor dem, was Ihr und mein Verstand zusammen entdecken würden. Aber was für ein Gift Sie destillieren! Vielleicht eben das Gift, das Sie in sich haben? Ist das auch Ihre schreckliche Angst? Fühlen Sie sich heimgesucht und dazu noch betrogen, wie von einer Schöpfung Ihres eigenen Gehirns? Ist es die Furcht vor einer Illusion, die Sie mit rohen Worten bekämpfen? Sagen Sie mir, daß June nicht nur ein schönes *Bild* ist. Wenn wir reden, habe ich manchmal das Gefühl, daß wir versuchen, ihre *Realität* zu fassen. Sie ist sogar für uns unwirklich – sogar für Sie, der sie besessen hat, und für mich, die von ihr geküßt worden ist.

Ich wußte bisher nicht, warum ich ihr nicht schreiben konnte. Jetzt weiß ich es: Ich bin im ungewissen darüber, was ich ihr bedeute, außer sie ist *hier*, an meiner Seite. Ich habe nicht geschrieben, weil ich Jean im Hintergrund spürte. June, die meinen Brief Jean zeigt – das ist eine *andere* June, eine andersgeartete, nicht *meine*. Und ich möchte sie weitergehen lassen, wie Sie weitergehen, ich möchte sie nicht halten. Mein Stolz vielleicht.

Derzeit lebe ich nur in Ekstase oder in verrückt machendem Schmerz. Heute abend, nach unserem Gespräch, war es Schmerz.

Anaïs

1 Eine von Junes Freundin Jean Kronski angefertigte Puppe, die June bei ihrem Besuch in Paris, als Anaïs Nin sie kennenlernte, bei sich hatte.

An Henry [Louveciennes]
[26. Februar 1932]

Mit diesem Brief will ich ausprobieren, ob es klappt, Ihnen an die Adresse der *Tribune* zu schreiben. Leider werden wir uns am Sonntag nicht treffen können. Bei uns ist ein häuslicher Aufstand ausgebrochen. Meine Mutter will nicht länger im Haus einer Person leben, die fähig ist, ein so «schmutziges» Buch zu schreiben wie meine Studien über Lawrence. Sie hat schreckliche Angst vor meinem Einfluß auf Joaquin[1].

Das Ganze mag Ihnen lächerlich, fast naiv erscheinen. Man kann es beinahe nicht glauben. Es wird keinen Frieden geben, bis ihre dritte «Scheidung» vollzogen ist (erste von meinem Vater, zweite von meinem älteren Bruder, weil er Interesse für seinen Vater zeigte, jetzt die von mir). Am Sonntag müssen wir bei der Wohnungssuche helfen.

Rufen Sie mich an, sobald Sie Zeit haben zu kommen, oder wir können uns in Paris treffen und miteinander reden. Nächste Woche sitze ich fast jeden Nachmittag einem russischen Maler auf dem Montparnasse.

Wenn dieser Brief sie erreicht, werde ich Ihnen Rilkes *Aufzeichnungen des Malte Laurids Brigge* schicken und Ihren letzten Brief vollends beantworten.

A.

An Henry [Louveciennes]
[1. März 1932]

Am Donnerstag können wir uns nicht sehen, weil es ein Feiertag ist, aber Hugh möchte, daß Sie am Sonntag zum Abendessen kommen – und ich kann am Freitag gegen 16.30 im Café Rotonde sein. Ich vergaß Ihnen gestern zu sagen, daß Hugh nicht alle Briefe liest, die ich bekomme. Zerreißen Sie nichts: das erzeugt Lücken, Stille – wie die Gedankenstriche von Paul Valéry.

Können Sie diese aus destilliertem andalusischen Blut gemachte Tinte lesen?

Hat das Chamäleon im Rotonde gestern wieder die Farbe verändert?

Welcher Kontrast zwischen Ihrem und meinem Leben! Gestern abend

1 Anaïs Nins jüngerer Bruder. Siehe Nin-Culmell in «Biographische Anmerkungen».

überwältigten mich Ihre Notizen. Soviel Stoff, der assimiliert, umgewandelt und gründlich durchdacht werden muß – und Sie wünschen sich Frieden, damit Ihre Phantasie in diese ganz schwierige Materie eindringen kann, ich aber laufe vor dem Frieden davon und habe begonnen, zu leben wie Sie und June. Und beide Arten Leben führen zum gleichen Wahnsinn.

Anaïs

Sehen Sie sich mein Wappen und die Symbole darin an.

AN HENRY

[Louveciennes]
[2. März 1932]

Die Frau wird ewig in dem großen schwarzen Lehnstuhl sitzen. Ich werde die einzige Frau sein, die Sie nie bekommen werden. [...] Exzessives Leben drückt auf die Phantasie: Wir werden nicht leben, wir werden nur schreiben und reden, um die Segel zu blähen.

[Anaïs]

AN ANAÏS

Chez les Vikings, Taverne Scandinave
29 et 31, Rue Vavin, Paris VI
[4. März 1932]

Drei Minuten, nachdem Sie gegangen sind. Nein, ich kann es nicht zurückhalten. Ich sage Ihnen, was Sie bereits wissen – ich liebe Sie. Dies ist es, was ich immer wieder geschrieben und zerknüllt habe. In Dijon schrieb ich Ihnen lange, leidenschaftliche Briefe, wären Sie in der Schweiz geblieben, hätte ich sie abgeschickt – aber wie konnte ich sie nach Louveciennes schicken?

Anaïs, ich kann jetzt nicht viel sagen – ich bin im Fieber. Ich konnte kaum mit Ihnen reden, weil ich ständig im Begriff war, aufzustehen und Sie in die Arme zu nehmen. Ich hatte die Hoffnung, daß Sie nicht zum Abendessen nach Hause müßten – daß wir irgendwohin zum Essen und Tanzen gehen könnten. Sie tanzen – ich habe immer wieder davon geträumt –, und ich tanze mit Ihnen, oder Sie tanzen allein, den Kopf zurückgeworfen und die Augen halb geschlossen. Sie müssen so für mich tanzen. Das ist Ihr spanisches Ich – das destillierte andalusische Blut.

Ich sitze jetzt auf Ihrem Platz und habe Ihr Glas an die Lippen gehoben. Aber meine Zunge ist gelähmt. Was Sie mir vorlasen, überflutete mich. Ihre Sprache ist noch überwältigender als meine. Im Vergleich zu Ihnen bin ich ein Kind, denn wenn der Schoß in Ihnen spricht, umhüllt er alles – er ist das Dunkel, das ich anbete. Sie irrten sich, wenn Sie dachten, daß ich allein den literarischen Wert schätzte. Das war mein scheinheiliges Gerede. Ich habe bis jetzt nicht gewagt zu sagen, was ich denke. Aber jetzt tue ich es – Sie haben die Leere für mich geöffnet – Zurückhaltung gibt es nicht mehr.

Ohne daß Sie es gewahr wurden, habe ich ständig mit Ihnen gelebt. Aber ich habe mich gescheut, es zuzugeben – ich dachte, es würde Sie erschrecken. Heute hatte ich vor, Sie in mein Zimmer mitzunehmen und Ihnen die Aquarelle zu zeigen. Aber es erschien mir so schäbig, Sie in mein erbärmliches Hotel zu führen. Nein, das kann ich nicht machen. Sie werden mich irgendwohin führen – in Ihre Hütte, wie Sie sagen. Führen Sie mich dorthin, damit ich Sie in die Arme nehmen kann.

Und ich lüge, Anaïs, wenn ich Ihnen erzähle, daß ich Sie nicht vergöttern möchte. Haben Sie erwartet, daß ich Ihnen solche Dinge sage? Als ich mir [Marcel Pagnols und Alexander Kordas Film] *Marius* anschaute, träumte ich von Ihnen – Sie sind wie dieses aufs Meer hinausfahrende Schiff, Ihre Segel sind voll entfaltet, und das Sonnenlicht streicht über Sie. Und wie Marius bin ich in der elften Stunde an Bord gegangen – ich bin aus dem rückwärtigen Fenster gesprungen und zum Kai gerannt.

Dennoch, ich weiß nicht, was ich Ihnen schreiben darf, trotz Ihrer Erlaubnis. Ich habe das Gefühl, daß ich ein Sakrileg begehen könnte, andererseits aber kann das nicht sein. Meine Instinkte trügen mich bestimmt nicht. Dennoch warte ich hungrig auf ein Wort von Ihnen. Ja, haben Sie zu mir gesagt, immer wieder, in hundert verschiedenen Arten, aber ich bin langsam, Anaïs, vielleicht deshalb, weil es eine solch köstliche Qual ist. Es ist, als wartete ich darauf, Sie von Ihrem Thron aufstehen zu sehen.

Und was Hugo angeht – Anaïs, ich kann nicht an Hugo denken. Es ist unmöglich, an ihn *und* an Sie zu denken. Bitte belügen Sie sich selbst jetzt nicht. Nicht vor mir!

Vielleicht rufe ich Sie morgen an und lasse Sie wissen, was Sie erwartet. Ich würde Sie sofort anrufen, nur wird eben Hugo da sein.

In meinem Hotel gibt es ein Telefon, aber ich weiß die Nummer nicht, und sie steht leider nicht im Telefonbuch. Aber für den Fall, daß es Ihnen gelingt, mich anzurufen: meine Zimmernummer ist 40.

Am Sonntag werde ich Sie also nicht sehen. Auch das ist hart. Aber es ist besser so – Sie haben recht.

Henry

AN ANAÏS [Hotel Central, 1 bis Rue du Maine, Paris 14]
Sonntag, 1.30 nachts [6. März 1932]

Was für eine Hektik heute abend! Bin eben auf ein paar Bier im Trois Portes gewesen. Als ich sie hinuntergoß, zitterte ich noch vor dem Tempo, mit dem ich gearbeitet hatte ... Doch das Seltsame ist, es machte mir nichts aus. Ich kam auf Touren. Während der Arbeit mußte ich mich mehrmals aus einer Art Koma reißen. Sie riefen an, als ich eben angefangen hatte, und zum Glück stellte man in einen leeren Raum um. Und nach dem Gespräch konnte ich nicht gleich wieder an die Zahlen denken. Ich hatte blinde Flecken. Ich rief Sie heute abend an, nicht wegen des Telegramms, sondern um Ihnen zu sagen, daß ich den Brief abgeschickt habe; wie Sie erkennen werden, wenn Sie diesen hier erhalten, habe ich ihn aus dem Viking abgeschickt, unmittelbar nach Ihrem Weggang. Und heute setzte ich mich hin, warm angezogen mit Bademantel, Überzieher, Halstuch und Hut, und schrieb weitere zehn Seiten für das Buch [*Wendekreis des Krebses*]. [...]

Anaïs, Sie haben den Saft zum Fließen gebracht. Ich bin nicht mehr verantwortlich für das, was ich sage oder tue. Hören Sie, Sie werden den Brief lesen und vielleicht enttäuscht sein. Er enthält wenig von dem, was ich Ihnen zu sagen hätte, und ich habe noch immer nicht den Mut, den ich haben sollte. Warum nicht, verflucht noch mal? Sie haben mir doch die Erlaubnis gegeben. Aber erwarten Sie wirklich all das, was ich sagen werde? Sie haben mir Ihre Notizen vorgelesen – ja, ja, es besteht ein Unterschied zwischen dem, was ich schreibe, und dem, was ich rede, was ich tue. Sagen wir, es hatte einer bestanden.

Anaïs, ich werde ständig unterbrochen. Ich will versuchen, zu Hause weiterzuschreiben. Hier macht es die Leute neugierig, daß ich so viel schreibe. Sie meinen, ich sei drauf versessen, geschunden zu werden. Sie fragen mich, warum ich nicht heimgehe. Anaïs, ich könnte die ganze Nacht hier bleiben und Ihnen schreiben. Ich sehe Sie ständig vor mit, mit gesenktem Kopf und Ihren auf den Wangen ruhenden langen Wimpern.

Und ich fühle mich sehr demütig. Ich weiß nicht, warum Sie gerade mich auswählen sollten – es ist mir ein Rätsel. Aber ich möchte es nicht zu genau untersuchen. Sie haben mich entflammt, und jetzt kann ich nie mehr sein, was ich zuvor war, nur Ihr Freund. War ich denn je nur das? Mir scheint, daß ich vom ersten Augenblick an, als Sie die Tür öffneten und lächelnd die Hand ausstreckten, akzeptiert war, Ihnen gehörte. June spürte es auch. Sie sagte sofort, daß Sie in mich verliebt seien oder auch ich in Sie. Aber ich selbst wußte nicht, daß es Liebe war. Ich sprach begeistert von Ihnen, ohne Zurückhaltung. Dann lernte June Sie kennen und verliebte sich in Sie, und ich war ein wenig unglücklich, nicht Junes wegen, sondern Ihretwegen. Und als ich zu Ihnen kam und in Ihrem Haus weinte, als ich mit Ihnen durch den Wald ging, verspürte ich unter meinem ganzen Kummer und meiner ganzen Verzweiflung das tiefe Verlangen, Sie in die Arme zu schließen und mich von Ihnen lieben zu lassen. Aber einer Ihrer ersten Sätze ließ mich erstarren. Sie sagten: «Wir beide vermissen sie.» Das war ein Augenblick des Entsetzens – Sie verstehen, was ich meine, ich brauche nichts zu erklären. Aber ich wandte mich nicht von Ihnen ab. Zum ersten Mal im Leben hörte ich jemanden solche Dinge sagen, ohne diesen Jemand zu hassen. Ich hätte Ihnen alles verzeihen können ... Ich kann es noch.

Bin zurück in meinem Zimmer und immer noch fiebrig. Habe überall nach dem einen Brief gesucht. Ich kann Ihnen noch nicht schreiben. Ich höre draußen vor dem Fenster die Dynamos der Ventilatoren laufen. Und dort spielt sich ein seltsames Phänomen ab – ein Gebäude glüht wie heißes Metall, dahinter ist eines rein weiß, milchig, der Rest schwimmt in Kohlenschwärze. Ich halte Umschau in meinem Zimmer, um zu prüfen, was ich Ihnen bieten kann; ich sehe nur meine albernen Aquarelle und Notizen – überall Notizen und auf den Rückseiten Ihr Name: Zeig dies Anaïs, frage Anaïs, geh zu Anaïs ...

Ich bin im Bett gewesen, kann aber nicht schlafen. Wieder aufgestanden, fröstelnd, mit dem Verlangen, Ihnen zu schreiben. Der Morgen dämmert, und alles ist bläulich. Vor mir liegen einige Auszüge aus Thomas Hardy. Es sind wohl die letzten, die ich aufhebe, und was sehe ich darin – «Er kehrte in das Zimmer zurück und saß da wie in Erwartung der Erscheinung des Geistes der Geliebten». Ich werde die Notizen mitbringen, sie sind für Sie. Und Sie, werden Sie mir eine Abschrift jener Zeilen machen, die Sie aus Ihrem Tagebuch vorlasen? Es waren großartige Zeilen – und ich glaube, daß ihre Großartigkeit mich mehr hemmt als irgend etwas sonst. Wie kann ich, nachdem ich sie gehört habe, Ihnen je etwas Adäquates schreiben?

Fragmente schießen mir durch den Kopf – ich kann nichts zu Ende denken. Ihre Äußerung neulich, daß die spanische Frau es liebt, wenn ihr Mann mit dem Geschmack von Wein auf den Lippen zu ihr kommt . . . Die Äußerung, daß Sie gern einen «Wüstling» kennen würden, um zu begreifen, wie ein solches Wesen ist . . . Die Schilderung, wie Sie durch Paris gingen und Ihre aufgerichteten Brustwarzen kribbelten. Während ich Ihr Buch lese, habe ich das Gefühl, zum ersten Mal zu erfahren, welche Empfindungen eine Frau bei der Liebe hat . . . Frage mich wieder und wieder, schaut sie Männer immer mit solch ruhigen Augen an? . . . Und dann die Einladung spazierenzugehen – aber nicht durch die Gegend, sondern zu irgendeinem obskuren Gasthaus, um Sie mit Wein zu traktieren, Ihr arabisches Blut zu wittern. Ihr Blut – ich hätte gern einen Abstrich davon, um es unters Mikroskop zu geben. Einmal näherten Sie sich mir bis auf einen Fußbreit, von Angesicht zu Angesicht, zwischen uns nur eine Stuhllehne – wie schaffte ich es bloß, mich zurückzuhalten? Es gab andere Zeiten, wo ich nur Ihren Geist spürte, und Ihr Geist ist aalglatt, er schiebt sich zwischen meine Gedanken, und ich muß Sand ausstreuen, sonst drehen die Räder durch . . . Angst, daß Sie sich mir nähern, wie Sie sich einem Ungeheuer nähern würden, daß Sie mich studieren – bislang habe immer *ich* studiert. [. . .]

Henry

An Henry [Louveciennes]
[9. März 1932]

Ich wollte Dich gestern nicht versengen – ich lag da wie im Traum – und so aufgelöst, daß ich Dich nicht aufstehen hörte – ich klammerte mich an den Augenblick, um ihn zu verlängern. Wenn ich jetzt daran denke, verspüre ich eine Art Schmerz darüber, Dich versengt zu haben – sage, daß Du mir verzeihst – es geschah unbewußt.

Ich kann Dir nicht schreiben, Henry, obwohl ich vergangene Nacht wach war und Dir – die ganze Nacht lang – von dem Mann erzählte, den ich gestern entdeckte . . . dem Mann, den ich mit meinen Gefühlen schon im ersten Augenblick erspürte – die ganzen Berge von Wörtern, Niederschriften, Zitaten sind zerfallen – mir ist jetzt nur der Glanz bewußt, der blendende Glanz Deines Zimmers – und dieser unwirkliche Augenblick

– wie kann ein Augenblick so unwirklich und gleichzeitig so feurig sein – so feurig.

Du willst so viel wissen. Ich erinnere mich an Deinen Satz: «Mich schätzen nur Huren.» Ich wollte sagen: Nur bei Huren können Sie das gleiche Blut spüren, zwischen uns beiden steht zuviel Verstand, zuviel Literatur, zuviel Illusion – später aber hast Du widerlegt, daß da nur Verstand war ...

Mein Gesicht läßt Dich glauben, daß all meine Erwartungen aufwärts streben, aufwärts ... aber jetzt weißt Du, daß nicht nur mein Verstand sich Deiner bewußt ist.

Bin Deiner bewußt, chaotisch bewußt. Ich liebe diese seltsame, trügerische Weichheit, die Du hast und die sich immer in Groll verwandelt. Wie habe ich Dich ausgewählt? Ich *sah* Dich mit Deiner intensiven, selektiven Art – ich sah einen Mund, der intelligent, animalisch und weich zugleich war ... seltsame Mischung. Ich sah einen menschlichen Mann, der sensibel alles bewußt registriert – ich liebe Bewußtheit – einen Mann, das sagte ich Dir, den das Leben trunken macht. Dein Lachen war kein Lachen, das verletzen konnte, es war weich und volltönend. Mir wurde warm, schwindelig, und ich sang in meinem Inneren. Du sagtest immer die wahrsten und tiefsten Dinge ganz langsam – und Du hast eine Art zu sprechen, wie ein Südstaatler – hm, hm – bedächtig, während Du Dich auf Deiner introspektiven Reise befandst – eine Art, die mich rührte.

Kurz davor hatte ich, wie ich Dir erzählte, Selbstmord im Sinn. Aber ich wartete, um Dich kennenzulernen, als ob das eine Lösung bringen könnte – und das tat es wirklich. Als ich Dich sah, dachte ich, da ist ein Mann, den ich lieben könnte. Und ich hatte keine Angst mehr vor Gefühlen. Ich brachte es nicht fertig, den Selbstmord (Wahnvorstellung, die Romantik auszulöschen) auszuführen, etwas hielt mich zurück. Ich kann nur «ganzheitlich» vorgehen.

Ich weiß nicht, ob es Liebe war – eine lange Unterbrechung trat ein – die Liebe zu June. Henry – die Liebe zu June ist immer noch da. Ich konnte es gestern nicht ertragen, sie [ihre Fotografie] zu sehen. Sie besitzt uns beide – alles andere ist nur ein vorübergehender Sieg.

Ich dachte, ich sei in Deinen Verstand und Dein Genie verliebt (ich las Dir vor, was ich von Deinem Verstand und Deinem Schreiben hielt) – Chaos gibt es nur bei June. Ich spürte, daß mich Dein Verstand beobachtete. Ich wollte keine Liebe, weil sie Chaos bedeutet, und sie läßt den Verstand schwanken wie Laternen in heftigem Wind. Ich wollte vor Dir sehr stark sein, *gegen* Dich sein – Du liebst es so, gegen die Dinge zu sein.

Ich liebe es, *für* sie zu sein. Du machst Karikaturen. Man braucht großen Haß, um Karikaturen machen zu können. Ich wähle aus, ich liebe – das Aufwallen der Liebe erstickt mich des Nachts – wie in jenem Traum, den Du gestern versuchtest *wahrzumachen* – festzunageln mit Deinem verschlingenden Kuß.

Wenn Du mich als verschleiert empfindest, als zurückhaltend, Henry, dann liegt es an June. Welche Macht Du an jenem ersten Tag hattest, mir Seiten aus meinem Tagebuch über sie zu entreißen! Du weißt nicht, in welchem Maße ich mich im Zaum halte und meine Gefühle. Es ist seltsam, wie Du die Wahrheit aus mir herausbekommst.

Henry, auch ich möchte mich hinsetzen und Dir lange schreiben, als bewirke dies Nähe zu Dir. Ich habe Dir nicht erzählt, welche Freude ich bei Deiner Rückkehr aus Dijon empfand, welche durchdringende Freude ich empfinde, wenn Du so spontan handelst wie ich. Und welche Freude wiederum, wenn Du, inmitten des Wahnsinns, unerwartet etwas sehr Tiefes sagst. Die plötzlichen Erleuchtungen des Lebens, die nie ganz ausgeblasene Laterne – ich liebe auch das. Geheimnisvolles Leben und diese Bewußtheit, ich schätze das – verstehst Du nicht?! – wie eine Intensivierung aller Genüsse. Ich liebe auch den Schöpfer in Dir, der das Leben in einer Art und Weise zu bereichern und auszuweiten versteht wie niemand sonst. Ich liebe das Aufrichtige und das Unaufrichtige (ich war entzückt, als Du mir einmal schriebst und Dir mitten in dem Brief bewußt wurde, daß er ein gutes Vorwort abgäbe).

Man begreift einander nicht durch Empfindungen, sondern durch das Denken? Ich weiß nicht recht, ob das stimmt. [. . .]

A.

An Anaïs [Hotel Central, Paris]
1.30 nachts [10. März 1932]

Ich war verblüfft heute morgen, als ich Deinen Brief erhielt. Nichts, was ich je sagen könnte, wird diesen Worten gleichkommen. Der Sieg ist Dein. Du hast mich zum Schweigen gebracht – ich meine, soweit es gilt, diese Dinge schriftlich auszudrücken. Du weißt nicht, wie ich über Deine Fähigkeit gestaunt habe, ewas rasch aufzunehmen und es dann zu überdenken, die Speere niederhageln zu lassen, es festzunageln, zu durchdringen, mit Deinem Intellekt zu umfassen. Das Erlebnis machte mich stumm. Ich verspürte eine eigenartige Verzückung, ein Aufwallen von Vitalität, dann von Müdigkeit, von Leere, von Überraschung, von Ungläubigkeit . . . alles, alles. Auf dem Heimweg spürte ich immer wieder den Frühlingswind – alles war mild und duftend geworden, die Luft leckte mir das Gesicht, ich konnte gar nicht genug davon in mich hineinsaugen. Bis ich Deinen Brief bekam, war ich in Panik . . . Ich fürchtete, Du würdest von allem abrücken. Aber als ich las – ich las ganz langsam, weil jedes Wort eine Offenbarung für mich war –, dachte ich an Dein lächelndes Gesicht zurück, an diese Art unschuldiger Fröhlichkeit, die ich immer in Dir gesucht, aber nie ganz erkannt hatte. Es gab Zeiten, zu denen Du so anfingst – in Louveciennes –, und dann brach der Verstand durch, und ich sah die ernsten runden Augen und die streng gespitzten Lippen, die mir fast angst machten, mich zumindest stets einschüchterten.

Du machst mich ungeheuer glücklich, weil Du mich ungeteilt nimmst – mich Künstler sein läßt, sozusagen, und doch nicht abrückst vom Mann, vom Tier, von dem hungrigen, unersättlichen Liebhaber. Keine Frau gewährte mir je alle die Privilegien, die ich brauche – und Du, nun, Du schreist so vergnügt, so kühn, mit einem Lachen sogar, ja, Du forderst mich sogar auf, nur ich selbst zu sein, alles zu wagen. Ich vergöttere Dich dafür. Das ist es, wo Du wahrhaft königlich bist, eine außergewöhnliche Frau. Was für eine Frau Du bist! Denke ich jetzt an Dich, lache ich in mich hinein. Ich habe keine Angst vor Deiner Weiblichkeit. Und daß Du mich versengt hast – ich will genau dies – ich möchte es nicht anders haben. Du siehst, Du siehst, trotz all meiner Andeutungen war ich nicht ganz vorbereitet auf den Sturm, den Du heraufbeschworst. Dieser Augenblick im Zimmer, als Du Dich, stehend und schwankend, mit Deinem Schoß an mir festhieltst, das war so, daß ich nichts mehr sah. Und dann, weißt Du, was später geschah – Du wirst mir verzeihen, hoffe ich –, das Blut auf deinem Gesicht erinnerte mich an die Gartenszene in [Luis Buñuels Film] *L'âge d'or* [dt. *Das goldene Zeitalter*], verlor die Fassung, wurde hysterisch. Lebhaft erinnere ich mich auch an Dein Kleid, seine Farbe und seine Gewebestruktur, seine wollüstige, luftige Weite – genau was ich Dich gebeten hätte zu tragen, wäre ich fähig gewesen, den Augenblick vorauszuahnen. Ich war mir auch all dessen bewußt, worauf Du anspieltest, aber ungeheuer erleichtert, daß Du diese Dinge so nahmst (ich bin versucht zu sagen, so schamlos – aber nein, es war heitergelassen).

Und heute, bei köstlich guter Gesundheit, hatte ich sehr sehnsüchtige, angenehme Schmerzempfindungen in den Armen – weil ich Dich so fest gehalten hatte. Ganz, ganz langsam kam ich zu Bewußtsein. Ich wünschte, ich könnte das Gefühl bewahren.

Anaïs, ich schicke Dir diesen Brief an die andere Adresse.[1] Trotz meiner ungehobelten Art habe ich ein gewisses Anstandsgefühl, das mich daran hindert, solche Briefe nach Louveciennes zu schicken. Du wirst das hoffentlich verstehen. Ich lege weitere Seiten von Freds [Perlès] Manuskript bei, auch einige weitere von meinem. Beachte, wie Du vorausgeahnt hast, was ich heute schrieb – ich beziehe mich auf Deine Worte über «Karikatur ... Haß usw.». Ich werde morgen um die Mittagszeit anrufen, und wenn es mir nicht gelingt, Dich zu erreichen, rufe ich *vielleicht* am Abend noch einmal an. Ich bin schüchtern in solchen Dingen, oder ist es falsches Feingefühl? Ich weiß es nicht. Wenn ich anrufe, werde ich sagen können, ob morgen ein Treffen möglich ist. Weißt Du, ich bin mit der Polizei noch nicht klargekommen wegen meiner Arbeitskarte – die Paragraphenreiterei nimmt kein Ende.

Henry

An Anaïs

[Paris]
Freitag [11. März 1932]

Bevor ich anfange – bat eben um zehn Minuten für diesen Brief: Bin schrecklich, schrecklich lebendig, gequält und absolut überzeugt, daß ich Dich brauche. Gab mich bewußt der Stille hin, weil ich ein starkes Bedürfnis hatte, mich in mich selbst zurückzuziehen, zu schreiben, und tausend Dinge dazwischenkamen.

Wechsle auf eine andere Maschine über, gräßlich; diese französische Maschine ist gottverdammt; und ich trunken vor Verlangen, Dir zu schreiben. Hör zu, morgen früh rufe ich Dich an. Heute werde ich schreiben oder platzen. Aber ich muß Dich sehen. Ich sehe Dich vor mir, strahlend und wunderbar; und gleichzeitig schreibe ich June und bin völlig zerrissen, aber Du wirst das verstehen; Du mußt es verstehen. Ich werde in der Pause hinuntergehen und ein Gespräch anmelden. Anaïs, steh zu mir. Mach Dir wegen der Schweigeperioden keine Sorgen: Du bist rings um mich wie eine helle Flamme. Nichts als Semikolons, kann keine Punkte oder Apostrophe finden. Hab auch kein Durchschlagpa-

1 Offensichtlich Natascha Trubezkajas Atelier.

pier; gut; trunken;;; trunken vor Leben;;; Anaïs, bei Christus: Wenn Du wüßtest, was ich jetzt empfinde.

Jetzt, um 3.20 Uhr in Freds Zimmer – die ganze Begeisterung ist weg und zerstört von Zahlen. Fred ist mit Gaby von Zimmer 48 im Bett. Sie liegt da wie eine aufgebahrte Leiche. Mir tut sie leid. Ich sage ihr, daß sie schlafen soll.

Habe eben Freds Seiten über mich gelesen – sie sind gut. Ich glaube, Du wirst das auch finden. (Du weißt, daß ich alle seine Manuskripte gern zurückhätte – sie sind für mich bestimmt, und er wäre verletzt, würde ich sie nicht behalten.) Wollte Dich heute abend anrufen, aber als ich Zeit hatte wegzugehen, war es kurz nach zehn, und ich fürchtete, Du würdest schon im Bett sein. Es kam mir seltsam vor, keine Post von Dir zu bekommen, Deine Stimme nicht zu hören. Nun werden Samstag und Sonntag ohne ein Zeichen von Dir vergehen müssen. [...]

Ich schreibe Dir nicht gern hingekritzelte Briefe wie diesen hier, ich möchte für Dich Platz und Zeit haben – aber wir sind hier in Paris, und alles ist zusammengequetscht wie ein Akkordeon. Man muß die Ellbogen einsetzen, um sich Zeit zu verschaffen.

Anaïs, ich trinke den Wein jetzt verdünnt – er ist fast zu Ende. Bin von neuem überwältigt. Dieser Tisch ist so reich beladen – mit allem nur Denkbaren – Schreibmaschine, Essen, Wasserfarben. Gabys Gürtel und Pullover. Freds Manuskripte, Bügeleisen, Ronas Medaillon, Spirituslampe, Goethe, Aktendeckel, Taschenbuch, Pfeifen usw. usw., auch Kram. Ich habe ein Sandwich in der Hand. Gaby ist tot für die Welt. Ich sitze auf ihrem Pelzmantel – Fred sagt, das sei schon in Ordnung.

Ich möchte gern vertrauter werden mit Dir. Ich liebe Dich – ich liebte Dich, als Du kamst und Dich auf das Bett setztest – dieser ganze zweite Nachmittag war wie warmer Nebel – und ich höre von neuem, wie Du meinen Namen sagst – mit Deinem komischen Akzent.

Du erregst in mir eine solche Mischung von Gefühlen. Ich weiß nicht, wie ich mich Dir nähern soll. Komm nur zu mir – komm näher und näher zu mir. Es wird schön sein, das verspreche ich Dir. Ich mag Deine Freimütigkeit so sehr – sie ist fast eine Art Bescheidenheit. Ich könnte sie nie mißbrauchen.

Heute nacht kam mir der Gedanke, daß ich mit einer Frau wie Dir verheiratet sein sollte. Oder gibt einem die Liebe am Anfang immer solche Gedanken ein? Ich fürchte nicht, daß Du das Verlangen haben könntest, mich zu verletzen. Ich sehe, daß auch Du Kraft hast – eine anders geartete, schwerer faßbare. Nein, Du wirst nicht zerbrechen. Ich habe eine Menge Unsinn geredet über Deine Zerbrechlichkeit. Ich war

Dir gegenüber immer ein bißchen verlegen. Aber beim letzten Mal weniger. Es wird ganz verschwinden. Du hast einen so köstlichen Sinn für Humor – ich vergöttere das an Dir. Ich möchte Dich immer lachen sehen. Das paßt so zu Dir. Ich denke an Lokale, in die wir zusammen gehen könnten – kleine, dunkle Lokale, da und dort in Paris. Nur um dann sagen zu können, hier war ich mit Anaïs – hier aßen wir oder tanzten oder betranken uns miteinander. Oh, Dich irgendwann wirklich betrunken zu sehen – das wäre ein Fest! Ich habe fast Angst, es vorzuschlagen – aber, Anaïs, wenn ich daran denke, wie Du Dich an mich preßt, wie begierig Du die Beine öffnest und wie naß Du bist, Gott, der Gedanke macht mich wahnsinnig, wie Du wärst, wenn alles andere wegfiele. Gestern, als ich zur Polizei ging, wegen der Arbeitserlaubnis, und immer wieder anstehen mußte, dachte ich an Dich, daran, wie Du Deine Beine an mich preßtest, während ich stand, wie das Zimmer schwankte, wie ich in der Dunkelheit auf Dich fiel und nichts mehr begriff. Ich bebte und stöhnte vor Wonne. Ich wollte loslaufen und Dich anrufen – aber da war ich an der Reihe, ans Schalterfenster zu treten.

Ich denke ständig, daß das Wochenende, wenn es ohne ein Treffen mit Dir vergehen muß, unerträglich sein wird. Falls dieser Brief Dich am Samstag erreicht – wenn ich rechtzeitig aufstehe – oder wenn ich Dich am Telefon sprechen kann, sag mir, ob wir uns treffen können. Notfalls kann ich am Sonntag nach Louveciennes kommen – jedenfalls muß ich Dich sehen, in Deiner Nähe sein. *Aber handle,* Anaïs – scheue Dich auch nicht, mich kühl zu behandeln. Es wird mir genügen, neben Dir zu stehen, Dich bewundernd anzuschauen. Wage nicht zuviel. Laß mich einfach da sein – arrangiere es, wenn möglich, daß wir alle zusammen nach Paris hineinfahren. Ach, es ist mir egal, arrangiere besser nichts. Tu nichts, was Dir schadet, Dich kompromittiert. Ich liebe Dich, das ist alles.

Henry

An Anaïs

[Paris]
Sonntag, 21.30 [13. März 1932]

Das Tor war abgeschlossen, und ich mußte aus Louveciennes weggehen. Törichterweise hatte ich geglaubt, Du würdest mich dort erwarten! Am Nachmittag versuchte ich Dich anzurufen, bekam jedoch gesagt, daß das

Telefon an Sonntagen abgeschaltet sei. Um sechs schnappte ich mein Manuskript und stürzte los – erwischte den Zug, ohne eine Fahrkarte zu haben. Legte mir alles zurecht, was ich zu Hugh sagen würde – ich wollte ihn überrumpeln und Euch beide nach Paris entführen. Das letzte auf der Welt, was ich erwartete, war ein finsteres Haus. Ich konnte es nicht glauben. Wie verändert mir alles schien, als ich auf dem Bahnsteig hin und her ging. Ich erinnerte mich genau an jedes einzelne Mal, da ich auf den Zug gewartet hatte – Deine Gesten, Deine Worte. Und jetzt sah ich nur die Sterne. Meine freie Nacht! Jesus, ich konnte nicht glauben, daß ich Dich nicht sehen würde. Ich rief in meinem Hotel an, um zu fragen, ob irgendeine Nachricht da sei. Nichts! [...]

[Henry]

An Anaïs

[Paris]
Dienstag, 1 Uhr morgens [17. März 1932]

Bekam in den letzten beiden Tagen etwa sechs Stunden Schlaf zusammen. Wie Du aus dem Rohrpostbrief ersiehst, habe ich mich vorübergehend im Hotel Cronstadt einquartiert, einfach gegenüber der Redaktion. Das Cronstadt sieht aus, wie man sich ein französisches Hotel vorstellt. Aber laß mich einen Schritt zurückgehen. Ich beginne irgendwo gestern oder vorgestern, im Wartezimmer eines Arztes, wo ich um acht Uhr morgens sitze. Erwarte eine lange Untersuchung – für meine Arbeitskarte –, aber statt dessen werde ich aufgefordert, mein Hemd auszuziehen und mich impfen zu lassen; dreißig Francs, und *voilà*, ich bin *en règle*. Um zehn Uhr erwartet mich James King mit seinem Ford vor dem Hotel Central. Wir fahren nach Suresnes, um ein paar Federbetten usw. zu holen. Es ist ein herrlicher Tag, und wenn auch das Haus in Suresnes abgeschlossen ist, lassen wir uns doch nicht entmutigen. Zuerst fährt M. King mich zu einer Villa hinauf, die er erwerben wollte, in einer Straße, die Rue de l'Hippodrome heißt, glaube ich. Die Villa heißt «Villa Henry», und daneben steht eine «Villa Andrée». Wir brechen auf nach Marly le Roi, wo im Wald eine Hütte mit zwei Diwans steht. Um abzukürzen, fährt King direkt durch den Wald, über einen weichen Grasteppich. Das Auto bockt wie ein Bronco[1], und wir johlen und

1 Kleines, halbwildes Pferd des nordamerikanischen Westens.

singen, während wir das Unterholz niederwalzen. Dann kommen wir an ein Tor am Waldrand, das Tor ist abgeschlossen, aber King hat einen großen Schlüssel für das Tor. Da steht die kleine Hütte – keine Fenster, das Dach mit Teerpappe gedeckt. Wir packen die Betten und Matratzen, einen Klapptisch und drei Stühle auf das Autodach und machen uns auf den Rückweg. Unterwegs halten wir bei der Gasgesellschaft und bei Lumière Nord, wir melden uns an und leisten Anzahlungen. Wir suchen die Bank auf, um genügend Geld einzuzahlen, so daß der Scheck gedeckt ist, den wir der Société du Champ de Mars geben wollen. Wir suchen jede nur denkbare Firma auf, die Lebensmittel ins Haus liefert. King leiht uns die Diwans bloß. Noch mehr ans Herz gewachsen sind ihm die Matratzen, aus sentimentalen Gründen, obwohl sie große Löcher haben. Die Wolle wurde von Schafen geschoren, die auf den Ebenen Armeniens grasten, wo King herkommt. M. King ist der «Peter Pickem» aus der *Chicago Tribune*, pickt als Tip die Siegerpferde in Auteuil und auf anderen Rennbahnen heraus.

Ich vergaß – auf der Fahrt nach Marly erzählte er eine Geschichte. Es war die Geschichte von einem armen, ungebildeten Tellerwäscher, der ein armenisches Mädchen liebte, das als Bonne arbeitete. Eines Tages beschlossen sie zu heiraten, und da erklärte Kings Mutter resolut, das Mädchen und der junge Mann müßten etwas eigenen Besitz haben. Also kauften sie mit den zehntausend Francs, die der Bräutigam tellerwaschenderweise zusammengetragen hatte, ein kleines Haus und ein Stück Land. Die Pointe dieser Geschichte ist, daß der Grund heute einen Wert von mehr als hunderttausend Francs hat! Auf Geschichten dieser Art ist King spezialisiert. Aber warte. Dieser King kann alles. Er macht Seemannsknoten, kocht gute Gerichte, fertigt Zungen für Blasinstrumente an und installiert elektrische Anlagen, wo man sie braucht.

Wir treffen am späten Nachmittag in der Wohnung [4 Rue Anatole France, Clichy] ein, nachdem wir alles und jedes bezahlt haben, und stellen fest, daß die Badewanne nicht angeschlossen ist. Die Wohnung ist außerdem nicht saubergemacht worden. Ein paar Türen müssen erst in die Scharniere gehängt werden. Die Deckenlampen fehlen. Okay. Wir fahren mit Kings Automobil in die Rue du Faubourg St. Honoré und durchsuchen seine Besitztümer nach Zubehör für elektrische Leitungen, Werkzeug, Tellern, Gläsern usw. Wunderbar. Wir haben nirgendwo gehalten, um etwas zu trinken. Während King die Stehleiter aufstellt und die Anschlüsse ausprobiert, schlafen Fred und ich ein – fest und tief. Es ist jetzt dunkel. Als ich die Kerze an Freds Gesicht halte, um ihn wachzurütteln, sehe ich etwas über sein Gesicht krabbeln. Ich wecke ihn auf, er klagt, daß ihn etwas gestochen habe, und zeigt mir die Quaddeln auf seinem Arm und seiner Wange. Wir rufen King. Dies ist wichtig. Untersuchen die Matratzen und Diwans – ein paar Viecher krabbeln träge über die Sachen. Wir kommen auf Trab, inspizieren das ganze Zimmer. Ich halte die Kerze an die Wände. Großartig! An den Wänden wimmelt es! Große Burschen, Eierleger, Nester, Nisse, Kokons, Spinnweben, tote, unbewegliche, aktive Biester ... Wir holen Zündhölzer und verbrennen sie bei lebendigem Leib. Aber es ist schwierig – sie laufen zu schnell.

King zieht mich weg. «Sie haben für heute genügend umgebracht», sagt er. Wir gehen in den Keller hinunter und drehen das Wasser auf, sagen der Hausmeisterin, die neu und wie ein Kind ist, Bescheid. Sie meint, es sei schrecklich. Wir pflichten ihr bei. Dann schafffen wir unser ganzes Gepäck in eines der Zimmer und ergreifen die Flucht. King macht sich Sorgen wegen seiner armenischen Wollmatratzen. Sie sind schon lange im Besitz der Familie – die Schafe grasten seinerzeit unmittelbar neben seinem Zuhause, am Fuß des Ararat.

Es ist zu spät, um die Société du Champ de Mars anzurufen. Wir beschließen, den Leuten einen netten Brief zu schreiben. In Levallois-Perret halten wir, um zu einem kleinen *casse-croûte* [Imbiß] einzukehren. Hierher kam [Blaise Cendrars' Romanheld] Moravagine, nachdem er die Mündung des Orinoco erforscht hatte, oder war es davor? Ich wollte mir die Männer in Levallois-Perret immer schon einmal ansehen. Gut. Wir bestellen kaltes Schweinefleisch und viel Kartoffelsalat. Wir essen und spülen alles mit dem vortrefflichsten *vin blanc ordinaire* hinunter, den ich je getrunken habe. King ist auch ein Weinkenner. Er bestätigt mein Urteil. Wir bestellen Camembert und Gorgonzola und einen kleinen Brie für Fred. Fred ist noch immer aufgebracht wegen der Wanzen. Er kennt sie aus der Rue Mazarine. Doch zurück zum Wein. Wir trinken mehrere Flaschen, dann bestellen wir Kaffee und Cointreau. Es ist nur ein kleiner Imbiß, bevor wir zur Arbeit gehen. Oben befindet sich ein Hotel, und die weiblichen Logiergäste haben die Erlaubnis, herunterzukommen und hinter dem Eßraum ihre Wäsche zu waschen und zu bügeln. So ist das ganze Levallois-Perret. Sofern man im Auto an der Seine entlangfährt, was den *bateaux mouches* [Personendampfer] auf ihrer täglichen Hin- und Rückfahrt natürlich entgeht. Man sieht wunderbare Dinge aus Kings Auto, vor allem, wenn die Scheiben geputzt sind.

Nach der Arbeit gehe ich mit Joe[1] nach Hause. Er wird mich für die Nacht beherbergen. Wir kommen zum Oasis und nehmen noch etwas zu uns, den *plat du jour* mit einem Glas Bier. Ich bin sehr müde und habe große Sehnsucht, mich hinzulegen. Doch während wir essen – eigentlich sind wir gerade fertig –, kommt eine junge Frau herein und grüßt mich. Ich erkenne sie. «*Cher Monsieur*, Sie sind so gütig, Sie muß mir der Himmel geschickt haben. Darf ich mich setzen? Darf ich mir was Heißes bestellen?» Ich zwinkere Joe auffordernd zu (hier hast du eine Kolumne, Joe!) und bestelle *épaule de veau avec pommes nouvelles* für das Mädchen. Das ist etwas Warmes – für vier Francs! Ja, sie erzählt mir wieder die gleiche Geschichte. Sie kann nicht in ihr Zimmer zurück, bis sie eine kleine Anzahlung auf die fällige Miete geleistet hat. Nur ein paar Francs, etwa zwanzig oder dreißig. Sie behauptet, Irin zu sein – Nell O'Connor, aber sie ist in Lettland geboren und spricht wie eine Griechin. Wenn man sie genauer befragt (was ich mehrmals getan habe), kommt man dahinter, daß sie immerhin fast eine Irin ist. Wie dem auch sei, Joe hört mit einem breiten Lächeln zu. Er kennt ihre Masche nicht. Während sie ißt, flüstert sie mir was ins Ohr. Ich sage nein. Daraufhin bestellt sie Kuchen und eine Tasse Tee. Als ich zum Zahlen gehe, habe ich nicht genügend Geld. Joe bezahlt. Dann stehen wir vor dem Rotonde an der Ecke und versuchen sie abzuschütteln. Sie bittet Joe um zwanzig Francs. Sie hat sich selbstverständlich noch nie verkauft, verstehst Du. Ihr ist jetzt klar, daß ich blank bin, also konzentriert sie sich auf Joe. Doch Joe sagt, er sei verheiratet. Dann fragt er, ob hundert Francs genug wären, «Aber, mein lieber Herr», sagt sie, «warum fragen Sie? Ich will nur zwanzig oder dreißig Francs.» Joe sagt: «Wenn ich hundert Francs hätte, würde ich sie Ihnen geben. Aber ich habe sie nicht.» Plötzlich kommt ein Mann ohne Mantel und Hut heran, die Lippen ganz besabbert. Er sagt, daß er seit fünf Tagen Fieber hat. Er schüttelt mir herzlich die Hand. «Sie sind ein Gentleman!» Es ist der Kellner aus der Bar Dominique, und er erinnert sich an mich, weil ich immer höflich zu ihm bin. Heute nacht ist er sehr empfindlich. Er besteht darauf, daß wir in die Dôme Bar gehen, er will mir etwas spendieren. Ich will nicht, aber andererseits möchte ich das Mädchen loswerden. Also gehen wir – zuvor mache ich ihm jedoch klar, nur unter der Bedingung, daß es bei einem Getränk bleibt, mehr nicht. In

1 Wambly Bald, der junge Chicagoer, der für die Pariser Ausgabe der *Chicago Tribune* eine wöchentliche Kolumne schrieb, nannte anscheinend jeden «Joe». Miller übernahm zum Spaß diese Angewohnheit, er nannte Bald und Alfred Perlès «Joe», und Perlès sprach auch von Miller als «Joe». Siehe auch «Biographische Anmerkungen» unter Bald.

der Bar läßt er mich keinen Kaffee bestellen – es muß etwas Gutes sein. Wir bestellen, und dann beginnt er Joe zu erzählen, was für ein feiner Kerl ich bin – daß ich besser bin als jede Frau usw. Das Mädchen spricht russisch mit ihm. Es muß fast fünf Uhr sein – die Bar will schließen. In dem Augenblick schiebt ein stämmiger Bursche mit einer Aktentasche den Kopf zwischen mich und das Mädchen, das mir wieder wegen seiner Hotelrechnung in den Ohren liegt. Er schaut erst mich, dann das Mädchen seltsam an. Er beleidigt sie. Er behauptet, sie rede auch mit Niggern. Ich lächle ein wenig, aber er bleibt stehen und wird noch beleidigender. Ich werde ganz kaltblütig. Frage mich, wie lange das noch so gehen wird. Mit einem Mal zieht er ab, dann dreht er sich an der Tür plötzlich wieder um und schleudert einige weitere Worte in unsere Richtung. Jetzt langt es mir. Ich gehe zu ihm und versetze ihm einen tüchtigen Stoß, er knallt gegen die Tür. Ich weiß, daß mein Gesicht bleich ist und meine Lippen verzogen sind. Ich schreie ihn an. Ich fordere ihn auf, den Mund zu halten. Und das Komische ist, daß er ihn hält. Er öffnet ihn zwar, bringt aber kein Wort heraus. Er ist wie vom Donner gerührt, und ich bin es noch mehr. Ich rege mich ungeheuer auf, weil er nicht handgreiflich wird – so sehr, daß ich aus der Bar renne. Ich weiß nicht, wohin mit meiner Wut. Als ich um die Ecke biege, kommt der Russe, der mich eingeladen hat, hinter mir her. Und ihm folgt der Kellner, der sein Geld verlangt. Der Russe wendet sich ihm aufgebracht zu und sagt, er werde in fünf Minuten zurück sein. Der Kellner will die Polizei rufen. Ich weiß nicht, was ich sagen soll. Ich packe den Russen am Arm und hebe seinen Kopf hoch. «Was ist los, sind Sie krank?» – «Nein», antwortet er und entschuldigt sich kläglich. «Ich habe nicht genug Geld. Leihen Sie mir fünfzehn Francs, und kommen Sie morgen zu mir in die Bar.» Wieder zahlt Joe, aber ich ernte den Dank. Ich habe eben ein mitleidiges Herz. Das geht völlig über Joes Begriffe. «Der Teufel hole diese Russen», sagt er, «sie sind ein mieses Pack.» Dieses Gentleman-Gerede! *D'accord!*

Wir sind zu aufgeregt, um ins Bett zu gehen. Also wandern wir eine halbe Stunde herum, und es beginnt zu tagen. Dann gehen wir in Joes Zimmer, und während ich losschnarche, sitzt er da und liest. Im Lauf der restlichen Nacht schlinge ich unwillkürlich meine Beine um die seinen, weil ich glaube, er sei eine Frau. Das macht Joe nervös.

Nur ein paar Stunden Schlaf, dann klopft Fred an die Tür. Zeit, ins Arbeitsministerium zu gehen. Peng, die reinste kalte Dusche, auf und fort. Beim Schlangestehen in der Rue Vaugirard höre ich dem Dolmetscher zu, der mit den Stellungssuchenden spricht. Er spricht russisch, tschechisch, ungarisch, arabisch, deutsch, französisch, spanisch, englisch. «Ich weiß nicht, ob die Bewerbung erfolgreich oder erfolglos sein wird, aber gehen Sie bitte jetzt gleich und kaufen Sie einen Briefumschlag und eine Briefmarke. Nächstes Mal bringen Sie Wohnsitzbescheinigung, Paß und fünf Fotos ohne Hut mit.»

Okay. Metro nach Rome, zur Société du Champ de Mars. Was ist mit den Kammerjägern? Sie haben noch nicht angefangen. Aber angerufen. Wir sind heute erst der zweite gemeldete Fall. Okay. Zurück nach Clichy und einige unserer Habseligkeiten weggeschafft. Ein paar halbtote Exemplare liegen hier und dort herum. Schnippe sie lässig weg. Schaue nach einem Hotel. Dann trete ich in eine Telefonzelle und rufe in Louveciennes an. Aber Du bist nicht da. Wenn so um neun Uhr herum das Telefon läutet, meine ich jedesmal, Du könntest es sein. [. . .]

Ich möchte, daß Du das Cronstadt siehst. Vermutlich kehre ich nicht vor dem Wochenende nach Clichy zurück. Ich glaube nicht, daß meine Impfung angeschlagen hat. Mein Arm ist nicht geschwollen. Das einzige, was ich habe, ist ein bißchen Fieber, aber das kann von der ganzen Aufregung kommen. Morgen früh werde ich ein Bad nehmen und mich desinfizieren. Ich bin hundemüde. Wir haben das Tor in Marly ordnungsgemäß abgesperrt. Heute abend trug King einen Frack. Hast Du gewußt, daß heute der Tag des heiligen Patrick war? *Erin Go Bragh!*

Henry

An Henry [Louveciennes]
[20. März 1932]

Weißt Du, was ich glaube? Ich bin von Deiner Lebendigkeit erfüllt, und ich erwarte voll Ungeduld den Tag, an dem ich Deine literarischen Arbeiten verteidigen kann! Es versetzt mich in gehobene Stimmung, an Deine Werke zu denken und daran, wie ich sie verteidigen werde, genau wie Du Buñuel verteidigt hast.

Ich bin froh, daß ich vor Fred nicht errötete. Dieser Tag war ein Höhepunkt meiner Liebe, Henry. Ich wollte rufen: Heute liebe ich Henry! Vielleicht hättest Du gewünscht, daß ich gut *spiele*, Gleichgültigkeit heuchle. Ich weiß es nicht. Schreib mir. Ich brauche Deine Briefe, als menschliche Bestätigungen der Wirklichkeit. Wenn ich abends heimkomme zu einem von Frieden umhüllten Haus, zu den Freudenbezeigungen der Hunde, bin ich sicher, daß ich in einem Traum lebe. Ich spüre noch Deine Lebendigkeit in meinem Körper, ich höre Deine Worte noch immer. Ich möchte sie wiederhören. Auch ich möchte die Zeit mit Dir verbringen.

Ein bestimmter Mann unter meinen Bekannten will mir angst machen. Wenn ich über Dich rede, sagt er: «Er weiß dich nicht zu schätzen.» Er täuscht sich. Nur ein einziges Detail – ein ganz, ganz kleines. Über Kleidung. Du hast Sinn dafür. Was ist Kleidung? Nicht das, was Fred sagte – sondern eine Manifestation von Kunst, von Phantasie, ein anderer Aspekt der Schöpfung, das ist es. Was ist ein Haus? Das gleiche. Manifestation von jemandes Ideen, Gefühlen, Sehnsüchten, Beschwörung von Ländern, Atmosphären usw. Ausdruck. Etwas, das eine *Bedeutung* hat. Jetzt siehst Du, daß Kleider mehr sind als nur Kleider, ein Haus mehr ist als nur ein Haus. Übrigens, wie schmetterlingshaft oder schwer faßbar ich auch immer erscheinen mag, ich habe nicht das Gefühl, zwischen Deinen Fingern zu entgleiten. Du etwa? Ich brauche Deine Briefe. Doch ich kann Dir nicht soviel schreiben wie bisher, aus Zeitmangel! [. . .]

Über mein Buch sagte irgend jemand etwas, das mir gefiel. Es zeigt, daß eine Frau nicht wirklich *Kritikerin* ist, sondern Eindringende. Sie urteilt nicht, sie versteht.

[. . .]

Morgen werde ich Dir über das Manifest schreiben.

Anaïs

PS: Halte den Dienstagnachmittag frei.

An Anaïs [Clichy]
[21. März 1932]

Das einzige, was ich zu sagen vermag, ist, daß ich verrückt nach Dir bin. Ich versuchte einen Brief zu schreiben, konnte es aber nicht. Ich schreibe Dir ständig – im Kopf, und die Tage vergehen, und ich frage mich, was Du wohl denken magst. Ich warte ungeduldig auf ein Wiedersehen mit Dir. Der Dienstag ist so weit weg. Und nicht nur der Dienstag – ich frage mich, wann Du kommen und über Nacht bleiben wirst – wann ich Dich für eine längere Weile haben kann – es quält mich, Dich nur ein paar Stunden zu sehen und dann wieder hergeben zu müssen. Wenn ich Dich sehe, entfällt mir alles, was ich sagen wollte – die Zeit ist so kostbar, und Worte sind unwichtig. Doch Du machst mich sehr glücklich – weil ich mit Dir reden *kann*. Ich liebe Deine Gescheitheit, Deine Fluchtvorbereitungen, Deine Beine, die wie ein Schraubstock sind, die Wärme zwischen Deinen Beinen. Ja, Anaïs, ich möchte Dich demaskieren. Ich bin zu galant Dir gegenüber. Ich möchte Dich lange und inbrünstig ansehen, Dein Kleid hochstreifen, Dich streicheln, Dich untersuchen. Weißt Du, daß ich Dich kaum je angesehen habe? Es haftet an Dir noch zuviel Heiligkeit.

Dein Brief – oh, diese lästigen Fliegen! Du bringst mich zum Lachen. Und Du bringst mich auch dazu, Dich zu vergöttern. Es ist wahr, ich weiß Dich nicht genügend zu schätzen. Es ist wahr. Aber ich habe nie gesagt, daß Du mich nicht schätzt. Ich glaube, daß da ein Fehler in Deinem Englisch vorliegt. Es wäre zu egoistisch von mir, das zu behaupten.

Anaïs, ich weiß nicht, wie ich Dir sagen soll, was ich empfinde. Ich lebe in ständiger Erwartung. Du kommst, und die Zeit verfliegt wie im Traum. Erst wenn Du gehst, wird mir Deine Anwesenheit voll bewußt. Und dann ist es zu spät. Du betäubst mich.

Ich versuche mir Dein Leben in Louveciennes vorzustellen, aber ich kann es nicht. Dein Buch? Auch das erscheint mir unwirklich. Nur wenn Du da bist und ich Dich ansehe, wird das Bild klarer. Doch Du gehst so schnell wieder weg – ich weiß nicht, was ich denken soll. Ja, ich sehe die Puschkin-Legende deutlich vor mir. Ich sehe Dich im Geiste auf diesem Thron sitzen, Juwelen um den Hals, Sandalen, schwere Ringe, bemalte Fingernägel, die fremdartige spanische Stimme, eine Art Lüge lebend, die eigentlich keine Lüge, sondern ein Märchen ist.

Heute abend zog ich meine Kordsamthose an und entdeckte, daß sie einen Fleck hat. Nicht um alles in der Welt kann ich den Fleck mit dieser Fürstin in Louveciennes assoziieren, die hof hält mit Gitarristen, Dichtern, Tenören und Kritikern. Ich bemühte mich nicht sonderlich, den Fleck wegzukriegen. Ich sah Dich in den Waschraum kommen und Deinen Kopf auf meine Schulter legen. Nicht sehen kann ich Dich beim Schreiben von «An Unprofessional Study».

Dieser Brief ist ein bißchen trunken, Anaïs. Ich sage zu mir, «hier ist die erste Frau, bei der ich vollkommen aufrichtig sein kann». Ich erinnere mich an Deine Bemerkung: «Du könntest mich betrügen. Ich würde es nicht merken.» Wenn ich die Boulevards entlanggehe, denke ich daran. Ich kann Dich nicht betrügen – und doch würde ich es gern tun. Ich meine, daß ich nie absolut treu sein kann. Das ist nicht in mir. Ich liebe Frauen oder das Leben zu sehr – ich weiß nicht, welches von beidem. Du bist die einzige Frau, die Sinn für Lebenslust hat – nein, mehr, Du scheinst mich zu drängen, Dich zu betrügen. Dafür liebe ich Dich. Und was veranlaßt Dich, das zu tun – etwa Liebe? Oh, es ist schön, zu lieben und gleichzeitig frei zu sein.

Ich weiß nicht, was ich von Dir erwarte, aber es ist etwas in der Art eines Wunders. Ich werde alles von Dir verlangen – sogar das Unmögliche, weil Du dazu ermutigst. Du bist wirklich stark. Ich mag sogar Deine Betrügerei, Deine Treulosigkeit. Sie erscheinen mir aristokratisch. (Klingt «aristokratisch» aus meinem Mund falsch?)

Ja, Anaïs, ich habe überlegt, wie ich Dich betrügen könnte, aber ich kann es nicht. Ich will Dich haben. Ich möchte Dich ausziehen, Dich ein bißchen vulgarisieren – ach, ich weiß nicht, was ich rede. Ich bin ein bißchen betrunken, weil Du nicht hier bist. Ich würde gern in die Hände klatschen, und *voilà* – Anaïs! Ich möchte Dich besitzen, Dich benutzen. Ich möchte Dich ficken, ich möchte Dir einiges beibringen. Nein, ich schätze Dich nicht – da sei Gott vor! Vielleicht möchte ich Dich sogar ein bißchen demütigen – warum, warum? Warum sinke ich nicht auf die Knie und verehre Dich einfach? Ich kann es nicht. Ich liebe Dich lachend.

Gefällt Dir das?

Und, liebe Anaïs, ich bin so vielerlei. Du siehst jetzt nur die guten Seiten – oder zumindest läßt Du mich dies glauben. Ich möchte Dich für mindestens einen ganzen Tag. Ich möchte mit Dir ausgehen – Dich besitzen. Du weißt nicht, wie unersättlich ich bin. Oder wie heimtückisch. Und wie selbstsüchtig!

Bei Dir habe ich mein gutes Benehmen hervorgekehrt. Aber ich warne Dich, ich bin kein Engel. Ich glaube, permanent ein bißchen betrunken zu sein. Ich liebe Dich. Ich gehe jetzt ins Bett – es ist zu schmerzlich, wach zu bleiben. Ich liebe Dich. Ich bin unersättlich. Ich werde Dich bitten, das Unmögliche zu tun. Was es ist, weiß ich nicht. Du wirst es mir vermutlich sagen. Du bist schneller als ich. Ich liebe Deinen Schlitz, Anaïs – er macht mich wahnsinnig. Es tut mir weh, allein hier zu sein. Ich brauche Dich. Kann ich alles zu Dir sagen? Ich kann, nicht wahr?

Also komm schnell und vögle mich. Rase mit mir. Schling Deine Beine um mich. Wärme mich.

[Henry]

AN HENRY [Louveciennes]
[21. März 1932]

Das Manifest[1] ist großartig – unerhört ironisch manchmal, verblüffend natürlich, komisch, inkonsequent und wirksam, anregend. Man ist halb versucht, es zu unterschreiben, nimmt es sich vor, weil dem ja so ist. Besonders effektiv ist es dort, wo Ihr, Du und Fred, *für* etwas eintretet, in Euren gegensätzlichen Einstellungen dazu. [...]

Was für ein kraftvolles Duett! Welche Mischung bedeutsamer Belanglosigkeiten, erleuchtender Widersinnigkeiten! [...]

Der Anfang, «ein Aufruf zur Rebellion gegen die Kindereien in Kunst und Literatur usw.», begeistert mich. Ich nehme dies ernst: «Sie hatten Angst, den Stahltabernakel, der die heilige, explosive Essenz der Zerstörung enthielt, zurückzuerobern, sich mit ihm zu befassen, an ihn heranzutreten.» Das ist einer jener Sätze, für die man gern leben und sterben würde. Ich möchte ihn schwenken wie ein Banner. Er ist eines der Vorworte zu Deinem Werk, Henry. Ich bin direkt geblendet davon.

«Weil es nicht gelang, das Element der Gewalt im Menschen freizusetzen, ohne das er aufhört, schöpferisch zu sein», ein weiterer prägnanter Satz. Ich glaube an ihn, ich glaube an Dich. Ich glaubte schon daran, bevor Du ihn in Worte faßtest, *instinktiv*. Ich drängte Dich dazu – erinnerst Du Dich? Ich bin eine Instinktivistin, selbst wenn es zu spät ist, denn Du bist heute etwas anderes, auch dort, wo Du heute über gestern lachst. Durch das ganze Manifest zieht sich etwas, das von Dauer, unauslöschlich ist. Ich unterschreibe seine unauslöschlichen Wahrheiten! Das mußt bitte auch Du tun, besonders wo Du schreibst: «Wir sind gegen jede Obszönität, die nicht irgendeinen erhabenen Zweck, irgendeine Staatsräson, irgendeine religiöse Bedeutsamkeit als höchstes Ziel hat.»

Das Zitat über «Die Herrschaft des Alkohols...», das nehme ich besonders ernst. Ich versuchte einmal etwas dieser Art zu Dir zu sagen,

1 «The New Instinctivism (A Duett in Creative Violence, 1930)» war von Henry Miller und Alfred Perlès als Reaktion auf die vielen Manifeste verschiedener literarischer Gruppierungen (Dada, Surrealismus u. a.) verfaßt worden. Ursprünglich gedacht für die Sommerausgabe von *The New Review*, die zu der Zeit unter der Oberaufsicht von Peter Neagoe stand, wurde es jedoch im Stadium des Fahnenabzugs ausgesondert, als der Verleger Samuel Putnam zurückkam. In *The Booster* vom Oktober 1937 kündigte man es erneut an, es sollte «in Kürze erscheinen», als «Booster-Breitseite». Offensichtlich ging es dann doch nicht in Druck, weil Miller und seine Freunde die Kontrolle über dieses kurzlebige Unternehmen auf dem Zeitschriftensektor verloren. Siehe «Biographische Anmerkungen» unter Neagoe.

nur war es nicht so klar: es gibt zwei Welten, zwei Seinszustände – alkoholisierte und nichtalkoholisierte, und Du hast mich ohne Alkohol offenbar in den zweiten gebracht, den ich liebe: die Ja-Funktion. «Sie lenkt ihren Kreisverkehr von der kühlen Peripherie der Dinge zum strahlenden Kern.» Dein ist der Triumph, das mit mir getan zu haben, ohne Alkohol. Aber Du wirst mich auch betrunken sehen. «Das betrunkene Bewußtsein ist ein Stückchen vom mystischen Bewußtsein.» Das weiß ich jetzt. Dies ist *Deine* Offenbarung. Dies ist Deine Wirkung auf mich. Und Junes Wirkung. (Denn, wie ich in meinem Buch über Lawrence schrieb, «nicht Alkohol allein setzt das Bewußtsein frei – leidenschaftliche Gefühle vollbringen das gleiche».)

Erinnere mich daran, daß ich Dir etwas über die «Puerilitäten» bestimmter gewalttätiger Attacken von Dir sage! Gelegentlich, oh, selten, stelle ich fest, daß ich sie den Puerilitäten von Geschmacklosigkeiten, von Heucheleien, von zimperlichen weiblichen Wesen vorziehe, aber ich frage Dich, halb im Scherz, warum Du, nachdem Du Mlle. Claudes Natürlichkeit gepriesen hast, über ihre Spülungen im Bidet lästerst. Doch das ist wohl Logik. Ich bin gegen Logik! Außerdem glaube ich, daß ich verstehe. Bestimmte Gesten (ich spürte das in der Rue Blondel[1]) zerstören den Zauber. Aber Du bist ja auch gegen Zauber!

Anaïs

An Henry

[Louveciennes]
Sonntag morgen [26. März 1932]

Wie seltsam, Henry. Früher pflegte ich mich, sobald ich von den verschiedensten Orten nach Hause kam, hinzusetzen und in mein Tagebuch zu schreiben. Jetzt möchte ich *Dir* schreiben, mit Dir reden. Unsere «Verabredungen» sind so unnatürlich – die festgesetzten Stunden, die Zeiträume dazwischen, wenn ich, wie heute abend, ein verzweifeltes Bedürfnis habe, Dich zu sehen. Ich sagte vorsichtig zu Hugh, daß wir doch morgen abend mit Dir ausgehen könnten, aber er wollte nichts davon hören. [...]

1 Anaïs Nin und ihr Mann hatten auf Henry Millers Empfehlung ein Bordell in der Rue Blondel 32 besucht. Siehe Anaïs Nins *Tagebücher* (Band I, Februar 1932), wo an Stelle von Hugh Guiler aber Henry Miller eingesetzt wurde.

Ich mag es, wenn Du sagst: Alles, was geschieht, *ist gut*, einfach *gut*. Ich sage: alles, was geschieht, ist *wunderbar*. Für mich ist alles symphonisch, und ich bin so erregt vom Leben – Gott, Henry, allein bei Dir finde ich das gleiche Anschwellen von Begeisterung, das gleiche schnelle Aufwallen des Blutes, die Fülle, die Fülle . . .

Früher dachte ich oft, irgend etwas stimme nicht [mit mir]. Alle anderen schienen die *Bremsen angezogen* zu haben. Eine Szene in einem Film, eine Stimme, ein Satz war für sie keineswegs vulkanisch. Ich spüre die Bremsen nie. Ich fließe über. Und wenn ich Deine Erregung über das Auflodern des Lebens spüre, gleich nach meiner, dann macht mich das trunken. Was werden wir in der Nacht tun, Henry, in der Hugh nach Lyon fährt? Heute hätte ich gern bei Dir Vorhänge genäht, während Du mit mir redest.

[. . .]

Glaubst Du, daß wir miteinander glücklich sind, weil wir das Gefühl haben, daß wir «irgendwohin kommen», wogegen Du bei June das Gefühl hattest, immer weiter in Obskurität, Rätselhaftigkeit, Verstrikkungen geführt zu werden?

Und nimm einmal an, dieses «Irgendwohinkommen-Gefühl» würde einfach das Erlangen einer Klarheit, eines Wissens bedeuten, das genaue Gegenteil von Dostojewski – und daß ich die Klarheit, die ich habe, wegwerfen, ablegen, vollkommen zurückweisen kann . . . Du siehst, ich kehre oft zu diesem Konflikt zurück – der Passion für die Wahrheit und ebenso der Passion für Dunkelheit.

[Anaïs]

An Anaïs [Clichy]
Montag [28. März 1932]

Die letzten paar Tage befand ich mich in einem Zustand der Morbidität. Ich wollte schreiben, aber es mußte saubergemacht werden, oder wir mußten in der Küche sitzen und Däumchen drehen, während die Männer die Wände tapezierten. Nun ist alles in Ordnung – meine Fenster sind geputzt, und ich schaue hinaus auf diese köstliche kleine *cité* mit den niedrigen Häusern und verspüre das Aufwallen wieder.

Wenn man nicht gewohnheitsmäßig schreibt, besteht die Gefahr, daß man die Gewohnheit ganz aufgibt. Davor fürchte ich mich immer. Und wenn man ständig denkt, im Geiste schreibt, während man sich auszieht, die Zähne putzt, das Geschirr spült usw., wird man aufgewühlt, und alles Gedachte verwandelt sich in Morast.

Als Deine Briefe eintrafen, geriet ich in Panik. Wie sollte ich sie je beantworten? In der Nacht, nachdem Du mich im Hotel Cronstadt verlassen hattest, war ich wie im Fieber. Ich machte mir viele Notizen, dann ging ich in die Redaktion, um zu schreiben... aber ich schrieb nicht. Ich glaube, ich schaute *L'Amoureuse Aventure* an, und trotz seiner Bedeutungslosigkeit war der Film für mich voller Sinn. Irgendwann wirst Du ihn Dir auch anschauen und mir sagen, welchen Eindruck du hattest. Jetzt hat es keinen Zweck hineinzugehen.

Vor mir liegt ein großer Umschlag, auf dem die Notizen stehen, die ich nach Deinem Weggang kritzelte. Ich möchte Dir eine Vorstellung davon vermitteln... «Bitte irgendeinen Pfarrer um die Apokryphen.» – «Lies Rabelais in altfranzösisch.» – «Lies Cervantes wieder». – «Schreib morgen früh Joes Kolumne.» – «Füge den Traum von Tante Annie ein... siehe das Traumbuch.» – «Mache das letzte Buch zum ersten einer Serie – eine Lebensaufgabe, wie die Prousts.» – «Anaïs muß *A nous la liberté* anschauen.» – «Lies *Der goldene Esel* von Apuleius und *Die Teuflischen* [von Jules Barbey d'Aurevilly] auf französisch.» – «Geh in die russische Kirche in der Rue Crimée, wegen der Musik.» – «Hol den ersten Band von [Prousts] *Albertine* zurück und mach Anmerkungen... schreib weitschweifig, es ist genügend Zeit für alles.» – «Lies Jacques Maritain.» – «Erzähl Anaïs, wie ich heute nachmittag, als ich den Gare St. Lazare verließ, zufällig auf Anatole stieß... Anatole ist eine schöne Persönlichkeit.» – «Beginne das Buch mit einem Lobgesang auf Buñuel.» – «Geh mit Anaïs in das französisch-tschechische Restaurant in der Rue St. Anne.» [...]

Nachdem Du neulich weggegangen warst, hatte ich ein Erlebnis. Als ich meine Arbeit beendete, kam mein Freund Ned Calmer vom *Herald* (der, den ich im Zusammenhang mit der Buchbesprechung erwähnte) in die Redaktion, um mich kurz zu besuchen. Er hatte einen Kameraden dabei, der in Bertha verliebt war, und dieser Bursche wollte mit jemandem reden, der sie kannte. Er war liebeskrank. Nun, wir zogen dann los und begannen im Chope Cadet – anfangs Calmer und ich allein. Redeten furchtbar viel, zum Beispiel über *Sorgen und Sorgen* – diesen Song aus *L'opéra de quat'sous*[1]. Und seitdem murmle ich immer wieder Sätze

1 Die französische Fassung von G. W. Pabsts Film, der auf der *Dreigroschenoper* von Brecht/Weill basiert, hatte eine andere Besetzung als die deutsche und die englische

daraus – sage halb donquichottisch, halb wehmütig zu mir: «Und man siehet die im Lichte, die im Dunkeln sieht man nicht.» Es war sehr schön, wenn Du Dich erinnerst (allerdings steif), als gegen Ende zu das auf den zurückweichenden Gestalten liegende Licht langsam erlosch. Auch ich habe eine Menge über den Film zu sagen. Was mich packte, als ich ihn sah, das war die Melancholie, diese allgegenwärtige, heimtückische deutsche Verzweiflung, von der die Franzosen nichts wissen. Ich will ihr natürlich entfliehen, aber sie ist ein Teil von mir, und sie erstickt mich immer. Und als Du einmal schriebst, «ich würde Dich gern Heinrich nennen», wußte ich das zu schätzen. Ich bin mehr *Heinrich* als Henry. Ich war immer «little Henry», *der kleine*. Ich war ein Lausbub, und zugleich sehr brav, bereitete aber immer Kummer. Ach, und was Du eines Tages für einen Genuß haben wirst, wenn Du Thiess liest – Frank Thiess. Ich möchte, daß Du seine beiden Bücher liest, in der Reihenfolge, die ich dir empfehle. Der Titel des ersten fällt mir nicht ein; es ist sensationell...[1] Das zweite, *Frauenraub*, wird Dich zum Weinen bringen... Es bringt einen zum Weinen in der Art, wie es Clowns tun. Man errötet über die eigene Weichheit. Ich erinnere mich dabei an ein Lied aus Wien [ein Schubert-Lied]: Jener Spaziergang eines Abends, den Graben entlang, vor dem Hotel Müller, mit June, als wir darüber debattierten, ob ich am nächsten Tag wieder in das Hotel gehen und im Register nachschauen würde, ob sie mit einem bestimmten Individuum in dem gleichen Zimmer geschlafen hatte. Diese ganze Wiener Episode war ein Alptraum für mich – einiges davon schilderte ich in dem Roman, glaube ich – das Riesenrad, den Juden, der ständig von Gott redete, die Frau in dem Café, die mit langen Nägeln Zither spielte, die Huren unter den Gaslaternen, die für mich jene imaginäre Szene schufen, welche ich in den Roman aufnahm. Wien! Von dem Namen geht für mich ein Zauber aus (nein, ich zerstöre den Zauber nicht!), und ich wollte dort so glücklich sein mit June, mit Wien, seinen Frauen, seinen schönen Prachtstraßen, seiner Verstaubtheit, seiner Mildheit. Aber alles verlief ganz anders, wie es das immer tut. Ich lebte eingesperrt in einem Getto, in einer üblen kleinen Wohnung mit Wanzen, und rund um uns starben alle vor Armut und Elend. Und die ganze Zeit über war da dieses teuflische Hotelregister, und ich hatte nicht den Mut, mir Gewißheit zu verschaffen – die Wahrheit ging über meine Kräfte.

Fassung. Albert Préjean spielte Mackie Messer, Margo Lion die Jenny (berühmt geworden durch Lotte Lenya) und Antonin Artaud den Peachum.

1 Henry Miller bezieht sich offensichtlich auf den Roman *Die Verdammten* (1923), der wegen seines Themas berühmt wurde: Inzest zwischen Bruder und Schwester einer adeligen Familie.

Vorgestern nacht, als Fred heimkam, redeten wir bis sechs Uhr morgens über June und über Dich. Weißt Du, Fred mag Dich schrecklich gern. Er nennt Dich die erste Frau, die er bewundern könnte – einfach wunderbar für mich! Und dann redete er weiter über June. «*Sie ist schlecht*», sagte er. «Sie ist schädlich für dich. Aber du bist blind ... Du willst gequält werden, Ja, ich kenne auch alle ihre guten Seiten, aber die interessieren mich nicht. Ich sehe ihre schlechten Seiten. Sie ist falsch.» – Und dann bekommt Fred ein schlechtes Gewissen. Er glaubt, daß er mir weh tut. Doch ich dränge ihn weiterzusprechen. Ich könnte vielleicht etwas erfahren! Aber nein, ich erfahre nichts. Wir einigen uns schließlich darauf, daß wir beide recht haben. Nur hat er Samen gesät, die später keimen, giftige kleine Samen. Ich sehe gut – nur zu klar. Ich sehe alles. Ich weiß mehr über sie, als je jemand wissen wird. Doch ich bin ein Doppelwesen. Mit meinem sehenden Auge reiße ich sie in Stücke – ich könnte sie wieder und wieder erdolchen ... ein einziger Tod würde nicht reichen. Ich würde sie immer wieder auferwecken, um sie immer wieder zu töten. Meine Wut kennt keine Grenzen. Und dann ist da mein anderes Ich, vielleicht ist es wieder der kleine Henry, ich weiß es nicht, aber es ist ein Ich, das absolut vertrauensvoll ist, naiv, kindlich, und dieses Ich akzeptiert all ihre Geschichten, all die Lügen, all die Treulosigkeiten. Wenn sie sagt: «Ich liebe dich», verschwindet alles andere – in diesem Augenblick durchlebe ich Ewigkeiten. Nur mit dieser June möchte ich leben. (Aber natürlich gibt es diese June selten.) Außerdem gibt es noch eine June, die alle Seiten meines Charakters sieht – die mich als erstklassigen Clown sieht, als Lügner, als Helden, als Gott, als Hurensohn, als dies und das. Fehlt es ihr an Intelligenz? Warum hält sie nicht an dieser Einstellung fest? Warum wird sie wütend und gekränkt und eifersüchtig und gehässig und bösartig und grausam? Das verstehe ich nicht.

Wenn ich Proust lese (ich bin inzwischen fast fertig), beginne ich Dinge wahrzunehmen, Dinge, die ich bereits wußte, die ich jedoch nicht an die Oberfläche kommen lassen wollte. Gleich ihm könnte ich vor Seelenqual aufschreien, weil meine Instinkte sich sicher sind. Aber wie ihn, so macht auch mich der Geist klein und häßlich. Ich kann die übertriebensten Zugeständnisse machen. Ich befinde mich in einer Ungewißheit, die unglaublich ist. Im Zusammenhang mit June erwähnt Fred beispielsweise einen Brief von Roland, den er in einem Buch fand, das ich ihm geliehen hatte. Er las den Brief – der unwiderstehlich war. «Nun, du hast den Brief doch auch gelesen», sagt er. «Was hältst du davon?» Davon halten? Ich schaue ihn verständnislos an. Ich hielt nie etwas von Rolands Briefen. Wir pflegten sie zusammen zu lesen und schallend zu lachen. Je leidenschaftlicher er wurde, desto komischer wirkte es. (Sein Brief, das muß ich hinzufügen, endete mit «Küsse».) Die Vorstellung, daß June Roland küßt, erschien mir immer absurd. Es fiel June nicht schwer, mich zu dieser Überzeugung gelangen zu lassen. Aber ich fange an, über Roland nachzudenken. Darüber, wie June eines Nachts in einem Wutanfall sagte: «Ich sollte nach Amerika zurückfahren und Roland ficken – er ist derjenige, dem ich meine Liebe schenken sollte ... er verdient sie.» Roland ficken – Du kannst Dir nicht vorstellen, wie derb, wie unanständig, wie brutal das in meinen Ohren klang. Sie konnte sich also vorstellen, irgend jemand einfach nur so zu ficken – und sei es aus Rache! Laß mich über Roland nachdenken. War er schrecklich anzuschauen? Nein. War er ein Narr? Ja. Aber ein poetischer Narr. Roland konnte einem so schrecklich leid tun, daß man sich ihm hingab, wie man einem Hund einen Knochen hinwirft.

Andererseits ... schickt ein Mann, der immer nur als geheimer Verehrer hingestellt wird, schickt ein solcher Mann einer Frau in seinen Briefen Küsse? Sie behauptet, er würde nicht wagen, so mit ihr zu reden (aber gewisse Dinge vergißt sie in unseren Gesprächen). Nein, es gibt keine Lösung für dieses Problem, keine Lösung für irgendeines der Probleme. Einmal, als alles weich und schmelzend war, als sie absolut eins mit mir war, fragte ich sie: «Mit Paps damals, war alles das, was du mir erzählt hast, wahr?» Sie nickt. «Komm schon ... vielleicht einmal oder zweimal?» – «O nein, Val, es war öfter, zu oft, als daß ich es noch genau wüßte ... den ganzen Sommer oder den ganzen Winter, was von beidem, das habe ich vergessen. Nacht für Nacht.» Bedenke, das sagt sie langsam, nachdenklich, wie etwas, das bedauerlich, aber nicht zu leugnen ist. Doch ich glaube es nicht. Warum nicht? Ist denn irgend etwas zu widernatürlich, um glaubhaft zu sein? Von June sollte ich alles glauben, weil sie zu allem fähig ist. Aber ich sehe mich aus Amerika abfahren. Einige Tage davor eine Diskussion am Fenster – ein kalter Februartag, trostloses Brooklyn, schmutziger Schnee auf den Straßen, der Zimmerboden nicht gewischt, sie mit Stecknadeln im Rock, und im Badezimmer teure Flaschen von diesem und jenem. «Du bist unglücklich hier», sagt sie. «Warum fährst du nicht nach Europa? Ich komm dir bald nach.» Und dann erläutert sie den Plan. Paps ist nur ein Werkzeug ... Sie behandelt das Thema mit der erstaunlichsten Gefühllosigkeit, mit gleichgültiger Grausamkeit gegenüber Paps. Anfangs weigerte ich mich zu fahren. Und doch, allein schon das Wort «Europa» ließ in mir etwas hochsteigen, lockte mich heftig. Wir kamen später auf das Thema zurück. Es lief auf eine Wahl zwischen ihr und Europa hinaus. Sie warf sich weg. Großzügig. (Das alles kam mir wieder, als ich mir *Marius* anschaute – die Schlußszene am Fenster, als das Mädchen mit dem Vater spricht.) Gut denn, ich fuhr. Und am Abreisemorgen, als ich nach unten laufe um ein Taxi, steht ein Mann im Gang und spricht mit dem Hauswirt. Er fragt nach einem Mr. Miller – gerade, als ich an den beiden vorbeihaste. Normalerweise hätte mich der Hausherr aufgehalten – «Nun, das hier ist Mr. Miller!» –, aber ich kam dem zuvor. Ich spürte etwas Ungutes und lief auf die Straße hinaus. Dies also war Paps – was für eine abscheuliche Kreatur! Und Paps war eifersüchtig. Wollte Paps sich persönlich vergewissern, daß ich fuhr? Für wen hielt er mich überhaupt? (Auch er wurde von Lügen hin- und hergerissen – ihm war gesagt worden, sie sei meine Frau, aber jetzt ist mir klar, daß er das nicht glaubte.) Während der Koffer auf dem Taxi festgebunden wurde – es dauerte unendlich lange –, stand Paps auf der anderen Straßenseite an einer Ecke und beobachtete uns. Er schickte sogar einen Mann herüber, der die Adresse auf dem Koffer lesen sollte. Oh, ja, ich bekam das alles mit. Es war eine Qual. June lehnte oben aus dem Fenster, um einen letzten Blick auf mich zu erhaschen. Ich saß in dem Taxi und wagte nicht, hinaufzuschauen – der Ehemann wagt es nicht! – kannst Du Dir das vorstellen? Paps sah June, und June sah Paps, und was für Worte sie wechselten, kann ich mir beim besten Willen nicht denken. Auf dem Schiff dann gehe ich vor dem Auslaufen erregt an Deck hin und her. Ich bin halb geneigt, zurückzugehen. Stark geneigt. Als das Schiff ablegt, bin ich überzeugt, daß ich hätte bleiben sollen, aber jetzt ist es zu spät. Immer ist es zu spät. In der Kabine, in der Koje, wälze ich mich hin und her. Vor Schmerz und Qual. Wie werde ich die zehn Tage auf See bloß überstehen? Und danach London? Was werde ich in London machen? Nicht genug Geld in der Tasche, um nach Frankreich zu kommen. Ich muß in London warten, herumhängen, die Zeit totschlagen, wieder improvisieren, bis June mir telegrafisch Geld schickt. Und unterdessen Paps. Was ist in der Nacht nach meiner Abreise passiert? Vielleicht hat sie in dieser Nacht – genau in dieser Nacht – den Champagner gekauft, den Paps dann immer für sie auf Eis liegen hatte, damit sie ihren Kummer ertränken konnte, wenn sie sich Paps hingab. Siehst Du nicht, welche Marter das ist? Was immer sie sagt, selbst wenn sie beim geheiligten Blut ihrer Mutter schwört, ich kann ihrer nie sicher sein. Und dies ist nur *ein* kleines Vorkommnis. Nun denn, ich bin nicht verrückt. Ich lebe noch, oder? Ja, ich lebe, aber alles brodelt, kocht in mir. Ich werde nie fähig sein, bissig genug zu spotten, und wenn ich jemanden verletze, wird nicht sie es sein. Wenn ich Frauen mit verlogenen Augen sehe, vergöttere ich sie. Welches Recht hat eine

Frau, dich mit ehrlichen Augen anzusehen? Die Frau bringt Schmerz. Die Frau ist schlecht. Es gibt keine Ausnahmen. Ich sage Dir, selbst die Engel lügen. Was sagt Proust? «Wir lügen unser ganzes Leben lang, und ganz besonders, vielleicht ausschließlich, belügen wir jene, die wir lieben.» Schlag Deinen Proust auf. Ich habe es für Dich unterstrichen. Was nicht unterstrichen ist, taugt nichts. Ich kenne den ganzen Quatsch, der Dich geärgert hat. Er ärgert mich auch. Zum Henker mit der Princesse de Parma und dem Herzog de Guermantes und Mme. Villeparisis. Und Monsieur Norpois. Sorgen, Sorgen ... Jemand sitzt die ganze Zeit auf einer Mauer, wie Humpty Dumpty, und unten ist ein Leierkastenmann. Wenn die Musik spielt, ist es, als drehe jemand einen Mantel um, und man sieht, daß das Futter Schweißflecken hat, die Läuse fallen heraus, Knöpfe fehlen, die Ärmel sind eingelaufen.

Aber ich bin glücklich, Anaïs. Ich bin glücklich wegen Dir, für Dich, mit Dir. Ich will diese düstere, stöhnende, jammernde Liebe nicht mehr. Fred brachte gestern abend Dein Bild mit nach Hause. Er hatte es in der Redaktion geklaut, nachdem Waverley Root die Besprechung Deines Buches [über D. H. Lawrence] geschrieben hatte. Ich werde Dir das Originalmanuskript schenken, als kleine Erinnerung an meine Tage bei der *Tribune*, denn sie sind gezählt – man hat mir bereits gekündigt. Aber ich habe Dein Foto. Habe es sofort an die Wand gehängt. Bin hingegangen und habe es auf den Mund geküßt. Es hängt genau in der richtigen Höhe. Und die Augen sind ernst, gesenkt. Ja, das bist Du, und ich liebe Dich und werde Dir gegenüber offen sein, brutal offen, denn wenn man jemand Ebenbürtigen hat, kann man es sich leisten, offen zu sein. Du bist jetzt wie Sonnenschein, der mich überflutet, wie ein Lied. (O ja ... sehr wichtig!) Wie kommt es, daß ich, als ich am Fenster stand und June zuhörte, plötzlich sagte: «Nein, ich will nicht nach Paris fahren, ich will nach Spanien?» June bestand auf Paris (ich glaube, weil sie meinte, daß ich es schon immer verabscheute – so jedenfalls pflegte ich damals zu behaupten. Doch ich dachte an Spanien, weil ich genug hatte von nordischen Landstrichen, düsteren Gesichtern, kalten Straßen, Atelier-Orgien, widerwärtigen Kneipen. Mich verlangte nach der Sonne, den Orangen, dem Duft der Erde und dann den kahlen, öden Bergen, den rauhen Felsen, der Strenge und Heftigkeit Spaniens. Ich wollte Frauen mit musikalischen Stimmen hören, weiche und wogende Frauen, Frauen, die ganz Frau sind, Sklavinnen vielleicht, auch Betrogene, doch was soll's ... *Frauen*. Spürte sie das? Ich ließ nichts darüber verlauten, das weiß ich. Sie schickte mich zu den französischen Frauen, weil sie überzeugt war, die seien unattraktiv. Wenn einen jemand liebt, schickt derjenige einen dann fort? «Ja, Val, zu oft, als daß ich es noch genau wüßte ... den ganzen Sommer oder den ganzen Winter, jede Nacht, Nacht für Nacht.» Jesus Christus, sie kann mich doch nicht deswegen fortgeschickt haben? Oder ist sie ein Engel, der dieses Opfer brachte, um mich so zu haben, wie sie mich haben wollte, als ihren Geliebten, als eine aus ungesundem Boden entfernte Blume? An diesem Punkt kommt Rilke ins Spiel... seine Engel. Aber Rilke ist wahnsinnig. Er hat diese Engel erfunden. Sie sind seine Engel, nicht von dieser Welt. Sie sind deutsche Engel, mit romantischen Flügeln, und sie schweben in Liebe über der Welt, bis ihre Flügel von der Sonne geschmolzen werden.

Jetzt kann ich Dich also jeden Tag anschauen. Anaïs Nin, eine unprofessionelle Studie. In Ordnung. Aber Roots erster Absatz bringt mich auf die Palme. «Sie muß etwas Männliches in sich haben, um ...» Nein, sag das nicht. Das ist nicht wahr. Das ist falsches Denken, Journalismus, oberflächliche Unterhaltung. Nein, Anaïs ist ganz Frau, und sie hat keine Flügel, Gott sei Dank. Doch in mir steckt ein Teufel. Ich kenne eine gewisse Anaïs. Laß June herkommen. Was dann? Bereit dich vor – o ja, das sage ich mir die ganze Zeit. Bereit dich vor. Und dennoch, diesmal wird es nicht so sehr schmerzen. Diesmal würde ich es als Schicksal akzeptieren. So ist das Leben nun mal. Das also ist es ... Ich nicke mit dem Kopf, trübselig, ich klaube die Scherben zusammen, ich ersinne ein weiteres Gedicht. [...]

Wie werden wir die Nacht verbringen, wenn Hugh wegfährt? Darüber habe ich auch nachgedacht. Ich werde wahrscheinlich arbeiten, aber Du könntest mich abholen, wenn ich fertig bin – zwischen 12 Uhr 30 und 1 Uhr. Du wartest im Chope Cadet auf mich oder in einem anderen Lokal, das Dir gefällt, und dann gehen wir auf den Montmartre, setzen uns irgendwo hin und trinken etwas. Dann kommst Du mit mir hierher, und wir essen. Wir trinken wieder etwas und reden. Und der Hahn wird krähen. Er kräht eben jetzt. Er kräht die ganze Zeit. Mein Zimmer wirkt jetzt schön schlicht. Es riecht aber immer noch nach Staub. Ich weiß nicht, wie ich das wegkriegen kann. Vielleicht putzt Du das Zimmer noch mal. Aber es sieht sauber aus. Meine Decke, weißt Du, ist eine Pferdedecke – sie hat einen speziellen Geruch – einen unauslöschlichen. Und dieser Diwan schaut nicht aus wie ein Diwan, sondern wie ein Krankenhausbett. Ja, ich habe das Gefühl, in einer Art Asyl zu leben, wo einem Freiheiten gewährt werden, besondere Privilegien. Natürlich putzt man sein Zimmer selbst. Man kann tun, was man will – man kann in seinem Zimmer schreiben oder malen oder singen. Im Nebenzimmer wohnt ein Irrer, der über Hunde schreibt. Er muß über Hunde schreiben, weil

Marcienne Hunde liebt und er ihr versprochen hat, daß er für sie ein Kapitel schreiben wird – über Hunde. Eines Tages wird Marcienne mit dem Baby kommen. Ich schlage ihm vor, er soll Marcienne zu sich nehmen, samt dem Baby. Es wäre wunderbar, ein Baby im Haus zu haben – dann müßte der Boden sauber sein, weil Babys alles vom Boden aufklauben und in den Mund stecken. Aber eine *femme de ménage* brauchen wir einstweilen nicht. Wenn ich die *Tribune* verlasse, kann ich mich fleißig dem Saubermachen widmen. Fred wird zur Arbeit gehen, die Miete bezahlen, Essen kaufen und mich mit Zigaretten versorgen. Er wird mich aushalten wie eine Geliebte. Ich werde eine gute Geliebte abgeben, weil ich nicht eifersüchtig und nicht anspruchsvoll bin. Dann werde ich Zeit haben, die Zimmer von dem Staubgeruch zu befreien, die Wäsche zu waschen, Besorgungen zu machen, die Pfandflaschen zurückzubringen, vielleicht auch Zeit für ein bißchen Stopfen. Es ist nicht gut, löcherige Socken anzuziehen – man bekommt schmutzige Füße.

Ich vergaß, was ich vorhin zu schreiben begann, die Begegnung mit Ned Calmer. Anscheinend schreibt er die Buchbesprechungen gelegentlich selbst, und als ich ihm vorschlug, Dein Buch zu besprechen, stimmte er bereitwillig zu. Wenn Du also willst, schicke ihm ein Exemplar. [...] Er hat übrigens einen Verleger für seinen ersten Roman, *Beyond the Street*, gefunden. Anscheinend gibt es für jedermann einen Verleger. Man muß Witterung aufnehmen wie ein Hund. Wenn ich den Staub aus meiner Nase bekomme, nehme ich die Witterung vielleicht wahr. Wie dem auch sei, ich habe einen guten Tisch zum Schreiben und einen Blechkoffer, um meine Blätter abzulegen. Wenn der Sommer kommt, werde ich die Pferdedecke wegwerfen. Bis morgen, Anaïs.

[Henry]

An Anaïs [Clichy]
[3. April 1932]

[...]
Weißt Du, warum ich Dir schreibe? Ich brauche ein bißchen Hilfe – verzeih mir – nach all dem Unsinn, den ich im letzten Brief schrieb.

Bin absolut pleite, und das bis Freitag. Könntest Du mir morgen ein bißchen was schicken – in die Redaktion, so daß ich es vorfände, wenn ich hinkomme? Alles ist recht, was auch immer – es ist nichts mehr zum Essen da. [...]

Ich glaube, wenn ich eine Reise um die Welt machen könnte, gerüstet mit einer Reiseschreibmaschine, würde ich etwas Verblüffendes schaffen. Ich weiß jetzt, daß ich wirklich besessen bin – *fou*. Guter Gott, wie alles in mir kocht. Worte genügen nicht. Ich möchte in die Dinge beißen, mit meinen Zähnen.

Ich vergöttere Dich. Du machst mich glauben, daß alles möglich ist.

Ja, laß uns trinken bis zum Vollsein. Ich habe großes Verlangen nach Dir. June wird kommen, und June wird die Augen aufreißen – sehr, sehr weit. Ich werde sie nicht gehen lassen, aber ich werde auch Dich nicht gehen lassen. Es ist mir gleichgültig, was für eine Situation entsteht – nur, Du darfst mir nicht die Treue brechen. Ich liebe June, und ich liebe Dich. Da hast Du es. Dem kann ich nichts hinzufügen.

Nur dies – daß Du mir etwas Kostbares schenkst. Ich wage nicht, darüber zu sprechen, weil es dann verblassen würde.

Anaïs, halte einfach zu mir, verteidige mich – sogar bei June. Sei bei June eine Frau – vertraue ihr nicht so unbedingt. Was ich Dir hier sage, entspringt der Weisheit – nicht der Angst oder Feigheit.

Ich erwarte, daß etwas Großes daraus erwächst.

Und am Dienstag bereite Dich darauf vor, vergewaltigt zu werden. Zieh dieses schöne Kleid an, das Du trugst, als Du zum ersten Mal nach Clichy kamst. Ich möchte das Weiß Deines Fleischs sich davon abheben sehen. Ich möchte Exzesse begehen. Leidenschaftlich Dein

Henry

AN HENRY

[Louveciennes]
Sonntag [9. April 1932]

[...]

Hör zu, ich habe meine Fähigkeit zum «Glücklichsein» wiedergefunden. Das Wissen um die Gefahr, die meinem Glück drohte (ich wurde mir ihrer bei der Lektüre Prousts und nach einem Gespräch mit Fred voll bewußt), quälte mich anfangs. Ich bin mir ihrer heute noch genauso bewußt, aber ich habe mehr Mut, oder vielmehr, ich kümmere mich nicht um das Morgen oder irgendeine Zukunft, nur um das *Heute*, und genieße intensiv, was wir *heute* haben, Henry. Henry, wir werden *alles* auskosten, was wir einander geben können, bevor June kommt, schnell, heftig – wir werden sooft wie möglich beisammen liegen. Alles ist zerbrechlich, aber für jeden Tag, der mir dies gewährt, bin ich dankbar, dankbar! Ich weiß nicht, warum ich oft an den Dienstag denke. Vielleicht ist es falsch, daß ich so austernhaft sein möchte und so hartnäckig an meinen Schalen festhalte – Nataschas Atelier ist eine meiner Austernschalen. Ja, ich komme gern nach Clichy, und ich sitze gern in der Küche mit Dir und Fred und all den Büchern auf dem Tisch. Wenn Du mich bittest, komme ich am Dienstag nach Clichy!

[...]

Anaïs

An Anaïs

[Clichy]
Samstagnacht [9. April 1932]

Ich bin schwer von Begriff, Fred hat recht. Ich wollte Dich bitten, mich nach Mitternacht zurückzurufen, um noch mal mit Dir reden zu können, und zwar ungehemmt. Jetzt bist Du fort, es besteht keine Möglichkeit, Dich zurückzuholen, und ich bin völlig verlassen – völlig. [...]

Aber ich sag Dir was – falls ich diese beiden Artikel über den Montparnasse und über Lawrence schreibe, werde ich sie losschicken. Ich werde vielleicht Grace Flandrau[1] bitten, bei ihrem Literaturagenten Horace Liveright ein gutes Wort für mich einzulegen. Warum nicht? Vielleicht könnte ich hundert Dollar verdienen. Wer weiß? Möglicherweise bin ich doch nicht total verrückt und kein ganz hoffnungsloser Fall.

Den Rest der Montparnasse-Arbeit bekommst Du mit diesem Brief. Er ist blasser, schwerfälliger vielleicht, aber ich verlor das Interesse daran, als Bald mich mit seinen grausamen Bemerkungen niedermachte. Ich begann zu schreiben, als würde ich den Text unter meinem Namen schreiben. Nachdem ich gesehen habe, was von dem Artikel übrigblieb, werde ich nun versuchen, ihn in einem phantastischeren Stil zu überarbeiten. Was die Lawrence-Sache angeht, so habe ich fast Angst, damit zu beginnen. Ich fürchte, daß sie zu lang wird, um in irgendeine Zeitschrift oder Zeitung zu passen. Vielleicht lehrst Du mich ein bißchen Selbstbeschränkung. Heute abend habe ich *à crédit* zwei Karten für das Pferdetoto im Juni gekauft ...

1 Siehe «Biographische Anmerkungen».

Vielleicht erwischen wir einen Sieger. Das würde eine Menge Probleme aus der Welt schaffen. Du siehst, daß ich gut zu Dir bin! (Wie gern würde ich Dir runde 50 000 Dollar überreichen.)

Verzeih, dies klingt etwas unfein. Doch heute abend bin ich einfach ein bißchen übermütig. Ich würde gern in Louveciennes anrufen und sagen: «Komm sofort nach Paris und laß uns ausgehen.» Ja, ich habe zahlreiche Lokale im Kopf, in denen ich gern etwas Zeit mit Dir zubringen würde. Ich stelle mir immer vor, wie großartig ich mich mit Dir amüsieren könnte, wenn Du nicht stets den Sechs-Uhr-Zug erwischen müßtest. Was ich plane, ist beispielsweise ein langes, ausgedehntes Essen, sei es in Clichy oder in Paris. Du beginnst überzusprudeln, und vielleicht schaut uns Fred mit seinem törichten, anthropoiden Grinsen zu, einmal gekränkt, einmal strahlend, einmal zärtlich wie eine Taube. Wir könnten absolut surrealistisch werden, all den brennenden Fragen auf den Grund gehen, über die wir jetzt oberflächlich hinweghuschen oder die wir auf einen günstigeren Tag verschieben. Wir könnten sogar für Dich ein paar Seiten in Dein Tagebuch schreiben und Diagramme, Anamythen oder Psychogramme zeichnen. Wir könnten prophetisch werden oder Thomas von Aquino spielen – was Du willst.

Ja, ich denke zuviel daran, mit Dir beisammen zu sein, Dir alles einzubleuen, mit Dir zu lachen, Dir zuzuhören. Und gleichzeitig verspüre ich einen starken Drang, Dich zu beschützen. Zum Beispiel diese Verabredung mit Root. Du darfst sie nicht einhalten. Sie ist ein Fehler, und Du wirst es bereuen, wenn Du hingehst. Warum? [...] Root, übertrieben selbstsicher, schmierig, eingebildet, bildet sich ein, daß seine Besprechung [von *D. H. Lawrence. An Unprofessional Study*] Miss Nins Eitelkeit geschmeichelt habe. Mächtiger Mann, dieser Mr. Root. Und Miss Nin hat Spanisches in sich ... wirkt deshalb exotisch.

Aber Miss Nin, laß mich dies sagen, ist ein bißchen naiv, denn sie schreibt Mr. Root Briefe. Miss Nin ist nicht gerüstet, die Roots dieser Welt zu bekämpfen. Das macht nichts. Miss Nin muß sich darein fügen, eine andere Rolle zu spielen. Hat Mr. Root erst einmal seine geilen Blicke auf Dir, ist alles aus. Dein Ruf wird ruiniert sein. Im Ernst, Du hast keine Ahnung, auf welche Tiefen die Konversation in unserem Büro oft absinkt. Du glaubst vielleicht, etwas über die männliche Denkweise zu wissen, doch ich kann Dir versichern, daß Du nichts weißt. Du würdest Dich winden, könntest Du für eine Nacht hier hereinhorchen. [...]

Ich will nicht näher darauf eingehen. Vertrau mir einfach. Du hast alles zu verlieren, wenn Du ein Treffen mit Root riskierst. Halte Dich vom

Montparnasse und von Zeitungsleuten fern. Bleib geheimnisumwittert. Laß die Professoren bei Dir Besuch machen, beschmutze aber Deine Röcke nicht, indem Du mit dieser anderen Schar zusammensitzt. Ich weiß, wovon ich rede.

Du findest es vielleicht komisch, daß ich so rede, aber ich kann nicht zulassen, daß Dich diese miesen Teufel betatschen und befingern. Und einzig darauf wird es hinauslaufen. Andererseits, es wäre in Ordnung – sogar ausgezeichnet –, wenn Du Fraenkel kennenlerntest. Du würdest ihn vermutlich schätzen. Katastrophal aber wäre es, mit Walter Lowenfels[1] zusammenzukommen, der gerade das längste Gedicht in englischer Sprache verfaßt. Fred zu kennen ist gut – es ist sogar Pflicht –, aber es wäre fatal, Wambly Bald kennenzulernen. Und so fort.

Das eben macht mich wütend an June – daß sie ausgeht, um sich mit allerlei Leuten zu treffen, und daß sie von den falschen schwärmt. Du solltest June mal über Bob McAlmon reden hören! Es würde Dich würgen. June gab mir sogar einige seiner Geschichten zu lesen, zweifellos in der Meinung, ich würde etwas Gutes daran finden. Bob McAlmon ist eine der miesesten lebenden Kreaturen. Außerdem ist da noch [Maxwell] Bodenheim – Du solltest sehen, wie er June begrüßt! Sähe ich Dich solche Fehler machen, würde ich den Glauben an Dich verlieren. [. . .]

Themawechsel. Es freute mich riesig, daß Du an jenem Nachmittag mit Fred gequatscht und darüber die Vorhänge vergessen hast. Fred kam strahlend heim. Einen Moment lang war ich fast eifersüchtig. Jesus, er muß Dich lieben, um so ausdauernd von Dir quasseln zu können. Und was hat *sie* gesagt, wollte ich wissen. Aber Fred in seiner blöden, in seiner netten blöden Art konnte sich nicht erinnern, was Du gesagt hast. Offenbar hast Du fast nichts gesagt. *«Ich habe geredet!»* erklärte er. Er war auch noch stolz darauf. [. . .]

Weißt Du, ich tue nicht viel für Dich. Darüber denke ich in letzter Zeit häufig nach. Mir scheint, daß ich vor Dir als eine sehr selbstsüchtige, egoistische Person dastehe. Und mich wurmt, daß Du noch immer Deine Schreibmaschine entbehren mußt. Der Teufel soll doch alles holen – halte einige Deiner Geschenke zurück und leih Dir eine Maschine, eine anständige, bis diese Angelegenheit geklärt ist. Ich werde Dir sagen, wo Du hingehen sollst, das läßt sich ganz einfach arrangieren und ist fast umsonst. Völlig blödsinnig, daß Du mit Feder und Tinte schreibst oder überhaupt nicht, nur weil Deine Maschine verlorengegangen oder gestohlen worden ist. Und dieses Sitzen [für die Malerin Natascha Trubez-

1 Zu Fraenkel und Lowenfels siehe «Biographische Anmerkungen».

kaja] ... warum? Ich möchte es wissen. Vermutlich ist es meinetwegen und nichts sonst. Nun, das geht zu weit ...

Du machst Dich schlicht zur Sklavin. Dein Buch ist praktisch fertig, nun aber verstreicht Woche um Woche, und es liegt auf Deinem Schreibtisch, ohne daß Du es anrührst. Verdammt noch mal, ich dachte, wenn ich die Stellung [als Korrektor] verliere, könnte ich Dir dabei helfen. Jetzt hat man mir eröffnet, daß ich bis zum 24. hier oben zu bleiben habe und daß ich am 1. Mai nach unten gehen kann. Ich glaube, sie würden mich wirklich gern behalten. So stehen die Dinge bei mir. Aber ob ich Urlaub kriege oder nicht, ich möchte dafür sorgen, daß Du dieses Buch herausbringst. Ich kann Dir dabei viel helfen, glaube ich. Und die Arbeit wird nicht schwer für Dich sein. Himmel, so leicht wie Du schreibst, könntest Du, wie ich meine, jedes halbe Jahr ein Buch herausbringen. Was mich angeht, ich schaffe es einfach nicht, daß sie herausgebracht werden. Du vergeudest Deine Zeit, wenn Du mir zu helfen versuchst. Eines Tages wurstle ich mich vielleicht durch, aber es sieht nicht so aus, als würden Geld oder Freundlichkeit, Mitgefühl oder Verständnis irgendwie helfen. Ich bin einfach zu langsam und geistesschwach. Kehr also bitte zu Deiner ruhigen Art und Weise zurück und arbeite für Dich selbst. Allein schon das Wissen genügt, daß Du an dem, was ich tue, interessiert bist. Die Vorhänge, das Linoleum und all dieses Zeug werden wir zu gegebener Zeit schon kriegen, durch göttliche Fügung. Schließlich habe ich einen Tisch und eine Schreibmaschine. Was braucht ein Schriftsteller mehr? Ich verhätschle mich bloß oder lasse mich von Dir verhätscheln ... Und ich vergöttere Dich dafür, daß Du es tun willst, verstehe mich recht. Tatsächlich bin ich in dieser Hinsicht schwach. Nichts ist mehr nach meinem Geschmack, als die Menschen etwas für mich tun zu lassen – besonders jene, die ich liebe. Ich glaube nicht, daß ich je viel gab, ausgenommen Liebe – und Fred hat sogar da seine Zweifel. Er behauptet, daß ich nicht weiß, was Liebe bedeutet, daß ich in Wirklichkeit nichts erlebe als Ausbrüche von Leidenschaft oder Sentimentalität. (Doch ich bin nicht immer einer Meinung mit Fred – hierin ganz gewiß nicht.)

Einmal versuchte ich, mich June gegenüber deswegen zu rechtfertigen. Es gibt Zeiten, weißt Du, in denen sie mir vorwirft, ich sei der selbstsüchtigste Mensch auf unserer grünen Erde. Ihre Vorwürfe gründen sich nie auf Geld, das soll klargestellt sein. Wenn ich meinen verflixten Willen immer wieder durchsetzen will, dann wird sie störrisch. Na, es stimmt schon, ich möchte immer, daß es nach meinem Willen geht. Ich schere mich keinen Deut um den Willen des anderen. Ich sage, mögen mein Wille und der des anderen übereinstimmen – das ist das Beste, was wir erhoffen können. Den Versuch nachzugeben, Kompromisse einzugehen, einander auf halbem Weg entgegenzukommen und ähnlichen Humbug finde ich idiotisch, weil auf lange Sicht unwirksam. June ist natürlich raffinierter, wenn sie ihren Willen durchsetzen will. Sie läßt es so aussehen, als wolle man selbst es so, nicht sie. Das ist die alte Frauentour, und ich als Mann verabscheue dergleichen eigentlich. Wenn ich mein Ego zu schützen versuche, findet sie das ungehobelt, was es zweifellos auch ist, aber was denn: Soll ich vielleicht weich und weiblich werden? Nein, ich will das Äußerste, das mir jemand bieten kann, und als Gegenleistung werde ich mein Äußerstes geben – sofern ich an jenem Tag zufällig in Stimmung dazu bin.

Du hast mich meistens als ziemlich willfährig und nachgiebig erlebt. Weil es nichts zum Streiten gab. Was Du sagst, harmoniert gut mit meiner Meinung ... Wir liegen eben auf der gleichen Wellenlänge. Aber wenn ich mich auf die Hinterbeine stelle, guter Gott, ich fürchte, dann wirst Du einiges von dem widerlichen Verhalten erleben, das in dem Buch über Lawrence erwähnt ist. Ich kann sehr ekelhaft, sehr kleinlich, sehr gemein werden, wenn man mich vor den Kopf stößt. Und ich kann meine Wut dann an völlig fremden Menschen auslassen. Na, ich beginne zu reden wie Mabel Dodge Luhan höchstpersönlich [in *Lorenzo in Taos*].

Ich schicke Dir einige weitere Seiten von Freds Manuskript mit und bitte Dich, sie mir zurückzugeben, wenn Du sie gelesen hast. Darüber wollte ich eigentlich schreiben, als ich diesen Brief begann. Wie mich seine Sprache berührt. Weißt Du, er weckt in mir Hunger nach einer Art Schönheit, die absolut außer meiner Reichweite liegt. Neulich abend sagte er zu mir: «Wenn du wirklich wüßtest, was Liebe ist – es ist das einzige, was dir fehlt –, wärst du ein Genie, ein zweiter Goethe vielleicht.» Als ich heute am Fenster stand und sein Manuskript las (Dein Rohrpostbrief traf mittendrin ein), hatte ich das Gefühl zu wissen, was Fred meint. Ich glaube nicht, daß er Marcienne je liebte – oder überhaupt irgend jemanden (*er* ist nämlich derjenige, der zu keiner Liebe fähig ist), aber ich glaube, daß er das liebte, was Marcienne für ihn tat, ihre Art, ihn zur Entfaltung zu bringen, für die Welt zu erwärmen usw. [...] Nun, ich hätte gern, daß Marcienne sofort hierher kommt und mit uns zusammenlebt, das heißt natürlich, mit Fred zusammenlebt, ich wäre fast versucht, ihn zu lehren, wie er sie lieben muß, die Hände der beiden ineinanderzulegen und Fred, der so kindisch selbstsüchtig und introvertiert ist, zu veranlassen, Marcienne und diesem Kind sein Leben zu opfern. [...] In mir ist Platz für alle Marciennes auf der Welt und ihre

Bälger, besonders wenn ihre Bälger Bastarde sind. Ich liebe kleine Bastarde. Ich würde gern ein ganzes Rudel Bastarde zeugen, und dann in der ganzen Welt herumreisen, um überall meine Söhne und Töchter zu begrüßen.

[...] Diese Seiten überreiche ich Dir mit den zartesten, keuschsten, ehrerbietigsten Gefühlen. Ich halte sie für überaus schön, unerreicht in ihrer Art, und ich möchte sagen, was immer mir fehlt, Fred zeigt es mir hier. Meine Augen werden feucht, und ich weiß, daß es auf der Welt eine Schönheit gibt, die vollkommen außerhalb meiner Reichweite liegt, und ich verneige mich vor ihr. Es ist eine Welt, deren Tür ich zugeschlagen habe, und ich werde niemals versuchen, diese Tür zu öffnen, aber ich muß gestehen, daß ich nachts gelegentlich wieder zu ihr gehe und sehnsüchtig davorstehe, in dem Wissen, daß ich dahinter etwas Kostbares zurückgelassen habe.

Ich halte hier nur an, weil es zwei Uhr morgens ist und Fred darauf wartet, daß ich mit ihm heimgehe. Jetzt zum Montmartre – und andere Gedanken. Jesus, es ist falsch, aufzuhören. Das ist ein schwacher Punkt von mir. Ich glaube immer, daß ich etwas wieder herbeizitieren kann, wenn ich will.

[Henry]

An Anaïs

[Clichy]
Sonntag nachmittag [10. April 1932]

Ein zu schöner Tag, um drinnen zu bleiben. In prächtigster Laune, aber unfähig zu entscheiden, worüber ich schreiben soll – über das Buch, über Lawrence, soll ich den Brief von heute nacht fortsetzen, mehr über den Montparnasse, einen Brief an Grace Flandrau schreiben oder was sonst? Die Zeit jagt mich schon wieder. Heute ist mein freier Tag – und ich brauche diesen freien Tag. Aber ich kann nichts unternehmen, es sei denn, ich knöpfe mir den russischen Kellner vor. Er hält mich seit Wochen mit den elf Francs hin, die er mir schuldet. [...]

Glaubst du, daß *wir* mit dem Montparnasse-Material etwas anfangen könnten? Würdest Du es gern mit mir umschreiben? Wenn Du glaubst, unter Deinem Namen käme es besser an, und wenn Du Dich nicht schämen würdest, ihn dafür herzugeben, nun, mir wäre das höchst angenehm. Das gleiche gilt für die Lawrence-Sache. Mir geht es lediglich um das Geld. Wenn ich das Buch fertig habe, werde ich mich, glaube ich, zum «Anonymus» machen. Das ist vermutlich ein größerer Spaß. [...]

Fred geht gerade ran, noch mehr über Goethe zu schreiben, mir die Hölle heiß zu machen. Ich glaube, er wird was Ausgezeichnetes zustande bringen. Es spielt keine Rolle, ob man für oder gegen etwas ist – einzig das Schreiben zählt. Und mit Deiner Erlaubnis werde ich wahrscheinlich die letzte Seite meines Briefs an Dich (über Freds Manuskript) herausnehmen und in mein Buch einfügen, und noch einiges anfügen. Du wirst feststellen, daß ich Dich gewissenhaft aus meinem Buch heraushalte, obwohl es mir schwerfällt. Zu den ersten Dingen, die ich mit June aufgreifen muß, wenn sie wiederkommt, zählt die Frage der Freiheit, das Privileg, meine Gedanken irgendwo niederzuschreiben und niemandem zu erlauben, seine Nase hineinzustecken. Das wurde mir klar, als ich über Lawrence las. Die Situation mit Frieda [Lawrences Frau] entspricht haargenau jener zwischen June und mir – als Lawrence mit Mabel [Dodge Luhan] zusammenzuarbeiten versuchte und Frieda sich dazwischendrängte. Eine Menge an Frieda, an ihrem Verhalten, erinnert mich an June. Ich glaube, Frieda war gut für Lawrence, aber ich sehe auch, wie sie ihn hemmte – vielleicht war das ja ebenfalls gut. Ich sehe ihn wütend um sie herumtanzen, sie ab und zu verprügeln, sie verfluchen und dann vor ihr auf die Knie sinken. Ja, so sind wir! Nur habe ich June nie geschlagen – glaubst Du, ich sollte es tun? [...]

Um halb sechs saß Fred auf meiner Bettkante, und wir schmiedeten den Plan, an seinem freien Tag eine Reise nach Rouen oder Provins zu machen – in der Woche zwischen dem 24. und dem 30. April. Wollen dort über Nacht bleiben – kurze Ferien machen. Wir möchten, daß Du mitkommst. Ja, wir sahen uns schon durch irgendeine fremde Stadt gehen, Dich in der Mitte – kein Gedanke an Züge, Diners usw. Wie würde Dir das gefallen? Würdest Du mitmachen? Wir treffen uns am Dienstag um zwei Uhr im Atelier. Ich wünschte, es wäre heute.

Henry

AN HENRY [Louveciennes]
[28. April 1932]

Gestern sagtest Du, meine Gutmütigkeit habe Risse. Willst Du mir nicht verraten, was für welche es sind, damit ich sie vergrößern kann? In diesem Wissen liegt meine Rettung. Rette mich vor der Gutmütigkeit, Henry.

Wenn ich nächste Woche komme und Du mein Tagebuch liest, wirst Du glücklich sein. Ich sagte neulich zu einem Franzosen: «Ich liebe Genie.» Er erwiderte: «Eine Frau verleiht dem Mann, den sie liebt, Genie.»

Ich habe Dir nicht erzählt, daß ich mir nach der Lektüre von *The Well of Loneliness*[1] die Haare nach hinten kämmte und ein Schneiderkostüm anzog. Zufällig platzte sogleich jemand, der mich langweilt, in meinen Tag hinein und störte mich bei der Arbeit, und ich hatte den Mut, ihn nach Paris zurückzuverfrachten – erbarmungslos, wie ich selten gehandelt habe, und vielleicht wäre es gut, wenn ich diese Geisteshaltung beibehalten könnte (ich kann es, solange ich das Kostüm trage).

Hast Du mein weinrotes Taschentuch einer der Huren gegeben, jener, die sagte, Du hättest ein gutes Herz? (Du hast eines.)

Eines Tages werde ich Dir erzählen, was ich herausfand über die Art, wie eine Hure die Treue hält, und wie ich von diesem Wissen profitierte. Ich kann einfach nicht glauben, daß Fred jenen Brief schrieb, den ich gestern las. Manchmal jedoch glaube ich, daß ich selbst etwas so Wahres über die Gefühle einer Frau schreiben werde, daß Du nicht glauben wirst, es stamme von mir. Du bringst mich in Versuchung. Dir gegenüber fühle ich mich nie wahrheitsliebend genug. Dabei habe ich ein unerbittliches Verlangen nach Wahrheit. Doch im Augenblick des Schreibens gerate ich in leidenschaftliche Erregung, ich stürme auf die Schönheit zu, und alles übrige verschwindet. Aus dem Tagebuch und aus meinem Körper. Es wird weggespült. Weggespült. Aber ich würde gern zurückkehren wie ein schmieriger Detektiv und den Abfall einsammeln.

Anaïs

1 Seinerzeit vielgelesenes Buch von Radclyffe Hall (London 1928); deutsche Ausgabe u. d. T. *Quell der Einsamkeit* (1929).

An Anaïs

Café de la Régence
161-163 Rue Saint-Honoré
Freitag [13. Mai 1932]

Ich weiß nicht, wie ich meine Gefühle beim Lesen Deines Tagebuchs in Worte fassen soll. Ich bin noch nicht fertig damit. Ich habe es beiseite gelegt, um immer wieder darin lesen zu können. Es berührt mich tief. Ich glaube, es gehört zum Schönsten, was ich je gelesen habe, und wenn ich Du wäre, würde ich es nie und nimmer aus der Hand geben – nicht einmal, um es jemanden wie Fred und mich lesen zu lassen. Als ich Dich darum bat, hatte ich keine Ahnung, wie kostbar es ist.

Ins Régence ging ich heute abend, weil ich hoffte, Du würdest Dich an den vergangenen Freitagabend erinnern und es vielleicht schaffen, irgendwie hinzukommen. Ich saß mehrer Stunden da und korrigierte mein Manuskript. Ich las den Brief, den ich Dir auf französisch schrieb, noch einmal durch und stürmte dann heim, um Dir noch ein bißchen mehr zu schreiben. Aber hier ist es so still, daß man das Gefühl hat, die Schreibmaschine mache zuviel Lärm. Außerdem habe ich Dir zuviel zu sagen – ich würde die ganze Nacht schreiben.

Doch dies eine möchte ich sagen – daß Du immer göttlicher wirst. Du bist tatsächlich zu alledem geworden, was Du zu sein wünschtest, als Du Deine geheimen Gedanken in Dein kleines Heft zu schreiben begannst. Anaïs, es bringt mich zum Weinen, Dein Tagebuch. Es bringt mich dazu, Dich mehr zu lieben, als Worte auszudrücken vermögen. Ich versuche mir Notizen von all den schönen Äußerungen zu machen, die ich darin finde, aber es sind zu viele . . .

Wahrlich, vom ersten Anfang an zeigtest Du Genie. Das überrascht mich. Oder vielmehr, bei Dir überrascht mich nichts mehr. Würde man mir morgen sagen: «Haben Sie schon gehört, daß Anaïs Nin eben ein Wunder vollbrachte?», würde ich keineswegs erstaunt dreinschauen. Ich erwarte Wunder geradezu von Dir!

Alsdann, mir fallen die Augen zu. Ich weiß, daß Du mir verzeihen wirst.

Heinrich

PS: Mein Traum? Nach Spanien fahren, nach Barcelona, mit Anaïs, auch nach Brüssel fahren, um die guten Schwestern zu besuchen, die die kleine Anaïs behütet haben. Noch ein Traum – das kleine Herz von Anaïs sehen, die Tränen darin kosten, die Tränen ihrer traurigen Kindheit. Anaïs, Anaïs, ich liebe Dich. Ich liebe Dich mit elf Jahren, ich liebe Dich mit neunundzwanzig Jahren. Ich werde Dich mit hundert Jahren lieben. Ich liebe den Gott, den Du so fromm geliebt hast. Ich verstehe jetzt, warum Du immer sagst – ich liebe, ich liebe. Du liebst, weil Du gut bist. Nichts Schlechtes in Deinem kleinen Herzen. Nichts als Güte, Zärtlichkeit für die Welt. Ja, ich verstehe. Du kannst mir alles verständlich machen. Du läßt mich sehen, wie ein Wunder geschieht. Du, Du selbst bist das Wunder![1] Ich behalte alle Manuskripte hier, weil ich fest damit rechne, Dich am Montag oder Dienstag zu sehen.

An Anaïs

au Sans-Souci, Comptoir-Glacier
65, Rue Pigalle
Sonntag [15. Mai 1932]

Las eben das Tagebuch zu Ende. Bitte bring mir Band II. *Je ne demande le Dieu rien plus!* [Ich bitte Gott um nichts sonst!] Ich muß auf den Seiten zurückgehen, immer noch etwas weiter zurückblättern. Was für eine Arbeit! Kam hier heraus, um meine Augen auszuruhen, aber ach, Deine Schrift blendet.

Ich lege einige Notizen bei, die ich während der Lektüre des Tagebuchs gemacht habe. Sie sagen Dir jetzt vielleicht nicht viel – später, wenn Du sie mir zurückgibst und ich Gelegenheit habe, sie auszubauen, könntest Du sie interessanter finden. Aber ich meinte eben jetzt, es könnte Dich freuen zu sehen, was meine Aufmerksamkeit erregte.

(Habe ich die Erlaubnis, mich auf Dein Tagebuch zu beziehen? Darüber machte ich mir bisher gar keine Gedanken. Wenn nicht, werde ich mich Dir gegenüber dazu äußern – nicht in einem Buch. Das verspreche ich!)

Bestimmte Zeilen klingen prophetisch. Einige Dinge haben sich bereits erfüllt. Bemerkenswert dies alles! Ich habe das Gefühl, daß es ungeheure Bedeutung erlangen wird – später, wenn Du bekannt bist und Deine Leser hast, was gewiß eintreffen wird!

Die Seiten in französisch, die hier mitkommen, lassen erkennen, wie stark mich schon die allerersten Seiten des Tagebuchs berührten. (Ich kann Dir die Urschrift geben – ich behalte das Original nur, weil alles meinen Augen weh tut.)

1 Im Original auf französisch.

Ich vermisse Dich ungeheuer. Doch Dein Schweigen, das schmerzt. Bist Du schrecklich beschäftigt? Ich vermute es. Ich sehne die nächste Woche voll Ungeduld herbei. Inzwischen wirst Du noch ein bißchen größer. [...]

Ich bin ziemlich nervös. Ich wünschte, ich wäre mit der Durchsicht meiner Manuskripte fertig. Es ödet an!

Anaïs, glaub mir, ich liebe Dich innig – mehr, viel mehr denn je. Mir ist etwas von Dir geblieben. Unsere Wohnung wirkt leer. Hat meine «Neugier» Dich verletzt – danach? Ich hoffe nicht. Ich bedaure das alles sehr. Ich werde mir Schweigen auferlegen.

Heinrich

An Anaïs

[Clichy]
Sonntag [22. Mai 1932]

Anaïs, Anaïs – ich bin geblendet von Deiner Schönheit! Du schautest mich so seltsam an, fand ich, als wüßte ich das Wunder, das Du gewirkt hast, nicht voll zu würdigen. Aber das stimmt nicht! Ich verlor den Kopf. Ich fühlte mich elend. «Ich bin blind gewesen, blind», sagte ich zu mir. Du standest da wie eine Prinzessin. *Du* warst die *Infanta*!

Du wirktest völlig enttäuscht von mir. Was war los? Schaute ich dumm drein? Wahrscheinlich. Ich wollte auf die Knie sinken und den Saum Deines Kleides küssen. So viele Anaïs' hast Du mir schon gezeigt – und jetzt diese –, wie um Deine proteische Wandlungsfähigkeit zu beweisen.

Weißt Du, was Fraenkel zu mir sagte? «Ich habe nie und nimmer erwartet, eine so schöne Frau zu Gesicht zu bekommen. Wie kann eine Frau von solcher Weiblichkeit, solcher Schönheit ein derartiges Buch schreiben?» Oh, das gefiel mir unendlich!

Das Haarbüschelchen, das über die Krone lugte, die strahlenden Augen, die prächtige Schulterlinie – und diese Ärmel, die ich so liebe, königlich, florentinisch, diabolisch! Ich sah nicht, was unterhalb des Busens war. Ich war zu erregt, um auf Distanz zu bleiben und Dich zu besichtigen. Wie sehr mich danach verlangte, Dich schnellstens wegzubringen – weg für immer. Durchgehen mit der Infanta – ihr Götter!

[...] Ist die Infanta hinterher nach Hause gegangen und hat sich auf ihren Thron gesetzt? Ich hoffe, daß Du nicht in einem Chevrolet heimgefahren bist. (Weißt Du, was ich die ganze Zeit dachte? Daß Dir kein

Unfall zustoßen solle. Ich war besorgt wegen Deiner Rückfahrt in einem Auto.)

Fieberhaft suchte ich nach dem Vater. Ich glaube, ich habe ihn ausfindig gemacht. Sein Haar war der Anhaltspunkt. Fremdartiges Haar, fremdartiges Gesicht. Fremdartige Familie. Ahnung von Genie. Oh, ja, Anaïs. Ich nehme alles ruhig – weil Du in eine andere Welt gehörst. Ich sehe in mir selbst nichts, was Dein Interesse verdient. Deine *Liebe*? Die erscheint mir jetzt phantastisch. Sie ist ein göttlicher Streich, ein grausamer Spaß, den Du mit mir treibst.

In welch einer Stimmung Du an dem Abend warst, als Du nach Clichy kamst. Du bist das überraschendste aller Geschöpfe. Chamäleonhaft. Und weißt Du, was mir besonders gefiel? Deine Frage in dem Taxi: «Bist du reich, Henry?»

Ja, Anaïs, ich bin reich! Der reichste Mann auf der Welt. Ich bin reich, weil ich Anaïs Nin kenne. Frage Fraenkel, ob dem nicht so ist.

Vielleicht wird Dich dieser Brief während Fraenkels Anwesenheit erreichen. Frage ihn nach dem Gespräch, das wir nach dem Konzert führten – in der Halle von Freemans Hotel.

Themen: [Oswald] Spengler, Geld, Hermaphroditismus, Katharsis, Psychoanalyse, Tod, die Beulenpest.

Phantastische Nacht! Ich muß sie Dir schildern. Fraenkel verblüffte mich. Das ist ein Geist! Ich hoffe, Du bildest Dir eine günstige Meinung von ihm. Der vergangene Abend gab mir mehr denn je die Gewißheit, daß er ein außergewöhnlicher Mensch ist. Er wird gut für Dich sein – Du wirst erfahren, was es *wirklich* bedeutet zu denken, wenn Du Dich mit ihm auseinandersetzt.

Übrigens, ihm gefällt die neue Überarbeitung des Buches nicht. Er zerschmetterte mich fast mit seiner Kritik. Warf mir vor, ich hätte es kastriert – zu einer *literarischen* Sache gemacht – den Sprachfluß zerstört – usw. usw., bis ich fast weinte.

Ach, Miss Nin, die Kritikerin, wo sind Sie? Sind wir jetzt beide blind? Ich habe es gefürchtet. Habe gefürchtet, daß Deine Liebe Deine kritischen Fähigkeiten zerstören würde. Dennoch, ganz überzeugt bin ich nicht. Wenn seine Vorwürfe stimmen, habe ich sehr schlechte künstlerische Instinkte. Dann bin ich tatsächlich nichts als ein armseliger Deutscher, ein Pedant, ein Handwerker, ein Arbeitstier... *ein Versager* letztendlich. Trotzdem, ich glaube, meine Instinkte waren richtig, wenn es um Deine schriftstellerische Arbeit ging. Liege ich tatsächlich völlig daneben, wenn es um mich selbst geht? Das wäre einfach schrecklich.

Ich möchte noch erwähnen, daß ich nicht genügend über das rote

Tagebuch gesagt habe. Daß für mich das Schwächerwerden der Sprache überhaupt keine Rolle spielte. Die Ideen waren reich. Welche Kühnheit wiederum! Du hast mich manchmal zusammenzucken lassen. Ich glaube, Du bist in der Lage, wenn Du es willst, größere Kraft, größere Grausamkeit zu zeigen. Ich glaube, ich bin der Literatur immer näher als Du.

Anaïs, ich vergöttere Dich. Es ist gut möglich, daß ich mir in den Kopf setze, morgen hinauszukommen. Ich sollte natürlich nicht, aber vielleicht tue ich es.

Henry

PS: Ich habe das unbestimmte Gefühl, daß Du mit Fraenkel über Geschäftliches reden willst. Lade Dir um Gottes willen nicht noch eine weitere Last auf. Das alles hat Zeit. Ich bin groß oder schlecht, ob ich gedruckt werde oder nicht.[1] Ich würde mich tausendmal mehr freuen, wenn Fraenkel zuerst etwas von Dir veröffentlichte. Schließlich, wo bleibst Du? Du machst eine Märtyrerin aus Dir – und für wen?

PPS: Ich werde sowieso in Druck gehen. Siehe Neagoes Brief.[2] Ich will nicht in Druck gehen. *Ich will Dich!*

Sag Papa guten Tag! Ja, ich liebe nur Dich, lieber Charon. Ich mag Dich. Ich liebe Dich. (Lehre mich mehr!)

An Henry

[Louveciennes]
Sonntag [28. Mai 1932]

Heinrich, wußtest Du, daß Lawrence ein paar Verse schrieb, die er «Nesseln», titulierte? Die stachen mich eines Tages unangenehm, und ich schrieb ein paar «Gegen-Nesseln», die folgendermaßen lauteten:

1 Offensichtlich wollte Anaïs Nin die Möglichkeit erkunden, Henry Millers Werk privat drucken zu lassen, wie es Fraenkel und sein Freund Walter Lowenfels unter dem Impressum Carrefour mit ihren Werken gemacht hatten.

2 Peter Neagoe war (mit Samuel Putnam) Mitherausgeber von *The New Review*, in der zwei kurze Arbeiten von Miller erschienen waren («Buñuel or Thus Cometh to an End Everywhere the Golden Age», Bd. 2, Mai–Juli 1931; und «Mademoiselle Claude», Bd. 3., August–Oktober 1931). Dies waren Millers erste Veröffentlichungen in einer Pariser literarischen Zeitschrift. Die Zeitschrift stellte im April 1932 ihr Erscheinen ein, bevor Weiteres von Miller gedruckt werden konnte.

Du sagtest mit rührender Offenheit,
Daß eine Stimmung oder ein Gedicht
Nur einen Moment lang wahr ist.
Kommt eine Frau zufällig
Einen Moment lang
Ist sie nur ein Ärgernis
Einen Moment lang
Warum hast du dann
Dies Ärgernis verewigt
Durch viele Stimmungen und Gedichte?
Geschah es so oft
Daß es für immer
In den Akten bleiben muß
Als endgültige Wahrheit?

Und eine andere:

Die Frauen, die mit dir
Über ihre Gefühle sprachen
Lag dir wirklich an ihnen
Oder gabst du all die Gefühle
In ein Buch?
Wie oft ertrugst du
Eine langweilige Stunde
Und gingst dann heim
Um ein Gedicht zu schreiben?
Was dich ärgerte
War dein ungeduldiges Verlangen
Heimzukommen
Um dieses Gedicht zu schreiben.

Und so fort, und so fort.

Ich lege eine Erzählung bei, die teilweise eine Imitation der amerikanischen Stories ist. Das tue ich nur, um den Brief dicker zu machen. Lies sie erst nach vier Glas Bier. Ich sollte an meinem Roman arbeiten, doch eigentlich möchte ich Dir einen solchen Liebesbrief schreiben, daß Du einen Tresor vom Kaliber des mannsgroßen brauchst, den wir gestern im Kino sahen. Aber ich habe nur sechs Minuten, bis Hugh heimkommt, und schreibe ich auch oft in mein Tagebuch, einen Meter neben Hugh auf dem Boden sitzend, fast zu seinen Füßen, so ist es mit dem Maschinenschreiben anders, auffälliger. Ach, hör zu, Henry, ich klinge heute höchst albern, weil ich mir geschworen habe, nicht zu denken, nicht hellsichtig zu werden. Ich habe jetzt schreckliche Angst vor den hellsichtigen Momenten. Gestern abend, als ich zu Dir sagte: «Ich werde Dich am Montag kurz besuchen», Du weißt nicht, was mir da durch den Kopf schoß. «Vielleicht wird zwischen heute abend und Montag June eintreffen. Heute, das kann unsere letzte Nacht sein.»[1] Glaub dem roten Tagebuch nicht. Du weißt noch nicht, wann und wie ich mich in Dich verliebte. Das steht in dem purpurfarbenen Tagebuch. Hör zu: Am 7. Juni werden wir eine spanische Nacht feiern. Wir schauen uns zusammen den Tanz von La Argentina an, dann essen wir in einem spanischen Restaurant zu Abend, und Du liest das purpurfarbene Tagebuch. Briefe. Ich schulde Dir zu viele, aber ich kann keine Briefe schreiben. Ich habe vergessen, wie man schreibt, habe Schmerz, Lernen und Denken vergessen. Die einzigen Bücher, die mich interessieren, sind die von Dir angestrichenen. In ihnen muß ein *Du* sein.

Anaïs

Der letzte Teil Deines Buches ist ungeheuer befriedigend, packend. Alles, was Du über June schreibst, ist überwältigend. Ich mache mir Notizen. Die Koordinierung scheint mir absolut inspiriert. Ich habe das Gefühl, daß Du sie mit dem gleichen Instinkt vornimmst, mit dem Du das Buch schreibst. Mach weiter, mach weiter, Heinrich. Und hör zu, wenn Dir die Sicherheit meiner Liebe als Nahrung zu dienen vermag – dann sei auch sicher. In diesem Augenblick füllst Du mein Wesen dermaßen aus, daß darin kein Platz für jemand anderen ist.

Ich halte die Notizen über Dein Buch zurück, weil ich die Vorstellung habe, daß man ein im Werden begriffenes Werk nicht erörtern sollte. Vielleicht willst Du es – ich weiß es nicht. Genügt es Dir nicht zu wissen, daß ich vor Bewunderung erstarrt bin, daß die Seiten über Matisse mich heute nacht wach hielten. Außerdem, Henry, meine Notizen taugen nicht für Dich. Mit mir ist irgend etwas geschehen. Ich kann nicht objektiv genug sein. Ich beginne über das Buch *nachzudenken*, bewußt, distanziert.

1 June hatte Henry Miller aus New York telegrafiert: «Vermisse Dich – muß bald mit Dir zusammenkommen.»

Sende Dir Notizen über [Dr. René] Allendy[1], damit Du sie Fraenkel zeigen kannst.

Ich komme um 5 Uhr nach Clichy.

Die Glocke läutet.

Jesus! würde Henry sagen.

AN ANAÏS

[Clichy]
Dienstag nacht [7. Juni 1932]

Ich liebe Dich wahnsinnig, wahnsinnig. In der Pause lief ich Hugo über den Weg (ich sah Dich hereinkommen, weißt Du), und als Hugo so liebenswürdig, so freundlich und so unschuldig mit mir redete, fühlte ich mich elend. Ich verabscheue dieses Lügen und Betrügen, wenn ein Mensch so anständig, so großzügig ist, wie er es zu sein scheint. Ich verabscheute mich gründlich. Ich bedauerte, hingegangen zu sein. Ich wollte weglaufen. Und darum konnte ich mich in der zweiten Pause einfach nicht zusammenreißen. Außerdem hatte ich das Gefühl, daß er sich ein bißchen geschämt hätte, mich diesen Leuten aus der besseren Gesellschaft vorzustellen. Ich hatte das Gefühl, daß es ihm peinlich war, mich dort zu treffen – daß er alles wußte.

Als Du zur zweiten Pause hinausgingst, sah ich Dich aufschauen, und Du hast es so glänzend gemacht – was für eine Schauspielerin Du bist! –, daß ich nicht weiß, was mich überkam. Ich vergötterte Dich. Du sahst so sanft aus, so diabolisch engelhaft.

Anaïs, ich bin heute nacht verrückt. Bin aus dem Theater weggelaufen, weil dieses Mal ich nicht schauspielern konnte. Ich weiß nicht, was ich getan hätte, wäre ich in der Halle mit Dir zusammengetroffen.

Ich schaute von dort oben auf Dich, als hätte ich meine Frau für ein Rollenspiel ausgeliehen. Und während Ruth Drapers ganzer Darbietung dachte ich unaufhörlich an Deine Worte: «Nein, es ist nicht sehr gut!» Was besagten sie? Ich betrachtete die Frau verwundert. Ich sah eine ziemlich vertrocknete Neuengland-Type mit einer Stimme, die mir eindeutig mißfiel. Ihre Arme und ihre Brust mißfielen mir. Das ganze Programm mißfiel mir, wenngleich ich zugeben muß, daß die Draper

1 Im April 1932 hatte Anaïs Nin bei Allendy eine Analyse begonnen. Um für die Sitzungen zu bezahlen, vereinbarte sie schließlich mit ihm, für ihn zu forschen und zeitweise in seiner Praxis zu arbeiten. Siehe «Biographische Anmerkungen».

zeitweise hervorragend war. Aber ein an diesen Schund vergeudetes Talent – daran konnte ich keinen Gefallen finden. Und Du hattest gesagt, sie sei schön, auf amerikanische Art. Ich bemühte mich sehr zu sehen, was Du an ihr gesehen hattest, aber ich bemerkte es nicht. Ich war eifersüchtig auf sie. Wie hatte sie Dich fesseln können? Und dann gewahrte ich diese reizenden, unschuldig aussehenden Kerlchen, bei denen Du saßest. Nein, ich möchte Dich aus dem allem herausholen – laß uns zu wirklichen Dingen kommen. Ich hatte heute nacht das Gefühl, eine Sünde zu begehen. Ein Mann, der so gehungert hat wie ich, hat kein Recht, an solchen Orten Zeit zu vergeuden.

Und der alte Narr neben mir sagte ständig: «Das ist genial! Haben Sie je etwas wie diese Frau gesehen?» Ich brummte nur. Du sahst mich mit ihm reden, das tat ich bloß, weil er sagte: «Ich bin 1891 nach Paris gekommen» – in meinem Geburtsjahr. Damals bekam man für das Pfund 25 Francs, und ein Hühnerschenkel kostete nur einen Franc zehn. Jetzt kostet er zehn Francs.

Mir gefiel, wie sie die drei Rollen verkörperte – die Sekretärin, die Ehefrau, die andere Frau –, besonders *die andere Frau*. Und wie sich ihre Stimme und ihre Haltung veränderten, als sie die Bettlerin spielte – das war ziemlich überraschend. Aber welchen Sinn hat das alles? Gefasel, nicht wahr? Weiß sie nicht, daß die Welt zusammenbricht?

Anaïs, Du bist ein so lebenswichtiger Teil von mir geworden, daß ich völlig durcheinander bin, wenn dies überhaupt etwas aussagt. Ich weiß nicht mehr, was ich schreibe – nur daß ich Dich liebe, daß ich Dich haben muß, ausschließlich, stürmisch, besitzergreifend. Ich weiß nicht, was ich will. Ich hab zuviel, glaube ich. Du überwältigst mich, und Du verwöhnst mich. Ich verlange immer schwierigere Dinge von Dir. Ich erwarte, daß Du Wunder vollbringst. Du weißt nicht, wie ich diese Nächte vermisse, die wir miteinander verbrachten – wieviel sie mir bedeuteten. Andere Male bist Du bloß ein Phantom, eine Erscheinung. Du kommst, und Du machst mich krank vor Verlangen, vor Verlangen, Dich zu besitzen, Dich immer um mich zu haben, unbefangen mit mir zu reden, umherzugehen, als wärst Du ein Teil von mir.

[Henry]

An Henry [Louveciennes]
[8. Juni 1932]

Heinrich, *amor mio*, ich war gestern abend in höllisch düsterer Stimmung. Dich dort oben zu sehen und nicht mit Dir reden zu können (in der ersten Pause wollte die Dame nicht hinausgehen – in der zweiten suchte ich eine Ausrede, um allein nach oben zu gehen, aber schließlich wußte Hugh, daß Du da warst, und hätte erraten ...), das vergrößerte meine Verzweiflung noch. Und Du? Die Heiterkeit und die Musik gestern abend im Cabaret bewirkten nur, daß ich mich noch elender fühlte. Heute bin ich zu müde, um für Allendy zu arbeiten. Ich gehe heim, um ein Weilchen zu schlafen. Wenn Du aus irgendeinem Grund heute nachmittag nicht in Stimmung bist zu schreiben, komm nach Louveciennes. Andernfalls hole mich am Freitag abend um 8 Uhr 30 an der Gare St. Lazare ab.

Ruth Draper – welche Enttäuschung! Eine Schauspielerin, ja, aber was für ein banaler Stoff – abgeschmackt, und wenn man sie persönlich kennt, eine gewöhnliche Amerikanerin – *tirage en gros* [Massenauflage]. Doch sie war schön als Geliebte und als italienisches Mädchen. Hast Du das «*te amo, te adoro*» bemerkt?

Heinrich, Heinrich – alle Traurigkeit des Tagebuchs sind nichts im Vergleich zu einem Tag wie dem heutigen.

A.

An Henry [Louveciennes]
[11. Juni 1932]

Dinge, die ich Dir zu sagen vergaß: Daß die *quena* ein flötenähnliches Musikinstrument ist, das südamerikanische Indianer benutzen. Es wird aus Menschenknochen gemacht. Seinen Ursprung verdankt es der Verehrung eines Indianers für seine Geliebte. Als sie starb, fertigte er aus einem ihrer Knochen eine Flöte an. Das Instrument hat einen durchdringenderen, unheimlicheren Klang als die normale Flöte.

Daß ich Dich liebe und daß ich, wenn ich morgens erwache, meinen Verstand einsetze, um mehr Wege zu entdecken, Dich richtig zu würdigen.

Daß June, wenn sie zurückkommt, Dich noch viel mehr lieben wird, weil ich Dich geliebt habe. Neue Blätter sind auf der Krone, auf dem höchsten Punkt Deines bereits überreichen Hauptes.

Daß ich Dich liebe.

Daß ich Dich liebe.

Daß ich Dich liebe.

Ich bin eine Idiotin geworden wie Gertrude Stein. Das stellt Liebe mit intelligenten Frauen an. Sie können keine Briefe mehr schreiben.

Anaïs

An Anaïs [Clichy]
[14. Juni 1932]

Kam heim, zog mich aus und schrubbte und polierte alles, was mir zu Gesicht kam. Wunderbare Art der Leibesübung im Haus. Morgen werde ich losziehen und mir alles kaufen, was ich brauche. Und ich werde Osborn[1] besuchen. Und ich finde es wundervoll, daß sich Jeanne als *femme de trottoir* [Strichmädchen] entpuppte. Diese Wesen geben großartige Ehefrauen ab. War Hugo verärgert? Hast Du die Übereinkunft durchgesetzt? Alles war großartig, der Wald, das warme Bier, Amelia[2], die Mücken, Dein blau-grünes orientalisches Kleid, Deine kleine Tasche – und die höchst verrückte Sache, die Du vor Hugos Nase gemacht hast!

Ich bin verrückt nach Dir! Jedesmal, wenn ich Dich sehe, entdecke ich neue Wunder, neue Hüftlinien, neue Taillenlinien, ein neues Lächeln, neue Grübchen, neue Verrücktheiten. Letzteres beunruhigt mich furchtbar. Du wirst eine Medici. Aber Dein Schreibtisch fasziniert mich am meisten von allem. Fordere mich auf, irgendwann darüber zu schreiben. Über seine Geographie.

Wenn Du arm wärst, weißt Du, was ich dann täte? Ich würde für Deinen Lebensunterhalt arbeiten. Friseur oder Taxifahrer werden – oder Putzfrau. Ich würde Ehefrau, Ehemann, Dichter usw. sein – alles gleichzeitig. Weil ich Dich wahnsinnig, wahnsinnig liebe.

Heinrich

1 Siehe «Biographische Anmerkungen».

2 Das spanische Dienstmädchen der Guilers, Emilia; Henry Miller nannte sie beharrlich «Amelia».

An Anaïs [Clichy]
Freitag [17. Juni 1932]

Als ich gestern abend heimkam, fand ich eine Frau vor – eine Mlle. Paulette, neunzehn Jahre, eine Freundin von Fred. Kein Hausputz mehr! Paulette wird das alles besorgen. Du hättest sie sehen sollen, wie sie den Salat in einem Handtuch trocknete – großartig! Sie wird für uns sparsam wirtschaften. Hatte eine Auseinandersetzung mit ihrem Vater und wird deshalb nicht mehr nach Hause gehen. Sie ist einfach entzückend. Fred fürchtet bereits, daß er nicht mehr zum Schreiben kommen wird. Sie kann alles. Mit neunzehn Jahren! Vielleicht werden wir am Montag zusammen essen. Paulette muß ihre Zeiteinteilung ändern – sie ist gewöhnt, um 7 Uhr 30 aufzustehen. Es macht mich sehr glücklich, sie zu beobachten – ist ganz wie ein Kind. [...]

Henry

An Anaïs [Clichy]
Montag [18. Juli 1932]

Fraenkel liegt auf dem Bett, hat seinen Koffer gepackt und wartet auf ein Telegramm mit Geld aus Amerika, um nach Amerika reisen zu können. Ich bin bei den letzten zehn Seiten des Buches angelangt und halte inne, in der Hoffnung, daß mir ein schneller Endspurt gelingt – legte mich gestern drei Stunden hin, dachte mir alles aus, und wenn das, was ich während des Daliegens in Gedanken schrieb, zu Papier gebracht werden könnte, würde es vermutlich ein weiteres Buch ergeben. Es war ein verrücktes Gespräch, größtenteils ein Monolog zwischen June und mir, eine vollständige Nachzeichnung unseres gemeinsamen Lebens, in ein allerletztes Kapitel gepackt, und ich überließ mich all den unsichtbaren finsteren Göttern. Du kannst June haben, ich bin ein Heiliger, ein Christ bis hinüber nach Coney Island. Dein Telegramm kommt und bringt mich durcheinander, heitert mich auf, macht mich verrückt, es öffnet eine neue Flasche Wein, und die finsteren Götter sind sämtlich futsch, ich schere mich nicht um Interpunktion oder Rechtschreibung, nur darum, daß Fraenkel noch lange genug bleiben muß, damit er ein Exemplar meines Buches mitnehmen und es all den verfluchten Hurensöhnen zeigen kann, die mich so gemein hereinlegen und nicht anerkennen. Ja, ich schnappe demnächst vollkommen über, denn ich weiß nicht, ob ich wieder gescheitert bin oder nicht, hatte aber beim Schreiben bestimmter Passagen das Gefühl, daß sie sehr gut seien, glänzend, das Beste, was ich je schrieb, nur wird sich niemand die Mühe machen, sie zu lesen. Da hocken wir also, oder vielmehr ich bin in Clichy, und Du bist etwa tausend Meilen weit weg in diesem Tirol bei gesunden Bauern und Bergluft und einem Ehemann, der Dich vergöttert und an Deiner Seite bleibt und Dich nicht mal einen Rohrpostbrief schreiben läßt. Ich sehnte mich die ganze Woche über nach einem Brief, einem Telegramm von Dir, nach irgend etwas, das mir sagen würde, wo Du bist und wie es Dir geht und ob Du mich vermißt, und als das Telegramm kam, geriet ich außer Rand und Band, und ich bin es immer noch, und ich weiß nicht, was ich sage, weil Fraenkel auf dem Bett liegt und Börsenberichte und über Männer liest, denen der Adamsapfel aufgeschlitzt worden ist, ich trug ihm eben die ganze Geschichte von *L'Age d'Or* vor, und er sagt, es sei alles gut faßlich, und was ihr zugrunde liege, sei schlicht «ficken, ficken, ficken . . .», und ich denke, daß dies in etwa stimmt, nur wirst Du mich, glaube ich, diesmal nicht als Casanova bezeichnen. Hoffentlich nicht.

Stell Dir vor, er, Fraenkel, war auf dem Weg zu seinem Anwalt, um sein ganzes Hab und Gut seiner Frau zu überschreiben. Er hatte sich aus dem Haus geschlichen wie ein Sträfling, den Anwalt aber nicht angetroffen, und auf der Avenue de l'Opera begegnete er dann einer Frau mit langem Haar bis zum Hintern, langem goldblondem Haar, und sie lächelte ihn an. Die beiden gingen in ein Hotel, wo das Zimmer fünfzig Francs kostet, und er schüttete ihr sein Herz aus, gleichzeitig auch seine Brieftasche, und er sagte, hier hast du die Geschichte meines Lebens, meiner Frau, meiner Kinder, ich gehe nach Amerika, und alles Bargeld, das ich besitze, ist in meiner Brieftasche, nimm, was du willst. Sie nahm nur fünfzig Francs, und er wartete dann in der Nähe des Hotels, um herauszufinden, ob sie weiterhin auf und ab gehen würde, aber sie erschien nicht mehr. Er ist in sie verliebt – wahnsinnig, wahnsinnig verliebt, wollte sie nach Amerika mitnehmen, aber sie mochte nichts davon hören usw. Und in diesem Zustand kommt er zu mir und liegt nun auf meinem Bett, und ich schreibe Briefe und stopfe Manuskripte in Luxusumschläge, damit er sie persönlich überbringen kann, wenn er in New York anlangt.

Ich kann diesen Brief nicht abschicken, bevor ein Brief von Dir eingetroffen ist, weil ich nicht weiß, ob dies die postlagernde Adresse ist oder nicht. Inzwischen habe ich aber Dein Buch über Lawrence fertiggelesen. Habe es mit Anmerkungen versehen, es versetzte mich in Begeisterung, und ich fragte mich, warum ich das alles nicht gleich beim ersten Lesen begriffen hatte. Das Buch liegt aufgeschlagen vor mir, und jede Seite weist Anmerkungen auf... Aber besonders denke ich an... die im Garten wandelnden Mönche, die Dämmerung in Italien, die großartigste Seite Prosa, die je ein Mensch schrieb, wobei mir Deine Worte zu Caresse Crosby[1] einfallen, daß dies besser, niveauvoller sei als Lawrence selbst, doch ich halte dies alles zusammen für Unsinn, denn besser als Anaïs Nin auf diesen wunderbaren Seiten konnte nur Anaïs Nin sein, nämlich in ihrem Tagebuch, als sie sechzehn Jahre alt war und niemand sie liebte.

Es ist das Verlangen des Mannes, eine Welt zu errichten! So ist's. Wer sagte das? Anaïs Nin? Eine nicht bloß nützliche Welt, sondern eine wunderbare. Ist auch von Anaïs Nin. OK. Alles, was Anaïs Nin sagt, ist großartig, wunderbar, und die Welt ist wunderbar und ich bin wunderbar und Amerika ist wunderbar.

[...]
Dein Brief traf vor kurzem ein, und ich war freudig erregt – aber jetzt bin ich deprimiert, entsetzlich deprimiert – nicht wegen etwas, das Du schreibst, sondern wegen einer unangenehmen Szene hier mit Fred, die zu unbedeutend ist, um sie zu schildern, die mir aber trotzdem unter die Haut geht und mich aufbringt. Ja, ich habe es geschafft, das Buch fertigzumachen – gestern. Es gab Unterbrechungen. Ich schrieb Fraenkels Artikel um und werde Dir in einigen Tagen eine Kopie schicken. Ich möchte sicher sein, daß Deine Adresse stimmt. Deshalb habe ich nicht sofort geantwortet, als ich Dein Telegramm erhielt. Du schreibst: «Achenseehof, Tirol.» Ist «Achenseehof» der Name des Dorfs? Fred weiß es entweder nicht oder will es nicht wissen. Aus ihm Informationen herauszuholen, das ist, wie Wasser aus einem Stein zu pressen.

Entschuldige also bitte, daß ich heute nicht weiterschreibe. Ich bin froh, daß Du die Reise genossen hast – ich war regelrecht entzückt, als ich das über Deinen Philologen las. Nur gut, daß es auf der Welt noch einige romantische Menschen gibt.[2]

Jetzt werde ich den Buñuel-Artikel umschreiben, um ihn als Vorwort in das Buch aufzunehmen. Ich werde ihn noch wilder machen, so, wie ich mich im Augenblick fühle.

1 Siehe «Biographische Anmerkungen».

2 Laut ihrem Tagebuch hatte Anaïs Nin auf der Eisenbahnfahrt von München einen österreichischen Philologieprofessor kennengelernt. Ihr erster Brief vom Achensee ging offenbar verloren.

Nein, June ist nicht zurückgekommen, und ich möchte es auch nicht.

Dies alles erstreckt sich über etwa vier Tage, und in vier Tagen – Du kennst mein Tempo – gibt es viele Höhen und Tiefen. Ich habe ein schlechtes Gewissen, weil der Brief so sehr meine düstere Stimmung zum Ausdruck bringt. Vielleicht habe ich bis heute abend eine Kehrtwendung gemacht und schreibe Dir wieder.

Henry

AN HENRY

[Hotel Achenseehof, Tirol]
Freitag vormittag [22. Juli 1932]

Heute war ich wirklich besorgt, als der Mann an der Rezeption sagte: «Keine Post.» Ich frage mich, ob Du mein Telegramm vom Montag bekommen hast. Außerdem habe ich Dir am gleichen Abend ein paar Zeilen geschrieben. Die Post nach hier geht äußerst langsam. Und was ich Dir an einem Abend schreibe, erreicht den Zug nach Paris erst am nächsten. Mittlerweile sollte ich jedoch so oder so Nachricht von Dir haben. Vielleicht arbeitest Du mit Fraenkel . . . Es wäre mir lieb, wenn Du mir, sobald Du den Artikel fertig hast, eine Kopie schicken würdest, damit ich ihn hier in Ruhe lesen kann.

Bin begeistert von Spengler [*Der Untergang des Abendlandes*]. Ich hatte nicht erwartet, einen so wunderbaren, unermeßlichen Gedankenreichtum zu erleben. Ich wünschte, wir könnten darüber sprechen. Ich werde sonst nichts lesen. Ich möchte es tief in mich aufnehmen – selbst das, was ich nicht ganz verstehe, erscheint mir schön und regt die Phantasie an. Ich bin wieder durch und durch wach, heiß und gärend. Nach den paar Zeilen schrieb ich Dir einen ganz verrückten Brief – hast Du Dich daran gestoßen?

Kurz vor meiner Abreise erhielt ich die Ankündigung einer Schrift von Lowenfels über Lawrence [*Elegy for D. H. Lawrence*]. Soll ich sie für Dich besorgen, oder bekommst Du ein Exemplar? Laß es mich wissen. Ich schreibe nicht, außer ins Tagebuch. Mit dem Roman stecke ich fest, aber es ist eine sehr gesunde Pause; es ist der Moment, in dem ich mich endgültig für die eine oder die andere Art des Schreibens entscheiden muß. Es ist ein verzweifelter Augenblick, doch neben der vorübergehenden Lähmung verspüre ich bereits die Freude eines herrlich kühnen Ausbrechens aus dem Mittelmaß. Und Dein Roman? Die Wartezeit erscheint mir sehr lang, aber ich ziehe es vor, geduldig zu sein und ihn in einem Stück zu lesen.

Anaïs

PS: Ich bekam einen Brief von Rebecca West. Wir werden uns in Paris treffen, wenn ich zurückkomme. Keine Nachricht von Caresse Crosby, aber nach meiner Rückkehr werde ich sie sogleich mit «gesellschaftlichen» Mitteln erjagen. [...]

An Henry [Achensee]
[23. Juli 1932]

Als ich Dich einen Casanova nannte, begingst Du vielleicht den Fehler zu denken, ich würde Casanova nicht mögen, allerdings gebe ich zu, daß es ein vorschneller, oberflächlicher Vergleich war. Und wenn es wie eine Kritik aussah, dann nur, weil ich damals meinte, Du würdest nicht genügend Zeit dem Schreiben widmen. Aber jetzt bin ich völlig befriedigt, und Du wirst nicht böse sein, wenn ich Dir sage, daß ich wieder an Dich dachte, als ich *Die Brüder Karamasow* las. Alles, was ich jetzt lese, hat eine andere Bedeutung, eine schreckliche Bedeutung; die Art, in der ich Dostojewski lese, ist ohnehin kein Lesen, es ist reale leidenschaftliche Erfahrung, wie wenn ich Dich lese. Ich bin erschüttert, wie nach einem Erdbeben. Mir fiel Deine Bemerkung zu Fraenkel ein: «Nein, an Menschen denke ich nicht in Form von Ideen; ich denke an sie in Form eines Beines, eines Mundes.»

Was Du mir über die letzten Seiten Deines Romans schreibst, weckt in mir den Wunsch, sie zu sehen. Ich muß diese letzten Seiten sehen. Könntest Du mir nicht die aus Deinem eigenen Exemplar per Einschreiben schicken, und ich würde sie gleich wieder zurückschicken? Ich wünschte, Du könntest mir auch sagen, was Fraenkel Euch über Träume erklärte, die *künstlich hervorgerufenen Träume*, und über Lügen. Seit zwei Tagen bin ich von beiden Themen besessen. Du hast aus der *Unprofessional Study* ersehen, daß ich für den Fraenkelismus empfänglich bin, daß ich, wenn überhaupt etwas, bereits eine Fraenkelistin bin. Es rührt mich, daß Du mein Buch so sorgfältig liest. Aber bitte erspare mir eine Erörterung darüber. Ich weiß nicht, warum ich dies so gar nicht mag. Ich habe etwas in Weißglut geschrieben, mit gewaltiger Intensität, in einem visionären Zustand ... Ich kann meine Schritte nicht nachzeichnen, ich kann mich nicht auslassen über das, was ich geschrieben habe, und ich kann es auch nicht auf andere Art nochmals sagen. Für mich ist es jetzt etwas Erkaltetes. Ich kann nicht erklären, warum ich nicht darüber diskutieren kann. Es ist nicht Mangel an Begeisterung, vielleicht ist es eine Veränderung in mir, ich stürme weiter voran. Ich nehme Lawrence mit, nicht alles von ihm, einen gesichteten Lawrence, über den ich zu einem großen Teil hinausgewachsen bin. Oder vielleicht, Henry, mag ich einfach nicht denken. Vielleicht bin ich, wie Du sagst, keine Denkerin. Ich habe in Ekstase und voll Enthusiasmus geschrieben, ein bißchen wie ein Medium, wenn Du willst, ein bißchen in Trance. Ich habe das Gefühl, daß ich, wenn ich mich jetzt hinsetze, schlechte Überlegungen über Lawrence anstellen werde. Denk an Gides Wort über Dostojewski: «Als er sich selbst zu erklären begann, erwies er sich als schlechter Denker.» Verlange also nicht von mir, mich selbst zu erklären. Ich schreibe nun mal, wie ich spontan empfinde. Das ist auch der Grund, warum ich das Gefühl habe, daß Fraenkel mein Buch überschätzt. Es ist in einem Traum entstanden. Ich bin gewissermaßen nicht verantwortlich dafür. Stört Dich das? Ich müßte mich für etwas erwärmen, das für mich irgendwie erledigt ist. Heute nehme ich mir zum Ausgleich Spengler vor. Doch einige Dinge, die Du gesagt hast, muß ich beantworten und beantworte ich gern. Du sagst, daß Dir die «Blutbewußtheit» von Lawrence ganz anders vorkommt als das letzte Wissen von Dostojewskis Helden, die «Bewußtseinsabgründe – den Alptraum des Intellekts» haben. Ich sage, es ist genau das gleiche, nur anders ausgedrückt. Befreiung der Instinkte, des Rudimentären usw. (nur eben, daß es sich bei Lawrence auf das Sexualproblem beschränkt und daß Dostojewski größer war). Mit dem Ausdruck «transzendental» meine ich: jenseits des Offensichtlichen, tiefste Bedeutung, transzendierend im Sinne fast visionärer Scharfsichtigkeit. Es ist ein Ausdruck, den ich *liebe* und der das Beste ist, was ich je aus Emerson schöpfte. Das Wort bedeutet so viel für mich, daß ich es kaum definieren kann.

Immer wenn Du wünschst, ich wäre ausführlicher gewesen, stimme ich Dir zu. Aber das hier ist kein Buch, und ich habe das gleiche Problem wie Fraenkel; es ist eine Art Kurzschrift. Allerdings muß ich Dir erklären, daß Fraenkel für mich schwerer zu verstehen ist als irgend jemand, weil er «Essenz» bietet, genau wie ich, weil ich, wenn ich ihn lese, mein gewohntes Extrahieren auf das anwende, was ich lese, und dadurch zu seinen Komplikationen weitere hinzubringe, so daß ich mich schließlich verstricke, wie es niemand sonst könnte. Was Du über King sagtest, war eine Offenbarung für mich, ebenso: «Ich bin zu dem Schluß gelangt, daß der Gebrauch und die Kenntnis von Wörtern manchmal eher Stolpersteine entstehen lassen als erhellend wirken.» Von jetzt an werde ich Fraenkel einfacher lesen, mit dem Bemühen, seine Äußerungen zu verdünnen, statt zu komprimieren, weil sie ohnehin schon komprimiert genug sind. Ich würde Deine Anmerkungen in meinem Buch sehr gern sehen, ja. Die meiste Zeit lobst Du, was ich schreibe, in der Meinung, es sei von Lawrence, was mir schmeichelt. Die Wahrheit ist, daß Lawrence ein sehr konfuser und widersprüchlicher Denker war und daß man ihn nicht Schritt für Schritt durcharbeiten kann, wie Du es tust; man kann nur eine allgemeine Bedeutung herausfiltern, wie ich es getan habe, und den Rest fallenlassen. Wenn Du ihn zu ernst oder zu logisch auffaßt, ist er unmöglich.

Heb Deine düsteren Stimmungen nicht für mich auf. Ich schreibe Dir heute aus einem Bleigrab. Der Regen hier geht meinem tropischen, katzenartigen Naturell auf die Nerven. Dazu Hugos Gerede über unsere Finanzen, die so sind, daß er in Erwägung zieht, nach Brasilien in die Wildnis zu gehen und sein Glück in einem Edelholzunternehmen zu versuchen, das einem Freund von uns gehört. Deine Briefe würden dann einen Monat brauchen, um mich zu erreichen!

Nein, ich glaube nicht an feste Lebensgeleise, und Du tust es auch nicht. Du bewunderst sie vielleicht, aber Du weißt, daß Du Dich in keines einpassen könntest. Du hast jede formelle Ordnung und alle Geleise zerschlagen, nachhaltiger als irgend jemand, den ich außerhalb von Dostojewskis Büchern kenne. Du müßtest wissen, was im Vergleich dazu ein flexibles, mobiles System bietet.

Fortsetzung folgt.

Tausende Berge, schwere Wolken, Nebel, Regen, voluminöse österreichische Federbetten, Decken, dann ich. Schlafend. Ich schlafe immer noch, obwohl ich Dir gern einen Brief schreiben würde. Ich träume immer noch, träume, daß Joaquin nicht auf einem Piano spielt, sondern auf dem Seewasser, in weißen Sturzbächen fallen die Sinfonien herab, und sie enthalten Töne von einem Blau, das Du nie in den Augen irgendeiner Frau gesehen hast. Frauen haben nicht mal Augen von der Farbe eines gewöhnlichen Bergsees. Jetzt, sagt der Philologieprofessor, werde ich Ihnen von den Uhland-Balladen erzählen, zum Beispiel *Des Sängers Fluch*. Die genaue Bedeutung Ihres Namens im Griechischen ist «aufsteigen, mit Elan nach oben gehen». – *Ana* heißt Anstieg, steigen, und *is* hoch oben. Ich schlafe immer noch, Heinrich, ich war sehr müde. Soviel *Sturm und Drang*. Ich wüßte gern, warum June Drogen nahm.

Wenn *ich* es täte, wüßte ich, warum. Bewußtheit, zuviel Bewußtheit. An dem Tag, an dem ich Dich auf der Gare St. Lazare verließ, hätte ich zu dem Taxifahrer sagen können: Fahren Sie mich direkt in die Seine, denn ich verlasse Henry, und ich *weiß*, daß ich Henry verlasse. Das Nächstbeste war, mich schlafen zu legen.

Ich verstecke mein Tagebuch im Aschenschuber des österreichischen Ofens. Doch gestern, als ich von einem Spaziergang zurückkam, mußte ich feststellen, daß das Zimmermädchen Hugos Anordnung befolgt und unsere Sachen in ein besseres Zimmer gebracht hatte. Wie aber auf deutsch erklären, daß ich für einen Moment noch einmal in das alte Zimmer müsse? Ein heiterkeitserregender Moment. Ebenso heiterkeitserregend war der Anblick gerahmter Bilder von Menschen, die erschlagen wurden, als von den Bergen Steine auf die Straße stürzten. Fotografien mit der daruntergeschriebenen Geschichte. Dazu all die Christusse und Madonnen. Kein Humor. Ungelenk wirkende Menschen, aber liebenswert. Jedermann lächelt.

Du bist wie ein Bär, Heinrich, harte Schale, weicher Kern, von dieser köstlichen derben Höflichkeit, die mich zerschmelzen läßt. Es tut mir leid, daß Du in dem Tagebuch nicht weitergelesen hast, dort standen viele weiche Dinge über Dich. Ich begreife immer noch nicht recht, was Dich davon abbrachte.

Gestern abend überlegte ich, wie ich Dir zeigen könnte . . . Dir zeigen . . . mittels dessen, was mir am schwersten fällt . . . daß ich Dich liebe . . . und mir fiel nur das eine ein, Dir Geld zu schicken, das Du für eine Frau ausgeben sollst . . . Ich dachte an die Negerin, ich mag sie, weil ich wenigstens spüren kann, daß meine Weichheit auch in ihr ist . . . Bitte geh nicht zu einer zu billigen, zu gewöhnlichen Frau. Und erzähl mir hinterher nicht davon, denn ich bin sicher, daß Du es bereits getan hast. Laß mich glauben, ich hätte es Dir geschenkt.

Anaïs

An Anaïs [Clichy]
Dienstag [26. Juli 1932]

Um fortzufahren – es ist aber zu spät zum Tippen. Außerdem kann ich einige Dinge besser ausdrücken, wenn die Feder geräuschlos übers Papier gleitet. Ich vermisse Dich schrecklich. Ich weiß einfach nicht, wie ich die Zeit bis zu Deiner Rückkehr totschlagen soll. Daß Du nach Brasilien gehen könntest, ist für mich unvorstellbar. Das ist unmöglich! Wirst du früher aus Tirol zurückkommen als Hugo, wird es Dir möglich sein, ein paar Tage mit mir zu verbringen – allein? Ich träume so oft (Tagträume) von den letzten Stunden in Louveciennes. Ich weiß von keinen seligeren Stunden als diesen. Wie Du «verflixt» sagtest, das war so drollig – und die Art, wie Du aufwachst – genau wie Du einschläfst – friedlich, mit schläfrigem Staunen in den Augen – aber so ruhig, friedlich, sanft. Selbst die Art, wie Du aus deinen Kleidern und in Deine Kleider schlüpfst. Geräuschlos, wie eine Katze. Und was für ein Spaß das war, auf dem Gang zu tanzen, ganz allein in dem Haus. Wir könnten so köstliche Stunden zusammen verbringen. Du würdest mich nie langweilen, und ich – würde ich Dich langweilen?

Ich war Dir sehr dankbar dafür, daß Du mir diese Fotografien gezeigt hast. Ich wünschte, ich hätte eine. Ich kann die Augen schließen und Dich leibhaftig sehen. Nur kann ich jetzt nie mehr die Augen schließen und mir Dich woanders als in diesem zauberhaften Garten vorstellen – immer sehe ich Dich vor dem Spiegel, in diesem goldenen Ambiente, dem auf den Rasen fallenden, seltsam gebrochenen Licht, vor den düsteren Bäumen, inmitten der Stille und dem Duft. Wie Du am Weihnachtsabend in Deinem Tagebuch sagtest: «Ich würde alles opfern usw.», so ist mein Gefühl für Dich. Ich würde alles opfern, um Dich dort zu lassen, wo Du hingehörst, in diesem schönen Rahmen, der so vollendet zu Dir paßt. Bei Dir, Anaïs, könnte ich nicht selbstsüchtig sein. Ich möchte immer, daß Du glücklich bist, in Sicherheit, beschützt. Nie zuvor habe ich mit solcher Selbstlosigkeit eine Frau geliebt.

Ich tue nicht viel. Ich bin ruhelos. Ohne Dich bin ich verloren – das ist wahr. Ich weiß, daß Du nur für kurze Zeit weg bist, aber ich kann mich nicht darein fügen. Sehr gerührt war ich über Deinen Brief und den beiliegenden «Vorschlag». Du tust die überraschendsten Dinge. Ich frage mich, wie ich es anstellen könnte, nach Tirol zu kommen, in Deine Nähe, selbst wenn ich Dich nicht sehen dürfte – oder Dich vielleicht doch sähe, während Du einen Spaziergang machst – hinter einem Felsen oder einem Baum hervor. Aber wie ich es auch drehe und wende, es kommt nicht in Frage.

Anaïs, Du mußtest wegfahren, um mich das ganze Ausmaß meiner Liebe zu Dir erkennen zu lassen. In meinen Briefen war ich sehr zurückhaltend, aus Angst vor «Unfällen». Aber jetzt schaffe ich das nicht mehr. Ich vertraue einfach darauf, daß Du diskret genug bist, diesen Brief nicht unter Dein Kopfkissen zu legen. Ich würde Dir jeden Tag schreiben, doch ich weiß, daß das einen schlechten Eindruck machen würde. Mittlerweile befinde ich mich in einem Zustand solcher Leidenschaft, daß alles, was ich schreiben könnte, das Papier verbrennen würde. Ich schaue im Geiste ständig auf alle die Episoden zurück, angefangen vom Café Viking bis zum Rasenmäher. Ich frage mich, ob Du immer noch im Schlaf redest? Ich frage mich, was Du denkst, wenn Du jetzt den Akt vollziehst.

Schreib mir über alles – offen – wenn Du kannst, und sag mir, ob ich es wagen darf, das gleiche zu tun.

Ich kann nicht mehr schreiben, weil mir der Schädel davon zerspringt. Ich sehe Dich in meinen Armen, Du windest Dich, und ich spüre mich tief in Dir, wo ich für alle Zeiten bleibe. Ich bin jetzt heiß wie die Hölle – Du bist nicht mehr die Anaïs, der ich aus Dijon schrieb. Du bist auch nicht Anaïs aus dem Tagebuch. Du weißt, welche Anaïs ich meine. Ich bin ganz Dein.

Henry

AN HENRY [Achensee]
28. Juli 1932

Wir beide haben eine seltsame Art, die Gedanken des anderen vorauszuempfinden. Heute bekam ich Deinen Brief, in dem Du schreibst, daß Lawrence Dich zu ärgern beginnt. Genau zu der Zeit mußt Du meinen erhalten haben, in dem ich sage: «Ich nehme Lawrence mit, nicht alles von ihm, einen gesichteten Lawrence, über den ich ich zu einem großen Teil hinausgewachsen bin.» Somit ist alles gut. Über Lawrence werden wir nicht streiten. Aber worüber dann? Über «diese Zärtlichkeit sowie die Ablehnung seiner Zärtlichkeit, das ist es, was ihn gewalttätig macht». Du sagst, Du seist zärtlich, ohne gewalttätig zu sein. Ich möchte Dich jedoch daran erinnern, daß Du Deine Zärtlichkeit ablehnst und gewalttätig *schreibst*, was auf dasselbe hinausläuft!

Ich bin absolut sicher, daß der Buñuel-Artikel nicht übel ist. Ich wünschte, ich wäre da, um es Dir zu beweisen. Um meine Aufrichtigkeit zu beweisen, stimme ich Dir darin zu, daß die ersten hundert Seiten Deines ersten Romans nicht erkennen lassen, was Du später schreiben wirst, es sei denn durch ihre Fülle!

Ich bin auch über den Gedanken an lebenslange Einsamkeit hinausgewachsen. In meinem Roman lachte ich darüber, erinnerst Du Dich? Du hast erwähnt, daß Spengler dieses Gefühl als charakteristisch für die faustische Seele bezeichnet. Die Illusion der Einsamkeit ist unabdingbar für den Künstler; sie ist der Raum, den er erschafft, mittels dessen er Perspektive erlangt, individuelles Erkennen usw. Ganz offensichtlich bemühen sich Künstler gar nicht, das Gegenteil anzustreben. Lawrence und Waldo Frank[1] kannten einander und knüpften nie eine pesönliche Beziehung, obwohl sie einander doch zu verstehen glaubten. Jeder hütete seine Einsamkeit.

Ja, es gab eine Zeit, in der wir absolute Liebe genossen, das war vor der Bewußtheit. Wir *glaubten*, es sei absolute Liebe. Diese ewigen, unzertrennlichen berühmten Liebenden der Geschichte. Manchmal glaube ich, daß es Dostojewski war, der die Relativität absoluter Liebe entdeckte! Auch das verblüffte mich an den *Brüdern Karamasow*. Mitja wird von Katja besucht. Er hat eben seinem Bruder gesagt, daß er Gruschenka sehr liebt. Und jetzt sagt Katja: «Du liebst eine andere Frau, und ich liebe einen anderen Mann, dennoch werde ich dich immer lieben, und du wirst mich lieben.» Und er antwortet: «Mein ganzes Leben lang! So wird es sein, so wird es immer sein . . .»

Als Antwort auf einen «schönen alten Satz», den ich gebrauchte (eine Antwort, die für mein ganzes übriges Schreiben gilt): Ich wäge nie einen Satz gegen einen anderen ab, noch denke ich darüber nach oder bin mir bewußt, daß es einen besseren gibt. Wenn ich innehalte, um es zu tun, dann nur, weil Hugh oder Du mir die Unvollkommenheit zu Bewußtsein bringen.

Du sagst: «Ich kann mir nicht vorstellen, daß jemand ein Gefühl für homosexuelle Beziehungen bekommt, indem er dieses Phänomen durchdenkt.» Ich meine, doch. Durch Nachdenken über Tabus werden wir uns ihrer Unsinnigkeit bewußt. Als wir begannen, gesunde Überlegungen über die Moral anzustellen, fanden wir heraus, daß sie von Moden bestimmt wurde und keinem höheren Diktat als diesem unterlag. Und als wir über «anomale» Handlungen nachzudenken begannen, erkannten wir, daß wir nicht sagen konnten, sie seien wider die «Natur», denn die Natur lieferte uns eine Million Beispiele von schlimmeren Anomalien als jenen, die wir je für uns erfanden. Das *Denken* zeigt uns, daß die Vorurteile, die wir gegen gewisse Handlungen hegen, erworben sind (wie auch die der alten angelsächsischen Generation eingeimpften puritanischen Vorurteile). Was ich in meinem Buch meine, ist: Ich sehe nirgends

1 Siehe «Biographische Anmerkungen».

etwas, das sich gegen die Homosexualität einwenden ließe, doch Lawrence entwickelte, um seinen Idealismus zu befriedigen, ein kompliziertes Gesetz, demzufolge es keinerlei sexuelle Verbindung geben sollte, und er stürzte sich in Erklärungen über das Mystische der Sexualität ... Insgesamt eine noble Form des Selbstbetrugs, denn es ist eine Grundwahrheit, daß der Mensch, wenn er sinnlich ist, die Sinnlichkeit auch in seine Freundschaften einbringt, in seinen Genuß von Musik, Malerei usw. Lawrence, in Wahrheit überhaupt nicht sinnlich, erlebte in Gegenwart von Männern einen Zustand der Exaltation und vermochte so von ihnen einen exaltiert-mystischen Genuß zu empfangen. Wenn er gelegentlich einem physischen Drang nachgab, ärgerte das sein idealistisches Gewissen. So sieht es für mich aus. An zynischen Tagen stelle ich mir die «Exaltation» als eine idealistische Sublimation vor, möglich nur jenen, die mit sexueller Selbstzügelung vertraut sind, aber als einen menschlich zerrüttenden, sinnlosen Zustand. Dem kann ich nichts mehr hinzufügen, weil es mich zur Erörterung eines ähnlichen Themas brächte, das wir beide schon zu Fetzen zerdiskutierten: lesbische Liebe.

Sei nicht gegen Lawrence, nicht nur, weil ich soviel *für* ihn schrieb, sondern einfach deshalb, weil er kein Schriftsteller war, der lediglich schrieb, um Blätter zu füllen, sondern weil er unglücklich und gequält war und eine Menge zu sagen hatte.

Über das Kapitel «Der religiöse Mensch» möchte ich nur folgendes sagen: Ich umriß und erklärte einfach Lawrences Haltung. Ich wasche meine Hände in Unschuld. Der Religion gegenüber trage ich nichts als Bitterkeit in mir, sogar Haß. Wut, wenn Du willst. Deshalb kann mich nichts, was Du sagst, ärgern. Sie ist einer der Gründe, aus denen ich [John Middleton] Murray verabscheue: Er erörtert Christus immer noch.

Erskines gelehrter Beitrag zu Deiner Rede rückt mit jedem Tag in weitere Ferne. Unsere Korrespondenz ist zwar gewichtig, *kocht* jedoch in Wirklichkeit vor Uneinigkeit.

Über Spengler: Ich stottere, wenn ich ihn erwähne. Ich habe nur noch ein Kapitel zu lesen. Ich will mehr lesen. Wo ist Band zwei? Wie froh, wie froh bin ich, daß Du mich animiert hast, ihn zu lesen! Ich bin so hingerissen, beeindruckt und angeregt, daß ich keinen vernünftigen Kommentar dazu abgeben kann. Da ist der Transzendentalismus, die Tiefgründigkeit, die tiefste Erkenntnis, die weiteste Perspektive. Wie ich mich verneige vor diesem Visionär. Ich habe noch nie ein Buch wie dieses gelesen, Henry. Ich will es ganz in mich aufnehmen. Ich möchte es durchsprechen mit Dir ... Ich werde es ein zweites Mal lesen.

Deine Seiten über mein Tagebuch rühren mich ... Dich zu sehen, wie

Du Dich so zärtlich darüber neigst, soviel Zeit darauf verwendest, mich zu verstehen, so schöne Dinge darüber schreibst. Das weckt in mir den Wunsch, eine noch viel tragischere Kindheit gehabt zu haben ... Es ist unendlich süß, jetzt das zu bekommen, was Du mir im Tausch für die Kalender und Taschentücher gibst. Denk nur, Henry, jetzt verstehst Du meinen Ausruf im letzten Tagebuch: «Henry hat mir die ganze Welt gegeben, *toute la terre*!» Die erste Kostprobe von Schmerz hatte sie mir entfremdet, und dann bist Du gekommen und hast die Schleier heruntergerissen. Erinnerst Du Dich an Deine Worte im Café Viking: «Gestern warst du so *menschlich*, so warm. Heute hüllt dich ein Schleier ein.» Am Tag davor, in meinem Tagebuch, vermochte ich mich daraus zu lösen und zu Dir zu sagen: Hier ist mein *menschliches* Ich. Tags darauf waren die Schleier wieder da, aber Du drangst durch sie hindurch. Und dann der Kuß, und dann ... und dann. Hätte ich nur damals im Jahr 1914 gewußt, daß Du mir die Welt geben würdest, die Straße, Lachen, die Dämmerung, seltene Bücher, Gespräche, Dein Leben, weiße Nächte, in Anjou-Wein getaucht, Verständnis, neue Wörter, neue Welten. War es noch nie so? fragtest Du in der Nacht des Quatz-Art-Balls, und ich antwortete: «Noch nie.»

Anaïs

PS: Spenglers Definition des Werdens ist entschieden besser als jene von Heraklit, dessen Version ich in meinem Buch verwendete.

PPS: Henry, ich arbeite ein bißchen, aber ich weiß nicht, ob das, was ich produziere, gut oder schlecht ist.

Das Tagebuch leidet an Erstickung in Asche.
Dies ist mein 5. Brief. Bekommst Du sie alle?

An Anaïs [Clichy]
[28. Juli 1932]

Das war der längste Brief, den Du je bekamst, was?[1] Ich liebe Dich – und das hier ist nur zum Aufwärmen. Ich liebe Dich – und will Dich hier haben. Vielleicht komme ich und schleppe Dich an den Haaren hierher zurück. Dies ist der kürzeste Brief, den ich je schrieb. Ich liebe Dich! Ich gehe ins Bett und träume von Dir. Du verursachst mir ein heißes Prikkeln. Seit Deiner Abreise bin ich völlig überdreht. Kann nichts machen.

Henry

An Anaïs [Clichy]
Freitag [29. Juli 1932]

Ich dachte, ich würde vielleicht ein Telegramm kriegen, das lautet: «Komm nach Tirol!» Darauf kam ich, als ich gerade neben einem großen Spiegel saß und darin Straßenpassanten beobachtete; das Leben bietet keine solchen Höhepunkte, wie Spiegel sie bieten. Menschen treten ins Bild und verschwinden daraus, ohne daß man sie berühren muß. Ich war fast die ganze Nacht wach, verbrachte sie in Fraenkels Zehn-Franc-Hotelzimmer, packte seine Sachen und begleitete ihn heute früh zum St. Lazare. Unterwegs verlor er seinen Hut, wir mußten kurz haltmachen und einen neuen kaufen. Sein größtes Problem war, wo er seine Zahnbürste hinstecken sollte. Vor der Abfahrt hatte er mir haargenau erklärt, was eine «festverzinsliche Anleihe» ist, und ich zog im Geiste den Schluß, daß Regierungsanleihen wertlos sind – besonders deutsche Regierungsanleihen. Und jetzt, während ich dies schreibe, kommt ein Telegramm von ihm, aufgegeben in Cherbourg; darin bittet er mich, nachzuprüfen, ob Mrs. Fraenkel das Paket erhalten hat, das er gestern abend vor ihrer Tür deponierte. Ein Paket mit festverzinslichen Anleihen, Schuldschei-

1 In einem Brief von mehr als dreißig Schreibmaschinenseiten, die er etappenweise an mehreren Tagen schrieb, hatte Henry Miller ausführliche Bemerkungen gemacht über: D. H. Lawrence, James Joyce, Eric Portmans Film *Tumultes* (dt. *Stürme der Leidenschaft*), Fritz Langs Film *Metropolis* sowie verschiedene Freunde und Bekannte. Er hatte außerdem Briefe von Richard Osborn beigelegt, des weiteren Durchschläge von Briefen an Peter Neagoe (in denen er dessen Erzählung *Storm* kritisierte) und andere. Anaïs Nins Antworten sind auf mehrere Briefe verteilt.

nen, Rechnungen, Quittungen, Mietverträgen und Geld. Ich mußte ihm bei der Entscheidung helfen, ob er für die Operation des Jungen zwanzig Dollar oder 350 Francs hierlassen solle.

Du bist also gerade für ein paar Tage allein, wie mir irgend etwas sagt. Ich frage mich, ob Du Zeit haben wirst, einen dicken Brief zu schreiben, und ob Du meine bekommst, denn ich rätsle immer noch an der Adresse herum – Achensee oder Achenseehof oder Jenbach oder Zillertal. Ich vermute, Achenseehof. Als ich heimkam, fand ich Deinen Brief unter der Tür, und ich hielt es für großartig von Dir, das vorzuschlagen, was Du vorgeschlagen hast, aber ich habe nicht die Absicht, auf den Vorschlag einzugehen. Statt dessen werde ich bei Deiner Rückkehr eine kleine Überraschung für Dich haben, und wenn Du eifrig Deutsch lernst, wird die Überraschung noch größer sein. Ich fühle mich sauber und glänzend und bin ziemlich fertig. Hoffe, daß ich Dir ein paar saubere, glänzende, fertige Seiten zeigen kann (etwas Neues), wenn Du zurückkommst. Ich hoffe sehr, daß ich Dir vom Roman wenigsens die Kopie einiger Seiten schicken kann, bevor Du kommst. Gegen Ende stieß ich auf eine Ader, und ich glaube, das bin jetzt ich in Bestform. Und ich bin überzeugt, wenn ich ein ganzes Buch mit lauter solchen Seiten schreiben könnte, wäre ich all das, was Du möchtest, daß ich sei.

Erinnerst Du Dich an den Rasenmäher und seinen wunderbaren Klang? Neulich abends ging ich an einem Hotel vorbei, das nach meinem Lieblingsessen [Anjou] benannt ist; das elektrisch beleuchtete Namensschild warf einen seltsamen roten Schimmer auf die Fenster, und als ich emporschaute, sah ich eine Frau die Vorhänge auseinanderschieben. Ich stellte mir vor, daß sie einen seltsamen ausländischen Namen hat. Wie Du siehst, entwickle ich Zartgefühl.

Ich weiß genausowenig wie Du, warum ich an einem bestimmten Punkt in Deinem Tagebuch zu lesen aufhörte. Sei versichert, daß ich es bedaure. Ich kann nur sagen, daß es aus einer unpersönlichen Traurigkeit heraus geschah, die Dinge nahmen eine schlimme Wendung, nicht infolge von Boshaftigkeit oder Gehässigkeit, sondern durch so etwas wie ein ihnen innewohnendes Verhängnis. Es ließ sogar die liebenswertesten und heiligsten Dinge als völlig illusorisch, instabil, vergänglich erscheinen. Würde man statt der Person ein X einsetzen, es bliebe sich gleich. Tatsächlich setzte ich vielleicht mich selbst ein. Wie kommen Deine Personen voran – entwickeln sie sich in der Dunkelkammer? Und in welche Art Bad gibst Du sie? Verdirbt die Philologie die Platte? Du siehst, ich bin noch immer zartfühlend. Ich bin jetzt so zartfühlend, daß ich fast zerbrechlich bin.

Möchtest Du, daß ich Dir weiter über das Lawrence-Buch schreibe? Und möchtest Du Symbolismus oder euklidische Beweise haben? Ich beziehe mich auf die erste Zeile der Seite 2. Es ist sehr schwer für mich zu antworten, abgesehen von dem einen, daß Du Dich in mir getäuscht hast. Ich glaube so lange, bis ich eins über den Schädel gezogen kriege. Zieh mir keinen über. Ich bin verrückt nach Dir.

Henry

An Anaïs [Clichy]
Sonntag [30. Juli 1932]

[. . .] Ich meine, einen Titel für das Buch gefunden zu haben. Wie gefiele Dir einer der beiden: «Wendekreis des Krebses» oder «Ich singe den Äquator»? (Der 2. Band wäre dann «Wendekreis des Steinbocks». Das letzte Buch sollte einfach «Gott» heißen.)

Heute abend bei Sonnenuntergang lag ich auf meiner Couch und schaute den Wolken zu, die an meinem Fenster vorbeisegelten. Wenn man da liegt, sieht man nichts als die Wolken, und Wolken sind wunderbar, wenn sie mit Himmelblau durchlöchert sind (Zeit und Raum – welche Bedeutung diese Dinge für mich zu erlangen beginnen. Ich wache jetzt erst auf!) Da war ein bestimmtes, etwa acht Lichtjahre entferntes blaues Loch, und in das tauchte ein Spatz. Ich war berauscht davon. Warum ist allein schon Entfernung als solche derart bezaubernd? [. . .]

Sonntag morgen und kein Brief von Anaïs. Verzweifelt. Ist es möglich, daß Du die dicken Briefe, die ich losschickte, nicht bekommen hast? Einer davon war versiegelt, der andere hatte etwa die gleiche Größe – ich glaube, ich habe Dir drei dicke gesandt, der hier wird der vierte werden. Herrje, wenn dieses ganze Material verlorengegangen oder fehlgeleitet worden ist, das wäre ein Jammer. [. . .]

Bekam heute morgen einen Brief von William Aspenwall Bradley[1], dem Literaturagenten, mit der Bitte, ihn aufzusuchen. Dr. Krans hatte ihm von meinem Buch erzählt. Ich werde ihm den Roman zeigen. Ich habe eben einen dreiseitigen Brief an Krans geschrieben, der Dich höchlichst amüsieren wird, wenn ich ihn Dir zeige. Ich werde keine Durchschläge von Briefen mehr beilegen – verflucht, es ist zu egoistisch.

1 Siehe «Biographische Anmerkungen».

Du mußt ja über mich lachen. Dennoch, ich schreibe nichts als Briefe und tippe Auszüge ab. Ich muß wahnsinnig sein. Aber die Briefe sind ein Bindeglied zwischen mir und der Welt. Ich kann die Menschen dazu bringen, Briefe zu lesen. [...]

Ich werde über sehr viel mit Dir reden, wenn Du zurückkommst. Beispielsweise glaube ich, daß Du Deine Meinung über die Sterilität französischer Briefe revidieren wirst. [...] Was ich in den französischen Schriftstellern sehe, ist eine überlegene Haltung. Lawrence ist in vieler Hinsicht sehr kindisch. Ich meine, sein ganzer Fanatismus, sein Predigen usw. sind infantil. Dir und Fraenkel ist es gelungen, mir im Hinblick auf Lawrence einen Komplex beizubringen. Mich ärgert zum Beispiel nichts mehr, als wenn Fraenkel sagt: «Schreibst du so, bist du genau so gut wie Lawrence» – manchmal sagt er: «oder besser». Scheiße, ich will nicht mit Lawrence verglichen werden. Ich sage nicht «besser» oder «schlechter»; einfach anders, völlig anders will ich sein. Und wenn ich schon verglichen werden soll, dann wähle einen besseren Maßstab, *das* sage ich. (Du siehst, was für ein selbstgefälliger Mensch ich sein kann!) [...]

Bin übergeschnappt vor Verlangen, von Menschen zu hören oder zu lesen, Gespräche zu führen. Fühle mich hier wie von der Außenwelt abgeschnitten. Fred nützt mir nichts mehr. Seine Ideen sind abgestanden. Ich brauche jemand, mit dem ich Gedanken austauschen kann. Jemand Gleichwertigen. Wenn Du zurückkommst, werde ich Dir ein einziges literarisches Fickfest geben – das heißt, ficken und reden und reden und ficken – und dazwischen eine Flasche Anjou – oder einen Vermouth Cassis, Anaïs. Selbst Deine Leisten werde ich öffnen. Gott sei mir gnädig, wenn dieser Brief je aus Versehen geöffnet wird. Aber ich kann nicht anders. Mich verlangt nach Dir. Ich liebe Dich. Du bist Essen und Trinken für mich – der ganze Blutsapparat sozusagen. Auf Dir zu liegen ist eines, Dir nahezukommen ist etwas anderes. Ich fühle mich Dir nahe, eins mit Dir, Du bist mein, ob anerkanntermaßen oder nicht. Jeder Tag, den ich jetzt warten muß, ist eine Qual. Ich zähle die Tage, langsam, schmerzlich. Ich weiß nicht, wann Du zurückkommst – am 7. oder am 15.? Aber komm, sobald Du kannst. Sei selbstlos – ja, ich bitte Dich darum. Bring ein Opfer. Ich brauche Dich. Dieser lange Sonntag – *wie werde ich ihn bloß überstehen?*[1] Einfach die Zeit totschlagen. Morgen kommt vielleicht ein Brief. Alles hängt von morgen ab. Gott, ich möchte Dich in Louveciennes sehen, Dich in diesem goldenen Licht vom Fenster her sehen, in Deinem nilgrünen Kleid, das Gesicht blaß, von der gleichen

1 Randnotiz: «(1 Uhr morgens. Überstand ihn, indem ich Unamuno las.)»

kühlen Blässe wie am Abend des Konzerts. Laß das Haar wehen – setze es der Sonne aus – laß es seine Farbe wiederbekommen. Ich liebe Dich so, wie Du bist. Ich liebe Deine Lenden, die goldene Blässe, die Schräge Deiner Hinterbacken, die Wärme in Dir, Deine Säfte. Anaïs, ich liebe Dich so sehr, so sehr! Ich werde zungenlahm. Ich bin sogar verrückt genug zu glauben, Du könntest überraschend bei mir auftauchen. Ich sitze hier und schreibe Dir mit einer ungeheuren Erektion. Ich spüre, wie sich Dein weicher Mund über mir schließt, Dein Bein mich fest umklammert, sehe Dich wieder in der Küche hier, wie Du Dein Kleid hebst und auf mir sitzt, und der Stuhl reitet auf dem Küchenboden umher, macht bumm, bumm.

Henry

PS: Die Auszüge folgen mit der nächsten Post. Las eben Unamuno! Meinen Unamuno! Wo ist dieses *tragische Lebensgefühl*? Ich will es haben. Vielleicht schreibe ich morgen über Gides Dostojewski. Alles rumort in mir – Fraenkel, Proust, Unamuno, Osborn, Lawrence ...

AN HENRY [Achensee]
Sonntag [31. Juli 1932]

Möchtest Du vielleicht wegfahren, Heinrich? Bist Du müde? Ist Dir nach Spanien zumute? Bitte schreib mir sofort, ob es das ist, was Dich reizen könnte. Ich werde postwendend alles arrangieren. Ich schreibe an [Edward] Titus, um zu sondieren, ob ich von ihm Geld bekommen kann. *Schreib mir die Wahrheit.*

Hier ist ein Brief von Caresse Crosby, der sehr freundlich klingt. Ich frage mich, ob Du mit diesem Brief nicht zu ihr gehen, Dich ihr vorstellen und ihr Dein Manuskript bringen könntest, damit sie es lesen und mir Antwort geben kann, wenn ich zurückkomme. Sie gehört zu den Frauen, die Dich sofort mögen, und wie ich sie kenne, würde sie lieber die Chance haben, selbst zu urteilen, als von einer anderen Frau informiert zu werden ... Was meinst Du?

Du hast mir einen kurzen Brief voll des Lobs über Deine letzte Lektüre geschrieben, aber wer schrieb das Buch? Es ist sicher gut.

Hast Du Dich nicht an all dem gestoßen, was ich Dir gestern geschrieben habe? Heute, beim Überfliegen Deines Briefes, bemerkte ich, daß Dir etwas gefiel, was ich schrieb und dem ich große Bedeutung beimesse:

Seite 20. Es ist symbolisch für den Kreativen ... usw. Das freute mich riesig. Sag mir, warum Du *keinen Kommentar* schriebst zu: «Die Ungleichheit der Sexualkraft ist es, die in sexuellen Beziehungen die Auflösung verursacht.» Das ist doch eine bekannte, feststehende Tatsache? Ich frage mich oft, wie ich überhaupt je etwas über Lawrence schreiben konnte, wenn man bedenkt, daß der größte Teil dessen, was ich über sexuelle Angelegenheiten äußerte, reiner Vermutung entsprang. Jetzt kontrolliere ich es nach!

Gestern wollte ich Dir noch viel mehr über die Vorstellung von «Lebensgeleisen» schreiben, aber der Brief mußte vor acht aufgegeben werden. Ich werde es vielleicht hier anfügen, falls Hugh heute nachmittag zum Angeln geht.

Man bricht so ruhig auf. Man spürt das Gewicht des Rucksacks. Frieden. Dann pickt man ein Wort heraus, ein Wort, das man jedesmal wiederholt, wenn man mit dem Fuß aufstampft. In Paris, auf dem Asphalt, sagte ich beim Gehen oft: wild, wild, wild. Crescendo. Man sagt es einfach und geht, geht, geht. Es läßt alles aufsteigen, anschwellen, bersten. Hier sage ich: Kraft, Kraft, Kraft. Dann bin ich so glücklich, daß ich es nicht mehr ertragen kann, und fange zu singen an. Man singt und verliert dabei seine Identität. Das ist ein Anlaß zur Seligkeit. Man wird Berg, Sturzbach und Tal. Man kann trunken werden vom Gehen.

Wenn man zurückkommt und den längsten, ungewöhnlichsten Brief liest, denkt man: «Na, ich bin bei der Verfolgung des Wahnsinns schrecklich in Rückstand geraten.» Aber genau das wollte Henry: daß ich mit dem Schreiben in Rückstand gerate ... Auf diese Weise lebe ich mehr *für* Dich, ich kann dem Mann, der der Welt hilft zu zerbersten oder sie bereits aufgespalten hat, mehr Zeit widmen, mehr Anbetung entgegenbringen!

[...] Wir nutzen beide unser Leben voll, verkehren mit unseren Freunden und auch unseren Liebhabern, unverhüllt. Mich stört nicht, daß dies eine Tragödie auslösen kann, aber *Klatsch*, oh, der stört mich; es ist unerträglich, daß jeder Narr oder Idiot auf dem Montparnasse Gelegenheit erhalten sollte, über Dich oder Bertha oder einen anderen von uns zu reden, ... Klatsch ist schändlich, unausstehlich. Ich verabscheute ihn schon immer. Um ihn zu vermeiden (Richmond-Hill-Klatsch, kubanischen Klatsch, Gesellschaftsklatsch, Maler-und-Modell-Klatsch), wählte ich die Einsamkeit. Spürst Du das? Es weckt wilden Stolz in mir, ungeheure Verachtung. Schrecklich, daß Dein Buch Mister Calmy solches Vergnügen bereiten kann, auch seiner Frau und anderen ... Ich kenne *Dich*, Henry, gut genug, um zu wissen, daß dies nicht Deine

Absicht war. Aber eben dies ist passiert, und das ist abscheulich. Eine Tragödie lasse ich mir gefallen, aber keinen Klatsch. Eine Tragödie ist gesund und interessant, Klatsch jedoch ist engstirnig und erniedrigend. Er ist wie Streitereien zwischen Frauen.

Deine Rede an den Ungarn ist gut, aber naiv. Woher willst Du wissen, ob seine Geliebte oder Schwester sich nicht königlich über das amüsiert, was Du als Rache beschreibst?

Ich bin ein bißchen eifersüchtig, weil erst Fraenkel Dich für Jung und Freud zu interessieren vermochte ... Vielleicht waren meine Worte über dies alles nicht eindringlich genug. Ich habe beide *vollkommen* erfaßt. Ich wollte, daß Du interessiert bist, aber manchmal meinte ich, Du würdest nur spotten. Geh wegen der Bücher nicht in die Bibliothek. Ich habe die meisten, und jene, die ich nicht habe, hat Eduardo[1].

Teezeit, was auf der Terrasse Bier trinken bedeutet, und dabei die seltsamen Typen beobachten, die aus München hierherkommen. Beethoven-Köpfe. Vielleicht sogar Spengler. (Man hat mir gesagt, daß er in München lebt.) Warum nicht? Die Hälfte dieser dicklichen Männer in kurzen Lederhosen, ungeheuer häßlich, aber entschlossen aussehend, sind entweder Professoren oder Doktoren. Sie kommen mit ihren Familien für einen Tag her. Alle sind infantil begeistert von der Natur. Sie pflücken kleine Gebirgsblumen, sie machen Gruppenaufnahmen, und es ist ein Wunder, daß sie alle auf einem einzigen Bild Platz finden.

[...]

Ich weiß nicht, ob Du wirklich in Schwierigkeiten bist oder ob Du Emil[2] nur verköstigst. Für den Fall, daß ich am Montag nicht zurückkomme, lege ich einen Scheck bei und datiere ihn Freitag statt Montag. Aber, ach, Henry, es ist mir ein Greuel, daß Ihr auch noch Paulette ernähren sollt! Statt nur Euch selber! Ich kann nicht anders. Bevor ich wegfuhr, gab ich meinen besten Hut, mein bestes schwarzes Kleid und die Schuhe einer Frau, die sie brauchte, aber ich *hätte sie nicht Paulette geben können. Ich glaube, Du verstehst das.* Fred muß begreifen, daß es einfach lächerlich ist.

Anaïs

1 Eduardo Sanchez, Anaïs Nins Cousin. Siehe «Biographische Anmerkungen».
2 Emil Schnellock, ein langjähriger Freund. Siehe «Biographische Anmerkungen».

PS: Weißt Du, was mich rührte? Daß es Rebecca West war, die anfragte, ob wir uns treffen könnten – nicht etwa ich fragte bei ihr an.

An Anaïs [Clichy]
Montag [1. August 1932]

Um acht Uhr aufgestanden, vor der Post. Ja, Dein Brief kam. Ich glaube nicht, daß es der fünfte ist – mir scheint einer zu fehlen, in dem Du fragst, warum ich nicht schreibe; an den würde ich mich erinnern. Und einem Brief hast du ein Postskriptum über Rebecca West angefügt, das ich nicht verstehe. Wie dem auch sei, ich bin voller Enthusiasmus – heute werde ich ganz gewiß ein neues Buch anfangen. Du wirst sehen.

Tut mir leid, daß ich noch immer über Lawrence schreibe – hätte ich gewußt, wie Du empfindest, hätte ich es gelassen. Du hinkst um ein paar Briefe hinterher. Inzwischen mußt Du wissen, daß ich andere Dinge erforsche. Wo stehen wir in unserer Korrespondenz? Sag mir lieber, wann ich damit aufhören soll, da Du bald von dort wegfährst, denke ich.

Eine Frage – der Eifersucht: «Obwohl unsere Korrespondenz noch immer gewichtig ist» (gemeint ist die Korrespondenz Erskine–Nin). Wie schreibt man lange Briefe an einen verflossenen Liebhaber?

Du sprichst von einer «Zeit vor der Bewußtheit». Kann mir keine solche Zeit vorstellen. *Wann* etwa war sie: v. Chr. oder n. Chr.? Oder ist es die prähistorische Zeit? Unamuno sagt: «Das Prähistorische ist das Unbewußte; es ist die Leere.» (Das ist natürlich Literatur, aber es klingt überzeugend.) Niemand weiß etwas über das Prähistorische!

Du hast mich mißverstanden, was das «Durchdenken der Dinge» im Zusammenhang mit Homosexualität anbelangt. Ich habe vom Denken *contra* Gefühle gesprochen.

Nein, ich werde nicht mehr gegen Lawrence sein – schon deswegen nicht, weil «er unglücklich und gequält war und eine Menge zu sagen hatte». Nicht aber, weil Du so sehr *für* ihn bist. Das würde mich kein Stück davon abbringen. (Dies für Sie, Miss Nin.)

Schick mir ein bißchen etwas von dieser kochenden Uneinigkeit in der Erskine-Korrespondenz. Ich möchte gern sehen, *wie* sie kocht.

Wie habe ich doch heute früh gelacht, als ich die Straße hinunterging, um Croissants zu holen – und an Deine Äußerung dachte, daß Du Spengler *zweimal* lesen würdest. Lies ihn sechs-, sieben-, achtmal. Er wird die Probe bestehen. Aber ich bin entzückt, daß Du ihn so gut findest. Band 2 ist sicher zu haben. Er handelt von Gold usw., und doppelter Buchführung. (Eine der größten Erfindungen aller Zeiten!)

Das Tagebuch – nun, Du hast zwar keine allzu tragische Kindheit gehabt, aber Du hattest etwas unendlich Besseres – das tragische Lebensgefühl! Ich hoffe, daß ich an irgendeinem Tag dieser Woche ein phantastisches Vorwort zu Deinem Tagebuch schreiben kann.

Wenn Du mich fragst, ob «ich mich erinnere», dann denk dran, daß ich mich an alles erinnere. Ich bin ein Schwamm.

Komisch, daß wir beide gleichzeitig die «Kalender und Taschentücher» erwähnten. Erwähne Du nächstesmal den Rasenmäher – oder die schmutzige Weinflasche.

Glaubst Du wirklich, daß ich Dir alle diese Dinge schenkte, die Du anführst? Ich muß ein interessanter Bursche sein. Ich muß reich sein! Bist du heute reich, Henry? Klar. Ich bin der reichste Bursche auf der Welt. Besprenge mich mit etwas *Eau de javel* [Fleckenwasser]. Ich werde heute schreiben. Ich wünsche mir, über Deine Schulter zu schauen und die dicken Briefe zu lesen, die ich Dir geschickt habe. Ich möchte nicht Schluß machen, aber ich muß weggehen und ein wichtiges Geldgeschäft erledigen. Danach folgt Ortega y Gasset. Und Unamuno. Und Dostojewski. Und das Vorwort . . . Das Ganze ist noch nicht ausgegoren, wie man so sagt. Ich bin noch verrückter nach Dir.

Henry

An Henry

[Achensee]
2. August 1932

Die letzten Seiten des Romans [*Wendekreis des Krebses*] sind großartig. Einen besseren Schluß könnte es nicht geben. Nicht Realität, nicht Selbstmord. Tony bringt nicht eine der Frauen um, auch nicht sich selbst, sondern der Mann wird von einem «hellsichtigen Wahnsinn» hingerafft, in dem alle Empfindungen und Handlungen des Buches als vorsintflutliche Sympbole dahinwirbeln. Auch kein Höhepunkt, keine Pause und keine Schlußfolgerung, lediglich der Samum und der Verfall aller Dinge. Spengler sagt, daß wir das, woran wir Begriffe knüpfen, in gewissem Sinn erobern. und weil die Worte an nichts geknüpft sind, weil das Ganze einfach Delirium ist, wird darin offensichtlich, was Du sagen willst: Niederlage. Falls die Welt zerbricht (was ich nicht glaube), bist Du zweifellos der Meisterzerstörer. Diese Seiten beweisen es. Alles, was Du schreibst, beweist es. Du verwirklichst Spenglers Prophezeiungen, mit jedem Roman.

Du hast das gewußt. Du hast gesagt: «Wenn ich ein ganzes Buch mit lauter solchen Seiten schreiben könnte, wäre ich alles, was Du von mir erwartest.» Habe ich recht verstanden?

Ich bin eben erst von einer dreitägigen Wanderung an die deutsche Grenze zurückgekommen. Wir sind dorthin marschiert, mit Rucksäcken bepackt. Mir gefiel der Gedanke, für ein paar Stunden auf deutschem Boden zu stehen – nur weil es Deine Heimaterde ist. Als ich den längsten Brief las, den ich je bekam, und gleichzeitig den außergewöhnlichsten, wollte ich umgehend antworten, aber das wird mich Tage kosten! Hugh fragt: «Was tust du eigentlich?» Ich antworte: «Ich habe eine Idee für mein Buch.» Er sagt: «Die Wanderung war also gut. Aber du wirst doch nicht lange brauchen? Es ist Zeit, zum Tee hinunterzugehen.» Und morgen ziehen wir wieder los, Berge besteigen! Hör zu, ich habe einen Schlafanzug an und einen Zigeunerschal, sehe aus wie eine Piratin. Was ich besonders genieße, das ist der Rhythmus. Es beginnt mit Gleichmäßigkeit, Harmonie, und es endet in Ekstase. Man geht, bis man *über* der Welt geht.

Nachmittag.
Ich lache immer noch über Deinen «zartfühlenden» Brief! Er gefällt mir sehr. Wie hast Du bloß erraten, daß ich einen ganzen Tag und zwei Nächte allein sein würde! Hast Du am Freitag Hugh in Paris gesehen? Man rief ihn unvermittelt telefonisch zu einem Mittagessen für einen wichtigen Kunden, er fuhr am Donnerstag abend eilends weg und war am Samstag morgen wieder da. Am Freitag schrieb ich Dir in einem kurzen Brief, daß ich mir Sorgen mache, weil ich keine Nachricht von Dir hätte. Hughs Abwesenheit erwähnte ich nicht, weil ich mir sagte, Du würdest Dir sofort vorstellen, daß es zu philologischen Verstrickungen käme. Und tatsächlich wurden die beiden Österreicher, die mich zu trösten versuchten, letztendlich durch unser Gespräch entmutigt – oder vielmehr durch dessen Kürze, das heißt, ständiges Kopfschütteln meinerseits. Weil ich nicht genau verstand, wozu sie mich aufforderten (einer bot mir den Arm und deutete zu den Kähnen auf dem See), sagte ich: *«Nein.»* Das einzige Wort, das ich aus ihrer Unterhaltung mitbekam, war *gemütlich*, was wohl bezaubernd bedeutet, und auch dazu sagte ich: *«Nein.»* Hauptgrund für alle diese *Neins*: daß ihre Köpfe geschoren waren, und das ist eine Warnung an Dich! In Spanien beispielsweise wäre

ich nicht durch die Unmöglichkeit, ein Gespräch zu führen, behindert gewesen. Ich stellte mir tatsächlich wilde Dinge vor, beispielsweise Dich zu bitten, mit einem Flugzeug herzukommen. Zwei Stunden. Aber ich kann es nicht fassen, daß Du ein Telegramm des Wortlauts *erwartet* hast: «Komm nach Tirol!» Sag mir aufrichtig, wie das passieren konnte. Es amüsiert mich dermaßen, daß ich mich nicht wieder dem anderen Brief zuwenden und ihn fertigschreiben kann. Und oh, Henry, kündige mir bitte keine Überraschungen an. Ich bin wie ein Kind. So etwas hält mich nachts vor Aufregung wach! [...] «Es ist sehr schwer für mich zu antworten, abgesehen von dem einen, daß Du Dich in mir getäuscht hast. Ich glaube so lange, bis ich eins über den Schädel gezogen kriege. Zieh mir keinen über.» Solltest Du zufällig wissen, was Du mit alledem meinst, würde ich es gern von Dir erfahren. Du weißt nicht, wie sehr ich diese lockere, verrückte Art des Briefeschreibens liebe, die ich ursprünglich Dir verdanke, glaube ich. Sie ist voller Überraschungen, keine Teppichweberei, kein mühsames Bergsteigen, einfach Eintauchen. Du brauchst absolut nicht rücksichtsvoll zu sein. Immer bin ich als erste angezogen, und immer gehe ich hinunter, um die Post zu holen. Ich lese sie beim Heraufsteigen der drei Treppen. Der Österreicher Nr. 2 mit den grünen mephistophelischen Augen ist immer da, um für mich *das Barometer abzulesen*, langsam, unheilverkündend. Das ist ein weiterer Grund, warum ich *«Nein»* zu ihm sage und *«verboten»* und alle die anderen stacheligen Wörter, die ich kenne.

Anaïs

PS: Hugh sagte eben, daß wir möglicherweise nicht vor Donnerstag zurückkommen. Werde versuchen, Dir diesen Brief per Luftpost zu schicken, damit Du nicht so viele Tage ohne Nachricht bleibst.

An Henry [Achensee]
3. August 1932[1]

Dein Brief an Buñuel gefällt mir. Er ist offen, klar und effektvoll. Was Du ihm schreibst, hat mich jetzt, nachdem ich Spengler gelesen habe, sogar noch tiefer beeindruckt. Wenn jede Kultur eine bestimmte Kunstform hervorbrächte, scheinen Filme der einzig logische Ausdruck der untergehenden letzten [Kultur] zu sein. Aber Henry, ich glaube nicht alles, was Spengler schreibt. Mir gefällt seine oberflächliche Behandlung der Psychologie nicht, ich wende mich dagegen, daß beim Reden über die Seele keine andere Sprache als jene des Naturwissenschaftlers gefunden worden sei, was zeige, daß die Psychologie nichts erreicht hat. (Übrigens, das einzige, was an der Psychoanalyse gar nicht stimmt, ist die Fachsprache, die Durchsichtigkeit und Offensichtlichkeit der Terminologie. Würde ein Künstler die Bedeutungen *absorbieren*, die Gefeiltheit unsichtbar und unspürbar machen, wie Dostojewski es kann, wäre sie wundervoll und fruchtbar. Die Psychologie ist noch nicht absorbiert und umgewandelt worden. Wer wird das tun?)

Und schließlich *ist* jedes Ende einer Kultur der Anfang einer anderen; Kulturen gehen ineinander über, etwa so, wie das Abfallen verwelkter Blüten die Samen für den Frühling hervorbringt. Warum hält Spengler beim Hinweis auf einen Verfall inne, den man unmöglich als etwas Endgültiges empfinden kann? Jede Endgültigkeit beruht auf einem Fehler. An einem Thema festzuhalten, ohne abzuschweifen, ist auch ein Fehler. Vielleicht ist es gut, den Verfall hervorzuheben, damit wir uns unseres *Anfangs* deutlicher bewußt werden können. Bist Du Dir eines Anfangs bewußt? Während Spengler pessimistische Requiems singt, höre ich die kraftvollen Geburtspulsschläge Picassos, der Psychoanalyse, der neuen mystischen Wissenschaften, der sich in Amerikas stählerne Größe ergießenden Negerseele, der Auferstehung Fraenkels von den Toten, der *Schöpferkraft des Zerfalls*, und ich begreife nicht, warum wir aufhören sollten zu malen, Häuser zu bauen, zu schreiben. Henry Miller, der Meisterzerstörer, wird Szenarien schreiben. [...]

Spengler ist tiefschürfend und am besten, wenn er über Musik und Malerei schreibt. Ich muß Dich soviel fragen über gewisse Dinge, die er sagt.

Henry, es gibt nur einige seltene Augenblicke, in denen ich auf mich selbst stolz bin: Wenn ich mir klarmache, daß ich Lawrence *ganz allein*

1 Offenbar nachträglich datiert, in Anaïs Nins Handschrift.

erfaßt habe, ohne Hilfe, Gespräche oder geistigen Nährstoff, Hintergrundmaterial oder die geringste Verbindung zur Außenwelt und zu Ideen, und wenn ich feststelle, daß einige Dinge in dem Buch sich automatisch, geheimnisvoll zu einem großen Ganzen verbinden.

Anaïs

An Henry [Achensee]
Donnerstag [4. August 1932]

Ich war nicht in der Lage, Deine Briefe so zu beantworten, wie ich wollte, Henry, dabei rühren und interessieren und erregen sie mich sehr – Du kannst Dir nie und nimmer vorstellen, wie sehr. Es macht mich mutlos zu wissen, wie gern ich darauf reagieren, dabei verweilen würde, und doch so wenig Zeit für mich zu haben. Wir halten uns nie in unserem Zimmer auf, nicht mal, wenn es regnet, und das tut es jeden Tag; wir sind draußen und wandern oder rudern, wandern, wandern. Es ist mir gelungen, Spengler abends nach dem Essen zu lesen. Ich habe überhaupt nicht gearbeitet, weder für Allendy noch am Buch, nur zehn Seiten im Tagebuch. [...]

Ich kann an nichts anderes denken als an Louveciennes und daran, daß Du um acht klingeln wirst – nicht um neun. Der Plan sieht so aus: Wenn ich in Paris ankomme, muß ich wegen meines Schrankkoffers und des anderen Gepäcks ein Taxi nehmen, direkt nach Louveciennes fahren und meine Vettern dazu bringen, daß sie mit dem gleichen Taxi abfahren. Das wird etwa um sieben geschehen sein. Außerdem mußt Du zu Abend gegessen haben, bevor Du kommst, weil keine Lebensmittel im Haus sein werden. Emilia trifft erst am nächsten Morgen zum Frühstück ein. Nach Clichy kann ich nicht kommen, weil ich über und über eingestaubt sein werde von der Reise, und auch wegen des Gepäcks.

Überhaupt nicht egoistisch fand ich es, daß Du mir die Briefe zeigst, die Du schreibst. Im Gegenteil, mich freute Dein Wunsch, daß ich sie lese. Ich bin interessiert, schrecklich interessiert an jedem Wort, das Du zu Papier bringst, und Deinen Brief an Emil genoß ich sehr. Das gleiche Gefühl erfüllt mich, wenn ich ein Buch lese, in dem Du Anmerkungen gemacht hast. (*Cahiers de Brigge* [Rilkes *Aufzeichnungen des Malte Laurids Brigge*].) Ich liebe das Teilhaben. Ich spüre mit außergewöhnlicher Lebendigkeit Deine Gegenwart; es ist, als würdest Du mit mir lesen.

Tatsächlich erlebe ich das Gefühl wieder, mich über Deine Schulter zu beugen und Dein Haar und Deinen Hals zu küssen, während Du liest oder schreibst.

Nun muß ich aber zur Literatur kommen. Es maßt mir Spaß, wenn Du der «Miss Nin» listig eins verpaßt. Wenn Du diesen Namen schreibst, habe ich den Eindruck, daß Du *eine andere Person* meinst. Es ist, als schriebe mir Joaquin in altem, hochtrabendem Spanisch: *Mi distinguida autora y hermanita* [Meine hochwohlgeborene Autorin und kleine Schwester]. Er bewunderte Ortega y Gasset. Ich habe ein Buch von ihm gelesen, schön, klarer Stil und klares Denken und sehr modern.

Brigge erinnert mich an Freds Art zu schreiben. Sehr stark sogar. Ist Dir diese Ähnlichkeit je aufgefallen? In den besten Passagen ist das Buch poetisch und empfindsam, manchmal tief. Insgesamt jedoch ist es pueril, ein wenig auch wie von einer Frau geschrieben. Der Gesamteindruck war eher schwach.

Traurig wurde ich, als ich las, daß Du mit jemandem Deines eigenen Formats Gedanken austauschen möchtest. Es rief mir ins Gedächtnis, was ich mir in bezug auf Dein Leben alles geschworen habe: Ich will schuften, damit Dein Leben wunderbar wird – ich will Dich aus der Mittelmäßigkeit herausholen: Clichy, Eintönigkeit, Langeweile, aus allem, was Dich nicht nährt, was nicht gut genug ist für Dich. Du wirst sehen, was wir für einen Winter verleben werden und wieviel Dynamit im *Wendekreis des Steinbocks* sein wird. Der Absatz über die Wolken – ist das der Anfang?

Ich merke, daß Du, sobald Du auf Lawrence zu sprechen kommst, ernst wirst. Ich habe Dein Schreiben nie mit seinem verglichen, wie es Fraenkel tut. Nein. Aber mir gefällt nicht, daß Du ihn mit *irgendeinem* Franzosen vergleichst, auf der Basis souveräner Haltung. Ich mag keine souveräne Haltung, die auf ausgeglichenem Intellekt beruhen. Ich hasse ausgeglichene Intellektuelle. Lawrence mag kindisch usw. usw. gewesen sein, aber er ging wenigstens den Gefühlen auf den *Grund*, genau wie Dostojewski – was sich kein Franzose zu tun bequemt. Jeder, der kühl bleibt, ist überlegen. Aber wer liebt denjenigen, der kühl bleibt? Ich nicht. Wenn Du so weitermachst, werde ich kämpfen! Dostojewski wird auch kindisch, wenn in den *Brüdern Karamasow* innerhalb eines Monats fünf Menschen hysterische Anfälle bekommen, zwei Epilepsie und zwei weitere Hirnhautentzündung... Aber der Exaltation kann man viel verzeihen; nur ihr *Fehlen* kann ich nicht verzeihen. Falls das nicht genügt, werde ich mehr sagen! Beispielsweise müssen Fanatismus, Predigten, Launenhaftigkeit, Nervositäten, Übertreibungen, Irrationalität usw.

sämtlich wegen ihrer *Intensität* verziehen werden. Schließlich ist es einzig die Intensität des Gefühls, die *Lady Chatterley* jedem französischen Buch über dasselbe Thema überlegen macht (sogar *Lucienne* von Jules Romains), und an dieser Behauptung werde ich festhalten, bis ich sterbe. Die gleiche Intensität läßt mich Spanien und einige Angelsachsen mit der ganzen Kraft meines Blutes und Fleisches lieben, während ich für Frankreich eine geistige Bewunderung hege, die allein nur meine Haarspitzen erregt, wie eine Botschaft durch einen Telegrafendraht.

Für Dich ist es jedoch besser, die Franzosen wertzuschätzen, ja, weil Du über genügend Exaltation verfügst und der Abkühlungsprozeß bei Dir tiefere, weisere, neue und wunderbare Dinge hervorbringt. Das vermag ich zu erkennen – das habe ich gleich bemerkt. Ich erinnere mich an Deine große Bewunderung für die französische Olympia-Abordnung. Ich verstehe das. Für Dich ist das neu, für mich dagegen abgestanden. Ich habe Dir nie von dem berühmten französischen Schriftsteller erzählt, den ich kennenlernte – vor langer Zeit, ich hatte es fast vergessen –, es ist fünf Jahre her. Er war wie Anatole France. Erinnere mich daran, wenn wir uns sehen, damit ich Dir alles über ihn erzähle.

Was ich mit «der Zeit vor der Bewußtheit» meinte, war in Wirklichkeit die Zeit vor der Entdeckung der Innenschau. Spengler berichtet, daß die Griechen die Introspektion nicht kannten. [...] Er bezeichnet sie als faustische Krankheit. Spengler ist allzu vernarrt in die faustische Seele, hast Du das bemerkt? Aber wie großartig schreibt er doch über Leonardo da Vinci, den Maler, den ich am liebsten mag.

Unamuno schrieb ein Buch mit hinterhältigen, paradoxen, beißenden Kommentaren zum *Don Quichotte*, die Dir gefallen würden. Grausamer spanischer Humor. Du weißt, daß er Englisch liest und sehr belesen ist in *angelsächsischer* (auch er!) Literatur, ein Experte für englische Poesie . . . Also kannst Du ihm schreiben. Nachdem er durch politische Willkür aus Spanien verbannt worden war, pflegte er im Rotonde zu sitzen. Du warst damals in Amerika. Besuchen wir ihn doch in Spanien. Fahren wir hin und hören uns in Madrid Vorlesungen von Ortega y Gasset an.

Ich finde, Du hast den Buñuel-Artikel enorm verbessert. Ja, das ist scharfes, geradliniges Denken, aber kein *kaltes Schreiben*. Er ist jetzt viel wirksamer, weil *zielgerichteter* als der erste . . . Einige kleine Teile des ersten Entwurfs fehlen aber zu meinem Bedauern. Das ist das einzige, was mich stört. Wir werden darüber reden, wenn ich komme. Es ist ein starkes, großartiges Stück Schriftstellerei, Henry. Und wert, in Dein Buch eingefügt zu werden. Du hast in bezug auf Buñuel vollkommen recht, finde ich, auch in jeder Hinsicht mit dem, was Du über den Film [*L'âge d'or*] und über ihn persönlich schreibst. (Ja, ich weiß, daß der Ausdruck «ficken» im Amerikanischen als Fluchwort gebraucht wird. Als ich ihn zum ersten Mal hörte und in *Lady Chatterley* darüber las, sagte ich zu Hugh, daß ich das Wort *liebe*. Hugh schnitt eine Grimasse und erklärte mir, wie es im allgemeinen gebraucht wird. *Bon.*) Ich finde auch, daß Du die Gewichte interessanter verteilt hast – das Destruktive, Negative usw. Das war sehr wichtig.

[...]

Henry, es gibt Augenblicke, in denen mich fast Furcht darüber erfüllt, wie Du in mich *eingedrungen* bist. Rede beispielsweise nicht davon, daß es *andere* gäbe; das bleibt alles äußerlich ... Ich begreife immer noch nicht, wieso ich Dir mein Tagebuch zu lesen gab, das *niemand* ganz gelesen hat. Jedes Geheimnis, das ich wahrte, hast Du langsam enträtselt. Manchmal fühle ich mich vor Dir seltsam entblößt. Manchmal scheine ich neben mir zu stehen und über Deine Art zu staunen, mich einmal hier, einmal dort zu berühren. Gewisse Dinge, die Du sagst und schreibst, tun mir fast weh. Ich besitze immerhin, mit einem seltsamen Gefühl der Unabhängigkeit und des Stolzes, eine verborgene Seite. Jeder hat eine verborgene Seite ... Der letzte Pfeil war Deine Erwähnung des *tragischen Lebensgefühls*. Du hörst mich lachen. Du hast als erstes gesagt, daß zu mir das *Lachen gehöre*. Warum bringst Du dann jetzt Unamuno, das tragische Lebensgefühl und mich miteinander in Verbindung? Es ist ein Gefühl, das Joaquin und ich hüteten. Er hat es auch. Und die gleiche Schale äußerlicher Fröhlichkeit. Aus diesem Grund brauchen wir nicht einmal miteinander zu reden: *wir wissen*. Einmal gaben wir ein großes Fest, bei dem eines seiner Trios gespielt wurde, und danach sollte ich spanische Tänze tanzen. Ich hatte das Trio oft gehört und kannte es gut. Es war vehementer, spontaner als die Sachen, die er jetzt schreibt. Nachdem es verklungen war, vermochte ich nicht zu tanzen. Unmöglich. Ich war in schrecklicher Stimmung. Joaquin kam zu mir und sagte: «Ich bin froh, daß du nicht tanzen kannst. Tanzen paßt nicht zu dir.» Er war immer dagegen. Haßte es. «Das ist nicht seriös», meinte er.

Anaïs

An Henry [Achensee]
[5. August 1932]

Henry, mein Liebster, zerreiß den Brief, den ich Dir heute schickte. Zwischen zwei Liebkosungen Hughs verlangt mich verzweifelt nach Dir. Mich verlangt nach Deiner Kraft und Deiner Sanftheit, Deinen Händen, nach allem von Dir; Du weißt nicht, an welche Dinge ich mich erinnere, nach welchen ich mich sehne. Aber es macht mich rasend, mir dies alles vorzustellen, es zu empfinden oder in Worte zu fassen, wenn Hughs Gesicht sich ständig zwischen mich und das Papier schiebt – «Weidenkätzchen, was schreibst du? Was denkst du?» Er hat die Angewohnheit, mich etwa jede Stunde zu fragen: «Liebst du mich?» Das alles quält und lähmt mich. Heute abend träumte ich von meiner Rückkehr – vielleicht möchtest Du nach Louveciennes kommen. Wir werden ganz allein im Haus sein. Henry, Henry, ich erinnere mich an alles – den Tag im Wald und die Nächte in Clichy und den Rasenmäher. (Was Du in jener Nacht gesagt hast, ist nicht von Bedeutung. Ich möchte, daß *Du* von *mir* das Erlebnis empfängst, geliebt zu werden.)

Anaïs

An Henry [Achensee]
[6. August 1932]

Oh, Henry, Dein Brief heute morgen erregte mich so. Als man ihn mir gab, überwältigten mich all die künstlich aufgestauten Gefühle. Allein schon die Berührung des Briefes war, als hättest Du mich in Deine Arme genommmen. Du weißt jetzt, was ich beim Lesen empfand. Du hast alles geschrieben, was mich rühren und für Dich gewinnen konnte, und ich war *feucht* und bin so ungeduldig, daß ich *alles* tue, um einen Tag zu gewinnen. Die beigelegte Notiz, die ich Dir gestern abend schrieb, zwei Stunden nach dem Absenden meines Briefes, wird Dir helfen zu verstehen, was sich hier tut. Außerdem mußt Du das Telegramm fast gleichzeitig erhalten haben. Ich gehöre Dir! Wir werden eine Woche verleben, wie wir sie uns nie erträumt haben. «Das Thermometer wird platzen.» Ich möchte wieder das heftige Pumpen in mir spüren, das rasende, glühende Blut, den langsamen, liebkosenden Rhythmus und das plötzliche heftige Stoßen, die Raserei in den Pausen, in denen ich Regentropfengeräusche höre ... wie es in meinen Mund schießt, Henry. Oh, Henry, ich kann es nicht ertragen, Dir zu schreiben – mich verlangt verzweifelt nach Dir, ich möchte die Beine weit öffnen, ich schmelze und zucke. Ich möchte mit Dir so wilde Dinge tun, daß ich nicht weiß, wie ich sie sagen soll.

Hugo ruft. Ich werde den Rest des Briefs heute abend beantworten.

Anaïs

An Anaïs [Clichy]
[14. August 1932]

Erwarte nicht, daß ich noch bei Verstand bin. Laß uns vernünftig sein. Es war eine Ehe in Louveciennes – das kannst Du nicht bestreiten. Mit Stücken von Dir behaftet ging ich daraus hervor; ich wandere umher, in einem Meer von Blut schwimmend, Deinem andalusischen Blut, destilliert und giftig. Alles, was ich tue und sage und denke, geht auf unsere Ehe zurück. Ich sah Dich als die Herrin Deines Hauses, eine Maurin mit schwerem Gesicht, eine Negerin mit weißem Körper, Augen überall auf Deiner Haut, Frau, Frau, Frau. Ich weiß nicht, wie ich fern von Dir weiterleben soll – diese Unterbrechungen sind der Tod. Was hast Du empfunden, als Hugo zurückkam? War ich noch da? Ich kann mir nicht vorstellen, daß Du Dich bei ihm so bewegst, wie Du es bei mir getan hast. Die Beine geschlossen. Zerbrechlichkeit. Süße, trügerische Ergebung. Vogelhafte Fügsamkeit. Du bist bei mir zur Frau geworden. So sehr, daß es mich fast erschreckte. Du bist nicht erst dreißig Jahre alt – Du bist tausend Jahre alt.

Hier bin ich wieder, noch immer glühend vor Leidenschaft, wie dampfender Wein. Doch es ist nicht mehr eine Leidenschaft für das Fleisch, sondern ein vollständiger Hunger nach Dir, ein verzehrender Hunger. Ich lese in der Zeitung von Selbstmorden und Morden und verstehe das alles ganz und gar. Ich fühle mich mörderisch, selbstmörderisch. Irgendwie habe ich das Gefühl, daß es eine Schande ist, nichts zu tun, einfach den rechten Augenblick abzuwarten, es philosophisch zu nehmen, vernünftig zu sein. Wo ist die Zeit hin, in der Männer kämpften um einen Handschuh, einen Blick usw., dafür töteten und starben? (Ein Grammophon spielt diese schreckliche Arie aus *Madame Butterfly* – «Eines Tages sehen wir ...»)

Ich höre Dich noch in der Küche singen – einen hellen, negerartigen Klang in Deiner Stimme, eine Art unharmonische, monotone kubanische Klage. Ich weiß, daß Du in der Küche glücklich bist und das Essen, das Du kochst, jedesmal die beste Mahlzeit ist, die wir zusammen essen. Ich weiß, daß Du Dich verbrennen und nicht darüber klagen würdest. Ich empfinde größten Frieden und größte Freude, während ich im Eßzimmer sitze und darauf horche, wie Du raschelnd umhergehst, Dein Kleid wie das der Göttin Indra mit tausend Augen besetzt.

Anaïs, zuvor glaubte ich nur, Dich zu lieben; es war nichts im Vergleich zu der Gewißheit, die mich jetzt erfüllt. War das alles nur deshalb so wunderbar, weil es kurz und gestohlen war? Schauspielerten wir füreinander, voreinander? War ich weniger ich oder mehr ich, und warst Du weniger oder mehr Du? Ist es Wahnsinn zu glauben, daß dies so weitergehen könnte? Wann und wo würden die eintönigen Augenblicke einsetzen? Ich studiere Dich genau, um etwaige Fehler zu entdecken, die Schwachpunkte, die Gefahrenzonen. Ich finde sie nicht – keinen einzigen. Das bedeutet, daß ich liebe: Blind, blind. Bliebe ich doch ewig blind! (Jetzt erklingt «Himmel und Meer» aus *La Gioconda*.)

Ich stelle mir vor, wie Du immer wieder die Schallplatten auflegst – Hugos Schallplatten. *«Parlez moi d'amour.»* Das Doppelleben, doppelter Geschmack, doppelte Freude und doppeltes Elend. Wie zerrissen und wund Du dadurch sein mußt! Ich weiß das alles, aber ich kann nichts tun, um es zu verhindern. Ich wünschte wahrlich, ich wäre es, der das ertragen müßte. Ich weiß, daß Deine Augen jetzt weit offen sind. Bestimmte Dinge wirst Du nie mehr glauben, bestimmte Gesten wirst Du nie mehr machen, bestimmte Sorgen, Befürchtungen wirst Du nie mehr empfinden. In Deiner Zärtlichkeit und Grausamkeit liegt eine Art unschuldige, kriminelle Leidenschaft. Weder Reue noch Rache; weder Bedauern noch Schuld. Ein Ausleben, bei dem Dich nichts vor dem Abgrund rettet als eine starke Hoffnung, ein Glaube, eine Freude, die Du empfunden hast und wieder empfinden kannst, wenn Du willst.

Den ganzen Morgen saß ich über meinen Notizen, suchte meine Lebensaufzeichnungen durch, fragte mich, wo beginnen, wie einen Anfang finden. Ich sah nicht bloß ein weiteres Buch vor mir, sondern ein Leben aus Büchern. Aber ich fange nicht an. Die Wände sind vollkommen kahl – ich hatte alles heruntergenommen, bevor ich zu dem Treffen mit Dir gegangen war. Es ist, als hätte ich mich gerüstet, für immer wegzugehen. Die Flecken an der Wand heben sich ab – dort, wo unsere Köpfe ruhten. Während es donnert und blitzt, liege ich auf dem Bett und gebe mich wilden Träumen hin. Wir sind in Sevilla, dann in Fes, dann auf Capri, dann in Havanna. Wir reisen ständig, aber es gibt stets eine Schreibmaschine und Bücher, und Dein Körper ist immer nah bei mir, und der Ausdruck in Deinen Augen verändert sich nie. Die Leute behaupten, uns würde es schlecht ergehen, wir würden es bereuen, aber wir sind glücklich, wir lachen ständig, wir singen. Wir sprechen Spanisch und Französisch und Arabisch und Türkisch. Wir werden überall aufgenommen, und man bestreut unseren Weg mit Blumen.

Ich sage ja, es ist ein wilder Traum – doch eben diesen Traum möchte ich verwirklichen. Leben und Literatur miteinander verbunden, Liebe ist die Antriebskraft; Du mit Deiner Chamäleonseele schenkst mir tausend Lieben, bist in jedem Sturm stets fest verankert, Heimat, wo immer wir sind. An jedem Morgen fahren wir dort fort, wo wir nachts aufgehört haben; Auferstehung nach Auferstehung. Du setzt Dich durch, erlangst das reiche, vielfältige Leben, das Du Dir wünschst; und je mehr Du Dich durchsetzt, desto mehr begehrst Du mich, brauchst Du mich. Deine Stimme wird heiserer, tiefer, Deine Augen werden dunkler, Dein Blut dicker, Dein Körper voller. Sinnliche Unterwürfigkeit und tyrannische Notwendigkeit. Grausamer als je zuvor – bewußt, vorsätzlich grausam. Die unersättliche Lust der Erfahrung.

HVM

An Anaïs

Café Terminus, Gare St. Lazare
Donnerstag nacht [16. August 1932]

[...]
Beim Nachhausekommen fand ich zwei Essensgäste vor – Mr. King & Wambly Bald, und danach saßen sie hier hartnäckig herum, außerdem ist es heute abend schrecklich heiß. Ich glaube nicht, daß Du es Dir ganz vorstellen kannst – dort draußen auf dem Land.

Einer der Drucker bei der *Tribune* hat ein schönes, fast neues Rad, eigens für ihn angefertigt, 800 Francs wert, und er ist willens, es für 250 Francs abzugeben. Ich werde es mir am Samstag anschauen. Ich glaube, die Vorsehung kümmert sich immer noch um mich.

Hoffentlich stört Dich der Fraenkel-Brief nicht. Ich bin nervös deswegen. Vielleicht habe ich zuviel geschrieben – all das über das Haus –, ich hatte vielleicht nicht das Recht, so zu formulieren, und doch hatte ich irgendwie das Gefühl, Du selbst hättest genau dies gesagt.

Wie dem auch sei, es ist mein voller Ernst, daß ich ihn gern *in unser Haus einladen* würde – verstehst Du? Manchmal habe ich die Kühnheit, oder den mangelnden Wirklichkeitssinn, in Louveciennes *unser* Heim zu sehen.

Ich habe zwar noch keine Zeile geschrieben, auf dem Heimweg jedoch über viele Dinge nachgedacht. Jetzt weiß ich, wie und warum alles zusammenpaßt. Es ist wieder so, daß ich mit allem etwas anzufangen weiß. Die ersten Seiten [von *Wendekreis des Steinbocks*] werde ich Dir sofort schicken, wenn ich sie geschrieben habe. Ich bin ihretwegen fast so erregt wie Du. Ich finde es wunderbar von Dir, daß Du Dich so in meine Arbeit versenkst. Auch Du wirst drin vorkommen – wart's nur ab. Du machst mich vollkommen glücklich. Du bist unerschöpflich. Das Tagebuch muß weitergehen. Es scheint mir reicher, gehaltvoller zu werden. Mach Dir keine Sorgen wegen Allendys Interesse daran. Und tippe es nicht selbst ab. Ich glaube, wenn wir Bradley sehen und der Wein fließt, werde ich eine große Rede halten, und dann wird Bradley dieses Tagebuch unbedingt haben wollen. Tu nichts als Tagebuchschreiben. Einige der Dinge, die Du sagst, sind erhaben und gleichzeitig ungeheuerlich. Noch nie hat eine Frau solche Dinge gesagt. Glaub mir das!

Henry

PS: Erskine mit seiner großartigen *Schönen Helena* – Blödsinn! Dies hier ist eine Helena, die tausend Schiffe vom Stapel lassen wird! Niemand hat uns je gesagt, wie und was Frauen denken. Es ist eine Offenbarung.

An Henry [Louveciennes]
[18. August 1932]

Mein Liebster – heute nehme ich meine fünf Sinne zusammen! Ich gehe direkt in das Filmgeschäft und werde die Schnappschüsse morgen abend für Dich haben. Morgen abend bin ich frei. Wo soll ich Dich treffen?

Allendys Frau hat einen verzweifelten Schritt unternommen, deshalb mußte er schnellstens für eine Zeitlang nach Großbritannien. Zwischen uns beiden kam es zu einer prächtigen Szene, von der ich Dir erzählen werde – höchst interessant –, und zwar vor einer Stunde hier in Louveciennes. Ich werde also an anderen Dingen arbeiten. *Dein* Buch wächst in mir genauso wie mein eigenes – sogar noch freudiger als mein eigenes, denn *Dein* Buch ist für mich eine Befruchtung, meines dagegen ist ein Akt des Narzißmus. Ich meine, laß eine Frau Bücher schreiben, aber sie sollte vor allem anderen durch andere Bücher *befruchtbar* bleiben! Verstehst Du mich? Ich bin *stolz* auf Deine ungeheuren Pläne, Deine Ideen – diese Gespräche zwischen uns, Henry, wie sie *widerhallen*, sie sind so kraftvoll – Henry, es wird nie eintönig sein, weil es in uns beiden stets *Bewegung*, Erneuerung, Überraschungen geben wird. Ich kenne keine Stagnation. Nicht einmal die Introspektion ist eine *stille* Erfahrung... Sogar ins *Nichts* lese ich Wunder hinein, und beim bloßen Akt des Grabens von Erdlöchern, nicht etwa von Goldminen, kann ich Begeisterung hervorbringen. Begeisterung, Veränderung, Expansion sind fest auf mir verkrustet, wie am Glühwürmchen der schwefelhaltige Schwanz. Und wie das im *Nachtleben* glüht! Und wenn dem so ist, denk nur, was ich in *Dir* finde, der Du eine Goldmine bist! Henry, ich liebe Dich mit einer *Erkenntnis* Deines Wesens, einem Wissen von Dir, das Dich vollkommen erfaßt, wie Du nie erfaßt worden bist, mit der ganzen Kraft meines Verstandes und meiner Phantasie, neben jener meines Körpers. Ich liebe Dich in einer solchen Weise, daß June zurückkommen kann, daß unsere Liebe zerstört werden kann und dennoch nichts die bestehende Verschmelzung aufzulösen vermag – keine June, kein Raum, keine tausend Meilen, auch kein Haß –, irgend etwas wie ein *perpetuum mobile* ist in Gang gesetzt worden. Glaube nicht, daß ich mir, wenn ich Dir ausschweifende Seiten aus meinem Tagebuch vorlese, nicht der Tiefen bewußt bin – gestern erschien mir der *Übergang*, die Vollendung des Kreises dermaßen schön, voller als irgend etwas, das ich mir je vorstellte. Eine Art doppelter Höhepunkt. Verstehst Du mich?

Anaïs

Erhielt eben Deinen Brief an Fraenkel. Er *gefällt* mir. Mir gefällt das *Selbstbewußtsein,* die Besitzgier – auch das bist *Du*. Mir gefällt das Gefühl für Fraenkel, das daraus spricht – Louveciennes, Symbol für vieles andere, gehört demjenigen, der es in Besitz nimmt, es durchdringt, es versteht. Ich liebe den Gedanken, das Haus sei offen und beschütze Fraenkel – Deine Verschwendungssucht befriedigt mich, entspricht meinen eigenen Gefühlen.

An Anaïs [Clichy]
Sonntag [21. August 1932]

Anaïs – beigefügtes Telegramm von June lag heute früh auf dem Küchentisch. Ich habe es bisher nicht beantwortet, weil ich nicht weiß, wie. Soll ich es einfach ignorieren? Oder was? ich bin ratlos. Du mußt mir bei der Entscheidung helfen – das geht jetzt uns beide an. Beachte, daß ein Zettel für eine bezahlte Rückantwort dabei ist. Wenn Du willst, daß ich kable, schick mir das Telegramm und den Zettel mit Deinem Brief wieder. Natürlich wird sie nicht Ende Oktober kommen – das ist bloß ein vorbereitendes Sperrfeuer, wie üblich.

Fred meint, sie habe das Telegramm vermutlich geschickt, um den Kerl zu beeindrucken, mit dem sie beisammen war – und ich glaube, daß dies so ziemlich stimmt. Zweifellos war es nicht Kummer, was sie dazu veranlaßte.

Ich habe alle Seiten, die ich zur Überarbeitung vorgesehen hatte, umgeschrieben. Machte eine schöne Mischung aus [Duhamels Romanheld] Salavin und Buñuel, die Du, glaube ich gutheißen wirst. Schrieb Bradley, daß ich am Dienstag mittag zu ihm käme.

Erhielt auch zwei Briefe von meinem Freund Emil Schnellock, worin er schreibt, daß er Fraenkel getroffen habe und sehr beeindruckt war. Er machte einige schöne Bemerkungen über die Manuskripte.

Emil sagt etwas Komisches: «Wenn Shakespeare ein Pferd malte, war es für alle Zeiten ein Pferd.»

Und er bat mich ausdrücklich, Dir zu bestellen, daß er das Lawrence-Buch *braucht.* Offensichtlich hat er das Exemplar gesehen, das Fraenkel an [den Publizisten George] Buzby weitergeben sollte. Er will mehr über Dich wissen – vermutlich hat ihm Fraenkel die Ohren vollgeredet. Er berichtet, Fraenkel sei nicht in der Lage, mir zu schreiben, weil er nur an *aktuelle* und *materielle* Dinge denke. Armer Fraenkel!

Erst jetzt kommt mir der Gedanke, daß der Grund für Junes Kabel vielleicht ist, daß sie Fraenkel traf. Ich hatte ihm weder ihre Adresse gegeben noch ihn gebeten, sie zu besuchen. Aber er ist oft im Village, wo sie zweifellos wohnt, und es wäre auch keine Überraschung, wenn sich die beiden zufällig getroffen hätten. Der Rest ist Eifersucht, kein Zweifel. Und wenn das, was ich denke, der Fall ist, dann verfluche Gott ihre Seele. Ich bin empört. Reg Dich also über das Kabel nicht auf. Ich bin jetzt fast sicher, daß dies die Erklärung ist. [...]

Henry

An Henry [Louveciennes]
[28. August 1932]

Ich rede jetzt ganz offen, Henry. Ich möchte Dir erklären, wenn ich kann, warum ich heute am Telefon nicht viel Stimme oder nicht viel Natürlichkeit besaß. Du riefst mitten in einer Krise an. Um sie zu verstehen, versuch Dich an einige der Fragen zu erinnern, die Du mir über June gestellt hast, und an die Vergleiche, die Du gezogen hast. Eines Nachts sagtest Du: «Das würdest *du* mir nie antun.» Immer der Vergleich von Junes Art, Dich zu lieben, mit meiner Art, Dich zu lieben, und die Frage, ob und wie sehr June Dich liebe. Fast dasselbe passiert mir mit Allendy. Er zwingt mich beinahe zu glauben, daß Du, wie mir der Vergleich seiner und Deiner Art zeige, mich überhaupt nicht liebst. Das ist kein Unsinn, Henry. Allendy konnte nicht mal eine Woche wegbleiben, wogegen Du mit dem Gedanken, einen Monat mit mir in Spanien zusammenzuleben, spielen und ihn sofort wieder aufgeben konntest, wie mir hinterher bewußt wurde.

Einen Monat zusammenleben! Aber selbst das hattest Du neulich nicht im Sinn: Du wolltest nur Dich selbst retten oder daß ich Dich vor June rette. Siehst Du nicht, was für ein Eingeständnis Du da machst? Jenes, das ich nie machen würde. Ich war vorsätzlich blind. Ich hätte mir von niemandem die Augen für die Tatsache öffnen lassen, die ich jetzt kenne, nämlich daß Du mich als Trösterin liebst, um das Leben in Junes Abwesenheit ertragen zu können, wegen des Glücks, das ich Dir schenken kann. Anstatt zu lieben, hast Du Dich lieben *lassen*. Sehr oft hatte ich das Gefühl, daß Du June in mir suchst, ein Spiegelbild, eine etwaige Ähnlichkeit. Bis jetzt war es mir gleichgültig, ob Deine Liebe eine halbe war oder was sie war. Ich konnte leben. Jetzt gibt es für mich die gleiche Versuchung, die ich für Dich war: jemand, der mich ganz liebt und mir ein *menschliches Leben* schenken kann. Bis jetzt habe ich nichts gefordert. Du hast beim Lesen meines Tagebuchs einmal nachdenklich gesagt: Wenn Anaïs einen Fehler hat, dann den, zu leicht zufrieden zu sein. Dies war möglich, als ich kein menschliches Wesen war, sondern einfach der nur in der Phantasie lebende Geist eines Schriftstellers. Sieh, ich bin immer noch ein bißchen nichtmenschlich: Schau nach, was ich Dir in jenen Tagen schrieb, als mich Deine Rückkehr zu June höchst menschlich quälte. Schau Dir an, auf welche Art ich über das engstirnige menschliche Wesen hinauswachsen kann! Aber, Henry, diese Kleinigkeit, eben diese Reise nach Spanien, so leicht fallen zu lassen, was für eine Art, mir die Augen zu öffnen! Das und mein Wissen, daß Du leicht mit Bertha nach Rußland gehen und riskieren könntest, June zu verlieren, alles zu verlieren, und dies sogar mitten in der Arbeit an einem Buch! Plötzlich nun solche Weisheit, solches Denken, solches Zögern – von kühlen Menschen, ja, von denen kommt so etwas, aber nicht von Menschen wie Dir. Henry, ich möchte heute, daß Du bekennst, daß das alles wahr ist. Ich möchte, daß Du mich aufgibst, mich gehen läßt, einfach das alles bekennst und mich *freigibst.*

Ich habe oft an Dir gezweifelt – Du warst es, der mich zweifeln ließ. Spiel keine Komödie mit mir, Henry, denn die ruhigsten Menschen – und zu denen gehöre ich – tun die unerwartetsten und gewalttätigsten Dinge. *Ich ziehe die Wahrheit vor.* Unbewußt handelst Du mir gegenüber genauso, wie June Dir gegenüber handelt. Wenn Du da bist, sind keine Zweifel möglich, genau wie bei Dir in ihrer Gegenwart. Du hast nie etwas von June *gefordert* – das ist auch meine Art. Aber aus blankem Selbstschutz bat ich Allendy heute, das zu tun, was ich für Dich tun soll (Dich vor June retten): Ich bat ihn, mich vor Dir zu retten. Das ist mein erster Versuch. Ich will nicht in diesem Alptraum weiterleben. Nimm die Gespräche, die wir führen, die Bücher und das Schreiben, zu dem wir einander anregen – all das kann bleiben, aber sei aufrichtig zu mir. Tu nicht bloß, was June tut: Das Kabel schicken und dann einfach den Faden vor dem Reißen bewahren – nur darauf läuft es hinaus. *Ich liebe Dich zu sehr,* Henry, und das ist etwas, was man fürchten mußt, weißt Du. *Ich bin Dir zu nahe gekommen.*

Du wirst vielleicht sagen, daß ich gegen das Schicksal kämpfe, gegen etwas, das sich so nicht bekämpfen läßt. Aber ich möchte es versuchen. Gib zu, daß Du nicht mich liebst, daß Du die Nähe und die Intimität und das Verständnis zwischen uns liebst und unsere Debatten. Ich kämpfe gegen ein Geheimnis, Henry. Das hast Du nie getan. Du hast Dich von Deiner großen sklavischen Anhänglichkeit an June leiten lassen, bis es unerträglich wurde, bis Du den Schmerz erschöpft hattest. Nun, das habe ich ebenfalls getan, nur habe ich es innerhalb weniger Tage getan. Innerhalb weniger Tage habe ich ein Jahrhundert durchlebt. Du kannst Dir das niemals vorstellen ... Schließlich kam Allendy, schaute zu, genau wie andere Menschen Dir und June zuschauten, und er wußte die ganze Zeit über, *von allem Anfang an*, daß Du mich nicht liebst! *Daß diese vier Tage für Dich keine Notwendigkeit sind.*

Das Schreckliche an dem Ganzen ist, daß ich zu schnell draufkomme ... schrecklich, weil es die vielen Freuden verkürzt! Du hattest wenigstens Jahre der Blindheit!

Ich fahre nach Segovia, um meinen Humor wiederzufinden, den ich verloren habe. Ich *fordere* nichts von Dir, nur daß Du aufhörst, von mir meine *ganze* Liebe zu fordern, und daß Du mich davon abhältst, zu sehr von Dir in Besitz genommen zu werden. Das ist alles.

[Anaïs]

AN HENRY

[Louveciennes]
[30. August 1932]

Ich rede wieder ganz offen. Ich will Dich ein paar Tage nicht sehen. Du verlangst Dinge von mir, die *menschlich* unerträglich sind. Du verlangst nicht nur, daß ich von einer halben Liebe lebe, sondern obendrein soll ich Dir meine Auffassung von June mitteilen, damit Du sie der Deinen hinzufügen und aus beidem heraus Dein Buch schreiben kannst. Ich wollte Dir tatsächlich das Unmögliche geben, das Gigantische, das Nichtmenschliche. Ich dachte, ich könnte das Eintreffen all dieser Seiten ertragen, auf denen Du dem Wunder, das June ist, von Tag zu Tag mehr Gerechtigkeit widerfahren läßt. Du stellst meinen Mut bis zum äußersten auf die Probe, wie ein Folterknecht. Wie kann ich mich aus diesem Alptraum befreien? Ich habe nur eine einzige Kraftquelle (*menschlich* habe ich keine Kraft), ich habe nur das Schreiben, und dem gebe ich mich jetzt hin, mit einer Verzweiflung, von der Du Dir keine Vorstellung machen kannst – ich schreibe *gegen* mich, *gegen* das, was Du meine Unvollkommenheiten nennst, *gegen* die Frau, *gegen* meine Menschlichkeit, *gegen* die Kontinente, die zurückweichen. Zweierlei kann passieren: Kann sein, daß ich in ein paar Tagen wieder furchtlos kühn bin und Du Deine interessanten, ungeheuerlichen Experimente fortsetzen kannst; oder daß ich Dir eine Ansichtskarte aus Stambul schicke. Komm nicht und zeig mir nicht die Unmittelbarkeit Deiner *Menschlichkeit* – hinter Deiner Menschlichkeit steht immer ein großer Taxator.

Vielleicht schicke ich Dir diesen Brief nicht. Ich habe noch immer das instinktive Gefühl, daß das Wichtigste Dein Buch ist und daß ich Deine Arbeit daran nicht stören darf. Das übrige ist einfach menschliches Leben.

[Anaïs]

An Henry

[Louveciennes]
6. September 1932

Du bist eben weggegangen. Ich sagte zu Hugh, daß ich in meinem Buch etwas einfügen müsse. Ich mußte wieder hinaufgehen in mein Zimmer und allein sein. Ich war so erfüllt von Dir, daß ich Angst hatte, mein Gesicht zu zeigen. Henry, kein Abschied von Dir hat mich je so zerschmettert wie der heutige. Ich weiß nicht, was heute abend war, was mich zu Dir zog, was mich rasend vor Verlangen machte, Dir nahe zu bleiben, mit Dir zu *schlafen*, Dich zu halten . . . eine verrückte, gewaltige Zärtlichkeit . . . der Wunsch, für Dich zu sorgen . . . Es war ein großer Schmerz für mich, daß Du weggehen mußtest. Wenn Du so sprichst, wie Du über *Mädchen in Uniform* gesprochen hast, wenn Du nachdenklich und rührend bist, verliere ich den Verstand. Um für eine Nacht bei Dir bleiben zu können, würde ich mein ganzes Leben wegwerfen, hundert Personen opfern, Louveciennes niederbrennen, wäre ich zu *allem* fähig. Das soll Dich nicht beunruhigen, Henry, es ist einfach so, daß ich es nicht zurückhalten kann, daß ich überströme, weil ich Dich verzweifelt liebe, wie ich nie jemand geliebt habe. Wärst Du erst morgen früh gegangen, wäre der Gedanke, daß Du im selben Haus schläfst, eine überaus süße Linderung der Qual gewesen, die ich heute nacht leide, die Qual, in zwei Stücke zerschnitten worden zu sein, als Du das Tor hinter Dir zumachtest. Henry, Henry, Henry, ich liebe Dich, liebe Dich, liebe Dich. Ich war eifersüchtig auf Jean Renaud[1], der Dich alle diese Tage hat, der in Clichy schläft. Heute nacht schmerzt alles, nicht nur die Trennung, sondern auch dieser schreckliche Hunger von Körper und Geist nach Dir, den Du jeden Tag größer machst, weiter entfachst. Ich weiß nicht, was ich schreibe. Spür mich, Dich umarmend, wie ich Dich nie zuvor umarmt habe, tiefer, trauriger, verzweifelter, leidenschaftlicher. Ich knie vor Dir, ich gebe mich Dir, aber das ist nicht genug, nicht genug. Ich bete Dich an. Deinen Körper, Dein Gesicht, Deine Stimme, Dein menschliches Ich, oh, Henry, ich kann jetzt nicht. Ich möchte weglaufen, einfach um mit meinen Gefühlen für Dich allein zu sein.

[Anaïs]

1 Ein Student vom Lycée Carnot, mit dem sich Henry Miller angefreundet hatte.

An Anaïs [Clichy]
Mittwoch [7. September 1932]

Ich lege Dir den Durchschlag bloß der ersten fünf Seiten bei, die ich gerade für Dich umzuschreiben versuchte – vom Ergebnis meiner Bemühungen bin ich nicht sonderlich begeistert. Leider habe ich oft Deinen ursprünglichen Gedanken so verzerrt, daß man ihn nicht mehr erkennt.[1] Aber Du wirst daraus erkennen – und es wird Dir beweisen –, wie kompliziert Du formuliert hast und wieviel *Arbeit* es manchmal erfordert, das, was man zu sagen hat, zu sagen, nachdem man es scheinbar bereits gesagt hat. Ich weiß nicht, was Du von diesem Entwurf halten wirst. Vielleicht stellst Du eine Verbesserung der Sprache oder Deiner Ausdrucksweise fest, doch eine damit einhergehende Minderung der Kraft. Weil ich nicht tief genug in Dein Denken einzudringen vermag, um es mir anzueignen und umzuformen. Aber mit diesen Seiten in der Hand und Deinem Exemplar als Vergleichsmöglichkeit kannst du das Ganze noch einmal schreiben und die verlorengegangene Lebendigkeit wiederherstellen, die zerrissenen Gedanken neu verknüpfen usw. Das ist meine einzige Hoffnung. Ich bin etwas enttäuscht von mir selber – weil ich nichts Besseres zustande brachte. Trotzdem werde ich mit den übrigen Seiten weitermachen – und ich bitte Dich, mir im Verlauf Deiner Arbeit alle Seiten zu schicken, die Du schreibst, und mir zu erlauben, sie zu redigieren. Was ich bisher gemacht habe, geschah in ein paar Stunden. Ich würde fortfahren, doch Wambly Bald kommt gleich, um sich Rat zu holen, und ich möchte mich verdrücken. Renaud besucht heute einen seiner Freunde, und ich bin frei – frei, mich zu erholen – und kann zur Abwechslung englisch denken.

Dein wunderbarer Brief traf ein, während ich weg war. Wir drei [einschließlich Fred] waren per Fahrrad in Versailles und kamen müde heim, erschöpft von den Steigungen. Aber es war eine prächtige Fahrt durch den Wald – der schönste Fahrradausflug, den ich je in der Umgebung von Paris machte. Ich fiel auf die Couch und schlief fast bis Mitternacht wie ein Klotz. Ich ging mit Renaud ins Dôme und versuchte Dir zu schreiben, konnte es aber nicht.

Was Du mir geschrieben hast, ist so schön, daß es schmerzt; ich kann es noch nicht beantworten. Ich will Dir nur sagen, daß ich genauso erfüllt von Dir war wie Du von mir, und daß wir, als das Tor hinter uns zufiel, sogleich über Dich zu sprechen begannen; das ging so bis nach Paris

1 Anaïs Nins Manuskript «Alraune», aus dem schließlich *Haus des Inzests* wurde.

hinein und die ganze Nacht hindurch, während wir leise redend auf einer Terrasse saßen. Ich war gerührt über Renauds spontane tiefe Wertschätzung für Dich – er sagte wunderbare Dinge über Dich, lauter Dinge, die Du gern über Dich hören würdest. Doch als er Freds Seiten las, jene über Dich, war er enttäuscht. Sie waren ihm nicht gut genug. Er möchte selbst über Dich schreiben. Er vergöttert Dich. Das alles bewirkte, daß ich mich wunderbar fühlte. Weißt Du, ich wollte an dem Abend bleiben, aber ich hatte das Gefühl, daß Hugo nicht sonderlich begeistert war von der Idee, und ich wollte ihn nicht verletzen. Ich weiß, wie Du es empfinden mußt, daß Renaud mit mir vieles teilt – dennoch, was er mit mir teilt, ist etwas, an dem Du wahrscheinlich nicht teilhaben wolltest. Ich versichere Dir, daß es nichts von Bedeutung ist. Als ich diesmal Spanien vorschlug, geschah es genau mit dem Gefühl, etwas ausschließlich mit Dir teilen zu wollen – keine Unterbrechungen, keine Furcht vor Telefonanrufen, keine rasche Rückkehr in andere Rollen. [. . .]

Ich gratuliere mir wieder und wieder. Nein, knie nicht vor mir – Du bist es, die groß ist, und ich bin lediglich eine Art Spiegelbild, ein Licht, das Du angezündet hast.

Henry

An Henry

[Louveciennes]
Donnerstag abend [8. September 1932]

Ich weiß nicht, was mit mir los ist, Henry. Ich bin so *selig*. Ich bin fast wahnsinnig – arbeiten, Dich lieben, schreiben und an Dich denken, unsere Platten spielen, im Zimmer tanzen, wenn meine Augen müde sind. Du hast mir solche Freuden geschenkt, daß gleichgültig ist, was jetzt geschieht. Ich bin bereit zu sterben – und bereit, Dich mein ganzes Leben lang zu lieben!

Wie geht es Dir? Ich mache mir Sorgen wegen Deiner Erkältung. Hugh fährt am Sonntag abend für zwei Nächte nach London. Ich werde dir noch mal darüber schreiben. Ich hätte schrecklich gern, daß Du Deine Schreibmaschine in ein Taxi packst und herkommst – oder wenn Du nach Renauds Besuch müde bist, komm einfach zur Erholung. Ich kann sie auch gebrauchen. Schreib noch *heute* Deiner Mutter, und bitte sie um das genaue Datum und die *Stunde* Deiner Geburt. *Je t'aime.*

Anaïs

Einen Abend muß ich auf Allendy und die Tagebucharbeit verwenden – das ist okay, ja?

Freitag morgen. – Bekam eben Deinen Brief. Habe keinen Abend frei. Hugh fährt Montag nacht. Ruf mich am Montag an, damit wir planen können. Ich schicke Dir morgen 100 Francs.

AN HENRY [Louveciennes]
Samstag, 24. September [1932]

Die Astrologie ist mir am Donnerstag zweifellos zu Kopf gestiegen – ich merkte hinterher, daß ich Fred für das Abendessen zahlen ließ, und fühle mich elend deswegen. Gestern dann konnte ich nicht weg, um Dir etwas zu schicken. Heute früh ist Hugh zu Hause, aber Emilia wird Dir von Louveciennes aus telegraphisch 200 Francs schicken.

Bin sehr glücklich über die letzten Seiten. Finde, daß Du *wunderschön* über die Sterne und Planeten geschrieben hast. Großartiger Passus. Eduardo [Sanchez] hat ihn gelesen und bewundert. Du hast die Spinnenidee großartig verwertet, und wie gut Du diese Idee mit der Beschreibung Deines einstigen Wohnorts verknüpft hast. Das ist künstlerische Vollendung!

Bitte schick mir die anderen Seiten. Ich erwarte Dich am Dienstag, so früh Du kommen kannst, zum Mittagessen, außer Du sagst mir noch etwas anderes. Wir müssen den Oktober und den November aufs beste nutzen, weil uns die Planeten im Dezember trennen werden! Eduardo frohlockt teuflisch wegen der bevorstehenden Katastrophe. Doch Allendy sagte mir unlängst etwas Bemerkenswertes: *Eine* Person oder *ein* Wille können die vorherbestimmten Schicksalsereignisse nicht bekämpfen, aber *zwei* Willen könnten es. Zwei Personen gegen den Einfluß eines Planeten könnten dessen Lauf verändern. Allendy meinte, daß beispielsweise ein Analytiker und ich alle unheilvollen Kräfte besiegen können, doch ich dachte: Henry und ich können es auch, Henry und ich und Libra.

Anaïs

An Anaïs [Clichy]
Samstag [25. September 1932]

Eine Menge ist passiert, oder es scheint so. Ich wollte Dir die ganze Zeit einen langen Brief schreiben, habe es aber aufgeschoben, um mit anderen Dingen weiterzumachen – die Seiten werden es bezeugen. Ich glaube nicht, daß Du *das erste Kapitel unseres Buches* sehr aufregend finden wirst – über Nudismus – doch es ist ein Anfang. Ich könnte es stark verbessern, wenn ich wollte. Wie dem auch sei, ich möchte, daß Du die Idee (des Buches) ernst nimmst; habe sie bei Bradley bereits zur Sprache gebracht, in meinem Brief an ihn. Du wirst höchstwahrscheinlich über Deine eigenen Filme schreiben wollen – das heißt, Deine Auswahl wird sich oft von meiner unterscheiden. [...] Außerdem kann ich mir vorstellen, daß Du eine gute Einführung in das Buch schreibst – in Deiner besten abstrakten Art, mit all den unheilschwangeren Implikationen Deines jüngsten Philosophierens und Sterndeutens. Einige andere Dinge werden wir gemeinsam schreiben, nicht wahr? Es ist an der Zeit, daß wir zusammen ein Buch schreiben – früher oder später mußte das ja kommen.

[...]

Ich möchte Dich bitten, mir nie mehr einen Brief wie den letzten zu schreiben, in dem Du Dich dafür entschuldigst, daß Du das Essen nicht bezahlt hast. Willst Du uns unserer letzten Freude berauben? Ich wünschte, ich könnte eine Woche lang hungern, wie Gandhi, damit ich Dir wenigstens einige der Dinge, die ich Dir die ganze Zeit verspreche, kaufen könnte. Das Radio bringt mich zum Lachen. Mag sein, daß es herrlich ist. Mag sein. Aber ich sehe auf alle seine Seiten New York draufgeschrieben. Langeweile, Sinnlosigkeit. Trostlose Nächte. Klägliche Witze. Schmalzige Stimmen. Schmachtende Melodien. Ich muß lachen. Anaïs am Radio sitzend – unmöglich! Ist dies also das Ende des langen Kreislaufs? Oder sitzt Du vielleicht nicht am Radio – liegst Du vielleicht im Bett und schaltest das Licht aus und hörst diesen schmalzigen, schwermütigen Stimmen zu?

Paulette ist für immer gegangen – das ist aus und vorbei. Gestern erschien ihre Mutter, mit irgendeinem Beamten und mit Paulette. Sie nahmen ihre wenigen Habseligkeiten mit und warnten Fred vor jedem Versuch, mit ihr Verbindung aufzunehmen. Sie war erst fünfzehn. Der Beamte sagte, Fred sei kein Übeltäter – das könne er auf den ersten Blick sehen. Paulette sagte: «Er war sehr gut zu mir.» Und die Mutter war sehr schön, geschmackvoll gekleidet, ruhig, reserviert, *vornehm*. Sie kann nie und nimmer eine Hure gewesen sein oder auch nur eine Tänzerin. Sie war eine Dame. Ich glaube, Fred ist glücklich. Und ich bin auch froh, daß wir nicht mehr wie in einem Stall leben. Ich habe seit ihrem Weggang einige gute Mahlzeiten gekocht – sie hatte uns auf knappe Rationen gesetzt, weißt Du. Jetzt ginge es, daß Du für ein paar Tage herkommst, wenn Hugo verreist. (Ich bat gerade um ein Kuvert und der Kellner bringt mir ein Glas Rum – klingen die beiden Wörter in Deinen Ohren irgendwie ähnlich, und zwar auf französisch?)

Ich werde Dich morgen vormittag wegen Bradley anrufen. Hast Du gemeint, daß ich ihn am Dienstag zum Mittagessen mit hinausbringen soll – oder wolltest Du, daß ich vorher komme und er später allein folgt? Ich schrieb ihm, daß es Dienstag oder Mittwoch sein würde. Und daß ich ihn am Montag anrufen würde. Und daß ich ihn am Montag anrufen würde, nachdem ich mit Dir gesprochen hätte. Ich pries Dich in höchsten Tönen – als Schriftstellerin –, erwähnte das Tagebuch und den unvollendeten Roman. Mein Gedanke dabei war, daß er vielleicht das vollständige Tagebuch unterbringen könnte. Es ließe sich gut auf Raten herausbringen. Ich sagte auch, Du wärst diejenige, die mein Buch finanziell unterstützen würde, falls es notwendig sein sollte, aber ich erklärte ihm, dies sei vertraulich. Er schien es für eine ziemlich einfache Sache zu halten, ein eigenes Buch selbst zu veröffentlichen und zu vertreiben – sagte, viele französische Autoren täten dies. Ich sagte zu ihm, daß ich Jack Kahane[1] aufsuchen wolle, bevor ich mit ihm zu irgendeiner Übereinkunft käme. Ich habe das Gefühl, daß ich ihn nicht mögen werde und daß dabei nichts herauskommen wird. Ich werde das Buch nicht für einen Pappenstiel hergeben – und ich werde Kahane nicht auf die Idee kommen lassen, daß er mir einen Gefallen tut, wenn er es veröffentlicht. Ich denke, ich werde ihn grob behandeln.

Was die Sterne angeht – weißt Du, ich glaube, Eduardo und Allendy sind ein bißchen töricht. Ich nehme dieses Zeug nicht ernst – als Prognose! Ich glaube, daß man mit einiger Kenntnis des eigenen Charakters (plus einer Menge anderer Daten: Erbe, Rasse, Umgebung, Erfahrung usw. usw.) selbst versuchsweise ein Horoskop für sich erstellen kann. Ich bin kein gläubiger Anhänger der Magie oder Hexerei – und werde es nie sein. Eduardo, der untätig dasitzt und sich an seinem Astrolabium ergötzt, weckt eine Art Mitleid in mir. Insoweit, als mein Weg den seinen kreuzt, macht er einen schweren Fehler, wenn er sich auf seine Messungen verläßt. Und Allendys Gerede über eine «Kombination» zum Besie-

1 Englischer Verleger in Paris. Siehe «Biographische Anmerkungen».

gen des Schicksals – auch das klingt für mich höchst lächerlich. Ich lehne es ab, mich in solche Spekulationen hineinziehen zu lassen. Sicher, alles hängt von Dir und mir ab – das, was wir uns innig wünschen, wird das Geschehen bestimmen. Ich bin dagegen, heftig dagegen, untätig dazusitzen und darauf zu warten, daß irgendein Dezember herannaht. Wir machen den Dezember selbst. Der Oktober kann unser Dezember sein – oder der Dezember naht vielleicht nie heran. So schaue ich die Sterne an! So drücke ich Jesus Christus die Hand – «das himmliche Reich ist in Dir!» Absolut. Nicht nur das himmlische Reich, sondern die gesamte Kosmogonie, Gott und die Engel. Ich möchte mir sämtliche Unterlagen über die Sterne und über Psychologie und über Geschichte und Philosophie besorgen, die ich kriegen kann. Aber ich werde mich nicht davon beherrschen lassen. Darum sage ich Dir immer wieder, daß ich, wenn June kommt, das Problem vernünftig angehen werde, mit klarem Kopf und starkem Willen. Tatsächlich ist mein Wille jetzt unwichtig. Ich bin ein anderer Mensch als vor einem Jahr. Sie wird es spüren. Ich werde weder irgendein Drama noch irgendeinen Kompromiß zulassen. Ich werde weiterhin ich selbst sein, jetzt, nachdem ich mich gefunden habe. Ist das klar?

Henry

AN HENRY

[Louveciennes]
29. September 1932[1]

Wegen dem, was Du mir über die Psychoanalyse geschrieben hast, möchte ich Dich *verfluchen* und lieben gleichzeitig. Du hast *haargenau* gesagt, was ich sagen wollte und in den vergangenen zwei Wochen krampfhaft zu formulieren versuchte. Wunderbar, wie Du es ausgedrückt hast!

Erinnerst Du Dich, daß ich Dir einmal gesagt habe, ich revoltiere gegen Allendy und die Analyse? Er hat mich bis an einen Punkt geführt, da er mit Hilfe großer logischer Anstrengungen mein Chaos *geordnet*, ein Schema festgelegt hatte usw. Der Gedanke, man könnte mich in eins dieser «wenigen fundamentalen Schemata» pressen, machte mich wütend. Ich empfand genauso, wie du es beschrieben hast: Die Lebenspro-

1 Später datiert, offenbar in Anaïs Nins Handschrift.

bleme seien zu begrenzt, das sei schade, es sei Aufgabe des Künstlers, diese Probleme zu vergrößern, im Gehirn Aufstände zu verursachen, die Menschen wild und frei zu machen, damit es in ihrem Leben *mehr* Drama gebe.

Für mich ging es darum, Allendys Schema durcheinanderzubringen. Ich tat dies mit den *kunstvollsten* Lügen, der *ausgefeiltesten Schauspielerei,* die ich je im Leben zustande brachte (irgendwann werde ich Dir die Einzelheiten schildern). Ich setzte meine ganze Begabung für Analyse und Logik ein, die ich, wie er zugab, in großem Maße besitze, die ganze Mühelosigkeit, mit der ich Erklärungen erfinde. Wie ich Dir gegenüber bereits andeutete, zögerte ich nicht, mit seinen persönlichen Gefühlen für mich zu spielen, *setzte jedes bißchen Macht ein,* das ich besaß, um ein Drama zu schaffen, seine Theorie ad absurdum zu führen, alles zu komplizieren, zu verschleiern. Ich log und log überlegter, berechnender noch als June, mit der ganzen Kraft meines Verstandes. Ich wünschte, ich könnte Dir erzählen, wie und warum. Versucht habe ich es, als ich Dich fragte: «Hättest Du nicht Interesse an allem, was mir widerfuhr, ein *objektives* Interesse für mich aufbringen können, das stärker wäre als Deine Eifersucht?» Auf jeden Fall tat ich das alles, ohne unsere Liebe zu gefährden. Es war ein geistiger Kampf, der mir größtes Vergnügen bereitete. Und weißt Du was? Allendy hat mich dennoch geschlagen. Allendy hat die Wahrheit gefunden, hat *alles* richtig analysiert, hat die Lügen aufgedeckt, ist (ich werde nicht sagen: fröhlich) durch alle meine Unlauterkeiten gesegelt und hat heute schließlich wieder einmal bewiesen, daß diese verdammten «fundamentalen Schemata» stimmen, die das Verhalten aller Menschen aufklären. Ich sage Dir eines: Ich würde niemals June zu ihm schicken, denn June würde ganz einfach aufhören zu existieren, weil June nur aus verzweigten Neurosen besteht. Es wäre ein Verbrechen, sie *wegzuerklären.* O Gott, heute bete ich auf den Knien zu Dir um Dostojewskis Dunkelheit, Blindheit, das Heiligste und Kostbarste aller Dinge. Und morgen gehe ich wieder zu Allendy, und wir beginnen ein neues Drama, oder ich beginne ein neues Drama, mit einer Lüge oder einem Satz, ein Drama anderer Art, den *Kampf um Erklärung,* der als solcher ebenfalls höchst dramatisch ist (sind nicht unsere *Gespräche* über June manchmal *ebenso dramatisch wie das Ereignis,* das wir erörtern?), und ich stelle fest, daß ich nicht weiß, was ich glauben soll, daß ich noch nicht herausgefunden habe, ob die Analyse unser Leben vereinfacht und entdramatisiert oder ob sie die subtilste, heimtükkischste, großartigste Art ist, Dramen noch schrecklicher, noch mehr zum Wahnsinn treibend zu machen. Ich weiß nicht, wann ich lebendiger war, ob in jener Nacht auf dem Schiff, als ich über Bord springen wollte, oder in den Nächten, die ich mit Dir verbrachte, oder in den Stunden mit June, oder wenn ich Allendys mit Büchern verkleidete Höhle verlasse, ein aus Worten geborenes Drama in mir, dessen Ende ich erst nächsten Donnerstag um halb fünf erfahren werde, sofern Allendy will, daß ich es erfahre! Ich sage Dir, ich weiß es nicht. Ich weiß nur, daß dieses Drama keineswegs nur im sogenannten Labor existiert, daß es davon abhängt, worauf man seinen Sinn für Wollust konzentriert hat, und daß für Allendy das Entdecken, Eingreifen, Führen, Reden, Anspielen, Andeuten, Erklären, Eindringen ein ebenso leidenschaftliches Spiel ist wie für Dich das Zusammenleben mit June. Und wenn man dann sieht, daß der Analytiker selbst *lebendig* ist und von der Strömung mitgerissen, verletzt, getäuscht wird, stark ist, schwach usw., ist man bereit zu glauben, daß überall Drama ist, sofern man dramatisches Format besitzt, in der Alchimie wie in der Trunkenheit, in den Augenblicken, in denen wir das Leben *verstehen*, wie in Augenblicken des Orgasmus, in dem Moment, in welchem Du und ich uns hinsetzen, um zu schreiben, und genauso wenn wir uns im Fieber wälzen. Vielleicht, weil ich Künstlerin bin, handle ich, wie jeder andere Künstler handeln würde, ich benutze ein weiteres neues Instrument dazu, *immer mehr Komplikationen* zu schaffen.

Mit anderen Worten, die Psychoanalyse wird, vom Künstler erfaßt, zu einer weiteren Vorrichtung, mit der sich Chaos schaffen läßt. Das Grundrezept war von jeher, eine Anzahl Menschen miteinander zu verstricken und sie in Schwierigkeiten zu bringen, dann begann man den Roman. Aber wenn wir uns jeden Tag größerer, tieferer Verstrickungen bewußt werden, größerer, tieferer, teuflischerer Schwierigkeiten – nun, ich vermag nur die Geburt größerer, tieferer Bücher zu sehen, das ist alles. [. . .]

Vergiß nicht, daß Du selbst von Tag zu Tag mehr Aspekte Deiner June-Geschichte siehst, jeden Tag ein neues Gesicht, ein neues Detail, das Bedeutung erlangt. Überlege einen Augenblick, wie einer der ersten Romanschriftsteller diese Geschichte erzählt hätte (mir fällt nicht ein, welcher) und warum es so ist, daß wir diese Bücher nicht mehr lesen können. Ich bin zu müde, um Dir ein Beispiel nennen zu können. Meine große Schlacht ist vorüber. Ich bin eben heimgekommen. Ich finde auf dem Kaminsims ein Geschenk vor, ein wunderbares Geschenk von Dir, dem schlichten Modellierer: «Ein Schriftsteller könnte einen Psychologen vollkommen narren.» Ein Schriftsteller und auch eine Frau, eine Frau mit Phantasie einen von ihr halb geblendeten Psychologen, ja, ja.

Freitag. Ich war sehr enttäuscht, als Hugo anrief und sagte, ich könne heute abend nicht ausgehen, weil er sich nicht wohlfühle! Habe Dir soviel über Deine Arbeit zu sagen, Deinen Brief an mich, Emerson, Puritanismus usw. Hoffte insgeheim, Du würdest heute kommen – nehme an, daß Du arbeitest. Sonntag um 20.30 im Café Gare St. Lazare.

Anaïs

An Anaïs [Clichy]
Donnerstag [29. September 1932]

[. . .] Irgendwie bin ich ein bißchen betrunken. Ich mußte ausgehen und etwas trinken, weil ich bekloppt wurde vom Schreiben dieser Sache. Du kannst Dir nicht vorstellen, was für ein Tumult in meinem Kopf herrscht, wieviel ich sagen möchte und wie wenig herauskommt. Mir platzt der Schädel. Ich muß mich beruhigen, oder ich schnappe über. Ich versuchte Dich anzurufen, um Dir wegen der Schreibmaschine Bescheid zu sagen, in Wirklichkeit aber wollte ich berichten, daß ich einen sehr hohen Punkt erreicht hatte und die dünne Luft dort oben nicht vertrug. [. . .] Hier sind also die Seiten von heute, aber kein Traumerlebnis, weil ich mich an keines erinnern konnte, obwohl ich weiß, daß ich lebhaft geträumt habe. Außerdem möchte ich Dich dringend bitten, den ersten englischen Band Deines Tagebuchs[1] mitzubringen. Ich habe die Absicht, diese Bände für Dich abzutippen, bis zu dem Punkt, an dem Du beschließt, mir's nicht mehr zu zeigen. Es ist wichtig für Dich – Du wirst nie zwei bessere Maschinenschreiber als Fred und mich bekommen. Wir hegen Zuneigung zu Deinem Tagebuch und werden alle Deine Geheimnisse wahren, besonders jene, die Du ohnehin nicht offenbarst. Uns beseelt nicht eitle Neugier, sondern nur der Wunsch, Dir zu helfen. Versäume es also nicht, mir den ersten englischen Band zu geben. Ferner – alles, was ich Dir heute schicke, scheint mir wichtig, um es Allendy zu zeigen. Auf diese Weise erzeugen Künstler Literatur aus ihrem Weh, ihren Phantasien, ihren Träumen. Ich habe über den Traum und auch über das Buch viel mehr enträtselt, als ich preisgebe. Ich bin einfach neugierig, wieviel Allendy enthüllen wird. Ist er mit besserem Sehvermögen ausgestattet als ich, das ist die Frage. Über den kleinen Zwischenfall im Café folgt

1 Bis Juli 1920 hatte Anaïs Nin ihr Tagebuch auf französisch geschrieben.

noch mehr. Mir ist in diesem Augenblick innerlich sehr viel widerfahren. Es erscheint fast schicksalhaft. Mit jedem Tag werde ich egozentrischer. Ist das Schwäche? Werde ich wahnsinnig? Gefallen Dir diese letzten Seiten? Das alles ist schrecklich wichtig für mich. Ja, komm morgen abend zum Essen. Komm und bleib. Spüle das Geschirr. Beobachte das Heraufziehen der Morgendämmerung. Geh nie mehr zurück. Es ist mir gleichgültig, was passiert. Ich liebe Dich, und das ist's, was ich am Telefon sagen wollte. Das ist's, was ich schreiben wollte. Alles, was Du sagst, ist ja so wahr, und ich empfand es sogar noch mehr als Du . . . Du bist immer noch eine Heuchlerin . . . eine heiße Heuchlerin. Ich liebe Dich. Laß das Hugo lesen. Laß alles zu Bruch gehen. Ich liebe Dich.

Henry

AN HENRY

[Louveciennes]
Donnerstag, 6. Oktober [1932]

Wie Du mich neulich angefeuert hast, Henry. Kaum waren Mutter und Joaquin weg[1], begann ich zu arbeiten. Brachte nichts Gutes zustande, aber es ist ein Anfang. Habe sehr viel abgeschrieben. Stellte fest, daß ich diesen ersten englischen Band des Tagebuchs bereits abgeschrieben hatte. Werde Dir die Kopie geben. Jetzt schreibe ich den zweiten Band ab. Immer mit der gleichen Unzulänglichkeit geschlagen: Weisheit und Ernsthaftigkeit und Verständnis in bezug auf Bücher, Studien, Kontemplation usw., aber großes Ungenügen angesichts des wirklichen Lebens, Naivität und eine krasse Ungleichheit zwischen meinem geistigen Alter und meinem Erfahrungsalter. Wirklich schlimm – hätte ich Dich bereits damals gekannt, hättest Du dafür gesorgt, daß die Erfahrung im Verhältnis zur geistigen Reife aufholt. *Ich wünschte, ich hätte Dich schon immer gekannt.* Wieviel verdanke ich Dir doch, Henry! Laß uns versuchen, weise zu bleiben. Neulich abends, nachdem Du gingst, war ich völlig entnervt.

Als Hugo die Musik anschaltete, begann ich zu weinen. Was ich im Gedächtnis behalten möchte, ist, daß ich Dich viel glücklicher machen und Dir viel mehr geben und Dich in jeder Weise viel tiefer bereichern

1 Die beiden waren in eine Pariser Wohnung gezogen, weil sie nicht länger in Louveciennes wohnen wollten.

kann, indem ich *hier* bleibe und Dir mit nichts zusetze, außer mit Deiner Arbeit. Was die Analyse anbelangt, hier etwas, was ich in Allendys Buch fand und was sich ganz für Deine künftige Auseinandersetzung mit dem Problem eignet, das June darstellt. Ich hatte vielleicht einfach das Gefühl, daß Dir eine Analyse helfen würde. War mir meiner wahren Gründe für den Wunsch, daß Du dieses Erlebnis haben solltest, nicht bewußt. Hör Dir das Ganze an: «Der Nervenkranke neigt dazu, auf unbestimmte Zeit ein fehlerhaftes, anormales Verhalten zu wiederholen, auf unbestimmte Zeit ähnlich geartete kritische Situationen zu erzeugen, deren Opfer er jedesmal wird ... Ich habe gezeigt, wie man im Lichte der Analyse den inneren Mechanismus des Schicksals aufklärt. Eine solche Wiederholung enthält übrigens einen Endzweck; sie ist ein störrisches Zurückkehren zum Hindernis, mit dem Ziel, es schließlich zu meistern, doch im Falle des Nervenkranken ist die Störrigkeit vergebens, wie es jene des gelähmten Akrobaten wäre, der sich weiterhin unablässig bemüht, eine für ihn unmöglich gewordene Übung zu wiederholen; der Instinkt für diese gnadenlosen Unwandelbarkeiten. Nun aber ist es das Ziel des psychoanalytischen Heilverfahrens, den Nervenkranken hinlänglich umzuerziehen, um ihn dahin zu führen, daß er einmal und in einem Punkt die kritische Situation meistert.»[1]

Dies entspricht in gewissem Sinn Deinem Wunsch, Dich dem Problem mit June zu stellen und es ein für allemal zu meistern. Nun ist die Frage: Für einen Menschen, der das Leben meistern und nicht von ihm überwältigt werden will, könnte solche Hilfe wertvoll sein. Für Wesen wie Eduardo und Hugh beispielsweise ist es absolut unnötig, daß sie leiden, weil sie homosexuell sind oder anderswie gelähmt. Aber für *Dich und mich* scheint zu gelten, daß sich die Probleme völlig anders darstellen, weil wir Schriftsteller sind und aus unserem Kampf Kunst machen. Es stimmt, daß ich für mich immer wieder die gleichen Schwierigkeiten erzeuge, um immer wieder darum kämpfen zu können, sie zu meistern; es stimmt, daß Du Dich immer wieder in kritische, quälende Situationen mit Frauen bringst und nicht siegst. Aber ich kann sagen (und Du siehst, daß ich *als Frau* sehr objektiv spreche, denn solltest Du Dich von Junes Macht über Dich befreien, geriete ich natürlich in Ekstase), daß der Kampf gegen die eigenen Neigungen (selbstzerstörerische oder andere) genau der Stoff ist, von dem wir leben und mit dem wir arbeiten. (Dies meint Ludwig Lewisohn mit Kunst als Katharsis, Bekenntnis usw.) Bei uns tritt keinerlei Lähmung ein, denn unsere Neurosen schufen Deinen

1 Zitat im Original auf französisch.

Roman und mein Tagebuch. Hier jedoch würde Allendy antworten: Fortwährender Kampf gegen das *gleiche Problem* und fortwährendes Scheitern beim Versuch, es zu meistern, bewirkt ein Gefühl der Frustration und eine Art Lähmung. Für das Leben, für Lebendigkeit ist es notwendig weiterzugehen, mit anderen Worten, sich von einer Problemart zu einer anderen weiterzubewegen. C. G. Jung hat darüber geschrieben. Der Neurotiker ist von *einer* Problemart besessen. Er kann sich nicht weiterbewegen. Es muß ein großer Jubel sein, sich weiterzubewegen, nicht zu bloßem Glücklichsein hin (keine Sorge, das wird *uns* nie passieren), sondern auf *andere* Schwierigkeiten zu. Die Wirkung wäre in etwa ähnlich wie jene von Reisen, von neuen Erfahrungen, neuen Entwicklungen, wogegen die Wirkung hartnäckigen Besessenseins von alten Problemen auf lange Sicht diejenige von Niederlage, Entmutigung sein könnte (nicht zu reden von Selbstmord usw.). Ich würde sagen, daß Du (wie Du selbst sagtest) aus Deiner letzten kritischen Situation das Allerbeste herausgesaugt hast. Du hast Dein altes Problem «Frau» im denkbar größten und prächtigsten Maße ausgelebt, und es könnte jetzt an der Zeit sein, daß Du Dich weiterbewegst, nicht um das Drama ganz zu vermeiden, Dich von ihm künftig fernzuhalten usw., sondern um Dich mit anderen Arten von Dramen auseinanderzusetzen.

Mir scheint beispielsweise, daß John [Erskine], hätte er nicht vierzig Jahre seines Lebens mit dem Kampf gegen den Puritanismus zugebracht, fortgeschritten wäre zu bereichernden Kämpfen – und daß ich, hätte ich nicht den größten Teil meines Lebens mit der Bekämpfung eines einzigen Problems zugebracht, mich an anderen Problemen hätte freuen können, wie ich es jetzt tue. Weitergehen *ist* leben. Gefangen zu sein in einem runden Käfig, in einem Laufrad, in dieser «gnadenlosen Unwandelbarkeit der Instinkte», in der Ähnlichkeit, Vergleichbarkeit unserer Krisen, erscheint mir tatsächlich wie der Tod. Auch Fraenkel dreht sich, wie Du jetzt sehen kannst, in einem Rad mit roten Speichen. Ich tat das gleiche in meinem Tagebuch. Du tatest es mit June.

Das Großartige an Dir ist, daß Du offenbar zu alledem allein gelangst, ohne Hilfe von irgend jemandem. Was Du neulich über die Sinnlosigkeit des Davonlaufens gesagt hast, war sehr tiefsinnig und sehr mutig. Hör zu, Henry, ich glaube, *Du solltest mit Jung reden*. Mir ist's völlig egal, wenn ich mich ruiniere, damit Du es Dir leisten kannst. Sollte es in Deinem Leben nichts ändern, so wird es doch von Bedeutung sein. Du wirst wissen, worauf Du aus bist. Ich bitte Dich, nach Zürich zu fahren. Ich werde dir alles beschaffen, was Du brauchst. Du wirst in der Lage sein, mit Deinem Buch weiterzumachen, weil Du darüber reden wirst, und Dir wird viel Zeit zur Verfügung stehen. Ich glaube, Du bist reif für dies alles, diese Beleuchtung des eigenen Schicksals mittels Intelligenz, mittels der tiefsten, obskursten, intuitivsten Intelligenz.

Anaïs

Manchmal habe ich folgende verzweifelte Einstellung zur Analyse: Soll Allendy mir doch *all* die Weisheit und den Mut geben, die er mir zu geben vermag. Es wird lediglich mehr Material sein, das ich in der nächsten Krise weitergeben, opfern kann – jedem weitergeben kann, dem ich mein Glücklichsein und Leben anbieten will – jedem, für den ich vielleicht sterben will. Ist das klar?

4 Uhr Gare de Louveciennes – auf dem Weg zum Tee im Ritz mit Eduardo, seiner Schwester Ana Maria und dem Marqués de Aviles y de Casa Real, Señor Alonso Patino. Während ich tanze, werde ich an Clichy und die lüsternsten Seiten Deiner Bücher und meine Leidenschaft für Dich denken. [...]

An Anaïs [Clichy]
[13. Oktober 1932]

Es war anmaßend von mir, Deine Sprache ändern zu wollen.[1] Es ist zwar manchmal kein Englisch, aber es ist dennoch eine Sprache, und je besser man sie versteht, desto vitaler und notwendiger erscheint sie. Es ist eine Vergewaltigung der Sprache, die der Vergewaltigung durch Gedanken und Gefühle entspricht. Dies hätte nicht in einem Englisch geschrieben werden können, das jeder fähige Schriftsteller gebrauchen kann. Es bedarf Deines eigenen intimen Gepräges, und in dem Maße, in welchem man Dich versteht und schätzt, versteht und schätzt man die seltsame Sprache, die Du benutzt. Vor allem ist es die Sprache der Modernität, die Sprache der Nerven, der Repressionen, der versteckten Gedanken, der unbewußten Prozesse, der nicht ganz von ihrem Trauminhalt losgelösten Bilder; es ist die Sprache des Neurotikers, des Pervertierten, «marmo-

1 In einem frühen Entwurf, aus dem schließlich *Haus des Inzests* wurde. Anaïs Nins «Mona»-Seiten stellten ihre Reaktion auf June dar und erfuhren zahlreiche Änderungen, bevor das Buch 1936 erschien. Henry Miller arbeitete zu verschiedenen Zeiten an dem Manuskript mit.

riert und durchzogen mit Grünspan», wie Théophile Gautier in bezug auf den Stil der Dekadenz formulierte. Sie enthält alle Elemente der Verzehrung, die Chopin in seine Musik hineinbrachte; sie ist krank, wie es einige der schönsten Stellen bei Huysmans sind, sie ist ein konzentriertes Gift, das nur jene saufen können, die durch zuviel Leben geimpft sind. Es gibt Zeilen darin, die unsterblich sind – nicht nur Zeilen, sondern ganze Absätze. Es gibt Absätze, die jeder Erklärung zu trotzen scheinen, die über den Grenzen von Halluzination, Wahnsinn, äußerstem Chaos schweben. Es gibt einige, die so grausam und aufrührerisch sind, daß sie unmenschlich erscheinen – sie äußern keine Gedanken oder Gefühle mehr, sondern liefern den Rohstoff für Schmerz und Bosheit. Die Sache ist wie ein blutiger Erguß, beim Orgasmus eines Ungeheuers, das vollgestopft ist mit Schlangen und Juwelen und Galle und Arsen.

Wenn ich mir vorzustellen versuche, wem Du diesen Stil verdankst, bin ich frustriert – ich erinnere mich an niemanden, mit dem Du die geringste Ähnlichkeit hättest. Du erinnerst mich nur an Dich selbst, an die späteren Bände Deines Tagebuchs, in denen Du Deine Entwicklung enthüllst.

[. . .] Du hast mit einer fast satanischen Freude gearbeitet, mit einer zersetzenden Kraft, Du hast die Schleier des Fleisches und all jene Polster, welche die Nerven schützen, weggerissen – Du hast auf den bloßliegenden Nerven gespielt, den zartesten Fäden unserer Sinnesorgane. Die Wirkung ist Delirium, Ekstase, die unerträglich wird.

Was findet sich hinter diesem wirren Durcheinander von Bildern, den pyramidenförmig bis ins Unendliche aufeinandergehäuften Ideen? Eine aller Weiblichkeit entblößte Frau, eine Frau mit der rohen, verwüstenden Macht ihres Geschlechts, eine Frau, die ihren Symbolen alle die menschlichen Masken abreißt, die bewirken, daß Männer in dem Monster die gefährliche, unergründliche Lockung ihres Widerparts sehen. Hinter der polierten, schimmernden lesbischen Liebe steht das Spektrum des ungeteilten Geschlechts, das ursprünglich komplette Wesen, das kein Männchen braucht, um seine Art fortzupflanzen; hinter all den Sagen über Freundschaft und Liebe zwischen Mann und Mann, Frau und Frau oder Mann und Frau findet sich das schreckliche narzißtische Bild des einzigen, sich selbst genügenden Ich, die primitive Zeugungskraft, die sich selbst genügenden Ich, die primitive Zeugungskraft, die sich selbst befruchtet, die in ihrem ununterdrückbaren Aufwallen ein Planetensystem gebar, welches den ganzen Corpus mythologischer Verehrung und Liebe bildet. «Im Anfang war das Wort, und das Wort ist Fleisch geworden.» Es ist, als würdest Du die Schöpfungsgeschichte wiederholen. Die Dualität, die Du erahnst, ist die Verzweiflung, der Bankrott von Logik und Philosophie; sie ist die Illusion, die das menschliche Planetensystem zusammenhält. Sie ist die große Lüge der Schöpfung, die allen großen Kunstwerken die durchdringende Note des Leids verleiht. Die Lüge, die Du aufdeckst, verkündet den Tod der Kunst; es ist tödlich, über einen bestimmten Punkt hinauszugehen. Weil Du eine Frau bist und weil Kunst männlich ist, machst Du Dich als Künstlerin vom Rätsel frei, indem Du es erklärst. In diesem unmenschlichen Kampf, den Deine Sprache offenbart, kreuzigst Du die Welt. Dies ist keine Sprache, dies ist die umgestülpte Welt, nicht mathematisch in überdimensionale Ebenen hinein, nicht in künstlerischer Kühnheit, sondern biologisch, atomar, so daß nicht einmal mehr der Schöpfer seine Welt zu erkennen vermag.

Die Untersuchung, die nach dem Stapellauf Deiner Worte einsetzen wird, wird nie enden. Jede Zeile ist bedeutungsvoll, und wird die Bedeutung auch noch so sehr durchforscht, das Rätsel wird bleiben, weil nur Du es erklären kannst, und dieses Rätsel ist Dein letzter Sieg – Du wirst es nie lösen. «Ich warte auf ein so schwefeliges Licht wie vor dem Untergang von Pompeji.»

Das bedeutet, du wartest auf den Tod, auf die endgültige Katastrophe, in der alles untergehen wird, weil in der Auflösung des Todes eine Flamme geboren wird, deren Geheimnis sich nur jenen mitteilt, die dann und auf immer dem Formmodell entrinnen. Das Geheimnis ist nicht mitteilbar; es ist jenes letzte Wissen, zu dem wir von unseren vitalsten Kräften getrieben werden, das Mysterium, welches den Tod nicht nur erträglich, sondern wünschenswert macht. Usw. usw.

Henry

An Henry

[Louveciennes]
[16. Oktober 1932]

Der Grund, warum ich aufhörte, über «Mona» zu schreiben, ist, daß ich wahnsinnig wurde, im Fraenkelschen Sinn. Ich wurde wahnsinnig *vor Schmerz*, und dann erschienst Du (an dem Tag, an dem Du kamst, um mir zu sagen, wie sehr Du mich liebst) und gabst mir meine geistige Gesundheit wieder! Seither bin ich zu glücklich, und Glücklichsein ist schlecht. Deshalb kann dieses Buch nur langsame Fortschritte machen. Es ist ein ausschließlich aus Wahnsinnsmomenten bestehendes Buch.

Gestern früh wurde ich halb wach, küßte Hugh leidenschaftlich und sagte ihm, ich würde ihn lieben, weil ich meinte, *Du* wärst es. Er ist seitdem sehr glücklich. Er wird Allendy davon erzählen.

Deine Worte über mein Schreiben sind außergewöhnlich. Wir werden kein Buch über Filme schreiben, sondern vielleicht ein Buch über Träume oder ein Buch, in dem jeder über das Schreiben, die Versuche, die Fragen und Antworten des anderen schreibt. [...] Ich versuche ständig, Hugh zum Reisen zu überreden. Ich brauche Freiheit, ach, soviel Freiheit. Sehr seltsam ist, daß wir zusammen und auch allein so menschlich sind, so sanft und milde menschlich (diese Stunden in der Küche), in unserem Schreiben dagegen turbulent, bombastisch, fiebrig, monströs; durchtränkt mit homoerotischen Fleischeslüsten. Mein polierter Stil und Dein muskulärer, ein Ringen, ein wechselseitiges Entlocken von Funken. [...]

[Anaïs]

An Anaïs [Clichy]

Freitag [21. Oktober 1932]

Anaïs – dies ist, seitdem June hier ist, die erste Gelegenheit für mich, Dir zu schreiben. Sie ist jetzt unterwegs zu der Verabredung mit Dir. Ich kann mir denken, daß Ihr gestern abend ein großartiges Gespräch führtet – June schien sehr glücklich zu sein, sehr befriedigt. Ich vernehme Poltertöne eines Sinneswandels im Hinblick auf mein Buch und frage mich, ob June Dich wirklich überzeugt hat oder ob Du aus diplomatischen Gründen kapituliert hast. Wie dem auch sei, es ist gut so. Ich möchte Dich ganz ins Bild setzen, um Deinet- und um meinetwillen. June sagte einige tiefe, sehr tiefe Dinge in dem großen Redestrom, der in den letzten Tagen über mich hinweggerollt ist wie eine Dampfwalze. Unsere Sitzungen dauerten bis sechs Uhr morgens – deshalb schlief ich gestern abend ein, betäubt und erschöpft. Physisch und nervlich ist bei ihr eine radikale Besserung eingetreten. Ich glaube, auch das Reden wird nachlassen, wenn sie erst einmal die Idee, mich bekämpfen zu müssen, überwunden hat. Wir hatten erst gestern abend eine aufschlußreiche Diskussion über dieses Thema. Ich glaube, ich kann an dem Buch weiterarbeiten, sogar in ihrer Gegenwart, und ihm vielleicht noch einige phantastische, noch schärfere oder durchdringendere Schlaglichter aufsetzen.

Du wirst sehen. Wie dem auch sei, dank Dir werde ich dieses Mal nicht zermalmt; der Unterschied ist sehr ausgeprägt, nachdem wir jetzt unter einem schützenden Dach wohnen und uns wie menschliche Wesen benehmen können. Hätten wir wieder draußen leben, von Café zu Café ziehen müssen, wäre ich zerbrochen, kein Zweifel. June wollte sofort «etwas tun» – praktische Dinge (die für mich ziemlich unpraktisch klingen), aber ich halte sie vorläufig davon ab und dränge sie, es sich bequem zu machen, was Du hoffentlich nicht für egoistisch von mir hältst. Ich weiß, wieviel schwerer es jetzt für Dich sein muß, aber bitte sei Dir darüber klar, daß ich oder daß wir mit allem zufrieden sind. June schätzt alles sehr (und ich vermute, sie würde es auch dann noch tun, wenn sie die ganze Wahrheit kennte). Verlier nicht den Glauben an mich, ich bitte Dich. Ich liebe Dich mehr denn je – ehrlich, ehrlich. Ich schreibe nicht gern nieder, was ich Dir über die ersten zwei Nächte mit June erzählen möchte, aber wenn wir uns sehen und ich es Dir erzähle, wirst Du die absolute Aufrichtigkeit meiner Worte erkennen. Dennoch streite ich seltsamerweise nicht mit June. Es ist, als hätte ich mehr Geduld, mehr Verständnis und Sympathie für sie als je zuvor. Dies alles kann eine Verlängerung über das hinaus bedeuten, was ich ursprünglich annahm, aber ich halte es für das Beste. Ich kann nicht gemein oder boshaft oder sonst etwas sein, sondern nur, was ich bin. Nach meinem Eindruck bemüht sich June heldenhaft, so zu sein, wie ich sie gern hätte – und ich kann nicht anders, das rührt mich. Außerdem herrscht so eine Art stillschweigende Einsicht, daß eine weitere Szene wie jene an Weihnachten uns vollkommen zerstören würde. Über Liebe fiel kein Wort, es gab kein Kreuzverhör, keine bohrende Neugier – wir nehmen einander einfach, wie wir sind, so gut wir es können. Um Junes willen bin ich sehr froh. Sie brauchte diese Art Gleichgewicht, dieses neue Zutrauen zu sich selbst. Statt sie zu kritisieren, lobe ich sie, wenn möglich, und das hat eine wunderbare Wirkung auf sie.

Apropos Ausweg! Neulich abends, bei einem Hinweis auf das Buch, das Bradley hat, erwähnte ich, daß eine Möglichkeit bestünde, es privat zu drucken, durch Dich, und June zog diese Lösung sofort der anderen vor. Sie sagte, sie würde gern mit einer Anzahl Exemplare nach Amerika zurückkehren und sie für mich verkaufen – was sie mit ziemlicher Sicherheit könnte.

Natürlich weiß ich ganz und gar nicht, Anaïs, wie Du jetzt gegenüber June empfindest, ob die Freude vom ersten Mal noch da ist und sich vertieft hat, oder ob das Umgekehrte der Fall ist. Ich will Dir nur sagen, daß Du die Freiheit hast, mit ihr zu verfahren, wie Du willst – das ist mein

Geschenk an Dich, meine Liebe zu Dir. Ich finde es unmöglich, eifersüchtig zu sein. Das weiß ich jetzt besser denn je. Wenn ich June mit einem strahlenden Lächeln zurückkommen sehe und Bruchstücke Deiner an sie gerichteten Worte höre, habe ich ein schönes Gefühl – nur Hugos Haltung macht mich krank, und mir wird noch stärker bewußt, wie falsch, wie absurd, wie sinnlos sie ist. Es tut mir weh, daß er Dich derart behandeln konnte – nicht weil es mich vielleicht ungünstig beeinflußt, glaub mir, sondern weil es so erniedrigend für Dich ist, so kleinlich, so arm an menschlicher Sympathie. Doch ich war einst selbst ein Mann dieser Sorte, und ich sollte verzeihen, nur scheint es mir jetzt unglaublich, daß ich je so war. (Ich hatte zumindest mehr Gründe für mein Verhalten – ungeachtet all dessen, was June Dir Gegenteiliges erzählt.) June belügt Dich vielleicht nicht – und ich tue es auch nicht. Du siehst oder wirst sehen, wie weit zwei Menschen voneinander entfernt sein können, obwohl sie zusammenleben und einander lieben. Ich höre June aufmerksam und ernst zu, wenn sie von dem Buch und meiner mangelnden Einsicht spricht. Manchmal hat sie recht, oft aber unrecht; ich weiß vieles über sie, was sie selbst nicht weiß. Und wenn ich mich nicht sonderlich verteidige, tue ich das nicht etwa, weil ich überwältigt bin von ihr, sondern weil ich ihr künftigen Schmerz ersparen will. Ich kann es mir leisten, unrecht zu haben, weil ich in größerem Maß recht habe – das ist alles.

Ich glaube, es ist durchaus möglich, daß Du June sagst, Du wolltest ein Rendezvous mit mir vereinbaren, in Louveciennes; das müßte sie eigentlich noch weiter entwaffnen. Ich wirke nicht allzu begierig auf ein Wiedersehen mit Dir, weil ich schauspielere. Aber ich vermisse Dich sehr, und ich denke in Augenblicken an Dich, in denen bei Gott kein vernünftiger, normaler Mann das tun dürfte. Du kannst Dir nicht vorstellen, wie schrecklich es war, Deinen Brief mit allem, was er ausströmte, in einem Augenblick zu bekommen, wo es mir unmöglich war, etwas zu tun. Und ich mußte den Brief vernichten, hatte ihn nur rasch überfliegen können, was mich sehr traurig stimmte. Ich schlage vor, daß Du mir auf dem Weg über Fred schreibst, entweder hierher oder an die Redaktion, und mir einen genügend langen Zeitraum zum Antworten läßt, denn er kann mir einen Brief nicht immer sofort geben. Wenn Briefe hierherkommen, nehme ich sie meistens in Empfang, aber schreib Deinen Absender nicht auf die Rückseite (denn June weiß, daß Du mit Fred nicht viel gemeinsam hast), und adressiere sie mit der Schreibmaschine. Wenn Du an die *Tribune* schreibst, werden mir die Briefe am folgenden Nachmittag ausgehändigt. Verstehst Du?

Und bitte, liebe, liebe Anaïs, sag keine solchen Grausamkeiten zu mir wie am Telefon – daß Du «glücklich bist für mich». Was soll das heißen? Ich bin weder glücklich noch besonders unglücklich; in mir ist ein trauriges, sehnsüchtiges Gefühl, das ich nicht recht erklären kann. Ich will Dich. Wenn Du mich jetzt im Stich läßt, bin ich verloren. Du *mußt an mich glauben,* so schwer das zuweilen auch erscheinen mag. Du fragst wegen der Reise nach England. Anaïs, was soll ich sagen? Was mir am liebsten wäre? Mit Dir dorthin zu reisen – immer mit Dir zusammenzusein. Ich schreibe Dir dies, nachdem June in ihrer besten Tarnung zu mir gekommen ist, nachdem es mehr Hoffnung gibt denn je, sofern es überhaupt Hoffnung ist, was ich mir wünsche. Doch wie bei Dir und Hugo, so sehe ich das alles für uns zu spät kommen. Ich habe mich weiterentwickelt. Nun muß ich zweifellos eine Zeitlang eine traurige, schöne Lüge mit ihr ausleben, und das verursacht mir Qualen und schmerzt mich furchtbar. Und vielleicht wirst Du in June mehr sehen denn je, was durchaus richtig wäre, und mich hassen oder verachten, doch was kann ich tun? Nimm June so, wie sie ist – möglich, daß sie Dir viel bedeutet –, aber laß sie nicht zwischen uns treten. Was Ihr beiden einander zu geben habt, geht mich nichts an. Ich liebe Dich, vergiß das nicht. Und bitte bestraf mich nicht, indem Du mir ausweichst. Warum solltest Du nicht gelegentlich nach Clichy kommen? Glaubst Du, daß Du es durchstehst, hier zu schauspielern, oder wird es sich vielleicht als zu große Anstrengung erweisen? Tu nur, was Du für das Beste hältst, was Dir menschenmöglich ist. Und sagst Du es mir, wenn Du findest, daß ich zuviel von Dir verlange?

Soviel ich weiß, werdet Ihr Euch morgen abend wieder treffen, aber von mir ist nicht die Rede. Ich fühle mich elend. Keineswegs, weil ich Dich um etwas berauben wollte, sondern weil ich ausgeschlossen sein muß. Bitte mach aus mir keinen zweiten Hugo.

Henry

PS: Ich habe das Buch von Elie Faure[1] *für Dich* gestohlen. Es ist großartig. Es wird Dich wahnsinnig machen.

Die Tagebücher, die ich hier habe: das große ist in Freds Zimmer, Du mußt ihn darum bitten. Ich wollte nicht, daß es in meinem Zimmer ist, weil ich nicht mehr weiß, was ich darüber geschrieben habe. Ich habe auch aufgehört, an Deinem kleinen Tagebuch zu arbeiten, nur weil Du

1 Siehe «Biographische Anmerkungen».

darauf bestandst. Aber bitte gib mir noch das andere – ich möchte alle für Dich abtippen. Ich möchte überhaupt alles für Dich tun.

An Henry [Louveciennes]
[25. Oktober 1932]

Du weißt nicht, was für verrückte Dinge ich am ersten Tag von Junes Besuch schrieb, Henry. Was ich mir vorstellte, Dir *schenken* zu können – daß ich übermenschliche Anstrengungen unternehmen würde, um Dir eine selbstlosere June zu schenken und June ihren Dostojewski zu schenken – Dich. Und ich stand zwischen Dir und June wie zwischen zwei Folterknechten. Als ich June sagte, daß ich Dich liebe, hatte ich das Gefühl, Dir mein größtes Geschenk zu machen – wußte ich doch, daß dies Junes Liebe vergrößern würde! Ich schenkte Euch einander, indem ich Euch einander *offenbarte*. Und gestern machte es mich wieder so benommen, daß die Dinge nicht liefen, wie ich erwartete. Es tat so gut, daß wir miteinander lachten, Henry. Alles, was zwischen June und mir besteht, läßt nur meine tiefe, tiefe Liebe zu Dir plastisch hervortreten. Es ist, als würde ich die allergrößte Prüfung meiner Liebe zu Dir durchmachen – die größte Prüfung des ganzen Lebens. Und ich stelle fest, daß ich betrunken, betäubt, behext sein kann, alles, wodurch ich mich verlieren könnte, daß es aber immer, immer, immer *Henry* gibt . . . daß das, was ich für Dich wegwerfen würde, von Tag zu Tag ungeheuerlicher wird, dennoch würde ich es wegwerfen für eine Stunde wie die gestrige. Ich muß Dich wiedersehen. Ich werde Dir nicht mehr weh tun mit der Erwähnung anderer. Du brauchst nicht eifersüchtig zu sein. Ich gehöre Dir, Henry.

Anaïs

Kannst Du mich nicht am Freitag morgen anrufen, bevor ich weggehe . . . vielleicht am Freitag nachmittag kommen? Bis June eintraf, wußte ich nicht, *wie sehr* ich Dich liebe!

Ich kann nicht soviel oder so frei schreiben wie zuvor – Du weißt, warum. Deine letzten Seiten sind seltsam. Es gibt da einige Sätze, die für June schrecklich sind, wenn sie sie liest. Zeige sie ihr nicht. Die Zitate sind außergewöhnlich, und wie genau sie auf Dich zutreffen. Dich beschreiben!

Habe ein befruchtendes Buch gelesen – *Gide* von Ramon Fernandez. Habe für Dich Anstreichungen gemacht. Werde es am Dienstag mitbringen. Es wirft eine große Frage über Deine Arbeit auf. Beachte die Anstreichungen und das, was ich auf die letzte Seite geschrieben habe. Wir müssen darüber sprechen. Es sieht so aus, als würdest Du im letzten Buch einen Gideschen Trick vollführen – Romancier, Dramatiker, Kritiker, Schriftsteller und Analytiker, *alles in einem* zu sein – alles offenbarend.

Fernandez schreibt, Gide sei gescheitert, weil er die Kunst des Romanschreibens seinen Kritiken opferte *und* weil es ihm an *Leidenschaft* gebrach. Nachdem Du jedoch mit Leidenschaft überladen bist, scheint mir, daß Du Dein Buch in *dramatischer Vorwärtsbewegung* und *lebendig* halten, aber dennoch *kritisch* sein und die Arbeit im Kopf des Romanciers sichtbar machen kannst. Für mich eine *einmalige* Kombination. Ist das klar?

An Henry

[Louveciennes]
30. Oktober 1932

Elie Faure hat mich ganz aus der Fassung gebracht. Ich finde in dem Buch so viele lebenswichtige Wahrheiten, ausgezeichnete Verkündigungen, Prophezeiungen, Offenbarungen, daß ich nicht weiß, wo ich anfangen soll. Ich glaube zutiefst an das meiste dessen, was Du unterstrichen hast. Ich laufe dieser Tage auf alles das zu, im Gegensatz zu dem Leben, das ich führe, als Reaktion auf die Weisheit, die mich verschlingt und gegen die ich mich wehren muß, um des Lebens und des Dramas willen und um der Leidenschaft willen. Du verkörperst alles, was Faure dem großen Künstler zueignet; um Dich zu beschreiben wurden diese Zeilen geschrieben. Einige seiner Worte sind Deine Worte. Darum haben sie Dich entflammt und entflammen sie mich. Ich erkenne klarer denn je den Grund und die Vielfalt der Kriege, die Du fortwährend führst, ich erkenne, warum ich mich Deiner Führerschaft überlasse. «Rund um das leidenschaftliche und gefährliche Spiel einer großen Seele oder einer großen Intelligenz oder eines großen Willens bilden die Menschen einen Kreis . . . werden verwirrend berauscht durch die Illusionen . . .» All dies erklärt Dich als den Formbrecher, den Revolutionär, den Mann, den Du auf den ersten Seiten von *Wendekreis des Krebses* beschreibst und für den Du dort eintrittst. Ich würde einige dieser Zeilen benutzen, um Dein Buch zu verteidigen. [. . .]

Dein Hundertjähriger Krieg mit June – «dieser auf den großartigsten Ausbruch lyrischer Kraft folgende Krieg ... schien die Quelle für alle Zeiten auszutrocknen». Nein. Damit die lyrische «Flamme wiedergeboren würde ... war es notwendig, daß das ruinierte Frankreich in Italien Gold und Brot suchte». Ich gab Dir Gold und Brot, und Du lebtest wieder auf, bis zur nächsten Umwälzung. Von mir werden keine Umwälzungen kommen. Wir brauchen einander, um einander zu nähren (im weitesten Sinn des Wortes). Was June als Deine «tote Periode» bezeichnete, das war Deine Wiederherstellung durch Denken und Arbeiten – zwischen dem Blutvergießen. Die fruchtbare Periode nach dem Krieg. Die Periode des lyrischen Ausbruchs. Und wenn Du alle Kriegsmöglichkeiten ausgeschöpft hast, wirst Du vielleicht einen Krieg gegen mich beginnen und ich einen gegen Dich, den schrecklichsten von allen, nämlich gegen uns selbst gewissermaßen, um aus unserer letzten Festung, unserer Ekstase und Romanze, ein Drama zu machen. Beachte dies: «Krieg ist immer gerecht für den, der erobert.» Es ist notwendig zu erobern. «Das Wichtige ist, die Leidenschaft freizusetzen. Das Drama ist alles, die Ursache des Dramas nichts.»

In diesem Sommer, nach Deinem großen Drama, «konzentrierst Du Dich zum ersten Mal mit scharfer Aufmerksamkeit auf Dein eigenes Innenleben». Ich sage Dir, dieser Faure hat Deinen Roman zu Geschichte gemacht. Er ist derjenige, der ihn erkennen wird. «Der Held ist der Künstler.»

Anaïs

AN HENRY [Louveciennes]
[8. November 1932]

Ich habe Dir so viel zu sagen. Ich sehe jetzt, daß Du ein Denker bist, der allzuleicht die Richtung ändert. Wenn Du jedoch nicht von irgend etwas *abgelenkt* wirst, erreichst Du alles mit einem einzigen Sprung. In meiner Gegenwart denkst Du gut, wegen meiner Aufmerksamkeit, weil ich mich nicht einschalte, sondern Dir folge. Ich gebe Dir diesen Faden des Zusammenhalts, mit dem Du Kontinuität erreichen wirst.

Deine Arbeit. Im zweiten Buch [*Wendekreis des Steinbocks*] wirst Du aller Wahrscheinlichkeit nach schließlich die Wahrheit über June sagen, das heißt, über Deine *Erschaffung* Junes, das Zusammenbrechen der

Erschaffenen, das Zutagekommen der wirklichen June, den Konflikt, den tragischsten Augenblick des ganzen Lebens, wenn ein Kreis geschlossen ist und wir in einen neuen hineingeworfen werden, ohne Ruhepause dazwischen, das Ineinandergreifen Deiner Bücher, das Wuchern von Büchern und Geschichten, das schnelle, ungeheuerliche Vorgehen des Schriftstellers, der alles fallenläßt, was seinem Werk nicht mehr dient. Ich sehe den Weg unendlich weit. Ich höre den Widerhall vom Mond her. Hör zu. Dein erstes Buch ist das des dämonischen Künstlers, der Erfahrung und Schmerz beschert, Krieg ... und es entsteht wider jede Weisheit ohne Kampf ... Dann sehe ich die Linie ansteigen und Dich den Grund sowie die Spitze der Welt berühren, und abstrakte Weisheit wird lächerlich gemacht, und überleben wird lediglich jene große Kraft, welche die Welt zerstört hat, so daß nur starke Menschen überleben oder wieder zum Leben erwachen können ... Ich meine, daß Du Männer und Frauen in Gefahr und Dunkel stürzen wirst, wie um zu sagen, *einzig jene, die ihr ganzes Leben lang glühen* (wie Du es tust), haben das Recht, in die niedrigeren Windungen der Spirale hinunterzuschauen. Es gibt eine Spirale, in Dir und in Deinen Büchern. Reich, reicher als bei jedem Schriftsteller, bei jedem Mann, den ich kenne. Du brauchst nur genügend zu denken, um zu wissen, wohin Du gehst, das ist alles. Der Rest ist Bewegung, Bewegung, nämlich Dein Zerbrechen erstarrter Formen.

Gedanken über Deine «Broschüre» bzw. Dein Buch. Bitte hör auf, so ausführlich zu zitieren. Sogar hier zeigt sich klar, und mehr noch in Deinen Büchern, daß Du *den Schriftsteller im Prozeß des Schreibens sichtbar machst.* Dies scheint mir von starkem Interesse. Aber offenbare nicht die genaue Quelle der Meinungsalchimie durch übermäßiges Zitieren. Das ist zu deutsch. (Die Leidenschaft für Fußnoten.) Formuliere die Sache entweder mit Deinen eigenen Worten neu, oder zitiere in kondensierter Form, wie den Schlüsselsatz: «Unfähigkeit, es in Bewegung zu bringen» (Joyce) usw. Sei ein bißchen schlauer – oder ein bißchen anpassungsfähiger. Ich meine, fordere die Kritik anderer nicht so offensichtlich heraus, auch nicht, um ihnen dann widersprechen zu können, oder geh ihnen aus dem Weg. Sprich stets nur wie für Dich selbst. Alles andere bedeutet *mangelndes Selbstvertrauen.* Du kannst etwas genauso gut sagen wie Dostojewski, Elie Faure und jeder, den Du zitierst. Wage es, *durch Dich selbst zu sprechen.* Laß die anderen in Deinem Blute liegen, aber gesichtslos, namenlos, verdünnt, zerkleinert von Dir, reproduziert usw. Du hörst auf zu viele Stimmen. Horche nur auf Dich selbst. Die besten Teile sind die Deinen, nicht Dein Hervorheben anderer.

Ferner, *ich flehe Dich an*: Zeig Dein im Werden begriffenes Werk keinem *Außenseiter*, nicht Bradley oder Kahane oder jemandem, der nicht *mit* Dir arbeitet, Deinem Denken folgt, sich hineinversenkt. Das wirkt verwirrend. Diese Männer sind weder Deine Mitarbeiter noch Deine Freunde. Bleib für Dich. Du hast einen tiefen Zusammenhalt nötig, eine starke vorwärtsgerichtete Kontinuität. Erkenne keine Meinungen an, bis du *fertig* bist.

[Anaïs]

AN HENRY [Louveciennes]
[24. November 1932]

Dachte gestern abend in bezug auf «Mlle. Claude» und Germaine, es sei schade, daß Frauen nicht Gigolos in gleicher Weise genießen können wie Männer eine Hure. Tatsache ist, daß sie das nicht tun; daß die einzigen Frauen, die sich ihrer bedienen, solche sind, die nichts anderes kriegen können. Der Mann braucht Realität und die Frau Illusion. Auch der Mann braucht die Illusion, aber die Frau, die sie ihm schenkt, schenkt ihm gleichzeitig Realität – proportional. Warum haben denn die antiken Huren Griechenlands und Babylons und Indiens auch die Kunst des Redens, der Kultiviertheit, der *Geschicklichkeit* gelernt (siehe auch *Kamasutra*)?

Bitte leih mir (und schick mir) Deine grünen Durchschläge meiner «Mona»-Seiten. Und was hältst Du von dem Namen «Alraune» für June? Wäre es billig? June, Louise [de Vilmorin][1] und ich sollten Alraune Nummer eins, zwei, drei sein. Ja? Ist die Sage zu bekannt, zu banal (ich wünschte, ich hätte diesen Film[2] nicht gesehen), zu abgedroschen? Bitte sag es mir. Für mich ist sie neu, also kann ich es nicht wissen.

Die drei Alraunen. Die Männer, die sie liebten, machten sich der Tierverehrung schuldig!

Hör zu, ich glaube, daß die Störungen des Selbstvertrauens usw. in der

1 Siehe «Biographische Anmerkungen».
2 Ein deutscher Film, basierend auf Hanns Heinz Ewers' Roman *Alraune* (1911). Die Titelrolle spielte Brigitte Helm. «Alraune» wurde Anaïs Nins Pseudonym für June, und sie bildete aus dem französischen Titel des Films, *La Mandragore*, für sich das Pseudonym «Mandra». Beide Bezeichnungen benutzte sie bei verschiedenen Versuchen, das Tagebuch für eine etwaige Veröffentlichung zu «fiktionalisieren», und «Alraune» wurde der Arbeitstitel für das Manuskript zu *Haus des Inzests*.

vergangenen Woche, die so gar nicht zu Deinem kraftvollen, gesunden Ich paßten, die Folge eines zu plötzlichen und zu intensiven introspektiven Lebens waren. Arbeite nicht zu hart; geh aus. *Gib dieses Geld für irgend etwas aus, was Du tun oder sehen willst,* für *irgend jemanden.* Das einzige, worum ich mich sorge, bist *Du,* sind *Deine* Freude, *Deine* Ekstasen, *Deine* Arbeit. Du bist hypersensibel, wenn es darum geht, daß June an die Tür klopfen könnte, hypersensibel, wenn es darum geht, mir zu gefallen usw. (Ich war vollkommen zufrieden, solange Du getan hast, was *Du* wolltest! Und bereit, eine Woche oder ein Jahr lang mit Dir zu reden.) Vielleicht singst Du inzwischen und attackierst als Rache die Analyse. Um so besser. Ruf mich an, wenn Du willst, daß ich mit Dir ins Kino gehe. Zum Teufel mit den Hemmungen. Ich gehe jetzt um fünf von zu Hause weg. C. G. Jung spricht von zarten Gemütern und harten Gemütern. Sei ich also hart. Ich liebe Dich mehr denn je. Ich fühle mich schuldig. Du hast mir die Realität geschenkt, und ich gab Dir die Introspektion. Doch wir müssen uns *gegenseitig* ausgewogen halten – diese Ausgewogenheit ist das, was wir in der Sommerwoche hier fanden.

Schreib auf, was Du über Dicks Augen gesagt hast, es war gut.[1]

Seltsam ist: Du bist Deinem Schreiben immer voraus. Mein Schreiben ist mir voraus.

Wenn Du mich anrufst, können wir uns treffen und ins [Warenhaus] Printemps gehen, wo es dicke Wolldecken gibt, die Dick entzücken werden. Billig. Aus Algerien.

[Anaïs]

An Anaïs [Clichy]
Montag abend [26. November 1932]

Um das kleine Billett fortzusetzen – ich erinnere mich nicht, etwas über Dicks Augen gesagt zu haben, überhaupt nicht! [...]

Weißt Du, ich erkenne jetzt, eben jetzt auf dem Heimweg, welchen Fortschritt wir «intellektuell» gemacht haben. Wenn unsere Köpfe ein

1 Ein Freund von June, bei dem sie während ihres Pariser Aufenthalts zeitweise wohnte. Henry Miller hat ihn offenbar mit den Worten beschrieben, er habe «die Augen eines Verlassenen».

bißchen müde und benommen sind, denk daran, daß wir einige der denkbar kompliziertesten Probleme als Nahrung aufnahmen. Nach meinem Gefühl haben wir uns mit bestimmten Themen in meisterhafter Weise auseinandergesetzt, und das war ungeheuer wichtig für uns beide. Themen wie Raum und Zeit, Psychologie, Form in der Sprache, das Problem des Schicksals – und noch mehr, mehr, ich kann mich nicht an alle erinnern. [...]

Wenn ich daran denke, was Du für mich getan hast (*nicht* Introspektion, wie Du sagst!), indem Du von deinen zu leichten Synthesen abgingst, indem mich sozusagen Dein weiblicher Geist veranlaßte, wirklich zu *denken*, fast alles noch einmal zu überdenken, aber aus neuer Sicht, mit einer Weisheit, die ich Dir verdanke (auch wenn ich sie in einem Brief an Emil tatsächlich Fraenkel zuschreibe) – wenn ich an dies alles denke, erkenne ich den ganzen Wert dessen, was Du für mich verkörperst. Ein Teil der in mir noch vorhandenen Hypersensibilität ist die Furcht, daß ich, wenn ich Dir die zu leistende harte Arbeit zeige, vielleicht Deine unbeschwerte Gangart lähme, die Begeisterung, mit der Du in die Dinge hineinläufst und trotz ungenügenden Wissens Wunder vollbringst. Wir sprachen eines Nachts auf dem Heimweg darüber. Anscheinend ist das mühsame Vorankommen mir beschieden – dafür ist mein Verstand geschaffen. Laß Dich nicht entmutigen durch meine Hartnäckigkeit, mein Verlangen, die Dinge erschöpfend zu behandeln. (So war es beispielsweise nicht C. G. Jung, der die «harte» und die «zarte» Gemütsart prägte, sondern William James, der es zweifellos von Aristoteles hatte.) Und was «Alraune» anbelangt, einmal mehr – warum suchst Du die Sage nicht in einem Nachschlagewerk? Dann würdest Du wahrscheinlich Dinge entdecken – verblüffende Dinge. [...] Ich glaube, die Pflanze ist in Griechenland heimisch. Dieses große Lexikon da, Funk & Wagnalls, enthielt einen langen Passus darüber, wenn ich mich recht erinnere. Wie dem auch sei, wenn man sich mit den Dingen an der Quelle auseinandersetzt, kann man am besten sagen, ob etwas es wert ist, daß man es weiterverfolgt, oder nicht. Immer wenn ich irgendeinem Geheimnis wie diesem nachspürte, entdeckte ich erstaunliche Zusammenhänge, manchmal Lesestoff über ein ganzes Fachgebiet, der mich Monate beschäftigte, und wenn ich fertig war, fügte sich ein fehlendes Glied in die Kette der Dinge ein. Mit anderen Worten, alles ist des Untersuchens wert, des Zeitaufwands dafür, sofern es Dich interessiert. Es gibt immer einen tiefen, unverschleierten Grund, warum es Dich interessiert. (Schon wieder Psychologie – Quatsch!)

Ja, ich singe wegen des bevorstehenden Angriffs. Ich erzeuge Dampf in mir. Mein Antagonismus wächst. Aber laß Dich dadurch nicht in Deiner Arbeit beeinträchtigen. Sei eine Heilerin. Heilen geht der Psychologie voraus. Ich falle um vor Müdigkeit. Morgen werde ich als neuer Mensch erwachen.

Henry

An Anaïs [Clichy]
18. Dezember 1932

Mit der Reise ist es vorbei.[1] Fand beim Nachhausekommen June vor, sie saß am Tisch und aß die Reste. Sie wußte, daß ich wegfahren wollte. Meine Sachen waren gepackt, und Prospekte auf dem Tisch verwiesen auf England. Fred war in seinem Zimmer und hatte es ihr wahrscheinlich gestanden. Er ging fast sofort nach meinem Eintreffen weg. Ich weiß kaum, wie ich schildern soll, was dann passierte – eine bittere, Übelkeit erregende Unterredung von mehreren Stunden –, führte dazu, daß ich meine Brieftasche leerte. Sie sagte, sie würde mich nie mehr belästigen; damit käme sie aus bis zu ihrer Abreise. Ob das wahr ist, weiß ich nicht. Jedenfalls werde ich nicht weglaufen. Ich werde allem, was auf mich zukommt, die Stirn bieten – und vermutlich kommt noch Schlimmeres auf mich zu. Eines jedoch ist klar: Keine Hilfe mehr von Dir, bis sie abfährt. Ich fühle mich erniedrigt, zutiefst beschämt. Die Geste kam von Dir, und Du erhieltst keine Anerkennung dafür. Statt dessen wurdest Du mit Schmutz beworfen. Was ich durchmachte, war eine wahre Marter, und warum ich mir das gefallen ließ, weiß ich nicht, es sei denn, daß ich Schuldgefühle habe, die ich nicht zugeben will. Doch ich habe die Versuche, alles zu analysieren, gründlich satt.

Dies ist die elendigliche Tatsache: Ich habe ihr das Geld gegeben, und Du bist jetzt entsetzlich enttäuscht von mir. Glaub nicht, daß ich es leichtfertig hergab. Das war der letzte Ausweg. Ich weiß, was es Dich

1 Um weitere Streitigkeiten zwischen Henry Miller und seiner Frau zu vermeiden arrangierten Anaïs Nin und Alfred Perlès für ihn eine Reise nach London über die Weihnachtsfeiertage. Nach dem Scheitern dieses Plans hielt er sich kurze Zeit in Louveciennes auf und unternahm schließlich einen zweiten Versuch, nach London zu gelangen. June verließ Paris offenbar in der letzten Dezemberwoche, und Henry Miller sah sie mehr als ein Dutzend Jahre nicht wieder. Die Ehe der beiden wurde Ende 1934 in Mexiko geschieden.

kostete, diesen Scheck auszustellen. Zu June sagte ich nur deshalb nichts, weil sie keiner Vernunft mehr zugänglich ist. Sie ist zu einer Irrsinnigen geworden. Die schändlichsten Drohungen und Beschuldigungen – so abscheulich, daß ich fasziniert zuhörte, mit Furcht erfüllt.

Ich gab es ihr nur aus der Angst, sie würde versuchen, Dich zu bestrafen. Sie ist jetzt zu allem fähig. Darum ist es besser, ich bleibe und ertrage die Hauptwucht des Angriffs. Wenn ich weglaufe, ist sie verrückt genug, das Schlimmste anzustellen. Sie könnte zu Hugo gehen und ihm alles sagen. Ich war in einer Zwickmühle – einer argen Zwickmühle. Als ich ihr das Geld aushändigte, brach ich zusammen (bei dem Gedanken, welchen Verrat ich an Dir beging), zum Glück jedoch deutete sie es in ihrer Gefühllosigkeit als Zeichen von Schwäche, sie meinte, daß ich eines Vergnügens beraubt worden sei oder irgend etwas dergleichen. Ich sage Dir, ich ertrug entsetzliche Beleidigungen. Ich hätte sie umbringen können – und ich weiß, daß es ihr genauso ging. Jetzt erscheint es ihr wahrscheinlich so, als habe sie mich «hereingelegt» – das ist ihr Lieblingswort –, und vermutlich freut sie sich über ihre Gescheitheit.

Wahrscheinlich klingt das alles hektisch. Die Sache war ernst – und ich tat, was ich für das Beste hielt. Ich ließ es absichtlich so aussehen, als täte ich etwas Heldenhaftes und stünde gleichzeitig schäbig da. Sie hält mich jetzt für einen elenden Wurm. Aber das spielt keine Rolle. Zwei Dinge gebe ich zu: daß ihr Schmerz ungeheuer sein muß, wenn sie hierher kommt und solche Szenen macht, und zweitens, daß man nicht hassen oder kämpfen kann, wenn man weiß, was solchem Verhalten zugrunde liegt. Während ich sie beobachtete, sah ich mich selbst, wie ich gepeinigt wurde, und ich würde weiß Gott nicht wollen, daß jemand dies durchmachen muß, wenn ich es verhindern könnte. Ich glaube, es bereitet ihr Freude, mich zu quälen, und weil sie nicht die nötige Größe oder Tapferkeit besitzt, sich mit der Situation abzufinden, warum sollte ich versuchen, mich zu verteidigen!

Aber, Anaïs, Dir gegenüber fühle ich mich entsetzlich. Alle Deine guten Taten scheinen zu scheitern – den Nutzen davon hat June. Nimm es hin, wie es ist. Bedenke, was ich alles hätte tun können, wäre ich frei und unabhängig. Falls Du mich bedauerst, weil ich betrogen worden bin, tu's nicht. Jeder, der etwas mit offenen Augen tut, wird nicht betrogen. Ich hatte meine Reise nach London – in dem Punkt bedaure ich gar nichts. Ich denke nur an Dich. *Du* bist hereingelegt worden – und sie mußte mich soweit bringen, daß *ich* Dich hereinlegte. Deshalb brach ich zusammen und weinte.

Unterstütze mich nicht mehr. Ich muß dies vollends durchspielen. Ich muß wirklich für das bezahlen, was ich getan habe – und das ist auch meine Absicht. Du weißt, daß ich nicht sterben werde. Und laß mich Dich aus der Sache heraushalten. June würde Dich gern hineinziehen, doch das erlaube ich ihr nicht. Ich erklärte ihr, ich täte mein Äußerstes, und womit sie mir auch immer drohe, mehr könne ich nicht tun. Ich glaube, das begriff sie. Am Ende wollte sie mir die Hälfte zurückgeben, doch ich lehnte ab. Warum? Vielleicht hätte ich etwas retten sollen – aber ich konnte es einfach nicht. Stünde es in meiner Macht zu helfen, indem ich mich beraube, würde ich es tun. Sie glaubt das absolut nicht. Sie meinte, ich würde mich davonschleichen, nur um ihr nicht helfen zu müssen. Doch ich will ihr beibringen, daß ich nicht mehr tun kann und tun werde, als mir möglich ist – und das einzig Mögliche für mich ist, blank zurechtzukommen.

Sie sagte, mit einem bißchen mehr Geld hätte sie genügend, um zurückzufahren – als ob wir wenigstens das für sie tun müßten. Ich sagte, diese Angelegenheit betreffe Dich nicht im geringsten. Sie meinte, Du würdest es gern tun, um sie loszuwerden usw.

Anaïs, ich kann nicht alles schildern. Es war grauenvoll. Ich hoffe, Du wirst mir verzeihen, daß ich Dein Geld in dieser Weise benutzt habe, und wirst mir glauben, daß ich die Strafe bezahlen will, daß ich es tun muß oder mich sonst noch mehr gedemütigt fühle.

Jetzt bin ich zornig. Ich möchte bleiben und es bis zum bitteren Ende durchstehen. Ich habe getan, was ich für gut und gerecht hielt. Wenn das nicht ankommt, werde ich härtere Methoden anwenden. Würde ich wegfahren, würde sie Dir übel mitspielen. Kein Grund, das zuzulassen. Ich kann die Suppe schon auslöffeln. Und bitte denke nicht wie sie, daß es Freude am Leiden (Masochismus) ist, was in mir diese Haltung auslöst. Ich habe das Leiden gründlich satt. Es widert mich an. Schreib mir bitte sofort und mach Dir keine Sorgen um mich. Ich liebe Dich, und das ist alles, was zählt.

Henry

An Anaïs [Clichy]
Sonntag [1. Januar 1933]

Zu meiner großen Überraschung und zweifellos auch zu Deiner schreibe ich Dir aus der Avenue Anatole France Nr. 4. Ich kam gar nicht nach London. Wurde von den Einwanderungsbehörden in Newhaven, auf der englischen Seite, festgehalten, als verdächtige Person einem anstrengenden Kreuzverhör unterzogen, über Nacht eingesperrt und am nächsten Morgen zurückgeschickt. Es ist eine lange Geschichte, und ich möchte mir das Vergnügen machen, sie Dir in allen Einzelheiten zu erzählen.[1]

[...]

Ich kam gestern abend völlig erschöpft zurück. Wollte Dich sofort anrufen, fürchtete jedoch, wieder Hugo an den Apparat zu bekommen. Auf jeden Fall werde ich Dich am Morgen anrufen, wahrscheinlich noch bevor Du meinen Brief erhältst.

Fred hat mir von dem mysteriösen Anruf erzählt, den Du bekommen hast. Hoffentlich hast Du Dir nicht zuviel Sorgen gemacht. Es ist ein schönes Gefühl, wieder in Clichy zu sein, wieder an der Schreibmaschine zu sitzen. Meine einzige Absicht ist jetzt, in Frieden hier zu bleiben und zu arbeiten. Ich fühle mich, als hätte ich eine Zerreißprobe hinter mir. Jetzt fürchte ich nichts mehr von June; sie kann mir auf ihre schlimmste Art kommen – ich bin gerüstet für sie. Das Ärgste, was sie tun könnte, ist, Verbindung mit Hugo aufzunehmen, doch ich glaube, das ist unwahrscheinlich, und selbst wenn sie es täte, hätte es vermutlich wenig Folgen. Wenn sie mich bei der Polizei wegen Nichterfüllung der Unterhaltspflicht verpfeift, kann ich auch diesen Vorwurf entkräften. Und wenn sie die Scheidung will, soll sie sie haben. Ich werde nicht mehr mit ihr reden. Ich bin an nichts interessiert, was sie zu sagen hat. Ich glaube, ich war ein verdammter Narr, den ganzen Unsinn von ihr hinzunehmen. [...]

Henry

1 Henry Miller hatte, wieder mit Anaïs Nins Hilfe, einen zweiten Versuch unternommen, Paris zu verlassen, während June sich noch dort aufhielt. Später schilderte er das Erlebnis in der Erzählung *Via Dieppe–Newhaven*, die zunächst in *Max and the White Phagocytes* (Paris 1938) aufgenommen wurde, später dann in *The Cosmological Eye* (Norfolk, Ct., 1939).

AN HENRY [Louveciennes]
[16. Januar 1933]

Des Rätsels Lösung: Hugh ist feindselig oder besorgt, weil er sich meiner nicht *sicher* ist – darum erfüllt ihn mein Schreiben mit Argwohn. Er möchte diese *Freude*, deren Quelle er ahnt, zerstören. Wie Du Junes Freuden zerstören wolltest, weil Du ihren Ursprung ahntest. Du und ich, obwohl nicht weniger eifersüchtig, sind einander *sicherer* – und stärker unseres Besitzens des anderen bewußt. Weil wir uns sicher sind, können wir es uns leisten, sehr großzügig zu sein, sehr tolerant, sehr nachsichtig! Wir sind uns des *Kerns* sicher. Wenn man kämpft, bekämpft man die eigenen Ängste, und man greift Windmühlen an, wie Du Junes offensichtlich harmlose Geschichten angegriffen hast, wie Hugh mein Schreiben beargwöhnt, meine Geschichten. *Voilà!* – ist das zu platt, Du meine tiefsinnige Heinrich-Otto-Oswald-Beethoven-Maske? Zu platt, zu einfältig, zu leichtgläubig von der Marquise de Pomponette?

[Anaïs]

AN HENRY [Paris]
[17. Januar 1933]

Schicke Dir dies in aller Eile aus Paris, weil ich heute mit einer Herkulesarbeit für Allendy anfange – viele Stunden Arbeit –, bin im Arbeitszimmer des oberen Stockwerks untergebracht, mit Stapeln von Notizen, die für sein Buch aufbereitet werden müssen – arbeite mit Mrs. A. zusammen. Ich brauche das Geld, deshalb konnte ich nicht ablehnen, doch das bedeutet, daß ich Dich die ganze Woche nicht sehen kann – schrecklich –, zumal ich jeden Abend, einschließlich Samstag abend, mit Hugo ausgehe. Ich versichere Dir, diesmal ist es kein Nachgeben, sondern ich bin einfach dazu gezwungen. Wir halten uns nächste Woche für diese schadlos. Ich glaube, Hugh fährt für zwei Tage nach Brüssel. Werde interessante Dinge zu berichten haben – lernte eine verrückte Marquise kennen, die Drogen nimmt, eine lesbische Gräfin, die mich adoptieren will (und zwar bei Louise). Mach Dir keine Sorgen wegen der Treulosigkeit der Frauen – Du hast jetzt eine *spanische Ehefrau*, und die sind berühmt für ihre Treue!

Werde Dir morgen einen Scheck schicken. A.

An Anaïs [Clichy]
Dienstag [24. Januar 1933]

Ich werde erst heute abend mit meinen Überarbeitungen fertig, obwohl ich seit unserem Treffen ständig daran gesessen habe. Ich könnte ewig weitermachen, so scheint es – eine endlose Aufgabe, Kürzen, Einfügen, Umschreiben usw. Es widert mich an, immerfort draufzuschauen. Aber jetzt, wo ich fast fertig bin und viel zufriedener als neulich beim Abschied von Dir, habe ich den Wunsch, [Dr. Otto] Rank[1] einen Brief zu schreiben und ihm darin eine Menge Dinge, die er sicher wissen will, zu erklären. Einen guten Brief, in dem ich einige der Probleme, die mir im Kopf herumgehen, preisgeben werde.

Beim Ablegen der Korrespondenz von 1932 mit dem Etikett «Anaïs» staune ich über die Masse. Was wird 1933 bringen? Gestern kaufte ich für Dich [Huysmans'] *A rebours* und hatte danach einen heftigen Anfall von schlechtem Gewissen. Was habe ich Dir je gekauft? Warum habe ich diesen Scheck, den ich von meinem Freund [Dr. Emil] Conason[2] bekam, nicht eingelöst und etwas für Dich besorgt? Ich denke immer nur an mich. Ich bin, wie June sagt, wahrscheinlich der selbstsüchtigste Mensch der Welt. Ich bin bestürzt über meine Selbstsüchtigkeit. Als ich das Buch kaufte, fühlte ich mich wie ein Wurm. So klein. Ich hätte den Buchladen aufkaufen und Dir überreichen mögen, und das wäre nichts gewesen. Ich vermisse Dich sehr. Wenn Du am Dienstag zum Abendessen kommst und es uns hier zu langweilig wird, werden wir ausgehen – ausgehen und tanzen oder etwas anderes tun, was Du willst. Ich vermisse Dich schrecklich. Manchmal glaube ich, daß ich einen großen Teil meines Lebens in Trance oder in irgendeiner Art narkotisiertem Zustand verbringe. In dem Augenblick, wo ich aus Louveciennes weggehe, befinde ich mich in einer anderen Welt.

[Henry]

1 Siehe «Biographische Anmerkungen».
2 Siehe «Biographische Anmerkungen».

An Anaïs [Clichy]
Montag [20. Februar 1933]

Hiermit wünsche ich Dir alle Arten von «makrokosmischem» Glück zu Deiner Ankunft im Klimakterium [Anaïs Nins dreißigster Geburtstag]. Fred und ich besorgen Dir *Ulysses* zusammen – er besteht darauf. Sah Kahane heute nur ein paar Minuten. Er ist immer noch begeistert und wird in Kürze mit dem Druck von *Wendekreis des Krebses* fortfahren, das Buch zuerst als Privatausgabe herausbringen. Und was die Broschüre anbelangt – ich werde Dir später darüber berichten – noch ist der Teufel los.[1]

Und jetzt ein Zitat aus [Jean Vinchons] *L'art et la folie*: «Bei den Paranoikern (stolz, mißtrauisch und gequält) wird die Poesie ein Mittel, gegen ihr Schicksal zu protestieren, aber sie ziehen ihr gewöhnlich die Prosa vor.»

Bin wohlauf! In Liebe

Henry

An Anaïs [Clichy]
Freitag, 3. März 1933[2]

Erhielt eben einen Brief von Rank, worin er schreibt, daß er wirklich die ganze Zeit krank war, und anfragt, ob ich noch immer einen Termin vereinbaren will. Bin jetzt verdammt froh, daß ich nicht geschrieben habe. Du hast einen guten Riecher.

Frühling liegt in der Luft – Radios spielen mit voller Lautstärke. Warum nach Tahiti oder Bali reisen? Nur traurige, geschlagene Menschen tun das.

Warte ungeduldig auf nächste Woche. Du wirst mir *unverzüglich* Nachricht geben, nicht wahr?

Henry

1 Jack Kahane von Obelisk Press hatte vorgeschlagen, Henry Miller solle ein kurzes Buch – die «Broschüre» genannt – über D. H. Lawrence schreiben, das der Veröffentlichung von *Wendekreis des Krebses* vorausgehen und Miller als «ernsthaften» Schriftsteller ausweisen sollte, bevor sein Roman erschien.

2 In Anaïs Nins Handschrift datiert.

PS: Schaue diesen Nagellackfleck auf dem Küchenboden an – habe heute abend allein gegessen, meditierend. Das bedeutete laut Freudscher Weisheit, daß ich einen Bruch zwischen Dir und June wünschte – stimmt das? Und wenn es das nicht bedeutet hatte, würde es etwas anderes bedeutet haben, stimmt's?

AN HENRY

[Louveciennes]
Freitag [3. März 1933]

Lege Dir nachlässig geschriebene, undurchdachte Notizen über Deine Arbeit bei, die ich im Zug machte. Vor zwei Monaten. Wenn ich Zeit habe, werde ich Besseres leisten. Dies nur, um Dich zu unterhalten.

Ich bin in die Klauen meiner einzigartigen, speziellen Lieblingskrankheit geraten – ein kleiner Trick, den mir das Leben spielte, auf daß ich, die so Lebendige, Forsche, Aktive, Unverzagte angesichts größerer Hindernisse, gelähmt sei von Neuralgie und nur weil Eduardo gestern abend im Auto das Fenster aufmachte. Aber ich bin froh, denn das gibt mir Zeit, Deine Seiten aufmerksam zu lesen, Nietzsche fertigzulesen.

[Marie] Bonaparte gestern abend [mit ihrem Vortrag an der Sorbonne] bot Psychoanalyse denkbar schlechtester Sorte, trocken, steif, nüchtern, klinisch. Erzeugte einen Aufstand in mir. Der Kernpunkt war, daß [Edgar Allan] Poes Mutter an Schwindsucht starb, als er drei Jahre alt war. Er suchte ihr *Bild* in mehreren anderen Frauen, einschließlich der Schwindsucht, ihres sich lang hinziehenden Sterbens usw. Die sterbenden Frauen erscheinen häufig in seinem Werk, beherrschen es (vielleicht so, wie Dich *grausame* Frauen verfolgen und beherrschen). Sterbende Frauen brachten den lebendigen Fluß seiner Sinnlichkeit zum Stehen. Seine Sinnlichkeit wurde nekrophil. Und was danach?

Sag mir eines: Welches waren die *vorherrschenden* Charakterzüge Deiner Mutter? Soweit ich sehe Kritiksucht, Schroffheit, Härte, Tyrannei?

Wie dem auch sei, *alles* ist nekrophil – auch Mme. Bonaparte – ich stimme Dir zu, und zwar immer mehr. Nicht zustimmen kann ich Dir jedoch darin, daß das Studium der Nekrophilie für Menschen wie Dich und mich ein großer Anreiz sei, immer dionysischer zu werden. Ich bin absolut am Überschäumen, obwohl ich mich keinen Zoll bewegen kann!

Mir scheint, Du bist dem Verhängnis der Wiederholung in Deinem Leben *entronnen*, indem Du vor der *Grausamkeit* der Frauen flohst. Wie ich meinem Verhängnis entronnen bin, indem ich Dich fand, anstelle meiner früheren Vorliebe für tote oder halbtote Männer!

Habe ich meinen Gesichtspuder und mein Terminbuch bei Dir gelassen? Werde es einrichten, Dich am Montag irgendwie zu sehen.

[Anaïs]

An Henry [Louveciennes]
8. März 1933

Bedauerte es gestern, daß ich nicht bei Dir bleiben und unseren Tag, Rank und Deine Seiten gründlich genießen konnte. Aber morgen komme ich für den ganzen Abend. Bitte schaffe Fred aus dem Weg. Oder ruf mich an, wenn Du mich anderswo für den gemeinsamen Abend treffen willst. Ich bin maßlos stolz auf Deinen überaus großzügigen Brief.[1] Maßlos stolz auf Dich. Maßlos glücklich. Lege weitere Seiten über Louise [de Vilmorin] bei. Warum ich gestern ein bißchen protestierte gegen Deine Worte, daß der Astrologe so von Menschen umringt sei? Weil ich immer das Gefühl habe, daß Du sein Leben und seine Macht im Vergleich zu Deinem Leben und Deiner Macht überschätzt. Weil ich das Gefühl hatte, daß Du das Leben und die Taten anderer verherrlichst, während Du Dein Leben und Deine Taten herabsetzt. Doch vielleicht hat Rank recht, und Bescheidenheit ist eine Buße für Deinen großen inneren Stolz und Dein Wissen über Dein Ich!

Ich fand meinen Puder, das Notizbuch usw. hinter dem Sitz im Wagen. Lege Dir verbilligte Karten für ein spanisches Stück bei. Weiß nichts darüber, außer daß [Gregorio] Martínez Sierra einer der Shakespeares Spaniens ist, was mir nichts sagt, Dich aber vielleicht als Kuriosität interessiert. Wer erzählte mir doch gleich von dem Museum, das aus Dingen ohne Wert und ohne Interesse für irgend jemand besteht? Man braucht Genie, um es zu füllen! Dieses Gefühl habe ich in bezug auf

1 In einem langen Brief vom 7. März 1933 berichtete Henry Miller über sein erstes und einziges Gespräch mit Dr. Otto Rank. «Was ich brauchte, war eine starke Herausforderung, eine Feuerprobe, und das bekam ich. Und wo Rank nach dreißig Jahren Kampf, Fleiß, Forschung, Untersuchung usw. steht, da stand auch ich, ebenso fest, fester, sage ich Dir, trotz meines angeborenen Mangels an Selbstvertrauen und all der Fragen, Dunkelheiten und Widersprüche in meiner Seele.» Siehe *Briefe an Anaïs Nin*, S. 121–128.

Banken, Bankiers, Aktien, festverzinsliche Wertpapiere, Gold ... Ein seltsamer Augenblick ist das für Künstler, wenn sie ihre Stärke und die Macht ihrer Besitztümer spüren, deren Dauerhaftigkeit.

Anaïs

Heute vor einem Jahr ...

An Henry [Louveciennes]
[9. März 1933]

Du hast mir heute soviel Gutes getan. Ich fühlte mich Deiner *Fröhlichkeit* sehr nahe – es ist so, daß ich in Dir spüre, was in mir ist, ein fröhliches tragisches Lebensgefühl, eine Liebe zu Katastrophen sogar; die Dunkelheit und das Gewicht Hughs sind es, mit denen zu leben mich viel kostet, diese ewige Dunkelheit, die Schwere, die Schwere. Ich bin so belastet, kämpfe so angestrengt, um ihn von Angst zu befreien. Heute abend ist er glücklich. Er sagt: «Laß jetzt das Schlimmste kommen, wir sind Philosophen.» Ich sagte zu mir: «Wir sind Künstler», dachte an Dich und an die Art, wie Du unserem Gespräch allein schon bei dem Worte «Sorge», das in unserem Vokabular nicht existiert, durch Drehen und Wenden die Schärfe nahmst. «Spricht aus diesem Buch nicht ungeheure Hoffnung?» Zugegeben. Aber auch eine ungeheure Ekstase, eine Freude. Das meinte ich, als ich sagte, Du und ich könnten uns ohne Angst vor Ansteckung mit Nekrophilie befassen!

Etwas anderes macht mich glücklich: Daß Du als Denker so hoch aufragst, daß ich Mühe habe, Dir zu folgen. Tatsächlich falle ich zurück, wie Du es an einem Deiner deutsch-maskulinen Tage wolltest. Ich bin entzückt, entzückt als Frau. Ich spüre, daß ich meinen Hals überanstrenge mit dem Beobachten der immensen, immensen Kurven, die Du im Raum siehst. Und ich bin hypnotisiert!

Großartige Idee für die Gliederung meiner Arbeit. Sie ist wichtig für mich zum Entwirren bestimmter Absätze, zum Hervorheben bestimmter Sätze, und sie wird mir helfen, meine Orientierung zu finden. Die wörtliche Auslegung ist nicht auf die erhabenen, edlen Gründe zurückzuführen, die ich Dir nannte (all dieses Zeug über Rimbaud, metaphysisch-künstlerische Imperative), sondern einfach auf Faulheit, unter uns gesagt. Ich werde arbeiten wie wild.

Morgen Mittagessen mit dem Poe-Verehrer. Eine Teeverabredung mit der Comtesse de Vogüe und Edmond Jaloux. Abendessen bei Bankleuten. Samstag abend Treffen mit [Antonin] Artaud. *Überall* vermisse ich *Dich*.

Anaïs

Es *ist* Geld auf der Bank – Du kannst das hier jederzeit einlösen!

An Anaïs

[Clichy]
Mittwoch [22. März 1933]

Obwohl ich diese Manuskriptseiten lieber zurückhalten würde, bis sie besser ausgefeilt sind, schicke ich sie Dir – weil Du Dich vielleicht fragst, was mit mir los ist. Heute zerspringe ich. Entsetzliche Kopfschmerzen davon, daß ich die ganze Nacht wachgelegen habe. Seit einer Weile bin ich ganz erschöpft von der Arbeit. Verstehe das nicht, da es mir weder an Lust noch an Ideen mangelt – habe eher zuviel davon; vermutlich bin ich nur verstört, weil so wenig durch die Maschen dringt, während ich in solch gewaltigen Fluten denke. Die paar Seiten über Lawrence sind lediglich der Beginn einer großen Überschwemmung, für die ich alle Notizen sorgfältig vorbereitet habe – große Klarstellungen. *Ekstase*[1] versetzte mich in starke Erregung, ich schrieb zehn Seiten darüber in einem Atemzug, und viele weitere werden folgen. Tatsächlich machte mich die Vorstellung trübsinnig, wieder ein neues Buch anzufangen, und mich quälte der Gedanke, mich auf so viele Bücher aufteilen zu müssen. Da liegt das Problem. Ich habe keine Geduld. Bin einfach die ganze Zeit ein tobender Sturm. Die Lowenfels-Eloge verfaßte ich in einem Anfall von schlechtem Gewissen, weil ich versprochen hatte, etwas für ihn zu schreiben – habe ich zu dick aufgetragen? (Manchmal tut es weh, auf Kosten eines anderen Dampf abzulassen – warte nur, bis ich meine Hunde auf Dein Vorwort hetze!)

[. . .] Heute mittag rief ich an, konnte aber Amelia nicht verstehen. Du hüllst Dich doch mir gegenüber nicht in Schweigen, oder? Keine eingebildeten Krankheiten, kein Groll? Als ich ging, meinte ich, alles sei

1 Gustav Machatys Film, in der Hauptrolle Hedy Lamarr, die in einer zehn Minuten langen Szene nackt auftrat.

bestens. Woher die Traurigkeit? Traurigkeit. Abscheuliches Wort. Lösch es schnell aus. Ich versichere Dir, es war nie schöner – die Welt, das Leben, die Arbeit, die Liebe, Du, alles. Ich habe immer noch elende Kopfschmerzen, und wenn ich das hier schreiben kann, muß Dir klar sein, daß June, das Deutsche in mir oder solcher Unsinn nicht als Gespenster in den verborgenen Winkeln meines Kopfes hocken. Der Proust in mir würde gern ein bißchen mehr *wissen*, doch der Vulkan erstickt den Proust ständig. Ich fürchte, daß ich das Deutsche und folglich June und eine Menge anderer Dinge – Inzest, Trauma usw. – nie erfassen werde.

Übrigens, durchdenke eben den Entwurf für mein Filmbuch – habe eine grandiose Idee für den Teil, der den Stars gewidmet sein soll. Meine Absicht ist, ihre Anziehungskraft, ihren inneren Symbolismus für das Publikum anhand dieses Todes-Unsinns zu offenbaren. Kannst Du dir vorstellen, was ich mit Greta Garbo vom Standpunkt der Leichenanatomie anstellen würde – unzuchttreibende Leichenschänder, sadistische Bauernlümmel, die mit dem Maiskolben den Schlitz aushobeln usw. usw.? Kannst Du Dir vorstellen, wie ich John Barrymore oder andere der großen Leinwandliebhaber (Valentino zum Beispiel) als Don Juans der Pychologie des Unbewußten behandeln würde? Jung liefert mir prächtige Munition für dieses Thema – die Tragödie des Don Juanismus. (Sie hat fast die gleiche Bedeutung wie das «Hamlet»-Thema.) Und dann gibt es noch den «omophagischen» Aspekt des Startums. Essen der heiligen Hostie in den dunklen Gängen, den Katakomben christlichen Robotertums. Maschinenmenschen, zu ihrer Heiligen Kommunion gehend, die Glieder steif, die Zungen heraushängend vor Durst. «Dies ist mein Leib, der für Euch hingegeben wird – nehmet und esset.» *Und trinkt!* Ich könnte daraus ein großartiges Madenfestmahl machen ... Aber hör zu, ich muß Lawrence, Joyce & Proust fertigschreiben. Es macht mich verrückt. Ich komm mir vor wie ein Drückeberger. Wenn nötig, werde ich sie lebendig ausspucken. Ich bin erledigt bis zum Wahnsinn. *Vino, vino* ... Ich wünschte, ich hätte Lust drauf. *Vino* ist nicht stark genug. Blut ist's, was ich will.

Henry

Jesus Christus, sag etwas – ich hab das Gefühl, daß Du insgeheim wegen irgend etwas ärgerlich bist.

PS: Außerdem mußte ich noch eine zehnseitige Kritik über Osborns Schund schreiben.[1] Ich glaube, jetzt wird er Ruhe geben!

An Anaïs [Clichy]
Dienstag [28. März 1933]

Kämpfe mich immer noch mühsam voran, wie Du siehst. Komme ich irgendwohin, sage ich irgend etwas? Welch ein Kampf! Ich scheine immer an den Rand von etwas zu gelangen und dann abzustürzen. Nähere mich nur der «Fantasia», gestapelte Notizen, auf dem Schreibtisch fürchterliche Unordnung. Ich habe das Gefühl, mich durch eine Kloake zu bewegen. Bin erschöpft davon, vor allem aber, weil ich mir nicht sicher bin, ob ich den Lesern etwas eintrichtere, ob ich mich bloß wiederhole oder ob ich gar nichts sage. Ich weiß nicht recht, wo ich stehe, sondern nur, daß ich die Schnauze voll habe und kein Ende in Sicht ist. Ich stecke in einem Sumpf. Ich bin todmüde. Diese zehn oder elf Seiten haben mich offenbar stärker ausgelaugt als irgendwelche anderen zehn Seiten, an die ich mich erinnere. Der innere Schweinehund treibt mich zum Wahnsinn. Mir kommen ernsthafte Zweifel, ob er das alles wert ist.

Soviel zu meinen Kämpfen. Andere Dinge existieren zur Zeit nicht. Deinen Brief bekam ich heute abend, und ich glaube, Du stelltest mir einige Fragen. aber ich bin so müde, daß ich mich nicht an sie erinnere. Ich will nie mehr versuchen, ein Denker zu sein. Ich *bin* kein Denker. Ich würde wirklich viel lieber lesen, was jemand anderer über Lawrence geschrieben hat, und bei Gott, das werde ich nach dieser Sache auch tun.

Ich erinnere mich, daß Du am Freitag frei bist. Vielleicht rufe ich Dich davor an einem Morgen an. Wenn nicht, sagst Du mir, wann und wo. Lenke mich weiter. Nähre mich. Mein Blut läuft aus mir heraus. Wenn ich jetzt an Dein Buch denke, daran, daß Du Deinen *Lawrence* in drei Wochen geschrieben hast, ziehe ich jedesmal den Hut vor Dir. Du bist eine Hexenmeisterin. Du solltest meine Bücher schreiben. Wie kann jemand etwas in drei Wochen zustande bringen? Um das zu schaffen, muß man Gott sein. Gott brauchte eine Woche, um die Welt zu erschaf-

1 Seit Anfang des Jahres hatte Richard Osborn zahlreiche Manuskripte aus seiner Feder an Henry Miller geschickt, darunter Material über seine Beziehung mit «Janine», dem Mädchen, das er hatte heiraten wollen und das sich laut Henry Miller als Hure entpuppt hatte.

fen. Ich ziehe auch vor ihm den Hut. Es ist verblüffend. Unglaublich. Laß es so bleiben. In Eile,

Henry

Jesus Christus, halte dies nicht für kalt. Ich funktioniere einfach bloß als Verstand. Das Ganze wird bald zusammenbrechen – der Verstand, meine ich.

AN HENRY [Louveciennes]
[29. März 1933]

Ich wünschte, wir könnten uns treffen. Es ist so leicht für den *anderen*, in Deinen «Sumpf» hineinzusehen, Dir zu beweisen, daß Du nicht nur irgendwohin kommst, sondern *hoch, hoch hinauf.* Ich schreibe dies heimlich zwischen zwei Übersetzungen für Allendy. Werde Dir am Freitag viel zu sagen haben. Bin *froh, ungeheuer froh*, das versichere ich Dir. Du weißt nicht, was Du schreibst. Du bist wie ein Maler, der seinem Werk gegenüber blind geworden ist. Geh aus. Steig auf Dein Fahrrad. Du brauchst Bewegung, Ruhe. Habe Dir viel Gutes über *Deine* Seiten zu sagen, zumal nach der Lektüre von Hale[1], der gut ist. Mir ist klar, warum Goethe Dich erregte. Ich schrieb *Lawrence* in drei Wochen. Doch siehst Du nicht, daß dies mittels eines Prozesses des Aussortierens geschieht, der Klärung, der Sichtung, des Hineinschlagens eines schmalen Wegs in einen Berg. Du nimmst einen viel größeren Armvoll. Einen zu großen manchmal. Doch was Du schließlich gibst, wieviel ist das! Ich gehe meines Wegs wie ein Pferd mit Scheuklappen. [. . .] Du hast Dich an eine Herkulesarbeit gemacht und wunderst Dich, daß Du schwitzt?

Du hast zuviel Verstand, Henry! Mir gefällt Goethes *vollständige* Umwandlung in Ideen nicht. Mir gefällt seine zweite Metamorphose nicht. Das ist nichts für Dich. Du mußt, genau wie ich, *an*- und *ab*schalten. Laß uns nach Spanien fahren. Vielleicht fährt Hugh nächste Woche an die Riviera, und Du kannst hierherkommen. Es ist himmlisch im Garten, so wie letzten Sommer. Du brauchst ein *menschliches* Leben . . . zwischendrin.

Anaïs

1 William Harlan Hale: *Challenge to Defeat. Modern Man in Goethe's World and Spengler's Century* (New York 1932).

An Anaïs [Clichy]
Montag [10. April 1933]

Habe die ganze Nacht hindurch alte Arbeiten aufgeräumt. Und so stieß ich wieder auf «Alraune» – die Originalversion. Numerierte die Seiten, auch diese letzten Seiten von Dir – sei verflucht!

Trotzdem – «Alraune» ist etwas, über das man noch immer staunen muß. Wenn Du wiederkommst und jedesmal, wenn Du kommst, werde ich es auftischen, bis Du blau im Gesicht bist, und wir werden es überarbeiten – langsam, geduldig, liebevoll, kritisch. Das ist Dein großes Werk – 86 Seiten oder so, aber von einer derartigen Intensität, daß sie den Wert von mehreren hundert haben. Als ich es durchlas – nur Teile davon –, war ich überzeugt, daß man es in einen Zustand bringen kann, der an Vollkommenheit grenzt. Und daß dies getan werden muß. Es darf nicht so untergehen, wie viele Dinge untergehen, durch Übersehenwerden, Faulheit, Nachlässigkeit. Ein großer Teil der Nachlässigkeit geht auf meine Kappe. Ich war nicht emsig genug hinter Dir her. Doch jetzt werde ich Dir zeigen, daß ich es ernst meine.

Ich schlage vor, daß wir es zusammen durchgehen, vielleicht immer nur eine Seite, um Dich zu lehren, was Du lernen mußt. Mit nur einem bißchen mehr Meisterschaft könntest Du aus «Alraune» eines dieser seltenen, einmaligen Werke machen, wie sie Rimbaud zugeschrieben werden und dem Verfasser von *Six Immoral Tales*, den Du zu Recht sehr bewundert hast. Weil Du eine Menge gemeinsam hast mit ihm. (Kann mich nicht an seinen Namen erinnern. Schickte Dir unlängst etwas von Pound über ihn.) Das komplizierte Schreiben – dies hast Du mit ihm gemeinsam. Es ist entweder makellos, oder es ist Kauderwelsch. Ich meine, Zwischenstufen gibt es da nicht. Eine Leuchtrakete, ein Komet – oder Asche. Verstehst Du mich? La Forgue (so heißt er)[1], erst etwas über zwanzig, ein kranker, in Armut lebender Bastard, besaß die erforderliche Genialität. Du besitzt die Genialität auch, aber Du hast keine Sprache, in der Du sie ausdrücken könntest. Und das kann tragisch sein, wenn es nicht überwunden wird. Hier spielt keinerlei *Pedanterie* meinerseits mit. Das mußt Du Dir eingestehen, nachdrücklich, entschlossen, ein für allemal. Du mußt dringend bei mir *Sprachstunden* nehmen,

1 Jules Laforgue (1860–1887), gleich Rimbaud und Lautréamont von Baudelaire beeinflußt, veröffentlichte mehrere Bände Lyrik und in seinem Todesjahr eine Sammlung von sechs Prosastücken, betitelt *Moralités légendaires* (dt. *Sagenhafte Sinnspiele*, 1905).

regelmäßig und gehorsam, bis ich Dich als geheilt erkläre. Andernfalls – nun, andernfalls wirst Du keinerlei Fortschritt machen. Du wirst einfach wunderbare Fehlgeburten produzieren.

Ich sage Dir so deutlich die Meinung, weil ich Deine Genialität kenne und voll zu würdigen weiß.

Das Problem an der Sache ist jedoch: Kunst ist nicht Übersetzung oder Darstellung oder Äußerung von etwas Verborgenem. Sie ist etwas *Eigenständiges* – rein, absolut, ohne Bezugspunkt. Mit welchem Werkzeug Du auch immer zu arbeiten beschließt, die *meisterliche Beherrschung* des Werkzeugs stellt die Kunst dar. Es gibt keine Regeln, keine Wegweiser. Aber man kann schlechte Kunst von guter Kunst unterscheiden – oder besser, Kunst kann man *nachweisen*. Nun aber ist Sprache, die *englische* Sprache, Dein Werkzeug. Wenn Du sie nicht zu handhaben verstehst – ich werde nicht sagen, «richtig» (denn das erwartet man auch von Schulkindern), sondern «meisterhaft», d. h. *als Künstler und immer* –, kannst Du kein Kunstwerk hervorbringen. Genauso könntest Du von Brancusi erwarten, daß er seine Meisterwerke aus gerösteten Brotkrumen oder Apfelsoße herstellt. Ist nicht zu machen. Die Wahl, die er trifft – Holz oder Stahl oder Marmor –, kombiniert mit dem instinktiven Wissen, wie er jedes Material zu behandeln hat, das ist es, was die Kunstwerke des besagten Bildhauers entstehen läßt. Klar? Würde er sagen: «Nun, laßt es mich zuerst auf irgendeine alte Art versuchen, mit Vogelfutter oder Taubendreck, weil ich heute nicht in Stimmung bin, ein Marmorei zu machen», würde er tatsächlich kein Marmorei machen, das weißt Du. Er hat aber das Zeug, das Marmorei in Angriff zu nehmen. Genauso ist es bei Dir! Ich werde dafür sorgen, daß Du «Alraune» hier in meiner Gegenwart angehst, als wäre es ein goldener junger Hahn – der erste je geschaffene goldene junge Hahn.

Wenn Du die Sprache *lediglich* als Handwerk betrachtest, machst Du Dich der Majestätsbeleidigung an Deinen geheiligten Werkzeugen schuldig. Du mußt die richtige Achtung haben – Du mußt Dich in ihrer Gegenwart ehrfürchtig fühlen (schau, ich sage «ehrfürchtig», nicht «geheiligt»).

Vermutlich wirst Du ein bißchen verärgert sein über das alles und mir vorwerfen, daß ich genau tue, was Du mich gebeten hast, nicht zu tun. Ich habe es nicht vergessen. Ich las den letzten Schub mit beträchtlichem Vergnügen – einige köstliche Dinge über mich – ich werde Dir zeigen, wo. Nein, ich möchte nicht an Dir herummäkeln. Ich denke nicht an diese speziellen Seiten. Ich denke an Dich generell, als Schriftstellerin, und daran, was ich tun könnte, um Dich zu retten, das heißt, Dir zu helfen. Ich sollte (jedenfalls habe ich das Gefühl) jeden Brief korrigieren, den Du mir schickst, jede Äußerung korrigieren, die Du machst. Ich werde dich nicht tyrannisch beherrschen, wie es Dein Vater könnte, aus blanker Machtliebe oder was auch immer, sondern aus dem einzigen Grund, Deinem Geist genau das bewußt zu machen, was Du überwinden mußt – Deinen Mangel. Meine Stimme hat bei diesen Äußerungen nichts Verdrießliches. Ich verstehe vollkommen, wie es dazu kam. Doch mein Verständnis brauchst Du nicht. Du brauchst Hilfe, Ermutigung. Du brauchst ständige Anstachelung.

Ich sage Dir, dies alles fing mit «Alraune» an. Es ist so verdammt schön und dabei so verdammt fehlgeboren. Ich will nicht, daß Du fallenläßt, was Du hervorgebracht hast. Ich möchte, daß Du weitermachst, weil Du es gut machst. Eine Mahnung zur Vorsicht – *schneide nicht gleich bis auf die Knochen durch!* Ab und zu kannst Du lockerlassen, weißt Du. Du bist fast zu gewissenhaft in Deiner neuen Entschlossenheit. Mir gefiel die Art, in der Du einiges aus dem Originaltext von «Alraune» eingefügt hast – dieses Stückchen am Anfang: «Nachts versank sie in den Traum.» (Seite 32, meine Numerierung.)

Du hast teuflisch viel gearbeitet, das sehe ich jetzt. Wie ein Nigger geschuftet. Schön. Ich weiß, daß Du arbeiten kannst. Aber ich möchte, daß Du noch mehr schwitzt. Daß Du Sterne und Edelsteine gebärst. Du kannst es.

Jedenfalls werden wir, wenn Du kommst, «Alraune» hervorholen und abstauben. Schreib nicht dumme Briefe an Eduardo. Nicht nötig, daß Du Deine «Einbildungen» kultivierst. Nötig ist, daß Du Deine Werkzeuge manikürst. Du solltest mir Fragen aller Art stellen – wie gesagt, *technische Fragen.* Gleichgültig, wie dumm sie Dir vorkommen mögen. Zögere nicht, Deine Unwissenheit zu verraten. Sie ist kein Verbrechen.

Ich hoffe, Du bist nicht sauer. Ich möchte etwas für Dich tun. In Liebe,

Henry

An Anaïs [Clichy]
Dienstag [13. April 1933]

Fred hat das Tagebuch fertiggetippt – willst Du Dich irgendwo in der Stadt mit mir treffen und es haben? Er sagt, es sei das schlimmste von allen – manchmal unverständlich, und Du müßtest es sorgfältig durchlesen im Hinblick auf Korrekturen. Er findet auch, daß es das süßlichste sei – beinahe ein bißchen übelkeiterregend. Ich hatte keine Gelegenheit, einen Blick hineinzuwerfen, und sage Dir das nur, damit Du auf der Hut bist.

Mache mich auf den Weg zur Bibliothek, um meine Proust-Bücher auszutauschen; ich werde das [Thomas-]Mann-Buch noch nicht für Dich holen, weil ich mir vorstelle, daß Du nächste Woche noch sehr beschäftigt sein wirst. Wenn ich weiteres über «Alraune» ausgraben kann, werde ich es tun.

Was Du neulich nachts über Narzißmus-June-Dich-Alraune sagtest, war ausgezeichnet. Wenn Du tatsächlich ein Vorwort versuchst (ich sehe in meinem Brief, daß ich meinte, daß Buch sollte «erklärt» werden), vergiß dieses Thema nicht. Das Vorwort müßte umwerfend sein und, in nichtwissenschaftlicher Sprache geschrieben, für jedermann interessant. Wenn ich wütend war über diesen Brief voller Kritik, dann nur, weil mir einmal mehr klar wurde, klarer als je zuvor, wieviel Dein kleines Buch enthält. Es ist mit Dynamit geladen. Du wirst sehen – die darüber geschriebenen Bücher werden zahlreich sein! Du hast die blanken Knochen geliefert – die Quintessenz.

Der Traum – ziemlich phantastisch, he? Was für ein Spanien!

Henry

An Henry [Louveciennes]
[15. April 1933]

Fred liegt *völlig daneben* in bezug auf das Tagebuch, was zeigt, daß er mir aus irgendeinem Grund grollt. Es ist dasjenige, das Du im Manuskript gelesen und aus dem Du viele Sätze ausgewählt hast, z. B. den Besuch der Schriftstellerin, die so freundlich war; das Lesen von Turgenjews Büchern mit 14, Kommentare über die Liebe, die Stelle: «Demnächst werde ich sagen: mein Tagebuch; ich bin auf dem Grund angelangt», den

Passus über die Blumenblätter: «Bin ich wie alle Menschen, das ist die Frage.»

Tatsächlich das *meiste* dessen, was Du kommentiert und mir nach Tirol geschickt hast. Was ich bedaure, ist, daß Bradley nicht dieses Tagebuch zu sehen bekommen hat – es ist besser als Nr. 2.

Jetzt weiß ich, daß Fred mich haßt, aber das ist gut!

Heute abend war ich *verbittert*, weil Bradley das Tagebuch gefällt, während Kahane Dein Buch hinausschiebt – Du, Deine *Kraft* ist es, was gefürchtet wird. Aber ich sage Dir eines, Henry, kein weiteres Buch von mir erscheint, bevor Deines draußen ist! Du und Dein Werk bedeuten mir mehr als mein Leben. Ich möchte, daß die Welt *Dich* kennenlernt, *Deinen* Wert schätzt. Ich schwöre, sie wird es tun. Mir gefiel die Selbstlosigkeit, mit der Du Dich über meine Erfolge freutest. Du bist groß, groß, groß, Henry. Ich werde nie müde, das zu sagen. Mein Tagebuch ist das Tagebuch von *Dir* geworden. Es ist voll von Dir – zum Überlaufen voll.

Anaïs

Ich komme am Montag nach Clichy, wenn es Dir recht ist, und zwar mit einer Idee im Hinblick auf [Rudolf] Bachmans[1] Notlage. Sag ihm, daß er seinen Koffer packen soll, um zu einem Urlaub nach Louveciennes zu kommen, und daß wir einen Ausweg finden werden. Er soll keine Angst haben.

An Anaïs

[Clichy]
20. April 1933[2]

Ich habe mir eine ungeheure Freiheit genommen. Hoffentlich bist Du nicht böse. Hier sind ein paar Seiten, der einleitende Teil, der sehr schwer war und mich noch immer verwirrt. Ich habe versucht, ihn umzuschreiben, doch nach meinem Gefühl habe ich eine Art Sakrileg an Dir begangen. Du mußt das zu verstehen versuchen. Beim nochmaligen Lesen Deiner Seiten gestern abend packte mich Verzweiflung. Es ist nicht das, was Du sagen wolltest. Es ist nicht stimmig. So scheint es mir zumindest. Vielleicht ist aber meine Version noch weniger stimmig. Viel-

1 Siehe «Biographische Anmerkungen».
2 In Anaïs Nins Handschrift datiert.

leicht mache ich es Dir mit diesen Verbesserungen schwer, je die richtige Lösung zu finden. Dennoch, ich war verärgert darüber, daß es Dir irgendwie nicht gelang, *alles* zu vermitteln, was Du vermitteln wolltest, und hielt es für meine Pflicht zu schauen, ob ich es könne. Ich glaube nicht, daß es mir gelungen ist, aber ich biete Dir diese Seiten als Beleg für die Schwierigkeiten an, die Du noch bewältigen mußt.

Hinzufügen möchte ich: Vielleicht ist es falsch von mir, Dein Werk zu kritisieren. Ich beginne an meinen Fähigkeiten, meinem Vorstellungsvermögen zu zweifeln. Unbestreitbar empfand ich es als schrecklichen Kampf, diese paar Seiten umzuschreiben. Warum? Weil ich nicht genau verstehe, was Du zu sagen versuchst? Verstehst Du es selbst? Du bemühst Dich, solch unbeschreibliche Dinge auszudrücken.

Ich verbreite mich, wie Du bemerkst. Dies ist der einzige Ausweg aus Deinen *wasserdichten* Abstraktionen, den ich finden kann. Durch sie durchbrechen, sie ihres Geheimnisses berauben und dem Innersten erlauben zu strömen.

Ich bin schrecklich enttäuscht darüber, daß ich morgen nicht kommen kann. Meine Hoffnung war, dies alles mit Dir gründlich erörtern zu können, in allen Einzelheiten. Es ist schwer für mich, die Feinheiten zu nennen, die Dein Schreiben so rätselhaft machen. Eines weiß ich: Es wird sich lohnen, dieses verdammte Ding, wenn nötig, fünfzigmal umzuschreiben – einfach, um herauszufinden, was Du sagen wolltest. Und um gleichzeitig zu lernen, wie man es sagt. Ich empfinde das alles sehr stark, weil ich möchte, daß Du weder bescheiden noch wütend bist, sondern es Dir nüchtern und kritisch ansiehst, mit unverschleierten Augen.

Komischerweise bin ich zu einer seltsamen Schlußfolgerung über Dein Schreiben gelangt – ich habe in der Zeit, seit ich von Dir wegging, viel darüber nachgedacht. Ich glaube, daß Du kein solcher [astrologischer] Fisch bist, wie Du meinst, sondern im Gegenteil, ziemlich eingeengt, verschlossen, gefesselt. Ab und zu brichst Du aus, und dann eilst Du mit überzeugender Kraft und Beredsamkeit voran. Doch es ist, als müßtest Du zuvor in Deinem Inneren Diamanten zerbrechen, sie pulverisieren und dann verflüssigen – ein schreckliches Stück Alchimie. Wieder kommt mir der Gedanke, daß einer der Gründe für Deine Fixierung auf das Tagebuch die Angst ist, Dein greifbares Ich *in der Welt* auf die Probe zu stellen; sicher hättest Du, wenn das, was Du schreibst, der Welt präsentiert werden sollte, Deinen Stil bereits geändert. Du hast Dich zunehmend nach innen gekehrt, bist zunehmend verschlossener geworden, immer sensibler – und das erzeugt Gifte und Edelsteine, die mit Flitter besäte klumpige Phantasmagorie der Neurose. Ich möchte jetzt hart scin – um Dich zu befreien. Ich möchte Dich nie eine weitere Alraune 1, 2, 3 schreiben sehen. Sie ist genauso enthüllend und symptomatisch wie mein *Wendekreis des Krebses.* Diese Dinge sind Brücken zu etwas.

Doch die Brücke muß fest sein. Sonst kann man sie nicht überqueren. Ich rufe Dich morgen an – hoffentlich bekommst Du diesen Brief vorher.

Außerdem werde ich es einrichten, daß Bachman sich mit mir in Paris trifft, bevor er ins Haus hinaus kommt ... Ich glaube nicht, daß ich Kahane vor nächster Woche werde aufsuchen können. Macht nicht allzuviel aus. Bekam eine Karte von Bradley, auf der er schreibt, was für eine großartige Entdeckung Du seist – daß er das Tagebuch für bemerkenswert hält usw.

Hoffentlich bewirkt dieser Brief nicht, daß Du Dich schlecht fühlst. Er widerspricht keineswegs dem Lob, das ich Dir neulich zollte – alles hat gestimmt und war nicht allzu übertrieben. Jetzt gehe ich die Schwächen an, mehr nicht. Mich verwirrt Deine Fähigkeit, die subtilsten Dinge in Worte zu fassen und dann beim Niederschreiben zu scheitern. Ich wiederhole: Du bist eine große Künstlerin – eine große! –, doch manchmal bist Du wie eine, die ihr Werkzeug vergessen hat.

Eine kleine Sache: Was ich beim Ändern Deiner Sprache manchmal tat, das war, auf einen allgemeineren Ton hinzuarbeiten – um jene «Feminismen» zu beschneiden, von denen ich in Louveciennes sprach. Hier habe ich möglicherweise den Sinn schrecklich entstellt, doch betrachte es einfach als Annäherungsmethode. Reiß alles nieder, wenn Du willst, und baue es neu. Aber gib nicht auf – denn dies ist eine Prüfung.

Einer der Hauptgründe, warum ich es nicht perfekt für Dich umschreiben kann, ist, daß ich mich nicht an Deine Stelle zu setzen, wie Du zu sehen und zu fühlen vermag. Ich kann all die Muskelbewegungen vollführen, aber sie bleiben Geste. Ich möchte, daß *Du* ein bißchen Muskeln entwickelst ...

Zum Schluß: Das Ganze erscheint mir so gut, so unendlich gut – daß ich mit Begeisterung bereit wäre, endlos Zeit und Mühe darauf zu verwenden. Verfall also nicht auf den Gedanken, daß ich mir Zwang antue. Doch ich muß unbedingt die Gedanken, die Ideen hinter jedem Satz mit Dir erörtern. Ich habe ein eigenartiges Gefühl, ein Gefühl der Hilflosigkeit.

Laß mich wissen, ob Dir mein Entwurf als schreckliche Mißgeburt erscheint oder als Fortschritt irgendeiner Art.

Henry

An Henry [Paris]
[24. April 1933]

Ich überarbeite Deine Korrekturen von «Alraune», die mir beweisen, was für ein ausgezeichneter Poet und Imaginist *Du* bist – *eindeutig*.

Hör zu: Setz Dir den *1. Juni* als Termin für die Fertigstellung Deiner Broschüre, denn ich habe das Gefühl, daß wir dann Gelegenheit haben werden, zusammenzusein, und ich will dann ihre Revision in Angriff nehmen. Habe gestern alles durchgelesen und sehe alles ganz klar. Wenn möglich, müssen wir auch das «June»-Buch durchsprechen – ausfeilen. Ich weiß, daß ich fähig sein werde, Dich anzuregen. Wir werden es durchfechten – es wird sein wie bei Deinem Angriff auf die Psychoanalyse, der aus der Kollision mit ihrer Verteidigung durch mich entstand. Du wirst *in mir* die June finden, mit der Du Dich auseinandersetzen willst. Ich spüre deutlicher denn je, wieviel von ihr in mir ist – ich *fühle* ihre Lügen, Motive, ihre *raison d'être*, den Grund für ihre Ausflüchte, Ausreden usw. Eine vollständige imaginäre Assimilation, Übereinstimmung. Ich weiß nicht, ob dies klar verständlich ist.

Ich erwarte Dich morgen so früh wie möglich, weil es hier schön warm zum Arbeiten und Reden ist. Du brauchst nicht mehr anzurufen, außer Du kannst nicht kommen, weil Du arbeiten willst.

Anaïs

An Anaïs Café Richelieu
9, Boulevard des Italiens
[Dienstag] 27. April 1933[1]

Schrieb nach der Heimkehr einige weitere Seiten und mußte mich dann davonstehlen, weil Wambly Bald kam und ich keinen unproduktiven Neurotiker hätte ertragen können.

Nachdem ich Dir den ganzen Vormittag diktiert hatte, erschien mir das in ziemlich ironischem Licht. Dich nicht nur um Weisheit zu bitten, sondern Dir auch noch Deine eigene Weisheit zu diktieren! Verstehst Du, was ich meine?

Wenn Du von Bachman hörst, laß es mich bitte sofort wissen, denn ich

1 In Anaïs Nins Handschrift datiert.

möchte ihm seinen Brief schicken – er könnte wichtige Nachrichten enthalten.

Was für eine Sitzung wir hatten! Jesus Christus, als ich ging, fühlte ich mich wie ein glühender Ofen. Für eine kurze Weile dachte ich heute, daß ich wirklich überschnappen würde.

Wenn ich bei Dir bin, sage ich so wenig darüber, wie sehr ich Dich wirklich schätze – all Deine Bemühungen, mir zu gefallen, überraschen mich usw. Du sollst wissen, daß ich sie nicht übersehe oder vergesse!

[Henry]

An Henry [Louveciennes]
[3. Mai 1933]

Du fragst, ob ich mich nach unserem Urlaub gut fühle! Gut! Ich bin im Tagebuch explodiert vor Freude, Zufriedenheit, Dankbarkeit, Verehrung usw. usw. Hier weitere Seiten für Dich, die Du irgendwann genießen kannst. Bachman. Ja, ein Charakterzug, der mir nicht gefiel. *References* bedeuten für mich im Englischen einfach: «Nachdem Sie mich Anaïs vorgestellt haben, kann ich Ihnen gestehen, daß meine Gedanken sich ständig mit ihr beschäftigen. Versuche ausfindig zu machen, welche Gefühle sie in mir auslöste.» Ein halbes Geständnis, das er schon hier machte, und wenn er das Dir gegenüber erwähnt, geschieht es nur, weil er nicht weiß, welche Gefühle ich *in Dir* auslöse! Okay, eine nette Naivität, die liebenswert ist oder auch dumm, wenn Du willst . . .

Ich bin so glücklich wegen Kahane. Sag ihm, daß ich auch mit Dir ins Gefängnis gehen werde, Nagellack, falsche Locken und das alles.

Bradley rief an und fragte, ob Du am Montag herkommen könntest, er habe mir eine Menge zu sagen.

Ich schrieb nicht nach Deinem Weggang, weil ich am Dienstag viel zu tun hatte.

Ich rekonstruiere, was ich über [Célines] *Reise ans Ende der Nacht* gesagt habe. Du wirst es in «June» lesen müssen. Da bestehen Verwandtschaften zu Deiner früheren Arbeit. Es ist ebenfalls eine Form des Absoluten und deshalb wertvoll.

Bekam wieder einen schönen Brief von meinem Vater, Anfälle von unfranzösischer und sogar unspanischer Zuneigung. Ich sehe jetzt, woher ich einiges von meiner Neigung zum Russischen habe! Der Spanier gibt seinen Geist und seine Seele nicht der Frau! Der Spanier ist der Mensch, der sich nur beim Aufbau einer Welt mit Menschen verbündet.

Seltsam ist, daß man es übersehen könnte, wenn Du ein *Verbrechen* begingst, weil Du *groß* bist, während bei Bachman ein bißchen Gerissenheit vergrößert sichtbar wird und ihn über und über befleckt.

Boussie [Hélène Boussinesq][1] pickte sich das Porträt von Dir zum Übersetzen heraus. Sie sagte, das könne nicht *ein* Mann, sondern nur eine Zusammensetzung aus hundert Männern sein. *Voilà*. Das bist *Du*!

Anaïs

Komm am Freitag, wenn Du kannst. – Falls Deine Notizen gebunden sind, laß sie am Freitag abend liefern. Ich werde das Geld dafür am Freitag haben. Habe nochmals überlegt, füge Scheck bei. *Bitte* kauf Dir die Krawatte, die Du haben willst – ich habe keine Zeit mitzugehen. Kauf Dir etwas möglichst Gutes – es wird mich glücklich machen.

Ich habe Bachman Geld geschickt und *bitte* Dich, ihm nichts zu schikken.

AN HENRY

[Louveciennes]
[8. Mai 1933]

Werde diesen Brief offen lassen, um Dir noch zu berichten, was Bradley sagte. Brachte den Sonntag damit zu, Céline zu lesen und an Dein Werk zu denken, Notizen und Vergleiche zu machen, die alle zu Deinen Gunsten ausfielen. Doch es gibt wunderbare Stellen in dem Buch. Ich genoß die «männliche Verbitterung», den Pessimismus, die ganze Unmäßigkeit. Einige Seiten werden in Dir Heimweh nach der Schönheit amerikanischer Frauen wecken.

Ich weiß noch nicht, wann wir uns treffen können. Morgen kommt Artaud, den ich nicht länger vertrösten kann, weil ich das schon seit zehn Tagen tue. Am Mittwoch mein Vater.[2] Die Wochen sind zu kurz. Am

1 Eine Lehrerin für englische Literatur und Übersetzerin; Freundin von Anaïs Nin.
2 Auf Vermittlung von Gustavo Durán hatte sich Anaïs Nin bereit erklärt zu einem Wiedersehen mit ihrem Vater, von dem sie getrennt war, seit er 1914 ihre Mutter wegen einer anderen Frau verlassen hatte und Anaïs Nin in die Vereinigten Staaten gebracht worden war. Eine ausführliche Beschreibung der Versöhnung enthalten Anaïs Nins *Tagebücher*, 1931–1934. Das erste Wiedersehen der beiden 1924/25 ist in

Donnerstag und Freitag muß ich bei der Arbeit für Allendy aufholen. Doch es besteht Hoffnung auf ein gemeinsames Wochenende, weil Hugh vielleicht in die Schweiz fährt. Wenn nicht, sehe ich Dich am Dienstag abend bei Dir. Hugh sagte gestern, die Konjunktion von Neptun und Uranus beschere mir ein «ereignisreiches, seltsames Leben». Und Du? Dein Zurückhalten des Wesentlichen und des Höhepunkts Deines Buches erregt mich. Ich erwarte eine herrliche Überraschung.

Du hast mit Céline viel gemeinsam. [Bernard] Steele[1] müßte Dich eigentlich ungeheuer mögen. Er kommt nächsten Dienstag – früher kann ich ihn nicht treffen. Du schreibst viel, viel großartiger über *Frauen*. Céline ist *trocken*.

Schicke dies sofort ab, weil Du vielleicht den Scheck brauchst.

Anaïs

An Anaïs

[Clichy]
Dienstag [9. Mai 1933]

[. . .] Las gestern abend *Brett and Lawrence* [von Dorothy Brett] in einem Café zu Ende, und als ich fertig war, liefen mir Tränen über die Wangen. Glaub mir, Lawrence war viel besser und großartiger, als ich je dachte. Ich sehe sehr viel von mir in ihm, und seine Kämpfe mit Frieda ähneln so stark meinen Kämpfen über die gleichen Fragen, daß es mich packt. Dann seine Charakterzüge, viele davon sind meine eigenen – hauptsächlich die Fehler. Die Schlußfolgerung lautet, daß er insgesamt ein großes Werk schuf – und das macht alle gegen ihn erhobenen Vorwürfe wett. Hier bin ich im Vergleich zu ihm gescheitert. Es hat nichts zu sagen, wie er als Mann scheiterte oder siegte. Hat er es als Künstler geschafft? Ich finde – glänzend!

Henry

Anaïs Nins frühen *Tagebüchern*, 1923–1927, festgehalten. Siehe «Biographische Anmerkungen» unter Nin y Castellanos.

1 Einer der Inhaber des Pariser Verlags Denoël & Steele.

[Louveciennes]
[9. Mai 1933]

Nun, ich hatte endlich mein Gespräch mit Bradley über Dich. Er sagte schöne Dinge über Dich. Wenn Du gut bist, seist Du *unübertrefflich.* Glaubt *sehr* an Dich. Daß Du ein *Poet* bist. Mag vom menschlichen Standpunkt Deine Großzügigkeit gegenüber anderen Schriftstellern (unbedeutenden wie Fred). Wünscht, er hätte die Mittel, Schriftstellern wie Dir, *die es wert sind,* ein Einkommen auszusetzen, damit Ihr Euch keine Geldsorgen mehr machen müßtet und in Ruhe arbeiten könntet. Sagte, daß Du die June-Episode hinter Dir haben müßtest, um fähig zu sein, gut darüber zu schreiben, daß Du dies zu früh versucht hättest und er jetzt Großartigeres, noch Großartigeres erwartet (es kommt, es kommt!). Weil es sich so ergab, sagte ich, wenn die Öffentlichkeit *Reise ans Ende der Nacht* akzeptieren könne, würde sie auch Dein Buch akzeptieren, jedenfalls in bezug auf die Sprache, und dazu meinte er: «Miller ist ein viel bemerkenswerterer Kopf als Céline.» Bemerkenswerter Kopf! Hurra! Er fand es gut, daß ich's bei Steele probierte, obwohl er die französische Öffentlichkeit nicht für wichtig hält. Sagt, Kahane habe keine Angst vor Schwierigkeiten, sondern davor, nicht genug zu verkaufen, und halte auch andere Bücher zurück, wegen der allgemeinen Lage, weil er auf Touristen als Leser baut. Außerdem sagte er, bei Céline gebe es nichts wie die *satanische danteske Phantasie, die Du hast.* Beste Noten für Bradley. Ich hätte ihn umarmen können (tat es aber nicht). Er verdiente es! Wir redeten endlos. Er erzählte viel über sich.

Er möchte das ganze [Kinder-]Tagebuch haben. Vollständig. Französisch und englisch. Wird es nächste Woche [dem Verleger] Knopf zeigen. Schlug vor, den religiösen Teil herauszunehmen. Okay. Auch die Gedichte. Okay. Wird die Streichungen selbst vornehmen. Bradleys Geheimnis ist, daß er als junger Mensch einen Band Gedichte schrieb (die damals für gewagt gehalten wurden)[1] und daß sich hinter seiner Arbeit ein sehnsüchtiges Interesse am Schreiben verbirgt; er liebt es zu helfen, zu führen, zu kritisieren, Einfluß auszuüben, mitzufühlen usw. Er ist wirklich prima. Träumt davon, die Rolle zu spielen, die X [Ford Madox Ford] bei Joseph Conrad spielte, ihn unterstützte und ernährte. Das ist sein Wunschtraum von einer Lebensaufgabe. Er liebt es, mit Manuskripten umzugehen und daran zu arbeiten, und nimmt wirklich Anteil

1 *Amicitia Amorque,* im Selbstverlag, Auflage 100 Stück, 1901, als er dreiundzwanzig Jahre alt war.

an allem, was geschieht, mit großer innerer Befriedigung. Ist ein Mann des Typs, der jeder Nichtkünstler zu werden versuchen sollte, sofern er genügend Bescheidenheit und die Kraft besitzt, zurückzutreten und zu dienen. Ich bewundere Bradley deswegen.

Er sagte, das [Kinder-]Tagebuch zeichne ein sehr amüsantes Bild von New York, genoß den Sinn für Humor (meine ungeschminkten Beschreibungen meiner selbst und anderer), das amüsante Bild des wohlerzogenen, *klugen* Kindes (stricken, dienen, gehorchen usw.) mit dem geheimen, überströmend emotionalen, intensiven, chaotischen, dramatischen Leben unter der Oberfläche.

Ich zähle zu denen, die von Deiner Großzügigkeit profitiert haben! Dies habe ich im Tagebuch oft vermerkt, Deine Großzügigkcit (Deine Unterstützung Osborns, Geduld mit Bald usw.). Jetzt bist Du es, der mein Tagebuch der Welt präsentiert. Bradley sagt, es müsse von einem *sehr bekannten* Schriftsteller mit einem Vorwort versehen werden. Hör zu, Henry, dieser Mensch kannst nur *Du* sein. Dieser *bekannte* Mensch ist das *Du*, das ich am ersten Tag sah. Bitte präge der Welt mein Bild von Deiner Größe ein – damit Du das Vorwort schreiben kannst!!! Ich werde auf Dich warten. Ich warte auf Dich. Glaub mir, wenn ich auch in bestimmten Momenten ein wenig verrückt erscheine, so war doch keine meiner extravaganten Aussagen über Dich unwahr. Andere Menschen werden das später entdecken. Ich bin zu schnell, sagst Du, immer zu schnell. Das ist meine Art. Ich scheute mich, zuviel über Dich zu reden. Bradley war neugierig im Hinblick auf mein Leben. Stellt sich vor, ich sei behütet, herrlich unbekannt und erst von ihm entdeckt worden. Als ich ihm sagte, mein Leben sei sehr ereignisreich, machte er ein langes Gesicht. Er wollte nicht, daß dem so sei! Niemand will, daß ich lebe, bekannt werde. Wie eine Gitarre nur für Kammermusik. Einzig Du sagst: «Geh hinaus. Werde ein bißchen härter.» Du allein forderst mich heraus. Du bist es, der recht hat. Ich liebe Dich dafür!

Er bestand darauf, «Alraune» sehen zu dürfen. Ich gab ihm das Manuskript und erklärte ihm, was noch zu tun bleibt. Ich hatte alles korrigiert, was Du in der letzten Version unterstrichen hattest. Mir war nicht wohl dabei, als ich es ihm gab, bevor Du es in Ordnung gebracht hast, doch er scheint im Werden begriffene Arbeit zu kennen und sogar zu lieben. Hat das Gefühl, daran Anteil zu nehmen. Außerdem muß ich mit meiner eigenen Schreibe stehen oder fallen. Ich habe schreckliche Angst, daß er sagen könnte: Nur das Tagebuch ist gut. Er ist gespannt, ob ich, abgesehen von dem Tagebuch, wirklich eine Schriftstellerin bin.

Bekam eben Deinen emphatischen Brief über *The Crown* [Essay von

D. H. Lawrence]. Ich schenke Dir den Text, er gebührt Dir, weil Du seine Bedeutung erkannt hast. Ich konnte für mich nichts herausholen. Das zeigt Dir, wie tief und wie weit Du vorgedrungen bist. Ich bin schrecklich aufgeregt. Hör zu, wenn Du eine Pause machst, ruf mich gleich an. Ich werde es einrichten, daß wir uns irgendwie sehen können. Ich wünschte, es wäre morgen schon Juni.

Über mein Leben äußerte ich mich nur vage. Wußte nicht, wieviel ich Bradley erzählen kann. Das mit uns beiden wird herauskommen. Er sah Dein Foto auf meinem Schreibtisch. «Alraune» wird ihm alles verraten, vermute ich.

Er war erstaunlich. Wegen der Hinweise im Tagebuch um meine Gesundheit besorgt! Das verdammte Tagebuch müßte eigentlich mit dem Mittwoch enden, an dem mein Vater nach Louveciennes kommt. Aber mein Leben beginnt erst oder hat vielmehr erst begonnen, als ich den bekannten Schriftsteller H. V. M. kennenlernte. Das war der Anfang des Tagebuchs von H. V. M.!

Ich wünschte, ich könnte hellsehen, was Du tust. Ich würde alles dafür geben, heute abend in Clichy zu sein!

Anaïs

Du kannst Dir nicht vorstellen, was ich empfinde, wenn ich von anderen Lob über Dich höre – das bereitet mir ungeheure Freude. Und gleichzeitig habe ich das Gefühl, daß jeder der Lobenden nur ein Bruchstück erfaßt hat und ich allein das *Ganze* kenne.

Mir gefällt die Idee der Anonymität für das Tagebuch. Es entspricht meinem allerersten Wunsch, unbekannt zu bleiben. Sie ist wunderbar, diese Heimlichkeit, jetzt und immer.

AN HENRY [Louveciennes]
[15. Mai 1933]

Es gab keinen Zusammenstoß, doch ich habe das Gefühl, daß Hughs Vertrauen für immer erschüttert ist. Alles, was Du gestern sagtest, rührte mich, aber ich bin entschlossen, nie eine *Last* für Dich zu werden. Ich möchte Dir vor allem diese Sicherheit erhalten, die es Dir ermöglicht zu arbeiten. Deine *Sicherheit* und Deine *Unabhängigkeit*, um jeden Preis. Denk an das, was ich Dir sagte, mein Leben ist in erster Linie Deinen

Bedürfnissen untergeordnet. Es dreht sich um Deine Bedürfnisse. Für Dich ist es nicht nötig, daß ich in Clichy bin, wichtig ist jedoch, daß Du weiterhin das Optimale erhältst, Geschenke, ohne Verpflichtungen und ohne Bindungen. Keine Behinderungen. Allzeit Freizeit für Dich, Henry.

Kann heute nicht viel schreiben – bin sehr erschüttert von allem. Der glühende Beifall, den mein Vater meinem Leben spendet, ist eine wunderbare Stütze.

Hugh fährt kommendes Wochenende nach London. Ich werde mit unserem nächsten Wiedersehen bis dahin warten müssen, weil ich so viel Arbeit habe. Das wirkliche Problem rührte daher, daß das Tor nicht zugeschlossen war. Andernfalls hättest Du leicht verschwinden können, samt Mantel und allem!

Bradley fragt an, ob er mich am Dienstag nachmittag sehen kann. Hat «Alraune» nicht gelesen, ist aber zufrieden mit dem 2. und 3. Band des Tagebuchs. Knopf ist interessiert.

Anaïs

An Anaïs

Wepler, Café-Restaurant
14, Place Clichy
Mittwoch [17. Mai 1933]

Das Tor! Ja! Immer ist da ein Tor unverschlossen – es zieht sich wie ein klassischer Zwischenfall durch alle Romanzen. Früher oder später mußte dies geschehen.

Was Du schreibst, überwältigt mich gewissermaßen. Ich kann Dir einfach nichts bieten – immer bietest Du mehr! Du lehnst es schlicht ab, mich etwas für Dich tun zu lassen. Doch das alles ist *vernünftig* – unter den gegenwärtigen Umständen. Keine Frau hat mir je diese Dinge gesagt, so aufrichtig, so ehrlich. Ich glaube Dir unbedingt, und das gibt mir ein wunderbares Gefühl. (Denn wenn andere so sprachen, hatte ich stets den Eindruck, es sei nur eine Geste und man erwarte von mir, daß ich protestiere oder so was.)

Bei Deiner Haltung und meiner – wie kann da etwas schiefgehen? Ich bin sehr dankbar dafür, keinen *Willen* mehr einsetzen zu müssen. Was zu mir gehört, das ist Verstand, und den kann mir niemand nehmen. Dies ist etwas ganz anderes als der Kampf, festzuhalten, zu bewahren usw. Ich glaube, wir haben jetzt beide eine Weisheit erlangt, die nicht lähmend ist – oder gar bloß bequem. Etwas, das im Leben und im Lebendigsein verwurzelt ist. Ich war besorgt Deinetwegen. Das müssen unangenehme Tage sein – ich weiß aus Erfahrung, wie die Atmosphäre hinterher ist, kenne diese düstere, erstickende, erdrückende Stimmung, wie bei sich ansammelnder trockener Elektrizität.

Jedoch – dieses völlige Fehlen von *Angst*! Himmel, was für eine Erleichterung das ist. Ich dachte hinterher, daß ich hätte umgebracht werden können. Verspürte keinerlei Schmerz oder Bedauern bei der Aussicht. Ich kann den Tod hinnehmen, wie ich das Leben hinnehme, lehne nichts ab! In dieser Hinsicht ragte Whitman über Lawrence empor – trotz L.s großartigem Angriff. (Ich muß wieder auf das ewige Thema zurückkommen: In der Kritik an Melville und Whitman und sogar Poe offenbarte Lawrence großartige Stärke, ein über jede bislang bekannte Kritik hinausgehendes Verständnis. Seine Derbheit und Einfachheit, seine scheinbare Trägheit sind entwaffnend. Darunter jedoch schreckliche Kraft und Einsicht.)

Ich würde gern an den Schaufenstern vorbeigehen und Dein Tagebuch und Deine «Alraune» angekündigt sehen. Überall sehe ich Deinen Namen in Goldbuchstaben. [. . .]

Ich bedaure nur, daß Du von einem anderen Namen zugedeckt wirst – daß Du in der Defensive bist und von Dir erwartet wird, Rechenschaft über Dein Leben abzulegen. Welche Ironie! Würdest Du morgen heimlich durchbrennen, wie anders wäre die Lage mit einem Schlag. Man würde Dir alles verzeihen. Daß wir uns nicht weit genug emporschwingen können, um den Situationen gewachsen zu sein, in denen wir uns befinden – dies ist die Tragödie des Lebens. Aber Hugo! Mit seinen felsenfesten geometrischen Lebensprinzipien!

Irgendwie, Anaïs, fühle ich mich sehr sorglos. Sollte ich doch!

Als ich *Open Road* noch einmal las, weinte ich fast vor Freude. Wie viele wissen wohl, was das wirklich bedeutet – freie Bahn? Und eines der größten Worte, das Lawrence sagte, nachdem er Whitman huldigte (er äußerte großartige Dinge über ihn!), lautete: «Der Mensch hat noch nicht einmal angefangen zu knospen. Er ist ganz und gar Wurzeln und Blätter.»

Henry

An Henry [Louveciennes]
[23. Mai 1933]

Henry, als June sagte, Du seist äußerst selbstsüchtig, glaubte ich ihr nicht. Heute hast Du mir einen tiefen Schock versetzt. Ich wußte immer, daß Du mich nur wegen dem liebst, was ich Dir geben kann, und war bereit, dies zu verstehen und zu akzeptieren, weil Du ein Künstler bist. Ich fand alle nur denkbaren Entschuldigungen für Dich. Ich erwartete keineswegs, daß Du Dein ganzes Leben lang menschlich bist oder auch nur sieben Tage in der Woche. Es schien mir andererseits nicht allzu schwierig, einen Tag in der Woche menschlich zu sein oder einen Tag nach zehn anderen. Seit Du mich an dem Montag, an dem Hugh zurückkam, verlassen hast, ist mir klargeworden, daß Dich das, was passierte, keinen Deut schert. Du nahmst Dir sofort vor, es zu vergessen. Du schriebst mir: Ich fühle mich sehr sorglos. Das alles störte mich nicht. Du hattest meinen Wunsch akzeptiert, Dir Freiheit zu geben, Freisein von allem. Du wußtest, daß ich das ernst meinte. Doch als ich Dich von jeder Besorgnis befreite, kehrtest Du sofort zu Deinem selbstversunkenen Leben zurück. Das wußte ich. Am Freitag sagte ich mir: Ich werde Henry nicht kommen lassen. Er liebt mich selbstsüchtig, nur wegen der guten Dinge. An *mir* liegt ihm in Wirklichkeit nichts. Und heute hast Du es bewiesen. Du fühltest Dich gut, gesund, sorgenfrei. Mein Leben interessierte Dich nicht. Du sahst mich nach zehn Tagen wieder und warst kalt. Nicht einmal liebkost hast Du mich. Du bist nicht ins Haus gekommen, um freundlich zu sein nach Deiner Gefühllosigkeit. Die Wahrheit ist, daß Du vollkommen glücklich bist in Clichy, allein. Ich werde dafür sorgen, daß Du weiterhin Deine Sicherheit hast, Deine Unabhängigkeit. Aber das ist alles, Henry. Alles übrige ist tot. Du hast es umgebracht.

Anaïs

Du sagst, ich sei empfindlich. Das bist *Du* auch. Nur verbringe ich mein Leben damit, über Deine Empfindlichkeit zu wachen. Vielleicht ist es ein Zeichen von Empfindlichkeit, daß ich so mit Dir reden wollte, wie ich es heute tat, auf Dich vertraute – und dann die Antwort zu bekommen, die ich bekam. Das einzige Mal, da ich mich auf Dich stützte, Dich brauchte. Ich brauchte Dich, Henry!

An Anaïs

[Clichy]
Mittwoch [24. Mai 1933]

Hör zu, Anaïs, sie ist schändlich, diese Gesundheit, diese Sorglosigkeit, diese *echte* Fröhlichkeit, aber willst Du mich deswegen tatsächlich aufhängen? Dein Brief zerschmettert mich nicht. Ich glaube auch nicht, daß Du mich zerschmettern wolltest. Ich ging gestern ziemlich verwirrt und verblüfft weg, fragte mich, was das alles sollte. Doch ich war nicht verletzt oder gefühllos oder verärgert oder gleichgültig. Ich fühlte mich einfach die ganze Zeit über wohl, so wohl, daß es mir auch nichts anhaben konnte, Dich in Tränen zu sehen. Das ist kein Egoismus, wofür Du es offenbar hältst. Teufel, bin ich denn plötzlich so selbstsüchtig, wie Du behauptest? Glaubst Du den ganzen Unsinn, den Du schreibst? «Ich wußte immer, daß Du mich nur wegen dem liebst, was ich Dir geben kann . . . er liebt mich selbstsüchtig, nur wegen der guten Dinge . . .» Pah! Würde ich glauben, daß Du mir gegenüber wirklich so empfindest, würde ich Dich nie wiedersehen wollen . . . nie. Weil das eine Entwürdigung alles dessen ist, was zwischen uns besteht. Wenn Du so redest, habe ich aufrichtiges Mitleid mit Dir – ich weiß, Du leidest irgendeine Qual, aber was sie ausgelöst hat, geht über meinen Horizont. Und ich bin nicht sehr neugierig, es zu erfahren. Ich bin zurückhaltend, in einer anständigen, menschlichen Weise, *nicht unmenschlich*. Ich verlasse Dich an einem Montag, und am nächsten Tag erleidest Du einen Zusammenbruch. Doch die Ursache kenne ich noch immer nicht. Ich glaube nicht, daß Du sie mir erklärt hast. Du lügst ein bißchen. In Ordnung. Warum solltest Du nicht lügen? Du wolltest mir etwas ersparen. Sollte ich versuchen, der Sache auf den Grund zu gehen, und Dich verlegen machen? Vielleicht war es wirklich ein bißchen gefühllos von mir, über Joachim [Joaquin] zu reden, aber nur, weil ich diese innige geschwisterliche Zuneigung nicht mag oder weil ich sie nicht verstehe. Oder ich verstehe sie zu gut und fürchte sie. Oder . . . Nun, vielleicht ist es blanke Eifersucht . . . Was Deinen Vater anbelangt: Wenn Du glaubst, ich hätte grausame Dinge gesagt, dann bist diesmal Du völlig blind und unempfindsam. Ich bin so sehr für Deinen Vater, daß ich Opfer für ihn bringen könnte – obwohl ich ihn nicht kenne. Ich glaube, daß Dein Vater, ob er im Recht oder im Unrecht ist, eine grausame Beraubung erfahren hat. Ich finde nichts auszusetzen daran, daß er sich Dich für eine Weile so sehnlich wünscht. Auch nicht daran, daß Du ihn Dir wünschst. Ihr braucht einander wirklich. Ihr hattet nie eine richtige Beziehung zueinander. Und als ich sagte, bei ihm werde bald Ernüchterung einsetzen, meinte ich es durchaus ernst. In folgendem Sinn: Ein Mann seines Alters und seiner scharfen Intelligenz würde nach und nach zu der Erkenntnis gelangen, daß er die Tochter, die er verlassen hatte, nie wiederhaben könne. Ich habe mich damit abgefunden. Wenn ich in einem Traum zusammenbrechen und bitterlich schluchzen konnte, als ich meine Tochter traf, dann geschah das nur, weil ich weiß, sogar im Traum, daß ich sie nicht wirklich wiederhaben kann. Wenn man so viele Jahre dazwischentreten läßt, bekommt man nur Gespenster.

Und so, Anaïs, verhält es sich mit dieser Gefühllosigkeit: Ich will nicht verbittert sein gegenüber dem Leben – gegenüber der Liebe und Freundschaft und all den menschlichen, emotionellen Verstrickungen. Ich habe mehr als meinen Teil an menschlichen Enttäuschungen, Verlusten und Desillusion abbekommen. Ich möchte die Menschen lieben und vor allem das Leben; ich möchte immer fähig sein zu sagen: «Wenn du verbittert oder enttäuscht bist, ist mit dir selbst etwas nicht in Ordnung, nicht mit den Menschen oder mit dem Leben.» Ich werde Liebe und Freundschaft nicht zurückweisen. Ich möchte nicht allein auf einem eisigen Berggipfel leben.

Ungeachtet dessen aber sage ich Dir, daß es in einer Beziehung wie der unsrigen etwas Festeres geben muß, als Du in Deinem Brief bekundest. Du willst mir doch nicht sagen, daß sie, so sehr ich Dich gestern auch enttäuscht haben mag, zu Ende ist, daß ich sie umgebracht habe? Ich könnte mir vorstellen, daß ich fähig wäre, Dich noch viel schlimmer zu enttäuschen und sie dennoch nicht zu Ende sein zu lassen. Am Dienstag kann ich mich als Versager erweisen. Und am Donnerstag oder Freitag kann ich mich als großartig erweisen. Die Menschen haben auch Kalender. Oder *sind* Kalender. Einen Augenblick des Nichtbegreifens zu nehmen und darauf ein Gebäude des Mißverständnisses zu errichten, ist Deiner oder meiner nicht würdig. Ich rede mit Dir, als würde ich Dir etwas verzeihen. Das muß Dich erbosen. Aber schau – wer hat denn dieses robuste, gesunde, sorglose, selbstsüchtige Individuum erschaffen, dessen Gefühllosigkeit Dich gestern so verletzte? Warst Du nicht die ganze Zeit über recht stolz und glücklich, mich aufblühen zu sehen? Wußtest Du, daß ich vorige Woche, während Du Deine Anfälle (von was – von Neurotizismus?) erlittst, das Gefühl hatte, auf dem Gipfel der körperlichen Fitness angelangt zu sein? Ich war überwältigt vor Freude, mich bei solch großartiger Gesundheit zu befinden. Und jetzt willst Du mich um den Erfolg bringen. Du willst, daß ich unglücklich bin, mich wieder winde und quäle.

Nein, Anaïs. Entweder das eine oder das andere. Entweder Du willst, daß ich bin, wie ich bin, und es gefällt Dir, oder Du täuschst Dich in mir. Gesundheit! Ich sage Dir, das bedeutet nicht Gleichgültigkeit, nicht Gefühllosigkeit. Es ist ein sehr menschlicher Zustand, der einen über viele sinnlose Probleme und Ärgernisse emporhebt, zumindest vorübergehend. Man kann einfach nicht unglücklich gemacht werden, traurig, bekümmert. Man lebt eine Weile dort, auf dem Gipfel der Klarheit, und sieht die Dinge mit bloßem Auge, und alles schaut gut aus, *ist* gut. Es ist fast, als werde man fromm – nur viel besser, viel gesünder.

Du hast mir das Fahrrad geschenkt, und ich habe es genossen – zumindest ein kleines bißchen. Glaube mir, ich nehme viel weniger Sonnenbäder, als aus meinen Briefen offenbar hervorgeht. Nur ein leichter Hauch Sonne, und mir ist schwindelig. Nur ein leichter Hauch Glück, und ich vergesse – allzu schnell, sagst Du – meine menschlichen Leiden. Im Grunde bin ich glücklich, fröhlich, umgänglich. Ich kann mit jedermann auskommen. Und auf dem Höhepunkt dieses Wohlgefühls kann ich mit mir allein auskommen – und mit der Natur. Ich würde das nicht unmenschlich nennen, selbstsüchtig – nicht so schnell. Du warst vorschnell, weißt Du. Normalerweise würde meine selbstsüchtige Freude am Leben Dich nicht verletzen. Du würdest Vergnügen daran finden. Aber gestern – nun, gestern ... nagte etwas in Dir ...

Laß mich ein Stück zurückgehen. Zu dem Tag, an dem ich Dich anrief, Du wirst Dich erinnern, als ich anrief, um zu sagen, ich würde nicht kommen. Ich war wirklich versessen darauf zu arbeiten. Dann setztest Du mich plötzlich davon in Kenntnis, daß Du krank seist. Vermutlich wolltest Du, daß ich hinauskomme. Ich wäre auch gekommen – sofort –, doch Du fügtest hinzu, und ich hielt es für aufrichtig, daß Du eine Weile allein sein und Dich ausruhen wolltest. Ich hielt das für eine gute Idee. Eigentlich hasse ich die ganze Verhätschelei, die wir einander angedeihen lassen, sobald wir erfahren, daß der andere krank ist. Warum sollte man seine Krankheit nicht auch genießen? Manchmal wird man einfach krank, um eine Weile allein zu sein. Das ist eine der Möglichkeiten des Körpers, über den Geist zu siegen. Da gibt es Probleme, die der Verstand einfach nicht lösen kann. Wir quälen uns, werden hilflos und brechen zusammen. Wir werden krank, sagen wir. Okay. Wir legen uns zu Bett, und während wir da liegen, einfach nichts tun, uns den unlösbaren Problemen hingeben, gelangen wir allmählich zu einer neuen Sicht der Dinge. Wir fügen uns in einiges Unvermeidliche, wozu uns die Einsicht und der Mut fehlten, solange wir auf den Hinterbeinen standen und dieses verdammte Instrument, den Verstand, benutzten. Ich respektiere das. Es gibt Zeiten, in denen einem niemand helfen kann, nicht einmal derjenige, den man liebt. Man muß allein sein. Man muß krank sein, sich in der Krankheit suhlen. Die Seele braucht das.

Also verbannte ich Deine Krankheit sofort aus meinen Gedanken und schrieb diesen «sorglosen» Brief an Emil. Hätte ich wirklich Angst um Dich gehabt, glaubst Du, ich würde Deine Krankheit so leichten Herzens ignoriert haben? Bin ich ein Ungeheuer? Kaum. Ich unterscheide zwischen den Krankheiten, die wir uns zuziehen, die wir *herausfordern*, und den Krankheiten, die uns befallen. Ich wollte, daß Du Deine herausgeforderte Krankheit nutzt. Und an der Sache ist mehr als nur das. Ich begriff stillschweigend, daß irgend etwas die Krankheit ausgelöst hatte, was Du mir nie enthüllen würdest. Es steht zweifellos in Deinem Tagebuch. Oh, ich kenne Dein Tagebuch, Anaïs, viel besser, als Du Dir vorstellen kannst. Deshalb bin ich wirklich nicht begierig darauf, alles zu Gesicht zu bekommen. Du könntest mich damit allein lassen und Dich völlig sicher fühlen. Ich würde es nicht öffnen. Das würde ich nicht tun, weil ich weiß, daß alle diese lichtvollen Bilder, die Du mir vorliest, von Schatten umgeben sein müssen. In dem Tagebuch müssen grausame Dinge stehen, viel, viel grausamere, als ich mich je zwingen könnte, zuzugeben.

Ich denke folgendes, Anaïs, um es ganz einfach zu sagen: Wenn man für einen anderen Opfer bringt, wie Du es für mich getan hast, wird immer ein Spielraum für «Undankbarkeit» bestehen, für «Gefühllosigkeit», für «Nichtbegreifen», unter dem man leiden wird. Ich werde nie in der Lage sein, Dir zu vergelten, was Du getan hast. Nie. Und das erzeugt einen geheimen kleinen Groll, für den man nichts kann. Man bezahlt die Strafe für die Opfer, die man bringt, so ironisch das klingen mag. Während ich das bei June schließlich zu verabscheuen begann, es mich bei ihr verbitterte und quälte, ist das bei Dir nicht der Fall. Ich glaubte, über das hinausgewachsen zu sein. Weil ich auch meine Pflicht anerkenne – nicht sklavisch dankbar zu sein, Dich nicht zu erniedrigen, nicht das Schöne in Dir zu zerstören, das Dich veranlaßte, diese Opfer zu bringen.

Ich glaube, wie ich oben zu sagen begann, daß die Lage zu kompliziert geworden ist für Dich. Und dieses ganze Durcheinander scheint sich irgendwie um mich zu drehen. Ich stehe im Mittelpunkt, bin die Ursache von alledem. Nicht wirklich, nicht ganz – denn Du bist teilweise selbst verantwortlich dafür. Wir wollten es beide. Was ich Dir gern sagen möchte, Anaïs, ohne die geringste Bitterkeit, ohne den geringsten Groll, ohne das geringste Gefühl der Verletztheit, ist: Tu für Dich selbst, was immer Du zu tun wünschst. Wenn in Dir ein Kampf stattfindet, von dem Du mir nur bestimmte Aspekte enthüllt hast, finde heraus, was Du tun solltest, und tu es. Denn mein wirklicher Wunsch ist, Dir zu helfen. Ich möchte genau das Gegenteil dessen sagen, was Du mir schriebst. Sorge *nicht* weiter für meine Sicherheit, meine Unabhängigkeit. Das genügt mir nicht und Dir auch nicht. Vergiß das und laß alles übrige von Bedeutung sein. Mach nicht den einen vom anderen abhängig, wie Du es so grausam vorgetäuscht hast, denn ich glaube Dir nicht. Ich würde Dich verachten, wenn ich dächte, daß Du alle die Dinge, die du mir geschrieben hast, ernst meinst. Ich weiß, daß Du es nicht tust. Aber ich bin eine Last für Dich. Du versuchst, Unmögliches für mich zu tun. Und Du willst nicht zugeben, daß Du es nicht schaffst. Ich bitte Dich, vergiß Deine selbstauferlegten Verpflichtungen. Vergiß alles über meine physisch-wirtschaftliche Seite – daß ich mich so bequem beschützen lassen konnte. Stell mich anders auf die Probe. Und warte ab, ob ich Dich im Stich lasse. Sag einfach ehrlich zu mir: «Ich kann nicht mehr für Dich tun, Henry ... ich kann nicht.» Und dann sieh, was mit mir passiert.

Mich erfüllt tiefes, tiefes Bedauern, weil ich Dich gestern im Stich ließ. Dennoch sage ich Dir, das alles ist verwirrend und rätselhaft für mich. Ich kam in gehobener Stimmung, mit der Absicht, Dich sofort in die Arme zu schließen und zu Tode zu lieben. Und dann – was immer wieder passiert, das ist nichts Neues! – trete ich ins Haus und bin mir bewußt, ein Gast zu sein, wenn auch ein sehr bevorzugter. Es ist nicht mein Haus, und Du bist nicht meine Frau. Du stehst da in der offenen Tür, und ich sehe ständig eine Fürstin, die aus irgendeiner verborgenen Laune heraus bereit ist, mir ihre Liebe zu schenken. Ich fühle mich als ein Niemand. Ich habe das Gefühl, ich könnte ein x-beliebiger sein. Alles ist ein Geschenk. Mich überkommt eine verrückte Verlegenheit, und ich stehe da und schüttle Dir die Hand und rede über beiläufige Dinge, und ich sage mir, es ist wunderbar hier, nichts von alledem ist wirklich, es ist alles ein Traum. Ich sage es, weil ich nicht alles verdiene, was Du mir schenkst, auch wenn ich weiß, daß ich ein bißchen Leben verdiene. Und wenn ich so ausführlich über mich selbst rede, was Dich schrecklich langweilen muß, geschieht es wahrscheinlich, weil ich versuche, mich in die Realität alles dessen hineinzureden, was Du mir entgegenbringst, während Du einfach an der offenen Tür stehst und mich begrüßt. Du weißt nicht, was für ein großer Augenblick das immer für mich ist. Dann werde ich derart menschlich, daß ich Zartgefühl entfalte. Und so war es gestern ... Meine Gefühllosigkeit war Zartgefühl. Ich hungerte nach Dir. Ich hätte Dir die Kleider herunterreißen mögen, als Du mich zu der Hängematte führtest; ich hätte Dich verschlingen mögen. Doch da sitze ich, Dir gegenüber, und rede. Ich hatte, nur um fünf Minuten eher bei Dir zu sein, eine

Abkürzung genommen und mich verlaufen, so daß ein Umweg daraus wurde. Du schautest gestern sehr zerbrechlich aus, so als seist Du krank gewesen. Und ich hatte das Gefühl, mein verzehrender Hunger könnte als wahrhaft taktlos empfunden werden. Ich wollte, daß Du den besten Teil von mir bekommst. Also redeten wir, und was Dich wirklich verletzte, war, daß ich Dich nicht in die Arme nahm. Nun, es war eine seltsame Art von Gefühllosigkeit, die mich daran hinderte. Nicht eine Gefühllosigkeit, wie Du sie siehst. Ich dachte, meine «Gesundheit» würde alle die Krankheitsschwaden um Dich vertreiben. Ich dachte – und vermutlich ist das Romantik –, daß ich einfach da sitzen, bei Dir sein und Dir ein inneres Wohlgefühl vermitteln könnte. In Wahrheit hätte ich Dich lieber ins Gras legen und mit Dir schmusen wollen. Ich bin noch immer naiv und unbeholfen. Tut mir leid, ich war nicht in Stimmung für Seelenqualen, aber ganz sicher war ich nicht gleichgültig oder gefühllos. Ich weiß nicht, ob Du je den Unterschied erkennst.

Wie dem auch sei, zum Teufel mit dem allem. Ich verließ Dich irgendwie benommen, ein bißchen erfreut darüber, daß Du mich so wegschicktest – weil es mir auch gefällt, wenn Du mir gegenüber die spanische große Dame spielst! –, und ich wollte Dich anrufen und Dir sagen, daß es mir leid tue, aber schließlich wußte ich gar nicht, was mir leid tun sollte, und ich fürchtete, meine Unwissenheit oder Unempfindlichkeit oder Gott weiß was würden Dich mehr verletzen, als wenn ich schwieg und den «Befehlen gehorchte». Du weißt verdammt gut, daß ich keinen Befehlen zu gehorchen brauchte. Ich hätte mich am Tor umdrehen, Dich packen und sagen können: «Nein, ich werde nicht weggehen, ich werde dableiben und Dich lieben und dafür sorgen, daß es Dir gefällt.» Doch das erschien mir taktlos romantisch. Du wolltest das Vergnügen haben, mich wegzujagen, und ich bereitete es Dir. Das ist es, was ich Zartgefühl nenne. Du wolltest, daß ich mich ein bißchen erniedrigt fühle, also ging ich gehorsam, mit eingezogenem Schwanz. Auf dem Weg den Hügel hinab war ich sehr glücklich, denn ich stellte mir vor, Du würdest nach oben gehen und einige weitere «Alraune»-Seiten schreiben. Und wenn es Dir zu etwas mehr «Alraune» verhelfen kann, mich so fortzujagen, stehe ich Dir immer zu Diensten. Du kannst immer einen menschlichen Fußabstreifer aus mir machen – *für Deine Kunst.* Das sollte Sie ein bißchen erfreuen, Anaïs Nin! (Weil ich Dich für eine große Künstlerin halte.)

Und nun zu Deiner Persönlichkeit. Ja, das bist Du auch. Eine große Persönlichkeit. Selbst wenn Du kein Tagebuch geführt hättest. Ich schätze nicht sonderlich, was Nestor[1] sagte – es geht ein bißchen über meinen Horizont. Ich möchte nur sagen, daß es Tage gibt, wie gestern, an denen Du nicht weißt, was Du bist – Künstlerin, menschliches Wesen, Persönlichkeit oder Selbstbildnis –, und dann machst Du andere unglücklich. Aber das ist in Ordnung so. Ich finde es gut, Du *solltest* ab und zu andere unglücklich machen. Du hast Deine schlechten Momente, wie wir alle. Du bist nicht vollkommen. Vielleicht ist es das, was mir an Nestors Kompliment nicht gefällt. Dies und die Tatsache, daß Du es mir nur weitersagtest, um mich zu reizen – genau wie bei den Briefen, die Dir Dein Vater schreibt. Meinst Du, ich wollte die Briefe, die er Dir schreibt, zu übertreffen versuchen? Wo soll er dann bleiben? Soll er nicht auch seinen Ruhm haben? Sollte er nicht sogar noch leidenschaftlicher schreiben als ich? Du hast ihn leiden lassen. Willst Du, daß auch ich leide?

Du willst kein Ungeheuer, das weiß ich. Aber es ist grundfalsch von Dir, Anaïs, mir Junes Worte entgegenzuschleudern. Das verdiene ich nicht. Ich verzeihe Dir sofort. Weil es Schwäche von Dir war, das zu schreiben. Du beleidigst Dich selbst, wenn Du mir so etwas schreibst. Ich denke an Dich nicht als ein Wesen, das sich mir anbietet, um ausgesaugt zu werden. Ich will nichts von Dir als Dich. Stell mich auf die Probe. Schreib nicht: «Alles übrige ist tot . . . Du hast es umgebracht.» Das klingt zu melodramatisch. Das bist nicht Du. (Es gefällt mir jedoch. Es kitzelt mich. Ich lache, wenn ich einen solchen Brief kriege. Ich lache auf eine gefühllose, zartfühlende Art. Ich sehe, wie alles kaputtgehen kann, wenn wir uns erlauben, zu empfindlich zu werden.)

Anaïs, der Frühling ist da. Ich habe ihn bisher genossen. Doch um ihn genießen zu können, brauchte ich Dich. Sonst hätte es für mich keinen Frühling gegeben. Ich habe andere Frühlinge erlebt, schwarze Frühlinge. Und als ich diesen frohlockenden Brief an Emil schrieb – über das Erfülltsein vom Heiligen Geist usw. –, dachte ich bei mir, wie kurios es doch ist, daß wir so etwas dem Heiligen Geist anhängen. Du bist der Heilige Geist in mir. Du machst meinen Frühling. Du machst die Gare St. Lazare und meine Liebe zu Paris. Weißt Du, wie Du mich gestern weggeschickt hast? Ein bißchen, als sei ich Dein Gärtner. Nachdem ich an Bougival vorbei war, machte ich wieder einen Umweg. Ich stieg einen gewaltigen Hügel hinauf – Jonchère, so heißt er, glaube ich. Es gibt ein schönes Gasthaus dort oben, zwischen den Bäumen. Wunderbare Aussicht. Völlig aus der Welt. Und ich dachte, meine «Entlassung» völlig vergessend, daß ich gern an einem Nachmittag, zur Dämmerung hin, mit

1 Nestor de la Torre, ein spanischer Maler von den Kanarischen Inseln.

Dir hierhergehen und zu Abend essen würde. Ich dachte auch an Deine einstige Bemerkung, daß ich Dir die Straßen zeigen solle – was wir machen würden, wenn es wirklich zu spät wäre dafür. Ich dachte sehr viel, während ich den Hügel hinaufstieg, und dann hatte ich die herrlichste Aussicht. Ich sah das ganze Tal unter mir liegen, auch Louveciennes. Und ich dachte an Dich, wie Du Dich in dem nun düsteren Haus eingesperrt hattest und in Dein Tagebuch schriebst. Und das schmerzte mich wirklich. Denn hättest Du mit mir auf dem Hügel stehen können, wäre alles wieder in Ordnung gewesen. Ich brauchte nur eine bessere Perspektive, ein bißchen Höhe. Verzeih mir, ich versuche nicht, mich Dir gegenüber als Herr aufzuspielen. Ich stelle es ernst fest, als Tatsache, als geistige Tatsache. Gestern konnte ich nicht zerschmettert werden. Heute vielleicht. Morgen vielleicht. Du *kannst* einen Menschen zerschmettern, wenn Du es hartnäckig genug versuchst. Aber lohnt es sich?

Apropos Dir Schmerz bereiten: Nichts lag meinem Herzen ferner. Immer wird das so sein. Niemals könnte ich Dir absichtlich, bewußt, die geringste Verletzung zufügen. Du kannst auf mir herumtrampeln, wenn Du willst – wenn das bewirkt, daß Du Dich besser, stärker fühlst. Aber ich werde nicht auf Dir herumtrampeln. Das bringt mir nichts. Alle die «guten Dinge», die ich von Dir bekam, sind unantastbar. Sie sind die dauerhaftesten, unvergänglichsten Dinge. Es wäre mir völlig unmöglich, sie zurückzuweisen oder zu verleugnen. Die großen Geschenke kann man nicht wegwerfen – sie bleiben einem.

Eben, während ich das Obige schreibe, kamen Dein Telegramm und die Zahlungsanweisung. Ich werde weggehen und Dich anrufen, Dir einen Mordskrach machen, und dann schicke ich Dir diesen Brief. Ich werde Dich bitten, heute abend hierherzukommen, da Du gesagt hast, Hugo werde heute verreisen. Aber wenn ich in die Telefonzelle trete, kann es mir passieren, daß ich die Sprache verliere, und darum schicke ich Dir den Brief. Aber bitte, Anaïs, reite nicht drauf herum: «Morgen werde ich mehr schicken!» Das tut weh. Das stellt mich in eine Reihe mit Bachman und all den übrigen. Ich will das nicht. Ich will es nicht haben. Ich werde nun gehen und Dich anrufen und Dir klarzumachen versuchen, daß ich Dich will, nur Dich selbst. Aber Du bist jetzt böse und gibst mir vielleicht keine Chance mehr. Und es fällt mir sehr schwer zu reden, wenn Du mir gegenüber ernst und schweigsam bist. Es ist so unnatürlich.

Ich möchte, daß Du nach Clichy kommst, wenn Du kannst. *Ich möchte Dich haben.* Dein Geheimnis kannst Du behalten. Bring nur Dich selbst. Doch wenn Du mir noch mehr Telegramme wie dieses schickst, werde ich

Dir einen Korb geben. Ich schicke Dir mein ganzes Herz und morgen nicht mehr, nur das Herz. Verstanden?

HVM

AN HENRY

[Louveciennes]
[29. Mai 1933]

Ich bin heute abend von Dir erfüllt, Henry, und traurig, weil ich viel, viel lieber mit *Dir* wegfahren würde. Ich erkannte heute, als Du meine Garderobe erwähntest, daß ich bei allem, was ich mir kaufe, stets überlege, ob es Dir gefallen würde. Ich frage mich nicht, ob es meinem Vater gefällt. Ich bin schrecklich weit von meiner Vergangenheit entfernt und Dir schrecklich nahe. Es rührte mich, daß Du den Kaffee doppelt gut fandest. In *unserem* Urlaub wird alles doppelt gut sein.

Ich dürste wirklich nach unserem Urlaub. War es *zu feminin* von mir, Dich jeden Tag sehen zu wollen, weil ich spürte, daß Du trüber Stimmung warst, und ich wollte, daß Du wieder obenauf bist? Ich möchte dich nicht gequält sehen . . . auch nicht von einer Erkältung!

Am Samstag gehen wir zusammen Schallplatten aussuchen, nicht wahr?

Schick mir meinen «Selbstporträt»-Brief, den ich liegenließ.[1]

Erinnerst Du dich an Lawrences letzte Worte in der *Apokalypse* – etwas über «im Einklang mit der Sonne sein»? Wie gut wird die Sonne für mich sein? Die Sonne ist gut für den Mann, den Schöpfer, das kosmische Männliche usw. Die Frau ist so verdammt *persönlich*, daß sogar die Sonne im Mann versinnbildlicht werden muß. Für mich in Henry.

A.

1 «Self-Portrait» lautete der Arbeitstitel von *Schwarzer Frühling*, der sich aus mehreren Abschnitten von Henry Millers «Selbstporträt» entwickelte.

An Anaïs [Clichy]
[30. Mai 1933]

Bekam eben Deinen Brief, in diesem Moment, und antworte umgehend. Bestimmt bin ich es, der Dich traurig macht. Ich spürte das, als ich Dich gestern verließ. Ich war gar nicht richtig da. Ich wachte schon in einem Nebel auf und blieb in dem Nebel. Die Erkältung ist es nicht. Die Erkältung ist die Folge von etwas anderem. Ich muß übermüdet sein, und das zeigt sich vermutlich auf diese Weise.

Wie dem auch sei, gestern, als Du hier warst – oder war es vorgestern? – und ich den Rest dieser Seiten tippte, bemerkte ich plötzlich, daß Du verstohlen zu mir kamst und für mich Kohlepapier zwischen die Blätter legtest. Und als ich das bemerkte, war ich völlig fertig. *Ich war tief gerührt.* Glaub mir, das ist der Gipfel der Selbstverleugnung. Niemand tat je *so viel* für mich. Ich war erledigt, konnte nicht mehr schreiben, weil ich zu stark an das dachte – und dann sagte ich kein Wort über meine Gefühle zu Dir.

Dem Anschein nach schätzte ich es gar nicht, daß Du kamst und mich aufwecktest und alles das. Doch ich schätzte es sehr wohl. Ich hätte gern, daß Du jeden Tag kommst. Heute hielt ich nach Dir Ausschau – ich hatte mich daran gewöhnt. Dann fiel mir ein, daß Du nicht frei bist. Mach Dir keine Sorgen wegen des Kaufens der Schallplatten. Das ergibt sich nach und nach von selbst. Ob ich will oder nicht, ich werde sie vermutlich kaufen. Aber ich mag es, sie langsam zu kaufen, mich ein bißchen zu martern, sie mir sozusagen zu verdienen. Ich habe das Gefühl, daß ich noch verdammt viel mehr schreiben sollte, bevor ich losziehe und eine Platte kaufe.

Heute kam ein mitleiderregender Brief von Bachman, in dem er ausführlich seine Nöte schildert, seine lange, beschwerliche Reise im Regen, ohne Essen, ohne Sohlen an den Schuhen usw. usw. Ich war nicht im mindesten beeindruckt. Ich lachte. Ich dachte an mich selbst – man durchlebt eine großartige Zeit und weiß es nicht. Er warf seinen Überzieher weg, dann sein Jackett, läuft jetzt in Hemd und Knickerbockern herum, bettelt um Essen und schläft in Nachtasylen und Hospitälern. Prima. Die Sache! Ein Mann sollte das genießen, wenn er bei Verstand ist. Wenn er also 30 Francs im Monat von Fred und mir erbittet, lache ich nur. Ich werde ihm keine 30 Francs schicken. Nicht für Briefporto oder Zahnpasta oder Haarschneiden usw. Er zählt alle die für seine Existenz notwendigen Dinge auf. Hol ihn der Teufel. Ich werde Bachman mit dem Mut behandeln, den Lawrence, wie ich immer sagte, bei der Behandlung von Magnus hätte haben sollen. Ich möchte ihn abkratzen sehen. In der Gosse sterben. Es wird kein bißchen weh tun. Ich werde mich nicht schlecht fühlen wegen seines Selbstmords. Ich finde, alle die Bachmans auf dieser Welt sollten das Zeitliche segnen. Ich werde ihm helfen, seinem Leben ein Ende zu setzen. Denn es ödet mich an, von seinen kleinen, kleinkarierten Nöten zu hören. In dem Reisebericht schildert er seine mühselige Fahrt durch Deutschland – ein erschütternder Bericht –, ich werde ihn in mein nächstes Notizbuch aufnehmen. Er wirkt interessant, echt. Das Tagebuch eines Versagers. Eines elenden Versagers.

Ich wünschte, ich würde jetzt mit Dir an die Riviera fahren. Ich habe das Gefühl, Urlaub zu brauchen. Verlangen nach Sonnenschein, Faulsein. Ich bin wahrscheinlich an einem natürlichen Ruhepunkt angelangt. Nur mein Wille treibt mich voran, läßt mich lesen, Notizen machen. In Wirklichkeit will ich nicht schreiben. Ich habe ein bißchen genug davon. Doch wenn die Erkältung vergeht, werde ich mich vermutlich wieder anders fühlen.

Wie dem auch sei, hier sind die Seiten, von denen Du sprachst, und einige mehr – Traumaufzeichnungen[1]. Heute verwöhne ich mich selbst. Ich werde in den Buchladen gehen und meine Manuskripte binden. Ich kaufe mir ein paar kleine Dinge. Danach ist mir: Ein Loch ins Portemonnaie zu kaufen.

Henry

An Henry [Louveciennes]
[1. Juni 1933]

Kohlepapier in Deine Blätter zu legen, ist keine Selbstverleugnung, sondern nur gesunde, tiefe Wertanerkennung, eine kluge *kritische* Würdigung! Es ist die logische Folge von Büchern über Lawrence usw., es ist *Intelligenz*, kein Opfer! Sei nicht gerührt! Nimm es als das, was es ist. Dachte heute abend an Deine ungeheure Ausarbeitung kleiner Samenkörner, wie das Buch über Träume. Hier eine Notiz, die ich über die Traumqualität machte: «Die Kopflosigkeit entspricht dem, was du als Fehlen von Hemmung beschriebst. Alraune entfernte sich aus der Traumregion, weil ich während des Wachzustands oft in Traumstimmung

1 Anaïs Nin hatte Henry Miller empfohlen, seine Träume aufzuschreiben.

bin und das Leben für mich oft diese Qualität hat.» Du wirst etwas Größeres und weniger Fiktives schaffen. Ich bin ungeheuer gespannt darauf.

Denke heute an ein amüsantes Experiment: Was würde passieren, wenn ich, statt in das Tagebuch zu schreiben, Dir täglich zehn Seiten oder so vom «Selbstporträt» schickte? Glaub mir, ich schreibe es jetzt schon lange für Dich. Ich habe jedoch das Gefühl, daß es sehr schlecht wäre, würde ein solcher Schub auf Deinem überladenen Schreibtisch landen. Du brauchst eine Frau, keine Bibliothek! Henry, der wirkliche Grund für das Tagebuch ist immer das Gefühl, daß die Menschen viel zu beschäftigt sind, daß sie sich gar nicht interessieren für alles das, was ich zu sagen habe, und dies ist verdammt viel! Was für ein Witz, wenn die Welt eines Tages die Seiten läse, die ich mit dem vollschrieb, was ich als uninteressant für andere ansah!

Ich mag es, wenn ich an den Abenden hier sitze und schreibe und Hugo das Radio anmacht: dann sage ich zu mir selbst: Vielleicht hat Henry auch Musik. Ich ersehe aus Deinem Brief, daß Du Erholung vom Schreiben willst. *Erhole Dich!* Du hast den ganzen Winter wie ein Galeerensklave geschuftet. Ich erteile Dir Absolution! Laut der Analyse brauchen wir sie, von irgend jemandem. Ich erteile sie Dir! Für alles, was Du tust!

Anaïs

Bradley sagte, Du würdet viel besser «ejakulatorisch» schreiben als ich...

An Anaïs [Clichy]
Sonntag [18. Juni 1933]

Erst als ich das Telegramm bekam, wurde mir klar, daß Du wirklich fährst. Setzte mich danach in ein Café bei [der Métrostation] La Fourche, und mich suchten seltsame Gefühle heim. Wenn ich Worte höre wie «ich reise ab« oder »auf Wiedersehen« usw., durchfährt es mich wie kalter Stahl. Ich weiß, es ist nur für kurze Zeit, aber wenn man eine Reise unternimmt, stellt sich immer die Frage nach anderen Reisen – endgültigen Abreisen. Ich saß in dem Café und weinte, ohne es recht zu merken. Aber nur einen Augenblick.

Jetzt ist alles wieder in Ordnung, und ich freue mich auf irgendwelche interessanten Neuigkeiten von Dir. Diese Gespräche mit Deinem Vater! Berichte mir möglichst viel, das heißt, soviel Du preiszugeben gewillt bist.

Erinnerst Du Dich an meine Abreise nach Dijon? Und wie unsere Korrespondenz, sobald wir damit begannen, um Proust und Dostojewski ging? Nun, da wären wir wieder. Etwas an Deiner Abreise drängte mich, das Buch von [Samuel] Beckett über Proust noch einmal zu lesen – mit dem Ergebnis, daß ich heute etwa 28 Seiten abschrieb. Ich hebe sie in der Hoffnung auf, sie reichlich mit Anmerkungen zu versehen. Wir schrieben anfangs sehr nebulös über Proust – jetzt erscheint mir alles kristallklar. Doch ist Dir bewußt, wieviel geistige Arbeit wir im letzten Jahr oder so geleistet haben? Für mich liegt das nun offen zutage. Diese Seiten aus Beckett bilden eine gute Ergänzung zu der These von [Arnaud] Dandieu[1]. Er schreibt manchmal ziemlich verworren – ich glaube, er wird Dich ein bißchen irritieren. Aber der ganze Stoff ist gut präsentiert.

Habe ich Dir gesagt, wie gut Du in dem neuen Kleid aussahst – mit dem ägyptischen Firlefanz? Du bist an dem Tag um mich herumgetanzt wie der Wind. Ich vermisse das von Dir ausgehende Feuer und Licht so sehr. Die Dinge scheinen ihren Glanz verloren zu haben, seit ich Louveciennes verließ.

Gewiß empfindest Du dies als einen komischen Brief von mir – die Wahrheit ist, daß ich gerade keinen Brief in mir habe. Den Grund dafür kenne ich nicht. Ich fühle mich ziemlich leer. Den Namen Deiner Stadt kann ich im *Larousse* nicht finden. Gibt es diesen Ort überhaupt?

Was meintest Du mit dem Unfall? Hat Hugo aus Zerstreutheit versucht, Euch alle abzumurksen? Du klangst aufgeregt.

Hör zu – das ist alles Schnee von gestern. Du bist jetzt irgendwo in der Sonne, nehme ich an – auch wenn das schwer zu glauben ist, denn hier ist die Temperatur auf fast winterliche Grade gesunken. Schreib mir, ob Du es schön findest dort. Blase mir ein bißchen frische Luft zu. Und Sonnenschein! Paris wirkt grauer, als es mir je vorkam. Stoße Dich nicht an diesen Zeichnungen. Sie stammen nicht von mir, schauen aus wie von Fred.

Wenn wir uns wiedersehen, werde ich ein weiteres Tagebuch für Dich angefangen haben. Trink Champagner! Er wird in der *Tribune* als «gesundes» Getränk angepriesen. Trink Champagner, während Du Dir Bach und Beethoven anhörst. Das ist ein gutes Vorbeugungsmittel.

Ich glaube nicht, daß ich je im Leben einen so blöden Brief geschrie-

1 *Marcel Proust. Sa révélation psychologique* (Paris 1930).

ben habe. Ich kann es nicht ändern. Du wirst mir verzeihen müssen. Ich bin ganz durcheinander.

Morgen! Aber in Liebe – unendlich viel Liebe. Ich vermisse Dich.

Henry

PS: Das ist's – ich vermisse Dich jetzt schon so sehr. Ich bin geistesabwesend. Du sagtest, Du würdest wegfahren, und ich sagte: «Klar, fahre!» Aber ich wußte nicht, was ich sagte.

Laß Dich nicht unglücklich machen von mir. Vielleicht macht der Brief Dich nicht so unglücklich, wie ich mir vorstelle. Amüsier Dich – wie Du oft zu mir sagst. Wirklich! Unterhalte Dich gut. Trink in der Sonne. Laß nicht zu, daß Dir die Memmen zu Hause in Louveciennes Sorgen bereiten. Was mich rührte – am Telefon –, war Deine Bemerkung, daß Dein Koffer nicht gepackt sei. Man stelle sich vor! Du packst die Koffer aller anderen – und diese faulen Hunde liegen herum, und keiner packt Deine Sachen. In Louveciennes muß ein trauriges Durcheinander geherrscht haben.

Henry

An Anaïs

[Clichy]
Dienstag [20. Juni 1933]

Bin heute in gräßlich reizbarer Stimmung. Kann nichts tun. Kann mich nicht mal amüsieren. Dein Brief mit Scheck, den Theresa aufgab, traf erst heute ein. Warte begierig auf einen Brief aus dem Süden – bisher ist keiner gekommen.

Was soll ich tun? Bin todunglücklich. Wäre der beiliegende Scheck nicht ungültig gewesen (wegen Nichtübereinstimmung der geschriebenen und der numerischen Summe, 300–350), wäre ich heute in einen Zug gestiegen und nach Süden gefahren, um irgendwo in Deiner Nähe zu sein. Da ich ziemlich knapp bei Kasse war, löste ich den Reservescheck (datiert 4. Juni) ein – hoffentlich ist das in Ordnung.

Finanziell ist alles okay, aber ich kann keinen Schritt machen, bevor ich weiß, wie es um Dich steht. Ich verabscheue es, Dir zu schreiben, daß ich unglücklich bin, aber es ist die Wahrheit. Gestern konnte ich Dir nicht mal einen Brief schreiben. Ich hasse es einfach, auf Wörter zu starren. Hab die Schnauze voll. Wäre ich in Louveciennes geblieben, wäre zweifellos alles in Ordnung. Es war ein Verbrechen, so plötzlich von dort vertrieben zu werden.

Hör zu, willst Du nicht, daß ich dort hinunterkomme – nach St. Raphaël oder St. Tropez? Ist es schön, ist es warm, einladend? Zu meiner Deprimiertheit kommt hinzu, daß das Wetter hier nicht schlechter sein könnte – Regen, Regen, Regen. Ich könnte verrückt werden.

Telegrafiere mir, was Du meinst, daß ich tun soll. Wenn Du knapp bei Kasse bist, zögere nicht, es zu sagen. Vielleicht fehlt mir nichts als eine Nachricht von Dir. Es scheint mir so lange her, daß ich Louveciennes verließ.

Und vielleicht kann ich, wenn ich erst mal von Dir gehört habe, den richtigen Moment abwarten. Ich weiß nicht, welche Pläne Du hast. Aber bitte schreib mir sofort. Ich bin in Angst. Für mich sieht alles hundsmiserabel aus. Ich *hasse* Paris. Hasse die ganze Welt. Jesus Christus, ich weiß nicht, was mich überkommen hat.

Dies klingt kindisch und launenhaft. Verzeih. Ich liebe Dich – schrecklich. Ich wäre nicht fähig, ohne Dich irgend etwas zu tun. Mir ist gerade klargeworden, daß Du für mich die ganze Welt bist. Und als ich so gewandt über meine Selbstgenügsamkeit redete, war ich schlicht ein Aufschneider und Lügner. Da hast Du es.

Schreib schnell oder telegrafiere. Geht es gut mit Deinem Vater? Bin völlig desorientiert. In Liebe

Henry

An Anaïs [Clichy]
Donnerstag [22. Juni 1933]

Dies schreibe ich, nachdem ich Dir das Telegramm schickte. Ich bin noch hier in Paris, und ich werde hierbleiben, bis es Zeit für mich ist, Dich zu treffen.

Ich habe eben ein heißes Bad genommen und fühle mich wieder in Ordnung. Werde mit dem Fahrrad zum Abendessen wegfahren. Verbrachte gerade eine gute Stunde damit, es zu putzen und zu ölen. Es funkelt wieder.

Ich stelle mir also vor, daß Du diese Reise satt hast! War *in meiner Phantasie* wieder überall in Frankreich – und habe das sichere Gefühl, daß ich es mehr genoß, Freuden vorauszusehen, als sie zu verwirklichen.

Wie dem auch sei, ich empfand keine rechte Freude – und das ist wahrscheinlich der Grund, warum ich nicht fuhr. Mir kam es so vor, als würde ich vor irgendwas davonlaufen, anstatt irgendwohin zu fahren. Und in dieser Gemütsverfassung kann ich nichts unternehmen. Ich darf nicht darauf hoffen, im Reisen Frieden usw. zu finden – im *Reisen als solchem.* Tatsächlich macht einen das unglücklich.

Meine Unentschlossenheit ist sehr seltsam. Sie ähnelt mehr einer Phobie. Und wenn ich sie zurückverfolge, glaube ich, daß sie mit meiner Ausweisung aus England begann. Dazu kommt noch eines: Wenn ich die Landkarte hervorhole und mir vorstelle, wie ich mit dem Fahrrad fahre und an verschiedenen Orten halte – *in Frankreich* –, erlebe ich wieder die Fahrt mit June, die so schmerzlich war. Allein schon das Anschauen des Flußlaufs der Rhône, all dieser herrlichen Windungen auf ihrem Weg, verursacht mir Herzweh. Ich hatte erwogen, nach Carcassonne zu fahren, hatte alle erforderlichen Informationen – wollte heute abend den Fünfuhrzug nehmen und in Orléans aussteigen, nach Angoulême radeln und von dort wieder in den Zug nach Carcassonne steigen. Aber – die Zeit ist zu kurz bis zum Ersten, an dem Du frei bist. Ich müßte mich höllisch abstrampeln, um die Strecke zu schaffen – und was für einen Sinn hätte das?

Also ruhe ich mich aus. Ich bin ganz zufrieden. Ich glaube, bei mir wird jetzt ein Sinneswandel stattfinden, und ich werde wieder anfangen zu arbeiten. Schließlich hab ich keinen Urlaub *verdient.* Nichts ist fertig geworden, wie ich es geplant hatte. Ich bin zu überheblich. Und diese letzten paar Tage fühlte ich mich ehrlich bescheiden. Ich brauchte es, gedemütigt zu werden. Meine Eitelkeit wurde zu groß.

Du sprichst davon, daß wir uns in Marseille treffen sollen (ich habe Deinen «Expreß»-Brief noch nicht bekommen). Muß es Marseille sein? Wenn nicht und wenn hundert oder zweihundert Kilometer hierhin oder dorthin keine Rolle spielen, werde ich einen anderen Ort vorschlagen, bevor Du St. Raphaël zu verlassen gedenkst. Bitte schau nach, was die Fahrt nach Carcassonne kostet, und prüfe, ob die Ausgabe für Dich zu hoch wäre. Du hast mir einen Haufen Geld geschickt, und ich müßte es schaffen, damit auszukommen, bis wir uns treffen, samt Fahrkarte und allem. Vielleicht kannst Du einen anderen Treffpunkt vorschlagen. Ich sage nur, *nicht* Marseille, weil ich wirklich nicht glaube, daß Dir an diesem Ort was liegt. Es ist eine dreckige Räuberhöhle, voller Landstreicher, voll Elend, voll Wind. Außerdem hat es etwas halb Provinzielles. Dort gibt es nur den Hafen – und der ist nur für *Männer* –, ein Ort, an dem man sich herumtreiben kann.

Es ist seltsam. Auch ich habe so eine Ahnung, daß Hugo überraschend bei Dir auftauchen wird. Du Arme! Sicher fühlst Du Dich belästigt – wie könnte es anders sein angesichts der sanften Tyrannei Deines Vaters, Hugos Briefen, meiner Unentschlossenheit usw. Es scheint, als hätten wir alle uns verschworen, um zu verhindern, daß Du Dich amüsierst.

Denk nicht mehr an meine Launen. Ich glaube, das ist vorbei. Mein Zimmer sieht himmlisch aus. Kann es sein, guter Gott, daß ich auch noch die Abenteuerlust verliere? Das wäre schrecklich. Eine Katastrophe. Aber ich glaube nicht, daß dem so ist. Mir erschien nur der Gedanke völlig reizlos, einfach bloß von einer Stadt in die nächste zu fahren, mich vorwärtszuschleppen sozusagen. Ich bin schizoid!

Doch jedesmal, wenn das passiert, schätze ich diese Stelle in [Huysmans] *A rebours* noch mehr – diese Reise, die nach London gehen sollte und statt dessen in einem Restaurant endete.

In Liebe – und bleib auf dem Teppich. Laß Dich von Deinem Vater verschlingen. Davon wird er Verdauungsbeschwerden kriegen. Er hat keine Ahnung, was er da anzubeißen versucht. Demnächst mehr.

Henry

PS: Stört ihn diese ganze Korrespondenz nicht?

An Anaïs

Grand Café Terminus[1]. Carcassonne
Maison la plus réputée de la région
Samstag [24. Juni 1933]

«Glauben Sie vielleicht, daß man zu seinem Vergnügen reist? Welch ein Irrtum! Jeder von uns ist, nach seinem eigenen Maße, Opfer seiner Phantasie. Ergebenes Opfer oder glückliches Opfer oder bemitleidenswertes Opfer.»[2]

So beginn *Mon périple* von Elie Faure, das ich im Zug zu lesen anfing. Und es ist vernichtend wahr. Carcassonne entspricht nicht meinem Vorstellungsbild. Einige Städte machen einen sofort staunen, andere üben

1 «Es sieht aus wie ein Warenhaus in Newark, N. J.», lautet eine Anmerkung Henry Millers zu dem am oberen Rand des Briefpapiers als Zeichnung abgebildeten Hotel.
2 Zitat im Original auf französisch.

ihren Zauber langsam, unmerklich aus. Wieder andere aber bleiben genau das, was sie auf den ersten Blick zu sein scheinen. Ich glaube, Carcassonne gehört zu diesen.

Die große befestigte Altstadt (*la cité*) ist auf ihre Weise schön – eines der Weltwunder vielleicht, aber sie ist nur ein kleiner Teil der Stadt Carcassonne, etwa eine halbe Stunde vom Bahnhof entfernt gelegen. Am Fuß der Stadt gibt es Elendsquartiere voll der denkbar dreckigsten Spanier. Es können keine *echten* Spanier sein. Sie verkörpern alle Übel der Umsiedlung. Dennoch macht es mir großen Spaß, unter Spaniern zu sein. Ich erkannte sie auf den ersten Blick – die Körper leicht degeneriert, ein bißchen aussehend wie Schnorrer, Straßenfeger, böse, mißtrauisch, verschlagen. (*Erste Eindrücke!*) Drei Viertel der Carcassonner sind spanischer Herkunft. Reiche Bauern. Aber keine Fröhlichkeit hier. Ein völlig ausgestorbener Ort – sogar jetzt, an einem Samstagabend! Es wäre nur enttäuschend für Dich, hierherzukommen. Ich muß einen anderen Ort finden – für uns. Morgen werde ich herumradeln, forschen, mich erkundigen. Drei vorläufige Ziele habe ich ins Auge gefaßt – Toulouse, Perpignan und Avignon.

Es stört mich nicht, wenn ein sehr kleiner Ort ausgestorben ist – das scheint mir in Ordnung. Aber wenn es da 30 000 Einwohner gibt und an einem Samstagabend die Straßen verlassen sind und in keinem Café Musik spielt – dann stimmt etwas nicht. Ich hätte nichts dagegen, mit Dir in einem Fischerdorf zu übernachten. Aber keine ausgestorbenen Provinzstädte! Diese hier ist schlimmer als Dijon – allerdings hat sie eine schönere Umgebung.

Das Land hier übt einen Zauber auf mich aus, den Zauber des Midi. Überall dort, wo diese Katalanen leben, wo es diese niedrigen gewellten Hügel gibt, düstere Bäume, rötlich-braune Erde, alles ist alt, zumindest wirkt es so – erinnert stark an Cäsar, an Hannibal, an Druiden, an frühgriechische Siedlungen, an Sagen und Geschichten. Der Landstrich ist wirklich gesegnet ...

Es ist ein Verbrechen, so große leere Cafés, in denen alte Gauner Karten und Billard spielen – und kein Ton Musik. Das ist nicht recht. Ich erinnere mich an Arles. Die gleichen Menschen, die gleiche Sprache, die gleiche Landschaft. Aber Gewalttätigkeit unter der Oberfläche.

Tatsächlich hatte ich heute früh, als es dämmerte und ich zum Zugfenster hinausschaute, den gleichen Eindruck wie bei meinem ersten Blick auf den Midi aus dem Zug in der Gegend von Orange ... Hat etwas Trauriges, Klassisches, *Romanisches*. Der Midi ist das geistige Grenzgebiet aller romanischen Völker. Er ist französisch, italienisch, spanisch.

Ich habe ihn auf florentinischen Gemälden gesehen und ebenso bei [Ignacio] Zoloaga und Velázquez. Er geht zu Herzen. Rührt einen an.

Das Klima behagt mir. Sehr heiß mittags – sengend –, und dann eine kühle, fast frösteln machende Nacht. Und trocken! Dem Vernehmen nach regnet es hier wochenlang – aber man spürt es nicht in der Luft. Beim ersten Hervorbrechen der Sonne löst sich die ganze Feuchtigkeit auf. Das mag ich.

Jetzt, wo ich so nahe dran bin, ist mir klar, daß ich Spanien lieben würde. Mir ist klar, warum Nordspanien sich so stark von Andalusien unterscheidet. In Wirklichkeit gehört es zu diesem Midi-Landstrich. Ebenso Norditalien – die Toskana. Dieses düstere, schwere Dunkelgrün, die braune Erde, die riesigen Wolken, die dräuend über der Landschaft hängen, die dumpfe elektrische Spannung im Blut, die auf Entladung wartet, der harte, steinige Boden, die ganze Kombination ist wie ein Vorspiel zu dem Frühlingsparadies der Tropen, das nur wenige Meilen entfernt ist. Die letzte angestaute Traurigkeit der nördlichen Erde und Rasse – das Vorspiel, wie ich sage, zu ewigem Frühling – Sonne, Blumen, Hitze. Jesus, ich spüre das alles im Blut. Dieses Land ist wie ein angenehmes Fegefeuer, der Vorhof zum Himmel oder auch zur Hölle.

Eine Kleinigkeit wie Vorhänge in der Türöffnung, diese *perlenschnurförmigen* Vorhänge, die strähnig herabfallen, in grellen Farben *à la Mexique*, so eine Kleinigkeit beeindruckt mich stark. Endlich die Türen entfernt! Stell Dir ein Leben ohne Türen vor – nur diese grellbunten Vorhänge aus herabfallenden Perlenschnüren!

Es ist gut, loszuziehen und zu reisen, selbst wenn man enttäuscht wird. Man braucht die Veränderung des Rhythmus, der Temperatur, des Essens und des Himmels. Einfach wegen der Veränderung als solcher. Zur Neubefruchtung. Ich war nervös und besorgt wegen der Reise, weil ich das Gefühl hatte, sie würde Deine Finanzmittel aufbrauchen – doch als ich las: «Ruf mich an, sorge Dich nicht wegen der Kosten» usw., stand ich sofort auf und packte meine Reisetasche. Damit war die Sache entschieden. Und genau das wollte ich in Wirklichkeit tun – irgendwohin fahren. Glaub mir, ich blicke zurück auf Paris und schätze es sogar noch mehr. Paris ist eines der echten Weltwunder, selbst ein kleines Universum. Das wird einem sofort klar, wenn man von dort wegfährt. Und dann erkennt man auch, wie anmutig, intelligent, angenehm, fröhlich, sorglos die Pariser tatsächlich sind.

Nun denn – das Essen ist übermäßig hier. Es gibt keine Restaurants unter 11 Frs. Doch was für ein Mahl für 11 Frs. – *service compris*. Gewaltig! Kann nicht alles wegputzen. Ein Gang nach dem anderen –

und immer eine *demi-bouteille* Wein dazu. Alles wird mit viel Zwiebeln und Knoblauch zubereitet. Ergebnis: schöne, lustvolle Sehnsucht. Man wandert mit *echtem physischen* Verlangen – nicht *geistigem* Verlangen – umher. Man wird in einen ständigen Brunstzustand versetzt. In Paris dagegen verbündet sich alles, um einem geistige Anregung zu schenken, imaginäre Wünsche, zerebrale Leidenschaft. Hier gibt es Essen, Himmel, Erde. Der Penis schwillt automatisch, unwillkürlich. Die Luft bläst bis auf den nackten Körper und elektrisiert den ganzen Organismus. (Die befestigte Stadt ist Nebensache. Man kauft Ansichtskarten, Souvenirs usw. Zurücksinken in die literarischen Träume vom Mittelalter.) Als ich heute nachmittag mit dem Fahrrad nach Trèves fuhr, die nächste Ortschaft, erlebte ich wieder einen deutlichen körperlichen Schock. Schrecklich faszinierendes Dorf. Schockierend mittelalterlich. Als gehe man durch ein Märchen. Abstoßend – und anziehend. Erfüllte mich mit einem Vergangenheitsgefühl, das mir die große befestigte Stadt nicht gab. Diese Ortschaft (Trèves) ist unbekannt, *touristisch* unbedeutend. Doch *hier* herrscht die echte Atmosphäre. Ich ging durch schmale Straßen voller dreckiger Kinder (wiederum spanisch), die Mütter saßen stillend vor den Türen, andauerndes Geschrei und Gekreische, Musik, Rufe, Flüche, Betrunkene, Gewalt, plötzliche Biegungen, überall Unrat, erbarmungslos, hart, vor Leben wimmelnd.

Doch ich, ein Amerikaner, gut gekleidet, könnte hier nicht leben. Sie würden mich ermorden. Sie schauen einen unter schweren Lidern hervor an, wie in der Sonne liegende Schlangen. Es gefiel mir. Aber ich könnte mich ihnen nie verständlich machen. In ihren Augen wäre ich immer bloß ein «reicher Tourist».

Übrigens, das Reisebuch von Elie Faure enthält einige glänzende Stellen. Ich werde sie Dir zeigen. Besonders über Mexiko. Er schwärmt regelrecht. Vom alten Mexiko. Vom alten Mayaland. *Quetzalcoatl.* Du wirst fasziniert sein.

Überlege, wohin Du gern mit mir fahren würdest. Du sagst, Du hast keine Ideen. Ist das möglich? Wie kommt das? Mein Problem ist das genaue Gegenteil, weißt Du. Mir fallen gewöhnlich zu viele Orte ein – und das hat Unentschlossenheit zur Folge. Gelähmtheit. Avignon ist richtig – ich kenne es ein wenig. Vielleicht gibt es Orte westlich von Carcassonne, allgemeine Richtung Arcachon. *Überlege!*

Wie dem auch sei, worauf ich mich freue, das ist ein ruhiges Fleckchen, wo wir ganz allein und zusammen sein können, wo wir nichts tun müssen und zugleich von der äußeren Szenerie nicht überwältigt werden. Wenn ich an diesen kleinen Platz beim Papstpalast in Avignon denke, scheint mir der genau richtig. Kennst Du ihn? Ich sehe ihn ganz klar vor mir. Von solch ruhiger Heiterkeit, so vielversprechend und im Grunde dennoch überhaupt nichts. Ein Ferment in der Luft. Bunte Markisen. Die grimmigen Festungsmauern drüben und der kleine griechische Theatertempel.

Nun, überlege . . .!

Der Telefonanschluß im Hotel Bristol, das genau gegenüber dem Bahnhof liegt, ist F-24. Du gabst mir eine falsche Nummer für Dein Hoteltelefon. Sie ist 0-37, glaube ich. Das führte heute abend zu der Verzögerung.

Und hör zu, Anaïs: «tampis» schreibt man *tant pis* [um so schlimmer] – in zwei Wörtern.

Ich wünschte, Du wärst jetzt hier. Das Essen, die Erde, der Himmel, dies bringt mein Blut zum Nachdenken.

Henry

Die Gebühr für Telefongespräche ermäßigt sich nach 7.30 abends um die Hälfte. Solltest Du mich aus irgendeinem Grund anrufen wollen, dann tu es zwischen 7.30 und 8 Uhr. Doch ich vermute, daß Du das nicht gut tun kannst.

PS: Dieses Billett, das Dein Vater zum Frühstück hinterließ – großartig. Er hofiert Dich gehörig.

An Anaïs

Grand Café de France, Perpignan
Dienstag [27. Juni 1933]
unterwegs

Schreibe dies zwischen zwei Zügen. Traf vor ein paar Stunden hier ein und wußte sofort, daß dies kein Ort für mich ist. Hältst Du mich für launisch? Glaub mir, sehr enttäuschend hier. Nichts Spanisches, abgesehen von den Namen. Eine Zwitterregion, die weder dies noch das ist. Ich fahre also nach Avignon, das ich in angenehmer Erinnerung habe, und hoffe, daß es sich nicht als Enttäuschung erweist. Werde den Brief dort aufgeben, Dir meine Adresse und Telefonnummer nennen – zwischen 7.30 und 8 Uhr abends. Werde an Ort und Stelle bleiben, für den Fall, daß Du anrufst.

Bekam Deinen Brief erst, nachdem ich heute früh in Carcassonne das Telegramm aufgegeben hatte. Es tat mir sehr leid, das über Deinen Vater zu hören. Bestimmt verdirbt es Dir Deinen Urlaub ziemlich.

Rechnest Du damit, daß er länger krank bleibt? Wäre es Dir lieber, daß ich nach St. Raphaël komme? Ich nehme an, daß Du um den Ersten herum frei sein wirst! Doch wenn nicht, wenn Du Krankenschwester spielen mußt, warum sollte ich nicht in Deine Nähe kommen? Versuche aber möglichst, es so einzurichten, daß Du wegfahren kannst, ohne ihn dem Tod zu überantworten. Was fehlt ihm?

Ich weiß, daß Du nicht schreiben kannst. Ist schon in Ordnung. Ich werde Dir schreiben. Ich blicke Avignon mit ein bißchen mehr Hoffnung entgegen. Es ist klein, aber es hatte seinerzeit etwas an sich, das mich fesselte. Vielleicht werde ich allmählich verwöhnt. Ganz bestimmt jedoch sehe ich keinen Sinn darin, in einer verwahrlosten Provinzstadt zu bleiben, nur um die Zeit totzuschlagen.

Zu schade, daß wir nicht nach Spanien fahren konnten. Ich bin sicher, es wäre großartig gewesen – sogar Barcelona. Doch diese Paris-Imitationen sind schrecklich. Morbid. Es bringt einem zu Bewußtsein, daß neun Zehntel der Menschheit schwachsinnig sind – lediglich Tier und Pflanze. Falls ihnen die Erde gehört, sollen sie sie doch haben.

Ich sehe mich frühmorgens in Avignon um. Werde diesen Brief von dort nach dem Aufwachen abschicken, mit allen Angaben.

9 Uhr. Sieht für mich gut aus hier, die Gegend gefällt mir. Stierkämpfe (echte) im nahe gelegenen Nîmes. Nächste Station *Tarascon*. Klein, lebhaft. Cafés die ganze Nacht offen. Um 1 Uhr morgens Menschen auf den Straßen. Mehr heute abend. *Hotel du Midi.*

Henry

PS: Ich hätte Dich anrufen können, da Du jedoch Deinen Vater pflegst, hielt ich es für besser, Dich anrufen zu lassen, wenn Du Zeit hast.

An Anaïs

Café de la Gare, Avignon
Donnerstag [29. Juni 1933]

Nach dem Telefongespräch mit Dir. Stelle fest, daß in St. Raephaël um 11.03 ein Zug abfährt, *direkt* nach Avignon, und um 15.39 hier ankommt. Nachmittags gibt es einen, der um 14.20 in St. Raphaël abfährt und um

19.26 hier ankommt. Mit dem zweiten Zug kannst Du die Fahrzeit verkürzen, wenn Du in Marseille umsteigst.

Laß mich also wissen, mit welchem Zug Du kommst, und ich werde dann am Sonntag auf dem Bahnhof sein.[1]

Ich habe ein Zimmer zu 15 Frs. pro Tag, werde es aber am Sonntag gegen ein besseres tauschen. Etwas sehr Billiges ist schwer zu finden. Mein Eindruck, daß die Preise hier niedriger oder gleich hoch sind wie in Paris, erwies sich als falsch. Das gilt nur für die Pensionspreise. Ich habe aber nicht mit Mahlzeiten gebucht, weil ich nicht wußte, wie lange ich an einem Ort bleiben würde.

Allmählich geht mir das Geld aus, und es wäre mir recht, wenn Du mir nach dem Eintreffen dieses Briefes telegrafisch etwas schicken könntest – am Freitag. Die weiten Sprünge von Carcassonne nach Perpignan und dann hierher fraßen ein großes Loch in meine Börse. Ich bin hier das Zimmer, ein Essen (das ich verzehrte, während ich auf Deinen Anruf wartete) und ein Telefongespräch von neun Minuten schuldig. Habe etwa noch 80 Frs. in der Tasche. Doch wenn man mir überraschend die Rechnung präsentierte, könnte ich sie nicht bezahlen.

Ich fahre jetzt mit dem Rad nach Tarascon. Gestern bin ich nach Orange gefahren. Schöne alte Stadt mit interessanten römischen Ruinen. Ich glaube, es wird Dir hier gefallen. Wenn nicht, fahren wir woandershin. Ich habe nicht verstanden, was Du sagtest, wo Du Dich mit Hugo treffen willst – nur «in den Bergen».

Ich warte sehnsüchtig auf Dich. Die Zeit bis dahin kommt mir wie ein Fegefeuer vor. Alleinsein macht nicht sonderlich viel Spaß.

Du hast nach dem Eintreffen dieses Briefes vielleicht noch Zeit, mir eine Zeile zu schreiben. Wenn es viel Neues gibt, tu's bitte. Auf jeden Fall werde ich für uns am Sonntag ein größeres, ruhigeres Zimmer reservieren. Meines geht auf die Straße hinaus und ist viel lauter als das in Clichy. Doch eines auf der Rückseite ist okay. Und der kleine Platz ist schön – ich erinnere mich sehr gut an ihn.

Möchtest Du vielleicht ein Fahrrad mieten und herumfahren? Wir werden sehen. Auf alle Fälle: beeile Dich!

Henry

1 Nach einem neuntägigen Besuch bei ihrem Vater in Südfrankreich traf sich Anaïs Nin am 2. Juli in Avignon mit Henry Miller. Von dort fuhren sie zusammen über Grenoble nach Chamonix. Miller verließ das Hotel du Fin Bec am 10. Juli, kurz bevor Anaïs Nins Mann dort eintraf, und hatte vor, eine Zeitlang allein zu reisen.

An Anaïs [Clichy]

Sonntag [16. Juli 1933]

Du warst vermutlich erstaunt zu hören, daß ich so bald zurückgefahren bin. Ich kam mit Fred bis Tours, dann gab ich auf. Hatte die Schnauze voll vom Reisen. Die Schnauze voll von kleinen Provinzstädten und besonders von der Natur. Ich bin ein Großstadtmensch, tut mir leid, das zu sagen. Jetzt weiß ich das nur zu gut.

Ob es meine körperliche Verfassung war oder Fred oder mein Gemütszustand, weiß ich nicht, doch mir kam alles matt und uninteressant vor. Wir fuhren am Dienstag mit dem Zug los, stiegen am späten Nachmittag in Orléans aus und begannen zu radeln. Nach etwa einer Stunde war ich völlig erschöpft. Konnte mich kaum bis zur nächsten Stadt quälen – 18 Kilometer bis dorthin. Der Hauptgrund ward der Wind. Ein stetiger, starker Wind vom Meer her, der mich fertigmachte. Er wehte auf der ganzen Strecke nach Tours.

Ich war in nervösem Zustand aufgebrochen. Bei der Rückkehr nach Clichy von meiner ersten Reise hatte ich ein Billett von meinem Onkel Dave Leonard vorgefunden, in dem er schrieb, daß er in Paris sei. Ich mußte ihn suchen, denn er war bereits aus seinem Hotel ausgezogen, weil seine Frau im Krankenhaus lag. Verbrachte einen großen Teil meiner knappen Zeit mit ihm, was mich erschöpfte. Reiste nach nur wenigen Stunden Schlaf ab.

Und dann, gleich nach dem Aufbruch, erkannte ich, daß es ein Fehler von mir war, mit Fred zu verreisen. Wir vertragen uns einfach nicht. Haben einander nichts zu sagen. Er radelt eine Meile vor mir her und brummt, weil ich völlig erledigt bin. Es war nicht nur Müdigkeit – es war Erschöpfung. Ich verstehe das nicht.

Als Folge davon sah das Loiretal für mich scheußlich aus. Und die Schlösser lockten mich nicht im mindesten. Nichts wirkte schön. Dazu kam noch, daß wir gräßliche Zimmer hatten, zu zweit in einem Bett schliefen, kein fließendes Wasser usw. In Blois übernachtete ich im dreckigsten Hotelzimmer, das ich je gesehen hatte. Ekelhaft, abschrekkend.

Traf schließlich in Tours ein (ich mußte mit dem Bus fahren, während Fred radelte). Ich fragte mich, was ich da suche. Hatte Heimweh nach Paris, nach der Stille meines Zimmers, meinen Büchern, der Musik, Arbeit – nach geistiger Aktivität. Hatte das Gefühl, zu irgendeiner Art pflanzlicher Materie zerfallen zu sein.

Als Fred ankam, hatte ich mir bereits eine Eisenbahnfahrkarte gekauft. Beim Abschied schaute er mich sehnsüchtig und traurig an, was mich nur noch wütender machte. Welchen Anspruch hat er an mich?

Auf der Rückfahrt im Zug fühlte ich mich gut. Begann nachzudenken, zu meditieren. Las einen Brief von Bachman, den ich schon mehrere Tage ungelesen mit mir herumtrug. Zerriß ihn schließlich, ohne ihn zu Ende zu lesen. Zu viele Einzelheiten. Er berichtete, daß er auch Dir geschrieben habe. Wenn ich Du wäre, würde ich den Brief ignorieren.

Heute also, an meinem ersten Tag zu Hause, genieße ich mein Zimmer, das Bad, das Grammophon, die Bücher. Bin einfach froh, wieder da zu sein. Allein zu sein. Keine Touren zu «machen»!

Schreibe Dir aus dem interessantesten Café, das ich seit ewigen Zeiten sehe. Chez Boudin – gleich um die Ecke von dem billigen Theater, das ich Dir empfahl. Sehr gemischtes Publikum – im wesentlichen negroid: Schlagzeuger, Tänzer, miese Schauspieler, Zuhälter, Huren, Spieler, Schwule. Fast wie in Harlem. Die Unterhaltungen sind prächtig. Unvorstellbar! Ich finde das alles viel appetitanregender als Schlösser und Kirchen. Menschen! Keine Reliquien.

Von der Provinz, der *französischen* Provinz, habe ich die Nase gründlich voll. Verspüre im Hinblick auf Frankreich keine Neugier mehr. Sollte ich je wieder reisen, dann um mir etwas völlig anderes anzusehen. Frankreich kenne ich nun in- und auswendig.

Ich werde Dir morgen ausführlicher mit der Maschine schreiben. Heute konnte ich nicht tippen. Mir war einfach zu wohl, um was zu tun. Doch mir ist ernst zumute. Ich weiß, daß ich wieder arbeiten kann. Von dem anderen habe ich genug.

Dies nur, um Dich wissen zu lassen, daß ich am Leben bin. Du hast Dich sicher gefragt, warum ich nicht eher schrieb. Irgendwie schob ich es auf, Dir eine Adresse zu geben, weil ich spürte, daß ich bald wieder heimfahren würde.

Wie hieß dieser hochgelegene Ort? Chamonix! Diese Aussicht vom Fenster. Der Frieden dort. Die hohen Berge. *Du*. Die Verwöhnung durch Dich. *Du bist* eine wunderbare Reisegefährtin. Ich frage mich sehr oft, wie Du es jetzt findest. Fährst Du Fahrrad? Liegt noch Schnee auf den Berggipfeln?

Weißt Du, die berühmte Touraine machte keinen Eindruck auf mich. Flach, fruchtbar und langweilig. Alle gesunden Orte sind langweilig. Ich wünschte mir immer sehnlich, Chinon zu besuchen, Rabelais' Geburtsort. Doch obwohl ich nur noch ein paar Kilometer davon entfernt war, hatte ich auf einmal kein Verlangen mehr hinzufahren. Zwischen Rabelais' «Literatur» und der Landschaft finde ich wenig Affinität. Rabelais hatte eine gigantische Vorstellungskraft. Die Touraine ist leer, das Leben dort erloschen.

Heute abend sah ich einen rührenden Film. Empfehle ihn Dir, für den Fall, daß Du irgendwo drauf stößt: *Je vous aimerai toujours.* Sehr, sehr menschlich. Ich mochte nicht bleiben, um mir das restliche Programm anzuschauen, aus Angst, meine Stimmung zu zerstören.

Zum Schluß: In dem Brief, den Emil mir schickte, fand ich einige alte Andenken an meine Vergangenheit. Er legte einen Stoß Briefe von meiner ersten Frau bei. Ich schaute sie durch, fand sie ermüdend dumm, tagesbezogen und vernichtete sie alle ohne Bedenken.

Mein Artikel «Cinema Vanves» ist amateurhaft, enthält jedoch interessantes Material, und ich fühle mich fast versucht, ihn zu überarbeiten.[1] Morgen mehr. Frage mich, ob Du noch in Chamonix bist.

Henry

An Henry [Annecy]
[16. Juli 1933]

[. . .]

Wir sind umgezogen, weil die Höhe Hugh die ganze Nacht nicht schlafen ließ. Er ist sehr müde und braucht viel Fürsorge.

Annecy ist schön. Venedig – Brügge – Holland. Kanäle, alte Häuser, See – ein Schloß – Boote –

Ich bedaure, daß ich Dich nicht bat, mir sofort zu telegrafieren. Es wird viele Tage dauern, bis ich erfahre, wie es Dir geht.

Ich schreibe schnell – weiß nicht, wann Hugh zurückkommen wird. Es regnete, und so konnte ich mich entschuldigen. Wir haben Fahrräder gemietet. Wir wechseln erneut das Hotel. Zuviel Lärm für Hugh.

Ich bin das Umziehen leid. Ich wäre gern wieder zu Hause in Louveciennes, in unserem Arbeitszimmer, mit Dir redend. Hinterher fand ich, daß auch *unser* Urlaub nicht vollkommen war. Ich hätte nicht krank sein dürfen. Wir hätten mehr Liebe haben sollen, luxuriösere Zimmer, mehr von allem – mehr Zeit und keine Telefonate mit Paris! Der Mont Blanc ist der höchste Berg in Europa. Wenigstens *ein* Superlativ!

1 Geschrieben 1930. Henry Miller hatte von dem Material einiges in *Wendekreis des Krebses* verwenden wollen, es aber schließlich zu einem Artikel umgearbeitet.

Solltest Du mit Fred drei Wochen wegbleiben wollen, schreib es mir, dann würde ich hierbleiben – nicht früher zurückkommen als Du.

Der 14. Juli in Chamonix war sehr bunt. Italienische Zigeuner. Jahrmarkt. Tanz. Es trafen viele tolle Typen ein. Das [Hotel] Outa war voll und elegant. Hugh kaufte mir den russischen Bilderrahmen, in den ich so verliebt war. Ich führte ihn in das Café, und er genoß es. Ich bereitete ihm die kleinen Freuden, die ich Dir schuldig blieb. Es war gut, daß ich Chamonix verließ. Ich dachte die ganze Zeit: Hierher kam ich mit Henry. Hier saß ich mit Henry. Das gefiel Henry usw.

Von meiner Liebe zu Automobilen bin ich kuriert. Auf der Fahrt nach Annecy wären wir fast ums Leben gekommen. Drei Stunden auf Bergstraßen. 500 Meter Steigung, stets am Rand von Abgründen entlang, über schmale Brücken, die wackelten, andere Automobile wollten vorbei, und wir mußten immer ganz zur Seite ausweichen. Einmal rutschten wir ein Stückchen darüber – alle schrien. Es regnete auch – und es war glatt. Höllisch. Am liebsten wäre ich ausgestiegen und zu Fuß gegangen. Hätte alles darum gegeben, auf meinen eigenen Füßen zu stehen. Ich kam als Wrack an, wie nach einem Alptraum. Nie wieder. Und Kurven, Kurven wie auf Coney Island – und in jeder Kurve kommt dir ein Wagen entgegen – auf einer Straße, die nur für einen Wagen gebaut ist. Und Tunnels. Und leichte Holzbrücken über riesigen Wasserfällen.

Deine Briefe werden hierher nachgeschickt. Schreib mir nach «Annecy. Poste Restante». Ist dieser Bachman nicht erstaunlich? Er bittet mich in einem solchen Ton, ihm zu schreiben, daß ich es heute noch tun werde. Bin sehr froh, daß sein Schicksal geregelt ist. Er schreibt mir, daß er Dir alle Einzelheiten berichtet. Ich erklärte ihm, wir hätten seine Briefe nicht beantwortet, weil Du mit Deinem Fahrrad und ich mit meinem Vater auf Reisen waren und er uns nur eine vorläufige Adresse gegeben habe. Sinnlos, seine Gefühle zu verletzen. Doch *uff*, mir fiel ein Stein vom Herzen bei dem Gedanken, daß er nicht verhungert ist.

Montag. Reisen in einer Stunde nach Aix-le-Bains ab. Hugh gefällt Annecy nicht.

Bekam heute Dein Telegramm. Erwarte Deinen Brief.

Vermisse Dich schrecklich, Henry, mein Liebster. Schreib mir nach «Aix-les-Bains. Poste Restante».

A.

An Anaïs [Clichy]
Montag [17. Juli 1933]

Kein Brief von Dir seit Freitag? Schickte Dir mittags ein Telegramm, weil ich fürchtete, daß etwas los sei – daß Du krank seist oder ich Dich unwissentlich gekränkt hätte. Vielleicht hast du das Kuvert zerstreut adressiert!

Wie dem auch sei, ich sitze in dem Café an der [Métrostation] Muette, wo wir uns zu treffen pflegten. Landete hier, nachdem ich die Gegend um die Avenue Henri Martin ergründet habe – alle diese nach Dichtern, Musikern, Generälen und Admirälen benannten Straßen. Was für ein anderes Paris das ist! So schick! Kaum zu glauben, daß es auf der Welt noch Menschen gibt, die es sich leisten können, in diesen Villen zu wohnen.

Ich habe seit dem ersten Teil, den ich Dir schickte, nichts mehr geschrieben, weil Wambly Bald in den letzten beiden Tagen bei mir war. Ich habe ihm geholfen, seine *letzte* Kolumne zu schreiben. Er kam aus seinem Urlaub mit dem Entschluß wieder, seine Kolumne aufzugeben.[1] Er lehnte auch eine bessere Stellung oben im Redaktionsstab ab, weil ich ihm einmal gesagt hatte, als Korrektor sei er besser dran!

Fred kehrte gestern zurück, mit einem gehörigen Tripper. Von einer Kellnerin in Angoulème, die ihm auf sein Versprechen hin, daß er in Lourdes für sie beten würde, ein paar schöne Stunden bereitet hatte. (Selbstredend ist dies vertraulich. Du darfst ihn nicht bemitleiden oder es irgendwie erwähnen. Er wäre zu Tode getroffen.)

Mir geht es wieder ganz gut. Der Beweis ist, daß ich Paris wieder genieße – einfach sorglos herumbummle. Und daß ich feuchte Träume habe. Eine Zeitlang dachte ich, daß mir alles verlorengegangen sei – Schreiben, Leidenschaft, Neugierde – usw. Doch nein! War nur ein vorübergehender Zustand. Ich bin genußsüchtig faul. Nicht müde faul. Genieße meine Faulheit sozusagen.

Und ich widme meinem Zimmer Aufmerksamkeit. Lasse das Bücherregal einbauen, das Lampengestell, einen neuen Schreibtisch (einen großen mit Schubladen!), einen Rotangvorhang (wie Du vorschlugst) – alles, was nötig ist. Hier werde ich leben und arbeiten und mein Dasein fristen. Wenn Du in Louveciennes eine Druckerpresse bekommst[2],

1 Mehrere Jahre lang trug Bald zur Pariser Ausgabe der *Chicago Tribune* eine wöchentliche Kolumne mit dem Titel «La Vie de Bohème» bei.

2 Die Pläne, eine eigene Druckerpresse einzurichten, ließen sich nicht verwirklichen.

werde ich auf meinem Fahrrad hinundherfahren. Warum nicht? Ich muß in Paris leben. Ich brauche das Getriebe und den Lärm, die Aufregung, das Leben, die Abwechslungen und Zerstreuungen einer Großstadt. Ich habe erkannt, daß sie für mich das ist, was für einen Matrosen das Meer ist. Ich schwimme darin. Für mich ist es viel interessanter, in Paris eine neue Straße oder ein neues Café zu entdecken, als in irgendeinem gottverlassenen Nest ein altes Schloß oder eine Kathedrale zu besichtigen.

Ich warte voll Ungeduld darauf, Dich wiederzusehen, mit Dir zu reden und anderes. Fast wünschte ich, der Winter wäre da, mit seiner künstlichen Gehirnstimulierung. Sonnenschein ist lediglich ein Stärkungsmittel – kein Stimulus zum Arbeiten. Ich würde mehr schreiben, aber ich schäme mich, um mehr Papier zu bitten. In Liebe.

Henry

PS: Vermutlich hast Du das Urlaubmachen auch satt. Doch wenn Du im September frei bist und irgendwohin fahren willst – *gut!* Ich bin dabei.

An Anaïs

[Clichy]
Dienstag [18. Juli 1933]

Bekam eben Deinen Brief. Hoffentlich kriegst Du den meinen, den ich nach Chamonix schickte.

Du kannst Dir nicht vorstellen, wie komisch es ist, sich hinzusetzen und zu tippen. Mich überrascht sehr, daß die Maschine nicht mehr Krach macht. Es kostet einen Kampf, mich hinzusetzen und zu schreiben. Bei meiner Rückkehr fühlte ich mich völlig erschöpft, wie ich Dir schrieb. Dieses Gefühl verschwindet allmählich, aber ich bin weit davon entfernt, überzuschäumen. Und doch will ich genau das – an der Schreibmaschine sitzen. Alles übrige ist ein Alptraum. Wie ich einmal zu Dir sagte, ist es für mich ein Wunder, wie Lawrence von Ort zu Ort zog, immer schreibend. Und Du tust das auch. In dem Moment, wo ich mich von meinem gewohnten Platz entferne, fremde Dinge sehe, eine andere Luft atme, höre ich für eine Weile auf zu sein. Ich trinke alle die neuen Eindrücke in mich hinein und werde von ihnen erstickt. Die realsten Augenblicke waren für mich während meiner Reise jene, in denen ich Faure und Duhamel las. Nur dann war ich wirklich ich selbst. Die restliche Zeit war ich lediglich ein Körper, und die Eindrücke stiegen nie bis in mein Gehirn empor. [...]

Um etwas lieben zu können, etwas schätzen zu können, muß man damit leben. Andernfalls besitzt es keine Bedeutung, keine Schönheit. Tarascon gefiel mir so gut, weil es dort nichts zu sehen gab. Es war ein verlassenes Dorf, und die Frau, bei der ich die Postkarten kaufte, sagte, so sei es immer gewesen. Glänzend. Einfach tot. Nichts. Das ist eine Wohltat in einem Land der Ruinen und Reliquien und Denkmäler und Schlösser und Kathedralen. Nichts. Ein leeres Dorf. Eine dem Wind ausgesetzte Straße, Hunde, in der Sonne dösend, die Tischplatten staubig, die Fenster vergittert und mit geschlossenen Läden. Das Hotel, in dem ich absteigen wollte, war im Inneren wie eine Leichenhalle. Das habe ich Dir nicht erzählt. Ich hob es für Dich auf als Leckerbissen. [...]

Das Gefühl in mir ist jetzt sehr stark – daß der Lawrencesche Wunsch, die Menschen zu ändern, mehr Unheil als Gutes verursacht. Er ist blind egoistisch und neurotisch. Ich beobachte, daß der Wunsch, den Menschen zu bessern, diesen von seinem Nächsten fortrückt und nicht zu ihm hin. Er führt in die Isolation. Zur Sorge um das Selbst. Wenn man todmüde geworden ist von dem Bemühen, den Menschen zu helfen, kehrt man in die Herde zurück, und dann hilft man wirklich – einfach durch Da-Sein, denn dann ist man gereift durch die Summe der Erfahrungen, des Leidens, der Selbstanalysen und Seelenkämpfe, und man kann helfen, weil man aus einer reifen, bewußten Weisheit heraus spricht und sich bewegt – nicht anhand von Richtlinien, Ideen, Formeln. Ich meine, daß die Wurzel aller Zwietracht zwischen «Freunden» (ein Thema, das Lawrence und Durrell so beschäftigte) vielleicht der darin zum Ausdruck kommende Idealismus ist. Und der wiederum ist etwas zu Geheiligtes, zu Privates, zu Isoliertes. Reine Liebe, reine Freundschaft – das sind Ideale. Sie können ab und zu existieren, und sie sind schön anzusehen. Aber sie sind keine Ziele. Sie sind phänomenal und zufällig. Man sollte sie so betrachten, wie man Naturphänomene betrachtet – den Mont Blanc, die Niagarafälle, die großen Höhlen usw. Zu ihnen sollte man wegen der Erholung oder der Inspiration gehen, nicht um dort zu wohnen. [...]

[Henry]

An Henry

Helder Hotel, Rue Franklin
Aix-les-Bains
20. Juli 1933

Ich bin froh, daß Du wieder dort bist, wo Du sein willst. Ich glaube nicht, daß die Orte, die Du besucht hast, wirklich unbefriedigend waren – die Schlösser, Carcassonne usw. Deine Stimmung war schuld daran. Du befandest Dich in einer unzufriedenen Stimmung, in einer ähnlichen, wie sie manchmal auch Lawrence hatte. Seltsam bei Dir, der Du immer und überall etwas Interessantes findest. Was für eine widersprüchliche, erstickende Stimmung.

Ich hatte gemeint, Du würdest es als schlimmer empfinden, in Paris zu bleiben, während ich, Fred und alle anderen umherzogen. Du hattest Bachman beneidet. Denk wenigstens nicht mit Bedauern an die Orte, die du nicht gesehen hast! Auch sie hätten für Dich ungut ausgeschaut. Ich glaube, Du wolltest im Grund etwas anderes, oder wußtest vielleicht gar nicht, was Du wolltest. Aber mach Dir klar, daß nicht der *Ort*, schlecht war, sondern Deine Stimmung.

Faure und Duhamel, ich lebe in beiden. Mir gefällt, was Du schreibst: «...daß der Lawrencesche Wunsch, die Menschen zu ändern, mehr Unheil als Gutes verursacht. Er ist blind egoistisch und neurotisch. Ich beobachte, daß der Wunsch, den Menschen zu bessern, diesen von seinem Nächsten fortrückt und nicht zu ihm hin. Er führt in die Isolation» usw. Das alles gefällt mir überaus. Es ist *sehr klug*, sehr klug und wahr.

Und Du schreibst auch, «daß die Wurzel aller Zwietracht zwischen Freunden vielleicht der darin zum Ausdruck kommende Idealismus ist». Sehr gut. Der Idealismus, der kritisiert, fordert, Druck ausübt, Beschwerde führt, Zwang anwendet, mißt. Verdammt sei dieser Idealismus. Laßt die Menschen *sein* – laßt sie in Ruhe. Du hast eine Begabung für diese Art des Unkritischseins – jedenfalls im allgemeinen (nicht im besonderen! Im besonderen bist auch Du ein fehlersuchender Idealist!).

Ich glaube, ja, ich glaube das, was Du über das Abseitsstehen sagtest: «Wir werden in die Welt gestellt, um ein Teil von ihr zu sein, ernährt zu werden und zu ernähren.» Wir alle, Lawrence usw., suchen die *ewige* Freundschaft, die *ewige* Liebe, mit der wir uns von der Welt *zurückziehen.*

Ich meinte nicht, Duhamel solle die Unzulänglichkeit seines Freundes aufzeigen. Nein. Entweder ihn akzeptieren oder ihn in Ruhe lassen. Ich pflichte dem bei, was Du sagst: Nicht dieses ideale zweisame Abseitsstehen suchen, das steril ist. Ich meinte, daß Duhamels Freund «unzulänglich» war, weil es bestimmte Menschen *gibt*, bei denen es dafürsteht, daß man sich mit ihnen von der Welt zurückzieht, eine Zeitlang, um einer tiefen, alles verschlingenden Erfahrung willen. Beachte, daß ich sagte, ein Zeitlang! Duhamels Erfahrung war nicht einmal das ... armer Mann. Edouard hatte weniger zu geben als diesen Austausch und diese welterschaffende Verbindung.

Wie dem auch sei, Du schreibst weitere Seiten über Lawrence. Sie könnten Dir nützen, wenn Du irgendwann [seinen Roman] *Aaron's Rod* lesen wirst! Alles, was Du über Freundschaft schriebst, war wirklich gut. Ein schöner scharfer Pfeil auf den Idealismus, all diesen Unsinn über die eine und einzige Liebe, das eine Leben – lange Freundschaft usw. Großartig. Plädoyer für ein «Fließen» in der Liebe wie in der Freundschaft. Für Bewegung, die nährt. Antistatisches. Bravo.

Ich lese. Ich schreibe in mein Tagebuch, weil ich mit jemandem reden muß, hast doch sogar Du mich in dem Avignoner Terrassen-Café mundtot gemacht. Das Tagebuch läßt einen immer wieder aufleben, ist empfänglich für das «Ungehörige»!

Seltsame Tage, die ich durch eine Leidenschaft fürs Spielen verkürze. Ich fühle mich in Dostojewskis Haut stecken. Jeden Abend, nach dem Essen, beginne ich zu fiebern. Ich ziehe mein schwarzes moiriertes Satinkleid an. Ich gehe ins Kasino. Der grüne Tisch. Die Kugel rollt in einer großen runden Schale. Tanzmusik aus den Salons. Hugh gab mir am ersten Abend nur 50 Frs., aber daraus machte ich mit zwei Spielen 500 Frs. Mein Gesicht glühte. Alle beobachteten mich. (Es ist ein kleines Spiel – nicht wie Roulette – die höchste Gewinnsumme beträgt 3000 Frs.) Mitten in der Nacht dann weckte ich Hugh auf und sagte zu ihm: Morgen setze ich auf die 4. Und das tat ich. Und gewann beim ersten Mal 300 Frs. Und heute abend wollte ich auf die 3 setzen. Aber Hugh nahm mir das ganze Geld weg, weil wir so knapp bei Kasse waren, daß wir überlegten, nach Hause zu fahren – und dazu war ich zweifellos bereit. Doch dann bekamen wir von Hughs Schwester etwas zu seinem Geburtstag, und nun will er bleiben. Er hat mir jedoch versprochen, mir alles zurückzugeben. Wir waren schon in Annecy knapp, und Hugh ließ sich einen Vorschuß auf sein nächstes Gehalt geben. Ich bin ein bißchen besorgt wegen Deiner Schecks. Hoffentlich sind sie okay. Und am 25. wird das Gehalt einbezahlt, deshalb bin ich überzeugt, daß Du gesichert sein wirst. Ich habe das Gefühl, daß ich die 3000 Frs. gewinnen werde.

Die Frauen sind häßlich und neidisch, in Perlen erstickende Skelette. Sie finden offenbar, daß ich zuviel Glück habe. Aix-les-Bains ist zu sauber – zu sehr *ancien régime*. Ich bin hier fehl am Platz. Ich ging in meinen Pumphosen aus, wie es die Leute in Chamonix taten, und wäre beinahe ins Gefängnis gesteckt worden. So schöne Hosen, Henry, in Schwarz, dazu eine rote Hemdbluse! Ich sehe aus wie ein Apache.

Es regnet, Gott sei Dank, also kann ich schreiben. Sonst wären wir am Strand – der Lac Bourget inspirierte Lamartine. O See! usw., etwas über das Verstreichen der Zeit. Ein trauriges Gedicht. Ich möchte, daß die Zeit vergeht – bin so begierig darauf, wieder in Louveciennes und an der Arbeit zu sein. Wirst Du Bradley aufsuchen? Und Rank?

Anaïs

An Henry

Coirier's Grand Hotel[1]
Valescure-St. Raphaël
Sonntag, 2[3]. Juli 1933

Gestern auf der Straße schob ein Mann einen Schubkarren. Auf dem Karren ein Faß voll türkisfarbener Flüssigkeit. Mit einem Sprüher spritzt er das Insektenvertilgungsmittel über die Weinreben. Die Reben nehmen eine blau-lila-grüne Tönung an. Schön. Er sprüht auch die Fassaden der Häuser an, versehentlich, wenn Reben die Eingänge überranken. Die Sprühflüssigkeit fällt auf ihn zurück, so daß seine Kappe türkis gefärbt ist, ebenso seine Schultern, sein Hals, seine Hände. Türkis! Kannst Du Dir vorstellen, welches Vergnügen es ist, diesem türkisfarbenen Mann zu begegnen, dem von dieser Farbe überfließenden Faß, dem damit befleckten Schubkarren? Dem Mann, der herumgeht und die Welt anmalt!... Die Welt anmalen, die Reben, die Häuser, sich selbst. Ich würde gern sofort zu Dir kommen und Deine Stimmungen türkis anmalen. Ich werde zu Dir kommen, mit Sonne angemalt. Der Mann mit der türkisfarbenen Kappe geht durch meine Träume. Wenn er die Weinreben anmalen kann, die wir für ewig in Grün gebannt glaubten, kann ich auch Deine Stimmungen, Dein metzgerrotes Clichy wegmalen.

Warum diese große *Distanz* zwischen uns? Warum schnippen wir die Zeit nicht weg? Warum sagst Du, daß Du nicht verstehst, worüber ich Dir schreibe? Vor allem, warum zwingst Du Dich, mir zu schreiben?

1 Der Brief wurde zwar auf Hotelpapier aus St. Raphaël geschrieben, wo Anaïs Nin einige Zeit früher ihren Vater besucht hatte, doch der Inhalt deutet darauf hin, daß sie ihn in Aix-les-Bains schrieb, wahrscheinlich am 23. Juli.

Solche gezwungenen Briefe machen mich nicht glücklich. Ich bin keine Frau, der zu schreiben Du Dich zwingen solltest. Ich möchte lieber, daß Du schläfst. Du bist ärgerlich auf alles, ärgerlich auf Dich selbst, aus Schlafmangel. Ich bereite ein Faß voll Freude, voll Trunkenkeit für Dich vor, voll türkisener Farbe. Ich werde Dich über und über damit bespritzen, am Montag abend. Ich komme allein. Hugh muß nach Genf fahren. Schreib mir keine gezwungenen Briefe mehr. Sie enttäuschen mich. Ich bekäme lieber keine. Ich mag es nicht, daß Du Dich an Deine Schreibmaschine schleppst. Ich habe nichts getan, womit ich Deinen Mangel an Begeisterung verdienen würde. Stimmungen, ich verzeihe und verstehe Stimmungen. Ich lasse sie vergehen. Ich schreibe sie nicht einer Periode zu. Dies gehört zu der Welt, wie sie war, bevor der Mann mit der türkisfarbenen Kappe und dem Sprüher vorbeiging und Farbe und Illusion versprühte. Beleidige die Illusion nicht, indem Du gezwungene Briefe schreibst. Laß die Dinge laufen. Ich bereite eine gewagte Mischung vor. Karikaturen von Aix, dem Kasino, Sonnenbadenden, dem amerikanischen Apollo, der uns von Chamonix hierher folgte, Geschichten, ein Gefühl, daß ab August alles wieder funkelnd lebendig sein wird. Wie ich schon sagte, ich bin froh, daß es nur einen Siebenten Tag in der Woche gibt – nur einen Ruhetag. Heute ist für mich der eine Ruhetag. Wenn ich zurückkomme, werden wir auf die Sonne trinken – auf Deine Seiten über Nudismus, gemäß denen Du nicht leben möchtest, auf Dein Anspucken der Gesundheit, der Sonne, der Natur, auf Deine Widersprüchlichkeiten und Deine vollendeten Seiten, auf den Mann mit der türkisenen Farbe an den Händen, auf diese Tat des Anmalens von Reben, die wachsen, des Anmalens von Blättern, die zittern, des Anmalens von Stimmungen, die absacken, des Lebens, des Schiebens eines Schubkarrens, des Gehens, des Trinkens der Sonne.

Anaïs

Ich habe sehr wenig Zeit zum Lesen und bin mehr in der Stimmung zum Träumen. Faure, besonders das, was er über Mexiko schreibt, wirkte tagelang auf mich. Ein gewaltiger Eindruck. China auch, doch nicht so stark. Mexiko, sein Mexiko, ist eine Pracht und kann einem vielleicht das Leben lang genügen – Bilder, Symbole, Philosophien. Frage mich, wie Dein Mexiko wäre. Und meines, Ich weiß jetzt bestimmt, daß ich mir die ganze Welt selbst werde anschauen müssen. Niemand sieht sie so wie ich, niemand kann mir davon erzählen. Ich warte auf Deine «Tour de France».

Mich verblüfft, daß Du immer noch zwischen einer äußeren und einer inneren Welt schwankst. Du weißt nicht, ob Du *Dich* mitnehmen sollst oder nicht. Ich werde Dir dies erklären, wenn ich Dich wiedersehe. Faure nimmt sein Sehvermögen mit, nicht aber seine Stimmungen. Ich nehme meine Stimmungen und mein ganzes Selbst mit. Du beschreibst manchmal Dinge, wie der Mann von der Straße sie sieht – kontrastlos –, und manchmal prophezeist Du und spenglerisierst usw. Zu anderen Zeiten, wie beim letzten Mal, bist Du das Opfer einer Stimmung, die nicht recht weiß, was sie angreifen, was sie umbringen soll. [...]

Wenn Du schon durch die Rue Henri Martin gegangen bist, erkunde die Rue Heinrich Heine, in der ich kommenden Winter wohnen werde. Ein Haus mit Buntglasfenstern. Die Nummer weiß ich nicht.

Was Du über Musik sagtest, gefiel mir. Doch am häufigsten denke ich über das nach, was Du über Isolation schriebst. Faure behandelt dieses Thema der Synchronisation von Völkern sehr gut, in seiner «geistigen Synthese» usw. Schönes Vorwort. [...]

Du nimmst hungernde Männer nicht etwa deshalb nicht mehr mit heim, weil Du gleichgültig bist, sondern weil Du Wichtigeres zu tun hast. Deine Arbeit war es, die Bachman hinausdrängte – nicht Mangel an Mitgefühl. Das ist gut – daß Du Dich für Deine Arbeit aufhebst. Ich glaube, Bachman ist ein bißchen zu eitel und zu stolz, um es fertigzubringen, vor den Notaren so zu erscheinen, wie er ist. Er weiß noch nicht, was es bedeutet, wirklich zu leiden. Er drückt sich davor. Wie ein Krebs läßt er sich in den Sand sinken und ruft um Hilfe. Ich bedaure, ihm geschrieben zu haben – er interessiert mich nicht, aber er schien so verzweifelt darüber, daß ich aufgehört hatte, ihm zu schreiben.

Dann kam Dein Telegramm, und ich kann daraus nicht recht auf Deine Gemütsverfassung schließen. Hast Du geglaubt, Dein Brief würde mich besorgt machen, und wolltest mich beruhigen? Ich weiß es nicht. Es ist mir gräßlich, Dich in einem *langweiligen* Land zu wissen – Verwandte, Krankenhäuser usw. Höchste Zeit, daß ich komme und Dich rette! Kann Dich keine langweilige Luft atmen lassen. Alles andere, Schmutz, Fäule, Verbrechen, ja, aber keine Langeweile.

A.

An Henry

Helder Hotel, Rue Franklin
Aix-les-Bains
Montag vormittag [24. Juli 1933]

Gibt es im Englischen ein Wort wie «fabulation» oder «confabulation»? Ich sah es auf französisch, und es gefiel mir.

Für [Gérard de] Nerval konnte ich kein Interesse aufbringen. Zu leicht. Wie Baiser. (Wenn ich zurückkomme, werden wir uns zusammen eine Eisschokolade genehmigen. Und eine Schallplattenorgie.)

Ich schreibe Dir wie in ein Tagebuch. Immer wenn ich Zeit habe, füge ich ein bißchen was hinzu...

Im Kasino bin ich eine prominente Persönlichkeit geworden. Bekannt als die «Frau mit Glück», die aussieht wie eine Drogensüchtige. Der Croupier, der Kassierer und der Kugelwerfer begrüßen mich ganz aufgeregt. Sie mögen mich, weil ich Aufregung ins Spiel bringe. Sofort bildet sich eine Gruppe um mich, um mir zuzuschauen und auf die gleichen Zahlen zu setzen wie ich. Der «Apollo» (Du hast ihn in Chamonix gesehen) und ein Gigolo, der zur Zeit frei hat, stehen auf Lauerposten. Sie hatten noch keine Gelegenheit, mit mir zu reden! Hugh ist erstaunlich wachsam! Heute abend gewann ich 77 Frs., verlor aber alles wieder, weil ich weiterspielte – verlor meine übliche Klugheit, begann zu fiebern.

Wenn wir «heim» kommen, schaltet Hugh das Radio an, das er gekauft hat. Und ich lese Rank mit tiefem Ergötzen.

Bekam einen Brief von dem Mädchen, das im August die Abschreibarbeiten machen wird. Sie ist akzeptabel, ich werde sie engagieren.

Hugh wird im Oktober nach New York reisen. Wenn ich meinen Vater schon im September besuchen kann, werde ich den ganzen Oktober mit Dir zusammensein können.

Montag. Erhielt eben Deinen Brief. «Cinema Vanves» ist interessant – nur ein kleines bißchen «lustlos», doch wie Du sagst, es ist der Anfang, und Deine Räder laufen am Anfang immer langsam, erreichen dafür nachher ungeheuren Schwung – also ist es okay. Es macht mich glücklich, daß Du schreibst. Ich verstehe Deine Unzufriedenheit jetzt besser. Dein Brief war lebendig.

Nicht verstehen kann ich, warum Du mich als Spielerin siehst – die Folgen fürchtest usw. Niemand wüßte besser als ich, was mit 10000 Frs. anzufangen wäre! Oder mit einem Vermögen.

Hugh erstellt das Horoskop meines Vaters. Er ist im Zeichen der Waage geboren, wie ich und Oscar Wilde.

Nein, ich habe [den Artikel in der *Psychoanalytical Review*] über Napoleon nicht gelesen. (Zu Napoleon: Seit ich las, daß er einen verweichlichten, schwammigen, weiblichen Körper hatte, habe ich das Interesse an ihm verloren. Ich verabscheue plumpe, schwammige Körper bei Männern genauso, wie Du Männlichkeit bei Frauen verabscheust ...)

Frage mich heute, warum wir alle von unserer ersten Liebe verfolgt werden – falls dies tatsächlich geschieht –, ob der Grund nicht einfach nur ist, daß wir sie nie besessen haben. Wir sollten alle zu irgendeiner Zeit einmal eheähnlich, sexuell usw. mit unserer erwählten ersten Liebe zusammensein, dann wären wir schnell von unserem Besessensein geheilt. Es ist nur die Lockung des Unerreichten. Die Illusion. Deine Mutter ist die einzige Frau, die Du nie kennen wirst, sexuell, als Frau. Die Bruchstücke von ihr in anderen Frauen (falls man so sagen kann) steigern nur den Reiz des Unbekannten. Ich sage, laß uns doch unsere Eltern ficken und uns dadurch von ihnen befreien. Das Ficken ihrer Schatten bewirkt nichts. Wenn Du dieses Thema in Deinem Leben wirklich schon längst zu ergründen begonnen hast, warum hast Du dann gesagt, Du wüßtest nicht, wovon ich an dem Tag im Garten redete, als ich Dich wegschickte.

Ich werde mit Rank über dieses Thema ein Gespräch führen, daß die Fetzen fliegen. Ich werde dieser Sache offen, geradewegs auf den Grund gehen. Wenn ich bereit für eine großartige Auseinandersetzung mit Rank bin – wird auch Kunst hineingezogen – alles. Ich möchte die Sache mit Gewalt und gründlich in den Griff bekommen. Das ist, glaube ich, noch niemandem gelungen.

Ich suche Dich sofort auf, dann Rank. Ich habe ihm eine Menge zu sagen – aber inkognito.

Ich liege beim Sonnenbaden in der Kabine neben jener der Prinzessin von Rumänien – der Frau von Nikolaus. Nikolaus setzt sein ganzes Geld auf die gleiche Zahl wie ich. Er geht, wenn ich gehe. Das Ganze ist sehr groschenromanhaft.

PS: Bekam eben Dein Telegramm und beantwortete es sofort. Tut mir schrecklich leid, daß ich Dir Sorgen machte. Du schriebst, «schreibe wieder», darum wartete ich auf Deinen zweiten Brief, zumal ich mich, wie Du vermutet hast, ein bißchen entmutigt fühlte durch Deinen Brief. Dann kam der Sonntag dazwischen, ich hob den Brief, an dem ich schrieb, bis heute früh auf. Ich hatte diesen hier schon begonnen. Wie Du sehen kannst, war ich ein bißchen verstimmt, verletzt durch eingebildete Dinge, deshalb ironisch. Aber das ist alles vorbei. Schicke diesen Brief jetzt sofort ab.

A.

AN HENRY

[Aix-les-Bains]
Dienstag, 25. Juli 1933

Ja, ich verstelle mich hier – ein richtiges Murmeltier bin ich nicht. Sobald Du über Paris schreibst, erfaßt mich ein Fieber. Wenn ich Fetzen von «Chanson d'amour» über den See klingen höre, werde ich unruhig. Erholung, Stärkung – ich war nach drei Sonnenbädern wiederhergestellt. Und jetzt habe ich, wie Du sehr richtig vermutest, die Nase voll von Haut mit der Farbe Goldener Sirup, voll davon, mein Fahrrad auf seinen Ständer zu stellen, voll davon, 30 Centimes für gewisse Briefe zu zahlen, die nichts enthalten. Nicht Deine! Deine lassen mich wünschen, in Clichy zu sein, am Montag abend. Während meinem Sonnenbad öffne ich die Beine und denke an Dich.

Großen Gefallen finde ich an Chagalls [Autobiographie] *Mein Leben*. Malerisch stark – menschlich scharf. Rank kann ich hier nicht lesen, weil ich dabei Kontinuität brauche. Hier sind wir ständig in Bewegung. Zum Solarium hinaufsteigen, heruntersteigen, mittagessen, Kaffee, japanisches Billard, kurze Siestas, Fahrradtouren – ich kann jetzt auf dem Rad Kunststücke vollführen, singen. Dem Padre Lawrence erklären, in den Ruhepausen sein Horoskop an Cafétischen aufschreiben. Ich fahre Deine Briefe im Vorderkorb meines Fahrrads spazieren, auch Chagall und das Tagebuch. Wie doch folgendes auf Dich zutrifft: «Ich hatte den Eindruck, daß wir noch auf der Oberfläche der Materie herumschweifen, daß wir Angst haben, ins Chaos einzutauchen, unter unseren Füßen die gewohnte Oberfläche zu zerbrechen, umzukehren.»[1]

Du hast solche Ängste. Dies habe ich über Dich bereits mit anderen Worten gesagt, aber ich gebrauchte auch das Wort «zerbrechen» – *briser*, beachte dies.

A.

1 Zitat im Original auf französisch.

An Henry [Aix-les-Bains]
27. Juli 1933

Schicke dies eilends mit dem Scheck an Dich ab.

Schreibe Dir nur während der Zeit, die Hugh zum Anziehen braucht – muß vielleicht überraschend abbrechen, wie bei dem Brief, den ich Dir vorgestern schickte, damit Du öfter Nachricht bekommst.

Genoß Deinen philosophischen Brief und verstehe Deine Jagd nach Weisheit in Duhamel, in Faure, in China.

Über das Reisen werde ich Dir nicht antworten. Und ich werde auch keine Denkmäler verteidigen. Die Liebe zu Denkmälern, zu Reliquien, ist, tief verstanden, etwas Mystisches. Ich habe jegliches Interesse an ihnen verloren, außer dem rein historischen. Ich weiß, daß die Phase, in denen ich sie liebte, eine geschichtsbewußte war und daß sie richtig war. Ich konnte in einem dieser Schlösser stehen und die ganze Periode erwittern. Und die anschließende Lektüre Spenglers, der den tieferen Sinn und die symbolische Bedeutung von Häusern, Kathedralen, Gärten, Moscheen usw. aufzeigte, intensivierte dieses starke Gefühl noch. Die Fantasie kann von einer ägyptischen Mumie angeregt werden, von einem Indianerspeer, einer Arkade, einem langen Kleid, das den Staub des Bodens mitschleift, einer zerbrochenen Vase, einer armlosen Statue. Statt wütend zu sein auf die Touristen, das organisierte, flüchtige Sichbewußtsein, begann ich über die Vergangenheit nachzugrübeln, sie mir einzuverleiben, sie zu verdauen, sie zu reflektieren, und dann war die Phase vorbei. Wie Spengler sagt: Jeder Mensch, der sich entwickelt, durchläuft in sich selbst alle die verschiedenen Phasen der Geschichte. Ich machte das alles durch – ehrfürchtige Scheu, Achtung, sehnsüchtiges Wiederbeleben, Neudurchquerung derjenigen Jahrhunderte, über die ich etwas wußte ... sehr wenige. Es war schön, und jetzt ist es für mich überlebt. Heute kann ich dir beipflichten. Ich interessierte mich (in Avignon) mehr für die Dirnenstraße als für den Papstpalast. Nach meinem Gefühl brauchen wir nur Spengler zu lesen, um die Vergangenheit zu kennen. Doch von da zu einer Ablehnung des Reisens – nein! Du bist ein Pessimist, Henry. Ich werde nicht nach Ägypten reisen, um Ägypten zu besichtigen, sondern wegen der wunderbaren Dinge, die Ägypten bei mir bewirken wird. Ich-die-Neue werde mich dort herumführen – und dieses Ich wird reagieren und mehr Dinge sehen als eine Million Reisende. Ich interessiere mich nicht für Denkmäler, aber mich erfüllt große Neugier, weil ich weiß, daß sogar ein Denkmal, ein totes Denkmal, in mir etwas entstehen lassen kann. Mit anderen Worten, mir ist es gleichgültig, ob Dinge tot oder lebendig sind – solange ich weiß, daß eine Mumie mich entflammen kann. Das Schlüsselwort unserer Irrtümer ist *unpersönlich.* Warum unpersönlich? Auch hier erweist sich mein tiefer Wunsch, Dein Selbst sich durchsetzen zu sehen, als klug. Dein Selbst – eine Synthese – Dein Selbst – Weisheit – Selbstvision. Eine Vision. Eine Haltung, die als günstiger Ausgangspunkt dient.

Das Reisen hört auf, ein verzweifeltes Herumtorkeln zu sein – es besitzt, wie Faures *Périple*, die Qualität von etwas Verknüpftem. Warum bist Du, wenn Du Dir sicher warst, was Du wolltest, in Avignon nicht zu den Dirnen gegangen und verwesend zurückgekommen – sofern dies für Dich das Leben ist? Warum redest Du davon, nicht mit klarem Bewußtsein gereist zu sein? Wer hielt Dich zurück? Wer hielt Dich davon ab, alles zu tun, was Du wolltest? Keine Sorgen, Geld in der Tasche, keine Notwendigkeit zu Erniedrigungen.

Ich muß fragen, genau wie Du, wozu das alles? Vielleicht muß ich es nur, weil ich zum ersten Mal nicht verstehe, worüber Du verbittert bist. Es muß etwas anderes sein. Laß uns das alles vergessen. Bitte besorge für Montag abend eine Flasche Champagner. Und würdest Du vielleicht gern nach Louveciennes kommen? Es wird niemand da sein, nicht einmal Emilia. Irgendwie behagt mir der Gedanke an Clichy nicht, wo Fred allmählich verwest. Andererseits, solltest Du enttäuscht sein, wenn ich Dein hergerichtetes Zimmer nicht sähe, werde ich natürlich kommen. Und ich flehe Dich an, Henry, mein Liebster, paß auf Dich auf beim Zusammenwohnen mit Fred.

Du beantwortest meine Briefe nie im Hinblick auf persönliche Angelegenheiten! Ist Dir bewußt, daß jedes Bemühen, das man in der Liebe zur Wiederherstellung des Verständnisses unternimmt, ein Bemühen um Zerschlagung der Isolation ist – und daß Du diese Bemühungen übersiehst?

Dagegen gefällt mir alles, was Du über Lawrence, die Isolation usw. schriebst. Du bist also weiterhin an Deinem Buch über Lawrence! Eindruck machten auf mich diese Zeilen: «Der Mensch, der vom Leben berauscht ist, fällt kein Urteil, sucht nicht zu einer Schlußfolgerung zu gelangen, drängt nicht der Welt seine Botschaft auf. In der Kunst gab es immer diese beiden Extreme und wird es sie immer geben: jene Menschen, die das Leben ändern wollen, und jene, die es genießen, preisen oder einfach akzeptieren.» Stimmt genau mit einigen Gedanken überein, die ich unlängst, als ich Deine Verbitterung zu analysieren versuchte, über Dich hatte. Ich glaube, Du bist unglücklich, wenn Du die Welt der

Ideen, Meinungen, Urteile betrittst. Ich glaube, Du bist dazu bestimmt, das Leben zu *beschreiben*, nur Deine berauschten Stimmungen wiederzugeben, Deine Freude. Ich glaube, Bradley hatte gar nicht so unrecht, als er vor allem Deine Beschreibungen, Deine Ekstasen lobte. Deine Urteile, Deine Meinungen sind nicht so großartig wie Deine Freuden und Deine Zustimmungen.

Wenn Du über die verblödete Mannschaft und das Mädchen in Tarascon schreibst, ist es wunderbar. Aus diesem Grund fühle ich mich sogar gedrängt, Deine Urteile in Frage zu stellen, weil Urteile aus *einer* Philosophie erwachsen müssen, *einer* geschlossenen Haltung, um wirksam zu sein. Einzig Freude ist vielschichtig, vielförmig, variabel, chaotisch. Du hast nicht *eine* Philosophie. Du hast Gefühle.

Deine in das Lawrence-Buch hineingewobene Ideologie ist in Wirklichkeit ein Protest gegen Ideologie. Deine ganze Unzufriedenheit und Deine Angriffe gegen Windmühlen sind ein Protest gegen Meinungen, Urteile, Botschaften, Prophezeiungen, Schlußfolgerungen.

Deine Briefe an mich sind ein Protest gegen Ideen, obwohl sie eine Fülle an Ideen enthalten. Du liegst im Krieg mit Dir selbst, mit Deinem intellektuellen Ich. Ich würde sagen, laß den Intellektuellen in Dir in Ruhe, den Weisen, den Philosophen. Freue Dich des Lebens. Berausche Dich. Beschreibe es. Kommentiere es nicht. Gestalte es nicht. Ich bin mir jetzt sicher, daß Du das tun sollst. Du hast Deinen zerebralen Winter gehabt – Deine geistigen Fieberanfälle. Du warst nicht glücklich. Du bist zu den höchsten Höhen der Weisheit, des visionären Sehens, aufgestiegen, doch Du warst nervös und unglücklich. Das Jahreszeitenbuch [*Schwarzer Frühling*] ist ein Kompromiß. Es wird Dich befriedigen. Aber nach Deinem Buch über Lawrence, ich bitte Dich, gib die Gehirntätigkeit auf. Du hast eine Gehirnreise gemacht. Ich weiß nicht, warum. Jetzt bereust Du es. Und Du bist voller geheimer innerer Rebellion. Du sagst verletzende Dinge, ohne jemand verletzen zu wollen. Anfangs konnte ich das nicht verstehen. Jetzt verstehe ich es, wahrlich, Henry, und ich möchte Dir helfen, möchte Dir zu Klarheit über Dich verhelfen.

Hör zu: «Erhabenstes Merkmal des Waagecharakters ist *Hingabe*.» Die habe ich – für Dich.

A.

[Clichy]
Freitag [28. Juli 1933]

Alles, was Du schreibst, ist sehr wahr, sehr weise, und es ist mir arg, daß ich Dir höchstwahrscheinlich Schmerzen oder Sorgen oder Unbehagen oder Beschwernis bereitet habe. Nein, ich war nicht ich selbst, aber ich werde es allmählich wieder. Hör zu – irgendwo in mir gibt es ein starkes Schuldgefühl. Das erkenne ich jetzt an tausend Symptomen. Etwas, das vergangene Nacht geschah (ich werde mein Möglichstes tun, es Dir zu verheimlichen, um Dir bei Deiner Rückkehr eine angenehme Überraschung zu bereiten), bestätigt meine Grübeleien. Sehr viele Dinge haben sich dadurch erledigt, aber ich bin mir nicht sicher, daß es auch das Krebsgeschwür beseitigt.

Du hast völlig recht – ich habe es vermieden, auf die persönlichen Fragen zu antworten. Aber nicht absichtlich. Instinktiv, aus Angst, in dieser Gemütsverfassung Dinge zu sagen, die verletzen könnten – nicht, weil ich Grund hätte, Dich verletzen zu wollen, sondern weil ich fürchtete, zum Schlag auszuholen, bildlich gesprochen, in der Absicht, jemanden zu verletzen, irgend jemanden. Und die Folge davon ist tatsächlich, daß man denjenigen verletzt, den man am allerwenigsten verletzen möchte. Ist es nicht so?

Ich sage Dir, und Du kannst es glauben oder nicht, eines meiner größten Probleme beim Reisen ist, daß ich zuviel Fantasie habe. Nichts stimmt mit meinem vorgefertigten Bild von den Dingen überein. Nur um dies zu beweisen, auf eine alberne, aber schrecklich treffende Art, muß ich Dir gestehen, daß ich heute morgen, als ich wieder einen Teil von Osborns großem Werk erhielt, hingerissen war, begeistert von seinen Beschreibungen der Loire, der Schlösser, Venedigs, Capris usw. Er besuchte alle diese Orte, sie brannten sich ihm tief ein, und es gelang ihm, seine Bilder davon bis zu dem Augenblick zu bewahren, da er sich hinsetzte, um sie aufzuzeichnen. Ich brachte das nie fertig. Ich gestand mir ein, daß mir meine Reisen nie etwas Unvergängliches eingetragen haben. Die Briefe, die ich bei solchen Gelegenheiten meinen Freunden schrieb, sind banal, trivial, launenhaft, unpersönlich, es fehlt ihnen an Fantasie, an Einfühlungsvermögen, an allem. Ich betrachte das alles als ungeheure Verschwendung, die etwas gemildert wird durch flüchtige, episodische Brocken von absonderlichem, ganz privatem Wert. Diese Passagen interessieren jedoch niemanden, solange der Schreiber nicht bereits eine anerkannte Persönlichkeit ist und folglich alles, was ihm widerfährt, Bedeutung besitzt. Sie werden dem Leser nicht viel über

Venedig, Carcassonne usw. sagen, aber einiges über den Geisteszustand des Verfassers, über seine Gemütsverfassung offenbaren. Alle diese Erkenntnisse kommen bei mir jedoch hinterher. Sie kommen unverhofft.

In meinem Ummichschlagen ließ ich einen gewissen Kummer erkennen – Kummer darüber, daß Du und Lawrence so kontinuierlich, so persönlich, so klug, so ohne Unterbrechung schreiben können, während sich Zeit und Ort verändern. Vielleicht gibst Du die Erklärung dafür in Deinem letzten Brief: Du trägst Deine Lebensvorstellung, Deine Lebensphilosophie in Dir, sie ist etwas Festes, Wirkliches, Greifbares und allzeit Lebendiges. Ich tue das nicht. Ich bin amorph, geistig gesehen. Ich leide unter meiner Farbanpassungsfähigkeit, um ein Darwinsches Bild zu gebrauchen. Ich nehme die Fadheit der Landschaft an, den Strom namenloser Menschen, der sich endlos und unaufhörlich durch eine Stadt nach der anderen wälzt. Ich bin proteisch, so sehr, daß es fast ans Krankhafte grenzt.

Du schilderst mich als unglücklich aus irgendeinem dünn verschleierten Grund. Du glaubst, daß ich Probleme irgendwelcher Art habe und zögere oder mich schäme, sie zu benennen. Nein, leider nein. Im Gegensatz zu Dir bin ich mir immer bewußt, woran oder worunter ich leide. Wiederum genau wie Salavin leide ich an mir selbst. Die ganze Zeit über ist es meine eigene Seele, die mich quält. Ich bin vollkommen egozentrisch.

Hier ein kleiner Absatz über mich aus Osborns letzter Teillieferung. Nicht einer seiner besten, aber ich messe ihm schlicht deshalb Bedeutung bei, weil er sich, was sein Bild von mir betrifft, wie besessen wiederholt:

«Eine komische, eigenartige Vorahnung von Unheil schwebt über mir. Ich fürchte, in meinem Bett ermordet zu werden. Meine Beziehungen zu Barton (das ist Wilke), die Umstände unserer Begegnung, der eigentümliche verwirrende Charakter dieses Burschen, seltsam, unfaßbar seltsam ... Hueffer (Miller) ebenfalls, aber auf andere Art – trotz all seiner vorgeblichen (!) Freundschaft ist der Kerl tückisch, tückisch bis ins Mark, das spüre ich in meinen Knochen – und es ist die gefährlichste Art von Tücke, weil es nicht die übliche Tücke von Mensch zu Mensch ist, sondern weil ihr ein philosophischer Zwang unterliegt, die Selbstrechtfertigung eines egoistischen Schöpfers, als ob niemandes Leben außer seinem eigenen wirklich wichtig sei, als ob das Leben aller anderen Menschen, sogar das seiner engsten Freunde, nur Futter für die Entfaltung seines eigenen geheiligten Schicksals sei, seiner eigenen schöpferischen Triebe, eine lächelnde deutsche Rücksichtslosigkeit, eine geniale

Verminung hinter Nebelschleiern, wobei er sich selbst in sicherer Entfernung hält von seinen Minen – schön, nur ist eben die Tücke Bestandteil seines Naturells, er kann nicht anders.»

Dies alles ist teuflisch wahr, wahnsinnig intelligent und scharfsinnig. Dieser Mann hat mich akzeptiert, vorbehaltlich meiner angeborenen Tücke. Eine Tatsache, die ihn in meiner Achtung steigen läßt. Doch was ist mit dem Beweis meiner Tücke? Wann hat er den je erhalten? Nie, das kann ich Dir versichern. Ihm gegenüber habe ich stets höchst ehrenwert gehandelt. Er hat nichts, was er mir zum Vorwurf machen könnte, außer vielleicht Unterlassungen, Dinge, die ich vielleicht hätte tun, Worte, die ich vielleicht hätte sagen sollen, aber nicht gesagt habe. Ehrlich, nichts. Doch er deutet mich richtig. (Ich übersehe die Tatsache nicht, daß mein guter Freund [John] Nicholas, den er vor kurzem wiedersah, vielleicht ein paar Tropfen Gift in sein Ohr träufelte. Nicholas tut so etwas, teils aus Spaß an der Sache, an dem Drama, und teils aus verletzter Eitelkeit – weil ich, der wirklich sein liebster Gefährte in Paris war, mir nicht einmal die Mühe machte, ihm auf Wiedersehen zu sagen, mit dem Haufen mitzurennen, um ihn fortzubegleiten, oder zu sagen: «Schreib mir ein paar Worte, wenn Du zurückkommst.» Bei unserem letzten Treffen sagte ich forsch: «Mach's gut», etwa wie: Nun, falls ich dich nie wiedersehen sollte, wir haben eine schöne Zeit zusammen verlebt, aber das läßt sich nicht wie ein Schatz konservieren.)

Aber zurück zu Osborns instinktivem Verdacht. Wie bemerkenswert ist es, daß mir dieser Absatz gerade jetzt unter die Augen kommt, wo ich doch in den letzten paar Wochen (während meiner Depression) die diabolischste Freveltat geplant habe: Ich habe mit einer aus blanker Gleichgültigkeit geborenen Rachsucht geplant, ihn wegen des Themas seiner Geisteskrankheit zu löchern – um ein Experiment zu machen! Ich habe die Absicht gehabt, ihm einen Brief nach dem anderen zu schreiben, seine Halluzinationen zu erforschen, seine Ängste, seine Zwangsvorstellungen, seinen Verfolgungswahn. Damit er entweder einsehen wird, daß alles Einbildung ist, oder definitiv verrückt wird. Das einzige, was mich bisher zurückhält, ist der Gedanke, daß meine Briefe gegen mich benutzt werden könnten. Es könnte heißen, ich hätte ihn absichtlich in den Wahnsinn getrieben. Der Gedanke an das Verbrechen als solches stört mich nicht. Nur das Ertapptwerden, die Strafe.

Doch ich vergaß, zu Ende zu führen, wovon ich vorhin gesprochen hatte. Als ich Osborns Passagen über die großen Städte Europas las – glänzend geschrieben übrigens – wirklich! –, wurde mir klar, daß Menschen und Orte auf mich immer und ausschließlich «literarische» Anziehungskraft ausüben. Die Wirklichkeit ist uninteressant. Schal. Osborns Beschreibung von Chambord und Amboise hat Leben für mich. Die realen Châteaux hatten keines. Spenglers großer panoramahafter Rückblick auf die Vergangenheit ist für mich ebenfalls voller Leben und Bedeutung. Die tatsächlichen Ereignisse ließen mich immer kalt.

Mir gefällt, was Du über Deine eigene Absorption der Vergangenheit schreibst. Du hast es schön ausgedrückt. Gleichzeitig verwirrt es mich ein wenig, wie herrlich schnell Du Dinge abtun kannst. Wie Du so genau, so klar, so klug weißt, wann etwas für Dich beendet ist und wann nicht. Du hast in dieser Hinsicht keine großen Zweifel. Bist ein Glückskind.

Es ist nicht wichtig, daß Du am Montag hierherkommst. Der Tischler ist noch nicht ganz fertig, wird es erst Mitte nächster Woche sein. Das alles hat Zeit. Eines habe ich bereits und freue mich daran: den Rotangvorhang, der das Licht sanft durchschimmern läßt. Es sieht draußen immer aus, als würde es gleich regnen. Eine große, große Erleichterung für die Augen und die Nerven.

Bereite Dich darauf vor, mit mir nach Deiner Rückkehr so bald wie möglich ins Cinéma Ursulines zu gehen. Das ist die Überraschung, die ich vor Dir verberge. Ich muß meine ganze Willenskraft aufbieten, Dir die Gründe für meine Freude nicht zu enthüllen. Du sollst ohne jede Einführung oder Vorwarnung dorthin gehen. Ich fiebere Deinen Reaktionen entgegen. Das Ergebnis des Besuchs gestern abend erregte mich, regte meine geistigen Prozesse, meine Fantasie an. Würde ich mehr verraten, würde ich es Dir verderben. Also widerstehe ich.

Ich nehme an, daß Dich dieser Brief vor Deiner Abreise erreicht. Telegrafiere mir, wann und wo ich Dich treffen soll. Glaube mir, alles ist in Ordnung. Du hast eine zu lebhafte Phantasie. Du benutztest einen seltsamen Ausdruck, der mir die ganze Zeit im Kopf herumgeht. Du schriebst: «Vorderkorb». Ich finde, das ist ein höchst symbolisches Wort. Es ist einfach ein Gepäckträger, weißt Du. «Vorderkorb» beschwört phantastische Anblicke herauf. Irgendwie stelle ich mir als erstes immer ein Känguruh vor. Du fährst meine Kinder vor Dir her, vor der Welt, bahnst für sie mit Deinem Fahrrad einen Weg, sogar wenn Du mit Deinem Padre sprichst. Du fährst sie vor aller Augen herum, mit einem geheimen, katzenartigen Vergnügen. Du wünschst Dir fast, sie würden herauspurzeln und eine Katastrophe verursachen. Dann gehst Du ins Spielkasino, in Deinen unanständigen, weil leuchtenden scharlachroten Kniehosen, und der König von Norwegen flirtet mit Dir, und der unschuldige junge Gigolo aus Amerika, der Adonis, den ich bewußt zu erwähnen vermeide, steigt Dir nach. Er sah Dich mit einem anderen

Mann. Er weiß das, und Du weißt das. Ein großes Geheimnis zwischen Euch. Er legt es in der einen Weise aus, Du in einer anderen. Kaleidoskopische Kollisionen von Gedanken. Du läßt Rauchschutzschleier aufsteigen, benutzt den Gigolo als Unterseeboot. Alle sind gespannt, in erster Linie auf den König von Schweden, dann auf den Gigolo. Du errötest deswegen. Du gerätst in Verwirrung. Bewundernswert. Bewundernswerte Wahrheitsverdreherin! Lügst, ohne je den Mund aufzumachen. Erzeugst einen Berg aus Anspielungen, Verflechtungen, Verdächtigungen, Eifersüchten, Kriegen – wegen eines «unschuldigen» Gigolos. Und das Beste von allem ist, daß niemand weiß und niemand je wissen wird, worin genau der Charme dieser mutwilligen «Unschuld» liegt. Vielleicht weiß nicht einmal das Tagebuch etwas darüber. Doch gleich einem Menschen, der im falschen Augenblick hysterisch lacht, erscheint Dein Gigolo hartnäckig, überall gleichzeitig auftretend, unabwendbar in Deinen Briefen. Ich erliege dem Rätselhaften des Ganzen. Ich stelle Dir keine Fragen. Da ist er, an Deiner Seite, schaut Dir über die Schulter, dreht sich um, wenn Du um die Ecke gehst. Ein «unschuldiger» junger Mann aus Amerika. Bemerkenswert. Seltsam. Wie ein Doppelgänger, der Dich verfolgt. Wer ist er? Warum ist er da? Niemand weiß es.

Anaïs, ich übersehe nichts. (Dies bezieht sich auf Deine Randbemerkung – nicht auf den Gigolo.) Ich warte fiebernd darauf, daß Du zurückkommst. Ich werde erst wieder zu atmen beginnen, wenn Du da bist.

Ich muß den Brief beenden, damit ich ihn noch rechtzeitig aufgeben kann. Deine beiden Briefe trafen erst heute nachmittag ein, zusammen. Ich wartete auf Nachricht von Dir, fragte mich, ob du plötzlich beschlossen hättest, früher zurückzukommen. Mach Pläne, ganz wie Du willst. Ich bin frei. Eines noch – Du schreibst, als empfände ich möglicherweise Groll auf Dich, als besänne ich mich im Hinblick auf Dich eines anderen. Unterliege keinem Mißverständnis. Wenn ich je unglücklich war, dann war es meine eigene Schuld. Ich war nicht unglücklich wegen Dir.

Erinnerst Du dich an meinen Impuls, Anatole zu schreiben? Nun, ich besuchte ihn nach meiner Rückkehr. Hatte eine schöne Konferenz mit ihm und Leon[1] in dem stickigen Hotelzimmer der beiden. Wie aus Dostojewski. Anatole ist so gräßlich ein Niemand, daß er mich fasziniert. Ich finde diese Niemande weit interessanter als die gefeierten Menschen. Warum das?

Henry

1 Anatole und Leon Paschutinski, russische Brüder, über die Miller in *Wendekreis des Krebses* schreibt.

An Anaïs [Clichy]
Donnerstag [3. August 1933]

Der beiliegende Brief – ich stelle es Dir anheim, ihn abzuschicken oder nicht – legt den Fall der Veröffentlichung dar.[1] Tut mir leid, daß ich Deinen aufregenden Mühen, Deinen Hoffnungen usw. ein plötzliches Ende bereiten muß. Aber dies ist meine ehrliche Meinung. Die Seiten waren in Ordnung – weder gut noch schlecht, weder Fisch noch Fleisch. Als ich sie las, schien mir, als hörte ich die Originalzeilen, aus denen sie herausgefiltert wurden, ich sah die schwankende Handschrift und die komischen kindlichen Zeichnungen, die Fehler, die schlechte Rechtschreibung, die Tintenflecke, die fettigen Fingerabdrücke, das billige Papier (das als solches so rührend ist – immer das Billigste für Genies!). Ich rebellierte. Es ist ein Verbrechen, in das Originaldokument hineinzupfuschen. Es ist schon fast eine Sakrileg, dieses Dokument zu drucken. Man sollte es vor dem Verderben schützen, wie die ersten Exemplare der Gutenberg-Bibel, unter einem Glassturz. Vervielfältigungen sollte es davon nicht geben. Der gläserne Schrein sollte von vier Pfosten und einem Samtseil umgeben sein. Man sollte auch nicht zulassen, daß die Luft, die diese Menschen atmen, die sie mit ihren verdreckten Lungen verderben, das Original beschmutzt. Das ist es, was ich persönlich denke! Das könnte ich zu Bradley nicht gut sagen. Doch ich hoffe, trotzdem genug gesagt zu haben. Ich hoffe bei Christus, daß er sauer wird und vor uns allen ausreißt. Soll er doch auf die Knie sinken und um das

1 In einem maschinengeschriebenen, neunseitigen Brief, datiert 2. August 1933, setzte sich Miller vehement für die unveränderte Veröffentlichung von Anaïs Nins Tagebuch ein. Bradley, dem einige der Kindertagebuch-Bände in ihrer Gesamtheit und einige der späteren Bände in einer beschnittenen und hinsichtlich der Personennamen etwas kaschierten Form zur Begutachtung gegeben worden waren, hatte offenbar die Bearbeitung eines Teils des Materials vorgeschlagen, um es für die Veröffentlichung annehmbar zu machen. «Können Sie sicher sein», sagte Miller, «daß das, was Sie uninteressant finden, nicht Tausende, vielleicht Millionen anderer ansprechen wird? ... Ich denke an das Werk, als werde es tatsächlich herausgebracht. Ich denke an den japanischen Leser, den Hindu-Leser, den spanischen, den skandinavischen Leser ... Ich denke an den kommenden Leser im Jahre 2000 n. Chr. und später, wenn das Originalmanuskript, mit den richtigen Namen, freigegeben wird ...» Dieser «Brief an William Bradley» wurde schließlich im Teil «Mehr über Anaïs Nin» der Sammlung *Sunday After the War* (Norfolk, Ct., 1944) abgedruckt. Laut einer Eintragung von Anaïs Nins unveröffentlichtem Tagebuch hat sie ihn nicht abgeschickt, und er wurde erst nach Bradleys Tod veröffentlicht.

Buch betteln. Das wird man noch – merk Dir meine Worte. Halt nur durch! Glaube weiter an Dich und vertraue der Vorsehung. Ich kann die Welt an Deine Tür klopfen sehen. Und Ferienreisen mit reichlichen Mitteln. Ich sehe das alles, denn verdammt noch mal, hätte ich Dich nicht kennengelernt, würde mich dieses Tagebuch genauso beeindruckt haben, wie es das jetzt tut. Es wird in der Retrospektive immer besser. Es darf keine Fehlgeburt werden. Du darfst nicht auf das Niveau von Luhan, Stein, Duncan, Bashkirtseff heruntergezogen werden.

Henry

AN HENRY [Louveciennes]
[6. August 1933]

Ich war überwältigt, als ich Deinen Brief bekam, um so mehr, als ich in dem Moment gerade in mein Tagebuch über die Ironie in unserem Gespräch schrieb, darüber, was mein Glaube an Dich und meine Liebe bei Dir bewirkt hatten. Ironie sage ich, weil Du, ohne Dir dessen bewußt zu sein, bei mir das gleiche Wunder gewirkt hast. Du kamst, als ich nichts mehr hatte, für das zu leben sich lohnte, und schenktest mir Leben und Kraft und Inspiration, Henry. Alle Freuden. Und dann trifft dieser Brief von Dir ein und bestätigt Deine Überzeugtheit, diese lebensspendende Begeisterung, diese Stütze. Ich glaube nicht, daß dieser Brief für Bradley bestimmt ist. Er ist für mich bestimmt, für diesen Augenblick, und dann weitgehend für die Welt. Er ist ein herrliches Stück *Loyalität*! So entschieden sprichst Du und so erleuchtend für mich. Ich träumte sofort von Deinem Vorwort. Ich unterstrich dies: «Der Grundton, den sie anschlägt, ist jener des Schmerzes. Des Schmerzes der Isolation. Eben der Grundton der ewigen Folterqualen des Künstlers.» Ich war menschlich glücklich, schrecklich glücklich, Dich für mich kämpfen zu sehen. Dein Brief war eine Granate. Und im Grunde völlig richtig. Fehlgeburt. Das Wort war gut. Diese Einstellung (das weißt Du aus unserem Gespräch im Garten) ist sehr erhellend für mich ... Genie usw. Ich genoß das. Am meisten aber genoß ich Deine Fürsorge, Deine große literarische Fürsorge, die Du auch «Alraune» angedeihen ließest. Ich lehnte mich zurück und genoß. Du wirst bezeugen, daß ich nicht eine Schönheit ohne Hirn bin usw.? Du hast zugeschlagen, weißt Du. Und Du hast den Drachen getötet. Ich bin gerettet. Ja, ich bin voll Vertrauen, von dem Vertrauen, das Du mir gibst. Weißt Du, was mir gefiel? Die Realität des Tagebuchs für Dich, das, was Du über die Flecken, das schlechte Papier usw. schriebst. Wir werden auch das ins Vorwort aufnehmen! Und jetzt an die Arbeit. Vielleicht brauchst Du eine Frau hinter Dir, wie ich einen *Mann* hinter mir brauche. Ich sagte, einen *Mann*! Den Krieger Mars mit Feuer in seinen Nasenlöchern.

Anaïs

Wichtige Bitte: Um der großen geistigen Ordnung willen! Bitte *datiere* Deine Briefe!

AN HENRY

[Louveciennes]
8. August 1933

Bradley sagte, er habe keine definitive Stellungnahme von Kahane. Außerdem, daß er Dich möglicherweise nicht vor nächster Woche treffen werde, weil er diesen Freitag vielleicht für ein paar Tage zur Erholung wegfahre. Hör zu, Henry, ich bitte Dich, selbst zu Kahane zu gehen. Ich könnte mir vorstellen, daß Kahane und Bradley nicht allzu vertraut miteinander sind. Wenn Du Kahane die Frage ehrlich stellst, muß er Dir antworten. Sag ihm, Deine Lage sei verzweifelt usw. Ich fürchte, Bradley hat jetzt den Eindruck, Deine Lage sei nicht so verzweifelt usw. Aus irgendeinem unsinnigen Grund scheint diese Verzweifeltheit auf ihn stärker zu wirken als Deine *literarischen* Bedürfnisse (nach Kommunikation usw.). Sie ist das offensichtlichere Bedürfnis, und andere Schriftsteller schieben es auch in den Vordergrund. Ich wünschte, ich könnte das für Dich tun. Ich möchte gern, daß Du in der Lage bist weiterzuschreiben, ohne Sorgen irgendwelcher Art zu haben. Wäre ich Deine Frau, würde ich all diese verdammten Geschäfte von Dir fernhalten. Und wenn Du es willst, bei Gott, dann gehe ich selbst zu Kahane. Das meine ich ernst. Ich bin bereit, den Papst zu besuchen, alle Könige und alle Verleger. Ich sage Dir, Henry, ich bin unerschrocken. Ich bin stärker, als ich je war. Du kannst auf mich zählen. Ich weiß, daß meine Ermutigung, meine Zuversicht allein nicht genug sind. Du brauchst jetzt Kontakt mit der Welt. Doch bis Du den hast, glaube *mir*, in einem unmeßbaren Grad! Ich erklärte Bradley gestern, Du hättest in letzter Zeit Deine *unvergänglichsten* Seiten geschrieben, Dein großartigstes Werk. Er war interessiert.

Ich sagte, Dein Schreiben habe jetzt Bindekraft und Zusammenhang. Du seist mit Dir selbst eins geworden. Er erklärte, das sei das einzige, was Dir gefehlt habe. Deine Weitschweifigkeit hatte ihm Sorgen gemacht. Meine Worte beeindruckten ihn. *Er weiß, daß eine Bindekraft eine überragende Kraft ist.*

Schreib weiter. Ich liebe Dich, ich halte Dich für den derzeit größten Schriftsteller auf Erden. Geh sofort zu Kahane, wenn Du willst. Wenn Du nicht willst, werde ich hingehen. Ich kann mit ihm reden. Ich kann mit jedermann reden. Montag suche ich [den Verleger] Denoël auf, aber ich würde davor gern von Kahane Bescheid wissen. Und schieb es nicht weiter hinaus, denn alle fahren an Mariä Himmelfahrt, am Fünfzehnten, weg.

Ich selbst arbeite wie ein Pferd. Fühlte mich nie so erfüllt, so sicher, so stark. Bin besessen von meiner Arbeit und von Dir. Von Deiner Arbeit und Dir und dem Schreiben. Ich bin mir darüber im klaren, daß mir ein ungeheures geistiges Erlebnis widerfahren ist. Ich habe einen großen Zyklus in meinem Leben abgeschlossen. Ich beendete das Hauptthema meines Lebens, als ich meinen Vater wiederfand. Und wie Du wieder zu arbeiten begannst, nachdem Du Deinen June-Zyklus und das Schwelgen in Erinnerungen usw. beendet hattest, so wandte auch ich mich vom Leben ab und der Arbeit zu, um sie aufs laufende zu bringen. Dies ist unsere Zeit des Friedens, in der man Musik schreibt.

Seltsam, dieser Wein, der einem nicht zu Kopf stieg. Oder waren unsere Köpfe undurchlässig für alles außer Musik und Worte? So scheint es.

Bradley sagte, er würde gern mein Tagebuch lesen, weil ich ein so *rätselhaftes* Wesen sei. Gestern jedoch war ich ehrlich zu ihm. Ich ging nicht ins einzelne, aber ich gab ihm zu verstehen, daß ich in dem Tagebuch Dinge zu sagen hätte, die tödlich seien. Wir hatten ein sehr interessantes Gespräch über meine *Lügen*. Darauf war er ganz scharf. Ich erkannte auch, daß ich in eine Phase der Ehrlichkeit eingetreten bin, weil ich eine bestimmte Welt, eine bestimmte Illusion, eine bestimmte Rolle hinter mir habe. Ich bin jetzt nur Künstlerin. Das Schauspielern usw. habe ich einstweilen aufgegeben. Vielleicht schlüpfe ich in eine neue Rolle, erfinde eine neue Art zu leben. Aber *eine* Art zu leben hat ein Ende gefunden. Und zwar zwangsläufig, wie mein Tagebuch zeigt, dem ich alle meine Tricks verrate. Ich befinde mich in einem Fieberzustand rücksichtsloser Ehrlichkeit.

Anaïs

Du solltest *hier* sein. Wir sollten zusammen arbeiten – am Abend einer des anderen Arbeit lesen – einander anfeuern, einander festhalten. Sie ist ein großes Verbrechen, diese Getrenntheit.

Ich werde Dir keine Seiten schicken. Du hast den Kopf voll genug und zuviel zu tun. Werde sie Dir geben, wenn wir uns sehen. Aber schick mir Deine.

An Anaïs

Café George V
120 Avenue des Champs-Elysées
Mittwoch [23. August 1933]

Dies ist eines der Cafés, in denen man immer nur ein Blatt Papier bekommt. Du sagst, ich soll über mich selbst schreiben. Das bedeutet, «keine Literatur», was? Nun, über mich selbst gibt es verdammt wenig zu sagen. Wenn Du fortfährst, fährst Du nicht einfach nach St. Raphaël oder Creuse – Du fährst überhaupt fort.[1] Es könnte genausogut nach China sein. Orte bedeuten gar nichts. In Louveciennes kann ich mir Dich vorstellen. Sobald Du den Zug besteigst, ist alles verschwommen. Hugo hat recht, das weißt Du. Man muß einen Menschen verschlingen, um sicher zu sein, daß man ihn besitzt. Ich bin nicht unglücklich und auch nicht glücklich. Ich bin einfach ausgestreckt – zwischen Orten. Als Du abfuhrst, fragte ich mich: Was für einen Sinn hat es, zu schreiben, wenn dies bedeutet, daß man den einzigen Menschen, nach dem man sich sehnt, von sich wegstößt? Ich möchte nicht in den Sielen sterben. Ich wünschte, Du wärst die ganze Zeit bei mir – dann müßte man keine Entscheidungen treffen wie neulich. Ich bin nicht eifersüchtig. Ich bin einsam. Chamonix war eine wunderbare Form der Betäubung – von der man immer genesen konnte. Das wichtigste ist, Deine Gegenwart zu spüren – Dich summen oder gähnen zu hören, Deine Kämme und Bürsten herumliegen zu sehen, sich besorgt zu überlegen, welches Kleid Du anziehen solltest usw. Wenn ich Duhamels *Deux hommes* so genoß, dann deshalb, weil Du neben mir lagst. Es ist etwas völlig anderes, alles allein zu tun. Wenn ich die großartigen Seiten ansehe, die ich in Louveciennes schrieb, weiß ich, daß mir dies gelang, weil Du da warst, darauf

1 Anaïs Nin besuchte ihren Vater in Valescure und fuhr mit ihm und seiner zweiten Frau, Maruca, im Auto nach Paris zurück. Nach Louveciennes kehrte sie am 30. August heim.

wartetest, daß ich sie schriebe. Ich weiß, daß Du immer «da» bist – aber da sein im Geiste ist nicht ganz dasselbe wie körperliche Anwesenheit. Dein Vater weiß das, und es ist sehr klug von ihm, sich von einem Hexenschuß niederwerfen zu lassen. Wir alle sollten uns vom Hexenschuß niederwerfen lassen – auf Dauer.

Da – hier hast Du, was ich denke. Ich schicke Dir keine weiteren Seiten, weil keine fertig sind. Ich suche nach einem Satz, der alles freisetzen wird, was in mir eingepfercht ist.

Wie geht es Deinem ewigen Liebhaber? Ruht er bequem? Ich vermisse Dich höllisch. Du solltest die Reiseerlaubnis nicht so leicht kriegen.

[Henry]

AN HENRY

Le Grand Hotel
Evaux-les-Bains (Creuse)
Mittwoch [23. August 1933]

Es machte mich glücklich, bei meiner Ankunft Deinen Brief zu erhalten – habe heute abend vielleicht keine Zeit, Dir in bezug auf das Schreiben zu antworten – ich möchte die Seiten sorgfältig lesen –, außerdem bin ich noch benommen von unseren vier Reisetagen. Ja, mein Vater *ist* ein Spitzbube. Er lag am Tag vor meiner Ankunft gelähmt im Bett. Er stand auf, holte mich vom Bahnhof ab und läuft seither quietschfidel herum. Am Tag meiner Ankunft in Valescure lud uns Paderewski zum Abendessen ein. Schöner Charakter – sanft, gütig, wach, scharfsichtig, mit 65[1] – vornehmes Verhalten und Elan. Durchschaut die Menschen mit Augen, die wie Deine geformt sind. Weibliches Lachen hinter seinem rotblonden polnischen Schnurrbart. Bildung. Ungeheuer interessante Konfrontation mit Padre – Paderewski, der Romantiker, immer überströmend, übersprudelnd, unpräzise spielend, nicht Chopin, sondern immer Paderewski – und Padre, der Grieche, dessen Vorstellungen genau entgegengesetzt sind (das Unpersönliche, die Form, das Maß – ganz klassisch), der sich aber dem *Mann Paderewski* beugt, diesem einzigartigen Menschen. Welche Rolle spielt es schon, was er tut, wie er es tut! *Er* ist es – Paderewski. Mir gefiel Padres Kapitulation. Und was für ein Duell die beiden ausfochten, welche Freude dem alten Herrn ins Gesicht geschrieben stand. Am Schluß fragte er Padre, ob er ihn küssen dürfe – und das alles voll Anmut, Noblesse. [...] Paderewski ist sehr höflich – und

1 In Wirklichkeit war Paderewski 1933 bereits 72 Jahre alt.

aufgeklärt – feurig. Er schreibt seine Memoiren. Er gibt alles, was er hat. Er ist großartig und, wie alle starken Männer, gütig. Zu mir sagte er: «Sie haben die Schönheit einer anderen Zeit.»

Dann brausten wir davon, Padre und ich – durch Nîmes, Tarascon, die Cevennen ... Übernachteten in Alès und Issoire (dreckiges Hotel dort, in dessen Rezeptionsbuch Padre schrieb: *Merde!*). Wir hatten eine Autopanne, gerieten zeitlich in Verzug ... Padres Plauderei war inspirierend, ich sage Dir – ein *Mann* – ein Mann, wie Du einer bist, aus anderen Epochen: der Impotenz, Neurosen, Krankheit verabscheut – der Kraft, Gesundheit, Sex, Vitalität fordert! Der das gleiche sagt wie *Du*: Laßt die Versager ersaufen. Laßt die Schlappschwänze abkratzen! Überleben sollen die ihrer Umwelt am besten Angepaßten. Bringt die Mißgestalteten, die Häßlichen und die geistig Verwirrten um. Die Ärzte sollten jene nicht retten, die es fertigbringen, Selbstmord zu begehen (genau Deine Worte!). Laßt die Krüppel sterben, sterben. Ich dachte, wie sehr Du dies genießen würdest. Es ist wunderbar, Henry, einen Vater von Format zu haben. Er ist verdammt klug, und seine Klugheit beeinträchtigt das Schwungvolle in seinem Wesen nicht. Hör zu, wenn es auf der Welt nur zwei *Männer* und *eine* Frau gibt, ist das Leben es wert, daß man es bewältigt ... dann *ist* Leben. Wir drei können kämpfen gegen den Strom von Spenglers erstickendem Gas – Pessimismus. Die Feststellung, daß wir in andere Epochen gehören, balsamiert uns keineswegs ein. Wir werden die Zukunft erschaffen.

Ich bin verzückt, doch in den letzten Monaten bin ich so voller Gewißheiten, aller Arten von Gewißheiten!

Nein, es schmerzte überhaupt nichts in unseren letzten Stunden. Ich verstand zuviel. Es schmerzte nur in der Sehnsucht hinterher – wie bei Dir. Vergiß nicht, ich bin auch verliebt in Deine Arbeit. Verliebt in sie!

Zweifelhaft ist, ob ich am Sonntag zu Hause sein werde. Aber ganz sicher am Montag oder Dienstag. Ich werde Dir am Samstag ein Telegramm deswegen schicken. Möglicherweise gelingt es mir nicht, Dir ausführlich zu schreiben. Padre muß den größten Teil des Tages liegen. Ich lese ihm vor usw. Es gibt hier nichts als ein Hotel und ein kleines Dorf, also muß ich alles Fehlende irgendwie wettmachen. (Paderewski liebt *Filme* – bloß Filme.)

Anaïs

An Henry

Le Grand Hotel
Evaux-les-Bains (Creuse)
[25. August 1933]

Heute bekam ich zwei Briefe von Dir – einen postlagernd. Dieser schenkte mir große Freude, als ich ihn las – und große *Nähe*. Ich warte darauf, daß Du Deinen Hexenschuß meldest! Unterdessen lese ich Deine Seiten und werde immer entschiedener spanisch, weil die Reden meines Vaters mein Rassenbewußtsein wecken.

Deine Seiten sind wunderbar.[1] Wunderbar der Anfang, wo Du die Verwirrung in Deinem Kopf schilderst, während alle um Dich herum reden. Und Deine Gefühle, während Cronstadt Dich interpretiert. Bei dem Dialog bin ich mir nicht so sicher ... aber das ist nicht wichtig. Schön der Schluß, die Beschreibung Cronstadts und seiner Poesie. Überhaupt nicht aschfahl. Großartige Schriftstellerleistung. Es ist eine *tour de force*, einen obskuren und sehr spitzfindig mysteriösen Zustand von Dir so klar zu schildern. *Wirkliche Inspiration*, Henry.

Und dann wieder die seltsamen poetischen und ironischen literarischen Ungerechtigkeiten! Ich lachte mit Tränen in den Augen über das alles – ein paar Stunden, bevor Cronstadt Dich in einer Art interpretiert, die Dein ungeheures «Doppelgänger»-Gefühl weckt. Ich hatte in etwa dasselbe zu Fraenkel gesagt – über Deine Arbeit. Und viel mehr dieser Art bei anderen Gelegenheiten, als ich Dich Dir selbst erklärte. Doch Cronstadt erntet leidenschaftliche literarische Dankbarkeit – Du platzt vor Freude. Postlagernd dann bekomme ich das menschliche Kerzenopfer, und dieses stellt ein seltsames Gleichgewicht her, das die Künstlerin zum Weinen bringt. *Ich* war da, sagst Du so schön, während Du in Louveciennes diese begeisternden Seiten schriebst, und ich bin auch da, während Du ein berauschtes Lob von Lowenfels' Poesie schreibst ... und von seinem *Verständnis*. Aber *ich verstehe*, Henry, und letztendlich bekomme ich meinen Brief lieber postlagernd!!! Dazu muß ich allerdings von Zeit zu Zeit weglaufen.

Musik im Park. Plaudern. Vater und ich finden heraus, daß wir beide, als wir fünzehn Jahre alt waren, Keimlinge aus dem Boden ausgruben, um das Wunder des Wachstums zu studieren, und stundenlang beobachte-

1 Anscheinend Millers Manuskriptfassung dessen, was später das Prosastück «Jabberwhorl Cronstadt» in *Schwarzer Frühling* werden sollte, zu dem ihn Walter Lowenfels und seine Familie inspirierten.

ten. Wir beginnen dort und enden in Lappland. Vater sagt: So etwas wie eine universale Literatur ist nicht möglich. Was wird der Lappe Wörtern wie «rotglühend», «Wildheit» usw. entnehmen. Dies sind *spanische* Wörter – spanische Gefühle. Ich, die Nomadin, sitze da, höre zu und spüre, wie ich durch und durch spanisch werde. [Mossèn Jacint] Verdaguer, der große katalanische Dichter, sagte zu Vater, der damals jung und besorgt wegen der großen Verwirrungen in seinem Kopf war: «Verwirrung ist ein Zeichen von weiträumigem Erfassen. Mach dir keine Sorgen deswegen. Später wirst du die Synthese ziehen. Nimm zuerst alles auf, verstehe, liebe es ... Das ist gut!»

Es ist jetzt 2 Uhr morgens. Ich schlafe ein – frage mich, ob ich Dir Unsinn schreibe.

Anaïs

Auch die Seite über das «Ich» und «er» – das Doppelgängermotiv – ist wirklich *superb geschrieben*. «Habe ich ihn erfunden? Rede *ich*? Bin ich, was er sagt?» Und wenn er Dich auffordert, den Mund zu halten, weil Du Deine eigenen Gedanken entstellst ... Sehr schön.

AN HENRY

Le Grand Hotel
Evaux-les-Bains (Creuse)
[26. August 1933]

Zu den letzten Seiten äußere ich mich lieber, wenn ich zurückkomme ... Sie gefallen mir nicht so gut wie die anderen – ich weiß nicht, warum. Sie lassen mich an Gertrude Stein denken. Die Maschine dreht durch, aber ohne künstlerische Wirkung – eine Art Wahnsinn, der nicht berauscht. Henry, glaub mir, dies ist blinder Wahnsinn! Großer Unterschied zwischen diesem und dem anderen – der andere ist hervorragend, sublim. Ich bin instinktiv sicher, daß diese Seiten nicht so gut sind. Versuche sie nicht, zu sezieren, während Du arbeitest, denn wenn man so viel schreibt wie Du, müssen einige wenige Seiten herausfallen. Das ist nichts ... nichts. Die *Stimmung* ist großartig. Der Stoff, die Substanz dagegen trivial. Es ist eine Stimmung, in der man entweder schreiben sollte wie Du auf den vorhergehenden Seiten oder einfach schreien sollte wie [Cab]

Calloway[1] – haha usw. Diese hier ist Calloway-Unsinn, nur nicht so *rein*!

Wir werden am Mittwoch reden. Ich weiß nicht, ob ich am Mittwoch vormittag oder am Dienstag abend ankomme, aber für Dich bleibt es beim Mittwoch. Werde Dir sofort Nachricht geben. Falls ich weitere Seiten von Dir erhalte, werde ich telegrafieren. Stoß Dich nicht daran, daß diese wenigen Seiten abfallen. Vergiß nicht, der Rest ist *unvergänglich* – ganz unvergänglich.

Anaïs

Die letzte Seite, die über den Geruch von der Bucht her, ist beeindruckend. Auch viele andere Zeilen.

Manchmal habe ich das Gefühl, daß Du – genau wie ich in meinem Tagebuch – *weiter*schreibst, wenn Du bereits gesagt hast, was Du sagen wolltest. Es ist nicht etwa so, daß ich die Zügellosigkeit vermisse, die wunderbare Stimmung von Unsinn, Durcheinander, Weithergeholtheit usw., auch die Ironie, die Merkmale einer amerikanischen Burleske – doch selbst dort mag ich eine gewisse Art des Possenreißerischen nicht ... Nein. Das hier ist, als befinde sich der große Romanschriftsteller auf Erholungskur!

Am Mittwoch kannst Du mich hierfür versohlen!

AN HENRY

Le Grand Hotel
Evaux-les-Bains (Creuse)
9.30 Uhr abends [27. August 1933]

Ich beginne diesen Brief in der Hoffnung, morgen früh schnell ein PS anfügen zu können, wenn ich Seiten von Dir erhalte. Vater schreibt seiner Frau. [...] Erfuhr jetzt erst von Vaters guter Nase beim Aufspüren und Fördern von Talenten. Er holte La Argentina aus dem Olympia heraus, wo sie 800 Frs. im Monat verdiente. Er entdeckte [Andrés] Segovia und den Quartor Aguilar. Ich setze diese Tradition fort. Du weißt, *wen* ich meine. Untrügliche Spürnase! Ich erzählte ihm von den

1 Schwarzer Entertainer, Sänger und Steptänzer im Harlemer Cotton Club.

Malern, dem Modellstehen in N. Y., dem Vorführen von Kleidern usw. Er war wütend und verletzt bei dem Gedanken, daß sich eine Nin in Reichweite dieser Juden mit ihren lechzenden Zungen usw. befand. Doch ich erklärte ihm, daß es mir nichts ausmachte – daß ich einen Roman schrieb! Ich würde ohne weiteres alles noch einmal tun.

Verzeih mir die Bestimmtheit meines letzten Briefs, doch das Gefühl hält vor und muß folglich richtig sein.

Vaters fixe Idee ist, zwischen sich selbst und seiner Arbeit innere Übereinstimmung herzustellen. Schöpfung und das eigene Selbst müssen deckungsgleich sein. Er *meint*, was er schreibt, und er schreibt nur, was er *ist* und beherrscht. Dies erkannte Paderewski in einem einstündigen Gespräch: Sie sind ein *«homme complet»*, sagte er. Darum ist er so intolerant gegenüber neurotischer Kunst und neurotischen Künstlern.

Montag früh. Bekam eben Dein Telegramm. Danke. Ich treffe Dienstag abend ein. War sehr glücklich zu hören, daß Du arbeitest und daß mich weitere Seiten erwarten werden. Es kommt mir immer so lang vor, Henry – zu lang.

Anaïs

AN HENRY

Louveciennes
2. September 1933[1]

Meine Intuition war richtig. Ich mag Lowenfels persönlich. Ich mag seine gewisse Reife und Klugheit, seinen Charme, sein Talent. Doch sein geistiges Universum negiert das meine. Wenn Du mit ihm sprichst, werden wir beide auseinandergerissen. Du bist wieder vor der Zeit von June ... Es gefällt Dir, Dich verloren zu fühlen. Du genießt es, enttäuscht zu sein. Das erzeugt in dir den falschen Eindruck von geistiger Energie, Aktivität. Das andere Universum, meines, bewegt sich vorwärts in schnellen, einleuchtenden Schritten, die Dir vielleicht Freude machten, doch Du fällst immer wieder auf die falschen Mysterien rein. Ich war traurig gestern abend. Du fröntest wieder der jüdischen Kollektivgewohnheit, um des *Effekts* willen in Mysterien zu denken ... Nicht

1 Auf dem Durchschlag in Anaïs Nins Handschrift datiert.

ernsthaft denken und nur nicht die Verantwortung für einen Standpunkt auf sich nehmen. Immer ausweichen. Lowenfels ist Dein chaotischer Doppelgänger, ja, also akzeptiere ich ihn. Ich mag ihn, wie ich zwangsläufig alle jene mag, die Deine Freunde sind. Ich werde mich an ihm freuen. Aber es enttäuscht mich, daß Du dieser künstlich geschaffenen Verwirrung den Vorzug gibst vor der Struktur eines Rank beispielsweise. Ich sage folgendes: Die prachtvolle, ungeheure Maschine Deines Genies mit ihrem hohen Gewicht und ihrer großen Kraft brauchte das bißchen Schmieröl, das meine Klarheit ihr gab, um zu funktionieren. Lowenfels und June scheinen Dich zu stimulieren und werfen am Ende nur Sand ins Getriebe. Du wirst sehen. Doch wenn das stimmt, glaube ich jetzt, daß der jüdische Geist nicht kreativ, sondern anarchistisch ist; es stimmt aber auch, daß ich das Gefühl habe, wir könnten uns alle aneinander freuen; verstehe also meinen Brief nicht dahingehend, daß ich irgend jemanden ablehne. Ich habe bloß das Bedürfnis, aufrichtig auf die Gefahr hinzuweisen, die ich fürchtete. Jetzt, nachdem ich aufrichtig war, bin ich nicht mehr besorgt.

Anaïs

PS: Ruf mich am Montag vor 4 an – vielleicht bin ich abends frei. Ich fange an, alles in Bewegung zu setzen, um bis zum Jahresende das Geld für Dein Buch zusammenzubekommen. Hilf mir. Kauf einstweilen einfach keine Schallplatten mehr. Hinterher werden wir Plattenorgien feiern usw.!

An Henry [Louveciennes]
[9. September 1933]

Eine kleine Frage ging mir gestern abend einfach nicht aus dem Sinn, als ich las, daß Du meintest, June hätte sich Dir zuliebe geopfert, indem sie Dich meiner Fürsorge anvertraute. Henry, glaubst Du wirklich, *ich* würde aufhören, Dir zu helfen, und Dich der Fürsorge einer anderen Frau anvertrauen, solange ich noch Kraft hätte, es selbst zu tun, solange ich Dich liebte? Und warum hat June denn aufgehört, für Dich zu sorgen, *bevor* ich erschien?

Das alles bedeutet nichts außer das eine, daß ich Dich nicht in dem Glauben lassen kann, June liebe Dich dermaßen, wie ich Dich liebe, und falls Du dies nur einigermaßen begreifst, dann bedaure sie wenigstens nicht wegen der Taten, bei denen sie sich nicht von Liebe leiten ließ. Sieh in sie hinein, was Du willst, aber geh dabei nicht so weit, die eine Tat, die einzige, die ich June zum Vorwurf mache, auf Liebe und Selbstaufopferung zurückzuführen.

[Anaïs]

An Henry [Louveciennes]
Mittwoch, 4. Oktober 1933

Wenn Du mit dem Fahrrad wegfährst, mache ich mir den ganzen Abend Sorgen um Dich, bin mir Deiner mit einem Gefühl bewußt, das zu kennen Dir Freude machen würde.

Meine Phantasie glüht im Hinblick auf dieses *echte* Tagebuch für Hugh.[1] Du weißt nicht, wie gern ich es in einem Zuge schreiben würde. Ich begann es heute abend. Fünf Seiten. Alles Kunst. Es kann sich als großartiges Stück Irreführung erweisen, die zwei Seiten eines Standpunkts, und es wird für mich überaus wirklich, während ich etwas schreibe, beispielsweise die Entschlossenheit [...], mich Dir nie hinzugeben, weil Männer sich am längsten an Frauen erinnern, die sie nicht besessen haben (Cora). Ich glaube, würdest Du dieses Tagebuch lesen, könnte ich Dich fast davon überzeugen, daß *Du* mich überhaupt nicht besessen hast! Der Vergleich der beiden Tagebücher könnte einen Mann leicht in den Wahnsinn treiben. Ich würde liebend gern sterben und Hugh beobachten, während er beide liest. In dem hier werde ich den Ursprung jeder *Erfindung* erklären, die sich auf unsere Geschichte bezieht. Wie ich das Aussehen eines bestimmten Hotelzimmers durch das kennenlernte, was Du darüber erzähltest usw. usw. Werde die Sitzungen bei Allendy rekonstruieren: wie er mir aufträgt, sorgfältig zu unterscheiden zwischen meinen *literarischen* Abenteuern (Du) und meinem wahrhaft menschlichen (Hugh!). Welche Ironie. Umkehrung der Verhältnisse. Wenn Du es liest, wirst Du bedauern, mich *nicht* besessen zu haben. Du wirst nach einer Zeitlang nicht mehr wissen, ob Du mich gehabt hast oder nicht. Je

1 Anaïs Nin hatte vor, parallel zu ihrem authentischen Tagebuch ein imaginäres zu schreiben, das ihrem Mann, sollte er es je lesen, alle ihre Beziehungen in einem anderen Licht erscheinen ließ.

nachdem, welches Tagebuch Du liest. Du wirst wählen können! Eines möchte ich vorausschicken: Versuche Dir zu merken, daß das *echte* Tagebuch das *unechte* ist. Wunderbar. *Dieses* ist das Tagebuch meiner echten Gefühle. Welches? Der *Ton* gibt Aufschluß, sagst Du, aber wenn jemand ein echter Schauspieler ist, verrät der Ton nichts. Ich vermute, daß ich eine Situation sublimiere, die ich im tiefsten Innersten als tragisch empfinde. Ich genieße sie intellektuell. Mache sie erträglich. Wie Du sagtest. Heute war ich auch fähig, den ganzen Humor in der Lowenfels-Cronstadt-Sage zu erkennen. Die Männer sind es, die die Frauen in den Zirkus führen, und diese gehen hin, um die Männer lachen zu hören!

Bitte lies, Henry, lies! Ich brauche Deinen Glauben an mich. Und ich habe Dir auf diesen Seiten viel zu sagen, mehr noch auf den nächsten. Ich brauche Deinen Glauben, um weitermachen zu können. Mir sind für diese Arbeit die Hände gebunden, bis ich meine Arbeitserlaubnis bekomme, und dies verschafft mit die Zeit, das June-Buch in einem Monat zu schreiben. Und das ist dann alles. Danach werde ich *Dein* Instrument. Ich liebe Dich tausendmal mehr als mich selbst. Dich, das *«Thou»* [«Du», nur poetisch und in der Anrede Gottes gebraucht], darum fragte ich Dich gestern abend, ob Du willst, daß ich zu schreiben aufhöre. Ich möchte dieses Mädchen sein, das Du Dir in dem Traum gewünscht hast, das Du zum Gebrauch formen könntest; als Künstler brauchst Du sehr viele Werkzeuge. Ich bin in der Hinsicht sehr jung, Henry. Ich bin auch mehr als Hannah, habe Dir viel mehr zu geben, und weil weit mehr Brennstoff benutzt werden kann, ist die ganze Geschichte viel wunderbarer. Und ich werde Dir Gerechtigkeit widerfahren lassen. Mich stört Deine *literarische* Untreue nicht! Mich stört es nicht, daß Du Kay Boyle vergötterst. Ich verstehe es. Du schriebst ein großartiges Vorwort zu ihrem Tagebuch von 1920, nahmst alle die Offenbarungen des Horoskops vorweg. Ich werde Dich daran erinnern müssen. Es war prophetisch. Bitte lies, lies voll Geduld. Warte auf alle Seiten. Und dann schreib mir einen Brief, in dem Du fragst, ob wir uns treffen können! Ich antworte vielleicht, aus dem Lande Neptuns. Schreib mir auch, damit ich sehnsüchtig sein kann, aber nicht eifersüchtig!

Anaïs

Wenn Du kommst, habe ich drei flotte schwarze Binder für Dich. Schreib mir den Mietbetrag, damit ich den Scheck schicken kann. June wird nicht unglücklich sein, sagt der Astrologe – trotz Neptun – Venus und Sonne machen sie stark, unbesiegbar, undurchdringlich.

AN HENRY [Louveciennes]
Freitag, 6. Oktober 1933

Ich las achtundzwanzig Seiten von Kay Boyle[1] und weiß, daß es mir gefällt, und ich weiß, warum es Dir gefällt. Wegen dieses gedämpften, intensiven, beißenden Tons. Ja, das ist das Beste bei den Angelsachsen, eine Qualität, die mich, die Romanin, verfolgt und sich mir entzieht, mir, trotz all meiner Farben und Leuchtraketen! Ich meinte immer Raketen, wenn ich von Feuerwerken sprach. Aber warte, oh, warte auf mich, Henry. Ich werde Besseres schaffen als das, auf andere Weise. Ich besaß zuerst meinen heiter-ruhigen Rhythmus. Dann fand ich Dich, und das bewirkte, daß ich ihn verlor. Seither bin ich sehr glücklich. Jetzt werde ich wieder ruhig werden und meine Geschichte schreiben. Turbulenzen. Wir beide müssen uns bezähmen, wenn es um das Schreiben geht. Disziplinieren, verdammt noch mal, disziplinieren müssen wir unsere fiebernde Begeisterung für die Form. Es gefällt mir sehr, wenn sie [Kay Boyle] sich hinlegt und die Vergangenheit durchdenkt und allmählich zu dem Moment im Bett mit Martin gelangt – damit wir wissen, wie es dazu kam. Es war ein *Trick*. Man durchdenkt die Vergangenheit nicht sofort, so klar. Ich schaute immer herab auf solche Tricks. Mr. Bradley sagt: «Woher wissen wir, daß Alraune Rabs Frau ist? Sie haben es nicht gesagt. Und wir wissen noch nicht, wie sie aussieht.» *Sie*! Es wird auch bei mir eine *Sie* sein. Ich habe es satt, dieses «Ich», das schwache Ich, das überkühne Ich, das aggressive Ich, das schüchterne Ich, das Ich der chinesischen Sprachzeichen. Das Ich verschlingt alle meine Briefe. Verschlingt einige der Klangfarben. Zu schnell. Zu fiebrig. Unbeherrscht. Es häufen sich dieser Tage meine *Fehler* an, die mich heute so sehr als *Frau* handeln ließen. Verzeih mir. Bin traurig. Ich schmeiße das Tagebuch weg, meine Notizen, die mir die Illusion schenkten, etwas geschrieben zu haben. Ich beginne völlig neu. Schließlich, was tut das schon? Ich schöpfe solche Freude aus Deiner Arbeit. Ich bin eine gute *Leserin*, was, Henry? Ja, ich bin ganz Ohr, ganz Auge, ganz Gedächtnis für Dich. Ganz Aufmerksamkeit. Schenk mir, gewähre mir diese Begabung! Und geh schlafen. [...]

Anaïs

1 Gemeint ist anscheinend der Roman *Year Before Last* (1932) der amerikanischen Schriftstellerin, der ihre Beziehung zu Ernest Walsh (Martin) schildert, «The Man Who Was Marked for Death» in Ernest Hemingways *A Movable Feast* (Dt. *Paris – Ein Fest fürs Leben*. Ein Fragment des Romans war 1928 in der Sommerausgabe von *transition* unter dem Titel «Written for Royalty» erschienen.

An Anaïs [Clichy]
Freitag abend [6. Oktober 1933]

Alles schmerzt mich. Ich spiele Bach. Bin ein bißchen benommen vom Wein, doch nicht betrunken. Bedaure aber schrecklich, daß ich Dich so gehen ließ, wie Du gingst. Du weißt nicht, was Deine Worte mir antaten: «Ich fühle mich einsam!» Ich möchte sie nie mehr von Dir hören. Statt daß Du dies sagst, sollten wir lieber alles mutig angehen. Ich möchte, daß wir beide es für ein Verbrechen halten, die Dinge immer auf unbestimmte Zeit aufschieben zu müssen. Kein einziges Buch ändert daran etwas. Ich tat etwas Schreckliches, einfach auf Dir einzuschlafen, andererseits ist es gar nicht so schrecklich – es zeigt, wie ungezwungen ich mich bei Dir fühle. Doch es tut weh, Dich sagen zu hören, daß Du Dich einsam fühlst. Entsetzlich weh. Ich kann den Gedanken nicht ertragen, Dir auch nur den geringsten Schmerz zu verursachen. Du bist wunderbar, wunderbar – und ich weiß das. Und ich nehme es nicht einfach als selbstverständlich. Mir ist danach zumute, vor Dir auf die Knie zu sinken und Dich zu bitten, mir zu verzeihen. Tust Du es? Dieser Mann, Harvey[1], war hier, und er sprach sehr schön über seine Frau – 21 Jahre verheiratet! So empfinde ich Dir gegenüber – nach 21 Jahren könnte ich immer noch sehr schön über Dich sprechen.

Es ist ein Verbrechen, getrennt zu leben. Ich weiß nicht, was man dagegen tun könnte. Ich möchte nicht, daß Du Kummer hast. Ich bin hilflos. Doch wenn Du einen Weg siehst und wann immer und wie immer Du Abhilfe schaffen willst, tue es einfach. Ich liebe Dich und möchte, daß Du glücklich bist. Ich gebe mich in Deine Hände wie ein Kind. Schimpf nicht, wenn ich einschlafe. Es bedeutet nichts anderes, als daß ich müde bin. Verstehst Du?

Bitte laß mich wissen, ob Du mir verzeihst.

Ich bekam einen wunderbaren Brief von Emil, kurz nachdem Du gegangen warst. Er schickt Dir Grüße. Du mußt den Brief lesen.

In echter Sorge.

Henry

1 Ehemann von Dorothy Dudley. Siehe «Biographische Anmerkungen».

An Henry [Louveciennes]
[8. Oktober 1933]

Dein Brief war ein schönes Geschenk für mich. Ich hoffte, Du hättest gemerkt, daß der Grund, aus dem ich sagte, ich würde mich einsam fühlen, nicht Dein Einschlafen war – ich verspürte in diesem Augenblick eine viel tiefere, unerträglichere Einsamkeit. Ich wollte den anderen Grund nicht preisgeben. Aber Du hast ihn erraten. Nein, Henry, es gibt keinen Ausweg, und was für einen Sinn hat es, zu Dir zu kommen, wenn mich der Mut verläßt? Diese Geschichte mit Martin [in Kay Boyles Roman], Du weißt nicht, was sie mir antat. Martin stirbt, und genauso bin ich mir bewußt, daß die Tage dahinsterben, all dessen bewußt, was ich versäume – und ich verliere den Mut. Aber heute habe ich wieder Mut. Würde ich Dein Geschenk akzeptieren – so viele Male hast Du nun schon angeboten, allem mutig zu trotzen –, könnte ich Dir nicht mehr nur Leben, nur Kraft schenken. Ich möchte Dein Südwind sein – nur gute, fruchtbare Dinge bringen –, und das Allerwichtigste ist der Frieden, mit dem Du jetzt arbeitest, die Tatsache, daß es keine Probleme gibt, und aus diesem Grund muß ich bleiben, wo ich bin. Sei nicht besorgt. Ich werde wieder fröhlich, sobald ich bei Dir bin, und das hält dann Tage vor.

Ich komme am Dienstag zum Frühstück und für die Nacht – um mit Dir zu arbeiten, bei Dir zu sein. Komme einzig als der Südwind.

Anaïs

An Anaïs [Clichy]
Donnerstag [12. Oktober 1933]

Ich habe die Seiten für Bradley in dem schwarzen Ordner[1] fertiggelesen. Jetzt verstehe ich Bradleys Gereiztheit und Krittelei, seine Verärgerung ein bißchen besser. Er hatte vergessen, daß es ein Tagebuch war und

1 In dem Bemühen, Material aus dem Tagebuch publizierbar zu machen, ohne die darin genannten lebenden Personen preiszugeben, hatte Anaïs Nin zu verschiedenen Zeiten Abschnitte «adaptiert», indem sie Namen änderte (Henry Miller wurde «Rab» oder «Hans», June Miller «Alraune», Dr. Allendy «Auriol») oder Tagebuchmaterial in romanhafte Erzählung umarbeitete. Gleichzeitig arbeitete sie auch an mehreren Manuskripten, die sich mit June, Henry und ihrem Vater befaßten und später teilweise Aufnahme in *Haus des Inzests* und *Winter of Artifice* fanden.

gekürzt worden ist. Ihn interessierte die Geschichte, wie sie jeden auf der Welt interessieren wird, das sage ich Dir, von China bis Mexiko. Eine großartige Geschichte. *Aber ein schlechtes Tagebuch*. Das heißt, wenn man nur nach diesen Seiten urteilt. Die Tagebuchform verdirbt die Geschichte, erwürgt sie. Bevor ich fortfahre und Dir im einzelnen einige Kritikpunkte nenne, die ich mir en passant notierte (gegen meinen Willen, weil ich ohne Unterbrechung lesen wollte, wie Du es wünschtest), muß ich erwähnen, daß ich meine Gedanken für ziemlich wichtig halte, daß sie vielleicht eine neue Sicht des Werks darstellen. Was Du zu schaffen versuchst, ist ein Kunstwerk, das als solches vollkommen ist und dennoch die Unvollkommenheit, die *menschlichen* Merkmale des Fragmentarischen, Chaotischen, eines spontan in Weißglut geschriebenen Tagebuchs bewahrt. Ich weiß nicht, ob das geht. Es ist ein Problem. Es ist, als wollte man zwei verschiedene Metalle zusammenlöten, die sich einfach nicht verschmelzen lassen. Mir scheint, im gegenwärtigen Augenblick, daß der eine oder der andere Aspekt des Werks geopfert werden muß. Und das ließe sich erfolgreich bewerkstelligen durch den technischen Trick (einen zu rechtfertigenden!), für den Leser die Illusion aufrechtzuerhalten, daß er zwar ein intimes Tagebuch liest, doch die Geschichte mit äußerster Sorgfalt, größter Mühe zu gestalten. Ich glaube, die Geschichte ist das Wichtigere – nicht Dein Tagebuch. Es ist zudem eine große Geschichte, mit allerlei Verästelungen, die natürlich, in der Tagebuchform, oft oberflächlich behandelt werden und Schaden anrichten.

Anfangs fiel es mir schwer, die Seiten zu lesen, wie sie jetzt sind, auf ihren literarischen Gehalt zu achten – ich teilte Bradleys strenge Kritik voll und ganz. Doch ich kenne Deine Ziele, Deine Wünsche. Es wird also nicht viel Sinn haben, diese Schwächen noch einmal anzuführen – sofern Du Dir wirklich offen und ehrlich eingestanden hast, daß es tatsächlich Schwächen sind –, und ich glaube, Du tatest dies eher beim Vergleich Deiner Arbeit mit der von Kay Boyle als nach Bradleys direktem, vernichtendem Angriff. Dennoch, auf die Gefahr hin, Dir noch mehr Schmerzen zu verursachen, muß ich – weil es nach meinem Gefühl absolut notwendig ist – eines hinzufügen: Es gibt darin zwei Arten von Fehlern oder vielmehr Mängeln: die eine, die jeder als Folge von Hastigkeit, Unaufmerksamkeit usw. begeht; die andere, die eine Folge von Unvermögen ist, ein tief verwurzelter, hartnäckiger, ernster Mangel. Bradley zielte zweifellos auf diese letztere Art. Den Unterschied kann man mittels des eigenen Geschmacks wahrnehmen oder spüren, und steckt Bosheit dahinter, so läßt sich das Ganze natürlich zu erdrückenden

Dimensionen übertreiben. Doch die Bedeutung und Ernsthaftigkeit der Kritik muß man einräumen, und man muß sich ehrlich mit ihr auseinandersetzen. Ohne bereitwilligstes und hartnäckigstes Ringen mit den inneren Mängeln kann es keine echte Meisterschaft geben – und die schönsten Bemühungen werden fehlschlagen.

Ich las vielleicht ein Drittel des Ordners kritisch. Konnte nicht anders. Doch dann erfaßte mich lebhaftes Interesse, und ich konnte trotz gelegentlicher Fehler die Lektüre nicht unterbrechen, um mir Notizen zu machen. Das gibt Aufschluß über die Kraft Deiner Erzählung. Ich glaube, daß es ab der Ankunft von Alraune gegen das Ende zu eine packende, bewegende Beredsamkeit, schöne Leidenschaft und viele glänzend geschriebene Stellen gibt. Die Lücken, die mich auf den vorausgegangenen Seiten geärgert hatten (obwohl ich weiß, daß sie anderswo, in anderen Bänden gefüllt werden und daß Du Verstand genug hast, hier das Nötige einzufügen), diese Lücken wurden immer seltener, waren kaum mehr bemerkbar. Du siehst, hinter dieser Geschichte verbergen sich, in ihrer Darstellung, die anderen Geschichten, die Du in Dein Tagebuch geschrieben hast; und kein Außenstehender, der diese isolierten Seiten liest, vermag sie ausfindig zu machen – bzw. selbst zu rekonstruieren, sollte er sie tatsächlich ausfindig gemacht haben. (Kurz, es war ein Fehler, Bradley diese Seiten zu zeigen – auch wenn er so ungeduldig darauf drängte.)

Hier nun, was ich von dem Werk als Möglichkeit für ein Buch halte: Als erstes, mach Dir selbst höllisch klar, welches die Hauptthemen sind; fertige einen Plan davon an. Verschaffe Dir Gewißheit darüber, wieviel von Deinem eigenen Lebenslauf, Deiner Vergangenheit Du unbedingt preisgeben mußt, um diese spezielle Geschichte erzählen zu können. Stell fest, welches die hervorstechendsten und aufschlußreichsten Merkmale der Geschichte sind, und arbeite sie bis zum Äußersten aus, winde den letzten Tropfen Saft aus ihnen heraus. Einen Schluß im konventionellen Sinn eines Romans muß es nicht geben, doch die Geschichte sollte einen ihr innewohnenden eigenen Abschluß haben – nicht beispielsweise diese pseudopsychologische Abhandlung, wie Du sie am Schluß stehen hast. Sie ist als solche sehr gut – das vermerkte ich ausdrücklich –, aber sie wirkt von einem literarischen, künstlerischen Standpunkt aus schwächend, weil ihr Inhalt beim Erzählen der Geschichte besser als natürliche Folgerung vermittelt werden sollte.

Übrigens, dies ist einer der schlimmsten Mängel jeglichen Tagebuchschreibens – dieses Anfügen erst vor kurzem verdauter Synthesen. Keine Synthesen bitte! Und in dem vollendeten Werk kein geschmeidiges Ausweichen, keine kurzen, bedeutungsschwankenden, zweideutigen Zeilen oder Sätze. Rundheraus oder gar nichts.

Bevor ich mit detaillierter Kritik fortfahre, vergiß eines nicht: Ich bestehe darauf, daß Du mir im Verlauf der Arbeit alles zeigst, was Du schreibst. Du mußt mich Dir helfen lassen. Du mußt Dich gegen Kritik abhärten. Ich haue nicht aus Zerstörungslust dazwischen – das weißt Du. Ich möchte Dich fast anflehen, aufzuhören, in Dein Tagebuch zu schreiben, und Deine ganzen Energien auf die vor Dir liegende Aufgabe zu konzentrieren. Die Stunden, die Du auf das Tagebuch verwendest, sind im Grunde ein Ausweichen vor dem unmittelbaren, immer drohenden Problem – dem der meisterlichen Beherrschung Deines Werkzeugs, um zu der Künstlerin zu werden, die Du bist. Das ist mir absolut klar. Du mußt viel, viel weniger schreiben und stärker schwitzen, qualvolle Kämpfe durchmachen beim Erwerb der Fertigkeit, die sich weniger begabte Menschen als Du und ich viel früher in ihrer Laufbahn aneigneten. Ich glaube, wir werden einander auf diese Weise helfen – wir brauchen beide diese Medizin. Und wir neigen beide dazu, in bezug auf dieses Thema zu nachgiebig mit uns selbst zu sein. Es ist das einzige Thema, dem wir gestatten sollten, uns zu belästigen. Alles übrige ist einfach und natürlich und gottgegeben. Wenn Du also eine endgültige Arbeit in Angriff nimmst, solltest Du mir wegen Kleinigkeiten schreiben, denn die kleinsten Kleinigkeiten sind wichtig, wo es um Stil, Form, Technik geht. Laß uns nur die technischen Aspekte der Dinge erörtern – wie es Künstler üblicherweise machen, was man beobachten kann. Und ich muß mich vielmals entschuldigen, weil ich Dich so lange allein dahinlaufen ließ. Glaub mir, ich möchte, daß Du diese Probleme auf mich ablädst – es bedeutet für mich keinerlei Opfer. Wir werden beide davon profitieren.

Zu dem, was ich Dir nun sagen werde: Es ist wohl kaum nötig, weil Bradley es Dir schon zu verstehen gab, aber ich füge es an, um Dir zu zeigen, in welcher Weise ich es noch kritischer sehe ... Und ich fasse mich kurz. Ausführlicher darstellen kann ich es, wenn wir uns sehen – vielleicht morgen, Freitag –, ich werde Dich anrufen.

Generell ist eine zu stakkatohafte, zu ruckartige, zu hektische und hysterische Formulierung des Satzes festzustellen. Zu dramatisch, nur Höhepunkte, und wenig oder keine Abwechslung. Gebrauch zu vieler abstrakter Ausdrücke, abstrakter Emotionen. Was oft in etwas lächerlichen Hyperbeln kulminiert. Etwa: «Ich war in meinem innersten Schoß erregt» ... «Ich bin licht!» Usw. Vermeide es, «Rab» und «Alraune» zu häufig beim Namen zu nennen, gebrauche «er» und «sie», so oft wie möglich. Der Grund, warum die Dinge einen falschen melodramatischen Beigeschmack erhalten, den Bradley bemerkte und karikierte, ist oft, daß dazwischen keine Ausarbeitung stattfindet – das Ganze ist nichts als Schreie, Abstraktionen. In dem Augenblick, in dem Du Dich hinsetzt, um eine Szene, eine Passion, einen Gedanken zu konkretisieren, bist Du glänzend, und niemand könnte an Deinem Schreiben einen Fehler finden. Nach meinem Gefühl ist es vielleicht einer der größten Mängel des Tagebuchführens, daß man sofort schreibt, nachdem sich etwas zugetragen hat – dies verhindert die notwendige Ansammlung von Schlamm und Schlacke, von Fleisch und Blut, von Unklarheiten und Hindernissen und Verfinsterungen, die, weil man sich mit ihnen befassen muß und sie einem Widerstand leisten, unweigerlich künstlerische Qualität erzeugen. Ich glaube, dies ist sehr wichtig – das Überwinden von Widerstand! Der Widerstand, das ist das Material, sind die Ereignisse, die Rätsel, die obskuren Motive der Charaktere. Vermeide es, damit zu kämpfen, und Du hast eine oberflächliche Sache – ein lineares Muster, eine Solomelodie in einer konstanten Tonart, monoton und schließlich ärgererregend. Ich frage mich, ob nicht genau dies einem Tagebuch seinen wesentlichen Charakter verleiht. Ist das Tagebuch nicht wie die Skizze, die ein Künstler für das endgültige Bauwerk verwendet? Ist es nicht die feine Melodie, mit der sich ein Komponist ans Werk macht, dieser kleine Anhaltspunkt, von dem aus er sein prächtiges, kompaktes Gewebe spinnt? Du siehst, ich ziele ernsthaft auf die Vernichtung dieses Tagebuchs ab. Es taugt nur etwas, wenn Du es als das erkennst, was es wert ist – andernfalls ist es gefährlich, giftig, dazu angetan, einen faul, leichtgläubig, selbstzufrieden zu machen. «Pfauenfedern», wie Du sagen würdest. Ein weiterer Anhaltspunkt ist vielleicht dies: daß der Impuls, alles sofort niederzuschreiben, eine Schwäche ist – eine neurotische Angst, etwas zu verlieren. Du solltest inzwischen wissen, daß das Gedächtnis ein riesiger Stahlbehälter ist – nichts entgeht ihm. Schreib sofort, ja! Aber als Künstlerin! Schreib mit der Aufgabe vor Augen – versuche immer, etwas auf die beste Dir mögliche Art zu sagen. Das Wie! Nicht das Was! (Ich wende dies auch auf mich selbst an!) [. . .]

Kein Anlaß zu Verzweiflung. Anlaß zu arbeiten, das ist alles. Und ich werde Dir helfen. Jesus, glaub mir. Fordere mich heraus, bedien Dich meiner! Warte nicht auf eine Arbeitserlaubnis. Halte mich knapp und laß mich Dir helfen, diese zwei oder drei Bücher zu schreiben, die Du bereits in Angriff genommen hast. Du wirst einen Bombenerfolg haben. Dies sind noch großartigere Geschichten als die von Kay Boyle – davon bin ich ehrlich überzeugt. Ich schrieb ihr gestern abend einen Brief, nachdem ich die Seiten in einem Café zu Ende gelesen hatte. Ich habe ihn noch nicht abgeschickt – möchte ihn zuerst Dir zeigen. Schicke ihn jetzt nicht mit, weil das als Taktlosigkeit erscheinen könnte. Schrieb gestern etwa 25 Seiten – über den Schneiderladen.[1] Bringe sie auch mit.

Lies dies jetzt einfach und weine nicht. Sei begeistert! Was mich beeindruckt, ist, daß Du bereits so viel geschafft hast. Wir brauchen nur die Werkzeuge zu schärfen. Ich sehe Dich in rascher Folge Bücher gebären. Ich glaube ungeheuer an Dich – ich war wirklich erregt – auch verärgert.

Henry

AN HENRY

[Louveciennes]
[14. Oktober 1933]

Arbeite heute morgen und sehe die Korrekturen durch. Habe das Gefühl, daß Du ein bißchen zu weit gehst, Dein überkritisches, besserwisserisches Ich herauskehrst. Du kannst das Tagebuch nicht leiden, weißt Du. Ich beziehe mich auf den Teil, wo ich schreibe, daß sie beim Ficken ernst und menschlich wurden usw. Das ist überhaupt nicht zu Tränen rührend oder sentimental. Du solltest wissen, wie viele Male Du gefickt hast, ohne Du selbst zu werden oder Dich hinzugeben oder Dich vom Einfluß Deiner Phantasie und Deiner literarischen Neugier zu lösen. Da gibt es keinen falschen Akzent, nur die Wahrheit über den Unterschied zwischen Ganzheit und fragmentarischem Leben, wie es Künstler so oft führen. Beobachte Dich jetzt ein bißchen, Henry, Du genießt dieses Zergliedern, das weißt Du, und Du wirst unbeholfen. Außerdem wirst Du zu astringierend. Das ist vielleicht das falsche Wort, aber es drückt aus, was ich meine.

Wie es nun mal so geht, führte ich Dich unbewußt hinters Licht, als ich sagte, die Seiten, die Du als gutes, lebendiges Porträt bezeichnet hast, seien neu geschrieben. Sie gehören sämtlich, bis auf die allerletzte – und sogar die stammt zur Hälfte aus dem Tagebuch –, zum Tagebuch, wie ich jetzt sehe. Ein gewisses Umschreiben der Arbeit eines anderen kann

1 Diese Erinnerungen an das Geschäft seines Vaters in der 31. Straße in Manhattan wurde schließlich unter dem Titel «Der Schneiderladen» ein Kapitel von *Schwarzer Frühling*.

gefährlich sein und über Kritik hinausgehen. Du schreibst jetzt, wie *Du* schreiben würdest, änderst manchmal Dinge, die nicht falsch sind, sondern anders. Du ironisierst, Du amüsierst Dich. Das hat keinen Wert. Was Du in dieser Stimmung sagst, läßt sich leicht anfechten. Ich mag diese Stimmung nicht, und glaub mir, jeder kann beim anderen solches Material zur Verspottung finden. Fürs erste werde ich Dir keine Seiten mehr schicken. Du bist nicht ernsthaft, und Du selbst könntest nicht schreiben, wenn ich darauf ausginge, Deinen kleinsten Irrtum zu verspotten. [...] Amüsiere Dich mit etwas anderem, mit einem Preisboxer beispielsweise.

Weißt Du, was ich von deiner Kritik halte? Daß sie für einen Bradley taugt, für einen Außenstehenden, für die Welt. Daß so etwas von Dir kommt, ist nicht richtig. Du liest kühl und ohne Mitgefühl, ohne Einfühlsamkeit. Ich kann Dir beweisen, daß die Einfühlsamkeit nicht da ist. Eine Seite, die Du einst für wunderbar hieltest, die Dich nach Luft ringen ließ, als Du sie in «Alraune» gelesen hast, die Du eines Nachmittags auf der Couch hier lobtest, bezeichnest Du heute als sehr schlecht geschrieben. Warum besorgt sein, weil sich das «Ego» hineindrängt, wo Dein Ego doch Dein ganzes Werk durchdringt? Bin ich besorgt wegen der Hervorkehrung Deines Ego – warum mußt Du sofort darüber herfallen, wenn ich dies in geringerem Maße tue? Weißt Du, was ich von Menschen halte, die sich am Eindringen des Ego in ein Werk stoßen? Daß sie etwas gegen das Ego haben. Dich ärgert dieses Ego, dabei gibt es da gar nichts, worüber man sich ärgern könnte. Die Mängel treten gar nicht zutage. Außerdem, das Problem bei solcher Kritik ist, daß sie, wenn sie einem ehrlichen Schriftsteller gilt, diesen erst erreicht, nachdem er längst alles darüber weiß. Ich kenne meine Mängel. Ich brauche Dich nicht dazu. Weiß nicht, warum Du diesen distanzierten teilnahmslosen Ton anschlägst. Den bekomme ich zur Genüge von jenen Männern zu hören, die mich nicht so weit bringen können, daß ich sie liebe oder ihnen gehorche (Bradley, Steele usw.). Du warst sehr grausam, weißt Du, Henry. Als Du von Bradley zurückkamst und er Dich irgendwie verletzt hatte, ergriff ich nicht seine Partei und wies nicht im gleichen Augenblick auf ein Buch hin, das ich für besser geschrieben hielt als Deines. Genau dies hast Du bei mir getan. Du hast mich nicht verteidigt. Und Du botst mir Kay Boyle an. Das mag richtig gewesen sein, doch sehr menschlich war es nicht. Dies meine ich, wenn ich sage, daß Du keine Treue kennst. Man kann viele Menschen lieben und tausend bewundern, dabei aber einem das Gefühl geben, daß dies nichts ändert. Das tue ich bei Dir. Ich habe Artaud und sein schriftstellerisches Werk bewundert, ohne Dir je das Gefühl zu geben, daß ich fände, er sei feinsinniger als Du usw.

Wärst Du nicht außerhalb gestanden wie ein Fremder, hättest Du folgendes tun sollen: Nachdem Du alles über Bradleys Kritik gehört hattest und wußtest, daß ich sie annahm und abwog und daß ich über genügend Intelligenz und Scharfblick verfüge, hättest Du mir das geben sollen, was ich Dir gebe, nämlich Antwort und eine Würdigung dessen, was gut *ist*, mit der Betonung auf dem Guten. Das ist meine Art Dir gegenüber. Ich weiß genau, daß Dir die anderen die technischen Untersuchungen und Übertreibungen Deiner Fehler liefern. Was Du von mir brauchst, ist Verständnis. Du brauchst mich nicht dazu, daß ich wiederhole, was Bradley sagte und ihm beipflichte. In diesem Punkt läßt Du mich immer im Stich. Du bist einfach abwesend, das ist alles. Nicht kreativ in dieser Hinsicht, wenn Du schlechter Laune bist. Allzu gleichgültig, wirklich.

Ich nehme alles, was Du mir schickst und lese es, um es zu verstehen. Diesmal liest Du mich wie ein Bradley, und das nützt mir nichts. (Das heißt, Du liest mich, wie Bradley mich las, bevor seine persönlichen Gefühle ins Spiel kamen. *Davor* war ich wunderbar. Welche Feigheit!)

Weißt Du, Henry, Dein Verständnis ist mal da, mal nicht, es ist sehr schwankend. Wenn Deine Begeisterung irgendwo anders herumwandert, setzt es aus. Meines hat die seltsame Eigenschaft, immer da zu sein, wo immer ich herumwandere. Ich verstehe unter Treue nicht, was andere Menschen darunter verstehen. Ich verstehe darunter eben diese Eigenschaft der Kontinuität. Eben jetzt ist sie unterbrochen. Laß es einfach sein. Du bist eben so. Ich werde diesen Brief nicht ernst nehmen. Ich nehme ihn als Brief von einem Mann, der nicht zu Hause ist. Einfach nicht da. Laß es mich wissen, wenn Du bereit bist, mich wieder zu begleiten, mit mir mitzugehen. Ansonsten laß mich in Ruhe. Täusche nichts vor. Sag einfach: «Zur Zeit nicht zu Hause.» Was verletzt, das ist die Falschheit, nichts sonst. Das jetzt ist nur eine Verständnisfinsternis bei Dir. Ich werde wegen einer Finsternis nicht weinen.

Vielleicht findest Du, daß ich nicht grob genug behandelt worden bin – daß ich Abhärtung brauche, wie Du sagst. Hätte ich das zu Dir sagen sollen an dem Tag, als Du mir von Bradleys Besuch erzählt hast und daß Du zu ihm sagtest: «Was ich brauche, ist Zutrauen»? Genau das gibst Du mir nicht. Wenn Du mir solche Dinge erzählst, baust Du darauf, daß ich Deine Partei ergreife, immer, tief im Innersten; selbst wenn Du Deine Fehler kennst – ich beachte sie nicht, denn sie sind unwichtig. Du findest vielleicht, daß wir einander verwöhnt haben, dabei vergißt Du jedoch, daß wir uns sagten, die Welt werde uns schon noch genug Prügel verabreichen, also sei das, was wir brauchten, gegenseitige *Unterstützung*.

Und die bekam ich von Dir nicht. In dem Moment, da ich Dich am meisten brauchte, hast Du mein Manuskript liegen lassen und Kay Boyle gelesen. Warum bist Du nicht ehrlicher und sagst, was wirklich los ist: daß Du im Augenblick nicht interessiert bist an dem, was ich tue. Bei Dir verdrängt eine neue Begeisterung immer die alte. Immer. Du kannst nicht alles gleichzeitig in Gang halten wie ich. Dir liegt zu wenig daran, wirklich, an einer Sache festzuhalten, während Du eine andere erlebst und genießt. Das ist der Unterschied zwischen uns. Artaud usw. verändert Dich in meinem Geist keine Sekunde. Du aber kannst immer nur für eine Sache Mitgefühl aufbringen, Verständnis nur für etwas, was Du für neu hältst, und diesem Neuen bringst Du alle Toleranz, allen Glauben entgegen, z. B. Lowenfels und Kay Boyle. Ich nehme Dich auf alle meine Wanderungen mit, wie ich mich selbst mitnehme. Du nimmst nichts mit. Du greifst das Neue auf, und es ist das Allmächtige. Welcher Unterschied besteht doch zwischen diesem letzten Brief und anderen Briefen, die Du mir über das Tagebuch von 1920 schriebst – ein zweitklassiges Stück Arbeit, das Du jedoch voll Sympathie gelesen hast, mit *Gefühl*. Diesmal hast Du kein Gefühl investiert. Nur eine künstlerische Aufgabe gesehen. Ich habe aufgehört, an die Objektivität der Menschen zu glauben. Ich weiß, was sich hinter Bradleys schlechter Laune verbirgt. Ich frage mich, was hinter Deiner steckt. Von jetzt an wirst also auch Du außerhalb bleiben. Ich traue dem, was Du sagst, nicht ganz.

Es gibt menschliche Augen und hellseherische Augen. [. . .]

Manchmal habe ich das Gefühl, daß ich zu ehrlich bin, daß ich meinen Feinden genau das Werkzeug in die Hand gebe, mit dem sie mich treffen können. Zu großmütig, meine ich, war es, Bradley Geständnisse meiner Fehler usw. zum Lesen gegeben zu haben und dann zu erwarten, daß er dies nicht dazu benutzt, mich zu verspotten. Es ist erbärmlich. Ich bin zu ehrlich, ich bekenne in dem Tagebuch, daß meine Analyse schlecht ist, ich sage in dem Tagebuch Dinge gegen das Tagebuch, aber warum, zum Teufel, müssen diese Dinge mir gegenüber wiederholt werden, als seien sie eine Entdeckung? Meine Ehrlichkeit hätte bestimmte kritische Äußerungen überflüssig machen müssen. Doch Bradley setzt gern das Tüpfelchen aufs i. Und jetzt auch Du. «Ich glaube ungeheuer an Dich. Ich war wirklich erregt – auch verärgert.» Das klingt so falsch, so falsch. Du warst in der ganzen Sache nicht einen Moment lang aufrichtig. Du hast eine Art Pose eingenommen, weil Du nicht wußtest, welche Haltung Du einnehmen solltest. Ich vermute, Du wolltest objektiv sein. Objektiv, während Du sichtlich unter Bradleys Einfluß stehst. Du warst keineswegs Henry Miller. Bloß ein Mann, der eine Pflicht erfüllt. Du bist sehr ehrlich,

Henry, aber nicht ehrlich genug. Nicht ehrlich genug, um zu sagen: «Im Augenblick interessiert mich das nicht.» Glaubst Du nicht, daß ein bißchen Grausamkeit darin liegt, den Brief an Kay Boyle gerade in diesem Moment zu schreiben – den Kontrast ans Licht zu bringen? Warum tust Du das? Um mich für die nicht verbrannte Fotografie [von John Erskine] zu bestrafen oder für irgendeine Zeile in dem Tagebuch, die Dir nicht gefiel? Ein kalter Brief. Besten Dank. Und eine kalte Antwort von mir. Das ist gut. Das läßt mich wieder allein sein, und wie Du in dem Tagebuch gelesen hast, bin ich stark, wenn ich allein bin.

[Anaïs]

An Anaïs [Clichy]
Dienstag [17. Oktober 1933]

Kritik ist immer eine undankbare Augabe. Außer man ist darauf aus, eine ästhetische Schöpfung hervorzubringen, und das läuft auf einen Schöpfungsakt hinaus. Was ich für Dein Manuskript zu tun versuche, ähnelt stark dem, was ein Maestro in einer Kunstakademie tut – doch der Unterschied ist wichtig. Wenn der Maestro sich hinsetzt, um ein Buch über Kunst zu schreiben, sagen wir, eine Kritik über einen Zeitgenossen oder eine Studie über eine Periode oder was Du willst, bringt er seine subtileren Fähigkeiten ins Spiel. Im Atelier dagegen, im Unterrichtsraum, kann er oft brutal, mitleidlos wirken. Er sagt zu dem Studenten nicht: Das ist falsch, das ist schlecht, doch ich weiß alles zu würdigen, was Sie auszudrücken versuchen usw. Nein, er reitet auf den Fehlern herum, wirft höchstens gelegentlich ein Wort des Lobes für einen guten Strich ein – wie Salz und Pfeffer, um die herbe Soße der Kritik schmackhaft zu machen.

Das ist es, was ich bei Dir zu tun versuche. Ganz ohne Zweifel ist es falsch von mir, gelegentlich über die eigentliche Technik hinauszugehen und, wie ich es tue, den Gedanken, die Tendenz zu kritisieren. Ich stelle fest, daß Du, wenn zwischen uns alles stimmt, mich aufforderst: Versetz mir feste Hiebe, sag das Schlimmste usw.! Wie Du es am Montag morgen getan hast. Doch wenn Du die geringste Ungerechtigkeit witterst, ziehst Du Dich zurück, Du wirst empfindlich, Du schließt mich aus Deiner Arbeit aus. Du mußt auch mir gegenüber Zugeständnisse machen – mir als Lehrer. Unterrichten ist nicht mein Beruf, sonst hätte ich diese Fehler zweifellos ausgemerzt. Wenn Dich Verzweiflung erfaßt, mußt Du Dir immer wieder ins Gedächtnis rufen, was ich gesagt habe und was gültig bleibt: Erstens, daß ich Dein Tagebuch insgesamt akzeptiere! Zweitens, daß ich es als großartiges menschliches Dokument bezeichne, mit all seinen Mängeln und vielleicht gerade wegen seiner Mängel, weil sie genauso aufschlußreich in bezug auf Deine Persönlichkeit sind wie die Vollkommenheiten! Drittens, daß ich möchte, daß Du Dein gottverdammtes Tagebuch irgendwann wegwirfst und daß ich, indem ich Dir bei Deiner Vervollkommnung als Künstlerin helfe, Dir dazu verhelfe, dies zu schaffen. Viertens, daß ich alles, was Du mir als Kunst vorlegst, als Kunst ansehen muß, nicht als Tagebuch, nicht als Idee – sondern als das Ding als solches, eben als Kunstwerk. Fünftens, daß Du als Künstlerin keine Fortschritte machen wirst, wenn Du nicht ständig Dein Schreiben unter diesem Gesichtspunkt – und keinem anderen – betrachtest; wenn es Dir nicht Schmerzen und Ärger bereitet, wenn Du nicht ständig und immerfort an die Technik denkst, die zwar nicht neunzig Prozent, aber ganz gewiß fünfzig Prozent der Geschichte ausmacht.

Sechstens, daß Du als Künstlerin mehr Handicaps hast als der normale Arbeiter, mehr auch als beispielsweise ein simpler Lohnschreiber. Du *bist* Künstlerin durch und durch, wie Rank schnell bemerkte, aber Du arbeitest mit schlechtem Werkzeug, mit den schlechtesten Materialien. Das Ziel ist, sich des Mediums nicht mehr bewußt zu sein – oder so wenig wie möglich. Dies kann jedoch nicht geschehen, bevor Du Dein Medium beherrschst – und selbst dann handhabt man es nie ganz unbewußt. Ich meine insbesondere, daß ein da Vinci, ein Dante oder ein Michelangelo dem gewöhnlichen Beobachter und sogar dem durchschnittlichen Künstler sehr selbstsicher erscheinen und daß nur die privaten Dokumente, die persönlichen Aussagen, die vertraulichen Eingeständnisse dieser Männer uns später erkennen ließen, welche ungeheure Sorgen sie sich wegen Dingen machten, auf die sie dem Anschein nach keinen einzigen Gedanken verschwendeten. Darum sage ich immer wieder, daß hinter Lowenfels' allgemeiner These ein großer Gedanke steht. Er ist schrecklich einseitig, schrecklich fanatisch, aber er hält eine große Wahrheit in den Händen. Er würde sagen, daß die Ausdrucksform das Gedicht *ist* – immer. Einzig das, was da ist! Die Möglichkeiten, die unausgedrückt darin liegen, die Gedanken, die nicht ganz klar werden, existieren natürlich und können die Grundlage für andere Gedichte, andere Gemälde, andere Musik bilden. Es gibt kein ideales, kein perfektes Kunstwerk. Alles ist Annäherung, Kompromiß, eher ein *Ist* als ein *Sollte-* oder ein *Könnte-sein*. Lob nur für das, was klar ausgedrückt ist, usw. usw.

Wir alle wissen, wenn wir etwas schaffen, wieviel wir weggelassen haben, in welch hohem Maß wir gescheitert sind; wir tragen ein Bild der perfekten Sache in uns, das sich nicht verwirklicht hat, und dieses unvollkommene Ergebnis betrachten wir als Gedicht, für *dieses* fordern wir Lob. Unser Stolz und unser Ego sind es, die ihre volle Anerkennung fordern. Und es ist schwer, das Kunstwerk von dem Mann oder der Frau, die es geschaffen haben, zu trennen. Wir neigen dazu, die beiden zu verwechseln. Letztendlich vermute ich, daß die Geschichte des Kampfs, den der Künstler ausgefochten hat, um seine Idee zu gebären, so offenkundig und beeindruckend ist, daß wir, obwohl wir kritisch sein wollen, dies gelegentlich für fast unmöglich halten. Aber eben weil Kunst *nicht* Leben ist, weil Kunst eine unentwirrbar ans Leben geknüpfte Schöpfung ist, müssen wir große Anstrengungen unternehmen, um das Kunstelement und nicht das Lebenselement zu isolieren. Manchmal erscheint es mir fast lächerlich, daß wir sagen, ein Mensch sei humaner als der andere, offenbare mehr Leben usw. in seinem Werk. Wie kann man das wirklich sagen – sofern man es bis an die Grenze weiterführt? Weil der letzte Federstrich offenbarend ist – ist *alles* Offenbarung. Alles ist – für den, der lesen kann – ein klarer Bericht über den Kampf des Individuums mit dem Leben. Genauigkeit und Authentizität – dies sind Wörter, mit denen sich der Grad der lebenswichtigen Beziehung zwischen beidem, Leben und Kunst, ausdrücken läßt, der Grad zum Messen des Kampfes. (Schlecht formuliert – aber Du verstehst, worauf ich hinauswill.)

Wenn ich also die Verwegenheit habe zu sagen, «dies klingt schwach und sentimental», betrachte es eher als zu wahr denn umgekehrt. Lese doch *ich* Dein Werk, der für Dich eingenommen ist und nicht gegen Dich. Wenn also mir, Deinem begeisterten Leser, etwas als falsch oder schwach auffällt, sei auf der Hut. Werde nicht gleich zornig. Ich bin vielleicht ungerecht. Du bist vielleicht in der Lage, mich zu überzeugen, daß ich mich täuschte. Ich hoffe, Du kannst es – ich hätte gern, daß es Dir gelingt. Doch weiche dem Konflikt nicht aus, indem Du Dich in Deine Muschel zurückziehst – denn das ist der Grund, warum Du das Tagebuch geschrieben hast: um dem Problem des Schreibens zu entgehen, dem Problem der Kunst, die Ausdruck der Persönlichkeit ist, ein Symbol des Kampfes und eine Herausforderung zu weiterem Kampf. Wenn Du das Bild des «Preisboxers» gebrauchst und schreibst: «Amüsiere Dich mit einem Preisboxer», sage ich: «Gut! *Du* bist der Preisboxer!» Die Knechtschaft durch die Kunst ist in gewisser Weise eine einzige lange Trainingsrunde für einen Kampf, der nie stattfindet. Gelegentlich muß man einen Kinnhaken hinnehmen, muß man k. o. gehen, man muß immer wieder besiegt werden, um sich die notwendige Ringtaktik anzueignen, die Strategie, die Kunst des Fightens – und der wirkliche Kampf wird immer auf unbestimmte Zeit verschoben. Doch es besteht ein Unterschied zwischen dem Training für einen Kampf und dem Schattenboxen in Deinem Zimmer. Das eine ist tatsächliche Vorbereitung auf Kampf; das andere ist schlicht und einfach Gymnastik. Du könntest in der Abgeschiedenheit Deines Zimmers lernen, die phantastischsten, wunderbarsten Dinge zu vollbringen – als Schattenboxer –, und würdest, wenn Du in den Ring steigst, keine zwei Minuten überstehen.

Wie dem auch sei, Deine drei Seiten waren gut. Nur ein einziger Fehler, vom technischen Standpunkt. Den Ausdruck «sich ironisieren» gibt es nicht. Es heißt, «ironisch sein». Natürlich greife ich zur Ironie – zu Mitteln aller Art, um Deinen Kampfinstinkt anzufachen. Weil Du bei Deiner Arbeit nicht kämpferisch genug bist, darum klopfe ich Dir ab und zu leicht aufs Kinn. Tut es weh? Gut! Besser, ich klopfe Dir leicht aufs Kinn, bevor die Runde beginnt, als daß Du unvorbereitet in den Ring steigst und man Dir sämtliche Zähne in den Rachen drischt! Habe ich recht? Ich stähle Dich für die Schlußrunde. Würde ich immer Zwölf-Unzen-Handschuhe benutzen, wüßtest Du gar nicht, was es heißt, einen harten Schlag zu erhalten. Ich versetze Dir die Schläge als Lehrmeister, nicht um Dich öffentlich zu besiegen.

Ich schweife kurz ab: Bei [Hilaire] Hiler[1] und [Frederick] Kann befinde ich mich zwischen zwei Feuern, zwischen zwei entgegengesetzten Denkweisen. Hiler schaute sich neulich abends meine Aquarelle an und schien ziemlich verwundert zu sein – er sagte, ihm sei danach, mir mein Geld zurückzugeben. Sagte, ich könne gut genug zeichnen, um auszudrücken, was ich wollte, ich hätte eine vielfältige Technik und, vor allem, ich besäße sehr viel Kaltschnäuzigkeit, eine *maskuline* Haltung, Mumm – was mehr ist, sagt er, als dein Freund Kann je zeigt. Es ist mehr innerer Wert in deinen Arbeiten als in Kanns Werk zusammengenommen. Er sagt, Kann habe einen Anal-oder-irgend-sowas-Komplex, er sei übergründlich, verkrampft, vorsichtig, gewissenhaft, schüchtern usw. Er sagt: Warum sich Sorgen über das Zeichnen in einer dritten Dimension machen, über die Wiedergabe der Perspektive, über die Darstellung von Dingen, wie sie in der Natur sind? *Kunst ist nicht Natur*. Hiler ist ein «Neo-Naturist», ein Ausdruck, den er prägte und mir erklärte. Jedenfalls, sagt er, können wir der Natur nicht entgehen, auch wenn wir es noch so sehr versuchen. Wir können nicht Raum, Volumen, Distanz,

1 Siehe «Biographische Anmerkungen».

Dimensionen usw. verleugnen. Akzeptiere dies also als Bedingungen und laß uns dennoch nicht ihre Sklaven werden. Was *ist* Realität? Nicht irgend etwas dort draußen – nein, etwas *in* einem usw. usw.

Ich gehe zu Kann. Er sagt: Was du da machst, mag interessant sein. Kindhafte Dinge sind immer interessant. Aber du tust, was jedes Kind tut. Wenn dich das befriedigt, dann komm nicht zu mir. Willst du dich als Kind ausdrücken? Genügt das? Wir müssen lernen, Gegenstände in der Natur so zu betrachten, daß wir zu sehen vermögen, was wir *nicht* sehen. Jedwede große Kunst ist aufgebaut auf gesundem Wissen, Kenntnis von Form und Struktur, Kenntnis von Licht und Farbe usw. [...]

Es gibt zwei verschiedene Einstellungen, und im Grunde verschmelzen sie zu einer, nämlich zu der, daß Kunst ein langwieriger, schmerzhafter und nie endender Prozeß ist. Daß man nicht Künstler wird, um sich selbst großes Vergnügen zu bereiten, oder auch, um sich auszudrücken. [...] Sagt Dir das etwas?

Henry

An Henry [Louveciennes]
[1. November 1933]

Heute ist mir völlig klar, daß aus der *phantastischen* «Alraune» Seiten herausgenommen werden können, ohne daß das traumartige Buch leidet, denn sie gehören in das *menschliche* Buch. Die Sprache ist anders. Die Stimmung ist menschlich, nicht halluziniert. Diese Seiten enthalten mehr Realität. Ich sonderte sie heute aus und habe das Gefühl, es sei gut so. Du wirst es gleich merken, wenn Du sie liest. Von jetzt an beziehe ich mich auf «Alraune Eins» [*Haus des Inzests*] als das phantastische Buch und «Alraune Zwei» [*Winter of Artifice*] als das menschliche. Ich habe Pläne für «Alraune Eins». Nicht mehr die Geburt der drei Frauen *und* des Mannes, sondern getrennte und nicht miteinander verwandte Personen (June, Louise, Artaud und Eduardo), nur verwandt mit Mandra (ich) [...]. Die Lügnerin, die verrückte Asketin, der Heliogabal-Wahnsinn, der Paralytiker. Ich vergaß den Astrologen [Allendy]. Werde jede der Personen dramatisieren und mittels Sichtbarmachung all ihrer Obsessionen akzentuieren usw. Natürlich gehörst Du nicht mehr dorthinein. Der letzte Teil über Dich war immer schwach. Ich kann das Phantastische auf diesen herausgenommenen Seiten ein bißchen mildern, so daß sie besser in das menschliche Buch passen. Doch sie sind auf den ersten Blick eher menschlich als phantastisch, sogar in der Sprache. Was Du und ich brauchen, ist, den ganzen Tag dazusitzen und zu schreiben und jemanden neben uns zu haben, der jede Seite in den richtigen Aktendeckel einordnet. Und schon sind unsere Bücher fertig! Ich bekam einen Brief von Charles Henri Fords Freunden, die mir schreiben, er sei am Verhungern, und man solle bitte helfen. Mein Vater schickte etwas. Und ich schickte mit typisch weiblicher Treue die hundert Francs Dir statt ihm! Indifferenz gegenüber dem Kosmos!

[Anaïs]

AN HENRY

[Louveciennes]
11. 11. 33[1]

Lege ein Bild bei, von dem ich dachte, daß es Dir für Dein Notizbuch gefallen würde.

Nach der Heimkehr hatte ich eine Besprechung mit meinem Manager und Presseagenten. Ich fragte ihn: Nun, wie ist das Programm für die Woche?

Mein Mann und Direktor antwortete: Nun, dein Vater rief an, während du weg warst, und sagte, er würde am Mittwoch nachmittag in seinem Chrysler kommen. Joaquin übermittelt dir telefonisch, daß du irgendwann am Montag kommen sollst, um auf Wiedersehen zu sagen, denn er fährt nach Madrid. Am Montag mußt du auch Mr. Steele aufsuchen, der wegen eines Manuskripts anrief, das du angeblich haben willst. Da ist auch noch der untröstliche Exgeliebte von Ethel [Guiler], der mit dir reden muß. Er erwartet dich, wenn möglich, am Dienstag im Colisée. Am Mittwoch müssen wir bei den Frasers an einem musikalischen Abend teilnehmen. Sehr wichtig, weil ich möchte, daß du ihm gefällst. Er könnte ein Kredit-Interessent sein. Am Donnerstag abend sind wir beim Prinzen Bourbon von Spanien zum Essen eingeladen. Wirst du dir dafür ein Kleid kaufen müssen? Am Freitag sollten wir uns [O'Neills] *Kaiser Jones* anschauen. Sehr wichtig: Am Samstag kommt Louise [de Vilmorin] zu dir, während ich mit Henry Hunt reite. Sie ist gekränkt, weil du, wie sie sagt, sie zwei Wochen lang nicht besucht hast.

1 Später datiert, offenbar in Anaïs Nins Handschrift.

Okay, antwortete ich forsch. Aber am nächsten Montag fahre ich ins Blaue. In ein Land, das nicht auf der Karte ist. Für eine Woche. Keine Fragen, und ich rufe dich jeden Tag an. Ist das fair?

Okay, antwortete der Direktor der Kreditabteilung. Wirst du zum Wochenende wieder da sein?

[Anaïs]

An Anaïs

4, Ave. Anatole France
Clichy (Seine)
[6. Dezember 1933]

Diesen Brief schreibe ich nicht, um Dir angst zu machen. Es ist nur so, daß mich ein Gefühl der Fatalität bedrängt, das ich nicht abschütteln kann, eine Vorahnung drohenden Todes. Das Beiliegende ist mein Letzter Wille, den wir, sofern er durch die Unterschrift von Zeugen Rechtskraft erlangt, festlegen können, falls ich nicht schon in den nächsten achtundvierzig Stunden sterbe. Ich mache Dich zur Alleinerbin meines Nachlasses (wie er ist!). Nur weil ich das Gefühl habe, daß mein Werk nach meinem Tod sofort etwas wert sein könnte, unternehme ich diesen Schritt, um die richtige Verteilung der Erträge sicherzustellen. Natürlich möchte ich eine Reihe Menschen bedenken – vor allem meine Eltern und meine Schwester, June, mein Kind [Barbara]. Ich erinnere mich dunkel, daß mich vor meiner Abreise nach Europa einer meiner Freunde (A. M. Elkus) veranlaßte, ein Testament aufzusetzen, in dem ich alles June vermachte. Dieses widerrufe ich jetzt, nicht weil ich June ihren Anteil verweigern wollte, sondern weil ich fürchte, daß sie nicht in der Lage wäre, ihn klug zu nutzen; in ihrem eigenen Interesse hinterlasse ich darum alles Dir, weil ich weiß, daß Du in allem klug und gerecht verfahren würdest. [. . .]

Natürlich hängt es davon ab, was meine Bücher nach meinem Tod einbringen, inwieweit Du meine Vorstellung von der Aufteilung der Einkünfte verwirklichen kannst. Als erstes, bei unvollendet hinterlassenen Manuskripten hast Du meine Erlaubnis, sie nach Deinem Gutdünken zu vollenden, unter jedem Titel und jeder Benennung, die du für richtig hältst. Allein schon meine Briefe könnten etwas wert sein, sollte meine Persönlichkeit Aufmerksamkeit erregen. Viele meiner Briefe befinden sich zusammen mit alten Manuskripten (die für *Dich* sind, nicht für June) in meiner hölzernen Aktenkiste, die jetzt vermutlich im Besitz von Junes Mutter, Mrs. William Smith, ist. Emil Schnellock, George C. Buzby, A. M. Elkus, Harolde O. Ross, meine erste Frau Beatrice Wickens und auch Stanley J. Borowski (mein ältester Freund) – alle diese Leute haben meine besten Briefe und wüßten auch, wo weitere zu finden sind.

Nun denn, angenommen, meine Bücher bringen viel Geld ein – dann hätte ich gern, daß folgendes damit geschieht, soweit möglich:

[Hier folgt eine Liste mit etwa dreißig Namen und unterschiedlichen Beträgen, die von 25 bis 350 Dollar reichen; zu den Bedachten zählen auch einige ehemalige Beschäftigte der Western Union Telegraph Company und Monsieur Ellis, von dem Miller schreibt: «Ellis (Concierge in Edward Titus' Gebäude, Rue Delambre – sein Vater war russischer Admiral auf dem Panzerkreuzer ‹Potemkin›, er arbeitet jetzt als Mann für alles im Café Dôme, glaube ich) schulde ich nichts, wirklich nicht, möchte ihm aber soviel wie möglich zukommen lassen, aus Freundschaft und Dankbarkeit für seine Güte, sein großes Herz.»]

Für Emil Schnellock und Fred Perlès wäre Geld eine Beleidigung. Laß sie teilen, was von persönlichem, sentimentalem Wert ist usw.

Was die Schulden bei Geschäftsleuten und Hotels usw. anbelangt, ich weigere mich, sie zu bezahlen. Mit Ausnahme der hundert Francs, die ich Monsieur Paul in der Rue Lamartine (Fred kennt die Adresse) schulde. Bezahle mit Zinsen und spendiere ihm einen ordentlichen Drink. Er war gut zu mir. [...]

Es gibt noch jemanden, der mich nie um Hilfe bat, den ich in meinem späteren Leben selten sah, aber als Juwel von einem Menschen betrachte – meinen Vetter Henry Baumann, jenen Menschen, der mir von all meinen Verwandten am meisten ähnelt, im Herzen. Ich hätte gern, daß ihm irgendwann geholfen wird, bloß wie? Er sollte wenigstens Exemplare von all meinen Büchern bekommen. [...]

Das sind alle, die ich aus dem Gedächtnis nennen kann. Möglicherweise gibt es noch viele andere, die ich unabsichtlich übergangen habe; sollten irgendwelche Forderungen erhoben werden, wüßten meine Freunde Emil Schnellock und Joe O'Reagan zweifellos, ob sie berechtigt sind.

Henry V. Miller

AN HENRY [Louveciennes]
10. Januar 1934[1]

Was für einen prächtigen Feiertag Du mir bereitet hast! Fand Rank krank vor, mit einer so schlimmen Grippe, daß er fast nicht sprechen konnte. Deshalb ist zweifelhaft, ob er am Freitag kommen kann. Wenn Du willst, gehen wir zusammen ins Kino, sofern wir es verdient und die Kosten mit zwanzig Seiten oder so hereingearbeitet haben! Ich erwarte den Schluß des Traums, und wenn Du einen Augenblick Muße hast, ruf mich an, damit Du erfährst, wohin Du ziehen wirst. Ich schaue mir heute nachmittag zwischen drei und fünf einige Objekte an, dann bin ich eingeladen ins deutsche [Kurt-]Jooss-Ballett, das angeblich ironisch ist, häßlich und stark, satirisch, grotesk usw. Gehst Du vielleicht auch hin und schaust zum Balkon herauf? Wir gehen mit einer Gruppe aus der Bank hin.

Beiliegend zwei Seiten über Lügen. Kann sie nicht numerieren, weil ich noch nicht weiß, wo sie hinpassen.

Der Künstler (HVM) sah in den Träumen mehr als der Analytiker (Otto Rank). Der Dichter *erfand* eine Bedeutung für sie (jene von dem sich drehenden Horoskop, die mich verblüffte). So sollte es sein. Die Sicht des Künstlers. Der Künstler ist der Held. Aber ich bin noch nicht überzeugt, daß es Zufälle gibt. Nichts als Schicksal. Olympische Dramen und kein Montparnasse. Vielleicht erhöhe ich alles. Einfach eine Angewohnheit; vielleicht sollte ich mir eine Philosophie der Trivialität statt des Heiligen zulegen. Hiler bat, nicht zum Trinker gemacht zu werden. Ich bat Rank, mich zu einem Trinker zu machen, um Dir zu gefallen.[2]

[Anaïs]

1 Später datiert, offensichtlich in Anaïs Nins Handschrift.

2 Am 7. November 1933 hatte Anaïs Nin ihre Analyse bei Dr. Otto Rank begonnen, und auf seinen Rat zog sie vorübergehend in eine Pension in Auteuil, Rue des Marroniers, nicht weit von seiner Praxis am Boulevard Suchet. Eine Zeitlang bewohnte Henry Miller ein angrenzendes Zimmer, bevor er ins Hotel Havana auf dem Montmartre zog, wo er an der endgültigen Revision von *Wendekreis des Krebses* arbeitete. Aus dieser Periode scheint wenig Korrespondenz erhalten zu sein.

An Anaïs [Paris]
[26. März 1934]

Nach dem dritten Versuch sah ich Kahane und führte endlich ein gutes Gespräch mit ihm. Nichts ist in Unordnung, außer daß die Welt aus den Fugen ist – die Käufer seiner Bücher sind vorübergehend verschwunden, er veröffentlicht kein Buch, solange nicht mit dem Pfund, dem Franc und dem Dollar etwas Entscheidendes geschieht. Er war sehr vernünftig, mitfühlend und aufrichtig, fand ich. Möchte gern publizieren, sagt aber, in dieser kritischen Periode würde das meine wie seine Chancen ruinieren. Wir verstanden uns recht gut. Mein Glaube an seine Integrität und seine guten Absichten hat sich verstärkt. Er ist intelligent, wach und offen. Kein Grund für einen von uns, zweideutig zu reden. Ich erzählte ihm von meinen Plänen – die Einzelheiten und das Endergebnis unserer Unterhaltung werde ich Dir ausführlicher schildern, wenn wir uns sehen. Im Augenblick legt die Krise alles lahm![1]

Hier schließen sie jetzt. Sie müssen schließen.

Henry

An Anaïs [Paris]
Donnerstag [26. April 1934]

Hier nur ein Rauchzeichen – während ich auf Deinen Brief warte und Madame mit dem Besitzer telefoniert, damit die Heizung angestellt wird –, um Dich wissen zu lassen, daß ich Sylvia Beach besuchte, die ein *bißchen* «subglazial», abstrakt, hochnäsig usw. ist – und daß die Sache in Ordnung ist; aber unter uns, ich glaube nicht, daß es nötig ist, sie einzuladen – nur eine höfliche Geste. Sie hat Schnee in den Adern. [...]

Ich schreibe aus einem Café, denn die Kälte vertreibt mich aus dem Zimmer. Gehe mit einem feinen Kamm noch einmal über den *Wendekreis des Krebses*. Ein bißchen schwerfällig hier und da, insgesamt aber gut. Hätte jemand ein Vorwort dafür geschrieben, hätte er darin erklären

1 Um Kahanes Bedenken zu überwinden, beschloß Anaïs Nin im Juni 1934, für die Veröffentlichung von *Wendekreis des Krebses* zu bürgen, und zahlte 5000 Francs als Sicherheit. Sie schrieb auch ein kurzes Vorwort für das Buch, das im September endlich erschien. Zur gleichen Zeit zog Henry Miller in eine Wohnung in dem Sträßchen Villa Seurat Nr. 18, in der vor ihm Antonin Artaud gewohnt hatte.

können, daß das Buch sozusagen unterwegs entstanden ist, zwischen meinen fünfundzwanzig Adressen. Es vermittelt das Gefühl eines ständigen Wechsels der Adresse, Umgebung usw. Wie ein böser Traum. Und angesichts dessen ist es gut. Hektisch. Kaleidoskopartig. Da und dort ein bißchen sentimental – sogar salbungsvoll. Aber ich werde versuchen, diese Stellen auszumerzen.

Dein unfehlbarer Geschmack trifft natürlich das Richtige. Das Buch erreicht nicht das Niveau von *Schwarzer Frühling*. Aber wenn es nicht bald erscheint, wird es nie mehr erscheinen! Es wird überholt sein. Alles hat seine Zeit – und dies ist die Zeit für das Buch!

Jetzt scheint die Sonne. In einer Minute wird es wieder finster sein. Mieses, elendes Wetter. Ich hoffe aufrichtig, daß London sich Dir heiterer präsentiert.[1]

Henry

AN HENRY

Royal Louvre Tuileries
Brasserie-Restaurant-Café
194 Rue de Rivoli
[Oktober 1934]

Du hast nicht verstanden, warum ich heute früh hochgegangen bin. Henry, ich bin es so müde, so todmüde, Dinge zu *brauchen*, mir Dinge zu wünschen, und heute früh gab mir Hugh 200 Frs., damit ich mir Unterwäsche und Strümpfe kaufe. Ich bringe sie Dir. Unterdessen gibst Du Lowenfels die Schecks, die Du erhältst. Auf die Idee, an mich zu denken, bist Du nicht gekommen. Nein. Hast keine Sekunde daran gedacht, daß Du mir etwas kaufen könntest – daß Du damit etwas für mich tun könntest? Ich bin sehr *müde*. Wenn ich nach N. Y. fahre, dann in der verzweifelten Absicht, *irgend etwas* zu tun, irgend etwas, um aus meiner immer beengteren finanziellen Lage herauszukommen. Ich bitte Dich, dieses Buch nicht binden zu lassen – das ist ein Luxus. Es gibt andere Dinge, die ich wirklich brauche, beispielsweise einen Mantel. Du

1 Anaïs Nin war nach London gefahren, um Rebecca West und andere Persönlichkeiten des literarischen Lebens für Henry Millers Werk zu interessieren, d. h. für das Manuskript von *Schwarzer Frühling* und einen Teil der Arbeiten über D. H. Lawrence; das Echo war jedoch schwach. Rebecca West hielt Anaïs Nin für eine bessere Schriftstellerin und riet ihr, nicht soviel Zeit an Henry Miller zu verschwenden.

hast das schon hundertmal getan. Wirst es immer tun. Immer. Ich bin es so müde, daß Dir jede Rücksichtnahme, jede Klugheit abgeht. Du handelst wie ein Kind, ein Kind, das bloß verlangt und verlangt und verlangt und nie überlegt und einen zu Tode aussaugt, und ich sitze hier und weine einfach, weil es so hoffnungslos ist, je zu erwarten, daß Du anders wirst. Laß es sein, ein Buch für mich zu binden. Mach keine leeren Gesten. Ich möchte einfache Sachen, warme Sachen. Ich bin es einfach müde, mir Deinetwegen jede Kleinigkeit zu versagen, damit Du weitermachen kannst wie ein Mensch mit einem Loch in der Tasche. Vor allem bin ich traurig, weil es immer das gleiche ist. Auch Junes Gefühle. Ebenso hoffnungslos. Auch die Rebellion. Und das Verlangen, alledem davonzulaufen zu einer wirklichen, menschlichen Liebe. Der Grund des Ganzen ist, daß für Dich nur *Du selbst* zählst, Deine Freunde, Deine Stimmung, Dein Bedürfnis nach Großzügigkeit vor der Öffentlichkeit, Deine Impulse . . . doch wie bei einem Kind, unverantwortlich, sinnlos, ohne jegliche Tiefe.

[Anaïs]

An Henry

United States Lines
An Bord
Montag [26. November 1934][1]

Flaschen zersplittern, Stühle rutschen, Wände bekommen Risse, die Bullaugen sind geschlossen. Möchte Dir an Bord kein Tagebuch schreiben, denn es würde so lauten:

Hafergrütze zum Frühstück.
Schwimmen im Bassin.
Einladung zum Cocktail.
Herumflanieren mit Soundso.
Mittagessen mit Herrn & Frau Niemand.
Kino mit Mr. Connecticut Yankee.
Tee mit Graf Z.

1 In dem Bemühen, ein gewisses Maß wirtschaftlicher Unabhängigkeit zu erlangen, fuhr Anaïs Nin nach New York, doch ihre Pläne, wieder als Modell oder Tänzerin zu arbeiten, ließen sich nicht verwirklichen. Statt dessen wurde sie Mitarbeiterin in der psychotherapeutischen Praxis von Dr. Rank, mit dem sie im Sommer 1934 eine intime Beziehung begonnen hatte.

Cocktails mit reichem jüdischen Kaufmann.

Abendessen mit X.

Tanzen bis Mitternacht.

Am Tag des Auslaufens war ich so schwermütig, obwohl die Sonne schien, daß ich mich zwei Stunden später gern zum Mittelpunkt der Aufmerksamkeit und der Einladungen machen ließ. Wollte nicht allein sein.

Wenn ich Zeit habe, notiere ich alle «Verabredungen», die ich in N. Y. nicht einhalten werde, sowie alle Heiratsanträge. Beim Galadiner bekam ich eine große Flasche Parfum. Den Preis für Beliebtheit. Das ist Amerika. Man sagt mir, ich hätte Persönlichkeit! Jetzt schon weiß ich, daß ich mich dort nicht zu Hause fühlen werde. Doch alles ist forsch und harmlos. Die Redeweise der Leute ist sehr anschaulich. Ein junger Mann sagte zu mir: «Nach übermäßigem Trinken fühlt sich mein Mund an wie der Boden eines Vogelkäfigs.»

Wir hatten zwei Tage rauhe See. Ich war nur einen Tag seekrank.

Im Zug floh ich aus der Welt und verbrachte zwei Stunden damit, an «Alraune» zu arbeiten. Dem ging eine Stunde Weinen voraus.

Ich schicke Dir einen Scheck für Brassai[1]. 100 Frs. für ihn, 100 Frs. für Dich, die ich beim Wetten gewann.

Ich vergaß Dir zu sagen, daß Du das Radio nicht sofort bekommen wirst. Mutter und Joaquin möchten es haben, bis am 4. Dezember sein Schiff abgeht. Schreib mir, ob Emilia Dir die weißen Laken gebracht und ob sie den Saum der Vorhänge genäht hat. Sie wird für Mutter arbeiten, bis sie nach Spanien geht.

Ich verteile die Prospekte an die Leute und sage ihnen, sie sollen im Gotham-Buchmarkt nach *Wendekreis des Krebses* fragen.

Dienstag. Wir mußten zum Abendessen an die Tische gebunden werden. Als ich in der Bar saß, rutschte ich oft in den großen Salon hinüber. Spielte die ganze Nacht Craps [Würfelspiel]. Wir kommen vielleicht am Mittwoch abend an. Ja, eine verrückte Reise, Henry, doch sobald man sich Amerika nähert, fängt man besser an, zu rutschen und zu gleiten, wie auf ihren Rolltreppen, denn ihr Lebensprinzip heißt, an der Oberfläche bleiben. Wenn man untertaucht, ist man allein, mit Alraune, Neurosen, Erinnerungen an zurückgelassene tiefere Welten.

Alle Elemente sind hier schon vorhanden: Härte (die Frau, die mir die Haare wusch, behandelte mich wie einen Fußball), grobe Manieren,

1 Siehe «Biographische Anmerkungen».

Pragmatismus. Das macht mich kratzbürstig. Würde ich nicht mit ihnen *mittanzen*, leichtfüßig, dann würde ich sie hassen. Doch ich habe beschlossen, auf die große amerikanische Party zu gehen. Ich habe sogar schon die Tomatensaft-Cocktails akzeptiert!

A.

An Anaïs [Villa Seurat]
29. Nov. [1934]

Weitere interessante Neuigkeiten. Wieder ein Brief von Hiler, diesmal aus Mexico City, in dem er schreibt, daß er während seines Aufenthalts in Hollywood das Buch [*Wendekreis des Krebses*] einem Mann gezeigt hat, der mit «privaten» Editionen handelt, und daß er glaube, dieser Mann wolle mein Buch in Amerika drucken – und mich dafür bezahlen. Behauptet, der Mann *müsse* dafür bezahlen, denn wenn er es nicht tue, könne er [Hiler] die Bundesbehörden auf seine Spur setzen. [...] Wie dem auch sei, ich schreibe ihm jetzt und erkundige mich, was er vorzuschlagen hat. [...]

Du weißt, daß ich einfach Exemplare an Aldous Huxley und Ezra Pound geschickt habe – endlich hörte ich jetzt von ihnen. Und an Blaise Cendrars.[1] Ich schrieb auch einen freundlichen Brief an Emma Goldman. Erwarte, daß sie sich ebenfalls für mich einsetzt. Bekam außerdem eine Bestellung von dem schwarzen Liftmann im Gebäude meines Vaters. Er schrieb, er wünsche sich «sehns*ie*chtig ein Exemplar». [...]

Ich glaube, durch Marcel Duchamp sowie durch [Raymond] Queneau und Jacques Baron werde ich schließlich die Aufmerksamkeit der Surrealistengruppe erregen – und möglicherweise auch der amerikanischen Kolonie, deren Mittelpunkt Dalí und seine Frau Gala zu sein scheinen.

[...] Ich warte höchst ungeduldig darauf, die Ergebnisse Deiner ersten Gespräche zu erfahren – *in bezug auf Dich*, meine ich. Mit George Bye, Mrs. [Blanche] Knopf usw. Zeige ihnen unbedingt das Lawrence-Buch. (Übrigens, die Spanierin [Mrs. Pickering] machte eine Bemerkung über Dein Vorwort. Sie sagte, es sei kraftvoll geschrieben. War erfreut zu hören, daß es von einer *spanischen* Frau stammt!)

Ich gab Dir die Adresse dieses Verlegers in Hollywood auch für Dich

1 Siehe «Biographische Anmerkungen».

selbst. Wenn Du bei den legalen Burschen nicht vorankommst, probier es bei ihm. Du hast vergessen, Kahanes Exemplar bei mir zu lassen. Doch für den Augenblick macht es nichts. Ich benutze beide Exemplare Deines Manuskripts. Arbeite auf allen vier Zylindern. Übrigens, wirst Du nach Hollywood fahren? Heute landest Du – Abend des Erntedankfests. Vermutlich wirst Du an einer großen Feier in einem phantastischen Hotel teilnehmen. Ich stelle mir Dich in einem römischen Bad von der Größe der Pennsylvania Station vor, dasitzend und träge einen Fächer aus Straußenfedern schwenkend.

Ich komme nicht über den Unterschied zwischen Jung und Rank hinweg. Jung zeigt starken Zusammenhalt, eine überlegene Einfachheit. Man kann sehen, daß *er es hat.* Sicher, bestimmt, ungezwungen und weitreichend in seinen Zweifeln und Befürchtungen. Rank ist der Intellektuelle. Noch immer im Nebel steckend. Alles, was er sagt, sagt Jung auch – aber ohne Einschränkungen und in einer Sprache, die jeder verstehen kann. Er kommt einem letztendlich als sehr *menschlicher* Zeitgenosse vor – der keine Angst hat, Fehler zu machen. Sein Kapitel über die «Pflichten des Analytikers» ist großartig. Es endet in pessimistischem Ton. Was Freud anbelangt – Jung wischt ihn mit einer Handbewegung vom Tisch, legt den Finger auf sein jüdisches Herkommen. Wenn Du in N. Y. kein Exemplar bekommst, schicke ich Dir meines. Vielleicht möchtest Du kein Wort mehr über Pychologie hören. (Aber ASTROLOGIE?? O la la!!)

Wie dem auch sei, ich bin eifersüchtig auf diesen Kerl Otto [Rank]. Ja, *Otto.* Ich weiß, daß er auf dich warten wird mit seiner Limousine und seinen weichen deutschen Worten. Er muß jetzt im Himmel sein. Ein schönes Erntedankfest für ihn! Hier herüben – DER TOTE TAG. Versteht? Toter Tag. [Im Original deutsch.] In Harry's Bar kostenlose Truthahnsandwiches. Der Leutnant borgte sich gerade 35 Frs., um das Abendkleid seiner Frau aus der Reinigung zu holen. Es wird Gesellschaftskleidung verlangt. [...] Doch alles ist okay. Sogar großartig. Ich gehe sparsam mit meinen Mitteln um, koche und putze jeden Tag, das Grammophon auf volle Lautstärke gestellt. «Sweet and Lovely», «Body & Soul». Wenn ich diese Musik höre, sehe ich Dich im Ritz tanzen, bei Tony's, im Waldorf und Reisenweber's. Und schließlich das russische Ballett. Ui, ui! Du hast jetzt bestimmt *carte blanche*, freie Hand und keine Schürze um. Weib, ich muß eine Menge Vertrauen zu Dir haben, um Dich unter diesen Wölfen und Hyänen frei herumlaufen zu lassen.

Jetzt, wo ich weiß, daß das Schiff gelandet ist, atme ich ein wenig leichter. Ich machte mir ständig Sorgen wegen der Sicherheit bei der

Überfahrt. Dachte an schwimmende Eisberge usw. Wie haben Dich die Einwanderungsbeamten diesmal behandelt? Ich hoffe, Du kannst die Naturalisierung im Eiltempo durchziehen. Sie ist wichtig.

Wenn Dir irgendwo ein Exemplar der Zeitschrift *Esquire* zu Gesicht kommt, schreib mir, ob Du glaubst, daß sie eine Erzählung oder einen Artikel von mir nehmen würden. Frag George Bye danach. Ich denke an zwei Sachen – kurz, lebendig, *très Parisien*, die ihnen, glaube ich, zusagen würden. Oder auch *Vanity Fair* – falls man dort meinen Namen für bekannt genug hält. (Sie nahmen einmal etwas vom alten Wambly.) Und sie bezahlen anständig. Genug für Deine Passage hierher zurück – oder die Miete – oder Kohle und Holz.

Gerade fällt mir ein, daß diese [Katherine Anne] Porter einmal anfragte, ob ich möchte, daß sie die Sachen aus *Schwarzer Frühling* unterbringt – «The Horse» und «Jabberwocky Cronstadt». Ich weiß nicht, an welche Zeitschriften sie dachte, aber behalte es im Gedächtnis. Der alte Verleger von *Harper's* (der Lowenfels gut kennt) könnte genau der Mann sein, sofern man ihn beiläufig genug kennenlernte. Ich habe das Recht, weißt Du, von diesen Sachen vor der Buchveröffentlichung zu verkaufen, was ich will.

Ich schlage dies nur vor, weil ich an die Miete denke und nicht will, daß Du Dir zu viele Sorgen deswegen machst oder Dich «krank sparst»! Ich bin kein bißchen besorgt. Ich brauche nichts zusätzlich zu den Schecks, die Du dagelassen hast. *Ehrlich*. Und ich *würde* gern die Miete *verdienen*, auf redliche oder unredliche Weise. Ich habe so eine Ahnung, daß noch mehr Bestellungen eingehen. Viel mehr. Und ich werde alles und jedes schreiben, für jeden – wenn man mir nur zusichert, es zu nehmen. *Ich bin jetzt aktiv*.

Also laß Du es langsamer angehen und amüsier Dich. Schau Dir New York an! Ich möchte, daß Du mir nach deiner Rückkehr monatelang davon erzählst. Bist Du glücklich? Relativ, meine ich! Halte Dich von den gefährlichen Burschen fern. ICH LIEBE DICH.

Henry

An Henry [New York City]
30. Nov. [1934]

Schicke Dir dies eilends mit der *Europa*. Werde im Augenblick von Arbeit für das Psychological Center verschlungen, ertrinke darin. Entdeckte den Kontaktmann am Pier beim besten Willen nicht.[1] Ich fragte nach ihm. Der Grund ist vielleicht, daß ich am Mittwoch abend ankam. Habe mich noch nicht definitiv einquartiert, weil das Hotel, in dem wir abstiegen, zu teuer ist. Ich bin verliebt in New York. Wenn man ihm die eigenen Reichtümer mitbringt, ist es, als trinke man aus einem venezianischen Glas. Es ist schön, vital und zauberhaft. Als ich in ein Restaurant ging, öffnete sich die Tür von selbst, durch Zauber. Man muß wissen, *wie* man den Zauber von New York nutzt, wie man in seinen babylonischen Ausmaßen schwimmt. Ich liebe es. Es ist geschaffen für große Eroberungszüge und Wagnisse und für Hoffnung aufs Leben. Es ist voller Hoffnung, voller Schönheit und Tanzen und Lichter und Politur, und man kann darin wunderbar mit seinem eigenen Selbst spielen, es mit seiner eigenen Stimmung färben. Ich sage Dir, es ist schönes Material. Arbeite so fieberhaft, so wahnsinnig, daß ich Dir nicht mehr schrieb, aber ich werde es heute abend tun.

A.

An Henry Barbizon Plaza Hotel
6th Ave. & 58th St.
3. Dez. 1934

Neulich schrieb ich Dir hastig ein Billett, und seither war ich nicht in der Lage, eine Zeile für mich selbst zu schreiben. Ließ die Dinge ihren Lauf nehmen, und weil Geldverdienen für die Miete der erste Punkt auf der Liste war, akzeptierte ich die ungeheure Menge Arbeit, die vom [Psychological] Center verlangt wird. Nächstes Wochenende kümmere ich mich um das Tanzen.[2] Unterdessen bin ich den ganzen Tag beschäftigt wie eine

1 Ein Freund hatte die Mitnahme einiger Exemplare von *Wendekreis des Krebses* arrangiert, die wegen der Zensur nicht per Post in die Vereinigten Staaten geschickt werden konnten.

2 Anaïs Nin hatte offensichtlich Georges Balanchine und andere Choreographen um ein Gespräch gebeten.

große Geschäftsfrau, und jeden Abend sagt dann irgend jemand: «Wir wollen Ihnen New York zeigen.» Die Amerikaner sind wie die Spanier. Und so habe ich Shows gesehen, den Broadway, Mittagessen oben auf dem Empire State Building, eine Tanzhalle in Harlem, Filme in Radio City. Ich bin verliebt in N. Y. Es entspricht meiner Stimmung. Aber ich bin nicht überwältigt. Es ist die geeignete Bühne für mein immer, immer hochfliegendes Leben. Ich liebe die Ausmaße, die Weite, den Glanz, die Politur, die Solidität. Ich schaue frech hinauf zur Radio City und liebe sie. Alles ist großartig und babylonisch. Der Broadway bei Nacht. Zellophan. Die Neuartigkeit. Die Vitalität. Zugegeben, es ist lediglich physisch. Aber es ist inspirierend. Bring nur deine eigenen Inhalte ein, und du erzeugst ein Funkeln von höchster Kraft. Ich bin nicht sentimental bewegt, nicht sprachlos. Ich stehe aufrecht, fest und halte seiner Wucht stand. Ich spüre die Glut und das Tanzen in allem. Die Radiomusik in den Taxis, wissenschaftliche Magie, was alles lyrisch genutzt werden kann. Es ist mein letztes Wort. Schenke New York einem Dichter. Er kann es nutzen. Es läßt sich dichterisch darstellen. Vielleicht ist das eine Manie von mir; dichterisch darstellen. Ich lebe leicht, angenehm, aktiv, Ohren und Augen weit offen, wachsam, geölt! Ich verspüre eine Art Begeisterung, und das Tempo ist wie das meines Bluts. Ich bin gleichzeitig jenseits, über und in New York, koste es voll und ganz aus.

Ich weiß nicht, ob ich Dir genug sage. Ich schreibe zwischen Telefonanrufen, Besuchern, Briefen usw. Ich höre mich gar nicht schreiben. Das einzige fehlende Element ist Zeit. Sie ist rar! Wir fliegen. Man reist fürs Wochenende nach Washington. Man fliegt in vier Stunden nach Chicago. Rank muß überallhin zu Vorträgen und überläßt mir hier die Verantwortung. Ein Schiffs-«Agent» gab mir Friedas Buch über Lawrence [*Nur der Wind*]. Ich kann es nicht lesen. Hebe es für Dich auf. Doch hier ist der Scheck für die Miete. Bist Du glücklich?

Das Telefon steht neben mir. Wenn ich an einem Tag mal nichts zu tun habe, rufe ich Emil [Schnellock] an oder wandere durch Brooklyn.

Schreib mir ins Barbizon. Man schickt die Post nie nach oben. Ich hole sie ab. Es ist vollkommen sicher.

A.

An Anaïs Telegramm
8 DEZ 1934

NLT KAY BRYANT PER ADRESSE POWERS 220 EAST 42 ST NY
ANAIS SEI VORSICHTIG HUGO ERHIELT ERSTEN BRIEF [vom 26. November] MIT SCHECK UMSCHLÄGE VERTAUSCHT BEACHTE BREMENBRIEF NICHT OKAY JETZT

HENRY

An Anaïs [Villa Scurat]
(Freitag abend) 7. Dez. [1934]

Ein schreckliches Versehen ist passiert. Du hast mir den Brief an Hugo geschickt, am Tag Deiner Ankunft, und Du hast meinen an ihn geschickt. Hugo versucht ungestüm, mit mir Verbindung aufzunehmen. Schickte Amelia her, die beiliegendes Billett unter der Tür durchschob. Sie war am Vormittag hier und am Abend wieder. Am Vormittag dachte ich, es sei Hugo selbst, und er komme, um es mir zu «geben» – darum machte ich die Tür nicht auf. Weil ich *seinen* Brief schon am Abend vorher bekommen hatte (also Deinen Brief an ihn), ahnte ich, daß Du die Briefe in die falschen Umschläge gesteckt hattest, und war auf der Hut. Heute abend schickte ich ihm seinen Brief in die Avenue de Versailles, ohne meine eigene Adresse anzugeben. Ich kann in diesem Brief hier noch nicht sagen, ob ich den an mich gerichteten bekommen werde. Ich hoffe es. Vermutlich weiß er jetzt alles. Aber ich geh ihm aus dem Weg, weil ich weder etwas zugeben noch etwas leugnen will. Er muß wütend und gleichzeitig in schrecklicher Verfassung sein. Ich bin selbst ganz erledigt vor Sorge. Habe Fred zu mir hierhergeholt, denn bis Hugo abreist, werde ich wie auf Kohlen sitzen. Ich weiß, wenn er mich umbrächte, hätte er nicht unrecht.

Zum Glück bist Du außer Reichweite – für den Augenblick. Ohne Zweifel hat er Dir bereits telegrafiert. Ich werde vermutlich selbst am Wochenende telegrafieren – wenn ich etwas Definitives weiß. Besonders wenn ich Deinen Brief habe. Tu nichts Überstürztes. Bleib dort, und wenn es bedrohlich aussieht, gib Deine Adresse nicht preis. Laß ihn mit Rank verhandeln.

Ich verstehe sehr gut, wie das Ganze passierte, und im Grunde bin ich richtig froh darüber. Jetzt wird etwas Drastisches geschehen müssen. Eine Scheidung höchstwahrscheinlich. Jesus, das hoffe ich! Es konnte nicht ewig so weitergehen.

Momentan befinde ich mich in einem Dilemma. Ich nehme an, daß er alle Schecks sperren wird, die über die Bank laufen. Ich werde versuchen, morgen einen durch eine dritte Person einzulösen. Werde sofort wieder schreiben, wenn ich Deinen Brief bekommen habe, den er mir vermutlich per Post schicken wird. Ich schickte seinen Brief natürlich direkt an ihn, nicht an Amelia. Amelia war großartig. Rettete mir wieder das Leben, schätze ich. [...]

Dies ist zweifellos der *Skandal*, den Dein Magier vorhergesagt hat. Falls er noch andere Dinge vorhersagte, die Du mir vorenthalten hast, laß es mich wissen. Zu schlimm, daß Du mir nicht gesagt hast, Du würdest allein reisen.[1] Ich bilde mir ein, den Grund zu kennen, trotzdem fühle ich mich elend. Doch was spielt das alles jetzt für eine Rolle? Bleib kühl und tu, was Du für das Beste hältst. Aber unterrichte mich jetzt ehrlich darüber, was Hugo macht – wann sein Schiff fährt usw. Es ist wichtig. Du kannst Dir meine gegenwärtige Gemütsverfassung vorstellen.

Eines darfst Du nicht vergessen. Du bist eine freie Frau – Du kannst tun, was Dir paßt. Ich würde nicht versuchen, mich herauszuwinden. Für mich sieht es so aus, als würde sich das Schlimmste zum Besten wenden. Tief im Inneren wolltest Du das. Nun, jetzt ist es geschehen!

Vielleicht muß ich die Stadt verlassen, bis Hugo abreist. Es hängt von seinem Verhalten ab. Einstweilen bleibe ich hier, hinter verschlossenen Türen.

Was für eine seltsame Situation! Dieses Vertauschen von Briefen ... Zum Glück schriebst Du ihm einen schönen Brief. Ich frage mich, wie meiner ist. Ich bekam einen älteren, ein kurzes Billett vom 30. Nov. – gehetzt von der Arbeit usw. Muß der erste gewesen sein. Vielleicht sollte jetzt ich zu dem Gedankenleser gehen. Was für eine Frau Du bist! Würden wir uns doch 24 Stunden am Tag kennen! Dennoch glaube ich an Dich. So ist es einfach! *Wir alle tun das.* Nein, im Ernst – ich hoffe, daß damit jede Heimlichtuerei ein Ende hat, daß wir die Chance ergreifen und uns zusammentun, absolut miteinander und ausschließlich füreinander.

Glaubst Du absolut an mich? Weißt Du, daß ich nur Dich will? Verlaß

1 Henry Miller hatte ursprünglich angenommen, Hugh Guiler würde seine Frau auf der Schiffsreise nach New York begleiten.

Dich darauf. Ich kann jetzt nicht viel mehr schreiben – ich bin erschöpft vor Nervosität. Hoffentlich verstehst Du es. Das ist ein Schlag. Ein wirklicher!

Schick mir Briefe und Telegramme bis zu weiterer Nachricht hierher, denn sollte ich tatsächlich für ein paar Tage wegfahren, wird sich Fred um meine Post kümmern. Sei ganz ruhig. Du bist 3000 Meilen entfernt. Doch treffe Hugo beim ersten Mal nicht allein – sofern Du Dich mit ihm treffen mußt. *Sei vorsichtig!!! In Liebe*,

Henry

An Henry — Barbizon Plaza Hotel [New York]
7. Dezember 1934

Bekam gestern Deinen zweiten Brief von Kay [Bryant]. Freue mich über die rege Aktivität. Um Deine Fragen zu beantworten: Lyons holte mich nicht am Schiff ab, aus dem einfachen Grund, weil es den Geschwindigkeitsrekord brach; es ist doch eigens für mich schnell gefahren, weißt Du, und kam schon am Mittwoch abend an. Dadurch bekam ich einen Anblick von New York geboten, der mich sofort trunken machte – vielleicht auf Dauer. Die Gebäude glitzerten und schienen keine Fundamente zu haben, stiegen aus dem Mitternachts-Mauve von Tausendundeiner Nacht. Nein. Ich möchte nicht darüber schreiben. Dabei dreht sich mir der Kopf. Kein Lyons. Aber was für eine Ankunft, die Kapelle spielte, und ein Herr aus den Südstaaten umturtelte mich mit den Worten: «Hör zu, Schatz, hör zu, Schatz! Schatz, ich liebe Dich, Schatz, hör zu. Ist es nicht wunderbar, nach New York hereinzukommen, während man geliebt wird, Schatz?» Ich gab vor, nicht zu hören, denn die Kapelle spielte, aber ich glaube, das war es, warum ich mich in New York verliebte, nicht in den Südstaatler; die Musik, und das Schiff glitt auf die Stadt zu, und die amerikanische Stimme sagte: «Hör zu, Schatz», und die Gebäude glitzerten. Wenn er jetzt anruft, bin ich nicht in der Stadt, denn er war nur ein Symbol!

Ich möchte Dich mit der Zellophan-Symphonie bekannt machen. Das Zellophan habe ich bereits erwähnt. Die Summe amerikanischen Transzendentalismus und dieser Glanz über den Dingen, der meine ewige Spiellaune anspricht. Ich spiele, Henry, wie ich nie gespielt habe. Die Bühne ist richtig. Alles ist Zellophan. Kein wirkliches Gewebe, doch der

Glanz, die Zerbrechlichkeit, der Glamour! Ich stelle New York poetisch dar bis zum Wahnsinn.

Ich glaube, es war sehr gut für mich, daß ich Dich verließ. Das weckte meine eigene Aktivität.

Sag mir möglichst bald über die geschmuggelten Bücher Bescheid. Ohne Exemplare Deines Buchs kann ich nichts tun. [...]

Wie kommst Du finanziell aus? Möglicherweise geht es für den Augenblick knapp zu, denn ich habe mir für die Miete einen Vorschuß auf mein Gehalt geben lassen und werde hier schärfer kontrolliert.

Glänzende Idee, mir Exemplare meines Buchs [über Lawrence] zu schicken. Sehr feinfühlig ausgedacht. Ich fragte unlängst bei Scribner's und Brentano's [Buchhandlung] danach und bekam gesagt, sie hätten keines. Ich brauche aber zumindest eines.

Die Vlaminck-Skizze gefiel mir. Immer wenn ein Felsen herabstürzt, ist es gut, vorwärtszugehen, darauf zu. Das ist Abenteuer. Die Bewegung, bei der alle Gefühle sich in dem Moment zusammendrängen, in dem einem Katastrophe und Wonne gleichzeitig begegnen. Bewegung. Bewegung und Humor sind jetzt meine fixe Idee. Es ist nur so, daß mir das, was Vlaminck sagt, lieber ist als sein Gemälde. Sein Gemälde ist monoton. Vielleicht langweilt er sich und ist froh über einen Krieg.

Zum Lesen habe ich keine Zeit. Schwanke nachts in meinen Träumen hin und her zwischen Tanzen und Analysieren, zwischen dem Schreiben von Briefen an Dich und Besuchen bei Emil [Schnellock] usw. Werde letztendlich alles tun. Rank sagt, ich arbeite *zauberhaft*. Zauber ist auch ein Wort, das hier gut paßt, nicht im Gespräch, sondern wenn man in der Dämmerung Radio City betrachtet.

[Anaïs]

An Anaïs

[Villa Seurat]
Samstag abend [8. Dezember 1934]
Nächster Tag!

Das Glück ist Dir gewogen – uns! Eduardo brachte mir heute nachmittag Deinen Brief (jenen, der für mich bestimmt war, mit dem Scheck über 200 Frs. für Brassai und mich). *Wunderbar*, daß er nicht ein einziges unangebrachtes Wort enthielt!!! Sogar Eduardo äußerte sich dazu. Ich mußte ihn in seiner Gegenwart durchlesen, um mich zu überzeugen, daß es stimmte. Zu schön, um wahr zu sein! Und ich hatte mir eingebildet, daß in dem Brief *alles* stünde – daß Du aus der Schule geplaudert hättest. Eine große Erleichterung – zum ersten Mal seit drei Tagen atme ich auf.

Nun aber – nach dem Schock! Bin ich wirklich erfreut? Wäre es nicht besser gewesen, ein paar unbesonnene Worte zu schreiben? Diesmal ist es der Ehemann, der sich gratulieren kann. Eine makellose Liebesbestätigung.

Und jetzt ist mein ganzes prächtiges Psychologisieren im Eimer. Den *wirklichen* Grund für den Irrtum zu enträtseln, diesen eigenartigen Irrtum, durch den Du Dich vollkommen reingewaschen hast – das dauert einige Zeit bei einem begriffsstutzigen Einfaltspinsel wie mir. Es ist, als hättest Du dem Ehemann einen höchst überzeugenden Beweis Deiner Loyalität und Treue liefern wollen. Hätte nicht besser sein können, wäre es kaltblutig geplant worden. Sogar bis zu dem Programm an Bord des Schiffs – kein einziger Schnitzer. Perfekt. Ich gratuliere Dir.

Weißt Du, ich hatte gedacht: Was muß er jetzt von seiner Frau denken, wo er sieht, daß sie in der gleichen Post, gleichzeitig geschrieben, zwei Männern von Liebe und Hingabe flüstert? Ja, das dachte ich. Und ich wußte nicht, was ich antworten würde, sollte er mich mit Deinem Brief (an mich) konfrontieren. Und ich dachte, wo kann ich mich verstecken, um dieser Frage zu entgehen. Und was soll ich mit mir anfangen, wenn ich dort [in dem Versteck] ankomme? Ich war überzeugt zu wissen, was Du geschrieben hattest. Und als ich dann Deinen Brief las, kippte ich fast um. Es war unglaublich. Und jetzt bin ich sehr verwundert.

Die einzige Zeile, die für mich etwas bedeutete, war jene, in der Du schriebst, daß Du geweint hast. Ja, ich war wirklich froh.

Pause. Schicke Dir eben Telegramm c/o Kay Bryant. Mußte hinnehmen, daß sie es liest, denn ich sah keinen anderen Ausweg – zu langes Warten auf Antwort usw. Meine größte Angst ist, daß Du es ein zweites Mal tun könntest. Mir wird nicht wohl sein, bis ich weiß, daß Hugo abgereist ist. *Reist er überhaupt je?* Oder ist das ein Märchen? Eduardo konnte ich nicht fragen. Er ist zu kaltblütig. Und ich fühlte mich zu sehr gedemütigt.

Das Rätsel vergrößert sich. Ich weiß nicht, warum ich mich verletzt fühle, aber ich tue es; ich weiß auch nicht, warum ich mißtrauisch bin, aber ich bin es; weiß nicht, warum eifersüchtig, aber ich bin es. Und warum ich Rank verabscheue, aber ich tue es. (Obwohl Du mir aus der Vorhersage des Magiers ein bißchen etwas sagtest, das beruhigend war.) Eine einzige kleine Lüge, und sei sie in bester Absicht geäußert, verursacht manchmal schreckliche Verheerungen. Ich spüre den Boden schwanken. Und ich hasse es, um Beruhigung zu bitten. Ich hasse den Gedanken, daß es Dinge gibt, die Du unbedingt vor mir verbergen willst. Und doch, der gesunde Menschenverstand sagt mir, daß es sie gibt, geben muß. Wenn zwischen *uns* keine Ehrlichkeit herrschen kann, was dann? Wo dann, wie, o verrückte Welt! Welcher Ballast! Welche Felswand! Es ist schrecklich. Ich kann mir sagen, daß Du eine Frau bist und daß alle Frauen Lügnerinnen sind, unverbesserliche Lügnerinnen, selbst die besten unter ihnen. Das Seltsame an Deinem Verhalten ist jedoch der Grundton von Aufrichtigkeit – tiefer Aufrichtigkeit. Es ist, als kleide sich eine Königin in Lumpen, weil sie sich ihrer Reize sicher ist und weil es amüsant ist, sie zu erproben. Doch dahinter steckt viel mehr als das.

Ich mache mir Vorwürfe, denn es ist ein Unterlassungsfehler des Mannes, daß er nie zartfühlend oder aufmerksam genug ist – daß er der Frau, die er liebt, nicht die kleinen Bonbons gibt, mit denen sie jeder Gigolo nur allzu bereitwillig überschüttet. Daß man vergißt, was eine Frau ist, aus welchem Holz sie geschnitzt ist, welche grundlegenden weiblichen Bedürfnisse sie hat. Das alles fügt sich zu einer Liste zusammen, die mit den Herren Allendy und Rank beginnt, bis hinunter zu Turner[1] und den hundert oder so, die es gewiß gibt, auch wenn ich von ihnen nichts weiß.

Deshalb bin ich traurig. Ich werfe meine Eitelkeit beiseite. Ich stelle mir Fragen. Wenn der Tag, an dem Du diesen Brief liest, zufällig einer ist, an dem Du deprimiert bist, werde ich, wie ich weiß, eine bestimmte Art Antwort bekommen. An einem anderen Tag eine andere Art.

Mißversteh mich nicht. Ich las Hugos Brief sehr aufmerksam. Ich kann ihn nie mehr vergessen. Wenn alles, was Du mir erzählt hast, wirklich zutrifft, kann ich diesen Brief verstehen. Falls es in Deiner Darstellung Auslassungen gab (aus welchem Grund auch immer) und ich in meiner Entmutigung versuche, diese fehlenden Zwischenglieder einzusetzen, verstehe ich ihn sogar noch besser – fühle mich aber viel elender.

Vielleicht macht ein Brief wie der hier Dich glücklich. Sei also glücklich! Ich weiß nur, daß ich unglücklich bin. Verzeih mir, daß ich das sage, aber es sieht fast so aus, als *wolltest* Du auch nicht ein kleines Wörtchen von Liebe einfügen, bevor Du sicher bist, daß ich Dich vermisse – bevor ich es *gestehe*. Nun, wenn Du darauf wartest – hier ist's. Müssen wir denn alle zu Hündchen erniedrigt werden, bevor Du zufrieden bist? Das ist demoralisierend, und Du weißt es.

1 Ein amerikanischer Bekannter der Guilers in Paris, der offenbar in Anaïs Nin vernarrt war.

In dem Brief, den ich zerriß (zum Glück), als ich den falschen Brief bekam, schrieb ich, daß zwischen absolutem Glauben und absoluter Desillusion nur eine Haarlinie verläuft. Aber diese Haarlinie ist stark genug, um Himmel und Hölle auseinanderzuhalten.

Ich mache mir auch in diesem Punkt wieder Vorwürfe, weil ich Dich belästige – mit meinen eifersüchtigen Befürchtungen. Ich kann sagen, genau wie Hugo: «Ich glaube absolut an Dich.» Aber ich bin nicht mehr in der Lage, die Augen vor Tatsachen zu verschließen. Damit beweise ich vielleicht nur, daß ich doch nicht so sehr Dichter bin – nicht «der große Dichter». Willst Du einen «blinden» Dichter? Ich bin mir jetzt nicht einmal mehr sicher, daß Dir, wenn Du diesen Brief liest, nicht der gütige Otto [Rank] über die Schulter schaut und mitliest. Ich bin mir nicht *einer* Sache mehr sicher.

Du schreibst: «Das Hotel, in dem *wir* abstiegen, war zu teuer» – das könnte eine dieser wahren Lügen sein, über die wir so oft diskutierten.

Ich verabscheue mich dafür, auch nur solche Gedanken zu haben. Ich fühle mich erniedrigt. Irgendwie hatte ich mir vorgestellt, Du würdest die erste Gelegenheit benutzen, um einen dieser Gänge zu machen, die ich Dir empfahl. Es hätte mir sehr viel bedeutet. Und vielleicht hast Du es getan? Vielleicht hast Du es getan. Nur, wie soll ich das wissen?

Anaïs, es gibt so wenig, wenn überhaupt etwas, das ich Dir je vorzuwerfen hatte, daß diese Kleinigkeit unverzeihlich übertrieben wirken muß. Nimm es als Maß meiner Gefühle. Lege es so günstig aus, wie Du kannst. Ich habe das Gefühl, daß ich nichts verdiene – nichts. Ich bin völlig durcheinander. [...]

Ich habe Dir noch nicht für die Zusendung der 100 Frs. gedankt. Doch ich tue es jetzt. Mir gefiel sehr, was Du über die Idee gesagt hast, die ganze Bande zu einem Abschiedsfest einzuladen. Und ich glaube ganz und gar nicht, daß Du das Geld *gewonnen* hast. Ich glaube, ja, daß Du vielleicht 50 Frs. gewonnen hast, aber aus Begeisterung hast Du 500 Frs. ausgegeben. Bloß, hast Du Dir die Zeit genommen zu überlegen – daß dieses gewonnene Geld bereits auf der Chase Bank hätte deponiert werden können? Ich hätte das auch für gut gehalten. Höhere Buchführung. Die der Astrologie.

Fred war auf *Befehl* von [Louis] Andard[1] bei dem Magier – und bekam eine großartige Vorhersage. *Glänzende Zukunft!* Er möchte, daß ich auch hingehe. Er ist jetzt völlig überzeugt, weil – nun, unwichtig, warum. Soll ich hingehen? Nein! Mehr denn je halte ich das für absurd. Sowohl

1 Französischer Politiker, für den Perlès eine Zeitlang arbeitete.

das Vorhersagen der Zukunft als auch deren Aufbau nach einem vorgefaßten Plan, so grandios der auch immer sein mag. Die Zukunft, oder deren Same, liegt im Heute und Gestern. «Der Mensch ist, was er täglich tut», sagte Emerson. Der Mensch ist nicht das, was er täglich hofft oder fürchtet. Die Zukunft sollte eine Frucht sein, nicht aber ein Wunder. Man kann nicht die Augen verschließen und die Hand in eine Wundertüte stecken. Wenn man es tut, zieht man vielleicht einen Trostpreis heraus – oder einen Diamanten. Doch im einen wie im anderen Fall *behält* man nur, was wirklich zu einem gehört, was zu einem paßt. Mir ist nicht bang im Hinblick auf meine Zukunft, und ich will nicht, daß irgendein Araber, auch wenn er ein französischer Araber ist, in meiner Zukunft herumstochert. Sie gehört mir allein. Meine Raterei, *sofern ich mich entscheide zu raten*, ist genauso gut wie seine. Was man als «paranormal» bezeichnet, mag unerklärlich sein, es ist deshalb aber nicht wahrer.

Doch der Teufel soll das alles holen! Als ich in einem früheren Brief den Magier erwähnte, tat ich es weniger, um seine divinatorischen Kräfte zu betonen, sondern um jene Dinge, die Du mir zu sagen versäumt hast und die Dich leider, wie ich jetzt sehe, sehr stark aktiviert haben müssen, plastisch hervortreten zu lassen. Und wenn wir Deine sehr kluge Interpretation dieses Phänomens – «Gedankenlesen» – akzeptieren, wieviel wichtiger wird dann diese Lücke noch, die für mich zu füllen Du so wohlüberlegt vergessen hast.

Man geht zum Magier, wie man zum Analytiker geht oder zu irgendeinem Quacksalber – um sich der eigenen geheimen Willensentscheidung zu versichern. Nicht um geheilt zu werden, sondern um Selbstbestätigung zu erhalten. Ja, ich arbeite – oder tat es bis zu dem Schock. Werde vermutlich weitermachen – rasend. Muß es. Auch wenn ich keine Hoffnung habe.

Und nach alledem kann ich nicht hier aufhören, mit diesem Brief. Kann nicht bitter sein, voller Groll – Dir gegenüber. Verdammt noch mal, *ich liebe Dich* – das ist's, was los ist. Du hast Blut abgezapft. Geh und zeige es Otto! Tanze in den prächtigen Ballsälen herum, in dieser funkelnden Atmosphäre, die Du zu beschreiben liebst. Rufe es jedermann zu. Totale Eroberung. *Ich liebe Dich*. Punkt.

Das bedeutet, daß alles Vorangegangene einer neuen Interpretation bedarf. Daß Du mich nicht einmal beruhigen mußt, nicht belügen, nicht besänftigen usw. usw. *Salute!*

Henry

PS: In der großen Aufregung der letzten Tage war bemerkenswert, daß ich die Telefonnummer von 18 *bis* nicht hatte oder nicht finden konnte. JASMIN 01-34.[1]

PPS: Wenn es irgendeinen Mann auf der Welt gibt, den ich kaltblütig ermorden könnte, ist es Eduardo Sanchez. Hu!

AN ANAÏS [Villa Seurat]
Mittag, 11. Dez. 1934

Meine Briefe erreichen Dich vermutlich alle verspätet. Nach dem mit der *Bremen* geschickten Brief vom 7. Dez., in dem ich Dir die erste Mitteilung von der Verwechslung machte, sandte ich einen weiteren, einen langen, mit Feder und Tinte in einem Café geschrieben. Am Abend des 8. Dez. warf ich ihn geistesabwesend in einen Briefkasten, statt ihn am Bahnhof aufzugeben. Dieser Brief müßte Dich am Zwanzigsten erreichen, vielleicht auch schon am 18. Schicke ihn mit dem DS *Olympic*. Vielleicht schicke ich Dir ein weiteres Telegramm. Wenn ja, wird es so lauten: «Beachte *Bremen*-Brief nur, was Gefahr angeht. Anderweitig nicht.»

Wünschte, ich hätte Deine Hoteladresse. Mag es gar nicht, über eine andere Person zu telegrafieren. Wünschte, Du hättest genug Vertrauen zu mir, um zu schreiben, was du machst. Ich sitze bis zum 15. fest, weil ich nicht weiß, welche Ergebnisse Du erzielt hast, und das Schlimmste fürchte. Wenn ich unbeschadet über dieses Datum hinwegkomme, werde ich wahrscheinlich telegrafieren. Mangel an Fressalien kümmert mich nicht, aber ich verschwende nicht gern Mietegeld für Telegramme.

Ich muß Dir jetzt noch Neuigkeiten anderer Art berichten, denk also bitte daran, daß der wichtige Brief jener vom 8. war, der mit dem langsamen Schiff kommt. In Abständen werden mehrere wie dieser eintreffen, keine Sorge.

Laß mich nur eines sagen: Ich hoffe, es macht Dich glücklich, meine Gemütsverfassung zu kennen. Wenn ihr ein bißchen Kummer anhaftet,

1 Die Wohnung in der Avenue de Versailles, in der sich Hugh Guiler zu diesem Zeitpunkt aufhielt, war bis 1938 das Heim von Anaïs Nins Mutter und ihrem Bruder. Joaquin weilte damals in Havanna, gab eine Reihe Konzerte, und ihre Mutter war in Palma de Mallorca. Die Guilers waren im Oktober in die Avenue de Versailles 41 gezogen und hatten Louveciennes für den Winter untervermietet.

verzeih das! Ich will Dir nicht weh tun. Ich will, daß Du weißt, wieviel Du mir bedeutest, das ist alles. Es gibt da einen verrückten Brief, den ich gestern abend anfing und wieder abbrach. Vielleicht schicke ich ihn ab. Vielleicht nicht. Jedenfalls erst später. [...]

Verbrachte zwei Tage damit, bei jedem Klopfen an der Tür die Leiter zur Terrasse rauf und runter zu springen. Habe als Folge davon eine schöne Erkältung. [...]

Gestern suchte ich Kahane auf und hatte ein gutes Gespräch mit ihm, kam viel besser zurecht denn je. Unterschrieb die Option, weil Bradley mir gesagt hatte, die Bedingungen könnten nicht besser sein. Er will immer noch als Agent fungieren, deshalb soll ich ihm *Schwarzer Frühling* geben, wenn ich fertig bin, damit er ihn an Kahane weitergeben kann. Die vertrauliche Information lautet: Zur Zeit ist auf dem Buchmarkt alles flau – schrecklich flau. Das wird bis zum Frühling so bleiben, Kahane bat mich, Vertrauen zu ihm zu haben, zu seinem Urteil als Geschäftsmann, und das tat er wie jemand, der genauso daran interessiert ist, das Buch zu einem Erfolg zu machen wie ich selbst. *Alors*, warten Sie ein bißchen, seien Sie gelassen, sagte er. Im Frühling werden wir es richtig zum Laufen bringen. Und es hat keinen Sinn, ein weiteres Buch zu veröffentlichen, bevor dieses hier gut untergebracht ist. Das wäre fatal, es würde den Verkauf von *Wendekreis des Krebses* verderben. Er holte wieder die Abrechnung, um mir zu zeigen, wie die Dinge stehen. In den letzten zehn Tagen sind nur 9 Bücher verkauft worden, davon 6 von mir. Es tröpfelt weiter. Eve Adams[1] verkauft immer noch ab und zu ein paar. Muß mich vom [Café] Dôme und anderen Lokalen fernhalten, weil ich ständig mit irgendwelchen Eseln bekannt gemacht werde, die das Buch lesen und die ich nicht kennenlernen will. [...]

Eine etwas erfreulichere Neuigkeit ist der beiliegende Brief von Blaise Cendrars. Ihn möchte ich kennenlernen, denn, wie ich höre, ist er ein netter Kerl. Ich lege zwei weitere überarbeitete und neu getippte Kapitel aus *Schwarzer Frühling* bei. Sie sind vielleicht weniger akzeptabel als die ersten beiden. (Beachte die Änderungen im Epilog!) [Frank] Dobo hat die ersten beiden bereits zurückgeschickt, mit der Bemerkung, es habe keinen Sinn, keine Zeitschrift in England würde sie drucken. Setze ein bißchen mehr Hoffnung auf Amerika. Es kommt ganz darauf an, wie sie präsentiert werden, wem und von wem. (Ich warte auf Nachricht von Ezra Pound und von Kay Boyle, denen ich Durchschläge schickte. Viel-

1 Eine amerikanische «Exilantin», die in Pariser Cafés Zeitschriften und Bücher verkaufte.

leicht machen sie wertvolle Vorschläge.) Zerreiß Dich also nicht mit dem Verteilen. Doch wenn Du sie verteilst – ich vergaß Dir zu sagen, daß Du unbedingt einen adressierten, frankierten Umschlag für die Rücksendung beilegen mußt. Gib eine Adresse an, von der Du sicher bist, daß sie in einem oder zwei Monaten von jetzt an noch gilt. Oder zwei Adressen für verschiedene Zeiträume. Kann keine Briefmarken beifügen, weil ich keine amerikanischen habe.

Jedenfalls werde ich mit diesen Kurzgeschichten weitermachen – anderes Material aufpolieren, irgend etwas, was ich für geeignet halte. Ich möchte jetzt, während Du dort bist und etwas tun kannst, einen verzweifelten letzten Versuch unternehmen, mich durchzusetzen. Ich hoffe, Du hältst es nicht für Zeitverschwendung. Wenigstens *ein* schöner dicker Scheck könnte dabei herauskommen – ich bin tief besorgt wegen der Finanzen. Nach meinem Gefühl habe ich überhaupt kein Recht, hier zu wohnen. Das hier ist zu luxuriös. Sofern nicht ein Wunder geschieht, wird *W. des K.* noch einige Zeit keine Einkünfte einbringen. Und ich schicke Dir, wie Lyons empfahl, keine Exemplare mit der Post, denn ich bekam erst neulich wieder einen Brief von Harolde Ross, worin er schreibt, daß der Zensor auch sein Exemplar zurückgehalten hatte. Man ist dort über mich unterrichtet, fürchte ich, also ist es sinnlos, Geld für Briefmarken zu verschwenden. Ich muß warten und schauen, ob Osborns Freund, der Matrose, einige mit hinübernehmen wird. (Bekam ein freundliches Schreiben von Dos Passos aus Key West, in dem steht, daß er sich über ein Exemplar sehr freuen würde – aber ich schicke ihm keines, aus dem genannten Grund.) Erhielt auch einen Brief von Bennos Schwester, sie schreibt mir, an wen in Rußland ich Besprechungsexemplare schicken soll, und äußert die Überzeugung, daß das Buch dort gedruckt würde. Sie hatte jedoch ihr Exemplar noch nicht bekommen und fügt hinzu: «Ich bezweifle, daß ich es je kriegen werde.» Ich schreibe jedoch an George Reavey vom Europäischen Literaturbüro, der für Rußland zuständig ist, um herauszufinden, was er denkt.

Anaïs, ich habe einen riesigen Haufen Briefe geschrieben – mehr, als ich dir zu sagen wage, und ich habe mir die Beine abgelaufen, Leute aufgesucht, sie immer wieder gelöchert und so fort. Ich hatte das Gefühl, es tun zu müssen. Ich kann nicht ruhig zuschauen, wie die Sache schon bei der Geburt stirbt. Eines Tages wird das Buch in die richtigen Hände fallen. Irgend jemand wird aufstehen und etwas damit tun. Das ist meine feste Überzeugung. Deshalb muß ich nun eben den richtigen Zeitpunkt abwarten.

Recht gut komme ich mit dem Teil voran, den ich für *Schwarzer*

Frühling fertigmachen will. Habe jetzt schon über vierzig Seiten geschafft. Aber immer nur etappenweise, wegen dieser verfluchten Unterbrechungen und Rückschläge. Ich sehne mich nach tiefer Ruhe, nach etwas so Tiefem wie dem Tod. Ich *kann* trotz des Tumults schreiben, wie sich zeigt, aber ich mag die erzwungene Anstrengung nicht. Es klingt nicht so, wie ich will, daß es klingt. Ich werde verstimmt. Jetzt, nach meinem Gespräch mit Kahane, habe ich das Gefühl, daß ich ruhig und mit Muße arbeiten kann, um alles so auszuführen, wie ich es geplant habe, voller Fülle und Kraft. Ich möchte es weit gespannt haben, opulent. Fraenkel schreibt: «Mach weiter mit dem Buch, ich meine mit dem, das Du mir geschickt hast.» Eine aalglatte Bemerkung, aber er hat schließlich recht.

Ich warte ungeduldig darauf, einen wirklichen Brief von Dir zu bekommen. Erwarte keineswegs, daß Du schon etwas Verblüffendes vollbracht hast – dafür ist es viel zu früh. Doch einen Brief von *Dir*, in dem Du von Dir selbst erzählst, darüber, wie Du Dich fühlst. Über *unsere* Pläne.

Es scheint mir nötiger denn je, daß ich einen Weg finde, um Geld zu verdienen. «Geld *als* Schicksal», sagt Pound. Das gefällt mir nicht. Doch welche Aussichten haben wir, wenn ich nicht ein Mittel finde, vertrauenswürdig zu werden? Ich fühle mich miserabel, weil Rank sich geweigert hat, uns auf die einzig mögliche Art zu helfen. Wenn Du Deine Staatsbürgerschaft bekommen und in Amerika bleiben, Dich scheiden lassen, Dich von Hugo und der ganzen verdammten Familie befreien würdest, könnten wir dann dort drüben etwas anfangen? Ich würde überall hingehen, wohin Du willst. Daß Amerika sich irgendwie gebessert hat, glaube ich kaum. Die funkelnde babylonische Beschreibung, die Du gibst, lasse ich außer acht – erste Eindrücke. Schüttle sie ab. Was bleibt? Und doch, hätte ich Dich für mich und wäre ich überzeugt, daß Du dort drüben zufrieden bist, daß es etwas gibt, was wir zusammen machen könnten, ich würde sagen, laß es uns versuchen. Meine literarischen Bemühungen werden mir nichts eintragen, fürchte ich. Ich glaube, selbst wenn meine Sachen gefielen, würde man dagegen opponieren, weil ich ein «Exilant» war und noch bin. Ich bekam weitere Zeitungsausschnitte von drüben, aus denen deutlich die Gefühle der Leute sprechen. Ich gehöre nicht dorthin, das weiß ich. Doch ich würde alles tun, was Du befürwortest, sofern es irgendeine solide Basis hat. Nicht unbedingt Geld oder Sicherheit. Doch etwas Solides für uns. Ich würde nicht gern von einer Sache zur nächsten wechseln – einen Tag Analytiker sein, am nächsten Tänzer, am nächsten beim Film und so fort. Ich weiß, daß blanke Verzweiflung dies alles auslöst. Und ich weiß, der Grund ist, daß ich so ineffektiv bin. Es ist also kein Vorwurf. *Ich bin verantwortlich dafür*. Doch was soll ich tun? Was, was, was? Es macht mich verrückt.

Früher einmal wäre es mir möglich gewesen, für und mit Rank zu arbeiten. Jetzt kommt das leider nicht mehr in Frage. Ich hasse ihn wirklich. Und er empfindet zweifellos genauso. Er wird Dir die ganze Welt anbieten, und das aufrichtig, aber *uns* nicht helfen. Ich hege *Rank*üne gegen ihn. Doch das ist menschlich, vermute ich.

Fred schläft bei uns. Er muß um Mitternacht ins Bett, damit er um 7 Uhr aufstehen kann. Also muß ich mich auch hinlegen. Dies alles ist eine Folge der vertauschten Umschläge. Wie üblich, trat er als der treue Kerl auf. Hätte alles getan, um Schaden von mir fernzuhalten. Und genau an dem Tag war seine Aufenthaltszeit in dem Hotel um, er hatte kein Geld und wußte nicht, wohin. Ich sagte: Komm her, bis du etwas gefunden hast.

Andard hat ihm noch keinen Cent gezahlt, weil er glaubt, Fred bekomme immer noch einen Teil seines Gehalts von der *Tribune*. Fred wird jedoch mit ihm reden. Ich bleche nichts für ihn, glaub mir. Nicht, weil ich es nicht will, sondern weil ich nach meinem Gefühl nicht das Recht dazu habe. Ich komme mit den Schecks, die Du dagelassen hast, gut durch. Sehr gut. Wenn die Miete dran ist, werde ich alle die Schecks und auch das Bargeld, das ich habe, hergeben und es darauf ankommen lassen, daß ich irgendwo her Fressalien kriege. Das ist meine geringste Sorge. (Lowenfels' Scheck ging beim zweiten Versuch durch, also könnte ich das Geld als Teilzahlung für Gas und Strom nehmen.) Vielleicht ist das Ganze nicht klar – Du mußt den verrückten Brief lesen, den ich noch nicht abschicke. Meine größten Ausgaben sind die für Porto, schwere Sendungen, Manuskripte, Briefe usw. Das zehrt schwer. [...]

Noch etwas über amerikanische Liberalität, Obszönität usw.: Sah mir eben ein Buch von Hemingway an – Kurzgeschichten – *Der Sieger geht leer aus*. Er sagt fast alles frei heraus. Für «ficken» drucken sie aber «f——». «Hure» geht, «Jesus Christus» geht, «Scheiße» geht usw. Und doch, irgendwie haben seine schmutzigen Wörter nicht denselben Klang wie meine. Offen genug, aufrichtig, ehrlich, aber nicht so rauh. Scheint fast gerechtfertigt. Meine klingen schamlos und wollüstig.

Ich halte den Brief zurück, will sehen, ob es nach dem Eintreffen der Abendpost noch etwas hinzuzufügen gibt. Warten. Warten. In Fieber und Schweiß. Warum bist Du nicht in Tirol? Amerika ist so entsetzlich weit weg. Ich werde die Telegramme verbrennen...

[Henry]

An Anaïs [Villa Seurat]
[11. Dezember 1934]
Mitternacht. (Fred sei verflucht! Ich bin liebeskrank.)

Seit meinem vorhergehenden Brief traf Deiner vom 3. Dez. aus dem Barbizon Hotel ein. Mit dem Scheck! Ich bin nicht glücklich. Ich bin platt. In nur vier Tagen kann man doch nicht diesen ganzen Kies verdienen! Außer Du bekommst den Tarif eines Analytikers. Was, zum Teufel, *tust* Du? Vom ersten Ton an klingt das für mich unglaublich und widersinnig. Allerdings habe ich New York nie vom höchsten Stockwerk aus gesehen. Ich konnte mich nie so aufrecht und gerade und frech hinstellen, wie Du es offenbar kannst.

Da Du mich am Schluß Deines Briefes aufforderst, Dir ans Hotel zu schreiben – weil «es sicher ist» usw. –, vermute ich, daß Hugo überhaupt nicht nach Amerika fährt. Aber so ein Satz wie: «Man schickt die Post nie nach oben . . . ich hole sie ab», besagt doch ganz einfach, daß Du mich immer noch anführst. Zugegeben, Du bist sehr gütig. Du lügst nicht einmal offen. Zweifellos gehst Du wirklich hinunter, um die Post zu holen – und vielleicht schenkst Du deshalb meinem an Kay Bryant adressierten Telegramm und meinen an sie geschickten Briefen keine Aufmerksamkeit. Vermutlich hast Du vergessen, daß Du mir diese Adresse gabst. Und sie weiß vermutlich nicht, daß Du in New York bist!

Anaïs – das alles muß für Dich niederträchtig klingen, wenn Du das, was Du getan hast, nur tatest, um mir Freude zu bereiten, zu helfen usw. Doch *warum* die Täuschung??? Warum? *Das macht mich wahnsinnig.* Mußt Du auch mich hintergehen?

Während ich dies schreibe, wanderst Du vielleicht durch die Straßen von Williamsburg. Wie soll ich mich denn fühlen, wenn ich nicht weiß, was Du tust? Was Du mir geschrieben hast, ist nichts als Talmi. Versuch mich nicht zu blenden, Anaïs. Zieh die Gummischürze an und wasch die Salatblätter. Brate Rochen in brauner Buttersoße. Sag mir, daß Du einfache Menschen, einfaches Essen magst. Ich weine, wenn Du «eine große Geschäftsfrau» wirst und all diesen Kies zusammenscharrst. Und jeden Abend ausgehst in halbseidene Lokale. Habe ich von Dir erwartet, daß Du in Deinem Zimmer sitzt und Trübsal bläst? *Nein!* Aber ich habe nicht von Dir erwartet, daß Du N. Y. *liebst* oder gar verherrlichst oder sagst, es bedürfe eines Dichters. Wahrhaftig, das klingt amerikanisch – die schlimmste Art von Amerikanismus.

Das alles ist meine Schuld, fürchte ich. Vielleicht, weil ich einmal sagte, daß ich diese Wohnung ungern verlassen würde, setzt Du Himmel und Erde in Bewegung, um sie für mich zu halten. Doch es ist nicht für *mich* – für *mich* allein, Anaïs. *Für uns*. Wozu taugt diese schöne Wohnung, wenn Du in die Welt hinausziehst, um Deine Seele zu ändern? Die Person, nach der mich verlangt, ist nicht jene, die diese Briefe schreibt – mit Sektschaum auf gehämmertem Papier, mit einer Goldfeder usw. Das «Du», das ich liebe, ist jenes, das an dem letzten Abend sagte: «Lade Halasz [Brassai] nicht zum Essen ein. Ich möchte mit Dir allein sein.»

Ich weiß, daß Du ein Chamäleon-Naturell hast, aber ich kenne auch Deinen festen, unveränderlichen Kern. Der ist es, nach dem mich verlangt. Tanze nicht mit Juwelenkram im Scheinwerferlicht um mich herum. Wie wir in Louveciennes untereinander redeten – wie es war, als das Fenster zum Garten offen stand. Das! Das! Das bist *Du* und das bin ich.

Louveciennes liegt nicht im Departement Seine et Oise. Es ist in Dir. Du mußt es dort bewahren. Wir können einen Palast rund um uns bauen, wenn zwischen uns alles stimmt.

Ich möchte, daß es stimmt! Ich werde möglicherweise nie ein Welterfolg sein, kann Dir aber vielleicht andere Reichtümer schenken.

Nie zuvor habe ich mich Dir so gänzlich und aufrichtig und hingebungsvoll angeboten. Wenn Du nicht verstehst, daß ich dies alles tue, weil ich Dich liebe, kann ich nichts mehr sagen.

Ich weiß nicht, ob ich nach diesem Brief einen weiteren schreiben werde – bis ich von Dir höre, umfassend und überzeugend. Nach diesem Brief und dem an Kay Bryant adressierten vom 8. – das bedeutet praktisch bis Weihnachten. Sollte ich je ans Barbizon Hotel schreiben, kannst Du sicher sein, daß in dem Brief nichts «Peinliches» stehen wird. Ich kenne die ganze Geschichte der Barbizon-Adresse. Der große Dichter muß wirklich erfreut sein. *Falls* und *wenn* er kommt.

H.

PS: Das alles schmerzt mich mehr, viel mehr, tausendmal mehr, als es Dich je schmerzen kann.

Männer haben auch ihre Perioden, aber das Blut hört nicht automatisch wieder zu fließen auf. In mir strömt ein wilder, tosender Fluß. Ich kann ihn nicht eindämmen. Ich bin so schwer verletzt. Glaub mir – oh, Scheiße! *Glauben, glauben* – was gibt es da noch zu glauben?

An Anaïs Telegramm
12 DEZ 1934

ANAÏS GUILER BARBIZON PLAZA HOTEL SIXTH AVENUE FIFTY EIGHT STREET
IGNORIERE BRIEFE DATIERT SIEBTER BIS ZWÖLFTER AN ADRESSE BRYANT BIS AUF TE AMO STOP IST SCHECK AM FÜNFZEHNTEN BANKFÄHIG VÖLLIG ÜBERGESCHNAPPT

HENRY

An Henry Barbizon Plaza Hotel
101 West 58th Street, New York
[13. Dezember 1934]

Bekam endlich Deinen Brief. Kay war nicht in ihrem Büro gewesen. Ich dachte, ich hätte Dich gebeten, ans Barbizon zu schreiben. Warum hast Du mir zweimal so erregt telegrafiert, ich solle Deinen Brief bis auf *«te amo»* ignorieren? Ich dachte, Du würdest mir die Hölle heiß machen. In Deinem Brief steht nichts, was mich beunruhigt! Keine Hölle, ich meine, wegen der Lügen! Du scheinst lediglich ein wenig verwirrt zu sein. Die Telegramme hatten mich erschreckt. Wie dem auch sei, hier die Erklärung.

Ich weiß nicht, wie, aber Hugh hat herausgefunden, daß Du in der Wohnung warst, er glaubt, Du seist dort geblieben, als ich sie verließ. Ich hoffe, daß er seinen Brief inzwischen hat. Das ist offenbar alles, was ihn beunruhigte; nachdem er herausfand, daß nichts war, verzieh er mir die anderen Schwindeleien. Heute nun bekam ich von ihm ein Telegramm zu Weihnachten.

War zu aufgeregt, um Dir über die großartigen Eindrücke zu schreiben. Die Begegnung mit Emil [Schnellock] war einer der allergroßartigsten. Ich mochte ihn sofort, was ich schon im voraus wußte, wegen seiner Milde, seines Verständnisses, seiner Empfänglichkeit. Er kam in mein Zimmer herauf. Anfangs waren wir schüchtern, gaben es jedoch zu. Aber wir hatten so viel zu bereden, daß sich das bald legte. Ich erzählte ihm von meinen Schwierigkeiten, nannte ihm den Grund, und nach einer Weile lachten wir darüber, wir redeten uns gegenseitig Löcher in den Bauch über Dich, die Vergangenheit, Dein Buch, meine Romane, sein

Leben usw. Aßen im Village zusammen zu Abend, nahmen uns vor, den Pilgergang gemeinsam zu machen. Ich zeigte ihm Deine Liste mit den Stätten Deiner Geschichte, die ich besuchen sollte, und steckte sie in einen Umschlag mit der Aufschrift – «Spaziergänge mit Emil». Er zeigte mir als erstes den Keller in der Henry Street. Es tat mir weh, ihn zu sehen. Wünschte, ich hätte ihn nicht gesehen. Er ist allzu real. Bisher war das alles für mich phantastisch. Ich weiß nicht, ob ich möchte, daß es sich konkretisiert. Der Keller ist ein ganz anderer, nicht jener, den Du in meinem Geist erschaffen hast. Der Deine, der gefiel mir. Emil und ich konnten wunderbar, mühelos miteinander reden. Wir unterbrachen uns gegenseitig unterm Ansturm der Dinge, die jeder zu sagen hatte. Er ist ein Teil von Dir, ist tatsächlich das milde, von Skrupeln erfüllte, empfängliche Du – das ich allem vorziehe, was Lowenfels von einer Deiner anderen Seiten verkörpert. Es ist ein südliches, entspanntes Dich-in-ihm-Sehen für mich. Ein sehr aufregender und erfolgreicher Abend, obwohl wir nichts taten als essen und eine Zeitlang spazierengehen – für mich war es zu kalt, um lange herumzulaufen. Wir schauten durchs Fenster irgendeines Kaffeehauses hinein, in dem sich die Emigranten treffen. Emil war enttäuscht, daß ich nicht hier unten leben kann, das Barbizon gefiel ihm natürlich nicht. Ich erklärte ihm, daß ich noch immer meine gesellschaftlichen Bindungen hätte. Leute aus der Bank holen mich dort ab. (Ich mußte mit Mrs. Perkins, die köstlich ist, ausgehen.) Sonst hätte ich gern im Village gewohnt. Außerdem muß ich auch in der Nähe des [Psychological] Center sein.

Werde Dir mehr über das Treffen mit Emil schreiben. Wie bewußt er sich aller Dinge ist, intuitiv, feine Wahrnehmungsfähigkeit, immun gegen «Ideen». Er zitiert Dich und mich ungezwungen und treffend. Seine Aufnahmebereitschaft ist erwärmend. Dein ganzes weiches Selbst ist in ihm vorhanden. Er wird Dich nie im Stich lassen oder enttäuschen.

Habe einige Zeit damit vergeudet, krank zu sein, wegen der überheizten Wohnungen hier – entsetzlich, wie türkische Bäder, und dann geht man hinaus in die Eiseskälte. [...] Zitterte vor Fieber und von den krassen Temperaturwechseln. Das Trugbild New Yorks verblaßt. Schaut man einmal hinter oder in die Gebäude, hinter die Äußerlichkeiten, stellt man fest, daß die Gesinnungen schrecklich sind, die Zeitungen, die Filme, die Gespräche, die Mentalität, die Partys, die Witzeleien – ich kann Dir nicht sagen, wie häßlich, wie brutal oder wie schwachsinnig. Widerlich. Und so sehr verbreitet. Ich glaube, ohne gewaltige Vorbereitung könnte man hier sich selbst nicht finden oder nicht man selbst sein, ohne zuerst in Paris gelebt zu haben, um diese Ganzheit zu erlangen;

aber dann kann man mit dem, was man angesammelt hat, hier leben. Doch *hier* das Ich zu schaffen, das ist eine herkulische Arbeit, und ich verstehe jetzt, warum ich weggelaufen bin, warum Du weggelaufen und weggeblieben bist. Man muß schrecklich *ganz* sein, um es auszuhalten, um gleichgültig sein zu können, um sein Ich zu nähren und nur mit einigen wenigen Menschen leben zu können. Mehr folgt – wie ein Tagebuch! In Liebe

A.

An Anaïs [Villa Seurat]
Freitag abend, den 14. [Dezember 1934]

Deine beiden Briefe über das Zellophan sind eben eingetroffen – vom 7. Jetzt unterschreibst Du nicht einmal mehr mit Deinem Namen. Keine Erwähnung meines Namens. Kein Wort von Liebe. Hätte ich Dein Telegramm nicht bekommen, wäre ich inzwischen völlig verrückt. Was für eine Strafe mißt Du mir zu! Und wofür? Wofür? Nun, es ist immerhin etwas zu wissen, daß Du glücklich bist – daß Radio City jemanden froh macht. Alles ist genauso, wie Du schreibst. Du bist in einer anderen Welt. Ich bin hier, und das Beste, was ich tun kann, um Dich zu begreifen, ist, *Amok* anzuschauen, weil Du schreibst, daß Dir der Film gefiel. Als ich den Anfang sah, die Lianen, die miteinander verschlungenen Bäume, den dicken, dichten tropischen Dschungel, sagte ich zu mir: Wahrlich, das ist genau wie «Alraune». Entspricht vollkommen Anaïs' Art zu schreiben. Er war sehr eindrucksvoll, dieser Anfang. Ganz großartig von Dir, das alles schriftlich eingefangen zu haben. Und jetzt ist Dein Leben reines Zellophan – «ich liebe dich, Schatz», usw. Zu schlimm, daß keine Musikkapellen da sind, keine Skyline, keine neue Welt am Horizont, wenn ich solche Dinge sage.

Anaïs, verzeih mir, aber ich bin traurig, gräßlich, elend unglücklich. Nichts wird mir helfen, bis ich die Worte lese, die Du in allen Deinen Briefen bewußt, eigensinnig ausgelassen hast. Deine Briefe sagen mir nichts. Sie sind wie dieser Kuß, den Andard Dir auf den Nacken gab – verursacht ein lautes Schmatzgeräusch, und Du lachst hinterher darüber. Nur für eines danke ich Dir: Du erfindest keine unnötigen Lügen. Du lügst nicht einmal – Du schweigst einfach. Ich will die zauberhafte Stimmung nicht zerstören. Wäre die Verwechslung nicht passiert, wäre ich mit diesen Zellophanbriefen vielleicht glücklich gewesen. Aus dem Telegramm quetsche ich zwei Worte heraus, die Du mir eines frühen Morgens auch auf einem kleinen Zettel hinterlassen hast, ich werde sie nie vergessen. In dem kleinen Zimmer damals war ich sehr glücklich. Ich hatte *Dich*. Jetzt habe ich diese freudlose Wohnung und bin der traurigste Mensch auf der Welt. Alle sagen: «Was für eine wunderbare Wohnung!» Doch für mich ist sie die Hölle. Eine Luxushölle, verstehst Du mich?

Was wollte ich denn? *Ich wollte ein Leben mit Dir!* Und statt dessen bekomme ich Radio City... Der Brief, den ich nicht abgeschickt habe, enthält eine Liste all der vernichtenden Dinge, die jetzt Bedeutung erlangen. Ich rase vor Wahnsinn, habe Hunger und bin außer mir, weil ich nicht weiß, welche Richtung ich einschlagen soll. Glaub mir, hätte ich das Geld, würde ich das nächste Schiff nehmen. Du kannst nicht wissen, welche Versuchung es war, den Scheck für die Miete einzulösen und die verdammte Wohnung aufzugeben. Vielleicht hätte ich das tun sollen! Doch das kann ich noch immer tun, falls nötig. Ich werde an alle telegrafieren, die ich kenne, und ich werde irgendwie hinübergelangen, wenn ich nicht einen Brief mit echtem Trost erhalte, etwas Tiefes, Aufrichtiges und von Herzen Kommendes, etwas, das mir etwas sagt. Ich werde versuchen, noch ein paar Tage zu warten. Ich weiß nicht, wann dieser Brief fällig ist – jener, der «erklärt», wie Du sagst. Hol's der Teufel, ich will keine Erklärungen. Ich will etwas Weitergehendes, Größeres. Erklärungen sind für Ehemänner, für Menschen, an denen Dir nichts mehr liegt. Ich will etwas, was nur Du mir geben kannst. Mich verlangt schrecklich danach. Du gratulierst mir zu meiner Aktivität. Nun, mit der ist es vorbei. Ich arbeite zwar noch, aber wie ein Gespenst. Ich lebe nur in Erwartung dieses Briefs. Und wenn dieser Brief unzureichend ist, dann steh uns Gott bei!

Anaïs, ich wünschte, Du könntest durch dieses Papier, diese Worte sehen – mich von Angesicht zu Angesicht sehen. Du weißt, wie ich ausschaue. Schau tief in mich und lies, was dort ist. Während da drüben alles in Zellophan gewickelt ist, ist das hier immer noch Paris, immer noch die Villa Seurat, eine dunkle, ruhige Straße, und heute abend gießt es in Strömen. Vergegenwärtige Dir, wie es ist, angesichts dieser schrecklichen Entfernung zwischen uns, angesichts dessen, daß Du der Zeit um Wochen vorauseilst und der Zeitpunkt Deiner Rückkehr ungewiß ist, angesichts dieser leuchtenden, flimmernden Briefe, die nicht unterschrieben sind. Ich neide Dir die schöne Zeit nicht, die Du verlebst, bitte glaub mir das! Ich bin froh, daß Du Dich amüsierst. Wirklich froh. Doch das ist jetzt unwichtig. Ich habe Dir etwas viel Wichtigeres zu sagen. Hörst Du zu? Bist Du ganz da? Dieser Brief wird Dich mit der *Europa* erreichen, die am 16. ausläuft. Ich schicke ihn per Adresse Bryant, weil ich nicht weiß, wann Hugo eintrifft, und weil ich Dich nicht in Gefahr bringen will. Ich erwarte, daß Du diesen Brief verbrennst, nachdem Du ihn gelesen hast – um Deinetwillen. Wenn Du mich liebst, wirst Du nicht vergessen, was er enthält.

Das ist es: Wenn Du diesen Brief bekommen hast und nachdem Du ihn sorgfältig überdacht hast, möchte ich, daß Du mir ein Telegramm schickst und auch einen Brief, wenn Du willst. Ich möchte wissen, ob Du alles aufgeben und Dein Leben mit mir leben wirst – nicht zeitweise, nicht heimlich, sondern vierundzwanzig Stunden am Tag und für immer. Ich werde hinüberkommen, wenn es das Beste ist, und vermutlich ist es das Beste. Entscheidend ist, was Du für das Beste hältst. Du müßtest dafür Staatsbürgerin werden. Als amerikanische Staatsbürgerin kannst Du auch hier leben, wenn Du es willst. Du kannst überall leben. Wenn ich Amerika sage, dann nur, weil Deine Briefe mir das Gefühl geben, daß ich dort drüben vielleicht etwas zu tun finden könnte. Hier scheint es praktisch aussichtslos, den Lebensunterhalt verdienen zu wollen. *Aber* – bedenke vor allem dies: In erster Linie bin ich ein Mensch, und als Mensch ist es für mich das Wichtigste auf der Welt, Dich zu halten. Dafür würde ich das Schreiben aufgeben, würde ich alles tun, alles, was mich in die Lage versetzte, Dich an meiner Seite zu behalten. Ich denke manchmal, daß es unfair von mir ist, mein Schreiben über alles andere gestellt zu haben. Ich bin ein Mann, und ich möchte meine Frau haben. Wenn das Schreiben dazwischentritt, dann zur Hölle mit dem Schreiben. Wenn ich wirklich ein großer Mann bin, wie ich hoffe, werde ich fähig sein, beides zu tun – für Dich zu arbeiten und Dich zu halten. Und weiterschreiben. Ich muß nicht verwöhnt werden.

Bisher habe ich ein bißchen Rücksicht auf andere genommen – auf die eigenartige Situation, in der Du Dich befindest. Jetzt halte ich das alles für zweitrangig. Ich kann mir nicht die Zeit nehmen, an Deine Mutter zu denken, an Hugo, an Joaquin. Ich werde Dich nicht aufgeben, wer auch immer im Weg steht? Ist das klar? Höchste Zeit, daß Du das Recht auf Dein eigenes Leben erhältst. Ich werde jedes Opfer bringen, das nötig ist, um die anderen zu schützen, außer jenem, auf Dich zu verzichten.

Ja, ich möchte ein Telegramm, in dem steht, was Du denkst. Mir ist gleichgültig, wieviel es kostet. Belaste das Psychological Center damit! Aber sei nicht zweideutig mir gegenüber, sonst besteige ich sofort das Schiff. Wenn es soweit ist, treibe ich die Mittel auf, keine Bange. Und vielleicht wird die Musikkapelle auch für mich spielen, wenn ich in den Hafen einlaufe! Der bloße Gedanke macht mich krank bis ins Mark. Du weißt nicht, was für eine wilde, verrückte Sehnsucht ich habe, welcher Schmerz in mir wühlt. Ich werde nicht durch Mexiko streifen wie Lawrence. Das ist nicht meine Art. Ich werde geradewegs zu Deinem Zimmer gehen und anklopfen. Wenn keine Antwort kommt, werde ich ins Psychological Center gehen. Ich werde Dich finden, selbst wenn Du in Radio City vergraben bist. Und es sollte besser niemand bei Dir sein, wenn ich komme – keine samtigen Versagerstimmen, keine Südstaatlersprechweise, kein «Schatz»-Gesäusel.

Doch wahrhaftig, Anaïs, was ich vorschlage, meine ich todernst. Ich weiß nicht, nach welchem Aktionsplan wir vorgehen sollen. Ich zögere, einen zu empfehlen, weil ich nicht will, daß Dir etwas passiert. Ich weiß, daß Hugo zu allem fähig ist, wenn etwas seinen Zorn erregt. Es wäre besser, sich außer Reichweite zu begeben und ihn dann zu informieren. Aber zuvor mußt Du Deine Papiere in Ordnung bringen. Ich fürchte, sonst hast Du sehr wenig Rechte, sehr wenig Bewegungsfreiheit.

Jedenfalls, was ich *sofort* möchte, ist eine definitive Antwort. Tunlichst vor Weihnachten. Schenk sie mir zu Weihnachten. Oder zum Geburtstag, der am nächsten Tag ist. Wenn Du meinst, ich sollte kommen, sag es, dann werde ich sogleich anfangen, meinen Freunden zu telegrafieren. Ich bin auf die Folter gespannt, sage ich Dir. Habe Fieber in den Knochen. Jeder Tag ist eine neue Tortur, eine Marter. Morgen kommt Blaise Cendrars her. Gott weiß, wie ich ihn empfangen werde. Ich bin wie ein plappernder Idiot. Jetzt schon bete ich darum, daß er nicht lange bleibt.

Noch von etwas anderem muß ich Dich in Kenntnis setzen. Aus den beiliegenden Briefen, die mir Harolde Ross schrieb, wirst Du ersehen, wie die Dinge bei den Bundesbehörden stehen. Ob sie nach der Landung gleich scharf gegen mich vorgehen würden, weiß ich nicht. Kahane wage ich die Briefe nicht zu zeigen, denn er würde vermutlich zu Tode erschrecken. Vielleicht könntest Du in N. Y. einen Rechtsanwalt konsultieren und feststellen, ob die Gefahr besteht, daß ich verhaftet und ins Gefängnis gesteckt werde. Auf einigen dieser Pakete [mit Exemplaren von *Wendekreis des Krebses*] muß mein Absender angegeben sein. Und auf einem oder zweien vielleicht Deiner! Was für ein Mist! Halte Dich also mit jeder Aktivität hinsichtlich meines Buches zurück. Bring Dich nicht in Schwierigkeiten! Ich schicke natürlich keine mehr. Und von Osborns Freund habe ich bisher nichts gehört oder gesehen. Ich bezweifle, daß er je aufkreuzen wird.

Bevor Cendrars kommt ... Bitte lies die beiliegenden Briefe durch und schick sie dann an Ross – seine Adresse steht auf dem Briefkopf. Wenn Du diskret zu einem guten Anwalt gehen kannst, tu es. Wenn nicht, zum Teufel damit. Sei nicht zu beunruhigt. Ford ist wieder in Amrika, und ihm ist nichts passiert (*The Young and Evil*)[1]. Aber halte Deinen Namen aus dieser Sache raus – schreib keine Briefe darüber an irgendwelche Leute und gib Deinen Namen auf der Rückseite der Umschläge nicht an, denn die Bundesbehördenleute sind die verfluchtesten Spürhunde. Besorge Dir erst die Staatsbürgerschaft! Danach – sollen sie zur Hölle fahren! Ich bin in Stimmung zu kämpfen, wenn es das ist, was sie von mir wollen. Ich liege nachts wach und halte Reden im Zeugenstand. Doch ich verabscheue das alles. Ich möchte nicht auf sämtliche Zeitungsseiten gepflastert werden. Und auch nicht zu Tode gejagt werden von den falschen Leuten verschiedenster Sorte, besonders jenen, die eigentlich zu meiner Verteidigung herbeieilen müßten. *Comprenez-vous?* Wenn sie mich je vor Gericht stellen, wird es ein Drama geben, denn ich werde es ablehnen, mich an die Prozeßvorschriften zu halten. Entweder sie lassen mich reden, wann es mir beliebt, und schweigen, wann es mir beliebt, oder sie können mich gleich ins Gefängnis werfen. Ich werde auf keine Bibel schwören, nicht einmal mein Ehrenwort geben, daß ich die Wahrheit sage usw. Ich bestehe auf meinen Rechten als Mensch, das ist alles – und zum Teufel mit ihrer ganzen Salbaderei.[2]

Zwei Uhr morgens. Der Zug mit Schiffsanschluß fährt um 9.30 Uhr. Cendrars kam um drei Uhr nachmittags, und ich bin eben erst von ihm losgekommen, mußte weglaufen. Als Mensch habe ich ihn bestimmt arg enttäuscht. Ich war ziemlich wortkarg. Deinetwegen! Und dennoch, was für ein Tag! Was für eine Nacht! [...] Er ist ein wirklicher Mensch, sage ich Dir, und es ist mir unangenehm, ihn enttäuscht zu haben. Vielleicht ist er dieser eine Mensch, von dem ich kürzlich schrieb, von dem ich sagte, daß er vortreten und mich laut willkommen heißen werde. Wie ich mich selbst beschiß! Deinetwegen, mein Liebling. Ja! Aber ich bereue es nicht. Der Brief hier ist mir wichtiger als dieser Fürsprecher, den ich noch

1 Im Jahr 1933 hatte Obelisk Press Charles Henri Fords «Untergrund»-Roman über das Homosexuellenleben veröffentlicht; Ford war damals zwanzig Jahre alt.

2 Henry Miller mußte in den Zensurkämpfen, die sein Werk auslöste, nie persönlich aussagen, doch *Wendekreis des Krebses* und *Wendekreis des Steinbocks* sowie einige andere seiner Werke wurden in den Vereinigten Staaten erst Anfang der sechziger Jahre unbeanstandet publiziert, nachdem sein New Yorker Verlag, Grove Press, mehrere Prozesse geführt und gewonnen hatte.

vor ein paar Tagen so schrecklich zu brauchen glaubte. Du bist meine Fürsprecherin! Mit Dir werde ich überallhin kommen, wohin ich will. Ich möchte, daß Dir das klar ist. Ich trage nicht zu dick auf. Nichts von dem, was ich über ihn berichtet habe, ist übertrieben. Das Ganze war, als bekomme man den Prix Goncourt – und werfe ihn dann ins Klo. (Er erzählte, Hamsun sei nicht mal aus seinem Stuhl aufgestanden, um seinen Nobelpreis abzuholen. «Zu spät», habe er gesagt. «Ihr hättet ihn mir vor dreißig Jahren anbieten sollen, als ich noch eine Zukunft vor mir hatte.»)

So, das wär's! Ein Brief von Pound liegt bei, der letzte. Kahane war sehr angetan davon, daß der berühmte T. S. Eliot unter Umständen die Besprechung [von *Wendekreis des Krebses*] in seiner beschissenen Zeitschrift [*The Criterion*] abdrucken wird. Ich bin es nicht. Mir ist das alles egal! Ich arbeite. Mehr denn je! In der heutigen Post war auch ein Brief von James Laughlin IV, aus Rapallo: «Darf ich Ihnen sagen, daß ich *W. des K.* für ein großartiges Buch halte? Teufel, Sie haben es ja geschrieben. Ihnen brauche ich das also nicht zu sagen. Natürlich werde ich überall davon reden.» Okay.

Das alles interessiert mich jetzt nicht. Zu spät. Ich beschäftige mich mit einer Spanierin. Ja, das ist es. Genau. Wo mich das hinführen wird, weiß ich nicht. Aber ich liebe Dich. Wahnsinnig. Ich bin wahnsinnig geworden. Und du redest von Zellophan! Erzähl mir das noch einmal, und ich versetze Dir eine prächtige Ohrfeige! Hörst Du? Eine Ohrfeige, auf die Fresse! Verstanden? Ich bin kein Matrose, auch kein Abenteurer, nichts als ein Mann, ein Mann, der mit seinen Nerven am Ende ist. Ich bescheiße mich hier. Deinetwegen. Ich gehe jetzt ins Bett – ganz allein. Ich gehe mit Alpträumen ins Bett. Jede Nacht Alpträume. Deinetwegen. [...] Für mich gäbe es ohne Dich kein Leben, verstanden? Ja, Du verstehst sehr gut. Aber Du bist verschlagen, hinterlistig. Du machst Dich über mich lustig. Doch, ich weiß es. Du hältst die ganze Macht in der Hand. Du hast mich, das Wesentliche von mir.[1]

[Henry]

1 Der letzte Absatz im Original auf französisch.

An Anaïs [Villa Seurat]
17. Dez. 1934

Das letzte Blatt des Papiers, das Du mir vor einigen Monaten gegeben hast, zweifellos in der Hoffnung, mich zum Arbeiten anzuregen! Lege weitere Manuskriptseiten bei. Die letzten von *Schwarzer Frühling*. Falls ich wieder etwas schicke, wird es die neue Sache sein, in dreifacher Ausfertigung. Die Durchschläge kannst Du lesen und dann wegwerfen. Das Telegramm, falls ich es heute abschicke, wird lauten: «*Sur la fleuve amour avec des anges de première qualité*. [Auf dem Fluß Liebe mit Engeln erster Güte.] Unterzeichnet: H. *Fauxbidet*.» Was mir ständig in den Ohren klingt, ist: «*Puisque mon amour ne prendra jamais fin, que cette musique reste inachevée à jamais*». [«Weil meine Liebe nie enden wird, möge diese Musik für immer unvollendet bleiben.»]

[. . .] Dein «Brief» kann nicht vor dem 20. eintreffen. Bis dahin ist schwarzer Frühling, und wie! Denn selbst wenn es zum Besten war, war es doch ein Vertrauensbruch, der schmerzt und schmerzt. Im Inneren weine ich unaufhörlich. Jener bis dahin schlimmste Brief, den Du mir schriebst, war nichts im Vergleich zu dem Schock jetzt. Hättest Du bloß zu mir gesagt: «Henry, du muß verstehen, warum ich das tue», würde ich Dir alles zugestehen. Aber nein. Und das ärgste ist, daß ich Dir nichts vorzuwerfen habe. *Nichts*. Weil die Waage so stark zu meinen Ungunsten ausschlägt, deshalb bin ich zerschmettert. Weil es meine Schuld war.

PS: Vergaß zu erwähnen, daß Cendrars' Bezugnahme auf das «Vorwort» ebenfalls meine Schuld war – und das sagte ich ihm auch, ohne die Katze aus dem Sack zu lassen. Sagte, die Idee stamme von mir – das mit den Namen, was ja auch stimmt. Ich hoffe, Du hast es nicht allzu schlimm gefunden.

Henry

An Anaïs [Villa Seurat]
18. Dez. 1934

Dies sollte ein Geheimnis bleiben, aber ich kann es nicht bewahren, es ist höchst erfreulich, und ich möchte so sehr, daß Du glücklich bist. Ich habe eben ein Telegramm aufgegeben, in Beantwortung des Deinen. Du würdest glücklich sein, wenn du endlich sämtliche Briefe hättest, habe ich gekabelt, und ich weiß, daß Du glücklich sein wirst, selbst wenn ein bißchen Kummer und Schmerz damit einhergehen, denn all diesen Briefen liegt ein einziges großes Wort zugrunde: LIEBE. Derer kannst du sicher sein – immer.

Doch ich schweife ab. Heute mittag, auf dem Rückweg vom Telegrafenamt, traf ich Fred, und wir aßen zusammen. Er ist jetzt sehr beschäftigt, die meiste Zeit des Tages weg, arbeitet für Andard, geht oft in die Abgeordnetenkammer, schreibt für Abgeordnete usw. Er kommt großartig zurecht. Und sobald Andard ihm sein erstes Monatsgehalt zahlt, was demnächst sein wird, zieht er hier aus. Was diesen Punkt anbelangt, ist somit alles in Ordnung...

Während des Mittagessens erzählte er mir, daß Andard wahrscheinlich den Baudinière-Konzern übernehmen wird. Baudinière ist arg verschuldet, und aus dem Konzern soll möglichst viel herausgeholt werden. Andard hat *«la galette»* [Moneten]. *«J'ai la galette, moi!»* [«Ich habe auch Moneten!»] Wir rufen dies tagsüber dann und wann. Einer von Andards Lieblingssätzen. Doch warte, das Beste kommt erst: Andard sagte, falls er den Konzern übernähme, würde er gern Dein Buch herausbringen! Auf französisch!

Als ich das hörte, machte ich einen Freudensprung. «Bitte Andard», sagte ich zu Fred, «Anaïs sofort ein Telegramm zu schicken. Oder einen Nachtbrief, der kostet nur 50 Frs. Sag ihm das! Ich werde Dir die Telegrammadresse geben – dann wird es noch billiger.» Das ist aber nicht alles. Hier hat sich einiges getan. Noch nie sind die Dinge so schnell und ungestüm passiert. Erfreuliche Dinge. Als würden alle Deine astrologischen Prophezeiungen eintreffen. Um mich geht es dabei nicht. Ich weiß, daß ich im Schoß der Götter ruhe und das Schicksal mir gnädig ist. Deshalb rege ich mich nicht allzu sehr auf – nicht meinetwegen, meine ich. Ich kann meine Zeit abwarten. *Aber Du!* Ich weine vor Freude bei dem Gedanken, daß Du eine Chance bekommst. Das alles soll jedoch geheim bleiben. Du darfst keiner Menschenseele etwas von Andards Plänen erzählen. Noch ist nichts Endgültiges vereinbart, aber ich bin sicher, daß es geschehen wird. Er hat *«la galette»*.

Und das ist der Grund, warum ich möchte, daß Andard Dir ein Telegramm schickt: Vielleicht kannst Du dieses Telegramm einem Verleger zeigen und die amerikanischen Rechte unterbringen. Du darfst aber nicht sagen, daß Andard die Firma Baudinière übernimmt. Das ist geheim.

Es überrascht Dich vielleicht auch, daß Andard mein Buch ganz gelesen und es sehr bewundert hat, als er durch war. Er sagte, es enthalte Passagen, die alles schlagen, was er je gelesen hat. Sagte, ich sei «ein Mann, *quoi*!» Was sehr anständig von ihm ist, wenn man bedenkt, daß er mein Rivale ist und mich hinter seinem Rücken einzuseifen versucht. Nicht wahr? [...]

Es wird also jemand etwas für Dich tun. Das macht mich wild vor Freude. Du hast Dein ganzes Leben lang etwas für andere getan. Und jetzt endlich tun andere etwas für Dich. Ich juble darüber!

Und auch ich tue etwas für Dich. Vor Weihnachten oder am Weihnachtstag werde ich Dir wahrscheinlich wieder ein Telegramm schicken, in dem wird stehen, daß «Alraune» unterwegs ist und daß sie mein Weihnachtsgeschenk für Dich ist. Ich setze Deinen Namen drauf und möchte, daß Du es dabei beläßt – vorausgesetzt, Du bist vom Wert des Manuskripts überzeugt. Es *ist Dein* Buch, Dein *«Scenario»*. Daß ich es geschrieben habe, heißt nichts. Ich habe nur umgeschrieben, was Du geschaffen hattest. Ich habe nur die Inspiration ausgelebt, die Du empfangen und mir vermacht hattest.[1]

All das wirst Du etwa am 28. Dezember erhalten. Anaïs, meine liebe Anaïs, wäre ich nur ein bißchen reich, würde ich Dir das ganze *Scenario* telegrafieren. Es bedrückt mich, daß ich Dir nicht mehr Telegramme schicken kann. Ich würde jeden Tag telegrafieren ... Ich würde Dir mein Herz hinübertelegrafieren, wenn das ginge.

Es stimmt, ich war sehr unglücklich, furchtbar unglücklich. Doch im Grunde empfand ich Hoffnung, Vertrauen und vor allem eine Liebe, wie ich sie keinem anderen Menschen je entgegenbrachte. Keinem. Glaub das, Anaïs. *Du bist meine Frau, und ich muß Dich ganz für mich haben und werde Dich nie aufgeben*. Ich habe den großen Fehler begangen, mich von dir bemuttern zu lassen. Aber jetzt bin ich aus eigener Kraft stark und zuversichtlich. Ich werde einen Weg für uns beide bahnen.

Das *Scenario* wird zwar kein kommerzieller Erfolg werden – ich erwarte nicht, daß Du es verkaufst, nicht einmal an einen Luxus-Pornographen –, aber es wird Ruhm einbringen, das glaube ich. Und ich möchte, daß Du Rank fragst, ob er Dir das Geld für die Veröffentlichung hier in

1 Angeregt von Anaïs Nins «Alraune», aus der schließlich *Haus des Inzests* wurde, schrieb Henry Miller ein *Scenario* für «einen Film mit Ton», das 1937 von Obelisk Press, Paris, in einer limitierten Auflage von 200 Exemplaren mit einem Frontispiz von Abraham Rattner veröffentlicht wurde. Es fand später Aufnahme in *The Cosmological Eye*, Henry Millers erstem in den Vereinigten Staaten erschienenem Buch (Norfolk, Ct., 1939). 1952 wurde *Scenario* vom französischen Rundfunk produziert, eine Einführung lieferte Blaise Cendrars.

Frankreich leiht, in einer Luxusausgabe: limitierte Auflage – sagen wir, 100 Exemplare. Und laß ihn ein Vorwort dafür schreiben! (Mir sind jetzt drei billige, gute Verleger bekannt.) Laß ihn seinen Namen unter irgend etwas setzen, denn es ist Dein Werk. Du darfst ihm nicht sagen, daß ich es geschrieben habe, das lasse ich nicht zu! Verstanden? Es ist Deines, ganz Deines, und ich möchte, daß Du ihn anlügst. Dieses Mal heiße ich Deine Lügen gut! Weil es nicht gelogen ist...

Lügen! Wenn ich dieses Wort schreibe, kommt mein Blut in Wallung. Liebe Anaïs, Du mußt mir verzeihen, wenn ich Dich manchmal mit einem grausamen Wort verletze. Du mußt begreifen, daß ich wegen dieser Lügen mehr leide als irgendein Mensch, den Du kennst. Nicht wegen den Deinen, sondern wegen jener *vor* den Deinen, den Lügen, die mir June auftischte. Du mußt begreifen, daß mich die kleine Täuschung, obwohl sie ehrlich und gut gemeint war, was ich Dir auch ohne Deinen erklärenden Brief glaube, völlig aus dem Gleicngewicht brachte, mich zurückversetzte in die alte Tretmühle von Schmerz und Eifersucht, von äußerster Desillusion. Alles, was Du so schön für mich aufgebaut hattest, stürzte zusammen. Alles drehte sich, und ich war wie ein Wahnsinniger, lief auf der Suche nach diesem Wort herum, das mir aus dem Mund gefallen war und das kein Brief von Dir mir zurückzubringen schien. Jetzt ist das vorbei – zumindest einstweilen. Vorbei, weil ich mich ganz auf meine Freude konzentriere, Dir mit den guten Neuigkeiten, die ich berichte, vielleicht ein bißchen Vergnügen zu bereiten; meine Freude darüber, daß ich Dir zu Diensten sein, Dir wenigstens einen kleinen Dienst erweisen kann. Weine, wenn Du willst. Ich weine selbst, während ich dies schreibe. Alles hat sich zum Besten gefügt. Du weißt, wieviel mir daran legt – und daß es jede Mühe wert ist.

Der Brief hier müßte eigentlich mit der *Hamburg* befördert werden. Ich wünschte, ich könnte ihn Dir selbst bringen. Ich wünschte, ich wäre bei Dir. Wie bereue ich doch meine Worte, die gedankenlosen kleinen Worte, mit denen ich Dich damals verletzte, als ich sagte, ich würde gern allein nach Amerika reisen. Jetzt bin ich allein und bezahle für meine Gedankenlosigkeit. Ich zähle die Tage. Ich mag nicht fragen, bis wann genau ich zählen muß, weil ich weiß, daß es zu lange ist bis dorthin. Doch der Gedanke, daß Du der Zeit vorauseilst – Himmel, der schmerzt und schmerzt. Und *ich* habe Dich veranlaßt, der Zeit vorauszueilen! Ich weiß alles, was Du mir in dem Brief schreiben wirst, der erst lange, lange, nachdem ich dies hier geschrieben habe, eintreffen wird. Ich weiß alles. Ich bin die Ursache. Meine Schwäche. Ach und weh! Alles, was uns widerfährt, verdienen wir. Wir selbst schaffen unser Schicksal. Das steht fest. Doch über dem Schmerz spannt sich der Regenbogen. Nichts ist verloren. Aus dem Leiden erwächst Freude – oder Heiligkeit. Auch das ist wahr.

Nach dem, was ich in den letzten Tagen durchmachte, bereitete es mir kein Vergnügen, in dem Telegramm zu lesen, daß Du außer Fassung bist. Obwohl ich das Gefühl hatte, daß Du es verdient hast, ein bißchen außer Fassung zu sein. Und ich mußte lachen, ein wenig bitter, zugegeben, daß Du auf den Brief von der *Bremen* gewartet hast, bevor Du Deinen Brief schriebst! Wie listig! Wie feminin! Ja, auch das tat weh. Das war wie Junes Telegramme. «Brief folgt», und dann kam keiner. Erst abwarten, was ich sagen würde, wie ich reagieren würde. Doch nein, das kann ich von Dir nicht glauben. Ich kann nicht glauben, daß Du ein solches Spiel mit mir spielen würdest. Dennoch, es sieht so aus – nach den Telegrammen zu urteilen. Aber ich warte. Heute ist der 18. Ich muß höchstwahrscheinlich bis zum 28. warten. Das sind noch zehn Tage. Versuch Dir vorzustellen, was zehn Tage Spannung für einen Mann bedeuten, der sich danach verzehrt, von der Frau, die er liebt, die Wahrheit zu erfahren! Versuch es, Anaïs! Heute erscheint die *Albert Ballin* nicht einmal auf der Schiffsliste. Es ist zu früh. Durchsuche wie ein Wahnsinniger die Zeitungen nach einem Zeichen von der *Albert Ballin*. Gehe zum Telegrafenamt, den Kopf gesenkt: *Albert Ballin. Albert Ballin*. Ach ja, was weißt Du von alledem? Du bist «außer Fassung». Lieber Himmel, ich hoffe, daß Du nicht *allzusehr* außer Fassung bist. Ich hoffe, Du leidest nicht so wie ich. Das würde ich meinem ärgsten Feind nicht wünschen.

Ich muß aufhören. Ich muß mich ein bißchen schonen. Die letzten zehn Tage waren eine ständige Verausgabung, unablässige Beanspruchung, Geschäftigkeit. Zum Bahnhof und zurück, zum Telegrafenamt, hierhin, dorthin, überallhin, Dir schreiben, von Dir träumen, mich die ganze Nacht herumwälzen, rauchen in der Nacht, Leute treffen, sie anlächeln, ihnen nicht zuhören, den Clown spielen, lachen, insgeheim weinen, arbeiten, hoffen, verzweifeln, beten und immer warten und warten und warten, auf die Briefe, auf irgend etwas, auf ein einziges Wort auch nur, das mich glücklich machen würde. (Und Du hast mir Zellophan geschickt! Machte es mich zornig? Ich war so wütend, daß ich es zerriß und in kleinen Stücken zerkaute. Ich blies alle diese beschissenen Wolkenkratzer und Radios und Marmorbäder und Schwingtüren um. Ich *hasse* Dein gottverdammtes N. Y.!) Aber jetzt bin ich ruhig. Es wird dunkel, ich kann hier kaum mehr etwas sehen. Ich frage mich, wo Du bist, mit wem Du redest, durch welche Straße Du gehst, von wem Du zum Abendessen eingeladen wirst, an welchen Beinen Du Dich reibst, *wer* beim Tanzen mit Dir eine Erektion kriegt, wer sagt: «Schatz, ist es nicht großartig», usw. Ich frage mich, ob Du je meinen Freund Emil Schnellock besucht hast, ob Du Dich je zu ihm gesetzt und über mich gesprochen hast, nur fünf Minuten lang. Ich frage mich, ob Dir je der Gedanke kam, durch die Straßen zu gehen, die ich erwähnte, um Dir dieses kleine Haus in der «Straße meiner frühen Kümmernisse» anzuschauen. Ich frage und frage mich. Du warst schrecklich gut zu mir, und Du warst auch schrecklich grausam. Ich verzeihe Dir alles, gewiß doch! Wie könnte ich anders? Dies ist Liebe, und Liebe ist Schmerz. Machte Dich das wirklich glücklich, wie Du schriebst, als Du den Scheck schicktest? *Macht Dich das glücklich?* Ach, dann sei glücklich! Ich bin auch glücklich, auf meine traurige Weise.

[Henry]

AN HENRY

Barbizon Plaza Hotel
19. Dezember 1934

O Henry, Henry! Ich bin fassungslos. Kein Brief von der *Bremen*. Keine Kunde davon, was Du fühlst oder denkst. Nur diese Telegramme. Ich konnte Dir nicht schreiben. Das Ganze ist sehr einfach, schrecklich einfach, Henry: Die Kürzung von Hughs Gehalt oder seine Entdeckung, daß ich Schecks ausstellte, wie dem auch sei, ich sah, daß ich das Geld für die Miete nicht beschaffen konnte, daß ich Dich nicht versorgen konnte, mein ganzer Schutz schien zusammenzubrechen, und ich schulde Rank das Geld für Dein Buch – nicht Hugh. Rank versprach mir, wenn ich nach New York käme, würde ich unabhängig von Hugh werden und könnte mich um so viele Leute kümmern, wie ich wollte. Ich durfte Dir das nicht sagen, weil Du mich vielleicht nicht hättest fahren lassen – zumal nicht ohne Hugh. Ich benutzte Hughs Urlaub als Begründung. Er *kommt* her, aber später. Ich erklärte Hugh, daß ich nicht nur ihm das Geld zurückzahlen, sondern auch einen neuen Anfang machen, mit der Vergangenheit brechen, mich selbst finden wolle. Er dachte, ich würde von *Dir* weggehen, deshalb erlaubte er es. Er war so überwältigend großzügig und half mir so sehr, daß ich ihm wunderbare Liebesbriefe schrieb, die mir von Dankbarkeit und Schuldgefühlen diktiert wurden. Ich meinte, *das* könntest Du begreifen.

Mein Plan war, erst mal zu sehen, was Rank tun würde. Sollte ich wirklich Geld verdienen, dann konnte ich bis zum Frühling hierbleiben und Dir was schicken. Inzwischen aber solltest Du arbeiten und nicht beunruhigt sein. Dann kamen all die Telegramme. Was ich nicht verstehe, ist, daß ich letzten Samstag einen Brief von Hugh bekam. Von Dir nichts. Mit ihm ist alles in Ordnung. Ich schrieb *Dir* keine Liebesbriefe. Ich legte einen Scheck bei – nicht für Dich, sondern für Brassai für die Fotos. Hugh schreibt: «Dieses Versehen, das Dir passierte, bewies mir, daß zwischen Dir und Henry nichts war. Daß Du ihn in Deiner Wohnung leben läßt, während Du weg bist – das verzeihe ich Dir!»

Mein Plan *hat* sich verwirklicht. Du bekamst das Geld für die Miete. Ich schaffe mir Unabhängigkeit von Hugh. Das übrige wird sich später entwickeln. Später kann ich Dich nachkommen lassen. Du kannst in der Wohnung bleiben, solange Du willst. Arbeite. Kündige sie zum 15. März. Es sei denn, ich kann Eduardo bewegen, sie zu übernehmen. Werde dies später erörtern. Es hat noch viel Zeit.

Ich habe so viel zu tun, daß ich Dir in Zügen schreibe, in Untergrundbahnen, überall, wo ich mich hinsetzen kann. Ich bin ein bißchen müde, nicht in Stimmung, Dir von den schönen Ereignissen zu erzählen, aus denen eine Begegnung mit Emil herausragt. Werde diese Woche Erskine, Harrison Smith, Dreiser, Bye, Simpson usw. besuchen.

März wäre versuchsweise ein Datum für Dein Kommen.

Dein Telegramm heute, das eben eintraf, tat mir wohl. Kann das *Bremen*-Rätsel nicht verstehen. Auch nicht, warum Du «völlig übergeschnappt» bist. Wegen der Lügen?

[Anaïs]

PS: Welches Datum trug der letzte Scheck, den ich Dir ausstellte?

An Anaïs [Villa Seurat]
19. Dezember 1934

Jetzt ist es wieder Mitternacht – der nächste Tag – und bis dieser Brief kommt, werde ich nicht ich selbst sein. *Albert Ballin*. Wann? Wie? Erwarte Telegramme. Horche auf Schritte. Als ich mit der «Alraune» begann, fand ich einige Notizen, die Du auf der Telegrammrückseite gemacht hattest. Hatte das Telegramm zuvor nie bemerkt. Nun lese ich: «Madrid – Alles bestens. In Liebe.» Kein Namen dabei, also bist es vermutlich Du. Und dann fällt mir ein, daß Du, nachdem Du das Nebenhöhlenleiden bekommen und das Schiff verpaßt hattest – tatsächlich fuhrst Du früher als vorgesehen! –, gesagt hast, Hugo drohe damit, Dich aufs Schiff zu tragen, selbst wenn Du krank seist. Ja, er sei geradezu versessen darauf, fortzukommen! Jesus Christus, das war eine prächtige grundlose Lüge! Glänzend! Dafür, daß er Dich schließlich weggeschleppt hat (gegen Deinen Willen), schreibst Du ihm und dankst ihm.

Nun denn, *par contre*, wie ich mich an die «Alraune» setze, sage ich zu mir: Was für eine Schriftstellerin! Ich bezweifle jetzt, daß ich das *Scenario* auch nur annähernd auf das Imaginationsniveau heben kann, das Du erreicht hast. *Jamais!* Du hast Dinge geschrieben, Seiten um Seiten, die mich immer noch verwirren – ich meine die Darstellungskraft, die Konzeption, die Ausführung.

Und seltsamerweise stimmt alles wunderbar mit Deinem Horoskop überein – das ich höchst aufmerksam nochmals gelesen habe. Lies es auch noch einmal, wenn Du es hast! Und wickle dann das Zellophan drumherum.

In meiner gegenwärtigen Verfassung zögere ich, mich wieder mit Blaise Cendrars zu treffen. Er bat um ein Wiedersehen, *sehr bald*, und ich versprach, ihn zum Abendessen einzuladen. Doch ich habe keinen Gusto darauf. Vielleicht bin ich zu traurig, wenn er kommt – und das würde alles verderben. Ich schaffe es nicht einmal, ihm einen Brief zu schreiben, obwohl ich mehrere Anläufe nahm. Er muß einen seltsamen Eindruck von mir haben. [...]

Ich bin in einem Zustand schrecklicher Nervosität, der mit Augenblikken großen Friedens und großer Ruhe abwechselt, wenn ich glaube, daß Du mich ganz bestimmt kennst und verstehst. Ich hätte jeden Tag telegrafiert, aber ich konnte einfach nicht. Ich meine, das Geld reichte nicht dafür. Ich bezahlte beispielsweise Halasz erst heute. Nicht aus einer Laune, das versichere ich Dir! Aber vergiß das. Ich habe es nur erwähnt, um Dich wissen zu lassen, daß ich wirklich so oft wie möglich telegrafierte.

Meine Briefe schicke ich noch immer an Kay Bryant, weil ich glaube, daß es sicherer für Dich ist. Ich weiß nichts über Hugo – nicht einmal, ob er abgereist ist oder nicht. Das ist der einzige Grund, warum ich meinen Namen nicht unter die Telegramme setzte – nicht wegen des zusätzlichen Worts. Du kannst Dir vorstellen, an welchem Punkt ich angelangt war, als ich Fred zu überreden versuchte, bei Andard etwas Kies für mich zu borgen. Ich wollte es für Telegramme, Telegramme.

Dieser Brief hier wird mit der *Hamburg* befördert und braucht sieben

Tage! Und ich sage: «Fahr zu, Schiff, fahr zu! Mach Tempo! Volle Kraft voraus!» Doch nur *Deine* Schiffe, Deine speziellen Charterschiffe, brechen den Geschwindigkeitsrekord. So ist es in «Alraune», und so ist es in dem Horoskop. Volle Kraft voraus! Vielleicht bin ich für Dich nur eine Bremse (?). [...]

Wie dem auch sei, ich frage mich, ob der Grund für Hugos Zorn über Turners Abreise mit dem Schiff war, daß *Du* geplant hattest, das gleiche Schiff zu nehmen. War das Nebenhöhlenleiden vielleicht ein unbewußter Wunsch, treu zu sein – aber *wem denn*? [Aleister] Crowley sagte neulich, Jung bekenne, fast unfähig zu sein, wenn es um Frauen gehe. Männergemüter seien ziemlich leicht zu lesen. Aber die von Frauen ...? Zu viele Jahrhunderte erzwungener List und Täuscherei! (Großartig von Crowley, mir das aus heiterem Himmel zu sagen. Ich erwähnte nichts von meinen Sorgen. Ich wollte nicht, daß dieser Bursche sich in meine Angelegenheiten mischt. Nein, Sir! Doch ich muß zugeben, daß er mir wunderbare Klarheit über die «Anima-Animus»-Sache verschaffte. Bitte erinnere mich irgendwann an die Göttin Athene und das, was die Griechen taten.)

Ich muß alle diese Dinge vereinfachen, selbst wenn ich gründlich unrecht habe. Man kann mit einem zweigeteilten Hirn nicht leben. Ist kein Frieden in dem Zustand. Besser unrecht haben, hinter der Zeit herhinken, unwissend sein und irgendwie *dahinschaukeln*, als in diesem riesigen Morast der Gelehrsamkeit steckenbleiben. «Die Nahrung für die Seele sind Licht und Raum.» Jawohl! Jawohl! Amen!

Eifersucht macht einen impotent und beschmutzt einen gleichzeitig auch. Mich in einem solchen Zustand zu halten, würde darauf hinauslaufen, mich zu vernichten. Sei froh, ja, daß ich leiden kann, aber benutze es nicht als Waffe. Letztendlich wirkt es nur als Bumerang. Denn wenn Du mich vernichtest, vernichtest Du auch Dich selbst. Ich bin sicher, daß Du das alles weißt, ohne daß ich es Dir sage. Doch ab und zu liebt eine Frau es, ihre Macht nicht nur zu *spüren*, sondern sie auch zu benutzen.

Was ich bestürzend fand, war der offensichtliche Genuß, mit dem Du in einem Meer der Schmeichelei schwammst. Als habe Dir in Deinem ganzen Leben nie jemand ein Kompliment gemacht. Das ist *Deine* Schwäche. *Diese* Schwäche kann ich nicht unterstützen. Das ist nicht meine Art. Ich habe mich nie zurückgehalten, Dir etwas Gutes und Schönes zu sagen, doch solche Dinge dauernd zu sagen, nur um Dich zu umschmeicheln, nein, das kann ich nicht. Es ist überdies falsch. Du solltest nicht erwarten, jeden Tag damit gefüttert zu werden. Ich mag es nicht, Dir in dieser Weise zu schreiben, Dir solche Dinge vorzuhalten.

Denn bei unserem Zusammensein war das nie nötig. Du tatest nie etwas, was zu kritisieren gewesen wäre. Bei Dir fand ich Vollkommenheit. Und diese Vollkommenheit, die Dir eigen ist, kann nicht geändert werden. Ich möchte, daß Du sie behältst, daß Du Dein wesentliches Selbst behältst. Wenn ich an Dich denke, dann als an eine Frau, die ins Zimmer hereintanzt – alles auf einen Schlag strahlen und leuchten läßt. Deshalb stehst Du immer am Bug des Schiffs, singend. Du leuchtest dem Seemann auf seiner Fahrt.

Stop! Ich sehe Dich nicht bloß als Leuchtfeuer. (Obwohl das den meisten Männern, und vor allem Künstlern, genügen würde.) Ich sehe Dich *als Frau*. Das Licht ist nur die Ausstrahlung Deines Geistes. Doch auch Dein Körper fordert mich – genausosehr. Dein Körper brennt in mir. Ich will keinen Lichtschein haben, so stark er auch sein mag, ich will den ganzen Apparat. Und ich bin auch nicht mit der strahlenden Aura zufrieden, die Du überall verbreitest. Ich will den ganzen Apparat. Und ich will ihn ausschließlich, für mich allein. Das ist der Fehler, den ich gemacht habe – Dich zu teilen. Das verkleinerte die Frau, fürchte ich. Jetzt mußt Du ganz sein, sieben Tage in der Woche, Reisen eingeschlossen. (Und kein Einspringen für Psychoanalytiker, keine Rollen im Ballett, keine Probeaufnahmen bei Paramount, keine «Schlafanträge». Dich in Deinen Briefen all diese Dinge herunterrasseln zu hören, das endlose Drängen, das Getue, das Schwitzen zu kennen, das rund um Dich herrscht, macht mich schlicht verrückt.) Wenn Du glaubst, ich sei ein Puritaner geworden, glaub es meinetwegen. *Ich werde Dich nicht teilen!!!* Du bist mein, und ich werde Dich behalten. Ich bin ungeheuer besitzgierig geworden. Aber ich bin kein Tyrann. Ich verlange nur Gerechtigkeit – Gerechtigkeit im Namen der Liebe.

Henry

PS: Du müßtest jetzt Deine Periode hinter Dir haben und wieder obenauf sein. Bei Frauen ist das psychische Moment oft das biologische.

An Henry [Barbizon Plaza Hotel, New York]
Donnerstag nacht – 20. Dez. [1934]

Empfinde bloß keine Reue wegen der Briefe, die Du mir schriebst – sie brachten alles in Ordnung! Als ich Dir gestern schrieb, kannte ich meine eigenen Gefühle nicht. Ich glaube, wenn Du meinen letzten Brief *durchschaust*, offenbart sich alles in dem kalten Satz über mein Vermeiden «sentimentaler Überlegungen» und über Getrenntsein. Ich wußte selbst nicht, warum ich nicht durch *Deine* Straßen gehen konnte. Du hast jetzt alles erklärt, denn in einem Deiner letzten Briefe schreibst Du folgendes: «Ich weiß, der Grund ist, daß ich untauglich bin. Ich bin verantwortlich dafür.»

Diese Schwäche in bezug auf das Leben – die ich *Dir nicht zum Vorwurf mache*... aber wenn ich gewisse Dinge tue oder mich Hugh unterwerfe, werde ich wider Willen rebellisch, nicht gegen Dich, sondern gegen das in Dir, was mich zwingt, diese Dinge zu tun. Dann versuche ich Dich wahrscheinlich auf andere Art zu verletzen, obwohl ich es nicht will. Ich liebe N. Y. nicht, ich liebe Geglitzer nicht, doch ich möchte meine materielle Unabhängigkeit von *einem* Mann erlangen, und wenn dieser eine nicht Hugh ist, ist's ein anderer. Ich möchte auf eigenen Füßen stehen, weil Du es nicht kannst. Du bist schwach, Henry. Erzähl mir beispielsweise nicht, Fred sei in die Wohnung gekommen, um *Dich* vor Hugh zu schützen. Nein. Du warst zu schwach, um Einspruch zu erheben, das ist alles; und ich weiß, es bedeutet Unterbrechung der Arbeit, und warum hast Du auf der Veranda geschlafen? Etienette ist also auch eingezogen. Sobald ich weggehe, bist Du hilflos. Du kannst nicht einmal den Platz verteidigen, an dem Du schreibst, arbeitest. Das machte mich zornig. Und das wird sich bei Dir, wie ich Dir einmal fast weinend sagte, nie ändern. Und deshalb wirst Du die Strafe bezahlen müssen, daß ich eine Geschäftsfrau werde, und weil ich das mit Bitterkeit nicht schaffe, muß ich es fröhlich und humorvoll tun, wie ich es bis zur Verwechslung der Briefe tat, und das ist der Grund, warum ich nicht durch Deine Straßen ging – um keine Gefühle zu wecken. Nun schreibst Du mir, daß ich meine Seele verliere usw.

Ich möchte Dich nicht verletzen. Du weißt, warum ich hierherfuhr. Ich ließ mir das Geld für die Miete als Vorschuß auf mein Monatsgehalt geben. Ich arbeite. Das schadet mir nicht. Die Täuschung war nötig, weißt Du. Ohne Hugh hättest Du mich nicht fahren lassen. Und hättest Du mir den geringsten Widerstand entgegengesetzt, hätte ich nicht den Mut gehabt zu fahren. Du willst wissen, was ich tue: Ich verlasse das

Barbizon um 8.30 Uhr. Ich gehe ins Büro des Centers, in das Zimmer, wo ich für Rank analysiere, Briefe schreibe und verhandle. Manchmal esse ich in der Cafeteria an der 7th Avenue allein zu Mittag, wenn ich Zeit für mich brauche, doch ich versuche, nicht allein zu sein – habe nicht viel, wovon ich träumen kann, und wenn ich zusammenbreche, überfallen mich Einsamkeit und Sehnsucht.

Ich mag einfache Menschen und einfaches Essen. Doch ich bin passiv. Ich lasse mich von allen ausführen. Ich mag nicht allein sein. Und ich bin voller Interesse, nicht an den Menschen, sondern an dem, was meine Phantasie aus N. Y. macht. Aus allem, was ich höre und sehe.

Nie zuvor, Henry, habe ich mich so vollkommen, aufrichtig und hingebend angeboten, doch genau das ist auch der Grund, warum ich verrückte Dinge für Dich tue.

Warum glaubst Du, nicht ans Barbizon schreiben zu können? Wer ist «der große Dichter», der erfreut sein wird? Oh, Henry, Henry, laß uns einander wieder nahekommen. Zwei Dinge, die Du in Paris sagtest, blieben mir im Kopf: Deine Bemerkung darüber, N. Y. allein zu besuchen ... und was Du an einem anderen Tag sagtest, nämlich daß wir eine fast kaltblütige Beziehung hätten ...

Doch jetzt ist das alles vorbei. Sei nicht mehr verletzt. Du kannst kommen, wann Du willst – sobald ich das nötige Geld verdiene –, eher als ich in den anderen Briefen schrieb, vielleicht um Dich zu verletzen.

Emil sah mein Zimmer im Barbizon. Es ist wie ein Schuhkarton.

Wenn Du sagst, «wir können einen Palast rund um uns bauen, wenn zwischen uns alles stimmt» – schreibst und redest Du wie nie zuvor, eher so, wie ich schrieb und redete. Diese Dinge scheinen für Dich erst wirklich und absolut zu werden, wenn ich sie wegen einer nüchterneren Erkenntnis aufgebe, wie jener, daß ich in größerer Gefahr sei, durch den Konflikt meines Zusammenlebens mit Hugh meine Kraft zu verlieren als in N. Y. meine Seele. Fürchte das nicht. Es machte mich allerdings glücklich, frei zu sein, und eine Zeitlang nahm dieses Glücklichsein die Form einer begeisterten Liebe zu N. Y. an. Nicht N. Y. liebe ich, sondern meinen Henry, meinen kleinen Henry, meinen Henry. Kann nicht mehr schreiben.

[Anaïs]

Morgen werde ich Dir telegrafisch Geld überweisen. Es ist nur für Notfälle. Du kannst es ausgeben, wenn Du es brauchst. Ich kann Hugh die Überweisung erklären.

[Barbizon Plaza Hotel, New York]
26. Dezember 1934

Das Schönste, was mir am Weihnachtstag widerfuhr, war das Eintreffen Deines Telegramms, daß Du «Alraune» schickst; daraus ersehe ich, daß Du daran gearbeitet hast.

Alles hatte ein Ende, als ich Deine drei Briefe fast unmittelbar nacheinander bekam. Wegen des einen oder anderen, wegen Arbeit oder Streß, Seelenschmerz oder Verlust meiner Fröhlichkeit usw. brach ich zusammen und wurde wirklich krank. Zum Glück hatte ich überall erzählt, ich würde über Weihnachten verreisen. Ich verabscheue das Aufhebens, das sie hier davon machen. Ich wollte nicht nach Greenwich ins Haus von [Maxwell] Perkins, wollte nicht zu den Guilers usw. Ich nahm an einer langen Fahrt durch Connecticut mit einigen Leuten aus dem [Psychological] Center teil, um mir während des Wochenendes einfach das Land anzuschauen. Auf diese Weise sah ich Hartford, New Haven, Litchfield und andere Orte entlang der Straße. Weiße Holzhäuser, weiße Holzkirchen, kahle, zugeschnittene Bäume, exakte Straßen, geometrisch aussehende Leute, Schuhkartonstädte, Eintönigkeit, oder so kam es mir vor, wie eine Seite Arithmetik. Die städtischen Ansiedlungen waren wie Fabriken. Gutes Essen. Nichts zu trinken – nichts Hartes, meine ich. Erinnerte mich an Richmond Hill[1] und machte mich innerlich kränker denn je. Die weißen Vorhänge usw. Irgendwie hat man das Gefühl des Verhungerns der Phantasie. Es ist zu sauber, zu gesund, zu – ich weiß nicht was. Du würdest es hassen. Nein, ich kann nicht sagen, was Du empfinden wirst, wenn Du kommst. Mir gefällt es an manchen Tagen, mir gefallen die Oberfläche, der Rhythmus usw. Alles, was ich Dir über das Land schrieb, ist wahr. Spirituell gesehen ein aschiger Kern; das Gemüt – das fehlt entschieden. Es amüsierte mich, als ich in eine kleine Antiquitäten- und Buchhandlung eines Städtchens trat, in Litchfield, glaube ich, war's, auf einem Regal mit verbilligten Büchern zu einem Dollar die [Anthologie] *Americans Abroad* zu finden. Das Buch verkauft sich nicht! Oh, Henry, ich werde es nie schaffen, die anderen Briefe zu beantworten. Ich befolge besser Deine Anweisung in dem Telegramm, die lautete: Ignoriere alles bis auf *«te amo»*. Ich habe ver-

1 In Richmond Hill, Queens, New York, hatte Anaïs Nin mit ihrer Mutter und ihren Brüdern vor ihrer Heirat im Jahr 1923 gelebt, anschließend dann auch zusammen mit ihrem Mann, bis zur Übersiedlung der beiden nach Frankreich im Dezember 1924.

sucht, sie zu beantworten. Ich weiß nicht, ob Du das Telegramm geschickt hast, weil etwas, was ich in den Briefen nach den vertauschten schrieb, Dir irgend etwas offenbarte oder weswegen sonst. Ich will nicht in Einzelheiten gehen. Was Du meine astrologischen Berechnungen nennst: Willst Du wirklich wissen, warum ich, wenn ich beim Wetten auf dem Schiff etwas gewinne, es per Scheck Dir schicke? [...] Muß ich erklären, daß ich den Scheck um die Summe reduziere, die Hugh mir als Zuwendung zugestanden hat, und daß ich ihm das sage usw.? Neulich schickte ich Dir telegrafisch 20 Dollar, weil ich dachte, Du könntest knapp bei Kasse sein. Und zu Weihnachten.

Ich möchte wissen: Wie stehst du zum Herüberkommen? Im Grunde wirst Du kommen wollen, denn wenn Hugh im März kommt, wird er mindestens einen Monat bleiben. Das bedeutet, daß ich nicht vor April nach Paris zurückkehren kann. (Die Sache mit der Wohnung: Sie sollte Deine Arbeit fördern. Du gabst sie jedoch an dem Tag symbolisch auf, als Du sie Fred und seinem Mädchen abtratst – das war sehr entmutigend: Opfer zu bringen, *damit Du die Wohnung hast*, und dann benutzt Du sie so! Henry, bitte versuch mich zu verstehen: Alle meine Mühen sind so oft vergebens, von Dir zunichte gemacht.) Symbolisch gesehen halte ich es nicht für sinnvoll, mich anzustrengen, um Dich in einem Geleise zu belassen, das Du ohnehin schon verlassen hast. Außerdem weißt Du nicht, was Du willst. Emil sagt, er spürt Heimweh in Deinen Briefen. An einem Tag ist es Haß, an einem anderen Sehnsucht. Du hast die Wohnung gewissermaßen aufgegeben; glaubst Du, das bedeutet, daß Du herkommen willst? Weißt Du, ich möchte nicht sagen: Komm her, denn sonst werden wir fünf Monate getrennt sein. Ich möchte, daß Du tust, was Du für richtig hältst, Henry. Mich hält das finanzielle Problem hier gefangen. Ich akzeptiere es wie alles, als etwas, das in Vergnügen umzuwandeln ist. Deswegen war ich voller Humor und Fröhlichkeit. Alles ist interessant, alles kann geschaffen und erfunden werden; welche Leere auch immer in New York herrscht, ich spüre sie nicht, weil ich in meiner eigenen Welt lebe, mit meiner eigenen Liebe, mit Dir, mit den Reichtümern, die Du schenkst, mit allem, was ich besitze, und Louveciennes kann überall errichtet werden, kommt doch ohnehin alles aus einem selbst.

New York hat in Wirklichkeit nur diesen Fehler: daß es die Geburt des Individuums nicht erlaubt. Es ist zu erdrückend, zu brutal, zu riesig, eine zu große Maschinerie, man wird zu Stücken zerrieben, *aber* wenn man als Individuum geboren worden ist (in Paris, in Italien, überall außer hier), dann liegt einem New York als gut zu benutzendes Werkzeug in der Hand. Dann beherrscht man es, freut sich daran, lacht darüber. [...]

Das Gute an Deinem Kommen, falls Du kommst, wird sein, daß Du herausfinden kannst, was Du willst. Du wirst wissen, ob Du Europa willst. Es wird kein Geziehe, kein Gezerre, keine Widersprüche mehr geben. [. . .]

Nimm das Gerede von Orchideen usw. nicht ernst. Es hat mir gefallen, ein bißchen verwöhnt zu werden, Henry; Dir gefällt es ja auch. Das ist menschlich. Doch nicht das Verwöhntwerden mag ich am liebsten, und das weißt Du. Du hast *wegen etwas anderem* versucht, mir die Hölle heiß zu machen, nicht wegen des Verlusts meiner Seele! Ich habe nichts verloren. Ich gewinne nur hinzu, für mich selbst, für uns, für unsere Welt, für unsere Arbeit! Gewinne immer nur hinzu.

[Anaïs]

An Henry — [Barbizon Plaza Hotel, New York]
27. Dezember 1934

Was mich krank machte, mein geliebter Henry, war, Dich verletzt zu haben. Doch jetzt ist alles vorbei, bestimmt, ganz vorbei. Du mußt inzwischen meinen Liebesbrief haben, auch meine Telegramme, und Du verstehst sicher, was sich hinter der Härte verbarg, daß ich sie vielleicht brauchte, um nicht zusammenzubrechen, denn wenn ich jetzt zurückschaue, wundere ich mich, daß ich einen solchen Schritt überhaupt tun konnte; ich schaffte ihn nur durch einen ungeheuren, blinden Sprung in den Raum, was erforderte, daß ich härter wurde. Zu Deinen letzten Briefen – ich weiß nicht, was ich sagen soll. Du scheinst zum ersten Mal von mir erfüllt zu sein, ja, Henry. Im ersten Jahr warst Du noch von June erfüllt, danach kam das Schreiben, und es bestand nicht nur ein Kontrast zwischen dem Ausmaß, in dem ich von Dir erfüllt war und Du von anderem als von mir erfüllt warst, sondern auch zwischen dem kleinen Raum, den ich offenbar in Dir einnahm, und dem, was mir alle anderen gaben – nicht die Geschenke, nein, die Fülle vielmehr, nach der ich mich so sehnte. Immer ist alles aus dem Lot: Du merkst das jetzt, nachdem ich so weit weg sprang, daß ich fast aus Deinem Leben sprang, nachdem ich in dem Bemühen, weniger sentimental und etwas härter zu sein, fast mein gesamtes Naturell änderte. Wenn ich Dich, in gewissem Sinn, fast zu vergessen versuchte, dann wiederum nur *für* unsere Liebe und nicht gegen sie. Ich spürte, daß ich nicht allein genug war, um den Attacken der Liebe anderer standzuhalten. Du sprichst davon, traurig zu sein und an die Bonbons zu denken, die Frauen haben wollen usw. Das meintest Du nicht wirklich, sondern etwas anderes. Ich will keine Bonbons. Es war etwas sehr Wesentliches, was ich von anderen bekam, weniger jedoch von Dir. Wie dem auch sei, das alles ist vorbei, nicht wahr, wir müssen Pläne machen, wir müssen für irgendeine Art Glück arbeiten. [...]

Zu Blaise Cendrars: Ich glaube nicht, daß Du Dich «beschissen» hast. Du warst einfach verwirrt. Ich bin sicher, daß es ihm nichts ausmachte. Erzähl mir mehr darüber, was er sprach. Dieser Abend war sicherlich wunderbar, ziemlich verrückt und rührend und überwältigend und komisch. Ich fürchte jedoch, daß auch wieder dieses Wegwerfen dessen stattfand, was Du Dir so lange gewünscht hattest – wegen Deiner Ausflucht in die Nichtverwirklichung, zur Vermeidung alles dessen, was sich herauskristallisiert, zur Vermeidung von Vergnügen und Zufriedenheit, weil Du eine Leidenschaft für Schwierigkeiten hegst, genau wie ich, einen Hang zum Aufbau von Hindernissen, damit Du sie niederreißen mußt, einen Hang zum Komplizierten, wegen der Lust am Entwirren, einen Hang zum Verstricken und Verpfuschen, um Deinen Geist einsetzen zu können, Deine Seele, Deine Phantasie, Deine Emotionen. Was immer Du schließlich erfaßt, was immer schließlich Deines Weges kommt, was immer sich materialisiert, bedeutet Dir eine Art Gefahr. Denn alles andere wäre zu einfach, zu freudvoll, es könnte Dich glücklich machen, auf eine gewöhnliche Weise. Das läßt Du nicht zu. Du brauchst das Spiel. Ich verstehe Dich, Henry, Ich tue das gleiche auf andere Weise. Mein Leben ist voll solcher Spiele, voller Schachspiele jeglicher Art, Rollen usw. Du weißt das. Du weißt, warum ich über Dinge hinwegspringe, warum ich nicht Schritt für Schritt vorwärtsgehe wie die Französin, Du weißt, warum ich an eine Art Magie glaube, an das Unmögliche, das tatsächlich geschieht, warum «Alraune» für mich wirklich ist. Aus diesem Grund erinnerst du Dich, wenn Du nicht mehr weißt, ob ich spiele, erfinde, mich verstelle, heuchle, gern an die Stunden, in denen ich *raie au beurre noir* [Rochen in brauner Butter] und Rotkohl kochte ... *das* weißt Du gewiß, daß ich Dich menschlich liebe; und jetzt sagst Du, daß Du vor allem anderen ein Mann bist und mehr als alles andere mich als Deine Frau willst. Seltsame neue Reden, Henry, ach, seltsam nach all diesen Jahren. Seltsame Kreativität in uns, die auf Kosten unserer menschlichen Zufriedenheit gedeiht und sich entfaltet. Vielleicht hätte ich Dir diese Wohnung gar nicht besorgen und Dir das Leben gar nicht so märchenähnlich gestalten müssen. Ich beschaffte Dir die Wohnung, ich griff nach dem Höchsten, dem Traumhaftesten, und dann mußte ich so teuer dafür bezahlen. Ich mußte hierherreisen, mich losreißen, allein sein, kämpfen, dabei könnten wir noch im Hotel Havana sein, das Du so schön fandest. Doch die ganze Zeit über tun sich neue Horizonte auf, und alles wird tief und *«merveilleux»*, selbst wenn wir beide so verletzt sind wie eben jetzt ... Deine

Anaïs

An Anaïs [Villa Seurat]
Donnerstag, 27. Dez. [1934]

Bekam eben Deinen Brief. Es fällt mir schwer, Dir zu schreiben, weil ich sehr niedergeschmettert bin. Fast zwei Wochen habe ich auf diesen Brief gewartet. Wäre er zehnmal so lang und zehnmal so ausführlich, er könnte den Schmerz, den ich erduldete, nicht wiedergutmachen. «Ein wenig verwirrt», schreibst Du. Wie ein schlafender Bär, he? Na, vielleicht wäre es besser, Du würdest das glauben, als die Wahrheit zu kennen. Du scheinst zu erwarten, daß ich Dich verprügle – physisch oder geistig. Das kann ich nicht. Es ist nicht meine Art. «Völlig übergeschnappt» bedeutet nicht wütend, sondern verrückt. Die Telegramme, die ich Dir in meiner Aufregung schickte, sollten Deine Ängste beschwichtigen. Ich dachte, Hugo reise an einem der nächsten Tage ab, und fürchtete, er könnte Dir etwas antun. Und es tat mir leid, auch nur das Geringste gesagt zu haben, was als Vorwurf ausgelegt werden könnte, weil ich wirklich nach besten Kräften zu glauben versuchte, daß alles für einen Zweck geschah, der es wert ist. Doch du scheinst nicht zufrieden zu sein. Du wolltest vermutlich bestraft werden.

Anaïs, hör mir gut zu – solange ich Dich liebe wie jetzt, kann ich nicht mit Dir zanken oder Dich bestrafen, Dich auch nicht ausschelten oder belügen. Mich schmerzt der Gedanke, daß die schrecklichen Szenen, die Du mit Hugo erlebst, Dir letztlich eine gewisse Befriedigung bringen. Ich werde dies niemals mit Dir durchmachen, das kann ich Dir versprechen. Es wäre entwürdigend für Dich – und für mich. Dieses ganze Gerede von «Schuld» und «Dankbarkeit», dieses Schreiben halb-aufrichtiger Liebesbriefe macht mich krank. Ich möchte Dir eine sehr einfache Frage stellen: Was hast Du zu fürchten, wenn Du Deine Wünsche offen bekennst? Hast Du nicht das Recht, als Menschenwesen, Dein eigenes

Leben zu führen, Deine Entscheidungen selbst zu treffen? Ich sage nicht, daß Du Hugo grausam, absichtlich verletzen sollst, aber es ist jetzt an der Zeit, Farbe zu bekennen, fest zu sein. Wenn ich Du wäre, würde ich nicht die Wahrheit sagen – nicht nach all den Lügen. Sie wäre zu furchtbar. Es gibt andere Auswege. Du kannst aufrichtig gestehen, frei sein zu wollen. Wenn er nicht in die Scheidung einwilligt, muß er Dir zumindest mehr Freiheit gewähren. Niemand auf Gottes Erde kann das verhindern, sofern Du es willst.

Vielleicht telegrafiere ich Dir, bevor Du diesen Brief kriegst, daß ich möglichst schnell kommen möchte. März und auch Februar sind zu weit weg. So lange kann ich nicht warten. Sei Dir darüber im klaren, daß ich seit dieser kleinen Verwechslung nicht eine Nacht richtig geschlafen habe, daß ich ständig Bauchschmerzen habe. Ich mache eben Deine «Alraune» fertig – sie geht mit der gleichen Post ab wie dieser Brief. Wie ich das geschafft habe, weiß ich nicht. Vielleicht dank dieser *«intermittences du cœur»* [Aussetzer des Herzens], die Deine Telegramme hervorriefen. Ja, sie munterten mich auf. Ich war gehobener Stimmung. Aber ich konnte diese Stimmung nicht bewahren. Ich hatte das Gefühl und habe es immer noch, daß irgend etwas *louche* [faul] ist, wie man so sagt. Vor allem auf der Rank-Seite. Du weißt nicht, wie unglücklich ich war, als ich Deinen Brief las und mir klar wurde, daß das Geld von ihm stammte. Ich dachte an viele Dinge gleichzeitig – besonders an die Rückkehr aus Le Havre. Ich dachte an Deinen Gesichtsausdruck, als ich Dich frühmorgens an der Tür Deines Hauses verließ. Er erinnerte mich an Deine Beschreibung von Alraunes schwimmendem Gesicht in dem Taxi. Er verfolgte mich lange. Ich fühlte mich zutiefst unbehaglich.

Du siehst, Anaïs, ich verstehe alles und verzeihe, so Verzeihen nötig ist, aus ganzem Herzen. Doch traurig macht mich, daß Du, wenn es eine Wahl zu treffen gilt, es vorziehst, mich durch eine Lüge zu schützen, statt mir als Mann zu vertrauen, als einem Ebenbürtigen, als Deinem Partner im Leben und im Tode. Weißt Du nicht, daß Du mir *alles* sagen kannst? Wie klein ich mich fühle, wenn ich an alles denke, was Du tun mußtest – *um mich zu beschützen*. Kein Mann möchte Schutz um einen solchen Preis – das mußt Du Dir eingestehen. Und wie gesagt, mein ganzes Leben wird durch die Tatsache verdunkelt, daß genau diese falsche Haltung seinerzeit zu der tragischen Situation mit June führte.

Weißt du, ich glaubte Dir so unbedingt, daß ich nach dem Öffnen dieses falschen Briefs ganz benommen war. Nicht «ein wenig verwirrt», sondern der Boden öffnete sich unter meinen Füßen. Vor dem Eintreffen des Briefs hatte ich eine Warnung bekommen, mich aber geweigert, sie zu beachten. Ich stand am Ausguß und spülte das Geschirr. Fred trocknete ab. Er sagte: «Guiler ist noch in der Stadt, hast Du das gewußt?» Ich entgegnete: «Du spinnst.» Darauf er: «Andard hat gestern mit ihm geredet.» – «Unmöglich», sagte ich und lachte ihn aus, «er muß mit jemand anderem geredet haben – irgend jemand muß für ihn an den Apparat gegangen sein.» Das blieb unwidersprochen. Ich sah ein komisches Lächeln auf Freds Gesicht, vergaß es für den Augenblick jedoch. Als der Brief kam, erklärte er: «Ich wollte es Dir neulich nicht sagen, aber Andard hat mit Guiler von Angesicht zu Angesicht geredet – er traf ihn auf den Champs Elysées.» [. . .]

Um einige Tage zurückzugehen: Kurz nachdem ich an der «Alraune» zu arbeiten begann, erfuhr ich von Fred, daß Andard vielleicht Dein Buch veröffentlicht. Ungeheure Begeisterung. Ich schrieb Dir sofort – hätte telegrafiert, wäre ich nicht pleite gewesen. Schließlich kabelte ich wegen der «Alraune». Dachte, es wäre eine freudige Überraschung für Dich. Gleichzeitig dachte ich, daß ich eine Antwort auf meinen *Europa*-Brief bekommen würde, zumindest in Form eines Weihnachtsgrußes. Am Heiligen Abend kein Telegramm. Am Weihnachtstag kein Telegramm. Während der beiden Tage ein ständiges Kommen und Gehen hier – alle schauten kurz herein, um guten Tag zu sagen. Ich wurde vor Nervosität so hysterisch, daß ich sie anbrüllte: *«Je m'en fous de vous, je suis triste, je suis triste!»* [«Ich pfeife auf euch, ich bin traurig, ich bin traurig!»] Ich rannte hinunter und lud den Lieutenant und seine Frau ein, heraufzukommen. Es war der schwächste Augenblick in meinem Leben, seit ich in Paris bin. Ich sagte: «Ich muß unbedingt mit einem Amerikaner reden. Ich bin traurig, ich habe Heimweh, ich bin einsam. Ich kann den Klang französischer Stimmen nicht ertragen.» [. . .] Als alle gegangen waren, lag ich im Bett und weinte.

Ich begriff einfach nicht, wie Du vergessen konntest, an mich zu denken. Und am nächsten Morgen beim Erwachen sah ich mich einem weiteren Tag der Qual gegenüber. Den ganzen Tag wartete ich darauf, daß die Zeit vergehe, in der letzten Hoffnung, Du würdest telegrafieren – weil ich Dich darum gebeten hatte. Ich hatte Dich gebeten, gut zu mir zu sein. Spät in dieser Nacht ging ich mit dem Mülleimer hinunter, und als ich den Stoß unwichtiger Briefe auf dem Heizkörper liegen sah, packte ich ihn, um ihn in den Eimer zu werfen – wütend, weil von Dir nichts für mich gekommen war. Und dann, während ich die Briefe hineinwarf, empfand ich den Drang, sie ein zweites Mal durchzuschauen. Ich bemerkte meinen Namen auf einem Umschlag mit blauer Vorderseite. Ich riß ihn auf – er datierte vom 22. Ich war zerschmettert. Weißt Du, ich schaue diese farbigen Fensterkuverts kaum jemals an, weil sie immer nur Rechnungen für Leute enthalten, die nicht mehr hier wohnen. [...]

Vielleicht passierte dies am Abend des Weihnachtstags, ich weiß es nicht mehr genau, die Tage geraten mir immer durcheinander. Wie dem auch sei, ich telegrafierte wieder – diesmal an Emil, weil ich fürchtete, Hugo sei inzwischen bei Dir im Hotel und könnte die Nachricht abfangen. Tatsächlich fragte ich mich schon, ob er etwa die anderen abgefangen habe und das der Grund sei, warum ich nichts von Dir gehört hatte. Plötzlich packten mich panischer Schrecken, absolute Verzweiflung. Ich glaubte, Du seist krank, und mehrere Male meinte ich, Du seist tot. Ich wollte Deinen Vater anrufen, doch dann sagte ich mir, er würde bestimmt nichts von mir hören wollen, besonders nicht, wenn Dir etwas zugestoßen sei. Ich begann nach Ranks Adresse zu jagen, aus dem Gedanken heraus, wenigstens Rank würde so anständig sein, mir die Wahrheit zu sagen. Ich weiß nicht, was mich hinderte, mein Vorhaben auszuführen – Stolz, Demütigung, Angst, Pein, auch die Furcht, das Leben anderer durcheinanderzubringen? Ich lief in Schweiß gebadet herum. [...] Wie ein Betrunkener ging ich nach Hause. Etwa um drei Uhr morgens fiel ich aufs Bett, lag hellwach da und horchte auf Schritte. Während der Nacht – ich schlafe jetzt im Arbeitszimmer – fiel plötzlich das Mondlicht voll aufs Bett. In diesem Augenblick löste sich die Spannung, und ich schlief ein, vor mich hin murmelnd: Jetzt weiß ich, daß alles in Ordnung ist. Alles ist gut. Sie wird telegrafieren. Sie wird telegrafieren. [...]

Erst jetzt wird mir klar, wie Du Dich gefühlt haben mußt, als Du die Wohnung hier verlassen hast, in dem Wissen, daß Du sie nie wieder betreten würdest. Wie Du das geschafft hast, ohne zusammenzubrechen, begreife ich nicht. Du hast Mut. Was für eine Schauspielerin Du bist! Was für eine schreckliche Rolle! Jetzt verstehe ich Deinen Blick in der Tür besser, die Tränen im Zug, bevor Du «Alraune» schriebst. Anaïs, das alles macht mich verrückt. Du sagst: «Bleib, solange du willst, und arbeite.» Das ist unmöglich. Ich möchte hier heraus, so schnell es geht. Ich muß bei Dir sein, und ich werde Dich nie mehr von mir fortlassen. [...]

Es ist wichtig, Anaïs, daß Du mir die volle Wahrheit über Hugo sagst. Wann kommt er an, und soll er für immer dort drüben bleiben, oder hat er vor, im Frühling zurückzukehren? Ich möchte keine Briefe oder Telegramme ins Barbizon schicken und sie von ihm abfangen lassen. Außerdem, warum schriebst Du Februar oder März? Gibt es außer der Geldfrage irgendeinen Grund für die Verzögerung? Sei ehrlich. Ich werde nie mehr etwas über «Lügen» zu Dir sagen, darauf hast Du mein Wort, doch ich setze voraus, daß Du von jetzt an absolut aufrichtig zu mir bist. Wenn Du das nicht sein kannst, wird es verhängnisvoll. Ich war nie einer, der Dich bedrängte, der durch ständige Quälerei etwas bei Dir zu erreichen versuchte. Tatsächlich hast Du mich oft beschuldigt, gleichgültig zu sein, was nie der Fall war – es war einfach äußerstes Vertrauen zu Dir. Dieses Vertrauen muß wiederhergestellt werden, und ich werde Dir helfen. Doch dies ist ein Pakt. Ich möchte Dein Wort haben. [. . .]

[. . .] Sind wir wirklich geschieden, June und ich? Du wirst aus dem «Alraune»-Manuskript ersehen, daß ich sie in mir abgetötet habe.[1]

Ja, zu dem Manuskript muß ich noch etwas sagen: Es unterscheidet sich von dem, was wir ursprünglich geplant hatten. Ist weniger streng, weniger entschlossen. Ich persönlich finde, daß es auf diese Weise künstlerischer ist. An Deine Geschichte hielt ich mich getreulich, aber nicht immer chronologisch. Ich setzte den Anfang an den Schluß, wo er nach meiner Meinung tatsächlich hingehört – findest du nicht? Ich hoffe, es gefällt Dir so. Ich arbeitete während der paar guten Phasen, die ich hatte, mit Schwung daran – und mit Liebe. Einige der Szenen, wie die Neptun-Atlantis-Szene oder die im Hotelzimmer, scheinen mir jetzt recht gut gelungen. Ich las Dein Horoskop noch einmal genau und ließ mich auch davon durchdringen. Kurz, ich tat alles, was ich konnte, was nach meinem Gefühl Dich verkörperte. Ich wollte die Seiten in einen blauen Aktendeckel tun, habe aber nicht die Zeit dazu. Vielleicht schreibe ich ein kurzes Vorwort, vielleicht auch nicht. Eine Idee dafür habe ich mir auf einer Papierserviette notiert. Doch das ist nicht wichtig. Ich werde ohnehin kurz nach seinem Eintreffen bei Dir sein. Wir werden es feiern – Du, ich und Emil. Es machte mich sehr glücklich, daß Du ihn besucht hast und auch, daß Ihr so gut miteinander zurecht kamt. Ich weinte ein bißchen, als ich diese Stelle Deines Briefs las. Tut mir leid, daß Du in die Henry Street gingst. Natürlich ist sie ganz verändert – wie solltest Du je mein Bild davon wiedererkennen? Doch hättest Du die Küche auf der Rückseite gesehen, den dünnen Pfosten, der das Dach trägt, und Dich an alles erinnert, was ich dir erzählte und auch was ich schrieb, hättest Du Dir mich vorstellen können, um ihn herumlaufend wie ein betrunkener Bär, während Alraune und ihre Gefährtinnen ihre verrückten Lieder zum Rückfenster heraus sangen, das Feuer erloschen, die Kerzen brennend, die Stühle zerbrochen und ich am Verrücktwerden.

1 Am 20. Dezember 1934 wurde die Ehe Henry Millers, der sich vor Gericht durch einen Anwalt vertreten ließ, in Mexiko geschieden.

Aber schau, ich muß aufhören. Ich möchte das hier mit Dir durchlesen, wenn ich hinkomme. Ich habe das Gefühl, daß ich dort drüben noch ein paar Freunde besitze und es anfangs nicht allzu hart sein wird. Ich werde das Risiko eingehen und geduldig Fuß zu fassen versuchen. Meine Zeit hier ist um. Fast auf den Monat genau fünf Jahre! Fünf Jahre Exil. Doch ich dachte nie, daß ich unter solchen Umständen zurückfahren würde. Du mußt gut zu mir sein, zärtlich, liebevoll. Ich brauche Dich so sehr. Ich gebe Dir alles, was ich besitze. Ich will nichts als Deine Liebe.

Henry

Erschöpft – kann kein Wort mehr hinzufügen. Es ist schon der nächste Tag. Bin entschlossen zu kommen. Habe Dir bereits telegrafiert. Schreibe morgen vielleicht mehr für die nächste Schiffspost. Besorge Dir Deine Staatsbürgerschaft! Wichtig jetzt!

An Anaïs

[Villa Seurat]
29. Dezember [1934]

Erhielt seit dem langen Brief mehrere Briefe von Dir, den Scheck und schließlich das Telegramm. Du *bist* also glücklich? Du wolltest, daß ich komme! Deine Briefe treffen einer nach dem anderen ein, und sie dringen wie blitzende Schwerter durch die lastende Atmosphäre, die mich umgibt. Ich habe das Gefühl, daß Du mir hilfst, mich aus dem verworrenen Netz herauszuhauen. Ich gehe durch die Straßen, Deine Briefe beantwortend, esse und weiß hinterher nicht, was ich gegessen habe, steige an den falschen Métrostationen aus, stoße mit Leuten zusammen, falle die Treppe hinunter – all die kleinen Dinge, die mir zuvor nie passiert sind.

Du schreibst, daß ich weitere Briefe abwarten soll – daß ich glücklich sein werde. Ich würde es sein, Anaïs, wäre ich nicht schon glücklich und derart begierig darauf, Dich in die Arme zu schließen, daß selbst Deine schönen Briefe mich nicht zurückzuhalten vermögen. Ich hoffe, mit der *Champlain* fahren zu können, die am 3. ausläuft. Erwarte Antworten auf meine Telegramme. Ich bin überzeugt, daß ich rechtzeitig kriegen werde, was ich brauche. Überzeugt!

In dem Moment, wo ich meine Entschlußkraft zusammennahm und zu handeln beschloß, kam alles in Ordnung. Die ganze Zeit über hatte ich

Impulse, Intuitionen gehabt, die erstickt wurden. Eine Frau gehorcht ihren Impulsen. Männer schämen sich ihrer oft. Vielleicht weil Männer kindlicher sind. Sie glauben noch beharrlich, selbst wenn sie den sichtbaren Gegenbeweis vor Augen haben. Du schreibst in dem letzten Brief, der mich völlig zusammenbrechen ließ, daß Du dageblieben wärst, hätte ich nur den geringsten Widerstand geleistet. Du schreibst, ich wüßte nicht, wie man auf eigenen Füßen steht, oder könne oder wolle es nicht – und das sei der Grund, daß alles so läuft, wie es läuft. Du schreibst, ich sei schwach. Jeder Brief enthält irgendeinen grausamen, wirkungsvollen Hieb, der mich zusammenzucken läßt, der den Wunden keine Zeit zum Heilen läßt. Dein Brief endet mit einem Schluchzen. Meiner endete im Kollapszustand. Wir quälen einander. Ich schrieb Dir den letzten Brief mit meiner letzten Unze Energie, Hoffnung, Glauben, Mut. Ich weiß nicht, was drinsteht – ich konnte ihn nicht mal mehr durchlesen. Ich weiß nur, daß ich komme und daß alles anders wird. Kein festes Programm, sondern ein völlig aufrichtiger, ernster Entschluß. Wenn dieser Brief Dich erreicht, müßte ich bereits auf dem Meer sein. Ich hoffe, die letzten paar Tage, die letzten Briefe werden mich Dir näher bringen, als ich Dir je war, so daß ich, wenn ich Dich sehe, kein Wort sagen, sondern Dich nur anschauen muß und Bescheid weiß, weiß, daß alles in Ordnung ist. Laß uns nicht von Verzeihen reden, auch nicht von Recht oder Unrecht. Laß uns einfach zusammen *sein*, wie wir es immer waren.

Das letzte Telegramm machte mich furchtbar glücklich, besonders als Du von «unserer Rückkehr» sprachst. Warum? Weil es mir sagt, daß Dir nichts an New York liegt, genau wie Dein letzter Brief. Hätte New York Dich vereinnahmt, wäre ich bitter enttäuscht von Dir gewesen. Ich komme mit offenen Augen nach New York, mit voller Kenntnis seines Zaubers und seiner Leere, seiner Häßlichkeit. Ich sehe kein . . .

Wurde hier für eine Stunde unterbrochen, durch einen überraschenden Besuch von Dobo, der für die Feiertage [aus England] herüberkam. Lehnte seine Einladung ab, mit ihm «den Montmartre zu machen». Will Dir schreiben, Dir schreiben, bis das Schiff abfährt und vielleicht auch auf dem Schiff. Rechne also mit weiteren Briefen, bis ich komme, vielleicht sogar nach meiner Ankunft noch. [. . .]

Ich will Dir jetzt etwas sagen, weil Du weißt, daß ich das nötige Reisegeld nicht hatte: Ich telegrafierte Emil zur gleichen Zeit wie Dir und bat ihn, bei meinen Freunden etwas Geld aufzutreiben. Nach meinem Gefühl habe ich absolut das Recht, dies zu tun. Warum sollte ich mich nicht an meine Freunde wenden – oder bedeutet Dein Telegramm, daß Emil sich mit Dir in Verbindung gesetzt hat und daß ich keine Freunde mehr habe – außer dem armen alten Lowenfels? Ich wußte, daß Emil nichts hat. Mein Telegramm formulierte ich ausdrücklich so, daß ihm dies klar sein mußte. Ich fügte in der Tat hinzu, daß er nach Dir schauen solle – weil ich mir Deinetwegen Sorgen mache, aber ich nahm nicht an, daß er so indiskret wäre, Dir zu sagen, daß ich Geld brauche. Der Kern der Sache ist: Ich wollte kommen, ohne daß Du mir hilfst. Ich wollte Dir zeigen, daß ich es selbst schaffe. Du sollst meine Taktik nicht als fragwürdig ansehen, schließlich ist sie meine Sache, nicht wahr? Das Entscheidende ist, daß ich so schnell wie möglich zu Dir gelangen wollte, und um das zu erreichen, würde ich weit Schlimmeres anstellen – falls ich richtig folgere, daß Du wegen der Sache wieder ärgerlich oder enttäuscht bist. Ich war mir nicht sicher, das Geld zusammenzubekommen. Ich gab 400 Francs für Kabel und Telegramme aus. Ja, wie ein Millionär. Aber ich bin ein Dichter und kein Geschäftsmann. Hätte ich das Geld *verdienen* können, hätte ich es getan, das solltest Du auch nicht eine Minute bezweifeln. Um Geld zu verdienen, machte ich mir beispielsweise die ganze idiotische Mühe, Teile von *Schwarzer Frühling* neu zu tippen. Ich hoffte und hoffte, auf diese Weise etwas zu erreichen – ehrlich, sozusagen mit eigener Kraft. Ich weiß, ohne daß Du es mir jetzt zu sagen brauchst, daß nichts draus geworden ist. Kahane, der diese Teile einem Freund in England schicken wollte, einem gewissen Lovat Dickson, weigerte sich, sie weiterzusenden. Er meinte, sie seien «monoton», hätten «zuviel von einem tropischen Garten», wären «nicht das, was die Leute lesen wollen», «weder hochgestochen noch anspruchslos». Dobo sagte mir jetzt, ich müsse verrückt gewesen sein, ihm die Manuskripte zu schicken. Keine Zeitschrift in England würde ihre Veröffentlichung in Erwägung ziehen . . . Das ist die Wahrheit. Fakten sind Fakten. Was ich auch zu tun versuche, als Schriftsteller, es bringt nichts. Man will mich nicht haben. Nirgends öffnen sich Türen.

Und der Schriftsteller, der furchtbar menschlich ist, der sich wie eine Ratte im Käfig fühlt, der rund um sich überall Wände emporwachsen sieht und keinen Ausgang findet, der Schriftsteller und das menschliche Wesen ergeben ein einziges rasendes, verzweifeltes Individuum, das vor nichts haltmachen würde, um sein Ziel zu erreichen. Jesus Christus, wenn Du mich deswegen tadelst, weiß ich nicht, was ich antworten soll. Wie dem auch sei, Du wirst Lowenfels dieses Geld, das er Dir leiht, nicht zurückgeben. Ich rechne damit, Dir davor telegrafieren zu können, daß ich es selbst zurückgeben werde. Ich rechne damit, das Geld selbst aufzutreiben, denn dies ist meine Angelegenheit, verstehst Du? Die 35

Dollar, die er mir *schenkt*, gehen ebenfalls nur mich was an. Ich will nicht, daß er mir auch nur einen Cent schenkt. Doch würde ich in seiner Haut stecken, täte ich es bereitwillig. Ich erinnere mich sehr gut an den Tag, an dem Du wegen des Sechs-Dollar-Schecks, den ich ihm lieh, in Zorn gerietst. Und kurz danach zu meinen Freunden sagtest: «Das ist typisch für ihn, er gibt alles her.» Ja, ich gebe Dinge her, und ich nehme Dinge. Ich fordere eine Menge, und ich gebe eine Menge, zumindest hoffe ich, es zu tun. Wenn ich tatsächlich nur nehme, wie Du in diesem schrecklichen Brief geschrieben hast, dann tauge ich verdammt nichts, bin ein nichtswürdiger Hurensohn, und Du solltest mich verlassen, für immer. Dann bin ich nichts wert. Doch ich sehe mich nicht so. Ich stelle fest, daß ich tatsächlich Freunde habe (bis jetzt hatte ich das angenommen – doch Dein Kabel läßt mich sogar daran ein bißchen zweifeln), und ganz sicher hätte ich eine Freundschaft nicht einzig auf der Basis des Aussaugens aufbauen können. Oder bin ich eine besondere Spezies, ist es das?

In jüngster Zeit hast Du mir viel über meine Mängel offenbart. Ich nehme alles bescheiden hin. Mir ist der Mund gestopft. Wie ich sehr, sehr oft zu Dir sagte, verdanke ich Dir alles. Dessen bin ich mir zutiefst bewußt.

Ich versuche dort wieder anzusetzen, wo ich war, als Dobo mich unterbrach. Solch einen langen Brief hatte ich Dir zu schreiben. Ich wollte Dir beschreiben, welche Einstellung ich habe, wie ich mich New York nähere, was ich mit Dir tun will, *für* Dich tun will.

RÜCKBLENDE: Nimmst Du auch nur eine Minute an, daß ich, hätte ich gewußt, was Du machst, hier eine weitere Monatsmiete bezahlt hätte? Das Geld, für das Du geschwitzt hast. Mein ganzes Überfahrtsgeld weg für nichts! Jeder dieser Fehler kostet Blut und Schmerzen. *Doch ich wußte es nicht!* Himmel, laste mir das nicht an. Versuch mich hier zu sehen, meine Unsicherheit, meine Bestürzung, meine Sorge – denn wie ich oben andeutete, ich *wußte* die ganze Zeit, daß irgend etwas nicht stimmte. Aber ich war ein Idiot. Ich war stumpfsinnig, beschränkt. Ich hatte die falsche Art von Vertrauen. Ich erinnere mich genau daran, wie ich Dich an dem letzten Abend um die Taille faßte und rundheraus fragte, ob Du mir die Wahrheit gesagt hättest, ob Du wirklich zurückkämst usw. Ich hatte nicht gewußt, wie ich die Frage stellen sollte – es war erniedrigend, auch nur zu denken, daß Du mich hintergehen könntest. Und Deine Antwort lautete: «Warum sollte ich so etwas tun?» Ja, ich erinnere mich genau daran. Ich hielt das für schwach, die Antwort zu beginnen mit: «Warum sollte ich . . .?» Das ist stets ein Eingeständnis, ein

Ableugnen oder ein Unterdrücken des wahren Sachverhalts. Die wirkliche Wahrheit findet immer anders Ausdruck. Ich hätte meiner Intuition trauen sollen, tat es aber nicht. Doch wiederum nur deshalb, weil ich Dir absolut vertraute. Und ich möchte Dir wieder absolut vertrauen. Immer. Ich möchte kein Mann voller Ahnungen und Intuitionen und Grillen und was nicht noch sein. Ich rede nicht von absoluten Wahrheiten. In menschlichen Beziehungen gibt es nichts Absolutes. Wir sind Fleisch und Blut. Das Blut sagt eines, das Gefühl etwas anderes, die Intelligenz wieder etwas anderes. Wir machen Fehler. Wir fügen einander Verletzungen zu, ohne es je zu wollen. Eine Beziehung kann nicht absolut sein – sonst wäre sie steril.

Andererseits aber gibt es eine Absolutheit, und die muß im Herzen sein. Wir alle – jeder, der mit einem anderen etwas gemein hat – müssen uns auf diesem Gebiet treffen, wo absolutes Vertrauen und Zutrauen, absolute Loyalität und Integrität herrschen. Wenn nicht, bröckelt alles ab. Und darum tust Du mir wirklich Unrecht, wenn Du Dich von Stolz, von verletzter Eitelkeit, von all den oberflächlichen Fehlern schwankend machen läßt. Denn im Herzen war ich dir immer absolut treu. Ich bin nie einem anderen Menschen, sei es Mann oder Frau, so vollkommen treu gewesen. Du schreibst: «Henry, wir müssen einander wieder nahekommen.» Und ich weine, wenn ich das lese. Ich will Dir gegenüber immer von Angesicht zu Angesicht offen, ehrlich, sorglos, glücklich sein. Doch wenn ich nicht da bin, um Dich zu überzeugen, beginnst Du an mir zu zweifeln. Kannst Du nur von meiner Stimme überzeugt werden, von meinen Augen oder was immer es ist, das Dich im Lebenskern berührt? Muß ich Dich erst beruhigen, immer beruhigen? Wirst Du mich denn nicht ein für allemal als das nehmen, was ich bin. als den Mann, der die Liebe über alles stellt, der in Dir seine vollkommene Gefährtin gefunden hat?

Bald, bald, bald werde ich da sein. Ich habe diese Chance ergriffen, vorzeitig zu kommen, weil ich überzeugt bin, meinen Weg selbst zu machen. Nicht um Dich weiter zu verkrüppeln, Dich auf diese entsetzliche Weise für die Liebe bezahlen zu lassen. Ich komme direkt zu Dir, und wenn ich Dich gesehen und mit Dir gesprochen habe, gehe ich geradewegs zu Rank und rede offen mit ihm – aber in anständiger Weise, das versichere ich Dir. Ich werde an ihn als Mann appellieren, etwas für mich zu tun, mir einen Posten zu geben, wenn nicht Deinen, dann einen anderen. Ich kann ihm sehr viel nützen – und auch sehr viel schaden, wenn er mir in die Quere kommt. Doch ich werde ihm eine faire Chance geben. Es wäre besser für mich, bei meinem Temperament, für ihn zu arbeiten als beispielsweise es so zu machen wie Lowenfels. Ich werde versuchen, ihn davon zu überzeugen und auch von meiner Ernsthaftigkeit. Er kennt meine Fähigkeiten ganz und gar nicht. Er kennt mich überhaupt kaum, und wenn, dann nur als verantwortungslosen Künstler, als ausgehaltenen Mann, als Blutsauger, vermute ich. Doch ich bin in der Lage, alles nur Vorstellbare zu tun. Ich muß nicht bis mittags im Bett liegen. Ich muß keinen großartigen Lohn gezahlt bekommen. Ich muß nicht angelernt werden wie der durchschnittliche Amerikaner. Ich bin ein genauso großer Mann wie er, Zoll für Zoll, auch wenn mein Leben und meine Schulung völlig anders waren. Ich zog es vor zu leben – doch das macht mich nicht wertlos oder verantwortungslos oder unfähig oder untauglich. Er sollte mir wenigstens eine Chance geben.[1]

Und er *muß* mir beweisen, daß seine Großzügigkeit selbstlos ist. Er *muß* mir beweisen, daß er Dich verehren kann, ohne Dich zu besitzen. Ich werde ihn nicht als liebeskranken Hund oder als Rivalen und Konkurrenten in unserer Nähe dulden, nur weil er die Peitsche in der Hand hält, das heißt, den Geldsack. Das ist jüdisch, und es stinkt nach meiner Auffassung. Er muß zeigen, daß er über dem steht. Tut er dies nicht, wird er es bereuen. Ich werde ihn unglücklich machen. Das muß ich einfach sagen, mein Blut ist in Wallung. Und ich werde auch alle anderen von der Bildfläche fegen, jeden einzelnen von ihnen. Furchtbar, was Du schreibst: «. . . wenn dieser eine nicht Hugh ist, dann ist's ein anderer.» Furchtbar. *Für mich?* Ich werde Dir was sagen . . . Wenn ich scheitere, wenn ich nicht erreiche, daß solche Worte unnötig sind, jage ich mir eine Kugel durch den Kopf. Aber ich werde große Anstrengungen unternehmen, bevor ich eine solche Lösung in Betracht ziehe.

In Deinem letzten Brief brichst Du zusammen und schreibst: «mein kleiner Henry». Du läßt damit auch mich zusammenbrechen. Wir wollen das Reich der Väter und Mütter hinter uns lassen. Wir sollten offen miteinander reden, *Du* noch mehr als ich. Wir wollen nicht vorgeben, irgendwelche Dinge seien so und so, wenn sie es nicht sind. Wir wollen ehrlich sein. Dann kann ich vielleicht Lösungen finden. Ich bin wirklich kein Dummkopf. Und ich bin wirklich nicht so schwach, wie Du meinst. Mein Leben als Schriftsteller ist gefährdet. Schön. Ich werde mir ein anderes Leben schaffen. Und ich werde auch schreiben, trotzdem, verzweifelter vielleicht, und ernsthafter. Die Menschen sollen ruhig auf

1 Es fand sich kein Beweis dafür, daß Dr. Rank Henry Miller je für sich arbeiten ließ; doch sowohl Anaïs Nin als auch Henry Miller nahmen während ihres Aufenthalts in New York im Jahr 1935 und dann wieder Anfang 1936 einige «Patienten» an.

mich eindreschen, sollen mich ablehnen, sollen tun, was sie wollen. Nur sollen sie mich ihre wahren Gesichter, ihre wahren Seelen sehen lassen. Mich kann nichts umbringen. Ich bin Realist. Ich habe genauso viele Ebenen wie Du. Kompromisse kann ich beim Schreiben nicht eingehen – will sagen, ich kann es nicht so mildern, daß es dem schwachen Appetit zusagt. Das wäre Verrat an mir selbst. Nein, ich kann mich der Welt nicht anpassen, nicht den Kampf aufnehmen, fechten und fluchen, schwindeln und schachern und dabei das private andere Ich sauber halten und darauf vertrauen, daß man es eines Tages anerkennen wird. Dann würde es besser nicht anerkannt. Doch die Welt stellt ihre Forderungen. Die Liebe stellt ihre Forderungen. Ich werde alles *für Dich* tun – denn mein ganzes Leben ist auf Dich ausgerichtet.

Eben kam ein Telegramm von Crowley: «Scheck unterwegs.» Warte noch auf Nachricht von Ross und Emil. Ross und Crowley habe ich versprochen, alles zurückzuzahlen. *Ich-ich-ich*. Verstehst Du? Wenn nötig, werde ich nachts auf die Straße gehen und das Geld erbetteln. Das habe ich früher getan, ich kann es wieder tun. Zum Henker mit meinem Stolz. Zum Henker mit allem. Ich hungere so verzweifelt nach Dir, giere so verzweifelt danach, Dir zu beweisen, daß das, was ich sage oder schreibe, kein fauler Zauber ist, kein Schwindel, keine Lüge, daß ich morden werde, *morden*, hörst Du? Ich kehre zurück wie ein rasender Irrer. Ich verabscheue New York. Ich verabscheue Amerika. Ich kehre zurück, um Dich aus schrecklicher Schmuddeligkeit herauszuheben, Dich von oben bis unten zu waschen, Dich zu säubern, Dich zu lieben, wie noch kein Mann je eine Frau geliebt hat. Ich beeile mich, um vor Hugo anzukommen. Ich werde nicht dulden, daß er Dich anrührt. Was war ich, wer war ich, daß ich dies alles überhaupt zuließ? Ich sinke vor Dir auf die Knie und bitte Dich, mir zu verzeihen. Ich war ein verrückter Träumer. Ich war genauso, wie Du schriebst, vielleicht sogar schlimmer. Das Ganze versetzt mir einen Schlag zwischen die Augen. Warte nur auf mich, Anaïs. Laß Dich nur durch nichts beirren. Such ein Zimmer, in dem wir einige Tage ungestört zusammensein können. Gewähre mir ein paar Tage Frieden in Deinen Armen – ich brauche sie dringend. Ich bin ausgelaugt, verbraucht, erschöpft. Danach kann ich der Welt die Stirn bieten. Sag weder Lowenfels noch sonst jemandem, mit welchem Schiff ich komme – ich habe es niemandem gesagt. Sei am Kai, wenn Du kannst. Natürlich werde ich dritter Klasse fahren. Und ich dürfte etwas Kies bei mir haben – genug für ein paar Tage. Danach werde ich mich selbst durchs Leben schlagen.

Ich reise hier ab, während allerlei Fäden durchhängen. Irgendeiner könnte überraschend reißen. Lies diesen langen Brief von dem Filipinomädchen ohne Vorurteil. Er ist naiv, dumm und doch bezaubernd. Es tat mir schrecklich gut, ihn zu bekommen. Warum? Weil er spanisches Blut in sich hatte. Genauso gut taten mir die Fotografien, diese schweren, puppenhaften spanischen Gesichter, die Güte darin, die Lebendigkeit, die Wärme. Meine Reaktion darauf war Munterkeit, ich schrieb, als würde ich einer von Pierre Lotis Türkinnen schreiben. Ich hoffe, wir können dorthin fahren, sollte in New York alles enttäuschend ausfallen. Mit Dir in der Sonne umherwandern, unter einfachen, freundlichen, fröhlichen Menschen. Ich weiß, daß sie sich für Dich erwärmen würden – und vielleicht auch für mich. Laß Dich durch das Kokette des Briefs nicht beunruhigen. Sicher, ich wäre gern unter ihnen, diesen hübschen kleinen Frauen, weil sie wie Blumen sind, so ernst, so dekorativ und gleichzeitig so tiefsinnig. Das beruhigt. Mein Kopf ist aber nicht nach hinten gedreht. Die Filipinomädchen werden *mir* nicht nachlaufen! Doch die Filipinomänner könnten *Dir* nachlaufen! Ja, ich denke an andere Orte, Gegenden mit anderem Klima, andere Beschäftigungen. Warme Orte, wo Dein Haar im Wind wehen würde wie in Louveciennes, wenn das Fenster offenstand und Du in diesem Kleid mit den Löchern drin herumliefst, wie die Göttin Indra. Das Kleid mit tausend Augen. Ich dachte sehr oft an die Augen, während ich das *Scenario* schrieb. An das Wasser, ach, an alles, was das wirkliche Du zu sein schien, das Du, welches ich vergöttere. Bitte beschuldige mich nicht, langsam zu sein, die großartigen Momente, die kostbaren Stufen nicht zu erfassen. Bitte tu es nicht! Bitte nicht! Mir wird alles bewußt, genauso schnell wie Dir, aber ich mag es nicht, beiseite zu schauen, während es geschieht, oder auch nur hinterher traurig zu sein. Das Leben strömt weiter. Eine Sache welkt dahin, eine andere kommt. In uns, einzig in uns findet alles statt, und wir können und werden immer wieder goldene Momente erschaffen. Sogar wenn ich über Elend, Armut, Hader und Streit, Unglück, Kampf und das alles rede – vergiß nicht, daß auch darin Kostbares enthalten ist. Man kann nicht vor diesen gräßlichen Dingen geschützt sein und dennoch die anderen, die gesegneten Augenblicke voll erkennen. Beides gehört zusammen ... Ich kann alles ertragen. Ich bin wirklich stark – und mutig. Aber ich lasse mich einlullen. Vielleicht bin ich faul, indolent. Es kann nur so sein, nehme ich an. Und ich liebe, liebe, liebe alles, was damit einhergeht, alles, was die Uhr anhält, die Pflicht umbringt usw. Aus diesem Grund hege ich Ranküne gegen Rank und alle die anderen verdammten Berufsidioten mit ihrem Gerede von Anpassung. Vollzieh sie, die Anpassung, und was hast

Du dann in den Händen? Ein schönes, glattes Stück Mechanismus. Keinen Schmerz, keine Freude, nichts als perfektes Funktionieren – Arbeit. Ist dies das Leben? Ist dies das Ziel?

Nein, Du besorgst ein Zimmer, Anaïs. Ich weiß nicht, wie die Dinge dort drüben laufen, ob Du vorgeben mußt, verheiratet zu sein, oder was. Sag irgendwas, verdammt, aber verschaff uns wenigstens für ein paar Tage ein warmes, gemütliches Zimmer. Ich möchte Dich nackt umhergehen sehen, ich möchte Dich von oben bis unten untersuchen. Wir wollen die Welt ausschließen und beisammenliegen in dem weißen Haus mit den geweißten Wänden, der Hängematte, der endlosen Ekstase und dem endlosen Orgasmus. «Reiß die Wände des Idealismus ein.» Ja, mich riß es hoch, als ich das in Deinem Manuskript las. Und so viele andere Dinge, die ich dank meiner heftigen Gefühle, meines Kummers und meiner Sehnsucht mit der lebhaftesten Phantasie auslegte. Dein Buch hat epische Breite. Wir müssen es so lange immer wieder überarbeiten, bis sie vollendet zum Vorschein kommt. Dürfen es keinen Verlegern zeigen! Sondern müssen es selbst drucken. Es genügt, wenn nur wir beide daran glauben. Die Zeit wird das übrige tun.

Ich glaube, ich kenne dieses Werk jetzt fast genauso gut wie Du. Ich will nicht behaupten, daß das *Scenario* dies beweist. Nein. Weiß ich doch nicht, wie gut es mir gelungen ist. Einige Dinge sprechen Dich vielleicht an. Ich bin zu nahe dran und war zu aufgewühlt, zu verletzt von tausend Dingen, um voll zu erfassen, was ich tat. Aber ich war gesättigt von Dir. Ich sähe gern, daß es in Mayenne gedruckt wird, in Mayenne, wo ich einen ehrlichen, klugen französischen Verleger kenne. Und wir müssen zusammen etwas schreiben, vielleicht das Vorwort. Vergiß, was ich über Rank und das Geld geschrieben habe. Das war, bevor ich wußte, daß er Dir das Geld für *Wendekreis des Krebses* gab. Doch würde er Dein Werk kennen, würde er es verstehen; wäre er ein halb so großer Künstler wie Gelehrter und Geschäftsmann, müßte er voll Freude seinen Namen dafür hergeben.[1] Du und ich, wir sind der Zeit immer ein wenig voraus. Und der Analytiker ist immer ein wenig rückständig [. . .] Wir gehören der Zukunft an. Das ist der Grund, warum mich Kritik nicht erschüttert, warum ich beharrlich an meiner Schreibweise festhalte. Kann sein, daß ich nur ein einziges großes Buch schreibe – doch das ist besser als hundert kleine. Es ist nicht meine Schuld, daß die Zeit aus den Fugen geraten ist.

1 Rank schrieb tatsächlich eine Einführung für die Manuskriptfassung von «Alraune» (siehe *Anaïs: An International Journal*, Band 3, 1958, S. 49–55); sie wurde jedoch nicht benutzt und erst Anfang der siebziger Jahre wiederentdeckt.

Wir werden von unserem Zeitalter unterdrückt, sind in die falsche Zeit hineingeboren worden. Ich bin menschlich genug, um die Zeit zu akzeptieren – jede Zeit. Aber ich lasse mich nicht von der Zeit verführen.

Ach, ich schreibe Dinge, was? Lachst Du über mich? Ich fühle mich viel besser, sehr viel besser! Jetzt kann ich wirklich lächeln. Schaue ich in den Spiegel, sehe ich keine zwei runden Löcher mehr, wo meine Augen sein sollten. In letzter Zeit hatte ich Angst. Meine Augen sahen wahnsinnig aus. Ich dachte, ich würde durchdrehen. Wenn ich in der Métro hustete, rückten die Leute von mir ab, sahen mich mißtrauisch an, als hätte ich die Schwindsucht. Aber ich habe sie nicht. Ich erhole mich jetzt schnell. Und würdest Du mir ein Funktelegramm aufs Meer schicken, wenn Du diesen Brief bekommst, würde ich sogar ganz gesund. Der Brief sollte am 6. Januar mit der *Cherbourg* eintreffen. Und ich werde vermutlich am 19. kommen, mit der *Champlain*. [...] Man bot mir eine Passage für 64 Dollar an, doch auf einem Frachter, der am 12. Jan. ausläuft und erst zehn Tage später landet. Aber ich möchte sofort kommen. Mit dem schnellsten Schiff.

Zum Schluß – mach Dir keine Sorgen wegen dem, was ich im letzten Brief schrieb. Ich werde ohne Bücher kommen, außer Deinem, dem, das ich für Dich binden ließ, sofern es fertig ist. Die Wohnung gebe ich nicht auf, denn ich weiß nicht, was passiert, und ich kann dem Hausverwalter ja jederzeit schreiben. Fred wird sie bis zum 15. März behalten. Er bekommt von mir genaue Anweisungen, wie er vorgehen soll, falls wir die Sachen haben wollen. Das meiste lasse ich hier. Vielleicht bringe ich die scharlachrote Couch mit rüber, als Symbol für Louveciennes. Doch die Bücher und die andere persönliche Habe nicht.

Noch dies eine zu Fred. Du warst böse deswegen. Du kennst die Situation nicht ganz. Etienette wohnt nicht hier. Das würde ich nicht erlauben. Natürlich konnte ich nicht ablehnen, die beiden hier gelegentlich miteinander schlafen zu lassen. Aber Fred störte mich keineswegs, denn er ist mit der Arbeit für Andard beschäftigt. Sehr beschäftigt. Fast den ganzen Tag fort. Und am Abend sehe ich ihn auch nicht. Ich gehe meiner Wege. Ich habe sogar weniger Kontakt mit ihm als während der Zeit in Clichy. Andererseits konnte ich nicht ablehnen, ihn aufzunehmen – und er *war* ein Schutz, wenn auch nicht *physisch*. Ich brauchte ihn als Puffer in jenen Tagen, als ich voll Angst darauf wartete, daß Hugo erscheine und mir eine Kugel verpasse. Und wie hätte ich es fertigbringen sollen, Fred nicht anzubieten, die Wohnung mit mir zu teilen? War er nicht derjenige, der mich gerettet hatte, als ich völlig allein und hilflos gewesen war? Darf ich das vergessen? Würdest Du das von mir verlangen? Vielleicht vollbrachte er nicht gerade Wunder, aber er tat, was er konnte; und in solchen Augenblicken zählt, was jemand für einen zu tun *versucht.* [...]

Noch eine weitere, letzte Kleinigkeit ... Du sagst in dem Telegramm, ich solle mir wegen der Manuskripte in Louveciennes keine Sorgen machen. Aber, lieber Himmel, darum geht es nicht! *Es geht um die Briefe.* Oder hast Du sie weggebracht? Das ist der Grund, warum ich Dich drängte, Eduardo nicht über meine Abreise zu informieren. Jetzt hast Du immer noch Zeit, Emilia oder der Person, die den Schlüssel hat, zu schreiben und die nötigen Anweisungen zu erteilen. Wenn die Briefe dort in Sicherheit sind, gut. Du sprichst davon, daß wir zusammen zurückkehren können. Wie meinst Du das? Denk dran, ein neues Leben. Kein Doppelleben mehr. Kein Hugo mehr. Ich will nicht, daß Du bei ihm Qualen leidest. Du bist klug, doch ob Du klug genug, stark genug, resolut genug bist, weiß ich noch nicht. Ich werde versuchen, einen Plan mit Dir auszuarbeiten. Und laß mich Dir eines sagen: Falls Du es für besser, vernünftiger, ungefährlicher hältst, daß *ich* Hugo gegenübertrete, werde ich es tun. Ich habe keine Angst vor ihm, solange ich nicht in einer kompromittierenden Lage erwischt werde. Denn dann erlangt mein Sinn für Gerechtigkeit die Oberhand. Ich weiß, daß er ein Recht hat, gewalttätig zu handeln. Ich möchte nicht erschossen werden, Anaïs. Ich möchte leben. Ich hab jetzt alles, für das sich zu leben lohnt.

Henry

Schau – ich unterschreibe mit meinem Namen! Zum Kuckuck – warum unterschreibst Du nicht mit Deinem Namen? Es bedeutet mir soviel!

AN HENRY

[Barbizon Plaza Hotel, New York]
1. Januar 1935

Henry, mein Liebster, mein Liebster, ich weiß nicht, ob Dich dieser Brief erreichen wird. Ich weiß nicht, wann Du ankommst. Ich habe finstere Tage durchlebt, das Gefühl gehabt, daß Du leidest und daß nichts, was ich schreiben oder telegrafieren könnte, Dir geholfen hätte. Nicht nur ich habe Dich verletzt. Du machst irgendeinen schweren Kampf durch, wegen des Schocks, weil er Dich an andere Schocks erinnert hat; und nachdem Du friedlich in meiner Liebe geruht hast, bist Du plötzlich in die Wirklichkeit gestoßen worden. Ich wollte Dich weiß Gott nicht verletzen. Kurz vor meiner Abreise bat ich Dich um Aktivität. Vielleicht hatte ich das Gefühl, auch unsere Liebe werde unwirklich. Ich wollte Henry Miller gebären, und die letzte Anstrengung bei dieser Geburt war, Dich zu verlassen. Es war eine Prüfung, Amerika gegenüberzutreten; und eine weitere war es, für mich zu kämpfen. Deine Liebe empfand ich als unwirklich und nicht menschlich. Meine *Gegenwart* brauchtest Du kaum. Deine Arme umschlossen mich nicht einmal, wenn ich von Dir wegging. Du lebtest in einem Traum und liebtest mich so, und das brachte mich um – es war negativ und sinnlos. Du liebtest andere Dinge weit mehr. Deinen Frieden beispielsweise. Nur keinen Kampf. Und meine Abreise geschah für Dich wie in einem Traum. Ich fühlte, daß Du sie nicht spürtest. Plötzlich jetzt bist Du *wach*, Du leidest. Ich kann es nicht ertragen, doch vielleicht rettet es Dich, rettet es uns! Verzeih mir, aber vielleicht ist dies eines der vielen rätselhaft intuitiven Dinge, die ich *für Dich* getan habe, für Deine Geburt als Künstler, als Mann. Wenn dieser Schock Dich heilt, könnten auch der fragmentierte Mann aus *Schwarzer Frühling* und der Mann, der mich in einem fragmentierten Traum liebte, gesund und heil werden.

Falls Dich dieser Brief erreicht, während Du Dich auf die Reise hierher vorbereitest, dann wisse, Henry, daß es kein Leiden mehr geben wird, wenn du kommst. Ich werde Dich abholen, allein.

Hugh trifft morgen ein, mit der *Europa*, fuhr ebenfalls plötzlich, ich weiß nicht, warum. Voller Ängste und Zweifel in bezug auf mich, wie Du. Wir sollen bei Verwandten in Forest Hills wohnen, um Geld zu sparen, doch ich habe mein Zimmer im Barbizon bis zum 1. Februar bezahlt. Du kannst es benützen. Ich brauche es nur gelegentlich für Patienten. Am 1. Februar muß Hugh *für drei Wochen* weg, und dann werden wir zusammensein, Henry.

Bis Du kommst, werde ich mit *Wendekreis des Krebses* beschäftigt sein und tun, was ich kann. Heute abend gebe ich alle Manuskripte in die Ordner mit den eingestanzten Löchern, die Dir gefallen. Ich denke ständig an Dich. Ich dachte um Mitternacht an Dich. Ich bin in größter Sorge wegen Dir, wegen Deiner Stimmung; es macht mich traurig, daß Du ohne Freude kommst. Ich wollte, daß diese Reise ein Abenteuer für Dich ist. Ich kabelte Dir, niemandem das Datum Deiner Ankunft mitzuteilen. Nachdem wir beide unsere eigene Welt wiedergefunden haben, unsere Louveciennes-Welt, unsere Studio-Welt [der Villa Seurat], unsere Gemeinsamkeit, wird alles wieder voll Freude sein. Das weißt Du.

Wir werden für das Buch arbeiten. Du wirst vielleicht Amerika erforschen. Emil hat seine Gefährtin durch Egoismus und Trägheit verloren. Du wirst das nicht tun, Henry. Wenn Du diesen Brief rechtzeitig bekommst, telegrafiere mir irgend etwas, was mir sagt, daß Du diese Reise nicht in düsterer Stimmung antrittst. Bitte.

Ich küsse Dich mit meinem ganzen Wesen, wie immer. Ich gehörte Dir, wie niemand Dir je gehörte, komm und erobere mich zurück, Henry, Henry!

Anaïs

An Henry

Bei Adams
Eighty-Six Street, Ecke Fifth Avenue, New York
[1. Februar 1935]

Werde mit meinen drei Koffern im Barbizon sein. – Damit wir unser Heim gemeinsam betreten können. Ich bin heute furchtbar glücklich, denn ich werde zu Dir kommen, mit Dir zusammensein.

A.

Die 20 Dollar extra sind für Dich. Besorge Wein, besorge alles, was Du willst. Kauf Dir einen neuen Anzug, wenn Du willst.

An Anaïs

Barbizon Plaza Hotel [New York]
[Februar 1935]

Drei Uhr morgens, ich bin hellwach und versuche eine gewaltige Erektion zu ersticken. Die Luft, die Frauen, die Musik – das weckt in einem den Wunsch zu ficken, nichts als zu ficken.

Ich ging allein in ein Variété, es war wunderbar – erotisch, schmutzig, gewöhnlich, vulgär – so gut wie eh und je, dabei gewagter. Ging anschließend in ein Tanzlokal und mußte die Mädchen abschütteln. Möchte sofort mit Dir hin. Genauso freizügig und gewagt wie in Paris – und besser aussehende Bienen.

Dein «George» rief an – nette Südstaatenstimme – und Simpson und

Hoffman und ein oder zwei, die keine Namen nannten. Du mußt gewaltiges Ansehen genießen.

Ich bin verrückt Deinetwegen und frage mich, was, zum Teufel, Du treibst – ob das Ganze so harmlos ist, wie Du behauptest. Oder ob Otto mitfuhr – oder irgendein anderer Kerl.[1] Jesus Christus, ist diese Stadt sexy! Es liegt in der Luft. Wie kann ich Dir trauen, wenn Du mir aus den Augen bist?

Und bei jedem Telefonanruf ertönt ein anderer Name. Alle geil, alle bringen die Drähte zum Glühen, um Dich zu erreichen. Du mußt in dieser Stadt ja geradezu darum kämpfen, allein ins Bett gehen zu können. Sie ist wild geworden. Kein Puritanismus mehr.

Ich sah in dem Variété einen Tanz, der den afrikanischen Zimt von gestern abend zu einem faden Brei zerstampfte. Elektrisch, zuckend, orgastisch. Ein Mädchen zieht das Kleid blitzschnell hoch, mit einem Ruck, und schiebt ihre Möse vor. Nur ein Stück schwarzes Band über dem Schlitz – wie eine Augenklappe. Konnte fast die Haare sehen. Frauen mit entblößtem Busen. Die Hintern nackt – Spalte sichtbar. Schöne Frauen. Es macht einen verrückt. Kerle sprechen mich auf der Straße an. Für zwei Bucks [Dollar] kannst du alles haben. Offene Bordelle. In vollem Betrieb. Zügellosigkeit herrscht.

Meine Eier tun weh. Ich will Dich haben. Ich will Dich wie verrückt ficken. Was wir bisher genossen, war bloß eine Vorspeise. Komm hierher zurück und laß mich ihn in Dich stoßen – von hinten. Ich möchte alles mit Dir tun. Wir haben noch nicht mal angefangen zu ficken.

[Henry]

1 Anaïs Nin brach offensichtlich ihre Beziehung zu Otto Rank im Februar ab, praktizierte jedoch weiterhin als Psychotherapeutin, womit sie im Oktober 1934 in der Villa Seurat begonnen hatte. Bis zu ihrer Rückkehr nach Paris im Mai 1935 widmete sie sich in New York ihren Patienten, und während dieser Zeit nahm Henry Miller anscheinend in Zusammenarbeit mit ihr einige therapeutische Behandlungen vor.

An Anaïs [New York]
[Februar 1935][1]

Es war ein schrecklicher Fehler von mir, *das* zu erwähnen, und ich bin wirklich in Sorge jetzt – Deinetwegen. Was ich eigentlich sagen wollte, hättest Du bestimmt verstanden, und es hätte Dir sogar gefallen, denn es betraf Dich und mich – das, was mir Deinetwegen passiert war. Von June wollte ich keineswegs reden – das ist tot und wird tot bleiben. Ich hatte von mir selbst einen ungeschminkten Blick erhascht, und der erschreckte mich ein bißchen.

Hättest Du mich gestern abend bloß gesehen, hättest Du gehört, was ich sagte – «über die Vergangenheit» –, Du hättest nie und nimmer aufgelegt, Du würdest nicht an mir zweifeln. Ich habe alles auf Dich umgepolt – vollkommen. Jeder kann das sehen – kann die Veränderung an mir sehen. Wie soll ich Dir klarmachen, Dir versichern, daß die Vergangenheit tot ist? Deine Zweifel an mir, an Dir, sie sind es, die Dich so handeln lassen.

Aber, Anaïs, ich kann und werde nichts zwischen uns treten lassen. Das ist endgültig. Du *mußt* heute abend kommen. Wen sonst will ich denn sehen? Wozu bin ich hier? Bist Du Dir meiner noch immer nicht sicher?

Wenn ich Dich verletzt habe, dann sinke ich auf die Knie und bitte Dich um Verzeihung. Ja, komm her, und ich werde es Dir beweisen.

Selbst wenn Du mich verlassen solltest, würde ich nicht zu June oder in meine Vergangenheit zurückkehren. Ich könnte es nicht. Als ich gestern abend meine alten Freunde besuchte, erkannte ich die Leere zwischen mir und ihnen. Ich erkannte, daß ich einem schrecklichen Schicksal entronnen bin. Ich kam spät heim, erschöpft vom Reden, aber überglücklich, Dich gefunden zu haben, zu wissen, daß mein Leben *für immer* mit Deinem verbunden ist. Es gibt nichts sonst im Leben, was ich haben will. Kannst Du das nicht glauben?

Ich habe Dir wieder weh getan. Ich verfluche mich. Ich sage Dir, ich leide schreckliche Martern. Das halte ich nicht aus. Ich werde Dich wieder anrufen und Dir sagen, daß ich diesen Brief in Deine Praxis

1 Henry Miller übersiedelte aus dem Barbizon Plaza Hotel in die Roger Williams Apartments, 28 East 31st Street. Die Guilers hatten für den Rest von Hughs Aufenthalt in New York eine Wohnung Ecke Park Avenue und 34th Street gemietet. Ende April schloß Henry Miller die Überarbeitung von *Schwarzer Frühling* ab, und im Frühsommer kehrte auch er nach Paris zurück, in die Villa Seurat. Aus dieser Periode ist offenbar wenig Korrespondenz erhalten geblieben.

bringe. Es ist mir gleichgültig, was Du am Telefon zu mir sagst. Lies dies. *Glaub dies!*

Nie, nie mehr werde ich mich auf irgend etwas aus der Vergangenheit beziehen, außer es ist *unsere* Vergangenheit. Das ist ein aufrichtiges Versprechen.

Doch sei jetzt nicht grausam, verletz mich nicht. Ich brauche Dich so sehr. Ich will nicht, daß Du mich bemutterst, mich beschützt – *sei einfach bei mir.* Ich habe Dich erst gefunden – stoß mich nicht weg. Ich könnte Dir alles verzeihen. Kannst Du mir nicht eine Kleinigkeit verzeihen?

Nichts ist wichtig außer Dir. Ich werde um 6 Uhr vor Deiner Praxis stehen und auf Dich warten. Ich kehre vielleicht nicht hierher zurück. Ich stehe solche Qualen aus, daß ich gehen muß – allein. Will niemanden sehen. Ich warte auf Dich. Ich hungere nach Dir.

Henry

AN ANAÏS [New York]
[März 1935]

Wenn Du einfach vierundzwanzig Stunden am Tag bei mir bist, mich bei jeder Geste beobachtest, mit mir schläfst, mit mir ißt, mit mir arbeitest, können solche Dinge nicht passieren. Wenn ich fern von Dir bin, denke ich ständig an Dich, das färbt alles, was ich sage und tue. Und wenn Du nur wüßtest, wie treu ich Dir bin! Nicht nur körperlich, sondern auch seelisch, moralisch, geistig. Es gibt hier keine Versuchung für mich, überhaupt keine. Ich bin immun gegen New York, gegen meine alten Freunde, gegen die Vergangenheit, gegen alles. Zum ersten Mal im Leben bin ich völlig auf einen anderen Menschen ausgerichtet, auf Dich. Ich kann alles geben, ohne Furcht, mich zu erschöpfen oder zugrunde zu gehen. Als ich gestern in meinem Artikel schrieb: «Wäre ich nicht nach Europa gegangen» usw., meinte ich nicht Europa, sondern Dich. Doch das kann ich der Öffentlichkeit in einem Artikel nicht sagen. Europa, das bist *Du*. Du hast mich aufgenommen, einen gebrochenen Mann, und geheilt. Ich werde nicht zerbrechen – da besteht nicht die geringste Gefahr. Doch ich bin jetzt sensibler, reagiere stärker auf jedes Anzeichen von Gefahr. Wenn ich Dir wie wahnsinnig nachjage, Dich anflehe, mir zuzuhören, vor Deiner Tür stehe und auf Dich warte, versuche ich nicht, mich zu erniedrigen. Für mich hat dieser Kampf um Dich nichts

Erniedrigendes. Er ist nur der Beweis, daß ich äußerst wachsam bin, äußerst auf der Hut, begierig darauf, überaus begierig und verzweifelt bemüht, Dir klarzumachen, daß meine große Liebe zu Dir etwas höchst Wirkliches und Schönes ist. Einst hätte ich einer Frau jedes Leiden, was ich ihretwegen erduldete, heimgezahlt. Aber jetzt weiß ich, daß dieses Leiden eine Folge meines eigenen Verhaltens ist. Immer wenn etwas passiert, etwas Falsches, weiß ich, daß es *mein* Fehler sein muß. Ich habe kein Schuldgefühl, sondern empfinde tiefe Bescheidenheit angesichts Deiner Liebe. Ich zweifle nicht an Dir, Anaïs – in keiner Weise. Du hast mir alle Beweise gegeben, die eine Frau einem Mann nur geben kann. Ich bin es, der lernen muß, wie man diese Liebe annimmt und bewahrt. Ich habe sehr viele Fehler gemacht. Zweifellos werde ich weitere machen. Doch ich gleite nicht in die Vergangenheit zurück. Jeder Tag scheint mich auf eine höhere Ebene zu bringen. Du hast mich auf Höhen erhoben – halte mich dort, ich bitte Dich!

Ich wollte Dir am Telefon sagen, aber ich werde immer so konfus: «Anaïs, ich kann nicht voller Sorgen durch die Straßen gehen. Das wäre nicht gut. Ich habe soviel zu tun, und ich will mich nicht zerstören, nicht einmal den kleinsten Teil von mir. Alles, was ich habe, ist kostbar, und ich versuche es zu bewahren, um es Dir zum Geschenk zu machen.»

Ich wandere hier nicht durch die Straßen, wie ich es einst tat. Die Straßen haben mir nichts mehr zu sagen. Damit gab ich mich an die Welt weg, statt die Welt hereinzuholen. Jetzt denke ich an mein kleines Zimmer, das Zimmer, das Du für mich gerettet hast, und sehne mich danach, wieder dort zu sein, es mit Arbeit zu weihen. Die ganze Welt scheint sich in Dir verkörpert zu haben – warum sollte ich ausziehen, um sie zu suchen?

Beim Gespräch mit Menschen spüre ich, daß ich etwas schrecklich Schönes in mir trage. Ich spüre die Distanz zwischen mir und anderen. Ich wahre diese Distanz. Ich weiß jetzt, *wer* ich bin. Es gibt keine Zweifel mehr. Doch wenn Du Dich von mir weg bewegst, auch nur das kleinste Stückchen, senkt sich eine Finsternis auf mich, von der ich mich verschlungen fühle. Um das zu bewahren, was wir endlich zwischen uns und in uns geschaffen haben, müssen wir uns geschickt und schnell bewegen, ganz bewußt. Wir sind zu etwas gekommen, was wenige Menschen je kennenlernen. Wir müssen uns treu sein, dem Besten, was wir kennen und empfinden. Wenn Du ausrutschst, muß ich Dich festhalten. Wenn ich ausrutsche, mußt Du das gleiche tun. Andernfalls bebt die Erde, und wir sind verloren.

Glaube nicht, Anaïs, daß ich aus Angst, Dich zu verlieren, verzweifelt handle. Es ist keine Angst, sondern der *Wunsch*, Dich zu halten. Das Ich, das Angst hatte, ist tot. Dieses Ich war passiv, nachlässig, gedankenlos. Der Mann, der ich jetzt bin, ist wach und aktiv, er springt, er kämpft, er wird seinen Griff nicht lockern. Siehst Du den Unterschied? Das alte Ich wäre auf dem Bett dahingewelkt oder hätte sich betrunken oder auf den Straßen herumgetrieben oder einen alten Freund besucht. Solche Dinge kann ich nie wieder tun. Sie alle waren Puffer, ermöglichten es mir, mich im Schmerz und im Leiden zu suhlen, was ich damals vermutlich wollte. Ich will keine selbstauferlegte Qual mehr. Ich will immer vor Dich treten können, von Angesicht zu Angesicht, schnell, unmittelbar. Ich werde nicht zulassen, daß ein Fehler, ein Zufallsereignis sich zu einem Mißverständnis auswächst. Ich werde in dem Garten, den wir schaffen, nicht ein einziges Unkraut sprießen lassen. Das Leben ist viel zu kurz für alles das, was wir zusammen genießen wollen. Wir müssen die Zeit packen und ihr den Hals umdrehen. Wir müssen in einander hineinleben.

Als ich bei Dir anrief, war ich nicht sicher, Dich zu erreichen. Inzwischen rief ich zweimal an und bekam gesagt, Du seist nicht da. Ich war in Schweiß gebadet. Ich ging Deine Straße hinauf und hinunter, um den Block, schaute in Restaurants, ging zurück und blieb vor Deiner Tür stehen. Hätte ich Dich nicht ans Telefon bekommen, hätte ich Dir ein Telegramm geschickt und wäre dann heimgegangen, um Dir einen Eilbrief zu schreiben. Ich suchte im Telefonbuch den Namen Guiler, dachte, ich könnte Dich vielleicht dort erreichen. Fand keinen Eintrag. Und hätte ich an diesem Abend umsonst auf Dich gewartet, hätte ich Rank aufgestöbert und versucht, die Adresse aus ihm herauszubekommen, notfalls mit Gewalt. Ich konnte mir nicht vorstellen, wo Du bist, was Du tust. Ich konnte nicht glauben, daß Du noch immer böse auf mich bist, sondern nur, daß Du von mir abrückst, verletzt, verwirrt, an meiner Liebe verzweifelnd. In einer solchen Situation erscheint einem New York ungeheuerlich – die Größe, die unendlich vielen Schlupfwinkel, die Aussichtslosigkeit, denjenigen, den man wie rasend sucht, zu finden. Man wird ein Strohhalm, ein vom Wind umhergeblasenes Büschel, zerrissen von Erinnerungen, verflucht, verloren, gebrochen, den Winden preisgegeben. Du sagst, Du hast geweint. Auch ich weinte; während ich durch die Straßen ging, liefen mir die Tränen übers Gesicht. Ach, warum, warum? Warum müssen wir leiden? Sind wir so zart, jedem Pfeil wehrlos ausgesetzt? Das ist schön und schrecklich. Doch es ist auch, als würden Zwillinge sich voneinander zu lösen versuchen. Laß uns zusammenwachsen, vollkommen. Geh in mich ein, Anaïs, bleib dort, rück nie mehr von mir ab, nicht mit einem einzigen Gedanken.

Wir beide haben so schreckliche Erfahrungen gemacht, herzzerreißende Erfahrungen. Können wir das alles nicht in unserer Liebe ertränken? Du weißt jetzt, daß ich keine falschen Vorstellungen von Dir habe, daß ich Dich als Frau akzeptiere, als *meine Frau*. Bestrafe mich nicht dafür, daß ich langsam bin. Danke lieber den Sternen, daß wir uns erfolgreich durchgerungen haben. Ich erklärte Dir einmal in einem Brief, ich sei absolut sicher, daß das eigene Schicksal in einem selbst beschlossen liegt, nicht in den Sternen dort draußen. Dies spüre ich immer stärker. Du auch? Du auch? Bestimmt, denn Dein Brief bringt das zum Ausdruck. Der kühne Sprung, den Du gemacht hast, wie könnte der etwas anderes sein als die Reaktion auf ein inneres Diktat? Du mußtest für mich springen, um mir den Weg zu zeigen. Du hast die Richtigkeit der wunderbaren Redensart bewiesen – erinnerst Du Dich an sie? «Wagemut ist nie unheilbringend.» Du hattest sie in den Notizen auf meinem Tisch in der Villa Seurat entdeckt. An alles, was Du je bemerkt hast, erinnere ich mich genau. Ich kann das Leuchten in Deinem Gesicht sehen, Deine emsigen Hände, Deine leichten, vogelhaften Gesten. Du bist für mich wie das Licht selbst – wo Du vorbeigehst, herrscht blendendes Leuchten.

Wirst Du mir verzeihen, daß ich all das schreibe, statt zu arbeiten? Ist dies, unser Leben, nicht wichtiger als Arbeit? Arbeit! Arbeit! Wofür arbeite ich? Ursprünglich muß ich eine schrecklich übertriebene Meinung von mir gehabt haben, Eigenliebe, ich hatte die Arbeit zum Fetisch gemacht und das mit verschiedenen Lügen und Täuschungen zu entschuldigen versucht. Ich habe vergangenen Kümmernissen ein Denkmal errichtet. Das alles ist vorbei. Mein Gesicht ist der Zukunft zugewandt, voll Freude. Die Arbeit wird nun natürlicher sein, wird kein Ziel als solches mehr sein. Ich war in der Tat unmenschlich geworden. Du hast mich gerettet.

Jetzt ist mir klar, daß ich ein kompletter Mensch bin, und als Mensch muß ich für Dich mehr wert sein als der denkbar größte Künstler. Durch diese Veränderung geht nichts verloren. Im Gegenteil, alles ist gewonnen. Wie scharf ist mir doch bewußt und wie dankbar bin ich Dir doch, daß Du dieses Wunder vollbracht hast. Es ist *Dein* Werk, ein durch und durch menschliches Werk, geschaffen aus erbittertstem Kampf. Was Du getan hast, ist nichts Geringeres als Heroismus. Wärst Du nur Frau, dann wärst Du gescheitert. Du bist eine Künstlerin – was das Leben anbelangt –, und welches größere Kompliment könnte ich Dir machen. Ich war nur ein Wortkünstler und im Leben ein arger Versager. Wörter, Wörter – wie sie einem die Seele strangulieren! Gib mir die Frau, und die Wörter werden auf den ihnen zukommenden Platz verwiesen. Ich war ein Sklave der Wörter. Jetzt werde ich sie *gebrauchen*.

Manchmal meine ich, mein Kommen müßte das eine Endergebnis zeitigen, daß meine Persönlichkeit sich durchsetzt und anerkannt wird. Ich meine, falls ich irgendeinen gerechten Lohn erwarten darf, dann den, daß alles, was ich tue oder sage, alles, was ich schreibe, Beifall findet, wenn ich die Menschen erst einmal von meiner Integrität überzeugt habe. Die Menschen können mich nicht ignorieren, wenn sie wissen, wer ich bin, wenn sie meine Aufrichtigkeit, meine Ernsthaftigkeit kennen. Ich habe nicht mehr das Verlangen, den Hanswurst zu spielen, den Verletzten, den Vernachlässigten. Ich verstehe es jetzt, die Menschen in den Griff zu bekommen, vor sie zu treten und zu ihnen zu sprechen, sie zu überzeugen. Es geht nicht mehr um Literatur, es geht um mein Leben, *um mein Leben mit Dir*. Ich empfinde das so stark, daß es nach meiner Überzeugung spürbaren Ausdruck finden wird. Möglicherweise werde ich viel, viel einfacher werden. Jedes Wort sollte glühen. Die Wörter werden mit meinem Blut gefüllt sein, mit meiner Leidenschaft für Dich, meinem Hunger nach Leben, mehr Leben, ewigem Leben. Du hast mir Leben geschenkt, Anaïs. Du bist die Flamme, die in mir brennt. Und ich bin der Hüter der Flamme. Auch ich habe eine heilige Aufgabe.

Ach, verstehst und weißt und glaubst Du all das, was ich Dir schreibe, denn nicht? Ist es nicht klar und wahr und richtig? Willst Du nicht bei mir bleiben, immer in mir? Ich bin aus solchen Tiefen heraufgekommen, um Dich zu finden. Die bloße Bekundung, daß ich Dich liebe, ist nicht genug. Sondiere in mir, grab alles aus, was in mir ist. Ich fühle mich unerschöpflich reich.

Henry

Anaïs Nin und ihr Mann waren im Mai 1935 aus New York nach Paris zurückgekehrt, und Henry Miller weilte seit der Fertigstellung des Manuskripts von *Schwarzer Frühling* wieder in der Villa Seurat, wo Pläne zur Veröffentlichung mehrerer Bücher unter dem Verlagssignet Siana Press geschmiedet wurden. Im Herbst mietete Anaïs Nin die Wohnung von Louise de Vilmorin, und Louveciennes wurde für die Wintermonate untervermietet. Aus dieser Periode scheint wenig Korrespondenz erhalten zu sein. – Am 18. Januar 1936 fuhren Anaïs Nin und Henry Miller mit der *Bremen* zusammen nach New York, obwohl es Miller unglücklich machte, erneut nach Amerika zu gehen. Sie reisten mit dem gleichen Schiff am 5. April wieder nach Europa zurück. Während des Aufenthalts in New York nahmen sie am Debut von Anaïs Nins Bruder Joaquin in der Town Hall teil und arbeiteten als Psychotherapeuten mit einer Reihe alter und neuer «Patienten». Vor der Abreise hatte Anaïs Nin ein kurzes Gespräch mit Otto Rank in dessen Wohnung am Riverside Drive; dies war das letzte Mal, daß sie ihn sah. – Kurz nach ihrer Rückkehr nach Paris begleitete sie ihren Mann auf eine Geschäftsreise nach Marokko.

AN HENRY

Cie Gle Transatlantique
French Line
15. April 1936, Mittwoch

Marseille um 8 Uhr morgens in der Sonne. Fremdartige Gerüche, nach Pissoir, und viele Straßen wie diese einmalige in Avignon. Einen Meter breit. Männer und Frauen sitzen im Dunkeln wie Ratten. Dumpfigkeit. Müll, Abfälle überall. Huren wie Monster, alt, dick, mit leprösen Gesichtern. Dann Sonne. Schönheit. *Le Vieux Parc* sehr romantisch. Schöne Matrosen flicken ihre Netze. Ein Völkergemisch. Es würde Dir gefallen. Verbrachte zwei Stunden damit herumzuwandern, stieg dann auf das kleine Schiff. Doch mir ist nicht nach Schreiben. Träumen. Der Bürgermeister, für den man in Marseille stimmen sollte, hieß Tasso: «Wählen Sie Tasso.» Ein Mann rief, als wir vorbeigingen: «Kommen Sie mit und besuchen Sie die Kathedrale dort oben.» Dann sagte er: «Und hier ist die Kapelle», wobei er auf das nächste Café deutete. Es ist 6 Uhr, und der Himmel hat das algerische Blau, das man auf Werbeplakaten sieht. Man erwartet, einen Araber auf einem Schimmel erscheinen zu sehen. Seltsam, wieder auf See zu sein. Die Entfernung nimmt zu, zeitliche Entfernung, eine lange Nacht und dann einen Tag und dann eine Nacht und einen weiteren Tag und eine weitere Nacht, so weit bin ich von Dir entfernt. Doch das ist die Entfernung der Wirklichkeit. Wir überbrücken sie, annullieren sie. Wir träumen. Ferne und Nähe sind Illusionen. Amerika scheint sehr weit weg zu sein, ausgelöscht. Paris ist näher. In Marseille, an dem Cafétisch sitzend, dachte ich über Emerson nach, über die Idioten und Dummköpfe, die nötig sind, um dem Leben einen Anstrich von Wirklichkeit zu verleihen.

Der Himmel ist überall von intensivem, sagenhaftem Blau. Afrika. Purpurfarbenes Meer.

Im Zug nach Fes: Stieg in Algier vom Schiff in den Zug um. Flüchtiger Eindruck. Sah die erste Frau mit verschleiertem Gesicht. Alles ist blaßblau – nur die Augen sichtbar. Sehr erregend, das Rätsel. Hüte. Rote Fes. Turbane. Tropenhelme. Halt an kleinen Stationen. Habgierige Leute. Kein Trinkgeld ist je genug. Lange jüdische Argumentationen mit den Händen. Algerischer Wein schmeckt köstlich. Das Land wellig und weich wie in Südfrankreich. Doch an jeder Station Gruppen von Arabern in ihren Gewändern – biblische Szenen. Frauen auf kleinen Eseln. Parfümierte Luft. Burnusse gibt es nicht nur aus weißem Badetuchstoff, sondern auch aus Wolldeckenstoff, dunkle Brauntöne, verschiedenes Blau. Tapisserie-Effekte. Turbane in allen Farben. Keine Farbdarstellung dieses Landes ist übertrieben.

7.30 Uhr morgens: Kam um 6 Uhr in Fes an. Wüstenwind weht. Regen. Kein Schlaraffenland. Aber alles viel schöner, als ich erwartete oder mir vorstellte. Ich kann nicht mehr schreiben, nicht ungezwungen schreiben. Die Araber sehen *vornehm* aus. Das Gesicht unseres Zimmermädchens ist unverschleiert. Sie gleicht diesen Bildern, nur ist ihr Gesicht ganz tätowiert, in der Farbe dieser Tinte, fünf sternförmige Flecken. Die Leute sprechen alle französisch. Gehe aus, um mir Fes anzuschauen...

Anaïs

An Henry

Palais Jamai, Fes
17. April [1936]

Wieder verirrt in dem Gassenlabyrinth. Der vorherrschende Geruch ist wie jener Spaniens – das Olivenöl, mit dem sie kochen. Dazu der Geruch nach nassen Lumpen, wie Säuglingswindeln. Geheimnisvolle Stadt. Der Palast vom Sohn des Paschas – er befindet sich mitten im Zentrum, und wir erfuhren es erst heute, als wir durch die finstersten und übelriechendsten engen Durchgänge hingeführt wurden –, da war er, verborgen hinter Mauern, direkt neben einem Stall, wo Männer in Sackleinen das Blut und den Schmutz aus Lammhäuten wuschen. Und so treten wir in einen Palast aus Mosaik und Gitterwerk, eingerichtet mit nichts als Diwans, niedrigen Tischen und Kissen. Nichts sonst. Wo bewahren sie ihre Kleider auf, wo ihre Bücher? Ein Rätsel. Wir lernen den Sohn des Paschas kennen, der größer ist als Hugh, hübsch wie alle hier, außer sie haben Lepra, Syphilis, Pockennarben, Augenleiden oder ihnen fehlt die Nase. Wir sitzen also auf den Diwans und schauen durch die Tür in den Garten und auf die Brunnen hinaus: der Sohn des Paschas, dessen Sohn, Schwager, Vettern, Brüder. Es ist Freitag, das bedeutet, ihr Sonntag, darum hält der Bruder seine Perlenschnur fest und betet. Das bewahrt ihn davor, französisch sprechen zu müssen. Die Frauen vom Sohn des Paschas sind im Hamam [Badehaus]. Ich werde sie leider nicht sehen. Seine Frau, von der er drei Kinder hat – über die spricht er. Ich frage ihn, wie sie aussieht. Er antwortet: «Wie Sie, und auch meine Tochter sieht wie Sie aus.» Sein Sohn stimmt ihm bei und bestätigt die Ähnlichkeit. Wir trinken *thé à la menthe* und essen von den Frauen gemachte Kuchen. Die Luft ist mit Sandelholz parfümiert. Ich verspüre ungeheuren, tiefen Frieden. Frieden und Einfachheit.

Ich bin eben von der Moschee zurückgekommen, in der ich das «große Gebet» hörte. Ich darf nicht hinein, aber die hohen Portale stehen offen, und ich sah sie alle beten. Ich sah sie auch herauskommen. Reich und Arm zusammen. Die Blinden und Leprakranken warten auf Geld, singen . . . singen.

Ich sah, wie in Kellern Öl gepreßt wurde, unter einem großen Holzrad, das ein schwächlicher, müder Araber drehte.

Die Armen sind in Sackleinen gekleidet. Die Halbarmen in Laken und Badetücher. Die wohlhabenden Frauen in Musselin und Seide. Die Juden tragen Schwarz, und ihre Nasen sind länger als irgendwo anders.

Die Luft ist so klar, daß man das Gefühl hat, die ganze Welt sehen zu können, ebenso deutlich, wie man Fes sieht. Ich liege jetzt im Bett, nachdem ich fünf Stunden bergauf und bergab gewandert bin . . . Die Stadt lag in der Sonne da. Die Vögel zwitschern nicht nur wie in Paris, sie singen und gurren mit tropischer Inbrunst.

Unser Schlafzimmer hat genau die Farbe meines Eßzimmers in Louveciennes: Orange.

Die Kinder, Henry, sie sind so schön. Sie arbeiten entsetzlich schwer, tragen Krüge, Brot, Holz, halten die Seidenspulen der Weber . . .

Mir scheint die Stadt unerschöpflich zu sein. Man könnte hier leben und würde sie doch nie ganz kennen. Was Dir gefallen würde, ist die Gedrängtheit – beängstigend wirklich, nahe, wie die Gerüche.

Wir reisen am 23. von hier ab. Ein Tag in Cádiz – dann zwei Tage in Madrid [. . .]

Nun, Professor Hemingway, sind Sie froh, daß ich ohne das Tagebuch gefahren bin? Ich bin begierig, von Dir zu hören . . . Geht es Dir gut? In der ersten Nacht hier träumte ich, mein Koffer sei voller Vögel und man sage mir, jeder Vogel habe ein Paar Strümpfe in sich, doch man müsse ihn natürlich töten, um an die Strümpfe heranzukommen. Ich sagte, ich käme lieber ohne Strümpfe aus, öffnete den Koffer und ließ die Vögel fliegen.

Welch heftiger Kontrast zwischen New York und dem hier. Entgegengesetzte Pole! Ein Ort, an dem es keine Maschinen gibt! Alles wird von Hand gemacht. Keine Trinker ... Solche Zufriedenheit, daß die Leute nicht einmal rauchen. Sie leben in Frieden.

Gute Nacht, Henry ... auf persönliche Weise!

A.

An Henry

Palais Jamai, Fes
[19. April 1936]

Zum ersten Mal allein und in der Lage, Dir offen zu schreiben. Also kann ich damit beginnen, Dir zu erzählen, daß ich einen Traum hatte, in dem Du mir einen höchst intimen und orientalischen Besuch abstattetest – so intensiv, daß ich das Gefühl habe, Du seist die Nacht über hier gewesen. Es fing damit an, daß Du mich auf der Straße küßtest, vor allen Leuten, und sagtest, Du hättest die Geheimnistuerei satt. Dann saßen wir bei einem großen Bankett, ich stand auf, um etwas zu holen, und Du standst mit mir auf und gingst mit mir, als seien wir zusammengelötet wie Zwillinge. Du schienst sehr glücklich zu sein und in einer Deiner sanften Stimmungen. Ich hoffe, Du hast es genauso genossen wie ich! [...]

Es ist eine Droge, das alles hier. Es umgarnt einen. Diese Paläste, ein Leben für das Vergnügen, für den Körper. Es erotisierte mich, dort auf Kissen zu sitzen, dazu die Sonne, die Vögel, die unendliche Schönheit des Mosaiks, der singende Teekessel, die vielen glänzenden Tabletts, die zwölf Parfümflaschen in der Mitte, das rauchende Sandelholz. Der Caiid, der uns gestern empfing, hatte einen weißen Bart und weiße Augenbrauen, verschmitzte schwarze Augen und ein Lachen aus dem Bauch, das sich wunderbar anhörte.

Hugh wird bald zurück sein. Ich möchte hinuntergehen und dies abschicken. Wir fahren am Mittwoch hier weg. Nach Cádiz. Sollte es in Spanien Schwierigkeiten geben, schickt Hugh mich vielleicht von dort allein nach Hause. Wenn ja, werde ich Dir telegrafieren.

Ich umarme Dich ... wie Du mich gestern abend umarmt hast!

Anaïs

[Villa Seurat]
Dienstag, 20. [April 1936]

Deine beiden Briefe aus Casablanca und Fes sind eben eingetroffen. [...] Wenn ich Deine großartigen Schilderungen lese, kommt mir zu Bewußtsein, daß hier nichts passiert. Am erstaunlichsten ist für mich, daß Du den Geruch ertragen kannst! Dies ist das erste Mal, daß Deine empfindliche Nase nicht rebelliert. Rührt es daher, daß die Augen so entzückt sind?

Was meintest Du, als Du schriebst, die Frau und die Töchter des Arabers würden Dir ähneln? Ich dachte, sie seien alle dick, schwarzäugig und schmierig. Offenbar findest Du Deinen Typ überall, außer in Amerika. [...]

Ich sage, hier tue sich nichts, doch einiges ist geschehen. Zum einen hat Kahane mit dem Druck von *Schwarzer Frühling* angefangen. Ich besuchte ihn zweimal, er scheint voller Schwung, Pläne und Ideen zu sein. Was die Finanzen betrifft, ist alles in Ordnung. Die 2000 Frs. sind durch die Einkünfte ausgeglichen. Nach dem Kontostand vom Jahresende schuldete ich ihm etwas über 700 Frs., größtenteils für den Druck von *Aller Retour*[1]. Doch auch dieser Betrag ist inzwischen ausgeglichen, durch die Verkäufe von *Wendekreis* im laufenden Jahr (er hat dieses Jahr schon fast hundert Exemplare verkauft). Wenn June kommt, wird ein Scheck für Tantiemen da sein. [...]

Hoffentlich machst Du Dir nicht die Mühe, Mitbringsel für mich zu besorgen. Bring mir einfach die Beschreibungen und ein bißchen was vom Geruch Arabiens mit. Du erwähnst den Moschus und die Gewürze nicht. Auch davon muß es, neben dem Dung und allem möglichen anderen, etwas geben.

Es ist schwer, jetzt viel «Persönliches» zu sagen. Ich hebe es bis zu Deiner Rückkehr auf. Tatsächlich empfinde ich Dein Fortsein als sehr unwirklich. Ich habe trotz der Briefe das Gefühl, daß Du in Paris bist. Es kam zu plötzlich. *Ich liebe Dich.*

Henry

1 Henry Millers Bericht über seine Reise nach New York, von der er im Mai 1935 zurückkehrte. *Aller Retour New York*, wurde von Obelisk Press im Oktober 1935 in einer limitierten Auflage von 150 Exemplaren herausgebracht und später in der Pariser Zeitschrift *Europe* (Band 43, Nr. 172, 15. April 1937) abgedruckt.

An Anaïs

Atelier Saint-Georges
51 Rue Saint-Georges, Paris (9)
Donnerstag [23. April 1936]

Der zweite Brief aus Marokko traf eben ein. Las ihn mit wachsendem Erstaunen! *Quelle vie! Et la Fatima, quoi!* [Was für ein Leben! Und die Fatima, eh!]

Inzwischen hat sich hier einiges getan. Fraenkel ist abgehauen – nach London. Hat die ganzen Möbel in den frühen Morgenstunden weggeschafft und ist verduftet, ohne seine Steuern zu bezahlen – oder auch die Vermieterin. Typisches Gaunerstück. Überall kleine Schulden – für Gas, für Abschreibarbeiten, für Zeitungsanzeigen usw. Überall Verwünschungen. Niemand sagt ein gutes Wort über ihn.

Ich bin erleichtert. Tatsächlich ist er wegen einer Predigt abgehauen, die Fred und ich ihm hielten. Wir sagten ihm, er sei einfach eine *Memme* – und das muß ihm unter die Haut gegangen sein. Er bedachte uns mit einem dieser fertigmachenden, verzweifelten Blicke, die alles sagen. Und als er uns schließlich seine letzten «Anweisungen» über dies und jenes erteilte, sagte er: «Vielleicht werdet ihr mich nie wiedersehen!» Wir lachten und sagten: «Auch das ist okay!» Damit war unsere Aufgabe beendet. Er sagte, er bleibe wahrscheinlich nur ein paar Wochen weg und werde dann für den Sommer nach Louveciennes zurückkehren. Nun schlage ich vor, daß Du Hugo aufforderst, ihm zu sagen, Ihr hättet Louveciennes bereits untervermietet. *Halte ihn von Frankreich fern!* [. . .] Übrigens, ich sagte Fraenkel warnend, er solle Dir aus London *nicht* schreiben – weil ich auf den Umschlägen meiner Briefe an Dich seinen Namen benütze. Also erwähne gegenüber Hugo einstweilen nichts von seinem Weggang.

[. . .]

Ich warte auf Deinen nächsten Brief, denn ich würde gern erfahren, wann Du zurückzukommen glaubst. Laß es mich im voraus wissen, damit ich Fred loswerden kann. Hier war es kalt und regnerisch – aber jetzt herrscht wieder Hitze. *Je t'embrasse* mit «tropischer Inbrunst».

Henry

Anaïs Nin kehrte im Mai 1936 nach Louveciennes zurück und nahm anschließend eine Wohnung in Paris. Von September 1936 bis Juli 1937 mietete sie auch ein Hausboot auf der Seine, dem ihr Freund Gonzalo More den Namen Nanankepichu gab, was in der alten Inkasprache Ketschua bedeutet: «Nicht zu Hause». Henry Miller blieb während dieser Zeit, aus der wenig Korrespondenz erhalten scheint, in der Villa Seurat.

AN HENRY [30 Quai de Passy, Paris]
[März 1937]

Ich werde Dir zu erklären versuchen, Henry, in welcher Weise Du die Dinge so unmenschlich und unwirklich machst, daß ich nach einer Zeitlang das Gefühl habe, von Dir wegzudriften, und anderswo Wirklichkeit und Wärme suche. Du erklärst immer wieder, daß Du niemanden brauchst, daß Du Dich allein sehr wohlfühlst, daß Du Dich ohne mich besser amüsierst, daß Du unabhängig und nicht auf fremde Hilfe angewiesen bist. Du sagst dergleichen nicht nur ungeachtet der Wirkung auf mich, sondern Du machst auch nie eine Geste oder gibst ein Zeichen wie ein menschliches Wesen. Ich kann kommen und gehen, ich kann eine Woche oder ein Jahr wegbleiben, Du denkst nicht einmal daran, anzurufen oder die Hand auszustrecken, um mich zu halten, zurückzuhalten. Alles in Dir stößt mich weg. Dein Kollektivleben, Dein ständiges Leben mit anderen, Deine Unfähigkeit, Nähe oder eine Beziehung mit *einem* Menschen zu schaffen, statt immer nur mit einer Masse. Ich suche Dich im Zentrum meines Lebens zu halten, doch Du rufst genau das gegenteilige Gefühl in mir hervor, nämlich daß Du die Mitte Deines Lebens bist, samt Deiner Arbeit, und dann wunderst Du Dich, wenn eine Frau wegdriftet. Meine Reise nach New York, und zwar allein, wurde ausschließlich von diesem Gefühl veranlaßt, das Du in mir erzeugst, von dieser Perversität in Dir, die Deine ganze Liebe so negativ und destruktiv macht.

Was für eine verdrehte, auf Dich selbst bezogene, negative Liebe Du doch hast. Wenn ich lese, was Du jetzt über June schreibst, ist mir fast nach Lachen zumute. Du brachtest Dein Leben damit zu, auf sie wütend zu sein, sie zu kritisieren, ihr Ich abzulehnen, das Wertvolle an ihr, alles, was sie verkörperte – und dann sagst Du, daß Du «liebst». Was ist Liebe denn anderes als Annehmen des anderen, wie immer er ist! Du hättest mit einem Zeichen erreichen können, daß ich mich hingebungsvoll unterwerfe, doch dieses Zeichen gibst Du nie. [...] Wenn ich in Deine Wohnung trete, sehe ich das ausdrucksloseste Gesicht, die vagesten Gesten, die vollkommene Geisterhaftigkeit. Es genügt nicht, eine Frau bloß zu sich ins Bett zu holen, weißt Du. Menschenwesen sind mit noch anderen Ausdrucksmitteln bedacht worden. Ich bringe zum Ausdruck, was ich fühle. Du strengst Dich besonders an, alle Manifestationen von Anhänglichkeit irgendeiner Art zu ignorieren, zu verwischen und auszulöschen. Du redest ständig vom Kollektiven, vom «Prinzip Freundschaft» statt vom Freund, von der allgemeinen «Schlitzfrauenwelt». Ich überflog kurz, was Du im *Steinbock* schriebst, und da war sie, die große anonyme, entseelte Fickwelt. Statt jede Frau mit einem anderen Gesicht auszustatten, reduzierst Du genüßlich alle Frauen auf eine Öffnung, auf biologische Gleichheit. Das ist nicht sehr interessant, finde ich, und auch kein großer Gewinn. Es ist eine Krankheit. Ein Mensch, der die ganze Welt als Sexobjekt zu sehen beginnt, ist wirklich krank. Er ist wie ein läufiger Hund. Auch Menschen werden brünstig, das ist verständlich und in Ordnung. Doch der Mensch lebt nicht in einem Zustand der Brunst. Deine Depersonalisierung der Frau führt Dich so weit, daß alles zu Sex wird, und Sex ist ein Loch, und danach kommt Tod. Vergessen. Mein Gott, Henry, das einzige Persönliche, Individuelle, was Dir je widerfuhr, war June, weil sie Dich quälte und es ihr dadurch letztendlich gelang, sich aus dem wogenden Meer abzuheben, das Du um Dich schaffst. Ich mißbillige das.

Ich sehe Dich zu einem Tier wie Nijinsky werden und dann wahnsinnig; die Art, wie Du Dich auf Sex konzentrierst, ist Todesbesessenheit. Ich habe Dich viele Male da herausgezogen. Du hattest einst beispielsweise eine primitive Einstellung zur lesbischen Liebe. Hat sie oder hat sie nicht mit ihr geschlafen? Das war alles, was Du dachtest. Ich vermittelte Dir eine andere Auffassung von lesbischer Liebe: Das Miteinander-Schlafen ist nicht der millionste Teil dessen, was geschieht oder was lesbische Liebe bedeutet. Und jetzt bist Du wieder soweit: Es gibt für Dich nichts anderes als schlafen mit was, mit wem, wie. [...]

Du bist schlicht dies: ein Ego in einer Masse. Du bist in der Gefahr, in der sich ein Ego in der Masse befindet (das Ego vermag nur die Masse wahrzunehmen, nicht einen Ebenbürtigen; dies ist das Kennzeichen des Egos, denn eine Masse ist etwas Formbares, mit dem es sich identifizieren, das es beherrschen oder verblüffen usw. kann. Masse schließt eine individuelle Beziehung aus). Ich nehme Deine Einstellung zu mir nur als Beispiel. Ich halte kein persönliches Plädoyer. Darüber bin ich hinaus.

Was immer diese Unzulänglichkeit in Dir ist, die eine Beziehung nicht lebendig halten kann, ich lamentiere nicht mehr deswegen. Ich habe mir als Ergänzung ein anderes Leben geschaffen. Ich will nichts fordern. Weil ich nicht glaube, daß Fordern jemanden zu ändern vermag. Das ist eben Deine Art. Dein Schicksal.

[...]

Du machst die ganze Welt zu jener einfachen Sache, als die wir sie in Gesellschaft von Bekannten empfinden. Wir sagen immer, daß wir uns mit gewissen Leuten amüsieren, die uns nicht viel bedeuten; doch wir alle sind uns darin einig, daß dieses «Amüsieren» nicht das ist, was unser Leben speist. Und jene, die nur diesen ephemeren, leichten Kontakt mit Menschen haben, die sich ständig amüsieren, stellen bald fest, daß ihr Leben hohl ist, sie bekommen es satt, sie fühlen sich leer und ohne tiefe Freude.

Angst – die sehe ich jetzt in Dir, wenn Du schläfst, Dich entziehst, ausweichst, das Café aufsuchst, die Masse. Bei Dir und mir verstehe ich das nicht, denn es bestand kein Grund, aus dem unsere Beziehung hätte tragisch werden müssen. Keinen, was mich angeht. Doch jetzt ist sie es für mich geworden, weil Du nichts tust, um sie wirklicher zu machen; alles, was Du tust, läßt sie schwinden, löst sie auf, zersetzt sie. Du verflüchtigst Dich.

[Anaïs]

An Anaïs

[Villa Seurat]
Sonntag [März 1937]

Ich habe mit der Beantwortung Deines Briefs so lange gewartet, weil ich nachdenken wollte. Ich machte dabei keine großen Fortschritte, offen gesagt. Ich will nicht abstreiten, was wahr ist, doch ist denn die Wahrheit eine Sache von Schwarz oder Weiß, wie Du sie darstellst?

Was Du schreibst, ist verheerend. Wenn ich wirklich so bin, sollte ich nicht fähig sein, meinen Kopf aufrecht zu tragen – dann würde ich davonlaufen und nie mehr etwas von Dir sehen oder hören wollen. Ich könnte mich selbst nicht ausstehen.

Ich habe ein paar Hypothesen anzubieten, falls Du kommen und darüber reden willst. Ich möchte nur tun, was Dich glücklich macht. Wenn Du mir das nicht glaubst, kennst Du mich überhaupt nicht.

Die ganze Sache macht mich traurig und unglücklich. Ich will aber nicht traurig und unglücklich sein, auch nicht reumütig, auch nicht irgend etwas anderes, was düster und negativ ist. Wie ich jetzt bin, werde ich vermutlich immer sein. Du weißt, daß ich nicht darum kämpfe, etwas anderes zu werden. Wenn ich mich ändere, wird das nur ruhig und unmerklich vor sich gehen, wie die Änderung, die bei mir seit der Bekanntschaft mit Dir erfolgt ist.

Ich hätte mir nie träumen lassen, daß ich Dir so großen Schmerz zufüge. Das macht es so schwer zu antworten, denn Schmerz ist etwas Wirkliches und hat Wurzeln. Aber wie blind bin ich doch gewesen!

Eines ist für mich ziemlich sicher – und das macht alles noch schlimmer –, nämlich daß die Ursache dieses Ausbruchs nichts mit der wirklichen Situation zu tun hat. Nachdem Du schon soviel bekannt hast, solltest Du bis zum Äußersten gehen und mich alles wissen lassen. Nur absolute Ehrlichkeit kann uns wirkliches Verständnis bringen.

Henry

An Anaïs [Hotel Majestic, Bordeaux]
Sonntag, vormittags [25. September 1938]

Erhielt heute früh alle Briefe. Wenn es keinen Krieg gibt, werde ich nach Paris zurückkehren. Doch ich werde noch einige Tage abwarten, um sicherzugehen. Ich glaube immer noch, daß eine Chance zur Schlichtung besteht. Hitler gewährt uns offenbar eine Gnadenfrist von einigen Tagen – wie Gott der Allmächtige.[1]

Mit meinen Sachen – falls noch Zeit ist – tu folgendes: Die beiden Kisten, die meinen Namen tragen und mit 1 und 2 gekennzeichnet sind, könntest Du Kahane geben. Den Blechkoffer und den Handkoffer bring zum American Express. *Aber laß beides sein, wenn die Zeit kostbar ist!* Ich kann notfalls alles entbehren, was sie enthalten. Sieh zu, daß Du *selbst unversehrt fortkommst* – und zögere nicht, falls es leichter möglich ist, nach London oder irgendwo anders hinzugehen. Ich werde hier bleiben, weil ich jetzt einfach bleiben muß. Im Falle eines Luftkriegs ist

1 Das «Münchner Abkommen» vom 29./30. September 1938 zwischen Deutschland, Frankreich, Großbritannien und Italien schob den Kriegsausbruch um ein Jahr hinaus, und Henry Miller kehrte schließlich nach Paris zurück.

auch diese Stadt nicht sicher – sie befindet sich in Reichweite. Doch von hier aus kann ich leicht aufs Land ausweichen oder ein Schiff nach irgendwo erreichen. Offen gesagt, ich wäre lieber wieder in Paris. Fast wäre ich gestern abend losgefahren – aber irgend etwas hielt mich zurück. Heute früh wanderte ich erneut eine Stunde herum und versuchte zu entscheiden, ob ich zurückkehren oder bleiben solle. Um 10 Uhr ging ich wieder hierher ins Hotel, um zu schauen, ob Post gekommen sei, und fand Deinen Brief vor.

Ich schreibe jetzt an Kahane, um herauszufinden, ob er eine Vorauszahlung auf die Tantiemen leisten würde. Falls Du die Kisten hinbringst, könntest Du vielleicht auch ein paar Worte mit ihm sprechen. Natürlich bin ich jetzt unsicher im Hinblick auf ihn.

Arbeit bringe ich keine zuwege. Ich gehe herum oder lege mich schlafen, absolut automatisch. Seit ich weg bin, habe ich nichts getan, als herumzulaufen wie in Trance. Ich muß Tausende Paar Schuhe angeschaut haben, Krawatten, Socken, Regenschirme, Nachthemden usw. – wie Du es tun würdest, wärst Du mesmerisiert. Ich habe auch mit keiner Menschenseele geredet – und das ist schlimm. Alles, was ich tun kann, ist Zeitung lesen, mich hinsetzen, aufstehen, herumgehen. Wäre ich sicher, daß Paris nicht evakuiert wird, ich führe sofort zurück. Lieber wäre ich während der Luftangriffe dort als an einem fremden Ort, wo man niemand kennt und nichts tun kann.

Doch vielleicht sehe ich mir jetzt das Buch wieder an. Ich bleibe hier und warte darauf, daß entweder Du kommst oder die Lage sich klärt. Das ist immerhin ein kleiner Fortschritt. Hätte ich Geld, müßte ich nicht solchen Bammel haben. Ich könnte ganz leicht den Entschluß fassen, irgendwohin zu fahren, aus dem allen heraus. So aber fürchte ich mich immer vor der «Falle». Ich hatte mehr als genug derartiger Erlebnisse. Doch weil wir jetzt alle mehr oder weniger im selben Boot sitzen, wird es anders sein. Und schließlich könnte ein amerikanisches Kanonenboot kommen! Aus diesem Grund solltest Du nach meiner Meinung, wenn Hugo Dich drängt, nach London zu gehen, wirklich gehen – Du könntest von dort leichter und schneller nach Amerika oder in irgendein anderes Land gelangen.

Ich gebe Dir die Telefonnummer des Hotels hier, für den Fall, daß Du mich anrufen mußt: Urbain 80.530 und Inter 2.52. Letztere dürfte die sein, die Du haben willst. Ich bin immer bis 9 Uhr früh da und wieder von 12 Uhr mittags bis 12 Uhr 30, dann von 7 bis 7 Uhr 30 abends.

Mach Dir keine Sorgen wegen meiner Sachen in der Villa Seurat! Das ist ein Luxus, wenn die Welt zusammenbricht. Ich glaube immer noch, daß es zu irgendeinem Arrangement kommen wird – ein gefährliches Spiel, doch ich meine nach wie vor, daß sie eine Schachpartie spielen.

Wie dem auch sei, ich werde zunächst einmal hier bleiben. Alles wird sich regeln! In Liebe,

Henry

An Anaïs

[Bordeaux]
Dienstag, vormittags [27. September 1938]
(2. Brief)

Nachdem ich heute früh Dir geschrieben hatte, schickte ich mittags einen Brief an Kahane ab, den er, glaube ich, noch heute bekommen wird. Ich ersuchte ihn, für mich Kabeldepeschen (die Texte schrieb ich ihm auf) an sechs Personen zu schicken und sie um Mittel zur Deckung der Überfahrtkosten zu bitten. Erst nachdem ich den Brief aufgegeben hatte, dachte ich daran, hier zu den Schiffahrtsgesellschaften zu gehen. Zu meiner Überraschung stellte sich heraus, daß aus Bordeaux absolut keine Schiffe nach Amerika auslaufen – nur nach Südamerika. Man müßte nach Le Havre, Cherbourg oder Boulogne fahren.

Ich sage Dir das, damit Du Dich nicht auf den Weg hierher machst. Falls Du Paris verläßt, fahre nach Le Havre, wenn es geht. Ich muß jetzt weitere drei oder vier Tage hierbleiben, die Antworten auf meine Kabel abwarten. Sollten sie schnell kommen, werde ich *vor dem 1. Oktober* nach Le Havre aufbrechen. Ich denke mir, daß Hitler am 30. September um Mitternacht den Krieg erklären wird – und man kann damit rechnen, daß binnen zwei Stunden danach jede große Stadt in Frankreich bombardiert wird. Sollte dies geschehen, nehme ich nicht den Zug – sofern das bedeutet, daß ich in der Nacht und über Paris fahren müßte. In diesem Fall werde ich mit dem Geld, das bis dahin eintrifft, einen Zug nach irgendeinem kleinen Ort besteigen, vielleicht Biarritz oder auch Arcachon, das nicht weit entfernt ist, und dort abwarten. Ich werde auch lauern, ob hier in Bordeaux ein amerikanisches Kanonenboot haltmacht. Allzusehr rechne ich nicht damit. Kurz, ich versuche Dir einzuschärfen, daß es für Dich sicherer wäre, nach Le Havre zu fahren – und Du solltest versuchen, spätestens am 29. abzufahren. Am 30. wird der große Exodus beginnen – Du wirst sehen. Selbst wenn man nicht gleich ein Schiff kriegt, man kann dort relativ ungefährdet warten. Du könntest auch fast jedes größere Schiff nehmen und nach Cobh oder Cork in Irland fahren. Wenn diese Leute auf meine Kabel reagieren, wird mir sehr viel wohler sein, gleichgültig, wo ich mich vorübergehend aufhalten werde. Gerate nicht in Panik und hab nicht das Gefühl, daß Du auf mich warten und anrufen mußt – schick einfach ein Telegramm und teile mir mit, was Du tust. Ich werde sofort telegrafisch antworten. Ich werde Dich ebenfalls verständigen, bevor ich von hier wegfahre – rechtzeitig, um auf eine Antwort zu warten, sollte eine nötig sein.

Ich hatte Kahane geschrieben, er könne die Kabel nach Amerika auf dem langsameren Weg schicken. Vielleicht könntest Du ihn anrufen und Dich davon überzeugen, daß er sie wirklich schickt – und laß sie ihn jetzt auf dem schnellsten Weg schicken, ohne Rücksicht auf die Kosten. Ich bat ihn, für mich zu bezahlen, das ist das mindeste, was er tun kann. Die Kabel gingen an Fraenkel, Durrell, Huntington Cairns[1], Carl Holty, Laughlin und Eliot. Ich bat nicht um das volle Fahrgeld – einfach um das, was sie zu der Überfahrtssumme beitragen könnten. Ich hielt es für das beste, das zu tun, damit Du soviel wie möglich für Dich – und für Joaquin und Deine Mutter – hast. Wenn ich hundert amerikanische Dollar oder so in der Tasche habe, werde ich nicht in Angst sein – Bomben oder keine Bomben. Meine größte Furcht ist, hier in Frankreich hängenzubleiben, ein wehrfähriger Nichtkämpfer zu sein – und ein Amerikaner: Du wirst sehen, daß sich die Leute gegen die Amerikaner wenden werden, weil sie nicht sofort zu Hilfe kommen. Ich habe bereits eine Menge sarkastischer Kommentare über unsere «Neutralität» gehört. Ich weiß, wovon ich rede.

Im allerschlimmsten Fall kann ich von hier ein Schiff nach Lissabon nehmen – das steht fest. Ich müßte möglicherweise ein paar Tage warten, das ist alles. Doch ich glaube, jeden Samstag fährt eines. Bleiben will ich nicht – auch das steht fest. Ich habe alles durchdacht, von jedem möglichen Gesichtspunkt. Wäre es erlaubt, in Paris zu bleiben, hätte ich nichts dagegen – aber woanders, nein. Man kommt sich vor wie eine Ratte, die sich verkriecht. Ich kann es nicht ertragen, passiv zu sein und zuzuschauen, wie die Dinge ihren Lauf nehmen, und ich bin mir jetzt sicher, daß ich auch nicht mitmachen will. Wäre das Ganze meine Privatangelegenheit gewesen, hätte ich sie in einer halben Stunde lösen können. Ein Opfer der Dummheit und Eigensinnigkeit von Regierungen, die mich nicht interessieren, will ich jedoch nicht werden. Mein Kopf ist jetzt klar, und ich fühle mich auf alles vorbereitet – was ich will, ist

1 Siehe «Biographische Anmerkungen».

Aktion. Kein Abwarten mehr. Denk dran, Du fährst nach Le Havre, wenn möglich, und ich werde versuchen, zu Dir zu stoßen. Mußt Du aus irgendeinem Grund bleiben, verbring die Nacht zum 30. nicht in Paris – außer natürlich, Du erfährst, daß es so aussieht, als sei alles beigelegt. Wenn sie jedoch noch *verhandeln*, hau ab. Hitler meint es ernst.

Mir geht es jetzt gut, das sage ich Dir. In Liebe

Henry

AN ANAÏS

[Villa Seurat]
21. Februar 1939

Im Anfang war das Wort, doch damit das Wort hervorkommen konnte, mußte zunächst irgendeine Trennung stattfinden. Damit es sich vom Busen der Schöpfung loslösen konnte, mußte ein Bedürfnis bestehen, ein menschliches Bedürfnis. Das Wort gemahnt stets an einen vollkommeneren Zustand, an eine Vereinigung oder Einheit, die unsäglich und unbeschreiblich ist. Der Schöpfungsakt ist immer schwierig, weil er ein Versuch ist, Verlorenes wiederzuerlangen. Um etwas zurückzugewinnen, müssen wir uns erst einmal verlassen fühlen.

Du kennst alle Freuden und Schrecken der Schöpfung. Du spielst Gott, seit Du fähig warst zu sprechen. In diesem neptunischen Atlas, den Du der Nachwelt widmest, zeichnest Du die proteischen Metamorphosen Deiner Vereinigungen und Trennungen auf. Er ist die Arche und die Bundeslade des Verlorenen. Wie ein echter Seemann hast Du den Bau Deines Schiffs auf dem Wasser begonnen. Du vertraust es den Wassern des Vergessens an. Du schnitzt Dein eigenes Bild in den Schiffsbug. Dort bleibst Du, endlos die Wasser durchpflügend. Woher der Wind auch weht, Du weist den Weg.

Für mich ist das Tagebuch wie die bewegliche Nadel im Kompaß. Obwohl sie immer nach Norden zeigt, bewegt sie sich dennoch mit dem Schiff sowie mit jenen, die darauf fahren, und mit der Strömung, die den Kurs des Schiffs bestimmt. Wenn wir uns vorstellen, daß Dein Schiff endlos weitersegelt, was es zweifellos tun wird, ändert sich das Ziel, wie die Sterne ihren Lauf ändern. Die Richtung wird immer Norden sein, aber die Reise wird elliptisch verlaufen, es wird eher Klimaveränderungen geben als Änderungen der Breiten- und Längengrade. In Deinem unendlichen Logbuch wird nur die Handschrift unwandelbar bleiben.

Die Unterschrift wird immer Deine eigene sein, immer zügig, präzise und lesbar ... Du schreibst von einem Punkt aus, der jenseits der Veränderung liegt. Du zeichnest die Beständigkeit der Veränderung auf, die Ewigkeit der Metamorphosen. Du hast Dich nicht für das Schöpfen selbst entschieden, sondern für das Aufzeichnen der Schöpfung ...

Du bist immer bestrebt, das leere Gefäß des Lebens zu füllen. Anfangs tatest Du es buchstäblich, indem Du Dinge verschenktest – die Nahrung und Substanz des Lebens –, später, in der Erkenntnis, daß es ein aussichtsloses Unterfangen ist, daß Du unmöglich hoffen darfst, alle Bedürfnisse jener erfüllen zu können, die zu Dir kommen – durch die Verwandlung der Brote und Fische in den Wein des Lebens, durch das Spenden aus der ewigen Quelle der Weisheit, die allein Leben zu schenken vermag.

Und schließlich wirst Du erkennen, daß selbst dies nicht reicht, nicht wirksam genug ist. [...]

Während man im Bauch des Wals sitzt, die wechselnde Temperatur aufzeichnet, die innere Dynamik kartographisch und tabellarisch festhält, durchpflügt der große Wal selbst die Tiefe. Wir müssen die Feder, den Bleistift, den Pinsel fallenlassen und selbst der große Wal werden. Die wirkliche Erfahrung liegt jenseits, in den tiefen Gewässern, durch welche der Wal schwimmt. Du glaubst, die Welt zu ernähren – aber Du ernährst nur den Wal. [...]

Wenn ich sage, was oft geschieht, daß mein Leben vom Alter von einundzwanzig Jahren an bis vor kurzem ein einziger Umweg war, so meine ich, daß ein Großteil meiner Bemühungen in dem uneingestandenen Kampf vergeudet wurde, mich der Welt anzupassen, daß sich die endgültige Anpassung als Versuch maskierte, die Welt mittels meiner schriftstellerischen Schöpfungskraft zu erobern oder zu verführen. Ich hätte mich mir selbst anpassen sollen. [...]

Durch unerschütterliche Achtung vor dem eigenen Ich gelangt man nach und nach in solchen Einklang mit der Welt, daß man nicht mehr über seine Pflicht gegenüber anderen nachdenken muß. Man hört auf, darüber nachzudenken, daß man anderen Schmerz oder Kummer oder Enttäuschung bereitet, weil die eigenen Taten und Worte so transparent werden, daß die Herzensabsicht immer erkennbar wird. Die Furcht verschwindet, wenn man überzeugt ist, daß man nichts Böses tun kann, sofern man tut, was man will, denn einzig das soll man tun. Wir meinen oft, daß wir durch unser Verhalten Schaden anrichten könnten, doch das meinen wir nur, weil wir nicht genug Zutrauen zu der Intelligenz und Zuneigung des anderen haben. Wir bilden uns ein, daß jene, die uns bewundern oder lieben, dies nur wegen unserer guten Eigenschaften tun. Doch in den meisten Fällen kennt der andere unsere Schwächen genau und ist besser auf unser ungebührliches Verhalten vorbereitet als wir selber. [...]

Henry

An Anaïs

[Porte d'Orléans, Paris]
Donnerstag [25. Mai 1939]

Rase immer noch herum – bin dünn wie eine Bohnenstange. Doch alles ist erledigt. Der Scheck vom Gotham-Buchmarkt traf gestern ein, ist jedoch auf eine New Yorker Bank ausgestellt, und ich warte darauf, daß Kahane jemand findet, der ihn einlöst – er sagt, er habe selbst nicht viel auf der Bank. Ich brauche es. Das andere Geld ist fast weg, und ich muß noch einiges bezahlen. Sobald der Scheck eingelöst ist, schicke ich Dir einen American-Express-Scheck über zwei- oder dreitausend Francs. Verkaufte die Lampe gerade eben – 6 Uhr 30 abends – nach acht Besuchen bei dem Elektriker – für 150 Francs. Was für ein Gehetze – habe im Leben noch nie so viel getan. Bin froh, aus der Villa Seurat herauszukommen – welcher Wust an Kleinkram! Mich freut sogar schon der Gedanke, für ein paar Tage hier in Paris in einem Hotel zu sein. [...]

Das Visum für Griechenland besorge ich mir noch nicht. Werde es in Marseille tun. Warum sollte ich nicht gemächlich durch Italien reisen? Ich würde mir gern Florenz, Ravenna, Neapel, Rom, Taormina ansehen. Korfu läuft mir nicht davon.

Na, das alles klingt hektisch, und genau das bin ich auch. Ich werde Dich bestimmt irgendwo im Süden treffen, bevor ich nach Korfu fahre.[1] Warum sollte ich mich beeilen, irgendwo hinzukommen? Ich habe die Betriebsamkeit satt. Sie ist verrückt. Vielleicht werde ich Dich in Monaco oder Nizza treffen. Dann geht es nach Marseille. Jetzt aber schaue ich mir ganz bestimmt das Dordogne-Tal mit den prähistorischen Zeichnungen der Cro-Magnon-Menschen an. Und ich werde wieder nach

1 Anaïs Nin hatte vor, am 24. Mai an die Riviera zu fahren. Dort machte sie dann die nächsten drei Monate Urlaub; ihr Mann besuchte sie mehrere Male, und mit ihm fuhr sie Ende August nach London. Ende September kehrte sie nach Paris zurück. Henry Miller reiste am 14. Juli nach Griechenland, zu einem ausgedehnten Besuch bei den Durrells.

Toulouse fahren! Ich erwarte immer noch etwas Wunderbares von dieser Stadt. Seltsam, was? Mach mir einen Vorschlag, *wann* ich Dich treffen soll.

In einem oder zwei Tagen schreibe ich mehr – bevor ich Paris verlasse. Wenn der Scheck nicht einlösbar ist, werde ich hierbleiben, bis er in N. Y. eingelöst ist. Aber ich hoffe, daß Kahane etwas erreicht. Beim Anblick des Schecks staunte er – ihm wurde der Mund wäßrig. In Kürze mehr.

Henry

AN ANAÏS

[Korfu]
Sonntag, 6. August [1939]

Kam eben vom Zelten zurück, das mir ungeheuren Spaß machte, abgesehen von kleineren Unannehmlichkeiten wie Sand im Essen, Ameisen, Fliegen usw. Doch ich fühle mich großartig und bin jetzt schön braungebrannt. Habe mir auch einen Bart wachsen lassen, der salz-und-pfefferfarben ist. Die Bauern hielten mich für Larrys [Lawrence Durrells] Vater! Ein Kahlkopf und ein Bart sind hier Alterszeichen. Sie schätzen mich auf sechzig! Doch ich fühle mich jetzt wie dreißig. [...]

Der Geist, der hier herrscht, kommt mir sehr spanisch oder maurisch vor. Ich bin verrückt nach den Oliven, nach Olivenöl für innen und außen, dem herrlichen selbstgebackenen Brot, den köstlichen Früchten und Gemüsen. Es ist eine gute, gesunde Kost, muß ich sagen – für diese Art Leben sogar besser als die französische Küche.

Du siehst also, es gefällt mir wirklich. Die Reize verblassen nicht ein bißchen. Ich hatte doch die richtige Ahnung. Alles zu seiner Zeit, meine ich. Ob ich hier etwas schreiben werde, weiß ich nicht. Meinem Gefühl nach könnte es sein. Es ist nicht unwahrscheinlich. Doch ich bemühe mich nicht, etwas zu tun. [...]

Von Kahane habe ich nichts gehört – ich schreibe ihm auch nicht. Weiß nichts über das Schicksal des *Steinbocks*[1]. Interessiert mich auch nicht.

Durrell zupft die Gitarre. Er und Nancy lassen grüßen.

HVM

1 Die erste Ausgabe von *Wendekreis des Steinbocks* war im Februar 1939 bei Obelisk Press in Paris erschienen.

Nach Ausbruch des Kriegs im September 1939 hatte Anaïs Nin Paris verlassen und war über Spanien und Portugal nach New York zurückgekehrt. Auch Henry Miller kehrte in die Vereinigten Staaten zurück, gezwungenermaßen und mit Anaïs Nins Hilfe.

AN ANAÏS

An Bord der *Exochorda*
12. Januar 1940

Zwei Wochen auf See, und es hat den Anschein, als habe sich ein Vorhang vor die jüngste Vergangenheit gesenkt. Griechenland ist in den Brunnen der Erfahrung zurückgesunken. Irgend etwas ist dort mit mir geschehen, doch was es war, vermag ich jetzt nicht klar auszudrücken. Ich bin nicht auf hoher See – ich bin bereits in Amerika. Amerika begann in Piräus, in dem Augenblick, als ich den Fuß auf das Schiff setzte. Griechenland verblaßt schnell, es erstirbt direkt vor meinen Augen. Das letzte, was verschwindet, ist das Licht, das Licht über den Hügeln, dieses Licht, das ich nie zuvor sah, das ich mir unmöglich vorstellen könnte, hätte ich es nicht mit eigenen Augen gesehen. Das unglaubliche Licht Attikas! Wenn mir nichts im Gedächtnis bleibt als die Erinnerung daran, so wird das genügen. Dieses Licht verkörpert für mich das Ziel meiner Wünsche und Erfahrungen. Ich sah in ihm die Flamme meines Lebens, verzehrt von der Flamme der Welt. Alles schien zu Asche zu verbrennen, und diese Asche wurde destilliert und in die Lüfte verstreut. Ich weiß nicht, was irgendein Land, irgendeine Landschaft über diese Erfahrung hinaus bieten könnte. Man fühlt sich nicht nur integriert, in Einklang, eins mit dem ganzen Leben, sondern – *man wird auch zum Schweigen gebracht.* Das ist vielleicht die höchste Erfahrung, die ich kenne. Sie ist ein Tod, ein Tod, der das Leben beschämt. Und jetzt, auf dem Schiff, mitten auf diesem amerikanischen Schauplatz, habe ich das Gefühl, unter Menschen zu leben, die noch nicht geboren sind, unter Ungeheuern, die vorzeitig dem Mutterleib entschlüpft sind. Ich stehe mit nichts mehr in Verbindung ... Dunkel glaube ich mich daran zu erinnern, daß ich vor kurzer Zeit noch lebendig war, lebendig im hellen Sonnenlicht. Jetzt hüllt mich ein anderes Licht ein. Es ist wie die Beleuchtung, die von einem kalten, mechanischen Scheinwerfer kommt. Das Haus ist dunkel. Nur die Bühne ist beleuchtet. Der Vorhang hebt sich.

Henry

An Anaïs Washington, D. C.
Montag [19. Februar 1940]

[. . .]
Verlasse morgen früh die Cairns', entweder um nach Fredericksburg zurückzufahren oder für ein paar Tage in das gleiche Hotel in Washington zu gehen – vielleicht auch für ein paar Tage nach Baltimore, einfach um allein zu sein und Ruhe zu haben. Die Cairns' waren sehr nett und gastfreundlich, aber in ihrer Begeisterung machten sie mich mit so vielen Leuten bekannt, daß ich ganz benommen bin. Cairns scheint entschlossen zu sein, hier meine Anerkennung *und* Veröffentlichung (wenn auch nur in einer Privatausgabe) durchzusetzen – und glaubt, zuerst bräuchte ich das Wohlwollen einflußreicher Leute. [. . .]

Ich habe einige Ideen für unsere Reise[1], möchte sie aber lieber mit Dir persönlich besprechen, bevor ich wieder wegfahre. Die Zeit wird dann genau richtig sein – der Frühling kommt. Ich glaube, Du wirst es genießen, wenn Du Dich frei bewegen kannst. Ich weiß nicht, ob ich etwas Brauchbares zustande gebracht habe – Cairns ist überzeugt davon –, aber fest steht, daß ich es satt habe, Leute kennenzulernen. Ich hoffe, es geht Dir jetzt gut. Auch Du mußt alles satt haben. Ich rufe Dich an, sobald ich da bin. Muß jetzt vielleicht den letzten Scheck einlösen. Ist aber okay. In Liebe

Henry

1 Weil Henry Miller, nachdem er kurz seine Familie in Brooklyn besucht hatte, nicht in New York bleiben wollte, schmiedete er diverse Pläne für eine Reise mit Anaïs Nin durch die Vereinigten Staaten. Da sie nicht wegkonnte, brach er im Oktober 1940 schließlich mit dem Maler Abraham Rattner in einem 1932er Buick zu einer Reise an die Westküste auf. Er sammelte Material für eine mit 500 Dollar bevorschußte Auftragsarbeit, die dann jedoch vom Verleger abgelehnt wurde und erst 1945 erschien (*Der klimatisierte Alptraum*). Während des Sommers, den er in Caresse Crosbys Haus in Virginia und in einem Zimmer in New York verbrachte, vollendete er seine Griechenland-Erinnerungen, *Der Koloß von Maroussi*, und schrieb *Die Welt des Sexus*.

AN ANAÏS

New Iberia, Louisiana
[Januar 1941]

Bei der ersten sich bietenden Gelegenheit muß ich mich hinsetzen und diese Don-Juan-Sache schreiben. Dann bin ich fertig mit ihm, denke ich.[1] Diese Arbeit möchte ich nicht mehr machen, nicht um alles in der Welt. Bedaure, daß Du mitmachst – und bitte Dich, keine Zeile über das hinaus zu schreiben, was Du selbst willst. So etwas ist vernichtend. Ich habe das Gefühl, einen Inkubus loszuwerden.

Hoffe sehr, bei meinen Forschungen hier in der Gegend einen schönen Ort zu finden und Dich auffordern zu können, für eine Weile herunterzukommen. Kann noch nichts sagen – es ist alles neu für mich. Wenn ich nach New Orleans zurückkehre, fahre ich vielleicht allein aufs Land hinaus und schaue mich um. Die Eisenbahnfahrt zurück nach New York kostet über 20 Dollar von hier – einfach. Möchte aber noch nicht zurück, erst mal hier die Fühler ausstrecken. Es ist jetzt heiß – wie im Hochsommer. Du kannst mir gefahrlos nach New Orleans schreiben – werde dort sicher eine Woche bleiben. Das Bordellviertel gibt es nicht mehr! Aber die Häuser stehen noch. Es muß einst eine großartige Stadt gewesen sein.

HVM

AN ANAÏS

Grand Canyon, Arizona
Samstag, 3. Mai [1941]

[...] Staune darüber, daß Du mit dem Zeug für den Sammler weitermachst. Geht über meinen Horizont. Ich habe nicht den geringsten Zweifel, daß Du eine großartige Technik entwickelt hast. Ich möchte alle Deine Erotica lesen, wenn ich Dich sehe.

Falls Du also nicht bald zu mir stößt, werde ich einen Gang zulegen. Hollywood, Reno, San Francisco. Dann habe ich entweder genug, um Dich kommen zu lassen, oder ich kehre zurück. Was sagst Du dazu? Aber laß uns dann ohne langen Aufschub nach Mexiko fahren. Glaubst

1 In dem Bemühen, durch ihre Schriftstellerei etwas Geld zu verdienen, hatten Henry Miller und Anaïs Nin begonnen, erotisches Material für einen privaten «Sammler» zu schreiben, der sich erbot, einen Dollar pro Seite zu bezahlen. Siehe Henry Millers *Die Welt des Sexus* und Anaïs Nins *Das Delta der Venus* sowie *Die verborgenen Früchte*, die nach Anaïs Nins Tod im Jahre 1977 Bestseller wurden.

Du, daß Du kannst? New York scheint mir jetzt weiter weg zu sein denn je. Ich würde lieber irgendwo hier draußen in der Wüste leben, falls wir in Amerika bleiben müssen. Zumindest *jetzt* meine ich das.

Bitte glaub nicht, daß ich träume. Ich verabscheue Extravaganzen. Ich habe alles, was ein Mensch verlangen könnte. Wenn ich zurückkomme, bin ich zu allem bereit – sogar zur Annahme einer Stellung, falls es sein muß. Welchen Verlauf die Weltereignisse auch nehmen, ich habe nichts zu verlieren. Ich bin jetzt ein Bettler. Wird die Lage für andere schlecht, wird sie gewöhnlich gut für mich. Laß möglichst schnell von Dir hören. Wenn Du etwas schickst, setze ich mich sofort in Bewegung. Aber teil mir die reine Wahrheit mit – ich fühle mich besser, wenn ich sie kenne.

HVM

An Anaïs

[Hollywood]
14. Juni [1941]

Habe zwei Einladungen in Privathäuser – schöne noch dazu. Vielleicht nehme ich an, um besser arbeiten und mehr sparen zu können. Würde auch kostenlose Mahlzeiten bekommen, weißt Du, und in einem Packard herumgefahren. Sei nicht eifersüchtig – nirgends ist eine geheimnisvolle Gräfin in Sicht. Die Menschen hier draußen sind sehr großzügig und gastfreundlich. Alle. Hier herrschen eine Fülle und Ungezwungenheit – der Schoß Gottes ist das hier. Und dies macht die Menschen gutmütig. Ich bekomme ausgezeichnete Imbisse für 35 Cent. Das Hotel hier kostet 8 Dollar die Woche – plus 2 Dollar extra für den Wagen. Man kann in Los Angeles – in den ärmeren Vierteln – Zimmer für $ 2.50 die Woche finden! Es ist phantastisch. [...]

Gestern abend war ich bei einem großen Festessen, das Sir Victor Sassoon aus China (der Opiumkönig) gab. Ich schlich mich mittendrin davon – zu Tode gelangweilt. Alle wichtigen Leute waren da. Ich schreibe wieder, und es gefällt mir besser als das Umherstreifen.

Sieht so aus, als fände eine stetige Verbesserung statt, was meinen weltlichen Erfolg anbelangt. Komisch, daß Du jetzt ausschließlich französische Bücher liest. Du bist pervers! In Frankreich hast Du sie verabscheut. Doch ich gebe zu, es gibt keine guten amerikanischen Autoren.

Henry

[New York]
[15. Juni 1941]

Die Verwirrung entstand einzig daraus, daß es mir nicht möglich war, zu Dir zu stoßen. Und in meiner Verwirrung hatte ich eine absolut richtige Intuition über die feststehende Tatsache, daß Dein Wunsch, im Westen zu leben, ganz und gar nichts mit den Erfordernissen Deines Buchs zu tun hat, daß er lediglich Deiner persönlichen Neigung entspricht und daß diese Neigung über jedwede Rücksichtnahme auf unsere Beziehung erhaben ist. Wie Du sicher gut verstehst, werde ich Dich nicht bitten, zurückzukommen oder in New York zu leben, wenn Du es nicht gern tust. Doch Du mußt Deine Wahl eines Orts zum Leben allein treffen; wie Du weißt, wird es immer unmöglicher für mich, so weit zu reisen, denn als wir das planten, waren wir unwissende Kinder, was die Kosten angeht.

Du schreibst: «Man kann hier sehr billig leben. Ich könnte in der Nähe von L. A. eine anständige Hütte für 25 oder 30 Dollar finden. Irgendwie schreckt mich der Gedanke, nach New York zurückzukehren. Das erscheint mir mehr als aussichtslos jetzt, nachdem ich eine so große Entfernung zwischen die Stadt und mich gebracht habe. Es gibt viel zu sehen im ganzen Westen, großartiges Land.»

Eine Sache ist, welche Strecke Du noch zurücklegen mußt, um Dein Buch schreiben zu können, und diese stand für mich nie zur Debatte. *Eine andere* ist Dein Wunsch, in Hollywood zu leben. Du verwechselst beides. Ich nicht. Du schriebst mir, da ich nicht käme, würdest Du Dich langsam auf den Rückweg machen. Dann schreibst Du, daß Du Dir im Westen noch viel anschauen mußt. Schön. Erwartest Du wirklich von mir zu glauben, daß Du wegen Deiner Bücher seit mehr als einem Monat in Hollywood lebst? Ich meine, Dein Buch dient Dir jetzt nur als Ausrede dafür, daß Du tust, was Dir gefällt. Du kannst tun, was Dir gefällt, doch Deine Briefe klingen jetzt genauso wie jene, die Du mir aus Griechenland schriebst, die uns fast für immer entfremdet hätten. Sie sind kalt, egoistisch und ausschließlich mit Deinem Vergnügen befaßt. Alles, was Du im Hinblick auf meine Gefühlshaltung zu antworten weißt, wenn ich fahren zu können glaube und dann doch nicht fahren kann, ist durch und durch unmenschlich, mechanisch: Es sei Mangel an Selbstsicherheit. Das ist überhaupt nicht wahr. Ich zeige nur eine menschliche Reaktion. Deine wird von Tag zu Tag unmenschlicher. Mißversteh mich nicht. Ich fordere Dich nicht zur Rückkehr auf. Für mich wäre es bedeutungslos, wenn Du kämst, denn Du würdest es nur auf meine Bitte hin tun, und das hat keinen Sinn. Du mußt Dein Buch schreiben, Dein Leben leben, und der Sommer in New York wäre schrecklich. Ich würde gar nicht wollen, daß Du jetzt zurückkommst. Alles wäre in Ordnung, wenn Du die richtige Art Briefe schriebst. Doch Du schreibst die schlimmsten Briefe, Briefe, die so schlimm sind, daß sie Dich jedermann entfremden würden. Ich habe noch nie ausdruckslosere, nichtssagendere Briefe gelesen, noch nie auch so ichbezogene Briefe. Das ist es, was Distanz erzeugt, nicht die Zeit oder eine Reise. Die wirkliche Distanz und das wirklich Trennende wurden stets von Deinen Briefen erzeugt.

Du sagst so chaotische Dinge: «Dort wird das bißchen, das man verdient, sofort verschlungen.» In New York! Also bist Du Dir offenbar nicht im klaren darüber, daß Deine Reise ein Vielfaches verschlungen hat, wozu noch kommt, daß ich Dich nicht besuchen kann. Aber macht nichts. Du hast mich effektiv von allen Gefühlsreaktionen geheilt. Für immer. Ich werde den Sommer ruhig und angenehm in Provincetown verbringen. Wenn Du mit Deinem Buch über Hollywood fertig bist, wirst Du Zeit genug haben zu entscheiden, wo Du leben willst. Wenn Du zu der Zeit dann nicht menschlicher schreiben kannst, werde auch ich entscheiden, wo ich leben will, und das könnte in China oder Südafrika sein.

Ich schickte Dir 50 Dollar per Adresse Neiman[1]. Du sagtest, das sei die sicherste Adresse. Das ist alles, was ich zur Zeit gespart habe, doch nach dem 25. kann ich Dir mehr schicken, wenn Du ein Wort sagst.

[...]

Anaïs

AN ANAÏS [Hollywood]
[21. Juni 1941]

Bekam eben Deinen Brief vom 15., adressiert an das Hotel Wilcox, das ich vergangenen Samstag verließ. Du gibst es mir aber gehörig. Ich weiß nicht, was ich sagen soll. Was kann man auf solche Beschuldigungen sagen? Wenn Du mich so siehst, ist das sehr traurig. Ich weiß besser als irgend jemand, daß man ohne Geld nicht leben kann – ich habe nicht gesagt, daß wir von nichts leben sollen. Ich sprach davon, so einfach wie

1 Siehe «Biographische Anmerkungen».

möglich zu leben, das ist alles. Ist das verrückt? Du weißt genau, daß ich dank alledem, was jetzt veröffentlicht wird, ein kleines Einkommen haben werde – oder glaubst Du, auch das sei ein Traum? Du scheinst unverbesserlich pessimistisch geworden zu sein. Aber ich sage Dir: Gilt es zu wählen zwischen einer Arbeit, an die ich nicht glaube, und dem Schlafen auf anderer Leute Fußboden, wähle ich letzteres. Es würde mir nichts ausmachen, knechtische Arbeit zu verrichten, die nichts mit Schreiben zu tun hat, wenn ich mich dazu gezwungen sähe, doch nach all den Kämpfen um die Bewahrung der Würde – nicht nur meinerseits, *sondern auch Deinerseits* – käme ich mir wie ein Verräter vor, würde ich anders handeln.

Ja, ich erkenne klar, daß Du durcheinander bist. Das tut mir leid. Was willst Du, das ich tue? Ich kann nicht absichtlich etwas tun, was Dich schmerzen würde. Falls Du es im Ernst für besser hältst, wenn ich bis Ende August hier bleibe, na schön, dann werde ich bleiben. Bis dann werde ich den größten Teil des Buches fertig haben, davon bin ich überzeugt. Und falls das nicht Deine ernste Meinung ist, falls Du etwas anderes willst, nun, dann sag es. Ich werde genau das tun, was Du willst. Ich hasse es, wenn Du mir sagst, ich sei selbstsüchtig und gedankenlos und verantwortungslos, ich würde nie an Dich denken usw. Ich denke die ganze Zeit an Dich, ich rede mit allen Leuten über Dich. Mein ganzes Leben ist mit Dir verquickt. Zugegeben, ich denke nicht daran, mein Leben auszuweiten, physisch gesprochen. Ich denke daran, es einzuengen. Das scheint Dir gegen den Strich zu gehen. Du bringst mich durcheinander, weil Du offenbar meine Worte verdrehst und sogar meine Einstellungen. Aber ich werde nicht mit Dir streiten. Es ist schlimm genug, daß ich Dich dazu brachte, so zu denken, wie Du es tust.

[...]

Doch verdammt noch mal, ich wünschte, Du würdest diese Beschuldigerei überwinden. Ich werde nicht mit Dir hin und her argumentieren. Du sollst der Sieger sein. Höchst komisch an dem Ganzen ist, daß Du mich immer gerade dann, wenn ich mich am wenigsten verantwortungslos fühle, mit solchen Dingen überhäufst. Wenn Du Dich zurückziehst, sagst Du, Du seist auf französische Art weise. Wenn ich es tue, sagst Du, es sei ein «kindisches Trotzen». Ich betone, ich fühle mich im Herzen sehr frei. Ich habe keine Alpträume mehr, falls Dir das etwas sagt. Nun denn, was ist wirklich los, Miss Nin? Soll ich die Ärmel aufkrempeln und eine Arbeit annehmen? Soll ich Drehbuchautor werden? Was, zum Teufel, ist der Sinn der Freiheit, wozu taugt sie, wenn sie eine Rückentwicklung zu dieser Art verantwortungsvollem Individuum bringt? Ich sage Dir, ich werde nicht mehr hungern müssen – es sei denn, die ganze Welt hungert, und dann wäre es unwichtig. Ich sage Dir, daß ich sehr wenig haben will, immer weniger. Beweisen meine Taten das Gegenteil? He? Was tue ich, das ungehörig ist? Was fordere ich? Bitte ich Dich, mir mehr Geld zu schicken, unternehme ich nicht das Äußerste, um Dich davon abzuhalten, mir Geld zu schicken? Du stellst mich vor ein Rätsel.

Und schließlich, und darüber will ich nie wieder sprechen: Du redest von *Schutz* – davon, daß die Einstellung zum anderen wichtig ist. Ich habe das Beste in Dir geschützt oder zu schützen versucht. Ich konnte Dir nicht versprechen, Dich an Leib und Seele zu schützen – das kann niemand einem anderen versprechen. Kommt der Tag, an dem ich Dich tief beleidige, wirst Du mich auch nicht schützen – das weißt Du. Wir können einander nur stark machen, einander helfen, an uns zu glauben. Einen anderen wirklichen Schutz gibt es nicht. Hugo beschützt Dich nicht – er macht Dich zur Sklavin. Du wirst betrunken gemacht. Daß Du ihn brauchst und er Dich, das ist nicht wahr, es ist eine Lüge, und Du weißt es, und das ist die Wurzel Deines ganzen Elends. Ich belüge Dich nicht. Und ich versuche auch nicht, Dich zu verletzen, wenn ich ehrlich zu Dir bin. Ich werde wirklich wütend auf Dich, wenn Du so schreibst. Ich habe zu erreichen versucht, daß Du auf eigenen Beinen stehst, indem Du Dich als Schriftstellerin verwirklichst. Ja, andererseits habe ich Dich daran gehindert, indem ich mich von Dir abhängig machte. Das war eine Schwäche von mir. Aber ich denke nicht an ständige Abhängigkeit. Ich versuche auf meine Weise, mich zu befreien. Und wenn ich damit ernst mache, wirst Du störrisch und tischst die Vergangenheit auf. Das ist unfair, wirklich. Du solltest den Augenblick achten, ihn für wichtig halten. Und wenn Du das hier falsch auffaßt, werde ich an Deiner Statt vor Scham erröten.

H.

An Anaïs

Hotel Wilcox
Hollywood, Kalifornien
9. Juli [1941]

[...]
Du mußt also den ganzen Sommer über bleiben. Offenbar glaubst Du nicht, daß ich mir Dein Kommen wirklich wünschte – ich freute mich die ganze Zeit darauf. Ich wollte Dir einige der herrlichen Plätze Amerikas zeigen – im Westen. Nun wird nichts mehr daraus, vermute ich. Ich versuche den Wagen zu verkaufen. Muß eine Privatperson finden – die Händler wollen mir höchstens 50 Dollar zahlen, obwohl sie zugeben, daß er 200 wert ist. Das Fahren macht mich jetzt zappelig – ich habe hier draußen zu viele Unfälle und Wracks gesehen. Außerdem ist es kein Vergnügen, in einer Stadt zu fahren.

Du sagst, ich wolle keine Opfer bringen. Das will ich schon, aber nicht in der Art, die Du anführst – nicht für den Sammler usw. Lieber würde ich einfacher leben, am Essen und an der Miete sparen usw. Hier draußen ist das möglich. Zugegeben, hier herrscht kein Leben – kein kulturelles, intellektuelles Leben. Doch in Zeiten wie diesen, wenn alles begrenzt ist, muß man bei sich selbst Hilfe suchen. Ich fühle mich immer gut, wenn ich allein bin. Einsamkeit ist nicht erschreckend – sie ist stärkend.

Was mich zeitweise verwirrt und deprimiert, ist die Erkenntnis, daß anscheinend kein Ende dieses Versteckspiel-Lebens in Sicht ist. Ich kann fast überall leben, glaube ich. Von der Umwelt oder den Menschen erwarte ich nichts mehr – zumindest nicht in diesem Land. Aber von außenstehenden Kräften herumgeschoben zu werden, das ist innerlich beunruhigend. Ich handle, als wäre ich frei, doch wie Du weißt, ist in Wirklichkeit keiner von uns beiden frei. Hugo zieht die Fäden, bestimmt unsere Bewegungen.

Manchmal meine ich, Dein Groll auf Amerika sei eher ein Groll auf meinen Wunsch, das Land kennenzulernen. Alles, was Du über das Land sagst, bestätige ich hundertmal und mehr. Derzeit gibt es jedoch für uns nur Amerika – vielleicht noch Mexiko. Ich ziehe es vor, mich vorübergehend anzupassen, das ist alles. Dieser Krieg kann endlos weitergehen – noch lange, nachdem wir tot sind. Ich will kein von Bedauern und falschen Hoffnungen geprägtes Leben führen. Die Wurzel all der Schwierigkeiten ist, wie ich glaube, daß wir nicht frei sind. Jetzt könnte ich, finanziell gesprochen, relative Freiheit erlangen – die auf einem sehr einfachen Leben basiert. Nach meinem Gefühl bist Du es, die meint, ich bräuchte Dinge, die ich in Wirklichkeit entbehren kann. Wenn ich ein schönes Fleckchen sehe, ist mir immer danach zumute, in primitive Lebensverhältnisse zurückzukehren. Im Westen gibt es massenhaft solche Stellen. Was braucht man schließlich schon? Eine kleine Hütte mit einem Bett, einem Tisch, zwei Stühlen und ein paar Schüsseln. Kleider braucht man nicht. Man benötigt sehr wenig Geld, um das bezahlen zu können. Statt bei Menschen, Büchern, Kunst usw. Hilfe zu suchen, muß man sie bei sich selbst und der Natur suchen. Ich weiß aus meinen Erfahrungen in Griechenland, wie schön das sein kann. Stimmt das nicht? Du machst mir gegenüber Anspielungen auf das vergnügliche Hollywood, die schönen Frauen usw. Das ist einfach Deine innere Unruhe. Ich habe Vertrauen zu Dir – hätte ich es nicht, lebte ich in ständiger Qual.

Aus Deinen Briefen weiß ich, daß Du unglücklich bist. Was willst Du wirklich, das ich tue? Du sagst, ich könne nicht nach Provincetown kommen. Doch ich habe das Gefühl, Du willst auch nicht, daß ich hier bleibe. Du hast Dich mit der Lage nicht wirklich abgefunden – Du zwingst Dich dazu. Ich sage Dir jetzt ehrlich, emotionell bin ich frei. Ich kann alles tun, was Du willst, überall hingehen, wo Du willst. Das ist kein Opfer. Ich möchte, daß Du glücklich bist. Wenn ich Dir die Wahrheit sage, daß mir irgendein Ort gefällt, daß ich zufrieden bin, mich amüsiere, ziehst Du voreilige Schlüsse. Ich mache wieder mal Urlaub, das ist alles. Und habe vielleicht den Traum genährt, daß die Dinge anders stehen könnten.

Wir haben so viele unbefriedigende Gespräche über unser Problem geführt, daß ich es aufgegeben habe, Dich zu etwas zu drängen, was zu tun Dir offenbar nicht möglich ist. Und um Dich zu verteidigen, kommst Du mir mit meiner Verantwortungslosigkeit. Die Zeit vergeht. Und wir werden um eine Menge Dinge betrogen – wir haben nur partiell ein gemeinsames Leben. Warum einander Vorwürfe machen? Wenn Du wirklich nicht anders kannst, muß ich es akzeptieren. Doch solltest Du irgendwann bereit sein, den Bruch zu vollziehen, bin ich jederzeit dabei. Ist das klar? Ich möchte Dich nicht dazu treiben, etwas zu tun, was Dich elend macht. Sollte es für uns je ein gemeinsames Leben geben, wird es wahrscheinlich viel schwieriger sein, als wir uns das vorstellen. Doch genauso sollte es sein. Wir bezahlen teuer für unseren Schutz – am meisten *Du*. Ich sehe das alles klar, und ich sage Dir noch einmal, daß die Entscheidung bei Dir liegt. Ich habe keine Probleme mehr – ich bin frei. Das einzige Schreckgespenst, das ich sehe, ist Armut, und die ist für mich kein Schreckgespenst mehr. Sie ist leichter zu ertragen als die Täuschung und das Lügen und die illusorische Freiheit.

Ich erwarte diese Woche etwa 80 Dollar von [meinem Agenten] Volkening – für das Griechenland-Buch. [Der Verleger] Roth hat ihm das Geld gestern geschickt. Du brauchst mir also nichts zu schicken. Sie hoffen jetzt, sagen sie, das Buch bis 20. August auf dem Markt zu haben. Und wenn es mir gelingt, einen anständigen Preis für den Wagen zu erzielen, habe ich eine weitere runde Summe – ich hoffe auf mindestens hundert.

[...]

Übrigens, in einer Fußnote zu seinem Brief schreibt Roth, er hoffe, später etwas von Dir bringen zu können. Ich bin recht zuversichtlich, daß es mir gelingt, ihn dazu zu kriegen. Er wird gefeiert wegen seiner erstklassigen Herstellungsarbeit – alle seine Bücher sind Sammlerstücke, sagt man mir. Das Griechenland-Buch wird wahrscheinlich sehr schön. (Ben Abramson[1] leistete bei *Die Welt des Sexus* ebenfalls gute Arbeit.)

Ich wollte Dir ein Telegramm schicken, doch weil Du Dir postlagernd schreiben läßt, fürchtete ich, es könnte schlecht für Dich sein – Zustellung zum falschen Zeitpunkt. War völlig ratlos, deshalb habe ich nicht eher geschrieben. Vorläufig werde ich also friedlich hier bleiben, bis Du mir sagst, was Du meinst. Reite nicht immer auf Amerika herum – ich verteidige es gar nicht. Und ich muß nicht in Hollywood leben. Die Welt schrumpft zusammen, aber wenn man sich innerlich frei fühlt, ist alles in Ordnung. Du hast mich frei gemacht, befreit – mach jetzt Dich selbst frei. Ich bin an niemanden gebunden. Und habe auch keine Konkubinen. Bitte glaub an Dich, an Deinc Kräfte. Es besteht kein Grund, Dich unbehaglich zu fühlen oder deprimiert zu sein. Zweifel und Befürchtungen sind destruktiv – und selbsterzeugt. Nicht Europa oder Amerika oder der Krieg oder Hugo verursachen Dein Elend – es ist etwas in Dir. Niemand außer Dir selbst kann das heilen. Ich schreibe bald wieder.

H.

1 Buchhändler in Chicago. Besitzer des Argus Book Shop; er brachte einige Werke von Henry Miller in limitierter Auflage heraus und verkaufte einige seiner Manuskripte.

An Henry [Provincetown]
[12. Juli 1941]

Das sind keine *Zweifel* – es ist eine Intuition. Ich glaube, daß Du nur darauf zu sprechen kamst, von Hugo frei zu sein, weil Du die Ursache meiner Traurigkeit mißverstehst. Ich glaube, daß Du darüber hinaus bist, mich in irgendeinem Sinn noch zu brauchen, daß Du allein leben kannst – ich glaube, seit Du nach Griechenland aufbrachst. Du warst zufrieden und völlig allein. Das ist Deine neue Phase. Kein Grund, glaube ich, einander Vorwürfe zu machen. Ich bezweifle nicht, daß Du den Wunsch hattest, ich solle zu Dir stoßen – nein. Aber ich bezweifle auch nicht, daß Dein Zögern, nach New York zurückzukehren, noch immer bestehen wird, wenn ich Provincetown verlasse. Ich bin nur wegen Deines offenkundigen Zögerns hierhergefahren – um Dir Zeit zu geben. Deine Rückkehr nach New York kann für mich nach Deiner Abneigung dagegen keinerlei Bedeutung mehr haben. Du läßt zu, daß zwei Nebensachen – das Buch, Deine Mutter – Deiner Rückkehr zu mir im Weg stehen.

Hätte ich solche Nebensächlichkeiten als Entschuldigung dafür gebraucht, daß ich nicht zu Dir stoße, hättest sicher auch Du das leise Gefühl gehabt, daß die Zeit gekommen ist, sich zu trennen.

Wäre es nicht besser, sich dessen bewußt zu sein, und nicht alles auf Mondstürme zurückzuführen?!

Wir verstehen einander vollkommen.

[Anaïs]

An Anaïs 1835 Camino Palermo, Hollywood
c/o David Commons
15. Juli [1941]

Bin eben umgezogen, habe jetzt die obige Adresse – eine Privatwohnung, zwei Zimmer mit Bad, über einer Garage – sieben Dollar die Woche. Wunderbarer Ort zum Arbeiten und in einem schönen Teil Hollywoods gelegen, an einer Straße, die von riesigen, starken Palmen gesäumt ist.

Ich fühle mich in dieser Behausung weit besser. Muß dreimal am Tag etwa eine Meile zu dem Restaurant gehen – genau das, was ich will.

Außerdem bin ich eingeladen, den Bungalow eines Bekannten am Strand – Santa Monica – etwa 15 Meilen von hier, zu benutzen.

Nun, ich warte auf einen Brief von Dir. Erzähl mir mehr über Provincetown. Muß ein wenig den Aquarellen von [John] Marin ähneln, oder? Eine kahle Felsenküste? Und wie ist die Stadt selbst – ist sie nicht voller portugiesischer Fischer?

Gestern war es genau zwei Jahre her, daß ich Frankreich verließ – in Marseille, erinnerst Du Dich? [...]

HVM

PS: Gilbert Neiman meinte, Du müßtest die «bewußteste» Person sein, die man sich vorstellen kann – wurde durch *Das Haus des Inzests* darauf gebracht. Sagte erstaunliche Dinge darüber. Sprach von Deiner «Maske» – Deinen «Dualitäten» usw.

AN HENRY

[Provincetown]
[Juli 1941]

Bekam Deinen fröhlichen und zufriedenen Brief aus Camino Palermo und ersehe daraus, daß mein «Vorschlag» der richtige war, daß es das ist, was Du am liebsten tun willst.

Ja, die Stadt ähnelt einem Marin, aber sie ist auch ein Kühlschrank. Ich mußte mir meinen Wintermantel und meine Wollkleider schicken lassen. Ich kam hierher, für Kuba und den tropischen Traum gekleidet, der mich verfolgt und den ich nie verwirklichen kann, gelangte in eine Gegend verschlossener New-England-Leute, die mich bei der Polizei denunzierten, weil ich am Strand, etwa fünf Meilen von menschlichen Augen entfernt, meinen BH auszog!

[...]

Nach einem bißchen Übelkeit und Widerstand beginne ich langsam wieder, für den Sammler zu schreiben, um für die Zeit gerüstet zu sein, wo Du wieder etwas brauchst. Ich bin überzeugt, daß Du Deine Behauptung, ich würde Deine Bedürfnisse nur erfinden und Du kämst ohne das alles aus, nicht auf die Probe stellen wirst ... völlig überzeugt.

Anaïs

Luise [Rainer][1] und ich stahlen uns eines Abends davon – sie fuhr mit mir in ihrem Wagen hinaus, um das Meer zu sehen, das uns nach Europa brächte. Wir standen an der Küste, und alles, was wir sagten, war: Europa! Und dann: Wenn wir könnten, würden wir sofort zurückgehen.

An Anaïs

[Hollywood]
Mittwoch [23. Juli 1941]

Dein Brief muß sich mit meinem letzten gekreuzt haben. Du hast unrecht – *ich komme zurück*, wann immer Du bereit bist. Du schriebst, ich könne mich nicht in Provincetown aufhalten – solle bis Ende August hierbleiben. Wenn es mir nicht gelingt, den Wagen zu einem anständigen Preis zu verkaufen, komme ich damit zurück. Die Fahrt quer über den Kontinent scheue ich nicht – nur den Stadtverkehr hier. Die fahren wie die Irren. Es ist viel schlimmer als in Paris.

Ich wünschte, es gäbe außerhalb von New York City (nicht zu weit weg) einen Ort, an dem wir leben können. Ich hasse den Gedanken an die City. Außerdem ist dort alles so teuer. Hast Du irgendwelche Vorstellungen? Nicht Woodstock! So etwas wie das empfinde ich als demütigend – dieses eintönige, leere Leben dort mit den Scheinkünstlern oder der traurig aussehenden Umgebung oder den jüdischen Straßen. [...]

Du arbeitest also wieder für den Sammler. Das bedrückt mich. Ich würde lieber in einer Hütte leben, kochen, waschen, bügeln usw., als Dich das tun zu lassen.

Bekam einen warmen, herzlichen Brief von Frieda Lawrence (die eine gute Bekannte der Neimans ist); sie schrieb über ein kleines Haus, das ich ganz für mich haben könne und das in der Nähe ihres Heims in New Mexico stehe. Alle, die sie kennen, zeichnen ein schönes Bild von ihr – ein ganz anderes als Lawrence in seinem Porträt. Sehr einfacher Bauerntypus – fast ungebildet, wie mir auffällt. Aber ein «Naturgenie». Ich bekomme Einladungen von Leuten (einschließlich Kritikern und Professoren) aus dem ganzen Land. Ich könnte einfach von einem Ort zum anderen bummeln. Aber das will ich absolut nicht. Es ist völlig steril – oder ich werde dabei steril. Nichts dergleichen könnte mir viel bedeuten. Und ich wiederhole, ich habe immer gehofft und geglaubt, Du würdest

1 Aus Deutschland stammende Schauspielerin. Für ihre Rolle in dem Film *Die gute Erde* (1937) hatte sie einen Oscar erhalten.

irgendwo zu mir stoßen. Diese Reise ist ein grandioser Fehlschlag. Die halbe Zeit über schreibe ich Erinnerungen an Europa. Ich mußte einen großen Stoß geschriebener Seiten wegwerfen – taugen nichts. Das Buch ist mir völlig schnuppe – es ist lediglich eine Arbeit, und wahrscheinlich wird es schlecht sein. Trotzdem bemühe ich mich dabei nach besten Kräften.

Ich nehme jetzt Spanischstunden – im Tausch – bei einem spanischen Dichter aus Madrid, einem Kommunisten und Dramatiker: Humberto Rivas. Ein Mann von etwa 45 Jahren – sehr gütig, kultiviert, idealistisch usw., typischer Spanier, finde ich. (Er lebte zur Zeit von Picasso, Jacob, Apollinaire usw. in Paris – kannte sie alle persönlich.) Hat zehn Jahre in Mexiko gelebt – das Land gefällt ihm, aber die Leute mag er nicht. Wenn ich zurückkomme, wirst Du mir mit dem Spanisch weiterhelfen müssen – ich will es unbedingt lernen. Das erste Wort, das sich mir eingeprägt hat – durch ständige Wiederholung –, ist *momismo.* Wenn Humberto mit Gilbert Neiman spricht, verstehe ich einiges. Sehr viele Wörter ähneln den französischen.

[...]

HVM

An Anaïs — Hollywood
Mittwoch, nachmittags [30. Juli 1941]

Spätestens am 6. August sind laut der astrologischen Voraussage für dieses Jahr alle unsere Dispute vorbei. Erstaunlich, wie genau die Steinbock-Beurteilung ist – auf breiter Linie. Ich ziehe sie immer zu Rate, nachdem meine Entschlüsse innerlich gefaßt sind – und finde immer Bestätigung. Ging einmal hier zu einem betrügerischen Astrologen – 25 Cent für ein Horoskop –, nach seinen ersten paar Bemerkungen machte ich den Mund auf, und ihm verschlug es die Sprache. Er sagte, er sei noch nie einem Steinbock meines Typs begegnet. Klar.

Aber laß mich sagen, was ich heute dachte, nachdem Dein Brief eingetroffen war – über Amerika und Deine literarischen Probleme. Du machst einen Fehler, wenn Du Dich irgendwelchen Ressentiments hinsichtlich der amerikanischen Haltung hingibst. Man wird Dich akzeptieren, königlich feiern, wenn Dein großes Opus erscheint. Das ist das Tagebuch. Alle Deine anderen Werke bringen die Menschen von der

Fährte ab. Führe keinen Kampf um Deine nebensächlichen Arbeiten. Konzentriere Deine ganzen Bemühungen auf die große Sache. Das sage ich Dir immer und immer wieder. Ich weiß, daß ich recht habe.

Ich wiederhole, würdest Du Deine ganze Energie ausschließlich der Aufgabe widmen, das Tagebuch zu veröffentlichen, und sei es stückweise, Teil für Teil, dann würdest Du Dich besser fühlen – und eine echte Reaktion erleben. Bis jetzt hast Du die Ausrede gehabt, Dir fehle das Geld für den Druck. Doch die gilt kaum mehr. Ich bin Deine einzige Bürde – zumindest hoffe ich, daß dem so ist. Was Du bisher für mich beiseite gelegt hast – könntest Du das nicht in die Veröffentlichung des Tagebuchs stecken? Was soll Dich daran hindern? Ich bin dafür, die Sache von Anfang an gründlich zu machen, immer ein paar Bände gleichzeitig, und zwar in der Originalsprache – keinerlei Änderungen oder Kürzungen. Du mußt an das Werk glauben – an den Wert des Ganzen. Wenn Du es nicht tust, wer soll es dann tun?

Erneut sprichst Du von dem Sammler und von meinen künftigen Bedürfnissen. Hör zu, bitte unterlaß es, so zu denken. Ich tue alles, um dieses Thema zu vermeiden – warum unterstützt Du mich nicht? Ich bin völlig überzeugt, daß ich zu gegebener Zeit die Mittel für die Rückkehr zu Dir auftreiben werde, ohne Dich um Hilfe bitten zu müssen. Versuch es, Dir selbst eine Chance zu geben.

[...]

Ich möchte Dir helfen. Ich glaube wirklich, daß Dein Tagebuch wichtiger ist als alle meine Werke zusammengenommen. Und falls nicht, bestimmt *genauso* wichtig.

Wenn [Kenneth] Patchen sein Buch [*The Journal of Albion Moonlight*] mit Subskription verkaufen konnte, kannst Du das ohne Zweifel auch. Wir könnten den Essay [*Un Etre Etoilique*] nachdrucken lassen, mit einem Subskriptionsformular und einigen zusätzlichen Worten der Erklärung. Das könnte in Mexiko gemacht werden – Pappeinband, wenn Du willst. Es ist nicht utopisch. Bevor wir zu den Bänden gelangen, deren Drucklegung für Dich unter Umständen peinlich wäre, kann sehr viel passieren. Doch es ist sinnlos und zerstörerisch, die Sache ständig aufzuschieben. Das wird immer heftiger in Dir fressen. Du hast das schwierigste Opfer gebracht, das man bringen kann – Dein eigenes Werk mit Füßen getreten. Das ist, als versuche man ein uneheliches Kind zu verstecken.

Ich würde aufhören, über Herausgeber und Verleger nachzudenken. Wir müssen es selbst machen. Diese Leute werden später zu Dir kommen, Du wirst sehen. Doch sie sind so verdammt unwichtig, daß es wirklich töricht ist, sich Sorgen darüber zu machen, ob ihnen Dein Werk gefällt oder nicht. Ihr Lob macht mir keinen Spaß. Und die Besprechungen bedeuten auch nichts. Nur eines zählt, finde ich, und das ist die Wertschätzung jener Menschen, die einem ebenbürtig sind. [. . .]

Wenn wir den nötigen Glauben haben, werden die anderen ihn schließlich auch haben. Du mußt zugeben, daß Dein Zögern noch andere Gründe außer den finanziellen hat. Aber Du hast Dein ganzes Leben der Entstehung dieses Werks gewidmet – und ob Du mir beipflichtest oder nicht: Du kannst der Veröffentlichung nicht endlos ausweichen.

Und was Amerika angeht: Diese Überempfindlichkeit usw., nun, die habe ich auch, doch ich überwinde sie nach und nach. Es ist richtig, daß wir Stellung beziehen, aber falsch – oder unklug –, daß wir uns nachdrücklich beeinflussen lassen. Wenn Menschen wie wir den Kopf nicht über Wasser halten können, wer dann? Ich kann nicht sagen, daß ich enttäuscht bin – ich bin lediglich angeekelt.

Übrigens, es gibt hier draußen eine wunderbare Blume, eine Mondwinde, die sich bei Einbruch der Dunkelheit öffnet – wie ein Geschlechtsorgan. Sie ist reinweiß und scheint aus Satin zu bestehen, statt pflanzlich zu sein. Verwelkt, kurz nachdem sie sich geöffnet hat. Hat einen fünfzackigen Stern im Kelch. Und vor meiner Tür draußen wachsen Geißblatt und Jasmin – wie in Louveciennes.

[Henry]

An Anaïs

Hollywood
Dienstag [19. August 1941]

Ich hoffe, Ende dieser Woche wegzukommen. Telegrafiere Dir vielleicht wegen einer kleinen Summe, wenn ich nicht ganz so viel zusammenbekomme, daß es bis Chicago reicht. Weiß noch nicht, ob ich in San Francisco haltmachen muß, um die Seiten [von *Der Koloß von Maroussi*] zu imprimieren – aber wenn, werde ich nicht lange bleiben. Ich bin jetzt ziemlich knapp, rechne jedoch damit, mein Notizbuch über Amerika verkaufen zu können, ein Manuskript, das ich nicht brauche, und vielleicht einige Exemplare von *Die Welt des Sexus*, die ich vorrätig habe.

Die Korrekturfahnen für das neue Buch [*Die Weisheit des Herzens*] erwarte ich heute – sie liegen beim American Express –, ich war nicht da, als die Leute am Samstag anriefen. Hier kann ich jetzt problemlos weg, weil der Nachbar und seine Frau für ein paar Wochen nach N. Y. gefahren sind – mit dem Zug. Wären sie mit dem Wagen gefahren, hätte ich mich mitnehmen lassen. Vielleicht höre ich doch noch von jemandem, der mit dem Wagen fährt, dann schließe ich mich an.

Nun wird es also nicht mehr lange dauern. Wohin dann – von New York aus? Übrigens, Fraenkel wird wohl demnächst nach N. Y. fahren – ich möchte Dich nur vorwarnen. Du mußt großartig aussehen. Auch ich bin gut in Form. Wir haben beide wunderbare Orte zum Leben gefunden. Laß uns das nächste Mal zusammen einen suchen – ja? Ich werde vor der Abreise nochmals schreiben.

HVM

Henry Miller war im Oktober 1941 nach New York zurückgekehrt, am Ende einer Reise von rund 25 000 Meilen, und hatte bis Dezember etwa 500 Seiten von *Der klimatisierte Alptraum* geschrieben. Doch nach dem japanischen Angriff auf Pearl Harbor hatte er das Gefühl gehabt, niemand wolle ein kritisches Buch über die Vereinigten Staaten. 1941 hatte er mit Schreiben nur etwa 450 Dollar verdient. In den ersten sechs Monaten des Jahres 1942 griff er die Arbeit an der Erzählung über June (*The Rosy Crucifixion*) wieder auf, doch als ihm die Neimans ein Zimmer anboten, fuhr er an die Westküste zurück, in der Hoffnung, Beschäftigung als Drehbuchautor zu finden.

An Anaïs

Hollywood
Mittwoch, den 9. [September 1942]

[. . .]
Instinktiv habe ich versucht, mich der Verantwortungslosigkeit zu entwöhnen, das zum einen. Hierher zu fahren und beim Film Arbeit zu suchen, war eine Art verzweifelter letzter Versuch. Ich konnte nicht länger dastehen und zusehen, wie Du alle diese Opfer bringst. (Du bist immer noch um mich besorgt, das ersehe ich aus dem letzten Brief.) Und hier tust *Du* Unrecht, wenn ich so sagen darf. Du mußt mir helfen, Dir keine Sorgen zu machen, verstehst Du das denn nicht? Ich komme schon zurecht. Ich habe immer ein Dach über dem Kopf, Zigaretten und etwas zu essen. Weil die Versorgung mit dem Wesentlichen gesichert ist, gibt es kaum Grund zu Besorgnis. Was ich tue, gefällt mir nicht – auf Kosten

dieser armen Leute zu leben –, doch ich vergelte es ihnen mit eigener Münze, und ich weiß, daß sie wegen mir nicht leiden. Ich esse oft auswärts, mit anderen Freunden, räume stets meinen Bau selber auf und mache mich im allgemeinen so unsichtbar wie möglich. Würde ich nur 20 oder 25 Dollar die Woche verdienen, wäre alles in Ordnung – *hier*. Es ist wahr, ich habe selten Geld in der Tasche, aber schließlich brauche ich kein Geld, wirklich nicht. Es gibt nichts, worüber ich klagen könnte. Nur über ein leichtes Schuldgefühl, weil ich das Problem in Wirklichkeit nicht gelöst, sondern meine Probleme lediglich in andere Hände gelegt habe. Das kann nicht endlos so weitergehen, ich weiß. Jetzt fragst Du Dich, ob Du mir den üblichen Betrag oder einen höheren schicken sollst. Bitte, bitte laß Dich durch meine Worte nicht beunruhigen. Schick mir nur, was Du entbehren kannst. Ich fühle mich immer schrecklich, wenn ich es bekomme. Und daß Du Dich in den Zeiten dazwischen sorgst, macht es noch schlimmer. Laß uns aufhören, darüber besorgt zu sein, ob sich der andere zu viele Sorgen macht. (Das klingt allmählich wie der Nijinsky-Tanz!)

Wie dem auch sei, bisher habe ich nicht viel erreicht. Wenn ich nach N. Y. zurückkehren muß (weil ich hier vielleicht scheitere), was dann? Werde ich dort irgendeine Arbeit finden? Oder werde ich in meine Verantwortungslosigkeit zurückfallen?

Und hinter dem Ganzen steht die Tatsache, daß wir nur partiell ein gemeinsames Leben führen. Wir treffen uns wie Eisenbahnschienen. Das hat keinen Sinn, Anaïs. Ich weiß es, und Du weißt es. Irgend etwas wird zerstört. Ich klage Dich nicht an. Ganz im Gegenteil. Ich gebe mir die Schuld. Doch dies bringt mich einer Lösung nicht näher. Ich merke nur, daß wir einen Fehler machen, indem wir so leben. [. . .]

H.

An Anaïs — Hollywood
Samstag [19. September 1942]

[. . .] Ich bin an dem Punkt angelangt, wo ich meine Rolle, die als Schriftsteller, in Zweifel ziehe. Ich bezweifle ihre Wichtigkeit. Sie sieht immer mehr nach einem Luxus aus. Die einzige Rechtfertigung für das Weitermachen wäre, daß ich meinen Lebensunterhalt mit irgendeiner anderen Arbeit verdiene. Was den Film anbelangt: Du hast unrecht, wenn

Du glaubst, daß ich das nicht machen wollte. Ich wollte es wirklich. Aber mir ist die Unfähigkeit angeboren, etwas zu schreiben, an das ich nicht glaube. Das klingt vielleicht nach einer Ausrede, doch ich denke, ehrlich gesagt, es ist keine. Ich habe es versucht. Es funktioniert nicht.

Außerdem passiert noch etwas Schlimmeres. Wenn ich nichts tue, merke ich, daß mir das ungeheuer gefällt. Hier geht es, daß man nichts tut, weil einem die Umgebung als solche genügt. Genau das habe ich in Griechenland entdeckt. Statt also zu überlegen, wie ich in der kürzesten Zeit das meiste Geld verdienen könnte, beginne ich über das Gegenteil nachzudenken: wie ich möglichst wenig tun könnte, ohne mich allzu unbehaglich zu fühlen. Das bedeutet nach meiner Vermutung entweder, daß ich in einer Traumwelt lebe, vollkommen vom Leben abgeschnitten, oder daß ich zu wirklicher Weisheit gefunden habe. Es klingt fast wahnsinnig, sich solchen Gedanken hinzugeben, während sich die übrige Welt wegen der bloßen Existenzfrage bekriegt. Doch worüber die sich streiten, interessiert mich nicht im geringsten.

Du sagst, Du bezweifelst, daß ich weiß, was ich will. Das ist verständlich. Vielleicht weiß ich es nicht – aber ich weiß von Tag zu Tag genauer, was ich nicht will. Und das ist vielleicht der erste Schritt zur Erkenntnis dessen, was ich wirklich will. Ich weiß, das klingt schrecklich negativ. Doch was soll ich tun – eine Entscheidung erfinden? In letzter Zeit erkenne ich eines immer deutlicher, worüber ich schon in Paris mit Dir gesprochen habe: daß ich in zunehmendem Maß wieder in jene Lage gerate, in der ich mich als junger Mann befand, als ich in die Welt hinaus und meinen Lebensunterhalt verdienen mußte. Ich sehe nichts, womit ich mich ernsthaft befassen möchte. Ich habe keinerlei Ehrgeiz. Ich sehe im Kampf nichts als Sinnlosigkeit. Ich glaube nicht, daß ich bisher irgend etwas geleistet habe. Ich weiß nicht, ob ich etwas leisten will.

Das klingt wie ein Plädoyer für eine vegetative Existenz. Doch um die geht es mir ebenfalls nicht. Vielleicht täusche ich mich, gewiß, aber am besten kann ich es Dir so verdeutlichen: Alles das, worum die Menschen kämpfen, was sie erhoffen, worum sie beten, habe ich in mir selbst bereits verwirklicht. Ich bin reif, jenes Leben zu führen, das die Menschen erst in Jahrtausenden zu führen beginnen werden. Ich bin hier fehl am Platz, unzeitgemäß. Das könnte eine Spur wahnsinnig klingen – oder schrecklich angeberisch –, aber ich sage es voller Ernst. Ich wetteifere nicht, bin nicht in Kampfstimmung oder neidisch oder habgierig oder ehrgeizig – ich wollte hinzufügen: «auch nicht selbstsüchtig». Doch ich frage mich: Ist dies vielleicht die höchste Form von Selbstsucht? Erkennst Du, in welchem Dilemma ich mich befinde? Wäre ich nicht in der glücklichen Lage, die üblichen Probleme des Lebens nicht zu haben, könnte ich mich natürlich keinen solchen Spekulationen hingeben.

[...]

Deshalb denke ich daran, irgend etwas zu tun, um das blanke Auskommen zu verdienen – dabei spielt es keine Rolle, was ich tue. Verdienen des Lebensunterhalts ist nicht *Leben*. Ich hatte mehr Leben, als ich nichts tat. Ich bin reif für das Nichtstun – darauf läuft es hinaus, absurderweise. Doch wie das Leben so läuft, ist dies selbstredend unmöglich. Vermutlich werde ich nichts tun, bis ich dazu getrieben werde. Und das ist Defätismus. Da steh ich also... Auf dem Gipfel der Widersprüchlichkeit. Vielleicht ist das Ganze auf die Tatsache zurückzuführen, daß alles, was ich mit Freude tue, für die Welt uninteressant ist. Die Weisheit würde zweifellos eine Art Anpassung diktieren – die Suche nach einem Weg, dasjenige zu tun, was man gern tut, und durchzusetzen, daß es der Welt gefällt. Doch ich habe anscheinend nicht einmal mehr den Wunsch, die Welt so weit zu bringen, daß ihr das gefällt, was ich tun möchte. Welche Rolle spielt es schon, sage ich mir, ob es denen gefällt oder nicht? Welchen Unterschied macht es letztendlich, ob ich etwas zu Papier bringe und sie zwinge, es zu lesen, oder ob ich es für mich behalte, damit lebe und es für mich allein genieße? Echte Kommunikation ist sehr selten. Vielleicht ein halbes Dutzend Menschen auf der Welt schätzt wirklich das, was man denkt und tut. Was liegt dann am Rest? Und jenes halbe Dutzend – besteht irgendeine Notwendigkeit, jene Leute zu überzeugen? Wenn sie von der gleichen Art sind wie man selbst, akzeptieren sie einen auch ohne Beweise.

Dieses Problem ähnelt jenem des Lehrers und Heilers. Mitten in der Arbeit, während man voll bester Absichten Gutes für die Welt tut oder die Welt glücklich macht usw., überfallen einen die ernstesten Zweifel. Man muß ergründen, ob man handelt, weil man den Wunsch hat, Gutes zu tun, Glück zu bringen oder die Wahrheit zu verbreiten usw., oder ob man aus Egoismus, Zwang oder Selbsttherapie handelt. Mit anderen Worten, der Boden, auf dem man steht, gibt nach. Das ist der Punkt, an dem ich stehe. Das ist der Grund, warum ich der Trägheit nachgebe. Ich möchte lieber gar nicht handeln als aus falschen Gründen.

Falls dies neurotisch ist, bin ich ein Neurotiker der schlimmsten Sorte. Was mich vor ein Rätsel stellt, ist, daß ich mich keineswegs unsozial, gehemmt oder deprimiert fühle. Ich würde auch nicht in Panik geraten, würde man mich zwingen, etwas zu tun, was mir mißfällt. Jedem Druck oder Zwang von außen vermag ich standzuhalten. Damit meine ich, daß ich andere verstehen und ihnen verzeihen kann – ich weiß, was sie dazu bringt, sich einzumischen, in deinen Frieden und deine Privatsphäre einzudringen. Ich verstehe so verdammt viel, daß ich, ohne es zu wollen, ein Zuschauer statt ein Teilnehmender geworden bin. Das Ideale wäre, andere zu inspirieren – doch auch das erscheint als eine Art Eindringen – ein Eingreifen. Und wie sie inspirieren? So, daß sie die Welt sehen, wie ich sie sehe? Daß alles glatt läuft? Für mich – oder für sie? Selbst die elementarsten Probleme bleiben ungelöst.

Ein weiterer Brief ist eben eingetroffen ... Es ist wunderbar, zu sehen, wie frei Du von alledem bist. Du klingst wie die personifizierte Aktion. Du hast die Hürden genommen. Du bist eine Arbeiterin.

Wenn ich doch nur an die Arbeit glauben könnte. Aber ich hasse die Arbeit. Schöpferische Tätigkeit ist keine Arbeit – sie ist Spiel. Aber wer glaubt mir das? Ich weiß, daß das stimmt, doch jetzt ist es eine dieser fernen Wahrheiten – so weit entfernt wie die Sterne. Auch nur so zu denken ist verräterisch.

Du sprichst von «äußerer Zerstörung». Vielleicht ist sie der Grund für die innere Korrosion. Trotzdem bin ich unbekümmert wegen des Kriegs – er läßt mich völlig gleichgültig. Und was meine Wünsche angeht, ich meine damit den echten Wunsch nach Schöpfertum, wird die Friedenserklärung nicht viel ändern. Es wird mehr Arbeit geben – wenn der Krieg vorbei ist. Die Menschen werden wieder aufbauen müssen, was zerstört worden ist. Auch das interessiert mich nicht – diese Wiederaufbauarbeit. Zwanzig oder vielleicht fünfzig Jahre lang wird die einzige wichtige Arbeit, mit der sich die Menschen geistig beschäftigen, die Rehabilitation sein. Wir werden uns mit den kranken und geschädigten Seelen befassen müssen. Werden sie unser Publikum sein? Was für eine armselige Welt! Wenn die Menschen einander nicht umbringen, lecken sie ihre Wunden. Wenn sie nicht zerstören, reparieren sie Verheerungen, die sie angerichtet haben. Daraus besteht fast das ganze Leben. Am Rande davon liegt das Reich der Kunst. Ein Luxus, den fast niemand ernst nimmt. Wenn man an die Freude des Schöpfertums glaubt, muß man bereit sein, wie ein Hund zu leben. Und falls man Glück hat, wird man kurz vor der Zeit, da man ans Abkratzen denkt, anerkannt und belohnt.

Ich weiß genauso gut wie jeder andere – trotz der kalten Wahrheiten, die ich eben ausgesprochen habe –, daß man ständig handeln muß – oder verrottet. Der Fehler liegt vielleicht nicht im Überlegen, sondern im Zweifeln. Irgendwas ist mit der Hauptfeder passiert. Die Impulse sind unterbrochen. Ich muß mir neuen Boden unter den Füßen suchen. Der Krieg ist nicht das Schlimmste. In meiner ganzen Umgebung tun Leute sinnlose Dinge. Bietet man mir eine Chance, etwas zu tun, ist es stets

etwas Abstoßendes, Falsches, das nur zum Geldverdienen geschieht. Ich bekam neulich ein Angebot, als Ghostwriter für einen alten Schauspieler zu arbeiten, seine «Biographie» zu schreiben. Ein schönes Haus, gutes Essen usw. Aber was für ein Idiot! Warum sollte ich seine Biographie schreiben? Ich habe Agenten, Produzenten und Regisseure kennengelernt. Keinen von ihnen schert es einen Deut, was er tut – wenn es ihm nur erlaubt, weiterzuleben. Für mich ist das Irrsinn. Verabscheuenswert.
[...]

Unverändert habe ich den hoffnungslosen Wunsch, es gäbe einen Weg, mit Dir hier zu leben. Ein schrecklicher Gedanke, daß man den richtigen Ort und den richtigen Menschen hat, aber beides einfach nicht zusammenführen kann. Und dem allem unterliegt die Frage nach dem richtigen Leben. Vermutlich ist das äußerst kindisch. Doch Kinder haben oft gute Ideen. Wir müssen nicht immer stolz sein auf unsere Fähigkeit zur Anpassung. Ich werde Dir bald wieder schreiben.[...] Du darfst meinetwegen nicht mutlos oder pessimistisch sein. Ich bin froh, daß Du in so guter Stimmung bist. Jemand muß das Ruder in der Hand behalten.

H.

An Anaïs

Beverly Glen
Dienstag [September 1942]

[...]
Glaub mir, ich bin von wohlwollenden Freunden umgeben. Keiner will mich untergehen sehen. Ich bin bereit zu allem. In ein oder zwei Tagen werde ich konkretere Neuigkeiten für Dich haben. Aber alles läuft gut. Also bitte, bitte befreie Dich von jeder Sorge um mich. Es klingt gräßlich, wenn Du schreibst: «Was würde Dir mein Tod nützen?» Als ob es das sei, was ich mir wünsche, was ich zu vollbringen hoffe. Du merkst es vielleicht nicht, aber Du machst aus den Täuschungen und dem Blendwerk der Vergangenheit jetzt kriminelle Dinge. Ich bin kein Dulder, Anaïs. Was ich mir zuschulden kommen ließ, geschah aus Unwissenheit, Blindheit. Gib alles auf. Bleib im Bett, wie Goethe es machte, bis Du Dich so mit Energie, Hoffnung und Mut aufgeladen fühlst, daß Du aus dem Bett hüpfst. Du kannst der Welt nur helfen – falls Du immer noch glaubst, daß die Welt unsere individuelle Hilfe braucht –, wenn Du Deinen Glauben an das Leben bewahrst. Dein Körper mag schwach sein,

doch ich weiß, daß Du immer noch Flügel hast. Du wirst wieder fliegen, sobald Du glaubst, daß es ein Ziel zum Anfliegen gibt.

[...]

Hör zu, hab bitte ein bißchen mehr Zuversicht! Ich weiß, daß nur Taten die Wahrheit meiner Worte beweisen. Doch nicht meinetwegen bitte ich Dich darum, sondern Deinetwegen. Alles, was Du geträumt hast, ist wahr geworden. Träume sind nie unwahr. Die Dichter sind noch immer die ungekrönten Gesetzgeber der Welt, ob das evident ist oder nicht. Die Sowjets kommen gut zu Rande – in Schützengräben. Wir jedoch gehören auf die Höhen. [...] Bajonette rosten. Der Geist tut das nicht. In Bälde mehr. Denk dran, Saturn zieht über Neptun hinweg. Doch du warst ein mächtiger Brückenbauer – o Neptun! Und Du wirst nicht zusammenklappen. Mehr Licht, mehr Licht. Dreh Dein Gesicht jetzt nicht zur Wand. Stopp die Presse! Soll Gott sie für eine Weile übernehmen. Hörst Du mich?

HVM

AN ANAÏS

[Beverly Glen]
Donnerstag [Oktober 1942]

Du schreibst mir gerade so, als würde ich Deine Briefe nicht beantworten. Und Du bestrafst mich grausam, indem Du alle diese schrecklichen Dinge anführst, die ich Dir angetan habe, auch wenn ich weiß, daß Du es nicht so meinst. Du sprichst vollkommen vom Standpunkt der Vergangenheit aus. Du hast noch immer nicht erkannt, daß ich meine Haltung in bezug auf die Arbeit und vieles andere geändert habe. Warum bringst Du ständig zur Sprache, mich nicht «im Stich lassen», nichts tun zu wollen, was mich verletzt? Habe ich Dir nicht immer wieder gesagt, daß davon keine Rede sein kann? Habe ich Dir je Vorwürfe gemacht? Du scheinst zu *wollen*, daß ich gefühllos und unmenschlich bin. Glaubst Du denn, ich sei nicht gerührt, zutiefst gerührt von allem, was Du schreibst? Du bittest mich erneut, Dir zu helfen, die Belastung abzubauen. Ich dachte, das sei alles abgemacht, vereinbart.

Du schreibst mir, daß Du Dich an der Presse umbringst.[1] Lieber

1 Ende 1941 hatte Anaïs Nin im New Yorker Stadtteil Greenwich Village, MacDougal Street 144, eine kleine Druckerei, Gemor Press, eingerichtet. Im Handsatz und

Himmel, warum machst Du weiter? Wer treibt Dich dazu? Warum kannst Du das alles nicht aufgeben, Dich hinlegen und ausruhen, bis Du wieder wohlauf bist? Ich stelle keine Forderungen an Dich. Was auch immer geschieht, ich werde Dich nie, nie mehr bitten, etwas für mich zu tun. Willst Du mir bitte glauben – wenigstens dieses eine Mal? Warum mußt Du es auf Dich nehmen, mir durchzuhelfen? Dazu bist Du nicht verpflichtet. Du läßt mich nicht im Stich. Man läßt nur sich selbst im Stich. Wenn Du Dich nicht sofort für frei von jeder Verpflichtung erklärst, wirst Du diese Schwäche nie überwinden.

Ich wiederhole, was ich in einem anderen Brief schrieb: Deine Bemühungen waren nicht vergebens. Wären sie vergebens gewesen, würde ich Dir nicht so schreiben. Nicht nur, weil Du in so schlechter Verfassung bist, physisch, siehst Du so schwarz. Du hast den Glauben verloren – vor allem an Dich selbst. Doch ich habe den Glauben an Dich nicht verloren. Auch an mich nicht. Selbst wenn alles wahr ist, was Du schreibst, selbst wenn das ganze Leben ein Fehler gewesen wäre, so ist immer noch Zeit, sich zu ändern. Weißt Du, was Bußfertigkeit wirklich bedeutet – es ist eines dieser falsch ausgelegten Wörter und bedeutet: «seine Gedanken ändern». Wir beide tun das. Du siehst es wehmütig. Ich nicht. Ich bin glücklich, daß Du für Dich selbst leben wirst. Du bist an die Grenzen der Selbstaufopferung gegangen. Ja, das ist ein Tod, in gewisser Weise zumindest. Doch auf jeden Tod folgt eine Wiedergeburt. Und wenn auch diejenigen, welche die größten Opfer bringen, zu zweifeln beginnen, so wissen doch jene, die gerettet wurden, daß es nicht vergebens war. Und ich bin jener, der gerettet wurde. Ich glaube mehr denn je an Dich. Eine große Änderung wird stattfinden, und Du wirst den Lohn alles dessen ernten, was Du gesät hast. Du schickst ein Kind nicht weg und lieferst es der rauhen Behandlung der Welt aus. Du gabst mir eine Bluttransfusion – sie wirkte. Ganz bestimmt erholst Du Dich. Du wirst sehen.

Kurz nachdem ich Dir schrieb, ich würde ein Wunder erwarten, jemand würde kommen, der richtige usw., fand ich vor meiner Tür ein Telegramm von einem Freund Cairns'. [. . .] Er wird mich hier draußen bei seinen Freunden einführen. Ich glaube, daraus wird etwas Gutes erwachsen. Außerdem hat man mir Teilzeitarbeit in einer Bücherei versprochen, wenn ich sie will.

Handdruck begann sie einige eigene Werke sowie Bücher ihrer Freunde in kleinen Auflagen zu drucken. *Winter of Artifice* erschien im Mai 1942 in einer Auflage von 500 Exemplaren. Während des Winters 1942 arbeitete sie an zwei Büchern für Caresse Crosby.

[. . .] Künftig widme ich mich nur noch dem Hauptwerk. Es ist töricht, etwas anderes zu tun, in der Hoffnung auf dies und das. Ich muß mich mit der Armut aussöhnen, grinsen und sie ertragen. Übrigens, ich glaube, es besteht die Möglichkeit, daß ich ein kleines Landhaus auf Long Island benützen darf, das der Griechin [Melpomene Niarchos] gehört, von der ich Dir erzählte. Ich erinnere mich nicht genau, wo es liegt – etwa 30 Meilen außerhalb, glaube ich. Ob sich damit das Mietproblem lösen ließe? Wenn ich an diese Mieten in New York denke, erstarre ich. Hier kostet eine bequeme Behausung zwischen 20 und 35 Dollar im Monat, möbliert, mit Garten, Garage, Geschirr usw. Welcher Unterschied!

[. . .] Jetzt muß ich mir ein Schnitzel kaufen. Es ist ein langer Weg bis zu dem Lebensmittelladen weiter oben im Canyon. Benutze den Wagen nicht, weil ich keinen Führerschein mehr habe – es würde mir eine hohe Geldstrafe eintragen, wenn man mich erwischte.[. . .]

HVM

Die Sterne leuchten jetzt heller denn je. Wie in Griechenland. Einfach unglaublich hell. Fast angsterregend. Ich stehe draußen im Garten und schaue und schaue. Ein Fest für die Augen.

An Anaïs

[Beverly Glen]
Später, *Montag*
9. Nov. 1942[1]

Erhielt eben Deinen Brief über die Annahme einer Stellung. Das klingt, als würdest Du phantasieren. Du willst sagen, daß Du das meinetwegen tust? Ich bitte Dich, es nicht zu tun. Wenn jemand eine Stellung anzunehmen hat, dann *ich*, nicht Du. In einem früheren Brief deutete ich an, daß ich das tun würde, wenn ich zurückkomme. Also falls Du es nur meinetwegen tun willst, dann tu es nicht. Das würde mir den Boden unter den Füßen entziehen. Ich verstehe Deine Gefühle – wegen der Demütigung usw. Doch Du hast einen Ehemann, der sich um Dich kümmert. Du brauchst keine Stellung. Wenn Du das tust, werde ich mich entsetzlich fühlen. Es ist der letzte Strohhalm.

[. . .] Sagen wir, daß ich jetzt auf eigenen Füßen stehe, von diesem

1 Nachträglich datiert, offenbar in Anaïs Nins Handschrift.

Moment an. Es ist mir völlig egal, was ich tue, solange es Arbeit ist. Ich komme nach New York wie ein Einwanderer aus Übersee. Die Zeit war nie günstiger für einen Arbeitsuchenden. Ich bin sicher, daß ich auch eine mietfreie Behausung finden werde. Das alles meine ich absolut ernst. Du hast mir einen Schock versetzt. Es ist, als hättest Du geschrieben, Du könntest ohne Arme oder Beine auskommen.

Ich bin nicht Deiner Meinung in bezug auf «Verantwortungslosigkeit und Bohemewesen». (Wie dem auch sei, beides betrifft nur mich, nicht Dich! Du warst immer mehr als nur verantwortungsbewußt.) Doch ich werde nicht mit Dir darüber streiten.

Wenn ich eine Stellung annehme, kann ich Dir vielleicht helfen, mit dieser Presse das zu machen, was Du wirklich machen wolltest – *Dein eigenes Werk drucken!*

Hör zu, für mich ist das abgemacht. Schreib mir morgen nicht, daß Du einen anderen Ausweg siehst oder daß Du nur deprimiert warst. Bei Dir müssen die Dinge sehr schlecht stehen, wenn sie Dich zu einem solchen Beschluß zwingen.

Und denk daran: Ich hatte einen einzigen langen Urlaub – seit dem Jahr 1924, als ich die Western Union verließ. Es wird mir ein Vergnügen sein, mich «wieder zur Herde zu gesellen», wieder die alberne Allerweltsarbeit zu tun. Das ist so einfach. Man braucht dazu nur ein halbes Gehirn, ein einziges Bein und ein paar Muskeln. Ich verspüre wirklich Heiterkeit, jetzt, wo ich damit konfrontiert bin. Nur zu tun, was einem gefällt – das ist wirklich schwer. Für dieses andere ist jeder Schwachsinnige qualifiziert.

Meine Ironie richtet sich nicht gegen *Dich*. Ich will Dir nur verdeutlichen, wie leicht dies zu sein scheint. Doch eines ist endgültig: *Du wirst Dir keine Stellung suchen!* Falls Du es doch tust, wirst Du Dir eine bessere Ausrede einfallen lassen müssen – verstanden? [Der Verleger] Goldberg schrieb mir einen netten Brief, der eben eintraf. Er wartet auf die Manuskripte. Ich werde ihm einen verführerischen Antwortbrief schreiben.

HVM

PS: Ich bin regelrecht glücklich, daß es dazu gekommen ist. Nach meiner Überzeugung sind alle Deine Krankheiten eine Folge von Seelenqualen – zuviel Verantwortungsgefühl. Du wirst das Leben wieder leicht nehmen müssen, Dich in Schale werfen, bummeln gehen, Dinge tun, die Du gern tust. Ich fürchte, ich habe Dich auf einen vorzeitigen Tod zugetrieben.

[Beverly Glen]
Neujahrstag [1943]

Warum Du weiterhin denkst, ich sei Deinem Leiden gegenüber blind oder gleichgültig, verstehe ich nicht, und ich werde mit Dir auch nicht über die relativen Verdienste von Stalin und Ramakrishna streiten. Sie wirken auf verschiedenen Ebenen. Die Zeit wird beweisen, welche Bemühungen die wirksameren, die dauerhaftesten waren.

Zu Deiner Bemerkung, Christus sei mit einem «symbolischen» Mahl zufrieden, muß ich Dir sagen, daß Du nicht gründlich genug liest. Statt wirklichen Wein den Wein des ewigen Lebens zu reichen, ist nicht nur ein symbolischer Akt. Du beschuldigst mich zwar jetzt, daß ich Dir das Blut ausgesaugt habe, aber Du irrst Dich, wenn Du glaubst, daß es das war, was mich nährte. Falls Du fürchtest, daß ich Schaden leide, wenn mir die materiellen Grundlagen verweigert werden, beweist dies nicht, daß Du den wirklichen Geschenken, die Du machst, zu wenig Bedeutung beimißt? Dieser schreckliche Drang, der einen veranlaßt, «über die eigenen Kräfte» zu opfern, rührt nach meiner Meinung von mangelndem Glauben an die kosmischen Prozesse her. Während man sein Äußerstes tut, muß man sich auch darüber klar sein, finde ich, daß man die Welt wahrscheinlich um kein Jota verändert. Tatsächlich tut man Gutes für sich selbst – man häuft sozusagen Verdienste an. Die einzigen, die wirklich die Welt und das Schicksal der Menschen beeinflussen können, sind jene, die sich vollkommen dem Opfern verschrieben haben, weil sie sich emanzipiert, ihre persönlichen Probleme ausgelebt, echte Anonymität gefunden und erkannt haben, daß es außer dem Geben nichts gibt. Sie wollen nichts und erwarten nichts. Für alle unbedeutenderen Menschen ist Opfern nur eine Lektion, eine Sühne, eine Reinigung usw. Es liegt in ihrem eigenen Interesse und dient nicht dem Wohle anderer. Für erstere birgt das Opfern keine Schrecken, es laugt sie auch nicht aus. Sie haben sich sozusagen das Geheimnis erschlossen, jene unerschöpfliche Kraft zu nutzen, die das Universum lenkt. Sie sind «isoliert». Alle anderen werden bei dem Vorgang *geopfert* – im wahrsten Sinn des Wortes.

Gegen das Opfern als solches ist nichts einzuwenden. Ganz im Gegenteil sogar. Doch es ist eine nur den Höchststehenden vorbehaltene Form des Handelns. In ihnen wird es umgebildet – der Tod wird in Leben verwandelt. (Streite nicht darüber – durchdenke es. Es ist ganz und gar nicht *persönlich* gemeint, sondern schlicht eine Wahrheit.) Und so sicher, wie es Wahrheit gibt, wirst Du von Deinem Tod mit größeren

Kräften und größerem Verständnis auferstehen. Dein neptunischer Scharfblick, Dein sehr genaues Gespür für Wahrheit müssen, glaube ich, stärker veräußerlicht und verbreitet werden, über die ganze Oberfläche Deines Wesens. Du neigst dazu, beides so zu benutzen wie ein Medium seine Gaben. Du verläßt Dich auf den Erkenntnisblitz – doch dann ist sehr oft der Bezug gestört. Pflichtest Du mir nicht bei?

Glaub mir, ich versuche keineswegs, Dich zu *kritisieren*. Ich versuche Dir zu helfen. Oder glaubst Du, ich sei unfähig, Dir zu helfen?

[...]

Heute ein weiterer Brief von Dir. Guter Gott, Du scheinst ganz schön in der Patsche zu sitzen. Ich werde so bald wie möglich Pierce [Harwell][1] aufsuchen und schauen, was er Gutes für Dich zu entdecken vermag. Alles scheint auf eine Veränderung in Deinem Leben hinzudeuten – diesen Verdacht hatte ich schon früher. Ich erinnere mich an meinen Wandel in Paris. Man muß sich drein schicken – nicht dagegen kämpfen.[...]

HVM

An Anaïs

[Beverly Glen]
Sonntag nacht, 31.1.[1943]

[...]
Dein letzter Brief endete mit einem Rätsel. Aus irgendeinem seltsamen Grund griff ich heute abend nach Deinem Buch [*Winter of Artifice*] und las etwa die letzten dreißig Seiten. Ich begriff davon mehr als je zuvor – doch gegen Ende des Erlebnisses mit der «Stimme» spürte ich wieder das mystifizierende Element. Ich hatte das Gefühl, daß hier auch das ursprüngliche Problem mit dem Vater zum Ausdruck kommt. Bis dahin sehe ich klar, und dann absolute Verwirrung. Der einzige Anhaltspunkt, den ich Dir geben kann, ist: Immer wenn Du beim Reden oder Schreiben das Wort «menschlich» betonst, wird das Geheimnis wahrnehmbar, allerdings nie ganz offenbart. Man könnte fast sagen: Je offener Du wirst und je mehr Du offenbarst, desto besser gelingt es Dir, unergründlich zu bleiben. [...]

HVM

1 Ein junger Astrologe, der eine astrologische Karte für Anaïs Nin anfertigen wollte und sie im Lauf des Jahres 1943 in New York besuchte.

An Anaïs [Beverly Glen]
13.2.43

[...]
Seltsam, daß Du Dich wieder der Musik zuwendest – eine Art Rückkehr zum Vater, stelle ich mir vor! Gut! Ich bezweifle nicht, daß Du eine einzigartige Komponistin abgeben wirst. Du scheinst unerschöpfliche Talente zu haben. [...]

Ich glaube nicht, daß Du einem rasselnden Herzen erliegen wirst. Du wirst Dich einfach hinlegen und sterben, an keiner bekannten Krankheit, sondern aus eigenem Willen – wenn Du bereit bist, Dich zu den Toten zu gesellen. Du wirst mit Zymbeln in den Händen durch das Tor treten. Doch zieh um! Jeder würde Herzbeschwerden kriegen, müßte er diese Treppen hinaufsteigen.[1]

Bei mir läuft's großartig. Ich habe bloß keine Zeit, alles zu tun, was ich tun möchte, das ist alles. Tumulthaft ausgefüllt ist sie – diese Periode, die kurz nach Weihnachten begann. Ich wünschte, ich hätte eine Amelia – wie in Louveciennes. Was immer ich jetzt losschicke, jeder Vorschlag, den ich mache, scheint akzeptiert zu werden. Ich glaube, der Grund dafür ist, daß ich mich völlig geschlagen gab. Alles, was geschieht, ist eine Reaktion. Wahrscheinlich hatte ich selbst den Damm aufgebaut. Lieber Gott, jetzt brauche ich die Kraft und die Energie von zehn Männern.

HVM

An Anaïs [Beverly Glen]
Montag [Februar 1943]

Irgendwie schaffe ich es, das 200-Dollar-Darlehen [vom National Institute of Arts and Letters] auf der Bank zu lassen und von den Schecks zu leben, die hereinkommen. Wenn Du bereit bist, Dein Buch zu drucken – und falls Du mehr brauchst –, laß es mich wissen. Dieses Geld auf der Bank, es ist nur symbolisch. Ich weiß jetzt, daß ich es nicht brauche. Es ist ähnlich wie diese riesige Menge Essensvorräte, die Du mir eines Tages in die Villa Seurat schicktest. Das heilte mich. Und deshalb, was das

1 Anaïs Nins Arbeitszimmer in Greenwich Village lag im fünften Stock.

Geldverdienen angeht: Ich weiß jetzt, daß ich mir deswegen keine Sorgen machen oder es überhaupt tun muß. Die Tatsache, daß ich bereit bin, Geld zu verdienen, genügt. Nur auf die Haltung kommt es an. Wie ich immer sage: Es gibt keine wirkliche Sicherheit, ganz gewiß nicht im materiellen Bereich. Es gibt nur eine *innere* Sicherheit – und die habe ich.

Traurig stimmt mich, Dich sagen zu hören, daß meine «Philosophie» eine so unheilvolle Wirkung auf Dich hat. Bist Du sicher, daß es meine Philosophie ist – und nicht Deine eigenen Zweifel und Ängste sind? Für mich ist das traurig *und* voll Ironie, denn in der Zwischenzeit habe ich wirklich große Fortschritte gemacht – als Mensch, als Persönlichkeit. Ich weiß, daß ich nicht schlimmer bin als früher. Ich weiß nicht, ob ich sagen könnte, ich sei *besser* geworden, doch zweifelsohne habe ich einige lebenswichtige Siege errungen, hinsichtlich meiner Angst und Gequältheit. Ich glaube, wir müssen beide unserer natürlichen Neigung, unseren wahren Instinkten, unseren Wünschen folgen – und abwarten, was geschieht. Ich kämpfe nicht gegen Gespenster, das versichere ich Dir. Ich glaube so fest an die Freiheit, daß ich alles dafür riskieren würde. Alles, was man aus ganzem Herzen und mit ganzer Seele tut, ist richtig. Versuche, mir das zu glauben. [...]

HVM

Den größten Teil des Jahres 1943 verbrachte Henry Miller im ehemaligen Neiman-Häuschen in Los Angeles, und er hielt sich kurz bei dem Maler Yanko Varda in New Monterey auf. Anfang 1944 wurde er Lynda Sargent vorgestellt, die ihm ein kostenloses Zimmer in ihrem Blockhaus an der Küste südlich von Carmel anbot, nachdem sich Millers Pläne, in Mexiko zu leben, nicht hatten verwirklichen lassen.

An Anaïs
Big Sur, Calif.
Sonntag [April 1944]

Ich lege einen Brief von meinem anonymen Wohltäter bei, der aufrichtig klingt. Wenn er schreibt, daß ich in den nächsten Tagen von ihm höre, dann wird das sicherlich auch so sein. Ich werde Dir jeden Monat einhundert Dollar schicken, damit Du die ersten beiden Tagebuchbände in französischer Sprache drucken kannst – was Du hoffentlich tun möchtest. Wenn nicht, kannst Du mit dem Geld natürlich machen, was Du willst. Ich hoffe um Deinetwillen, daß daraus was wird. Ich weiß nicht, wie weit Dich die Summe bei Deiner Arbeit voranbringt, aber mehr kann ich im Augenblick nicht abzweigen. Es besteht noch eine andere Chance, nämlich daß ich die gleiche oder eine höhere Summe von einem Gönner in Washington, D. C., bekomme, dank Cairns' Einsatz.

[...]

Inzwischen bekam ich einen weiteren Brief von Pantheon Press, worin ich um Geduld gebeten werde, und ich schrieb [dem Verleger Kurt] Wolff erneut, er solle sich mit Dir in Verbindung setzen – wegen des Tagebuchs. Ich hoffe aber, daß es mein Vorrecht sein wird, Dir zu geben, was nötig ist, um dieses besondere Werk auf den Weg zu bringen. Ich bin sicher, wenn einmal eine Bresche geschlagen ist, werden andere Leute auf den Plan treten und Dich mit dem nötigen Geld für die Vollendung des großen Werkes versorgen. Ich werde nicht ruhen, bis es vollbracht ist.

Bitte behalte es für Dich, das mit dem Gönner, denn man wird mich mit Bitten um Hilfe überschwemmen. Das ist jetzt schon der Fall, die Leute sind der Ansicht – warum, weiß ich nicht –, daß ich plötzlich reich sei. Wie es aussieht, werde ich nach dem Teilen mit Dir noch einmal mit jemandem [Harry Herschkovitz] teilen müssen, der mir in den letzten Monaten großmütig half. Und ich muß auch Schulden abzahlen – aber das werde ich mit anderen Erträgen tun – von Aquarellen usw. Je schlimmer es wird, desto findiger werde ich. Das Gesetz lautet: Je mehr man gibt, desto mehr bekommt man. Es funktioniert. Und wenn es bei mir funktioniert und bei anderen, wird es auch bei Dir funktionieren. Du hast schließlich bis an die äußersten Grenzen gegeben. Du wirst nicht übersehen oder vernachlässigt werden, glaub mir.

[...] Ich werde mit diesem Geld nicht nach Mexiko gehen. Ich werde hierbleiben. Meine neue Behausung kostet keine Miete – und sie ist einfach ideal. Später, wenn ich mit dem [*klimatisierten*] *Alptraum* fertig bin, gehe ich vielleicht dort hinunter.

Bitte schick mir den beigelegten Brief zurück, ja? Ich habe keine Ahnung, wer er sein könnte – aber er ist Amerikaner, vermute ich, und wahrscheinlich ein Jude.

Henry

An Anaïs

Big Sur, Calif.
3. Mai [1944]

[...] Der Gönner hat sich gemeldet. Ich werde die zweihundert im Monat ein Jahr lang bekommen, außer in der Zwischenzeit steigt jemand anderer ein, der mir helfen will. Zinsen sind keine zu zahlen, ich muß auch nichts von den Tantiemen abgeben. Rückzahlbar, wann und wie ich will, falls ich will.

Hier sind also einhundert, und wenn nichts schiefgeht, wirst Du jeden Monat einhundert bekommen. Diese hundert, die ich zusätzlich zu den zweihundert erhielt, waren für Reisekosten vorgesehen – nach Mexiko. Aber ich fahre nicht. Ich habe das Haus (zehn Dollar im Monat oder kostenlos, wenn ich will), und es behagt mir von Grund auf. Ich bin allein, und ich arbeite. Also werde ich mich nicht vom Fleck rühren, bis ich mindestens ein Buch fertig habe. Dann denke ich vielleicht an Guatemala, wo dem Vernehmen nach der Kurs 15 zu 1 ist, zu unseren Gunsten. Auf diese Weise kann ich mit dem, was hereinkommt, für alle Betroffenen mehr tun. Ich rechne nicht damit, daß das Glück (das materielle Glück) lange vorhält – so etwas ist mir nach meinem Gefühl vom Schicksal nicht bestimmt.

[Der Verleger Bern] Porter schreibt mir, Du hättest jeden Gedanken an die Veröffentlichung des Tagebuchs in Amerika aufgegeben. Weil Dir Dein Anwalt warnend gesagt habe, daß Dich das in Schwierigkeiten brächte. Aber – würdest Du am Anfang anfangen, wie ich immer hoffte, brächtest Du die ersten Bände heraus (auf französisch), könnte Dir nichts passieren. Und ich bin sicher, daß es auch bei den nächsten zehn oder fünfzehn keine Schwierigkeiten mit den Zensoren gäbe. *Warum fängst Du nicht an* – und vertraust auf die Vorsehung, darauf, daß Du das Geld für weitere Ausgaben bekommen wirst? Bis zu dem Zeitpunkt, an dem du bereit bist, Amerika zu verlassen, kannst Du alles veröffentlicht haben, außer den problematischen Teilen, die Du dann in Europa fertigstellen kannst. Ich bin sicher, daß Du Hilfe erhalten wirst. Du mußt mich als Breschenschläger benutzen. Und ich könnte in die Lage kommen, noch mehr zu tun – wer weiß? Ich lebe auf derselben Stufe wie immer. Ich habe keine großen Bedürfnisse. Aber ich werde jetzt häufig um Hilfe angegangen – und ich tue, was ich kann. Je mehr ich kriege, desto mehr bleche ich also. Ich bin einfach ein Verteiler.

Wenn es Dir zuviel ist, das Drucken selbst zu besorgen, kann Dir vielleicht Bern Porter helfen, dieses Problem zu lösen. Wie ich höre, schreibst Du gerade an einem «Proustschen Roman» – das sagt er. Gut. Versuche also jetzt nicht, selbst zu drucken. Beauftrage andere damit. Deine beiden Bücher aus Deiner eigenen Druckerei erregen zwar überall Aufsehen[1], doch Du solltest nie wieder Lettern setzen müssen.[. . .]

Darf ich fragen, wie viele Bände das Tagebuch jetzt umfaßt? Wie dem auch sei, Du sollst Dir keine Sorgen wegen der Verwendung des beiliegenden Schecks machen. Gebrauche ihn, wie Du willst. Vielleicht solltest Du Dich einfach damit amüsieren. Warum nicht? Außerdem – ich sehe eben, daß der Scheck auf die National City Bank ausgestellt wurde. Ich bin versucht, mich zu erkundigen, wer mein Wohltäter ist. Doch vielleicht ist es besser, im unklaren zu bleiben. Ich weiß jetzt, daß er Maler ist und in Kalifornien lebt – und kein Franzose!

Henry

An Henry — 215 West 13, New York City
[Juli 1944]

Ich ging, ohne mit Harry [Herschkovitz] über das Unrecht zu sprechen, von Dir Geld zu nehmen, weil ich das Gefühl habe, daß ich mich nach alledem nicht mehr um diese Dinge kümmern soll. Ich wußte immer, daß Du, wenn Du bekämst, was Du wolltest (ein Jahr frei sein von Geldsorgen, Zeit zum Schreiben), es noch am gleichen Tag wegwerfen würdest. Ich bin jederzeit bereit, auf meinen Anteil zu verzichten, doch ich weiß, daß auch der an irgendeinen schwachen Menschen gehen wird und daß den Dudleys, den Patchens usw. immer gegeben werden wird – mir nicht. Ich war dabei, hundert Seiten des Tagebuchs zum Setzen zu bringen, unterließ es aber, weil Du [das Geld] brauchen wirst.

1 Eine überarbeitete Version von *Winter of Artifice* und die Erstausgabe von Erzählungen mit dem Sammeltitel *Under a Glass Bell* (dt. *Unter einer Glasglocke* 1979).

Die Post wird mir nachgeschickt, kümmere Dich also nicht um die geänderte Adresse, wenn Du nicht willst. (Bis zum 5. Sept. werde ich unter Box 445, Amagansett, Long Island, erreichbar sein.)

Es ist ein schöner, friedlicher Ort – wirklich wildes Meer –, doch die Vorherrschaft der Europäer hat seinen Charakter verändert. An den Abenden kommen immer Besucher.

[...]

Hugo hat die Bank verlassen, ein neues Leben beginnt jetzt, eines der Entsagung und Armut – aber der Unabhängigkeit. Es war ein großer Schritt. Der Name «Guiler» ist tot.[1]

Wirst Du nach Mexiko gehen? [...]

Wie fühlst Du Dich jetzt? Ist Deine Arbeitslast tragbarer? Kannst Du schreiben? Schreib mir, wie es Dir geht, und über Harrys Manuskript.

Anaïs

An Henry

215 West 13, New York City
[August 1944]

Dein Brief klang traurig. Ich wünschte, ich wäre meinem ersten Impuls gefolgt und hätte das, was Du mir geschickt hast, für die Zeit aufgehoben, in der Du es brauchen würdest. Aber tatsächlich würde es Dir nicht viel helfen. Du würdest alles weggeben. Und ich, von allen Seiten durch Schulden bedrängt, habe sie bezahlt, zumal Hugo zur gleichen Zeit die Bank verließ und ich wußte, daß ich sie später nicht mehr bezahlen könnte. Ich fürchte, der Mann, der Dir Geld schickte, hat gehört, was damit passierte; alle haben darüber geredet, auch darüber, daß Harry Dein Protégé sei, neben anderen. Noch bevor Du es mir schriebst, hörte ich, daß Du nur 25 Dollar für Dich behältst. Vielleicht verursachte es dem Mann ein ungutes Gefühl, daß er in Wirklichkeit nicht Dir half. Die ganze Situation klingt für mich verrückt, und ich wünschte, ich könnte Dir helfen, doch das kann niemand; die Erkenntnis, wie wenig meine Worte für Dich zählten, war einer der Todeskeime unserer Beziehung –

1 Dies scheint nur eine vorübergehende Veränderung gewesen zu sein. Laut Hugh Guilers eigenen Erinnerungen (*Anaïs: An International Journal*, Band 4, 1986, S. 28) verließ er die Bank endgültig 1949, im Alter von einundfünfzig Jahren. Als Künstler (Grafiker und Filmemacher) gebrauchte er den Namen Ian Hugo.

Deine Selbstzerstörung wurde nur durch mich gemildert, solange wir zusammen waren, doch sie war in allen Deinen Handlungen erkennbar und kommt jetzt, wo ich fort bin, wieder klarer zum Vorschein – und niemand kann Dir helfen.

Deine Geste mir und dem Tagebuch gegenüber schätzte ich hoch ein, aber irgendwie verlor sie an Bedeutung, als ich herausfand, daß Du das Tagebuch auf eine Stufe mit Harrys Werken stelltest – statt mit Deinen. [...] Mit diesem Einkommen, das für Dich Freiheit hätte bedeuten sollen und können, gingst Du so um, daß Du mir heute schreibst, Du seist *erleichtert*, es nicht mehr zu haben.

Sinnlose Worte, von jemand, auf den Du nie gehört hast. Die bald aus Europa zu Dir kommen werden.

Wir alle erwarten diesen Sommer unsere Entlassung aus dem amerikanischen Lager. In Kürze wird es soweit sein.

Ich hoffe, vor meiner Abreise von Dir zu erfahren, daß Du dort bist, wo Du sein willst.

Anaïs

AN HENRY

215 West 13, New York City
[September 1944]

Meine Intuitionen waren richtig, es ist möglich, daß ich binnen eines Monats nach Frankreich abreisen kann. Ich spürte es kommen und wünschte es mir. Es tut mir leid, wenn einige meiner Rebellionen in unserer Korrespondenz fortdauerten. Ich hätte Dir nicht schreiben sollen, bis ich sie verarbeitet hatte. Erinnerst Du Dich, wie ich mich anfangs wehrte zu schreiben? Doch jetzt gehe ich weg, und es gibt einige Dinge, die ich Dich fragen möchte.

Ich werde mit sehr leichtem Gepäck reisen und Deine Aquarelle nicht mitnehmen können, zumindest nicht jetzt. Soll ich sie zur sicheren Aufbewahrung bei Dir oder bei Huntington Cairns lassen?

[...]

In Paris habe ich einen Karton mit Deinen Habseligkeiten. (Falls er noch existiert.) Ich erinnere mich, daß es größtenteils Bücher waren. Wenn ich kann, soll ich ihn Dir dann zuschicken? Die Bank wurde von den Deutschen nicht besetzt, also könnte ich die Tagebücher noch vorfinden.[1]

Die Befreiung, die ich empfinde, ist unbeschreiblich – als hätte ich in einem Konzentrationslager gelebt. Fünf Jahre der Finsternis. Jedes Jahr in Amerika eine Finsternis. Wir alle spürten die Veränderung kommen. Der Monat am Strand war seltsam – eine Kolonie von «Ausländern», von denen keiner Wurzel gefaßt hatte, alle ruhelos und zur Abreise bereit, nichts bedauernd; bestimmt wird keiner von ihnen an der Wiedergeburt mitwirken. Ich weiß das. Sie wird von jenen kommen, die mit dem Geschehen, mit der Wirklichkeit, dem Schmerz konfrontiert waren.

Schreib mir bald. Dein letzter Brief klang traurig.

Anaïs

AN ANAÏS [New York]
[Oktober 1944]

Aus irgendeinem seltsamen Grund gelang es mir nicht, Dich telefonisch zu erreichen. Mir scheint, Du willst mich nicht sehen. Ich verstehe das selbst nicht. Ich kann nicht sagen, wo wir uns treffen sollen. Ich wohne bei Harry, da mir keine andere Unterkunft zur Verfügung steht; es ist alles andere als ideal. Jetzt fahre ich ins Bryn Mawr College. Müßte Montag zurück sein. In New York werde ich (mit Unterbrechungen, weil ich einige Reisen zu machen habe, während ich hier bin) bis zum Thanksgiving Day [4. Donnerstag im November] sein. Dann kehre ich an die Westküste zurück, weil meine Mutter sich erholt und noch einige Jahre leben kann.[2] Ich hoffe, während der nächsten paar

1 Anaïs Nin hatte die Originale der Tagebücher, bevor sie 1939 nach Kriegsausbruch evakuiert worden war, im Safe der Pariser Zweigstelle der First National Bank deponiert, in der ihr Mann arbeitete.

2 Als Henry Miller erfahren hatte, daß sich seine Mutter einer Krebsoperation unterziehen müsse, war er eilends nach New York gereist, eingedenk der Tatsache, daß er beim Tod seines Vaters am 8. Februar 1941 zwei Stunden zu spät gekommen war. Von dort aus besuchte er mehrere Freunde an verschiedenen Colleges, darunter Herbert West in Dartmouth und Wallace Fowlie in Yale. Er lernte auch Janina Martha Lepska kennen, eine von Bryn Mawr nach Yale überwechselnde Studentin, die sich auf ihr Abschlußexamen vorbereitete und am 18. Dezember 1944 seine

Tage aus meinem derzeitigen psychischen Morast herauszukommen. Vielleicht ist es nur die Angst, von Dir Vorwürfe zu hören. Vor allem anderen wollte ich Dich sehen, und nun schreibe ich Dir stattdessen.

[Henry]

AN HENRY 215 West 13, New York City
[April 1945]

Du schriebst mir genau in dem Moment, als ich daran dachte, Dir zu schreiben. Ich bin völlig frei von Qualen und schwimme in einer so weiten und lichtvollen Atmosphäre, daß ich mich nicht an das erinnern kann, was uns trennte, sondern nur an das, was uns zusammenbrachte.

Tatsächlich bin ich Dir von der Stimmung her jetzt ähnlicher als früher.

Viel ist geschehen, dank Dir. Die englischen Verleger werden *Winter* und *Glocke* zusammen in einem Band bringen, ich unterschrieb den Vertrag und werde 80 Dollar Vorschuß bekommen! Sie werden darin die Grafiken [von Ian Hugo] reproduzieren.[1]

Ebenfalls dank Dir lernte ich Fowlie kennen, dessen Werk mir ausnehmend gefällt – alles außer dem, was er über den Katholizismus schreibt –, und besser noch, durch ihn lernte ich den mir am verwandtesten meiner sämtlichen Söhne kennen, William Pinchard, einen Neptunbewohner. Ein anderer Sohn hat ein Hausboot gemietet, und nun leben sie alle meine Erzählungen aus. (Wir veranstalteten einen Abend mit Hypnose, in der wir Tänze tanzten, die wir im Wachzustand nicht kannten, Lieder in unbekannten Sprachen sangen usw.) Ich glaube, das junge Amerika hat Dich und mich auserwählt, um uns nachzufolgen. Yin und Yang! [. . .]

Ich bekommen Briefe von der Front, von Soldaten, die Deine Bücher gekauft haben, doch Du wirst es müde sein, ihre Reaktionen zu hören, also werde ich sie nicht zitieren.[. . .]

Anaïs

dritte Frau wurde. Näheres über Fowlie und Lepska siehe «Biographische Anmerkungen».

1 Editions Poetry London veröffentlichte 1947 einen Band, der *Das Haus des Inzests*, *Winter of Artifice* und einige Erzählungen enthielt, den Titel *Unter einer Glasglocke* trug, aber keine Illustrationen enthielt.

AN HENRY [215 W. 13th Street, New York]
[Mai 1945]

[...]
David Moore kam – ein großer, blasser, tuberkulöser junger Mann, interessiert, schwierig und, wie ich glaube, auf Entdeckungsfahrt nach Dir. Zu meiner Verblüffung verbrachte Fraenkel einen Nachmittag damit, ihm einzureden, *Wendekreis des Krebses* wäre ohne die Bücher und den Einfluß von Michael Fraenkel nicht entstanden. Ich war verblüfft und mußte – weil ich Fraenkel kenne – einfach lachen über die Verlogenheit des Ganzen – aber mehr noch, als ich hörte, daß Fraenkel darüber einen Essay geschrieben hat, mit dem Du anscheinend einverstanden bist. Das kann ich kaum glauben, wenn ich an Fraenkels Liliputanergestalt und seinen Scheinwert denke. Stimmt es denn?[1] Nebenbei erklärte er Moore, nach meinem Buch über Lawrence sei mein Talent «pervertiert», und ich hätte seither nichts Gutes mehr geschrieben! Ich habe ihn im Village immer wieder mal gesehen, und einmal, als ich im Kino Eisensteins Film über Mexiko anschaute, legte er mir die Hände auf die Schultern – doch ich meide ihn mit Bedacht.

Moore ist, glaube ich, Deines Interesses wert, und ich hoffe, seine Arbeit über Dich findet Deinen Beifall. Ich weiß, daß Du mit Post überhäuft wirst, darum schicke ich Dir seinen dreizehnseitigen Brief nicht, der größtenteils von Dir handelt. Er ist von großer Ernsthaftigkeit.[...]

Du hast Dich nach der Presse erkundigt. Obwohl ich mit Gonzalo die Arbeit und die Kosten teile, bin ich doch immer nahe dran, sie zu verlieren. Nach dem Druck meines neuen Buchs [*This Hunger*] (ich arbeite phasenweise, immer wenn ich hier oder dort ein kleines Darlehen kriege) werde ich sie aufgeben. Diese letzte Anstrengung wird es mir ermöglichen, nach Europa zurückzukehren, ohne Amerika etwas zu schulden – wie ich kam. Schuldenfrei.

1 «The Genesis of *Tropic of Cancer*», zunächst als Pamphlet veröffentlicht (von Bern Porter im Jahr 1946), wurde anschließend in den Miller-Hommageband *The Happy Rock* aufgenommen (herausgegeben von Bern Porter im Jahr 1947), der Beiträge vieler Freunde Millers enthielt.

[...] Unser neptunischer Monat, als Pinchard da war (er ist jetzt bei der Army – hat ein Horoskop wie das Blakes), hatte für Fowlie tragische Folgen und zerstörte wahrscheinlich meine Freundschaft mit ihm. Ich weiß es nicht. Der wütende, mächtige Vater ging nach Yale und beschuldigte Fowlie öffentlich, seine Studenten mit verderbter Literatur (Miller, Lautréamont, Nin) zu verderben. Fowlie wurde öffentlich gerügt. Ich weiß nicht, ob er seine Stellung verlor. Ich wage nicht, ihm zu schreiben. Der Vater versuchte auch durchzusetzen, daß ich die USA verlassen muß, erreichte es aber nicht. Schickte mir Detektive ins Haus.[...]

Während ich Band I drucke, schreibe ich II.[1]

Ich werde meine Freunde nicht verlieren, wenn ich abreise; sie werden mir alle nach Europa folgen. Andere erwarten mich dort. Sie wollen nicht nach Hause zurück (mehrere der hiesigen Schriftsteller, die in der Army waren). Denkst Du je an Rückkehr?

Anaïs

AN ANAÏS

Big Sur, Calif.
2. Juli 1945

[...]

Du schreibst, daß Du zu Gotham gehen willst, um mein letztes Buch zu kaufen. Es betrübt mich, so etwas hören zu müssen. Ich habe vor, Dir eines zu schicken – falls Du *Semblance* meinst. Das Problem ist, daß Bern [Porter] sich bei den letzten vier Büchern weigert, mir auch nur ein einziges Freiexemplar zu geben – er sagt, er könne es sich nicht leisten. Ich muß je 5 Dollar 50 für *Semblance* und für *Miscellanea* bezahlen. Hast du die *Chronology and Bibliography*[2] gesehen? In Paris sind die Dinge noch in der Schwebe – um die Bücher findet ein großes Wettrennen zwischen Gallimard, [Maurice] Girodias und Denoël statt. Ich möchte,

1 In einem Vorwort wurde *This Hunger* ausgewiesen als «Band I, der sich mit dem Zerstörungsaspekt bei Frauen befaßt». Teile des Bandes wurden später den *Leitern ins Feuer* einverleibt, dem ersten von fünf Romanen, die zusammen *Cities of the Interior* bildeten; dies war der «Proustsche Roman», den Bern Porter im Mai 1944 gegenüber Henry Miller erwähnt hatte.

2 Porter hatte 1945 eine Reihe Miller-Schriften in kleinen Auflagen herausgebracht: *Semblance of a Devoted Past, Henry Miller Miscellanea* und *Henry Miller: A Chronology and Bibliography.*

daß Girodias gewinnt. Was er vorbringt, klingt sehr ernst und aufrichtig.[1] In seinem letzten Brief bietet er an, mir für Neuauflagen englischer Ausgaben die *vollständigen* Tantiemen binnen zwei Monaten nach dem Erscheinen zu zahlen. Dies würde, ihm zufolge, 410 000 Frs. ausmachen. Klingt umwerfend. (Außerdem könnte es noch die französischen Tantiemen geben). Ich bat ihn, die Summe aufzubewahren, bis sich die Lage klärt. Noch dürfen keine Gelder außer Landes geschickt werden. Der gegenwärtige Umrechnungskurs von 50 Francs für einen Dollar ist bestimmt nicht von Dauer. Ich habe das Gefühl, daß der Franc später nicht mal mehr einen Sou wert sein wird. Kein europäisches Geld wird noch was wert sein. Ein gewaltiger Zusammenbruch wird stattfinden.

Doch was ich sagen wollte, ist folgendes: Wenn er das alles nicht «träumt», wenn er einen Vertrag macht und diese Summe zurücklegt und sie etwas wert ist, möchte ich, daß Du mindestens die Hälfte davon bekommst – oder alles, falls Du es brauchst. Das ist keine Geste – ich meine es ernst. Es könnte genau das Nötige sein, um Dich dort drüben zu etablieren. Was mich angeht, ich beginne zu zweifeln, daß ich Europa je wiedersehen werde. Ich bin besessen von der Arbeit, die ich geplant habe, gedenke mich nicht von der Stelle zu rühren, bis ich dazu gezwungen werde, und es ist mir gleichgültig, wenn ich danach ins Grab sinke. Solange ich meine Arbeit nur vollende! Das ist das einzige, was mich interessiert.

Henry

An Henry

[215 W. 13th Street, New York]
[Ende 1945]

Diesen Brief bekam Hugo heute früh. Was für kafkaeske Hindernisse! Selbst wenn Girodias keinen Kontoauszug beibringen kann, warum kann er nicht wenigstens eine Teilzahlung leisten, etwas als Abschlag? [. . .] Hugo hat jetzt eine andere Idee. Er schlägt vor, daß Du alles in die Hände der Bankanwälte legst, die – für ein kleines Honorar – der Sache hartnäckiger nachgehen. [. . .]

1 Girodias, der Sohn von Jack Kahane, hatte Obelisk Press als Editions du Chêne wieder zum Leben erweckt; später wurde daraus Olympia Press. Siehe «Biographische Anmerkungen».

Im Hinblick auf Dein neugeborenes Kind brauchst Du alles das bestimmt.[1] Sie sind so verwirrend, diese Probleme. Girodias sagte mir, er schulde auch mir Geld, äußerte sich jedoch nie darüber, wieviel. Was schreibt der Dir? Sie alle [die Verleger] verstecken sich hinter einem Nebelschleier aus technischen Fachausdrücken.

Hugo versuchte den Schleier zu durchdringen, indem er sagte, er wünsche eine Abschlagszahlung (nachdem es Jahre dauern wird, die gesamte Honorarbuchhaltung in Ordnung zu bringen), wenigstens irgend etwas.

Anaïs

AN HENRY [215 W. 13th Street, New York]
[März 1946]

Ich freue mich über die vielen guten Nachrichten, die Du hast. Wunderbar, daß Girodias einen Scheck schicken wird. Ich werde das Tagebuch drucken können, und Du wirst ein Haus bekommen! Du schlägst Wurzeln, wie ich sehe.

[...]

Mein Platz ist hier, und möglicherweise werde ich wieder heiraten – aber schon zweimal brachte ich es nicht über mich, eine Ehe mit Männern von 20 oder 30 einzugehen. Auf jeden Fall nehme ich eine eigene Wohnung, in der Hoffnung, finanziell auf eigenen Füßen stehen zu können, und dann wird man sehen. Ich *möchte* so gern ein neues Leben anfangen.

Also wirst vielleicht auch Du Europa besuchen! Ich hätte nie gedacht, daß Du Dir Dein Zuhause in Amerika schaffen würdest.

[...]

Sartre habe ich nicht kennengelernt, doch nach meiner Intuition ist er kein Anführer einer neuen Strömung, sondern bloß einer Abweichung – geht nicht tief genug, verkörpert Frankreichs Übergangsstadium. Seine Bewegung ist keine Neuschöpfung.

[...]

Anaïs

1 Janina Martha Lepska, Millers dritte Frau, hatte am 19. November 1945 eine Tochter geboren, Valentine.

An Henry [215 W. Street, New York]
[April 1946]

Ich tanzte herum, als ich Deinen Scheck erhielt[1]. Er machte mich glücklich – auf eine tiefe Art. Daß Du mich beschenkst, bedeutet für mich etwas, das noch größer ist als die Freude und die Freiheit, die mir das Geld bringt.

Ich suche mir jetzt eine eigene Wohnung, um mein neues Leben zu beginnen, und gönne mir vielleicht die Ruhepause, im Juli und August, die ich brauche. Ich rechne damit, im Herbst eine Vortragstournee machen und dabei Dich besuchen zu können.

Erzähl mir von Deinem neuen Haus.

Anaïs

An Anaïs Anderson Creek, Big Sur
17. Mai 1946

Ja, schon beim Schreiben dieses Drehbuchs ahnte ich, daß schließlich gar nicht mehr nötig sein würde, es abzuschicken. Doch ich mußte es fertigschreiben, bevor ich das klar zu sehen vermochte. Wenn man kapituliert, hört das Problem zu existieren auf. Versuche es zu lösen oder zu überwinden, und du rufst nur noch mehr Widerstand hervor. Ich bin jetzt völlig überzeugt, daß die Last von mir fallen wird, wenn ich wirklich das werde, was ich sein möchte. Am schwersten zuzugeben und mit dem ganzen Wesen zu begreifen ist, daß man allein über nichts gebietet. Fähig zu werden, sich in Einklang oder in einen Rhythmus mit den Kräften des Jenseits zu bringen, den wahrhaft wirksamen, das ist die Aufgabe – und die Lösung, sofern wir überhaupt von «Lösungen» sprechen können. Das Schuldgefühl wurzelt, worüber wir uns einig sind, in der *wahren* Erkenntnis, daß man sich nicht vollständig hingibt. Ich sage es auf die eine Weise, Du auf eine andere.

Über eines jedoch mache ich mir keine Sorgen, nämlich darüber, was die Leute denken und wie falsch sie die Dinge auffassen. Dagegen kann

1 Henry Miller hatte von Girodias eine Abschlagszahlung von 300 000 Francs bekommen, die 2 000 Dollar ergaben. Einen Teil des Geldes benutzte er als Anzahlung für ein Grundstück, auf dem er ein Haus bauen wollte.

man nichts machen. Es war seltsam, Deine Bemerkung zu lesen, daß «nur die Eingeweihten verstanden, was gemeint war». Ich glaube, da hast Du nur halb recht. Mich erstaunt immer wieder, wieviel die Menschen doch verstehen, wenn man ihnen die volle Dosis gibt, wenn man nichts zurückhält. [...]

Mir scheint, ich sehe noch etwas anderes: Daß man den Menschen gestatten muß, in Verzweiflung zu geraten, sich völlig verloren zu wähnen, daß sie nur dann empfänglich für das richtige Wort sind, sich nur dann die Wahrheit zunutze machen können. Ihnen in diesem Augenblick das richtige Wort vorzuenthalten, ist ein Verbrechen. Doch ein noch größeres Verbrechen ist es, schonend mit ihnen umzugehen. Und hier, in diesem Punkt, vereinigt sich ein großer Teil des Konflikts. Der *menschliche* Instinkt, dem anderen seine Qualen zu ersparen (die sein Rettungsmittel in jedem Sinn des Wortes sind), ist ein trügerischer Instinkt. Hier treten die feinen Versuchungen auf, die tückisch und hinterhältig sind, weil so unklar und verworren. Auf dieser sogenannten menschlichen Ebene befiehlt das Ego – oft in den erstaunlichsten Verkleidungen. Die Versuchung, gut zu sein, Gutes zu tun, überkommt uns alle irgendwann einmal. Sie ist nach meinem Gefühl die letzte List des Ego.

Du bist der einzige Mensch, den ich kenne, der das Schweigen wirksam nutzte. Manchmal war es wirklich niederschmetternd, aber ich glaube nicht, daß Du Dir dessen bewußt warst. Doch die Menschen bekamen von Dir mehr Antworten, und zwar brauchbare, als je von mir, trotz meines Brüllens und Tobens oder Schmeichelns und Zuredens. Du hast sie auf sich selbst verwiesen. Das bewußt zu tun, ist so eine Sache. Ich war mir nie sicher, ob Du es bewußt tatest. War es so?

Aber der Tumult, die Aufregungen, die ich rund um mich auszulösen scheine, sogar aus der Ferne, kommen von *mir selbst*. Ich weiß es.

Ich erzählte Dir schon, daß ich ein Stück Land erwerben werde – ein Heim. Das ergab sich auf seltsame Weise. Es ist fast unmöglich, hier ein Grundstück oder ein Haus zu bekommen. Auf dem Hügel, auf dem ich wohnte, hatte ich eine Nachbarin, eine Mrs. [Jean Page] Wharton, die mich zu verstehen scheint – ohne meine Bücher zu lesen. Sie soll angeblich eine Anhängerin der Christlichen Wissenschaft sein – aber darüber ist sie hinausgewachsen. Sie ist der einzige mir bekannte Mensch, der das Wort «Wirklichkeit» genauso gebraucht wie ich. Auf dieser Ebene begegnen wir uns. Und jetzt bietet sie mir ihr Haus praktisch an. Sie tut alles, um mir die Sache leichtzumachen – der Preis ist lächerlich. Sie zieht aus und wird sich ein anderes Haus bauen, sobald sie das nötige Material beschaffen kann. Das ist der einzige Grund, warum wir jetzt nicht schon dort oben sind. Sie hat absolutes Vertrauen – und zwar nach meinem Gefühl nicht zu *mir*, sondern zur ganzen Menschheit. Sie wirkt Wunder in ihrer Umgebung.

Hinzu kommt, daß die Stelle selbst genau das ist, was ich mir wünsche, aber für unerreichbar gehalten habe, genau der Ort, der alle meine Sehnsüchte zutiefst befriedigt. Manchmal glaube ich, daß sie, indem sie mir die Verwirklichung meines Traums anbietet, mir nur eine weitere Lehre erteilt. Sie sagt beispielsweise, als Erklärung für ihre Bereitschaft, das Haus aufzugeben, daß sie es jetzt in sich trage und deshalb nicht verlieren könne. Du kannst mir glauben, daß das seine Wirkung auf mich nicht verfehlt. Ist mir in letzter Zeit nicht immer deutlicher bewußt geworden, daß mir die Dinge, die ich glühend ersehne, kampflos zufallen? (Ich habe Dir nicht ausführlich über die wunderbare Kraft berichtet, die in meinem Leben zunehmend wirkt – über Wünsche, die fast sofort in Erfüllung gehen. Du würdest staunen.) Der ganze Kampf ist also ein Geisterspiel. Fechten mit Schatten. *Das weiß ich jetzt.*

Vielleicht lautet also die Antwort auf Deine Frage von neulich, daß ich einfach lerne, was es bedeutet, ein «Heim» zu haben, das einzige, was ich bisher nie kennenlernte. Und wenn dieses Heim schließlich ein Teil meiner selbst wird, dann spielt es keine Rolle, wo oder wie ich lebe. Jenes Heim in Brooklyn, das ich bei dem Wort «Heim» immer vor mir sehe, ist eine Irrenanstalt! Es war nie ein Heim für mich. Mit der Zeit habe ich den Begriff vermutlich so weit abstrahiert, daß ich die Idee selbst auslöschte. [...]

Henry

PS: Dieser Brief muß ein PS haben! Die beste Neuigkeit ist, daß ich mich jetzt wirklich der *Rosy Crucifixion* nähere. Noch zwei Wochen Arbeit, und ich müßte frei sein und damit weitermachen können. Dann werde ich, das glaube ich wirklich, einzig daran schreiben – einfach alles in *ein* Gefäß hineingeben, selbst wenn sechs weitere Bände dabei herauskommen. Ich sehe langsam wieder Licht. Was für ein Kampf!

An Henry [215 W. 13th Street, New York]
[Mai 1946]

[...]
Da es Dir offenbar gelingt, von Girodias Antwort zu erhalten, könntest Du ihn bitte fragen, warum er mir nie antwortet? Er bat mich um Exemplare der neuen Bücher, und ich schickte sie ihm. Keine Antwort. Er schrieb mir wegen meiner Tantiemen. Als ich ihm wiederschrieb, kam keine Antwort. Mir liegt sehr viel daran, in Frankreich gedruckt zu werden, denn ich habe die Absicht, endgültig dorthin zurückzukehren, sobald ich kann. Ich dachte, ich hätte hier Wurzeln geschlagen, sehe nun aber, daß dem nicht so ist. Ich habe Heimweh und fühle mich einsam, trotz der vielen Verehrer. [...]

Wenn Girodias mir wenigstens sagen könnte, wieviel er für mich in Frankreich hat, würde ich vielleicht im Juli für zwei Monate hinüberfahren und es dort ausgeben [...]

Anaïs

An Henry [215 W. 13th Street, New York]
[Juni 1946]

Ich erlaubte Gore Vidal, Dir ein Exemplar seines Buchs [*In a Yellow Wood*] zu schicken, bemerkenswert, weil er erst zwanzig ist. Ich weiß, daß Du keine Zeit hast, es zu lesen. Ich erlaubte es nur, weil er sehr viel für mich getan hat; er ist einer der Redakteure bei Dutton – hat mir volle editorische Freiheit gelassen, half Schriftstellern, deren Manuskripte ich ihm schickte, und versuchte solche wie [James] Agee, William Carlos Williams usw. vor dem Vergessenwerden zu bewahren. Er ist intelligent und hilfsbereit. Eine Zeile von Dir würde ihm viel bedeuten. Seine wirkliche Rolle bei mir ist die eines treuen Sohnes. Und welches Kind ich auch immer habe, es erwählt Dich als das Mannwesen dazu. Symbol der Trinität. Er hat eine Seite, die Dir stark ähnelt. Wir könnten ihn gezeugt haben: halb Du, halb ich. Gib ihm also bitte Deinen Segen!

Klingt nach Ironie, daß ich Dich ausgerechnet um das bitte, wogegen Du dich wehrst – aber ich habe es noch nie getan! Und Du kannst zum Ausgleich deine Bürden auf ihn abwälzen.

Ja, ich habe das sichere Gefühl, daß ich reisen werde – reisen können werde – frei – bald. Werde Dich über die Tagebuchpläne mit Deinem Geld informieren. Ich habe jetzt die Originale. Kann die ersten Bände drucken – vielleicht nächsten Herbst.

[...] Mir fiel übrigens auf, daß nicht nur ich es vorziehe, über die Gegenwart zu schreiben, und zögere, mich zurückzuwenden, sondern daß auch Du immer die Gegenwart erhellen mußt, wie ein Tagebuchschreiber, wahrhaftig, weil Du in Wirklichkeit die Gegenwart liebst und weil Zurückgehen bedeutet, zu dem zurückzukehren, was schmerzt. Die Gegenwart wirkt immer heilend, es scheint zumindest so – die Vergangenheit ist der Abszeß. Ich empfinde genauso. Da liegt das Geheimnis. In Liebe

Anaïs

An Henry

Easthampton, L. I.
[Juli 1946]

Ich kann gar nicht sagen, wie erfreut ich war über die französische Besprechung von *Wendekreis des Krebses*. Wieder von Menschen zu lesen, die hören, sehen und Dich beurteilen können. Für solche Menschen kann man schreiben. Verzeih, daß ich die Rezension so lange behielt. Die letzten Wochen vor der Fahrt hierher waren mit den letzten Anstrengungen ausgefüllt, die kleine Druckerei über Wasser zu halten, in der Hoffnung, das Tagebuch bald drucken zu können; doch ich verlor den Kampf gegen die Schulden und mußte schließlich zumachen. Es war einfach einer meiner Träume. Als ich aufhörte, dort zu arbeiten (vergangenen November), brach sie zusammen. Du weißt, was für eine Arbeiterin ich bin – aber ich konnte nicht schreiben *und* drucken – mir ging die Kraft aus. Also keine Druckerei mehr. [...]

Vielleicht könnte ich, wenn Du mir die nächsten Tantiemen schickst, nach Frankreich fahren und das Ganze dort machen – die ganzen französisch geschriebenen Teile. Sie werden Dir gewidmet sein, dessen beharrlicher Traum es war, das Werk erscheinen zu sehen. Ausgezeichnet.

Erhole mich hier, da ich es mir nicht leisten konnte zu reisen; ich hatte vorbeikommen, Dich besuchen und nach Mexiko fahren wollen. Die Druckerei machte mich arm – einfach weil ich den Gedanken haßte, sie aufzugeben.

Höre eine Menge über Dich, Dein Leben, Kind, Eheweib, Haus usw.

Dutton kann im Hinblick auf Publikationen in anderen Ländern nichts tun. Frag Emil irgendwann, ob er Zeit hat, mir alle Namen und Adressen ausländischer Verleger zu schicken, die mich nach Deiner Meinung vielleicht haben wollen, dann werde ich ihnen die englische Ausgabe und das neue Dutton-Buch [*Leitern ins Feuer*] schicken.[. . .]

Ich versuche (das ist ein Geheimnis) Dutton zu bearbeiten, sich offen Deiner anzunehmen und den Rechtsstreit, zu dem es dann zwangsläufig kommt, zu riskieren. Hätten sie nur den Mumm dazu! Eines Tages werde ich es vielleicht doch erreichen. In Liebe

Anaïs

AN HENRY

[215 W. 13th Street, New York]
[Herbst 1946]

Ich mußte einfach lachen – so oft schreibst Du mir darüber, daß Du mit Korrespondenz überlastet bist, und dann fängst Du selber einen Briefwechsel mit Vidal an – einen absolut überflüssigen, wirklich. Die meisten dieser Leute wollen nur damit prahlen, daß sie mit einem berühmten Mann korrespondieren, also mit Dir. Sehr wenige nehmen Dich wirklich mit einer gewissen Aufmerksamkeit zur Kenntnis. Jetzt siehst Du, daß Du Dich selbst auf so was einläßt, und es gefällt Dir, weil es Dir ein Kontaktgefühl vermittelt. Du könntest ohne das nicht mehr leben. Die ganze Sache hat sich vor meinen Augen abgespielt. Ich schrieb Dir und bat Dich lediglich, ein Wort über das Buch von jemandem zu sagen, der eine Menge für mich getan hat. Du brauchtest das Buch nicht mal zu lesen. Du schreibst ihm, löst einen Briefwechsel aus. Und los geht's.[. . .]

Jedesmal, wenn einer nach Frankreich fährt, bekomme ich Anfälle von Heimweh, und dann bezwinge ich es und versuche von neuem, hier zu leben. Doch vergangene Nacht las ich einige der alten Tagebücher wieder und erkannte deutlich, um wieviel das Leben dort großartiger war. Also hoffe ich erneut, fahren zu können, halte mich nur wegen des ungeheuer schwierigen Lebens dort zurück: Die Menschen bringen ihre Tage damit zu, nach Lebensmitteln anzustehen. Keine Kohle usw. Aber egal, was geschieht, nächstes Jahr werden wir zurückgehen.

Anaïs

 [Big Sur]
5. Okt. 1946

[. . .] Ich denke nicht, daß Du wegen Girodias verzweifeln solltest. Seine Briefe und Antworten sind nach meinem Eindruck immer aufrichtig und ehrlich. Er hat auch mir von den Vorkriegstantiemen noch nichts gezahlt, Durrell ebensowenig, vermute ich. Doch ich hoffe nach wie vor auf eine Regelung.

Jetzt wird gegen die übersetzten Ausgaben meiner drei Bücher vorgegangen, und alle drei Verleger werden in ein paar Monaten vor Gericht gestellt – und schuldig gesprochen, glaubt Girodias, vielleicht für einen oder zwei Monate ins Gefängnis gesteckt. Er druckt jetzt weitere 20000 vom *Steinbock* (das ergibt insgesamt, glaube ich, etwa 45000). Der Verkauf geht weiter, bis der Prozeß beginnt. Ich glaube, er wird für alle günstig ausgehen, wie immer auch das Urteil lautet.[1]

Erwarte in ein paar Wochen wieder Geld. In Eile und froh, daß alles gut läuft!

Henry

1 Im März 1946 ging das Cartel d'Action sociale et morale aufgrund des französischen Antipornographie-Gesetzes von 1939 gegen Henry Miller vor. Er wurde schuldig gesprochen, doch eine Gruppe französischer Schriftsteller, darunter André Breton, Albert Camus, Paul Eluard, Maurice Nadeau, Jean-Paul Sartre und André Gide, verteidigten ihn, und das Verfahren wurde eingestellt. Als ein amerikanischer Buchhändler wegen des Verkaufs der verbotenen Bücher zu drei Jahren Gefängnis verurteilt wurde, erhob kein einziger amerikanischer Schriftsteller die Stimme. Erst Anfang der sechziger Jahre, als Grove Press seine Veröffentlichung von *Wendekreis des Krebses* in zahlreichen Gerichtsverfahren verteidigte, gab eine Gruppe amerikanischer Schriftsteller, der unter anderem Edmund Wilson, John Dos Passos und Alfred Kazin angehörten, eine Erklärung zugunsten Millers und gegen die Zensur ab.

An Henry [214 W. 13tj Street, New York]
[Juni 1947]

Bekam Deinen Brief, überlasse das Geldproblem Dir und Hugo, da er am 12. Juli nach Frankreich fährt. Ich kann nicht fahren, weil die Bank meine Reise nicht bezahlt und weil ich außerdem, wie Du weißt, allein zu leben versuche. Ich fahre am 12. Juli endlich nach Mexiko, in der Hoffnung, daß sich daraus etwas ergeben wird und daß ich dieses Mal nicht wieder pleite gehe. Ich wünsche mir so sehr, auf eigenen Füßen zu stehen. Dein Geschenk an mich wird dem gleichen Zweck dienen wie einst meines an Dich: Es wird mir Freiheit schenken.

Einen kleinen Vorgeschmack auf diese Freiheit bekam ich vorigen Monat – zum ersten und einzigen Mal in meinem ganzen Leben!

Ich hoffe, Euch alle im Oktober besuchen zu können. [...]

In Liebe

Anaïs

An Anaïs Big Sur
14. September 1947

Heute bietet sich mir die erste Gelegenheit, Dir zu schreiben. Eine Menge ist in letzter Zeit passiert. Gab 'ne Menge Probleme. Jetzt geht's ein bißchen besser. Alle scheinen in Schwierigkeiten zu sein. Der Gipfel war die Nachricht, daß June krank und völlig mittellos sei, von ihrem Mann verlassen. Wiegt nur noch 68 Pfund!! Hat dem Vernehmen nach Colitis ulcerosa. Schickte ihr, was ich konnte – nicht sehr viel –, und veranlaßte Freunde, ein bißchen zu helfen, was die Ärzte, Essen und Medizin angeht. Weiß nicht, ob Du sie besuchen willst, dachte aber, ich sollte Dich wenigstens informieren. Sie wohnt 196 Clinton Avenue, Brooklyn, Apt. 550. Sagt, daß sie in ein trockenes Klima müßte. Braucht Ruhe und vor allem Nahrungsmittel, vermute ich.

Es sieht jetzt so aus, als würde ich in Kürze tatsächlich Geld aus Frankreich bekommen. Auf die bei mir übliche wunderbare Weise traf ich, rein zufällig, den französischen Konsul, der offenbar dabei ist, die

Fäden zu entwirren. Netter Kerl – ebenfalls Schriftsteller, glaube ich.[1] Alle diese Bankleute und Spezialisten brachten absolut nichts zustande – sind völlig negativ eingestellt und frustriert, genau wie ich befürchtet hatte. Für mich kommt das Glück immer aus einer unerwarteten Quelle, wie Du weißt. Jedenfalls bin ich jetzt zuversichtlich, daß Du das Nötige haben wirst, wenn es an der Zeit ist, nach Mexiko zu fahren – oder zuerst in den Westen zu kommen, falls Du das beabsichtigst.

Du hast mich oft in Engpässen und Schwierigkeiten gesehen, aber nie war es so schlimm wie in den vergangenen paar Monaten. Ich hätte fast aufgegeben.

Was mir ungeheuer helfen würde, Ordnung zu schaffen, wäre eine Person, die zum Teil Sekretärinnenarbeit leisten und zum Teil als Gouvernante fungieren könnte. Ich kann nicht weiterhin alles, was von mir verlangt wird, ohne Hilfe erledigen. In Kürze werde ich ein eigenes Studio haben, vier Meilen die Straße hinunter, wo ich jeden Tag ein paar Stunden in Frieden werde arbeiten können. Dazu brauche ich einen Wagen, und gerade versprach mir ein Freund einen Jeep als Geschenk. (8 Meilen diese Hügel hinunter und hinauf, das ist zu Fuß einfach zuviel.)

Hoffentlich stehen bei Dir die Dinge besser. Wenigstens befreist Du Dich. Worin unsere Freiheit genau besteht, ist manchmal schwer zu erkennen. Ich mache in einigen Richtungen Fortschritte und bleibe in anderen zurück. Die Probleme werden größer, immer größer. Und das soll auch so sein, denke ich. Mir scheint, ich werde immer wieder in die Schule geschickt, um zu lernen – in die Schule des Lebens, wohlgemerkt.

O ja – als ich oben das mit der Sekretärinnenarbeit erwähnte, tat ich es aus dem Gedanken heraus, daß Dir irgendwann eine solche Person begegnen könnte. Natürlich müßte es ein ganz spezielles Wesen sein. Ich kann nichts *zahlen*. Kann nur dieses Leben hier in Big Sur bieten – völlig bedeutungslos für manche, für andere ein Paradies.

In Liebe

Henry

1 Romain Kacev, der unter dem Pseudonym Romain Gary (1914–1980) schrieb, war damals Erster Sekretär der französischen Delegation bei den Vereinten Nationen in San Francisco, später französischer Konsul in Los Angeles. Garys erster Roman, *L'éducation européenne* war 1945 erschienen (dt. *General Nachtigall*, 1962). Berühmt wurde er durch den mit dem Goncourt-Preis ausgezeichneten Roman *Die Wurzeln des Himmels* (1956).

PS: Lepska liest *die ganze* Post – eines ihrer Vergnügen. Und versucht mir bei der Beantwortung zu helfen. Aber sie hat viel zu tun. Allein das Kind ist eine große Aufgabe. Ich selbst verursache ihr viele Schwierigkeiten. Hier sollten mehr Kinder sein, ganze Scharen.

An Anaïs [Big Sur]
18. Sept. [1947]

[. . .] Bin jetzt überzeugter denn je, daß ich Dir rechtzeitig Geld für die Reise in den Westen schicken kann. Erkundige mich heute oder morgen in Anderson Creek – vier Meilen die Straße hinunter, wo Margaret und Gilbert lebten –, ob Du dort wohnen kannst, nicht bei ihnen – sie reisen in Kürze ab –, sondern bei einer Frau namens Betty Frank. Es ist ein großes, sehr großes Haus, ursprünglich von Varda gebaut – es wird Dir gefallen, da bin ich sicher.

[. . .] Sobald das Geld kommt, werde ich es Dir telegrafisch überweisen oder eine Postanweisung per Luftpost schicken. Vielleicht kriege ich nicht gleich eine große Summe – vielleicht kommt es eher in kleinen Summen von 250 Dollar oder so. Wenn ich nur 250 überweise, heißt das, daß Du sie als Fahrgeld benutzen sollst. Werde *bestimmt* haben, was Du auf unbeschränkte Zeit brauchst, wenn Du hierherkommst. Du mußt keine Miete zahlen, um Deine Essensrechnung können wir uns kümmern, wenn nötig, und andere nennenswerte Kosten werden Dir nicht entstehen – in diesem Punkt sei also ganz beruhigt. Und alle – auch Lepska – warten ungeduldig darauf, daß Du kommst.

Sehr bald mehr. In Liebe. Und bekomme nicht in letzter Minute kalte Füße!

Henry

An Henry [Sommer 1948]

Da bin ich nun in Guatemala – und träume davon, nach Acapulco zurückkehren zu können. Dies ist eine erstaunliche Stadt, am Fuß eines Vulkans – zur Hälfte Ruinen aus dem 16. und 17. Jahrhundert. Sie ist stumm, windlos, still und betäubt. Schön gekleidete Menschen wie Hindus, Balinesen, Mongolen. Tragen alles auf dem Kopf und traben wie Pferdchen. Ich bleibe zwei Wochen lang in Vidals Haus – ein Kloster, das zu einer eingestürzten Kirche gehörte. Es hat einen Glockenturm und eine Kapelle und große herrschaftliche Zimmer. Ich bin eben vom Markt zurückgekommen – sehr bunt, primitiv. In einem einzigen überwölbten langen Raum kochen alle Essen auf Braseros, um es zu verkaufen – es ist rauchig, und sie sitzen da, völlig stumm, statuarisch. Sie sprechen sehr wenig, tanzen nicht, obwohl am Abend die Marimbas auf dem Platz spielen. Es ist feudal und orientalisch – fast wie Tibet. Bei Nacht sieht man den Gipfel des Vulkans. Neben ihm befindet sich ein noch tätiger, der Erdbeben verursacht.

Wie in Korfu lassen sich die Weißen treiben, sie trinken und verkommen.

[. . .] In einer Woche werde ich wieder in Acapulco sein – wo ich für den Rest meines Lebens bleiben könnte.

Vielleicht besuche ich Dich auch auf dem Heimweg wieder – weil ich möglicherweise in Berkeley lese, im Oktober. Ich werde es Dich wissen lassen. Wenn es Neuigkeiten gibt, schreib mir. In Liebe

Anaïs

AN HENRY — 35 West 9th [Street], New York City
[Sommer 1952]

Ich habe Gerüchte gehört, die mich ziemlich traurig machen, Gerüchte von einer Trennung zwischen Lepska und Dir. Ist es wahr?[1]

Ich habe das Gefühl, daß wir letztendlich alle nach Paris zurückkehren werden, wo wir am glücklichsten waren. Ich glaube nicht, daß Amerika etwas Liebenswertes hat, und verabscheue es inzwischen. Alle, die zurückgegangen sind, erklären mir, sie seien nicht mehr «zornig».

Nun denn, auf das Wohl des Tages, an dem ich den Boulevard hinabgehen und Dich an einem Cafétisch zwischen Deinen treuen Freunden sitzen sehen werde.

Eine Zeitlang erwartete ich Dich in Los Angeles. Jetzt bin ich in New York und kümmere mich um Hugo, der wegen eines Bandscheibenrisses völlig hilflos ist. [. . .]

1 Henry Miller und Lepska trennten sich 1951 und wurden ein Jahr später geschieden.

Ich schrieb ein neues Buch über Sabina [*Ein Spion im Haus der Liebe*], kann es aber nicht unterbringen. Versuche in Frankreich jemand zu finden, der es auf englisch herausbringen würde. Gibt es dort jemand außer Obelisk Press? Verschicke unsere Schallplattenankündigungen an neue Leute und Colleges – weil die Barrons selbst nichts tun, um sie zu propagieren.[1]

Lernte einen Maler kennen, der Dir seine Gemälde schenken wollte (in L. A.), mit einer Griechin verheiratet. Kein guter Maler, aber aufrichtig und in ergreifender Weise um Freiheit kämpfend.

Anaïs

AN HENRY [35 W. 9th Street, New York]
[Sommer 1952]

Ist es nicht seltsam, daß [Lawrence Clark] Powell, der selbst Kinder hat, nicht sieht, wie ungerecht es ist, von Dir ein Manuskript als Geschenk anzunehmen? Dabei leistest Du eine Arbeit, die wichtiger ist als seine und die, würdest Du dafür bezahlt, wie es sich gehörte, Deine Frau und Deine Kinder ernähren könnte. Ich schrieb ihm das, als er seinen Fischzug bei Dir feierte, und er gab zu, daß ich recht hätte. Er müßte Dich bezahlen. Er wird das Geld aufbringen. Die Universität ist reich, und es besteht kein Grund für diesen fortgesetzten Masochismus seitens des Künstlers [...]. Einerseits weißt Du, daß die Welt Dich unterstützen müßte, andererseits läßt Du Deine Ausbeutung zu. Mich lud Powell zu einem netten Mittagessen ein, weil er das Tagebuch für die Bibliothek haben wollte. Welche Ungerechtigkeit! Als ich jedoch in den letzten anderthalb Jahren selbständig zu leben versuchte, mußte ich wieder meinen Mann um Hilfe bitten.

Hast Du einen Plattenspieler? Laß es mich wissen, denn ich möchte Dir ein paar von meinen Platten als Geschenk schicken.

Anaïs

1 Im Juni 1949 hatte Anaïs Nin für die Schallplattenedition «Contemporary Classic» von Louis und Bebe Barron das ganze *Haus des Inzests* und vier Erzählungen aus *Unter einer Glasglocke* gelesen.

Big Sur
[2. August 1952]

Freute mich, von Dir zu hören. Erfuhr durch irgend jemand in der Bibliothek von dem Geschäft mit Deinen Manuskripten.

Für mich haben sich die Dinge hier jetzt geändert. Die Schwägerin von Schatz [Eve McClure][1] ist zu mir gezogen, die Kinder sind wieder da (ich hoffe, für immer), und wir führen ein echtes, erfülltes, glückliches Leben, und nach sechzehn Monaten, in denen ich nicht arbeitete, habe ich nun wieder zu schreiben begonnen – *Nexus*. Falls Du je in die Nähe kommst, schau herein. Ich denke, Eve wird Dir gefallen. Ich rechne damit, bald geschieden zu werden – in Mexiko. Wir würden gern nach Frankreich gehen, tatsächlich für ganz, aber es ist kein überschüssiges Geld da. Ich verdiene gerade genug, um durchzukommen.

Die Kunst des Lesens. Ein Leben mit Büchern ist in England erschienen, hier jedoch noch nicht. Ist Deine gegenwärtige Adresse sicher genug, um Bücher hinzuschicken? *Plexus* kam auf französisch heraus (Corréa, Paris), aber eine englische Ausgabe ist einstweilen nicht in Sicht. Hast Du es mit Deinen Büchern bei Denoël oder Corréa oder Gallimard versucht? Girodias ist inzwischen von der Bildfläche verschwunden – die Firma wurde von Hachette übernommen.

Es kostet mich immer noch Mühe, ein paar Stunden Schreiben in den Tag hineinzuquetschen. Ungeheuer viel zu tun hier. Dir alles Beste

Henry

PS: June ist immer noch krank und mittellos. Zeigt aber jetzt mehr Willen, gesund zu werden.[. . .]

Seit Du hier warst, habe ich das Haus ganz schön aufpoliert. Ich fühle mich wirklich zu Hause hier. [. . .]

1 Der in Israel geborene Maler Bezalel Schatz, ein Nachbar, arbeitete seit Februar 1946 mit Henry Miller an einem illustrierten Band, welcher das Traumkapitel aus *Schwarzer Frühling* zum Inhalt hatte. Nach einjähriger Arbeit erschien *Ins Nachtleben hinein*, ein kunstvolles, manuell hergestelltes Buch von achtzig Seiten, in einer Auflage von 800 Exemplaren, die für je 100 Dollar verkauft wurden. – Eve McClure wurde noch 1952 Millers vierte Frau. Siehe auch «Biographische Anmerkungen».

An Anaïs

La Ciotat (B. du R.)
Chez Michel Simon
[10. Februar 1953]

Bekam eben Deinen Brief in dieser seltsamen Behausung – Simon bot sie uns in seiner Abwesenheit an. Traf ihn in Paris nur für ein paar Minuten – und verstanden uns sofort. Fahre von hier nach Vienne (Isère), anschließend zurück nach Paris und Brüssel, dann nach Hause. Offen gesagt, ich habe Heimweh. Zum ersten Mal im Leben. Für mich gibt es in Europa nichts Neues, und irgendein kulturelles, intellektuelles Leben will ich nicht mehr. Viel zuviel Gerede, Wiederaufwärmen usw. Außerdem weiß ich nicht, wie Europa noch viel länger überleben will. Das ganze System ist derzeit verrückt – es muß zusammenbrechen. Nichts hat sich hier geändert, wie ich sehe, außer den *phantastischen* Lebenshaltungskosten. Sie sind unglaublich. Schlimmer, als Du Dir vorstellen kannst. Ich wurde überall großartig behandelt – keine Klagen. Aber ich bin ein anderer Mensch, und Big Sur ist genau das, wo ich bleiben will. Ich vermisse auch die Kinder – sie bedeuten mir mehr als Orte und Menschen. Diese ganze Scheidungsangelegenheit ist tragisch gewesen.

[...] Hachette hat Girodias' Auflage übernommen und druckt mich in Englisch. Doch Girodias, der wieder neu anfängt, bekommt vielleicht *Plexus*. Offen gesagt, es interessiert mich kaum mehr, wer druckt oder nicht druckt. Das ganze verdammte Geschäft ist eine Farce. Ich beginne sogar am Wert des Schreibens selbst zu zweifeln. Wenn mein Buch ein «Erfolg» ist, wie Du sagst, muß er *intim* sein. Ich habe genauso schwer gearbeitet, es zu lancieren, wie beim *Krebs*. Als sei in der Zwischenzeit nichts geschehen. Ich glaube fast, es wäre «ehrenwerter», sich zurückzulehnen und um Almosen zu bitten. Natürlich werde ich hier ernst genommen und begeistert empfangen. Aber das brauche ich nicht. In mir ist keine Eitelkeit mehr.

Das klingt entmutigend. Verzeih mir.

Und ich hoffe wahrhaftig, daß Dein Stern weiter steigt. Alles Beste für Dich.

Henry

PS: Mein bester und zuverlässigster (auch intelligentester) Verleger ist Edmond Buchet von Corréa, Paris. Er ist Schweizer. Wenn Du Dich nur überwinden könntest, das Tagebuch zu veröffentlichen! Oder unverstümmelte große Teile daraus. [...]

An Henry [35 West 9th Street, N. Y.]
[Oktober 1953]

Ich frage mich, ob Du aus Europa zurück bist. Dein Brief aus Frankreich klang sehr traurig und enttäuscht. Ich dachte, Du würdest dort glücklich sein. Bitte sag mir, ob Deine Bücher ins Deutsche übersetzt worden sind.

Ein Neffe von Jakob Wassermann besuchte mich. Ein Dr. Rosen. Ihm gehörte früher eine Literaturzeitschrift in Deutschland, er weiß viel über Wassermann zu erzählen und würde Dich gern übersetzen. Er steht mit einem großen deutschen Verlag in Verbindung. Auch am Tagebuch war er interessiert. Ich versprach ihm, Dir zu schreiben und Dich zu fragen. [...]

Um Maxwell Geismar lesen zu lassen (er wird eines Tages über Dich schreiben), mußte ich die Tagebücher wieder aufschlagen, und der Henry, der aus ihnen zum Vorschein kam, ist wunderbar, und es ist wirklich ein so lebendiges und bleibendes Porträt, daß es den düsteren letzten Teil unserer Beziehung ausgelöscht hat, ihren Zerfall usw. Auch die *Ursachen* sind so klar, daß sie, hätten wir sie damals erkannt, zu beheben gewesen wären. Wenigstens sehe ich Dich jetzt frei von Verzerrungen, und das hat zur Folge, daß ich Dir zum ersten Mal ohne die Gespreiztheit schreibe, die auf eine Verhärtung der persönlichen Sicht zurückzuführen war. Hätte ich damals den Sinn für Humor gehabt, den ich heute habe, und hättest Du damals die Qualitäten gehabt, die Du heute hast, wäre vermutlich nichts zerbrochen. Ich habe mich gewaltig geändert. Habe begonnen, das Tagebuch zu öffnen und lesen zu lassen, zu begreifen, daß es mein Hauptwerk ist, und werde versuchen, die mit seiner Veröffentlichung verbundenen menschlichen Probleme zu lösen. *On verra!* Ich kann es zumindest auf chinesisch, hebräisch, deutsch usw. erscheinen lassen...

Anaïs

Biographische Anmerkungen

ALLENDY, DR. RENÉ FELIX (1889–1942), französischer Psychoanalytiker, Begründer der Société Française de Psychoanalyse, Autor und Dozent an der Sorbonne. Zu seinen Patienten zählten Anaïs Nin, Eduardo Sanchez und Hugh Guiler. Er interessierte sich für einen weiten Bereich von Themen, darunter Alchimie und Astrologie. War gut bekannt mit zahlreichen französischen Schriftstellern und Verlegern, stand besonders Antonin Artaud nahe; seine Frau Yvonne fungierte in Artauds kurzlebigem Experimentaltheater als Kassenwartin, und er beschaffte die Geldmittel für Artauds Film *La coquille et le clergyman*. Er brachte die Artauds nach Louveciennes, um sie mit den Guilers bekanntzumachen. Anaïs Nin beschrieb Allendy als groß und wie ein russischer Muschik aussehend. Buchveröffentlichungen u. a.: *Psychoanalyse* (Paris 1931), *Capitalisme et sexualité* (Paris 1932) und *Aristote, ou le complex de trahison* (Genf 1943).

BACHMAN, RUDOLF, österreichischer Flüchtling in Frankreich, der von Anaïs Nin und Henry Miller Unterstützung zu erhalten suchte, indem er durch Geschichten über seine Landstreicherei und seine Gefängniserlebnisse Mitleid erregte.

BALD, WAMBLY (geb. 1902 in Chicago), amerikanischer Journalist. Ging nach dem Studium an der Universität von Chicago nach Frankreich, wo er dem Redaktionsstab der Pariser Ausgabe der *Chicago Tribune* angehörte, die so vielen Exilanten eine Verdienstmöglichkeit bot (so auch Henry Miller und Alfred Perlès). Wambly Bald berichtete in seiner wöchentlichen Kolumne, einer Art Klatschspalte, betitelt «La Vie de Bohème», über die Aktivitäten der englischsprachigen Gemeinde; Miller arbeitete anscheinend eine Zeitlang mit ihm zusammen. Diese Kolumnen, gesammelt in einem von Benjamin Franklin V herausgegebenen Band, *On the Left Bank, 1929-1933* (Athens, Ohio, 1987), enthalten auch einige Meldungen über June Miller, und in einer kurzen Skizze vom 14. Oktober 1931 wird Miller dargestellt als «legitimes Kind des Montparnasse, das Salz des Viertels», auf Parkbänken und von Almosen lebend, aber fröhlich.

BRADLEY, WILLIAM ASPENWALL (1878–1939), amerikanischer Dichter und Übersetzer, der nach dem Ersten Weltkrieg nach Frankreich gegangen war und mit seiner französischen Frau auf der Ile Saint-Louis einen literarischen Salon und eine Literaturagentur eingerichtet hatte. Auf Vorschlag von Dr. Krans vom amerikanisch-französischen Austauschprogramm – der Miller den Posten am Lycée Carnot in Dijon verschafft hatte – las Bradley das Manuskript von *Wendekreis des Krebses*, und er machte Miller mit Jack Kahane bekannt. Mehrere Jahre lang versuchte er auch, Anaïs Nins Werk bei amerikanischen Verlegern unterzubringen.

BRASSAI (GYULA HALASZ, geb. 1899), ungarischer Fotograf und Maler, der besonders bekannt wurde als realistischer Chronist des Pariser Nachtlebens in den dreißiger Jahren. Er fotografierte June Miller und Anaïs Nin. Millers Essay über ihn, «The Eye of Paris», wurde in *Die Weisheit des Herzens* (Reinbek 1961) aufgenommen. Einige von Brassais Fotografien erschienen in Millers *Stille Tage in Clichy* (Paris 1956; dt. Reinbek 1968) und auf dem Schutzumschlag der Neuauflage zweier Bände von Alfred Perlès im Jahr 1984.

Cairns, Huntington (geb. 1902 in Chicago), amerikanischer Rechtsanwalt. War zwischen 1933 und 1943 Rechtsberater des US-Finanzministeriums, das über die Einfuhr «obszöner» Bücher entschied. Als Bewunderer von Millers Werk versuchte er Miller auf verschiedene Weise zu helfen, plante u. a. die Ausstellung seiner Aquarelle Ende der dreißiger Jahre. 1943 wurde Cairns Leiter der National Gallery of Art in Washington, D. C.

Cendrars, Blaise, eigentlich Frédéric Sauser-Hall (1887–1961), französischer Schriftsteller. Sohn eines Schweizers und einer Schottin; übte in seiner Jugend ungewöhnliche Berufe aus (Imker, Jongleur, vagabundierte durch Europa und Amerika, verlor im Ersten Weltkrieg als Fremdenlegionär den rechten Arm und lebte später im Kreis der Pariser Bohème, zu deren begabtesten und interessantesten modernen Autoren er bald zählte. International bekannt wurde er durch den Roman *L'or* (1925, dt. *Gold*, 1925 u. ö.). Setzte sich früh für Millers Werk ein, und dieser schrieb über ihn: «Mit Ausnahme von John Cowper Powys habe ich nie einen Schriftsteller kennengelernt, der mir mehr gab.»

Conason, Dr. Emil, amerikanischer Arzt, der bei der «Cosmodemonic Telegraph Company» (d. i. Western Union) als junger Psychiater für die Personalabteilung tätig war, die Miller zwischen 1920 und 1924 leitete. Die beiden wurden Freunde fürs Leben.

Crosby, Caresse, (1892–1970), amerikanische Verlegerin und Herausgeberin, Witwe von Harry Crosby (1889-1929), der Ende der zwanziger Jahre in Paris die Black Sun Press ins Leben rief. Sie war mit vielen Schriftstellern befreundet, darunter Joyce, D. H. Lawrence, Hart Crane und – später – mit Miller, obwohl ihr *Wendekreis des Krebses* zunächst mißfiel. 1940 wohnte Miller in ihrer New Yorker Wohnung an der East 54th Street und im «Hampton Manor», ihrem Landhaus in Virginia, wo er *Der Koloß von Maroussi* und *Die Welt des Sexus* schrieb. 1944 stellte sie in ihrer Galerie «G» in Washington Millers Aquarelle und Hugh Guilers Kupferstiche aus. Anaïs Nin druckte in ihrer Gemor Press mehrere Bücher für Caresse Crosby. Ihre Memoiren bis zum Jahr 1940, *The Passionate Years*, erschienen 1952.

Dudley, Dorothy (Mrs. Harry Harvey, geb. 1884) amerikanische Kritikerin und Journalistin. Erste Biographin von Theodore Dreiser (*Forgotten Frontiers: A Novel of Facts*, 1932) und Übersetzerin von Auguste Rodins *Venus* (1912). In den dreißiger Jahren schrieb sie für mehrere amerikanische Zeitschriften, darunter *American Magazine of Art* und *The Nation*, über die französische literarische und künstlerische Szene. Ihre Tochter Caroline heiratete den französischen Schriftsteller Joseph Delteil (1894–1978), dessen Werk (*Choléra, Lessing sens, Jeanne d'Arc* und andere) Miller in den dreißiger Jahren entdeckte und der später sein Freund wurde.

Erskine, John (1879–1951), amerikanischer Literaturwissenschaftler, Pianist und Schriftsteller, der von 1909-1937 an der New Yorker Columbia-Universität englische Literatur lehrte und Direktor der Juilliard School of Music wurde. Er trat im New Yorker Philharmonic-Symphony Orchestra als Solist auf, berühmt wurde er jedoch als Verfasser zahlreicher Bücher, vor allem des Bestsellers *The Private Life of Helen of Troy* (1925; dt. *Das Privatleben der schönen Helena*, 1927). Hugh Guiler, der bei ihm studierte, bewunderte ihn. Erskine wurde ein Hausfreund und machte 1928 mit den Guilers und seinen beiden Kindern, Anna und Graham, in Frankreich Urlaub. Anaïs Nin verliebte sich in Erskine, was zur ersten großen Krise in ihrer Ehe führte, doch die Beziehung entwickelte sich nicht weiter und endete nach einer New-York-Reise Anaïs Nins 1931 mit einer Enttäuschung (siehe die frühen *Tagebücher* von Anaïs Nin, 1927-1931).

Faure, Elie (1873-1937), französischer Autor und Reisender, der eine vielbändige *Kunstgeschichte* und zahlreiche andere Bücher schrieb, darunter *Dance Over Fire and Water* (1926) und *The Spirit of Japan* (1930), die Anaïs Nin und Henry Miller zutiefst beeindruckten.

Flandrau, Grace (Mrs. G. C. Hodgson, geb. 1889), amerikanische Schriftstellerin und Romanautorin. Sie lebte in Frankreich und schrieb für verschiedene Zeitschriften, darunter *Scribner's*. Miller äußerte sich anscheinend nie über ihr Werk (*Then I Saw the Congo*, 1929; *Indeed the Flesh*, 1934; *Under the Sun*, 1936), betrachtete sie jedoch als mögliche Vermittlerin für ihn bei amerikanischen Verlegern.

Fowlie, Wallace (geb. 1908), amerikanischer Erzieher, Kritiker und Fachmann für französische Literatur. Lehrte u. a. an der Yale-Universität und an der Universität von Chicago. Er war ein Vorkämpfer für Millers Werk in den Vereinigten Staaten; die Korrespondenz zwischen den beiden wurde 1975 veröffentlicht (*Letters of Henry Miller and Wallace Fowlie: 1943-1972*). Bevor Fowlie 1948 für ein Jahr nach Frankreich ging, machte Miller ihn mit Anaïs Nin bekannt; sie erinnert sich in ihrem *Tagebuch* an die erste Begegnung mit ihm.

Fraenkel, Michael (1896 in Litauen – 1957), amerikanischer Buchhändler und Schriftsteller. Nachdem er im Buchhandel und auf dem Aktienmarkt ein kleines Vermögen erworben hatte, ließ er sich in Frankreich nieder, um zu schreiben und einige seiner eigenen Werke unter dem Impressum Carrefour bei St. Catherine Press in Brügge (Belgien) herauszubringen u. a. *Werther's Younger Brother*, 1930; *Anonymous: The Need for Anonymity*, mit Walter Lowenfels, 1930; *Bastard Death: The Autobiography of an Idea*, mit einer Einführung von Henry Miller, 1936). Fraenkel, der Boris in *Wendekreis des Krebses*, nahm Miller 1930 in seinem Pariser Haus auf, Villa Seurat Nr. 18, das auch die Wohnung enthielt, die Anaïs Nin 1934 mietete und in der Miller bis zum Mai 1939 lebte; D. H. Lawrence und Nancy Durrell hielten sich 1938 kurz dort auf. Fraenkel beteiligte sich an Verlagsaktivitäten von Siana Press, die 1936 *Haus des Inzests* herausbrachte. Eine Zeitlang war er Untermieter der Guilers in Louveciennes, 1940 nahm er seinen Wohnsitz in Mexiko. In einem ausführlichen Essay, *The Genesis of «Tropic of Cancer»* (Berkeley, Calif., 1946) nahm er für sich entscheidenden Einfluß auf Miller Werk in Anspruch, und als die erste französische Ausgabe (Paris 1946) angegriffen wurde, veröffentlichte er seine *Défense du Tropique* (Paris 1947). Nach seinem Tod brachten Walter Lowenfels und Howard McCord eine Zusammenfassung seines Lebens und seiner Ideen heraus: *The Life of Fraenkel's Death* (Pullman, W., 1970).

Frank, Waldo David (1889-1967), amerikanischer Schriftsteller. War lange Journalist in Lateinamerika. In kulturkritischen Essays verfocht er einen mystischen Sozialismus; seine visionären Romane handeln von der Neugeburt der Seele durch Verwandlung. Miller kannte ihn seit seiner Zeit in Greenwich Village (1927).

Girodias, Maurice (geb. 1920), französischer Verleger, Sohn von Jack Kahane, während der deutschen Besetzung Frankreichs nahm er den Mädchennamen seiner Mutter an. Nach Kriegsende führte er das Unternehmen seines Vaters als Editions du Chêne weiter, woraus schließlich Olympia Press wurde; er setzte die Veröffentlichung von Werken Millers fort und brachte so «riskante» Titel wie Vladimir Nabokovs *Lolita* und *Candy* von Terry Southern und Mason Hoffenberg heraus.

Guiler, Hugh («Hugo») Parker, Anaïs Nins Mann seit 1923. Wurde am 15. Februar 1898 in Boston geboren und verbrachte seine Kindheit in Puerto Rico; als er zehn Jahre alt war, schickten ihn seine schottischen Eltern auf die Edinburgh Academy. Er studierte an der New Yorker Columbia-Universität englische Literatur und Volkswirtschaft, machte 1920 seinen Abschluß und trat als Volontär in die First National Bank ein. Anaïs Nin lernte er kennen, während sie, ihre Mutter und ihre beiden Brüder in Richmond Hill, N. Y., lebten. Das junge Paar verließ Richmond Hill 1924, als Guiler der Pariser Zweigstelle der Bank zugeteilt wurde. Abgesehen von einigen gelegentlichen Besuchen in New York, lebten die Guilers während der nächsten vierzehn Jahre in Frankreich, in verschiedenen Pariser Wohnungen und mehrere Jahre in einem alten Haus in Louveciennes, das man vom Gare St. Lazare mit der Eisenbahn in kurzer Zeit erreichte. Anaïs Nins Mutter und ihr jüngerer Bruder Joaquin lebten Ende der zwanziger und Anfang der dreißiger Jahre mit in dem Haus, und Guiler trug zu ihrem Unterhalt bei. Die Arbeit in der Bank und die gleichzeitige Verfolgung seiner künstlerischen Neigungen (Musik, Tanz), wozu ihn seine Frau ermutigte, führten zu Spannungen («Die Unzufriedenheiten in meinem Leben waren eine Folge eines beträchtlichen inneren Drucks», schrieb er einmal, «der entstand, weil es mich in zwei Richtungen zog»). Er begab sich in psychoanalytische Behandlung bei Dr. Allendy und später bei Dr. Rank. Bei Kriegsausbruch kehrte er von London aus, wo er eine Wohnung hatte und Direktor der neu fusionierten City Bank and Farmers Trust geworden war, mit seiner Frau nach New York zurück. Nach einer Ausbildung bei William S. Hayter in dem berühmten «Studio 17» wurde Guiler, unter dem Pseudonym Ian Hugo, ein vorzüglicher Kupferstecher, außerdem Anfang der fünfziger Jahre ein Filmemacher, der vielbeachtete Experimentalfilme drehte, in denen oft Anaïs Nin mitwirkte. 1949 gab er seinen Posten in der Bank auf, begann dann jedoch aus wirtschaftlichen Gründen als Finanzberater zu arbeiten, eine Tätigkeit, die er bis kurz vor seinem Tod am 7. Januar 1985 beibehielt.

Hiler, Hilaire (geb. 1898), amerikanischer Maler, Farbtheoretiker, Musiker und Schriftsteller, einst Besitzer der Jockey Bar in Paris, die mit einigen Wandgemälden von ihm geschmückt war. Er lebte viele Jahre in Frankreich und während der vierziger Jahre in Kalifornien. Vertrat in der Malerei den Neonaturismus und gab Miller Kunstunterricht in seinem Atelier in der Rue Broca. Anaïs Nin lernte ihn im Juni 1934 in Dr. Ranks Psychological Center in der Pariser Cité Université kennen. Er verfaßte zahlreiche Bücher (u. a. *From Nudity to Raiment*, 1929; *Notes on the Technique of Painting*, 1934; *Painter's Pocketbook of Methods and Materials*, 1938) und überredete Miller sowie William Saroyan zu Beiträgen für sein Buch *Why Abstract?* (New York 1945). Miller widmete in *Der klimatisierte Alptraum* ein Kapitel «Hiler and His Mural», d. h. Hiler und seinem Wandgemälde im Aquatic-Park-Gebäude in San Francisco. Wambly Bald berichtete in seiner Kolumne gelegentlich über das Treiben in Hilers Atelier.

Kahane, Jack (1887–1939), Verleger, ursprünglich Textilfabrikant. Stammte aus Manchester und ging in den zwanziger Jahren nach Paris, um als Schriftsteller zu arbeiten, und gründete den Verlag Obelisk Press, der englischsprachige Bücher herausbrachte, die sich für das Tourismusgeschäft eigneten, leicht anrüchige Titel hatten und zum Teil von ihm selbst unter dem Pseudonym Cecil Barr geschrieben wurden (z. B. *Suzy Falls Off*, 1929; *Amour = French for Love*, 1932; *Bright Pink Youth*, 1934; *Daffodil*, 1934; *It's Hard to Sin*, 1935). *My Life and Loves* von Frank Harris war sein erster großer Erfolg (dt. *Mein Leben und Lieben*, 1966). Literarisches Ansehen erlangte der Verlag durch Autoren wie Miller, Cyril Connolly (*The Rock Pool*, 1935) und Lawrence Durrell (*The Black Book*, 1938; dt. *Die schwarze Chronik*, 1962), die ihre Bücher aus Zensurgründen in England oder den Vereinigten Staaten nicht veröffentlichen konnten. Kahane starb im September 1939 ganz plötzlich, in dem Jahr, in welchem Obelisk Press *Wendekreis des Krebses* und Anaïs Nins *The Winter of Artifice* herausbrachte. 1939 erschienen in London Kahanes *Memoirs of a Booklegger*.

Lepska, Janina Martha (geb. 1924 in Polen), Studentin der Geschichte und Philosophie, Henry Millers dritte Frau. Die beiden lernten sich im Sommer 1944 kennen, kurz nachdem sie ihren Abschluß am Bryn Mawr College gemacht hatte, und heirateten am 18. Dezember 1944 im neuen Heim der Neimans in Boulder, Colorado. Das Ehepaar ging nach Big

Sur, wo Miller sich niederzulassen gedachte. Lepska gebar am 19. November 1945 eine Tochter, Valentine, und am 28. August 1948 einen Sohn, Henry Tony. Sie und Miller trennten sich 1951 und wurden 1952 geschieden.

LOWENFELS, WALTER (geb. 1897), amerikanischer Dichter und Schriftsteller. Lebte mit seiner Frau Lillian Anfang der dreißiger Jahre in Paris. Sein erstes Buch, eine sechzehnseitige Elegie für Apollinaire, wurde im Handsatz als Privatdruck hergestellt (150 Exemplare), den Schutzumschlag gestaltete Yves Tanguy (Paris 1930). Unter dem Impressum Carrefour veröffentlichte sein Freund Michael Fraenkel 150 Exemplare seiner *Elegy in the Manner of a Requiem for D. H. Lawrence* (1932) und 110 Exemplare von *The Suicide* (1934), einen Teil aus dem unvollendeten Buch «Some Deaths». Miller stellte ihn in *Wendekreis des Krebses* «als Jabberwhorl Cronstadt» dar.

MANSFIELD, JUNE: Siehe Smith, June Edith.

MCCLURE, EVE (1924-1965), Schauspielerin und Malerin. Heiratete mit siebzehn den Schauspieler Lyle Talbot. Sie lernte Henry Miller durch ihre Schwester Louise kennen, die mit dem Künstler Bezalel Schatz verheiratet war. Im April 1952 zog sie nach Big Sur, um Millers beide Kinder zu versorgen. Sie wurde seine vierte Frau. Das Jahr 1953 verbrachte das Ehepaar größtenteils mit einer Reise durch Europa, wo die beiden viele von Millers alten Freunden besuchten. Ende der fünfziger Jahre trennten sie sich. Eve verfiel dem Alkohol.

NEAGOE, PETER (geb. 1890), amerikanischer Schriftsteller und Herausgeber, arbeitete mit Hilaire Hiler, Richard Thoma und anderen an Samuel Putnams *The New Review* mit, einer in Frankreich publizierten kurzlebigen Literaturzeitschrift. Er gab die Anthologie *Americans Abroad* heraus (Den Haag 1932) und kehrte schließlich in die USA zurück. In einem Brief verriß Miller unaufgefordert Neagoes 1932 erschienenes Buch *Storm*.

NEIMAN, GILBERT, amerikanischer Schriftsteller und Übersetzer, ein Alleskönner, der, zusammen mit seiner Frau Margaret, Miller 1941 in Los Angeles kennenlernte; das Ehepaar bot Miller im Juni 1942 Unterkunft in seinem kleinen Bungalow am Beverly Glen Boulevard an. Als die beiden nach Colorado zogen, teilte Miller bis Ende 1943 das Haus mit dem Maler John Dudley. Neiman, ein Experte für spanische und französische Literatur, förderte Millers Interesse an Rimbaud, und Miller half ihm bei seinem Roman *There Is a Tyrant in Every Country* (New York, 1947), einem in Mexiko spielenden Thriller. Neiman widmete seine Doktorarbeit Millers Werk (*Henry Miller: A Semi-Critical Approach*, University of New Mexico, 1958/59), und Miller widmete *Der klimatisierte Alptraum* Margaret und Gilbert Neiman, «... so überaus vollkommen menschlich». Über sich selbst schrieb Neiman: «Ich lebe in zwei Ländern, Mexiko und den Vereinigten Staaten. Meine wirkliche Geburt fand in Mexiko statt, lange bevor ich geboren wurde. Es ist seit dreitausend Jahren meine Heimat.»

NIN Y CASTELLANOS, JOAQUIN (1879-1949), Anaïs Nins Vater; spanischer Komponist, Konzertpianist und Musikologe. Wurde in Havanna (Kuba) geboren. Nach dem Scheitern der Ehe emigrierte Anaïs' Mutter 1914 mit ihren drei Kindern in die USA, während Nin mit seiner zweiten Frau Maria Luisa Rodriquez («Maruca») größtenteils in Frankreich lebte. Seine Tochter sah er 1924/1925 wieder, als die Guilers nach Paris zogen. Zu einer Versöhnung zwischen den beiden kam es jedoch erst 1932, als er auf Anregung von Gustavo Durán nach Louveciennes auf Besuch kam. Anaïs' frühe Briefe an ihren Vater wurden der Grundstock ihres *Tagebuchs*, und ihre Bemühungen, den verlorenen Vater wiederzufinden, ziehen sich als Thema durch ihr gesamtes Werk, prägen besonders *The Winter of Artifice*. Ihr Vater kehrte 1939 nach Kuba zurück, wo er auch starb.

Nin-Culmell, Joaquin (geb. 1908). Anaïs Nins jüngerer Bruder. Kam in Berlin zur Welt, während sein Vater dort arbeitete. Er studierte in Paris an der Schola Cantorum und am Konservatorium unter Paul Dukas Klavier und Kompositionslehre, war Privatschüler von Alfred Cortot sowie Ricardo Viñes und wurde ein Anhänger Manuel de Fallas. Im Januar 1936 gab er sein Debut in der New Yorker Town Hall und unternahm vor dem Krieg Konzertreisen durch Frankreich, Italien und Spanien. Nach seiner Rückkehr in die Vereinigten Staaten im Jahre 1938 unterrichtete er und wurde Vorsteher der Musikabteilung des Williams College und später der University of California in Berkeley.

Osborn, Richard Galen, amerikanischer Rechtsanwalt aus Bridgeport, Connecticut, der Anfang der dreißiger Jahre mit Hugh Guiler in der Pariser Zweigstelle der First National Bank arbeitete. Als Henry Miller im Winter 1931 obdachlos war, nahm Osborn ihn in seine Wohnung, 2 Rue Auguste Bartoldi, auf und machte ihn mit Anaïs Nin bekannt. Miller widmete ihm, «der mich vor dem Verhungern rettete», sein Buch *Die Weisheit des Herzens*. Osborn erlitt in dieser Zeit mehrere Zusammenbrüche und wurde nach seiner Rückkehr in die Vereinigten Staaten ins Krankenhaus eingeliefert. Er versuchte über seine Pariser Erlebnisse zu schreiben und bat Miller um Kritik. Dieser hatte ihn davor bewahrt, eine Französin zu heiraten, die sich als *femme du trottoir* erwies. Wie Miller Anaïs Nin im Mai 1932 erzählte, hatte Osborn Gewissensbisse, «weil er uns miteinander bekannt machte. Er hält dich für wunderbar und glaubt, du könntest durch den ‹Gangsterautor› in Gefahr geraten.»

Patchen, Kenneth (1911-1972), amerikanischer Schriftsteller. War in seiner Jugend Stahlarbeiter und zog sich eine schwere Rückgratverletzung zu, an der er zeit Lebens krankte. Trotz seiner vielbeachteten Lyrik und humoristisch-satirischen Prosawerke, oft von ihm selbst illustriert, war er stets auf die finanzielle Unterstützung von Freunden und Institutionen angewiesen. Miller sah in ihm ein «Genie von gedanklicher Originalität und visionärer Kraft» und schrieb über ihn den Essay *Patchen: Man of Anger and Light* (1947).

Perlès, Alfred (geb. 1897), österreichischer Journalist und Schriftsteller. Er lernte Miller und seine Frau June 1928 in Paris kennen. Als Miller erneut nach Paris kam, teilte «Fred» Perlès mit ihm eine Wohnung in der Avenue Anatole France 4, wo die beiden von März 1932 bis Ende 1933 lebten; sie lieferte den Schauplatz für Millers Erinnerungen *Stille Tage in Clichy*. Perlès arbeitete an der Pariser Ausgabe der *Chicago Tribune* mit, bis die Zeitung 1934 eingestellt wurde. 1939 emigrierte er nach England, trat in die Royal Army ein und wurde britischer Staatsbürger. Anfang der dreißiger Jahre hielt er einige seiner Liebesabenteuer in *Sentiments limitrophes* und *Le Quatuor en Ré Majeur* fest (Neuauflage Paris 1984); beide Bände enthalten kurze Darstellungen Henry Millers und Anaïs Nins in Clichy. Über sein Buch *My Friend Henry Miller* (New York, 1956) schrieb Miller in seiner Einführung: «Oft mögen Daten, Fakten und Ereignisse unvereinbar erscheinen. Doch es ist der authentische Bericht – Erinnerung der Seele.» Die beiden trafen sich 1953 in Barcelona wieder, und Perlès besuchte Miller 1954 in Kalifornien, ein Ereignis, das er in *Reunion at Big Sur* (Northwood 1959) beschrieb.

Powell, Lawrence Clark (geb. 1906), amerikanischer Bibliothekar und Schriftsteller. Er lernte Henry Miller 1932 in Dijon kennen, wo dieser unterrichtete, während er an der Universität seinen Dr. phil. machte. Er schrieb *An Introduction to Robinson Jeffers* (Dijon 1932) und *Robinson Jeffers: The Man and His Work* (Los Angeles 1934). Nach seiner Ernennung zum Leiter der Bibliothek der University of California, Los Angeles, schaffte er die große, Henry Miller und schließlich auch Anaïs Nin gewidmete Sammlung an.

Rank, Dr. Otto, eigentlich Otto Rosenfeld (1884–1939), österreichischer Psychoanalytiker, Schüler und «Adoptivsohn» Sigmund Freuds, Sekretär der Psychoanalytischen Gesellschaft in Wien bis zu deren Zusammenbruch im Jahre 1926, worauf Rank nach Paris ging. Von seinen vielen Büchern beeinflußte die Schrift *Der Künstler* (Wien 1907) Henry Miller und Anaïs Nin am stärksten; sie bewog Miller im März 1932, ein Interview mit Rank zu vereinbaren und ihm einiges von seiner Arbeit zu zeigen. Anaïs Nin wurde im November 1932 seine Patientin und beendete ihre Analyse Anfang 1933. Als Rank im Oktober 1934 aus wirtschaftlichen Gründen nach New York übersiedelte, folgte ihm Anaïs im November und arbeitete bis Februar 1935 für ihn; zu diesem Zeitpunkt endete die Beziehung der beiden. Anaïs sah Rank nur noch einmal, bei einem kurzen Besuch in seiner Wohnung am Riverside Drive im April 1936. Rank starb drei Jahre später plötzlich, kurz nachdem er wieder geheiratet und beschlossen hatte, sich in Kalifornien niederzulassen.

Sanchez, Eduardo, Astrologe und Schriftsteller; ein Vetter von Anaïs Nin, der vor ihrer Heirat im Jahr 1923 eine wichtige Rolle in ihrem Leben spielte. (Siehe die frühen *Tagebücher*, 1920-1923 und 1927-1931.) Er unterzog sich in New York einer Analyse und ging 1930 nach Paris, wo er bei Anaïs Nin und ihrem Mann Interesse für Psychoanalyse und Astrologie weckte. Während der vierziger Jahre, in den Vereinigten Staaten, teilte er Anaïs Nins Interesse am Drucken, und nach einer Schulung durch James Cooney in Ashfield (Massachusetts) druckte er im Handsatz sein Buch *The Round*, das er unter dem Pseudonym Eduardo Santiago veröffentlichte.

Schnellock, Emil, amerikanischer Künstler und Lehrer, Henry Millers Klassenkamerad in der Public School 85 in Brooklyn und zeitlebens sein Freund. Die beiden führten rege Korrespondenz, die im Lauf der Jahre großen Umfang annahm. Einige der Briefe erschienen in verschiedenen Zeitschriften und in der Sammlung *Semblance of a Devoted Past* (Berkeley, Calif., 1944). Vor seinem Tod im Jahr 1960 leitete Schnellock viele Jahre lang das Kunstprogramm des Mary Washington College an der Universität von Virginia in Fredericksburg.

Smith, June Edith (auch bekannt als June Mansfield), Millers zweite Frau, die in Gestalt der «Mona» und «Mara» als Zentralfigur in Millers gesamtem Werk erscheint, besonders im *Wendekreis des Steinbocks* («Ihr» gewidmet) und den drei Bänden von *The Rosy Crucifixion* (*Nexus, Plexus, Sexus*). Die beiden lernten sich 1923 kennen, als June in New York am Broadway als Taxigirl arbeitete und Miller Leiter des Personalbüros bei Western Union war. Nach der Scheidung von seiner ersten Frau Beatrice Wickens, einer Pianistin und Klavierlehrerin, heiratete er 1924 June und gab seine Stellung auf, um sich ganz dem Schreiben zu widmen. Zur Bestreitung des Lebensunterhalts dachte sich June verschiedene illusorische Projekte aus, darunter eine Flüsterkneipe. 1928 machten die Millers eine ausgedehnte Europareise, auf der sie Frankreich, Österreich, Ungarn und Deutschland besuchten. Ihre wirtschaftliche Lage besserte sich nach der Rückkehr nicht, und so ging Miller 1930 wieder nach Paris, ohne June, verzweifelt arm, aber geistig überschäumend – eine Periode, die er später in *Wendekreis des Krebses* wiederbelebte. Als June im Dezember 1931 zu einem kurzen Besuch kam, machte Miller sie mit Anaïs Nin bekannt, und die beiden Frauen waren sofort voneinander fasziniert; die leidenschaftliche Verstrickung der beiden währte bis zu Junes Abreise nach New York in der letzten Januarwoche 1932. Als June im Oktober 1932 wiederkam, brach zwischen ihr und Miller eine komplizierte emotionelle Auseinandersetzung aus. Die Scheidung erfolgte im Dezember 1934 durch Anwälte in Mexiko, doch June blieb für Miller ein Rätsel, das ihn zwanghaft beschäftigte. Anaïs Nins Werke, besonders *Haus des Inzests* und *Winter of Artifice*, widerspiegeln ihre Bemühungen, sich mit diesem mythomanischen Charakter auseinanderzusetzen. Siehe auch Anaïs Nins Buch *Henry, June und ich* (Bern – München, 1986). June heiratete wieder und war eine Zeitlang in Queens, N. Y., als Sozialfürsorgerin tätig.

TRUBEZKAJA, FÜRSTIN NATASCHA, russische Emigrantin, Malerin und Dekorateurin, die wegen der Oktoberrevolution nach Paris geflohen war. Sie lernte Anaïs Nin im Januar 1929 kennen und malte mehrere Porträts von ihr, darunter ein großes Ölbild, das sie auf einem Prunksessel zeigt. Sie benutzte Anaïs auch als Modell für andere Gemälde, und Anaïs benutzte das Atelier der Fürstin als Postadresse und Rendezvous-Ort in Paris.

VARDA, JEAN («YANKO»), amerikanischer Maler und Collage-Künstler. Als Sohn griechischer Eltern in Smyrna (heute Izmir, Türkei) geboren, in jungen Jahren zum Tänzer ausgebildet, Studium in Paris. 1939 übersiedelte er aus London in die USA. Als er 1943 Millers öffentlichen Hilfsappell las, lud er Miller ein, bei ihm und seiner Frau Virginia in ihrer umgebauten Scheune in New Monterey (Kalifornien) zu wohnen. Anfang 1944 machte er Miller mit Lynda Sargent bekannt, die Miller in ihrem Blockhaus wohnen ließ und ihm die Gegend von Big Sur erschloß. Millers Essay »Varda, the Master Builder» erschien im Dezember 1944 in der Zeitschrift *Circle* und fand später Aufnahme in *Remember to Remember* (Norfolk, Ct., 1947). Miller machte ihn mit Anaïs Nin bekannt, die später einige seiner Collagen für ihre Bucheinbände verwendete.

VILMORIN, LOUISE DE (1902-1969), französische Schriftstellerin. Entstammte einer alten Adelsfamilie und war u. a. mit Antoine de Saint-Exupéry und André Malraux befreundet. Anaïs Nin lernte sie 1931 kennen, und sie diente ihr in einigen Prosawerken als Vorbild für die Gestalt der «Jeanne», vor allem in der Erzählung *Under a Glass Bell* (1944, dt. *Unter einer Glasglocke*, 1979).

Personen- und Werkregister